金陵全書

丙編·檔案類

《(民國)南京市政公報》索引（下）

任冬莉　夏　彪
夏　蓓　劉建忠　編

南京出版社
南京出版傳媒集團

图书在版编目（CIP）数据

《（民国）南京市政公报》索引：1927～1948：全2册 / 任冬莉等编. —南京：南京出版社，2015.9
（金陵全书）
ISBN 978-7-5533-0829-6

Ⅰ.①民… Ⅱ.①任… Ⅲ.①地方政府—公报—索引—南京市—1927～1948 Ⅳ.①Z89：D693.62

中国版本图书馆CIP数据核字（2015）第007978号

书　　名　【金陵全书】（丙编·档案类）
　　　　　《（民国）南京市政公报》索引
编　　者　任冬莉　夏　彪　夏　蓓　刘建忠
出版发行　南京出版传媒集团
　　　　　南　京　出　版　社
　　　　　社址：南京市太平门街53号　邮编：210016
　　　　　网址：http://www.njcbs.cn　淘宝网店：http://njpress.taobao.com
　　　　　电子信箱：njcbs1988@163.com
　　　　　联系电话：025-83283871、83283864（营销）　025-83112257（编务）

出 版 人　朱同芳
责任编辑　朱天乐
装帧设计　杨晓岗
责任印制　杨福彬

制　　版　南京展望文化发展有限公司
印　　刷　南京凯德印刷有限公司
开　　本　889毫米×1194毫米　1/16
印　　张　96.75
版　　次　2015年9月第1版
印　　次　2015年9月第1次印刷
书　　号　ISBN 978-7-5533-0829-6
定　　价　2600.00元（全二册）

令·令文·令批

篇　　名	卷(期)数	出版日期	页码(册数)
三十五年三月十八日会呈拟具南京市取缔广告及征捐章程草案经分别修正合行抄发修正章程一份令(府总秘二字第三五六三号)	第一卷第二期	三十五年五月十六日	○四一(44)
公布南京市土地执业证立户办法令	第一一一期	二十一年七月十五日	二○三(21)
公布南京市立中小学校长任免章程令	第一一一期	二十一年七月十五日	二○三(21)
公布南京市立民众图书馆组织规则令	第一一一期	二十一年七月十五日	二○四(21)
公布南京市坊民大会会议规则令	第一一一期	二十一年七月十五日	二○三(21)
公布南京市坊间邻选举暂行细则令	第一一二期	二十一年七月三十日	三一○(21)
公布南京市坊调解委员会组织规则及南京市坊调解委员会选举规则令	第一一二期	二十一年七月三十日	三一○(21)
公布南京市社会局发给小商人营业执照暂行规则令	第一一三期	二十一年八月十五日	四一五(21)
公布南京市政府国医审查委员会审查规则令	第一一一期	二十一年七月十五日	二○三(21)
公布南京市政府秘书处及各局办公用品购置规则令	第一一三期	二十一年八月十五日	四一五(21)
公布南京市政府清除粪便暂行规则及招商承办办法令	第一一三期	二十一年八月十五日	四一五(21)
公布南京市缎业改良研究委员会组织规则令	第一一四期	二十一年八月三十一日	四九九(21)
公布修正南京市公园管理处组织规则令	第一一二期	二十一年七月三十日	三○九(21)
公布修正南京市铁路管理处军票章程令	第一一○期	二十一年六月三十日	○二九(21)
公布修正南京市铁路管理处组织规则令	第一一二期	二十一年七月三十日	三○九(21)

公布修正南京市筑路摊费审查委员会组织规则令	第一一二期	二十一年七月三十日	三〇九(21)
为饬将笆斗山游民习艺所建筑计划改定连同工程预算呈候核夺(府总秘二字第九一〇七号)	第一卷第十一期	三十五年十一月一日	二八九(44)
本市私立中等学校立案补充规程第十条条文修正一案令(府总秘字第二七五一号)	第一卷第一期	三十五年五月一日	〇一四(44)
本市举办公职候选人检覈令仰发动本市各职业团体人员参加(府总秘三字第三七三〇号)	第一卷第三/四期合刊	三十五年六月十六日	〇六二(44)
本市推行禁政任务着改由社会局负责主办并即调整本市肃清烟毒委员会组织令(府总秘三字第一三〇九号)	第二卷第二/三期合刊	三十六年二月十五日	四五〇(44)
本府所属各职员须将任用审查表及证件于本年十二月底以前填报以便送铨(府总人字第一〇五四号)	第二卷第一期	三十六年一月十五日	四〇六(44)
令饬为地方公益向人民筹募捐款者收支情形须绝对公开(府总秘会字第六三九三号)	第一卷第六期	三十五年七月十六日	一三七(44)
令将燕子矶林园整理情形随时具报(府总秘三字第七六九六号)	第一卷第八期	三十五年八月十六日	一九六(44)
市民住宅出租管理办法已饬财政局拟具呈核(府总秘二字第五七〇二号)	第一卷第五期	三十五年七月一日	一〇二(44)
司法院解释甲妻欲立妾生之子为家长一案令(府总人字第七九四号)	第二卷第二/三期合刊	三十六年二月十五日	四四七(44)
延期退伍之从军青年应仍照知识青年志愿从军优待办法第三条规定办理令(府总秘三字第九五二三号)	第一卷第十二期	三十五年十二月十五日	三二四(44)

关于法定数额以上之营缮工程暨购置变卖财物稽察案件嗣后改由驻府审计室办理令(府总秘二字第七七八三号)	第一卷第九期	三十五年九月一日	二二一(44)
关于定期结束检举汉奸案令(府总秘二字第一二八五号)	第二卷第二/三期合刊	三十六年二月十五日	四五〇(44)
关于密报隐匿敌伪不动产应依院颁规则之规定折半发给奖金一案令(府总秘二字第一六〇三号)	第二卷第二/三期合刊	三十六年二月十五日	四五一(44)
关于提倡房地产合作促进市民建屋以解决房荒一案令(府总秘二字第一二三五六号)	第一卷第十二期	三十五年十二月十五日	三三二(44)
军事参议院在未改组前准暂用原名直隶国府令(府总秘二字第七四三四号)	第一卷第七期	三十五年八月一日	一七一(44)
收容疯丐一案令(府总秘二字第九四四号)	第二卷第二/三期合刊	三十六年二月十五日	四四九(44)
抄发卫生署意见一份令仰知照(府总秘二字第第六三〇〇号)	第一卷第六期	三十五年七月十六日	一三六(44)
抄发中华民国无线电发射周率统制办法令(府总秘二字第三八一一号)	第一卷第二期	三十五年五月十六日	〇四〇(44)
抄发进口贸易暂行办法及中央银行管理外汇暂行办法令(府总秘二字第三二五二号)	第一卷第一期	三十五年五月一日	〇一二(44)
抄发苏浙皖区清查团第二组建议关于处理敌伪产业事项五项令仰参照办理(府总秘二字第三八三号)	第二卷第一期	三十六年一月十五日	四〇五(44)
抄发非常时期违反粮食管理治罪暂行条例令仰切实遵照严格执行(府总秘二字第七七一六号)	第一卷第九期	三十五年九月一日	二一九(44)

抄发经济部拟订评议物价实施办法大纲草案令(府总秘二字第一〇三二五号)	第一卷第十二期	三十五年十二月十五日	三二八(44)
抄发标准地价评议委员会组织规程一份令(府总秘二字第九一一二号)	第一卷第十一期	三十五年十一月一日	二八六(44)
抄发查禁民间不良习俗办法令(府总秘二字第一二三〇二号)	第一卷第十二期	三十五年十二月十五日	三三二(44)
抄发修正大小黄洲管理处推进国民教育暂行办法令(府总秘二字第三五六二号)	第一卷第二期	三十五年五月十六日	〇四〇(44)
抄发修正菜场摊贩管理所组织规程等四种令仰遵照(府总秘二字第四四九四号)	第一卷第三/四期合刊	三十五年六月十六日	〇六四(44)
抄发前敌产管理委员会登记管理之后方敌产接管处理办法令(府总秘二字第三九一二号)	第一卷第三/四期合刊	三十五年六月十六日	〇六三(44)
拟呈传染病院收费标准应予照准(府总秘二字第三八五号)	第二卷第一期	三十六年一月十五日	四〇七(44)
呈报举行防疫注射工作检呈办法应准照办(府总秘二字第六一一二号)	第一卷第六期	三十五年七月十六日	一四〇(44)
呈拟本市人力车分期实施禁止办法应予备案(府总秘二字第一二三六三号)	第一卷第十二期	三十五年十二月十五日	三三四(44)
奉电关于中日易货事必须经中央信托局办理以期一致令(府总秘二字第五八三一号)	第一卷第五期	三十五年七月一日	一〇一(44)
奉电抄发收复区敌伪产业处理办法令仰遵照(府总秘二字第五六九五号)	第一卷第五期	三十五年七月一日	〇九九(44)
奉令九龙烟台营口安东四处港口暂缓开放令仰遵照并转饬遵照(府总秘二字第五六三六号)	第一卷第五期	三十五年七月一日	〇九九(44)

奉令凡因处分或出租敌伪产业物资所得价款应以敌伪产变价科目存中央银行汇解国库不得擅自动支令(府总秘二字第五五四〇号)	第一卷第五期	三十五年七月一日	〇九七(44)
奉令公务员本身行动应自检束参照公务员服务法规订定办法二项令仰遵照并转饬遵照(府总秘二字第五七八〇号)	第一卷第五期	三十五年七月一日	一〇〇(44)
奉令为刑法第二十章鸦片罪之规定暂停适用(府总秘二字第九一七二号)	第一卷第十二期	三十五年十二月十五日	三二二(44)
奉令抄发电信监察实施办法令(府总秘二字第五九九一号)	第一卷第五期	三十五年七月一日	一〇一(44)
奉令严惩贪污案令(府总秘二字第九二四三号)	第一卷第十一期	三十五年十一月一日	二八七(44)
奉令转知国大区域及职业选舉未能依法产生之代表遴选办法补充规定(府总秘三字第一二〇一八号)	第一卷第十二期	三十五年十二月十五日	三三一(44)
奉令核定南京市房屋租赁管理规则及房屋暂行标准抄发原件令仰知照(府总秘二字第六四六八号)	第一卷第六期	三十五年七月十六日	一三七(44)
奉令颁修正所得税施行细则令(府总秘二字第八三二五号)	第一卷第九期	三十五年九月一日	二二二(44)
奉令准国民参议会建议剔除时弊贯澈法治精神令(府总秘二字第八七一一号)	第一卷第十期	三十五年九月十六日	二六一(44)
奉令准国民参政会建议励行革新政治案令(府总秘二字第八六六八号)	第一卷第十期	三十五年九月十六日	二六〇(44)

奉再令催填送抗敌伤亡人民调查表以凭汇转(府总秘二字第五七二八号)	第一卷第五期	三十五年七月一日	一〇〇(44)
奉行政院令对政协会协定应遵照等因令仰遵照(府总秘二字第五五四四号)	第一卷第五期	三十五年七月一日	〇九八(44)
奉行政院令关于军人军属犯军法以外之罪得照陆海空军审判法办理令(府总秘二字第二四七四号)	第一卷第一期	三十五年五月一日	〇一〇(44)
奉行政院令关于废止抗战期内受免职停止任用处分公务员暂缓执行办法一案令(府总秘二字第二四七五号)	第一卷第一期	三十五年五月一日	〇一〇(44)
奉行政院令关于废止保障人民身体自由办法及其实施规定等二二种法规转饬(府总秘二字第二五二一号)	第一卷第一期	三十五年五月一日	〇一〇(44)
奉行政院令饬清查不法接收人员之贼产等因令(府总秘二字第六三五号)	第二卷第二/三期合刊	三十六年二月十五日	四四五(44)
奉行政院令规定节约粮食消费办法一案令仰遵照迅拟实施办法呈核(府总秘二字第五五九二号)	第一卷第五期	三十五年七月一日	〇九八(44)
奉行政院令修订战时营业预决算编审办法等所列战时二字一律删除并将战时国家总预算编审办法给予以废止令(府总秘二字第三三五九号)	第一卷第二期	三十五年五月十六日	〇三七(44)
奉行政院令颁增订收复区敌伪产业处理办法第八条条文乙份抄发原件令(府总秘二字第一四七号)	第二卷第一期	三十六年一月十五日	四〇二(44)

奉院令广州市沙面前英法两租界归并于广州市统一管辖案令(府总秘二字第一一四六号)	第二卷第二/三期合刊	三十六年二月十五日	四五〇(44)
奉院令开放上海宁波等十八处沿海通商口岸一案业经批准令仰遵照(府总秘二字第四六九八号)	第一卷第三/四期合刊	三十五年六月十六日	〇六四(44)
奉院令天津英法意日各租界归并于天津市统一管辖案令(府总秘二字第三一三七号)	第一卷第一期	三十五年五月一日	〇一一(44)
奉院令水权登记费提高五十倍征收等因令(府总秘二字第九六三号)	第二卷第二/三期合刊	三十六年二月十五日	四四九(44)
奉院令公布台湾地籍厘整办法抄发原办法令(府总秘二字第七六九号)	第二卷第二/三期合刊	三十六年二月十五日	四四七(44)
奉院令公务员薪结报酬所得税照原支薪俸课征案令(府总秘二字第四〇一号)	第二卷第一期	三十六年一月十五日	四〇六(44)
奉院令为人民向官署呈递文书应饬贴足印花(府总秘二字第八九四一号)	第一卷第十一期	三十五年十一月一日	二八五(44)
奉院令为中央监察委员会决议有关惩治汉奸办法五项令(府总秘二字第八五九〇号)	第一卷第十期	三十五年九月十六日	二五八(44)
奉院令为公务人员情报机关或侦缉机关人员密报隐匿敌伪财产物资得按价值给予奖金令(府总秘二字第一一六二六号)	第一卷第十二期	三十五年十二月十五日	三二九(44)
奉院令为各地国民政府主席行辕应直隶国民政府(府总秘二字第一〇二七七号)	第一卷第十二期	三十五年十二月十五日	三二七(44)
奉院令为国民参政会建议迅采有效措施彻底刷新政治一案令(府总秘二字第九三五三号)	第一卷第十二期	三十五年十二月十五日	三二二(44)

奉院令为国民参政会建议调整各地行政机构裁并骈技机关以一事权一案令仰切实注意(府总秘二字第八六三六号)	第一卷第十期	三十五年九月十六日	二五九(44)
奉院令为颁发公务员因公伤病核给医药费办法案令(府总秘二字第九三七九号)	第一卷第十二期	三十五年十二月十五日	三二三(44)
奉院令以各级政府机关如参加标购房地应由敌伪产业处理局先将标售情形呈院核定后再行开标(府总秘二字第九七〇〇号)	第一卷第十二期	三十五年十二月十五日	三二五(44)
奉院令以准司法院解释关于已故汉奸财产应否没收一案令(府总秘二字第一〇三〇五号)	第一卷第十二期	三十五年十二月十五日	三二八(44)
奉院令以教育部呈请令饬各直辖市军政机关从速将借用之小学校舍交还各该市主管教育机关令(府总秘二字第七〇九八号)	第一卷第七期	三十五年八月一日	一六九(44)
奉院令在禁烟禁毒治罪条例施行期间对于刑法第二十章鸦片罪之规定应暂通用令(府总秘二字第九一七二号)	第一卷第十一期	三十五年十一月一日	二八六(44)
奉院令各地军事委员会委员长行营改称为国民政府行辕其组织及职权均照旧办理令(府总秘二字第九二一三号)	第一卷第十一期	三十五年十一月一日	二八七(44)
奉院令各机关于房屋租赁时应缴租赁所得税(府总秘二字第七七八一号)	第一卷第九期	三十五年九月一日	二二一(44)
奉院令关于收复区敌伪汉奸财产接收处理实施稽察职权案令(府总秘二字第九三二四号)	第一卷第十一期	三十五年十一月一日	二八八(44)

奉院令收复区全国性事业接收委员会应即结束一案令(府总秘二字第六五六九号)	第一卷第六期	三十五年七月十六日	一三八(44)
奉院令国民参政会建议惩治汉奸案令(府总秘二字第七七八二号)	第一卷第九期	三十五年九月一日	二二一(44)
奉院令国地财产收支系统重新划分等项已有原则之决定其由地方支配之税收应预事准备令(府总秘二字第六九八一号)	第一卷第六期	三十五年七月十六日	一四〇(44)
奉院令废止二十三年六月二日公布之公有土地处理规则令(府总秘二字第七二九五号)	第一卷第七期	三十五年八月一日	一七〇(44)
奉院令废止非常时期民刑事诉讼补充条例令(府总秘字第五〇二号)	第一卷第一期	三十五年五月一日	〇〇七(44)
奉院令秦皇岛暂缓开放令仰知照(府总秘二字第六九七八号)	第一卷第六期	三十五年七月十六日	一三九(44)
奉院令敌产停止移转日期案令(府总秘二字第九六七一号)	第一卷第十二期	三十五年十二月十五日	三二四(44)
奉院令颁发胜利勋章办法令(府总秘二字第一四四〇号)	第一卷第一期	三十五年五月一日	〇〇九(44)
奉院令颁收复区韩侨产业处理办法令(府总秘二字第一二〇九九号)	第一卷第十二期	三十五年十二月十五日	三三一(44)
奉院令准司法院解释民意机关代表渎职处罚疑义等因令(府总秘字第六四七号)	第一卷第一期	三十五年五月一日	〇〇八(44)
奉院令准司法院解释县各级组织纲要第六条所定赃私疑义令(府总秘字第六四八号)	第一卷第一期	三十五年五月一日	〇〇八(44)
奉院令提审法明定自三十五年三月十五日施行令(府总秘二字第三一五五号)	第一卷第一期	三十五年五月一日	〇一一(44)

奉院令撤销地方行政官吏兼理军法暂行办法令仰遵照(府总秘二字第四七〇九号)	第一卷第三/四期合刊	三十五年六月十六日	〇六四(44)
奉院令遵照主计法令施行不得故违(府总秘二字第七七四七号)	第一卷第九期	三十五年九月一日	二二〇(44)
奉院命修正收复区土地权利清理办法令(府总秘二字第八五八四号)	第一卷第十期	三十五年九月十六日	二五八(44)
奉院颁抄发收复区隐匿敌伪财产物资及军用品检举奖惩规则令(府总秘二字第三一八一号)	第一卷第一期	三十五年五月一日	〇一二(44)
奉颁在外台侨国籍处理办法令(府总秘外字第七六二五号)	第一卷第八期	三十五年八月十六日	一九六(44)
奉颁修正征收土地应注意事项令(府总秘二字第一〇三二六号)	第一卷第十二期	三十五年十二月十五日	三二九(44)
奉　院令处理逆产原则(府总秘二字第七五〇六号)	第一卷第八期	三十五年八月十六日	一九五(44)
奉　院令废止公有土地处理规则案令(府总秘二字第七二九五号)	第一卷第八期	三十五年八月十六日	一九四(44)
奉　院令营业税机关代收地方积谷捐改由各省市政府另拟募收办法令(府总秘二字第七五四八号)	第一卷第八期	三十五年八月十六日	一九六(44)
规定市立诊疗机关星期日应照常应诊(府总秘二字第四〇五七号)	第一卷第三/四期合刊	三十五年六月十六日	〇六三(44)
转知规定地籍整理开始期限(府总秘二字第七二〇七号)	第一卷第七期	三十五年八月一日	一七〇(44)
国民参政会建议严厉清除官僚资本案转饬遵照(府总秘二字第八五二四号)	第一卷第十期	三十五年九月十六日	二五七(44)
委任王祖荫为本府秘书处科员令	第一一〇期	二十一年六月三十日	〇二七(21)
委任王盛林为本市度量衡检定所检定员令	第一一六期	二十一年九月三十日	七三四(21)

委任邓荣惠为本市度量衡检定所所长令	第一一六期	二十一年九月三十日	七三三(21)
委任孙光璧为本市度量衡检定所检定员令	第一一六期	二十一年九月三十日	七三三(21)
委任李成美为本府秘书处文事科科员派在宣传股服务	第二期	十六年十月十五日	〇二七(2)
委任李茂材为本府秘书处科员令	第一一三期	二十一年八月十五日	四一五(21)
委任李寒秋为本府秘书处文事科科员派在宣传股服务	第二期	十六年十月十五日	〇二七(2)
委任吴文涵为本府财政局总务课课长	第三期	十六年十月三十一日	二八一(2)
委任汪家钰暂代参事会文牍员	第二期	十六年十月十五日	〇二七(2)
委任沈振寰为本府秘书处办事员令	第一一四期	二十一年八月三十一日	四九九(21)
委任林曜李为本府秘书处文事科宣传股主任	第二期	十六年十月十五日	〇二七(2)
委任欧阳琨为本市度量衡检定所检定员令	第一一六期	二十一年九月三十日	七三三(21)
委任周宇鉴为浦口市政办事处处员令	第一一〇期	二十一年六月三十日	〇二七(21)
委任郑鹤为本府秘书处总务科科员派在特务股服务	第三期	十六年十月三十一日	二八一(2)
委任孟广泰为南京特别市市政府公安局督察处长	第二期	十六年十月十五日	〇二七(2)
委任姚溥臣为本市财政局营业税征收处长令	第一一〇期	二十一年六月三十日	〇二九(21)
委任顾蒋香为本府秘书处科员令	第一一四期	二十一年八月三十一日	四九九(21)
委任钱肇昌为南京特别市电灯厂副厂长	第三期	十六年十月三十一日	二八一(2)
委任徐家昌为本市公园管理处技术员令	第一一二期	二十一年七月三十日	三〇九(21)
委任高若兰为本府文事科科员派在宣传股服务	第三期	十六年十月三十一日	二八一(2)
委任唐国桢、王叔惠为本府秘书处文事科科员派在宣传股服务	第三期	十六年十月三十一日	二八一(2)

委任唐春炎、陆懋德为本府秘书处总务科科员派在特务股服务	第三期	十六年十月三十一日	二八二(2)
委任崔延钧、韩甲光为本府秘书处文事科科员派在宣传股服务	第三期	十六年十月三十一日	二八二(2)
委任谢彦为南京特别市电灯厂厂长	第二期	十六年十月十五日	〇二七(2)
所呈兴办玄武湖教育事业计划核尚可行仰编造概算呈候核夺(府总秘二字第七九一七号)	第一卷第九期	三十五年九月一日	二二二(44)
废止暂行警察官官等官俸表令(府总秘字第九〇八号)	第一卷第一期	三十五年五月一日	〇〇九(44)
定期举办本市第一期公职人员检覈令(府总秘二字第三四二九号)	第一卷第二期	三十五年五月十六日	〇三七(44)
参政会议请政府确实制止现任官吏兼充各工商机关之经理董事等职令(府总秘字第三二九号)	第一卷第一期	三十五年五月一日	〇〇六(44)
南京市政府令：工务局科长杨肇辉应即免职此令	第七十二期	十九年十一月三十日	七七九(14)
南京市政府令：工务局暂代技正文之孝呈请辞职，应予照准此令	第一〇一期	二十一年二月十五日	五二一(19)
南京市政府令：王瓛珩调派在本府秘书处第一科办事，麦骞派在本府秘书处第二科办事，派汪宗甲暂代本府秘书处审核股主任，任命熊元楷为本府秘书处科员，派熊元楷充秘书处第一科文书股主任，任命刘庆瑄、寿璜为本府秘书处科员此令	第八十六期	二十年六月三十日	二四一(17)
南京市政府令：公园管理处技正李驹调府办事，调派项颂唐暂在本府参事室任事，唐际昌暂在本府收发室办事，潘昭信、谭亚霖暂在本府文书股办理缮校事项，陈翥暂在本府审核股办事此令	第六十七期	十九年九月十五日	二〇五(14)

南京市政府令：本市市民银行行长傅麟着即免职另候任用，本市市民银行副行长蔡玄甫着即免职另候任用，派吴求暂代本市市民银行行长，徐湛煋暂代本市市民银行副行长此令	第九十九期	二十一年一月十五日	二六八(19)
南京市政府令：本市财政科长陈陛章、钮两农辞职照准，派张秉懿、仇念劬暂代本市财政局科长，张秉懿在第一科办事，仇念劬在第二科办事此令	第一〇〇期	二十一年一月三十一日	三八九(19)
南京市政府令：本府工务局第二科科长厉宽另候任用遗缺派梁旭东暂行代理，派谭铁肩、文之孝暂代本府工务局技正此令	第一〇〇期	二十一年一月三十一日	三九一(19)
南京市政府令：本府乐队队长汤馨育业经停职，遗缺兹委张维和暂行代理此令	第一〇九期	二十一年六月十五日	六八九(20)
南京市政府令：本府社会局科长陈继烈着即免职另候任用，派魏诗墀暂代本府社会局科长在第一科办事此令	第一〇〇期	二十一年一月三十一日	三八九(19)
南京市政府令：令土地局第一科科长田耀南着即停职另候任用此令	第一〇五期	二十一年四月九日	二六六(20)
南京市政府令：令公园管理处主任孙如磐着即停职另候任用，所遗职务已令委李鸿绪接充此令	第一〇六期	二十一年四月二十七日	三六〇(20)
南京市政府令：令办事员李惠德着即停职另候任用此令	第一〇六期	二十一年四月廿六日	三五九(20)
南京市政府令：令办事员钱汝昌着即停职另候任用此令	第一〇六期	二十一年四月廿六日	三五九(20)
南京市政府令：令办事员董谦着即停职另候任用此令	第一〇六期	二十一年四月廿六日	三五九(20)

南京市政府令：令本府办事员王旭剑兹派该员在本府秘书处第一科外务股办事此令	第一〇二期	二十一年二月二十九日	六一一(19)
南京市政府令：令本府技术专员张剑鸣兹派该专员暂行兼代本府工务局局长此令	第一〇一期	二十一年二月十五日	五二二(19)
南京市政府令：令科员田晁衡着即停职另候任用此令	第一〇六期	二十一年四月廿六日	三五九(20)
南京市政府令：令科员庄剑兰着即停职另候任用此令	第一〇六期	二十一年四月廿六日	三五八(20)
南京市政府令：令科员江宝甫着即停职另候任用此令	第一〇六期	二十一年四月廿六日	三五八(20)
南京市政府令：令科员寿璜着即停职另候任用此令	第一〇六期	二十一年四月廿六日	三五八(20)
南京市政府令：令科员巫原镇着即停职另候任用此令	第一〇六期	二十一年四月廿六日	三五七(20)
南京市政府令：令科员李华庭着即停职另候任用此令	第一〇六期	二十一年四月廿六日	三五九(20)
南京市政府令：令科员杨兴华着即停职另候任用此令	第一〇六期	二十一年四月廿六日	三五七(20)
南京市政府令：令科员何闰生着即停职另候任用此令	第一〇六期	二十一年四月廿六日	三五七(20)
南京市政府令：令科员陈守言着即停职另候任用此令	第一〇六期	二十一年四月廿六日	三五八(20)
南京市政府令：令科员陈鹏谟着即停职另候任用此令	第一〇六期	二十一年四月廿六日	三五六(20)
南京市政府令：令科员相寿吕着即停职另候任用此令	第一〇六期	二十一年四月廿六日	三五七(20)
南京市政府令：令科员倪希同着即停职另候任用此令	第一〇六期	二十一年四月廿六日	三五六(20)
南京市政府令：令科员高应侯着即停职另候任用此令	第一〇六期	二十一年四月廿六日	三五八(20)

南京市政府令：令科员简逵着即停职另候任用此令	第一〇六期	二十一年四月廿六日	三五六(20)
南京市政府令：令科员翟鲸身着即停职另候任用此令	第一〇六期	二十一年四月廿六日	三五六(20)
南京市政府令：令统计股主任科员虞清楠着即停职另候任用此令	第一〇六期	二十一年四月廿六日	三六〇(20)
南京市政府令：令暂代工务局局长张剑鸣兹派该局长兼任本市筑路摊费委员会委员此令	第一〇二期	二十一年二月二十九日	六一三(19)
南京市政府令：令暂代土地局局长周湘，暂代工务局局长陈耀祖兹派该局长兼任本市筑路摊费审查委员会主席委员此令	第一〇〇期	二十一年一月三十一日	三九二(19)
南京市政府令：令暂代本府土地局科长詹孝萱兹派该科长兼任本市土地评价委员会专门委员此令	第一〇〇期	二十一年一月三十一日	三九一(19)
南京市政府令：令暂代市民银行副行长陆荣光兹派该委员兼任本市筑路摊费审查委员会委员此令	第一〇一期	二十一年二月十五日	五二二(19)
南京市政府令：令筑路摊费审查委员会委员陆荣光兹派该委员兼任本市筑路摊费审查委员会秘书此令	第一〇一期	二十一年二月十五日	五二二(19)
南京市政府令：任命卫文沁为本府科员此令	第八十二期	二十年四月三十日	五五一(16)
南京市政府令：任命王正九为本府科员，派杨维新充本府浦口市政办事处主任此令	第七十六期	二十年一月三十一日	四八一(15)
南京市政府令：任命朱静为本府浦口市政办事处文牍员，魏修之为本府浦口市政办事处会计兼庶务员，刘季尊、余耀远为本府浦口市政办事处办事员此令	第七十九期	二十年三月十五日	二一九(16)

南京市政府令：任命庄剑兰为本府科员，派蓝宗德兼办文书股事务	第八十一期	二十年四月十五日	四五三(16)
南京市政府令：任命刘觉群为本府科员此令	第七十五期	二十年一月十五日	三一三(15)
南京市政府令：任命孙立人为本府科员此令	第七十八期	二十年二月二十八日	一一一(16)
南京市政府令：任命李华庭为本府科员此令	第八十七期	二十年七月十五日	三八一(17)
南京市政府令：任命李克歧为南京市土地局地产股主任科员，胡金科为南京市土地局总务股科员，孙鸿年为南京市土地局测量队调查员，董佩文为南京市土地局注册股办事员此令	第七十七期	二十年二月十五日	六七三(15)
南京市政府令：任命杨丹臣、李国荃为本市公园管理处助理员，赵麟洲为本市公园管理处会计员，张炳星为本市公园管理处白鹭洲公园管理员，周震南派在事务审核两股办事，段延龄、佘秉国派在参事室办事，翟鲸身派在编译股办事，朱润甫派在审核股办事，派李世周充本府办事员，派傅麟充本市市民银行行长此令	第六十三期	十九年七月十五日	四一三(13)
南京市政府令：任命杨茂林为本市公园管理处会计助理员此令	第七十三期	十九年十二月十五日	〇四七(15)
南京市政府令：任命杨越万为本市公园管理处文牍员，毛达成为本市公园管理处庶务员，栗鸿勋为本市公园管理处第一公园助理员此令	第六十八期	十九年九月三十日	三一九(14)
南京市政府令：任命何闰生为本府科员此令	第六十七期	十九年九月十五日	二〇五(14)

南京市政府令：任命张修吉为本府公园管理处管理员此令	第九十六期	二十年十一月三十日	六八七(18)
南京市政府令：任命张鸿为首都米市筹备委员会主任，张宝瑢、陈延谟为首都米市筹备委员，蔡光谟为兼任首都米市筹备委员，彭可扬为本市公园管理处文牍员，庞志诚为本市公园管理处庶务员，李传瑨为本市公园管理处五洲公园技术员，马天衡为本市公园管理处第一公园管理兼技术员，张苐之为本市公园管理处第一公园助理员，周东浦为本市公园管理处莫愁湖公园管理员此令	第六十四期	十九年六七月三十一日	六〇一(13)
南京市政府令：任命陈邦彦为本市筑路摊费审查委员会科员此令	第九十一期	二十年九月十五日	〇三九(18)
南京市政府令：任命陈鹏谟为本府科员，派刘肇麟充本府办事员此令	第七十六期	二十年一月三十一日	四八一(15)
南京市政府令：任命周一灵为本府浦口市政办事处文牍员，傅有余为本府浦口市政办事处办事员此令	第八十五期	二十年六月十五日	一五三(17)
南京市政府令：任命赵汇东为本市公园管理处庶务员此令	第八十七期	二十年七月十五日	三八一(17)
南京市政府令：任命郝荫檀为本市公园管理处莫愁湖公园管理员，任命段广心为本市公园管理处助理员此令	第八十九期	二十年八月十五日	五六三(17)
南京市政府令：任命秦荣棠为本市公园管理处第一公园助理员。齐克强为本市公园管理处会计助理员此令	第八十一期	二十年四月十五日	四五三(16)

南京市政府令：任命顾蒋香、葛德铭、周秉奎为本市筑路摊费审查委员会科员，陈庆松、张宗镐、赵国英为本筑路摊费审查委员会办事员此令	第八十五期	二十年六月十五日	一五三(17)
南京市政府令：任命徐宗尧为南京市政府自来水工程处技术员此令	第七十五期	二十年一月十五日	三一三(15)
南京市政府令：任命徐适为本市公园管理处第一公园管理兼技术员此令	第八十九期	二十年八月十五日	五六三(17)
南京市政府令：任命潘涛为本市自治事务所事务员此令	第八十八期	二十年七月三十一日	四六七(17)
南京市政府令：改派关绍棠为本市公园管理处主任，任命钮文洪为本府科员此令	第九十七期	二十年十二月十五日	〇二三(19)
南京市政府令：委任石济时为本府科员暂在秘书处第一科文书股办事此令	第一〇五期	二十一年四月九日	二六八(20)
南京市政府令：委任朱芷芳为本市公园管理处会计员，本市公园管理处会计员邵骥超着即免职此令	第一〇四期	二十一年三月廿六日	一〇四(20)
南京市政府令：委任江宝甫、周庸枢、高应侯、陈守言为本府科员，委任董谦、李惠德为本府办事员，江宝甫、高应侯在本府秘书处第一科事务股办事，董谦在本府秘书处第一科文书股办理监印事宜此令	第一〇〇期	二十一年一月三十一日	三九〇(19)
南京市政府令：委任阮兆康为本府科员暂在秘书处第一科文书股办理收发事务此令	第一〇五期	二十一年四月十五日	二六八(20)
南京市政府令：委任李家弼为本府科员并派充秘书处第一科事务股主任此令	第一〇五期	二十一年四月十五日	二六八(20)

南京市政府令：委任李鸿绪为本府公园管理处主任此令	第一〇六期	二十一年四月三十日	三六〇(20)
南京市政府令：委任杨兴华为本府科员派邵德镕为本府秘书处审核股主任此令	第一〇三期	二十一年三月十五日	〇二一(20)
南京市政府令：委任张宝瑢、吴文波兼充首都米市筹备委员此令	第一〇二期	二十一年二月二十九日	六一二(19)
南京市政府令：委任陈彝为本府科员暂在秘书处事务股办理会计事宜此令	第一〇五期	二十一年四月十五日	二六八(20)
南京市政府令：委任邵骥超为本市公园管理处会计员此令	第一〇二期	二十一年二月二十九日	六一二(19)
南京市政府令：委任林瑞仙、范映霞为本府科员在秘书处文书股办事此令	第一〇〇期	二十一年一月三十一日	三九二(19)
南京市政府令：委任徐仲清为本市公园管理处第一公园管理员此令	第一〇二期	二十一年二月二十九日	六一二(19)
南京市政府令：委任郭顺清为本府秘书处科员在第二科编译股办事此令	第一〇四期	二十一年三月三十一日	一〇三(20)
南京市政府令：查本府科员汪致庸久未到差着即免职此令	第一〇四期	二十一年三月三十一日	一〇四(20)
南京市政府令：兹任周云程为本市清洁总队督察员此令	第一〇八期	二十一年五月三十一日	五六五(20)
南京市政府令：兹改派李如霖在本府财政局办事此令	第九十五期	二十年十一月十五日	五五五(18)
南京市政府令：兹制定南京市卫生协作委员会章程公布之此令	第一〇七期	二十一年五月十五日	四七六(20)
南京市政府令：兹制定南京市政府购料审核委员会规则公布之此令	第一〇七期	二十一年五月十五日	四七六(20)
南京市政府令：兹制定南京市政府管理开业国医暂行规则公布之此令	第一〇九期	二十一年六月十五日	六八九(20)

南京市政府令：兹制定南京市政府管理菜市场规则公布之此令，兹制定南京市工务局招商承办菜市场规则公布之此令	第九十四期	二十年十月三十一日	四三五(18)
南京市政府令：兹制定南京市屠宰场检验规则公布之此令	第六十五期	十九年八月十五日	七四三(13)
南京市政府令：兹制定南京市粮食委员会组织规则公布之此令	第九十三期	二十年十月十五日	三一五(18)
南京市政府令：兹制定南京职业介绍所登记规则公布之此令	第一〇一期	二十一年二月十五日	五二二(19)
南京市政府令：兹委王旭为南京市土地评价委员会专门委员此令	第一〇九期	二十一年六月十五日	六八九(20)
南京市政府令：兹委王修为本府秘书处科员着在第三科服务此令	第一〇七期	二十一年五月十五日	四七三(20)
南京市政府令：兹委巴绍龙为南京市清洁总队督察员此令	第一〇七期	二十一年五月十五日	四七四(20)
南京市政府令：兹委石家璧为本府秘书处科员，在会计股服务此令	第一〇八期	二十一年五月三十一日	五六四(20)
南京市政府令：兹委乐尽善为南京市清洁总队事务员此令	第一〇七期	二十一年五月十五日	四七四(20)
南京市政府令：兹委任石其佩为本市公园管理处助理员此令	第一〇三期	二十一年三月十五日	〇二一(20)
南京市政府令：兹委任吴济川为本府秘书处办事员在庶务股服务此令	第一〇八期	二十一年五月三十一日	五六六(20)
南京市政府令：兹委任林昂为本府秘书处科员在购料审核委员会办事此令	第一〇八期	二十一年五月三十一日	五六五(20)
南京市政府令：兹委任黄道孜为本市筑路摊费审查委员会办事员此令	第一〇四期	二十一年三月三十一日	一〇四(20)
南京市政府令：兹委任葛天民为本市公园管理处庶务员此令	第一〇二期	二十一年二月二十九日	六一二(19)
南京市政府令：兹委任雷大同为本市筑路摊费审查委员会科员此令	第一〇一期	二十一年二月十五日	五二一(19)

南京市政府令：兹委任简逵为本府科员在秘书处文书股办事此令	第一〇三期	二十一年三月十五日	〇二二(20)
南京市政府令：兹委刘玙章为本府秘书处科员着在第三科服务此令	第一〇七期	二十一年五月十五日	四七二(20)
南京市政府令：兹委汤咸治为南京市中路清洁队队长此令	第一〇七期	二十一年五月十五日	四七四(20)
南京市政府令：兹委阮曾佑为本府秘书处科员着在第一科文书股服务此令	第一〇七期	二十一年五月十五日	四七二(20)
南京市政府令：兹委孙伦为本府秘书处科员着在第一科文书股服务此令	第一〇七期	二十一年五月十五日	四七二(20)
南京市政府令：兹委李大纬为本市市民银行副行长此令	第一〇六期	二十一年四月三十日	三六一(20)
南京市政府令：兹委李行远为本府秘书处技士暂代第三科医务股主任此令	第一〇七期	二十一年五月十五日	四七一(20)
南京市政府令：兹委李振凡为本府科员在购买材料审核委员会办事此令	第一〇八期	二十一年五月三十一日	五六三(20)
南京市政府令：兹委杨炳义为本府秘书处办事员着在第三科服务此令	第一〇七期	二十一年五月十五日	四七三(20)
南京市政府令：兹委余澄为本府秘书处科员暂代清洁总队队长此令	第一〇七期	二十一年五月十五日	四七一(20)
南京市政府令：兹委沈振寰为本市筑路摊费审查委员会科员此令	第一〇四期	二十一年三月三十一日	一〇四(20)
南京市政府令：兹委沈默君为南京市清洁总队督察员此令	第一〇八期	二十一年五月三十一日	五六三(20)
南京市政府令：兹委宋锦章为本府秘书处科员着在第三科服务此令	第一〇七期	二十一年五月十五日	四七三(20)
南京市政府令：兹委赵宝璠为本府秘书处办事员着在第三科服务此令	第一〇七期	二十一年五月十五日	四七三(20)
南京市政府令：兹委袁瀛为本府秘书处第一科科员着担任稽查事宜此令	第一〇八期	二十一年五月三十一日	五六六(20)

南京市政府令：兹委韩恕为本府秘书处科员暂代第三科清洁股主任此令	第一〇七期	二十一年五月十五日	四七一(20)
南京市政府令：兹委傅麟为本市市民银行行长此令	第一〇六期	二十一年四月三十日	三六一(20)
南京市政府令：兹委谢麟昌为南京市清洁总队总队附此令	第一〇七期	二十一年五月十五日	四七四(20)
南京市政府令：兹委颜次屏为本府秘书处科员着在第三科服务此令	第一〇七期	二十一年五月十五日	四七三(20)
南京市政府令：兹委潘丙为本府秘书处科员着在第二科审核股服务此令	第一〇七期	二十一年五月十五日	四七二(20)
南京市政府令：兹依照市组织法第十二条及土地征收法第四十七条之规定制定南京市土地征收补充规则公布之此令	第九十二期	二十年九月三十日	一六七(18)
南京市政府令：兹依照市组织法第十二条及营业税法各规定制定南京市征收营业税施行细则及税率表公布之此令	第九十期	二十年八月三十一日	六四九(17)
南京市政府令：兹依照市组织法第十二条之规定制定南京市工厂登记规则及声请登记书登记执照公布之此令	第六十八期	十九年九月三十日	三一九(14)
南京市政府令：兹依照市组织法第十二条之规定制定南京市卫生局家犬登记规则公布之此令	第六十八期	十九年九月三十日	三一九(14)
南京市政府令：兹依照市组织法第十二条之规定制定南京市不动产卖典暂行规则及南京市卖典不动产经纪人登记暂行规则公布之此令	第七十五期	二十年一月十五日	三一三(15)

南京市政府令：兹依照市组织法第十二条之规定，制定南京市区长奖惩规则公布之此令	第一〇〇期	二十一年一月三十一日	三九二(19)
南京市政府令：兹依照市组织法第十二条之规定，制定南京市区公产公款管理规则公布之此令	第一〇〇期	二十一年一月三十一日	三九二(19)
南京市政府令：兹依照市组织法第十二条之规定制定南京市公园管理处章程公布之此令	第六十三期	十九年七月十五日	四一三(13)
南京市政府令：兹依照市组织法第十二条之规定制定南京市书店印刷所登记规则，兹制定南京市筑路摊费审查委员会组织细则公布之此令	第七十期	十九年十月三十一日	五二五(14)
南京市政府令：兹依照市组织法第十二条之规定制定南京市市政府自治研究所简章公布之此令	第七十七期	二十年二月十五日	六七三(15)
南京市政府令：兹依照市组织法第十二条之规定，制定南京市坊公所筹备处组织规则公布之此令	第一〇二期	二十一年二月二十九日	六一二(19)
南京市政府令：兹依照市组织法第十二条之规定，制定南京市劳工福利事业设计委员会组织规则公布之此令	第一〇〇期	二十一年一月三十一日	三九二(19)
南京市政府令：兹依照市组织法第十二条之规定制定南京市房租产价调查委员会规则，兹依照市组织法第十二条之规定制定南京市公益慈善事业捐助褒奖规则，兹依照市组织法第十二条之规定制定南京市卫生局第一卫生事务所组织章程公布之此令	第六十八期	十九年九月三十日	三二〇(14)

南京市政府令：兹依照市组织法第十二条之规定制定南京市政府市库章程公布之此令	第六十三期	十九年七月十五日	四一三(13)
南京市政府令：兹依照市组织法第十二条之规定制定南京市政府法规编纂委员章程公布之此令，兹依照市组织法第十二条之规定制定南京市平民工厂清查整理委员会暂行规则公布之此令	第六十七期	十九年九月十五日	二〇五(14)
南京市政府令：兹依照市组织法第十二条之规定制定南京市政府浦口市政办事处组织规则公布之此令	第七十五期	二十年一月十五日	三一三(15)
南京市政府令：兹依照市组织法第十二条之规定制定南京市营业税征收处组织规则公布之此令，兹依照市组织法第十二条及营业税法第十一条之规定制定南京市营业税评议委员会组织规则公布之此令	第九十期	二十年八月三十一日	六四九(17)
南京市政府令：兹依照市组织法第十二条之规定制定南京市筑路摊费暂行规则公布之此令	第六十八期	十九年九月三十日	三一九(14)
南京市政府令：兹依照市组织法第十二条之规定制定南京市登记船只规则及征收船捐规则公布之此令	第八十二期	二十年四月三十日	五五一(16)
南京市政府令：兹依照市组织法第六十条之规定制定南京市区公所办事规则公布之此令	第九十一期	二十年九月十五日	〇三九(18)
南京市政府令：兹修正南京市土地评价委员会组织规则公布之此令	第九十三期	二十年十月十五日	三一五(18)

南京市政府令：兹修正南京市卫生事务所组织章程公布之此令	第一〇九期	二十一年六月十五日	六九〇(20)
南京市政府令：兹修正南京市自来水工程处组织规则公布之此令，兹制定南京市自治事务所组织规则公布之此令	第八十六期	二十年六月三十日	二四一(17)
南京市政府令：兹修正南京市社会局发给营业执照规则公布之此令	第九十五期	二十年十一月十五日	五五五(18)
南京市政府令：兹修正南京市屠宰场检验猪只及征费规则公布之此令	第一〇九期	二十一年六月十五日	六八九(20)
南京市政府令：兹修正南京市筑路摊费审查委员会组织细则公布之此令	第七十七期	二十年二月十五日	六七三(15)
南京市政府令：兹修正南京市筑路摊费审查委员会组织细则第九第十两条条文公布之此令	第八十六期	二十年六月三十日	二四一(17)
南京市政府令：兹修正南京市登记船只规则公布之此令	第六十四期	十九年六七月三十一日	六〇一(13)
南京市政府令：兹派龙毓莹暂代本府秘书处第三科科长此令	第一〇八期	二十一年五月三十一日	五六五(20)
南京市政府令：兹派叶纪元代理本市民银行行长此令	第一〇一期	二十一年二月十五日	五二二(19)
南京市政府令：兹派市民银行行长傅麟兼任本市米市筹备处主任此令	第一〇八期	二十一年五月三十一日	五六四(20)
南京市政府令：兹派麦骞、陈璞兼充本府法规编纂委员会委员，佘秉国兼充本府法规编纂委员会秘书此令	第九十期	二十年八月三十一日	六四九(17)
南京市政府令：兹派李如霖在本府秘书处第一科学习，陈璧光在本府社会局学习，张亶翔、张右源在本府教育局办事此令	第九十四期	二十年十月三十一日	四三五(18)

南京市政府令：兹派吴克倬兼任本市筑路摊费审查委员会委员此令	第八十期	二十年三月三十一日	三〇一(16)
南京市政府令：兹派唐伯文兼任南京市筑路摊费审查委员会主席委员，赵志游、马轶群、田耀南、许行成为南京市筑路摊费审查委员会委员此令	第七十二期	十九年十一月三十日	七七九(14)
南京市政府令：兹派章祓兼充本市筑路摊费审查委员会委员，任命吴保恕为本市秘书处科员，派翟鲸身兼办文书股事务此令	第八十七期	二十年七月十五日	三八一(17)
南京市政府令：兹调委张建英兼充南京市下关清洁所主任此令	第一〇七期	二十一年五月十五日	四七七(20)
南京市政府令：兹调派厉宽代本府工务局科长在第二科办事，叶家垣暂代本府工务局技正兼代工务局科长在第一科办事，暂代工务局技正姚世濂着即免职另候任用，陈均沛暂代本府工务局技正，厉宽另有任用应免本职此令	第一〇〇期	二十一年一月三十一日	三九〇(19)
南京市政府令：兹调派暂代本府秘书处第三科科长邓翔海为本府秘书此令	第一〇八期	二十一年五月三十一日	五六五(20)
南京市政府令：兹调派暂代本府秘书杨宙康为本府参事此令	第一〇八期	二十一年五月三十一日	五六五(20)
南京市政府令：兹调派暂代财政局第一科科长邓子骏暂代本府秘书处第二科科长此令	第一〇六期	二十一年四月三十日	三五五(20)
南京市政府令：兹暂派陆荣光为本市市民银行副行长此令	第一〇〇期	二十一年一月三十一日	三九一(19)

南京市政府令：派丁照普暂代本府参事，委任孙如磐为本市公园管理处主任，汪致庸为本府秘书处科员此令	第一〇一期	二十一年二月十五日	五二一(19)
南京市政府令：派马寿华、齐叙、赵志游、唐伯文、张忠道、梅贻琳、黄曾樾兼任本市房租产价调查委员会委员此令	第六十九期	十九年十月十五日	四三一(14)
南京市政府令：派马寿华、赵志游、马轶群、张育海、梅贻琳、齐叙、金肇组、尤巽照、章祓兼充本市自来水管招标审查委员会委员，派顾蒋香、周秉奎充本市筑路摊费审查委员会技术员此令	第七十七期	二十年二月十五日	六七三(15)
南京市政府令：派马寿华兼充本府自治研究所所长、黄曾樾、张忠道兼充本府自治研究所副所长、李捷才暂行兼办本府自治研究所事务此令	第七十七期	二十年二月十五日	六七三(15)
南京市政府令：派马树和暂代本府秘书此令	第九十二期	二十年九月三十日	一六八(18)
南京市政府令：派马轶群暂代本市工务局局长，派章祓暂代本市参事此令	第八十六期	二十年六月三十日	二四二(17)
南京市政府令：派马洗繁代理南京市社会局局长，兼代教育局局长此令	第一〇五期	二十一年四月十五日	二六六(20)
南京市政府令：派王光辉兼代本市自治事务所所长此令	第九十九期	二十一年一月十五日	二六八(19)
南京市政府令：派王旭剑充本府办事员此令	第一〇二期	二十一年二月二十九日	六一一(19)
南京市政府令：派王季襄为本市公园管理处助理员此令	第九十二期	二十年九月三十日	一六七(18)

南京市政府令：派王惠中暂代本市社会局科长此令	第八十八期	二十年七月三十一日	四六七(17)
南京市政府令：派王漱芳暂代本府秘书长，王光辉暂代本市社会局局长，王人麟暂代本市财政局局长，陈耀祖暂代本市工务局局长，调派本府秘书谢征孚暂代本市教育局局长，周湘暂代本市土地局局长，陈无涯、何惺常暂代本市秘书，沈时济暂代本市秘书处第一科科长，任命徐文澄为本府科员充秘书处第一科事务股主任此令	第九十九期	二十一年一月十五日	二六七(19)
南京市政府令：派王勷珩代理本府秘书处科长派在秘书处第二科办事暂兼审核股主任，任命马天衡为本市公园管理处技术员此令	第八十期	二十年三月三十一日	三〇一(16)
南京市政府令：派邓子骏暂代本市财政局第一科科长此令	第一〇六期	二十一年四月三十日	三五三(20)
南京市政府令：派邓翔海暂代本市土地局第一科科长此令	第一〇五期	二十一年四月十五日	二六六(20)
南京市政府令：派邓翔海暂代本府秘书处第三科科长此令	第一〇七期	二十一年五月十五日	四七一(20)
南京市政府令：派本府参事章祓兼任本市府筑路摊费审查委员会主席委员此令	第一〇六期	二十一年四月三十日	三五五(20)
南京市政府令：派本府参事章祓兼任南京市土地评价委员会专门委员此令	第一〇五期	二十一年四月十五日	二七〇(20)
南京市政府令：派本府秘书处文书股主任科员任治沅在秘书室工作，兼任文书股主任此令	第一〇五期	二十一年四月十五日	二七一(20)

南京市政府令：派本府秘书处事务股主任李家弼为第一科庶务股主任此令	第一〇五期	二十一年四月十五日	二七一(20)
南京市政府令：派本府秘书处事务股科员陈彝为第一科会计股主任此令	第一〇五期	二十一年四月十五日	二七一(20)
南京市政府令：派本府秘书熊亨灵暂兼代卫生局局长此令	第一〇五期	二十一年四月十五日	二六七(20)
南京市政府令：派本府秘书熊亨灵暂兼代第一科科长此令	第一〇五期	二十一年四月十五日	二七一(20)
南京市政府令：派本府第一科科长杨昭兼任南京市土地评价委员会专门委员此令	第一〇五期	二十一年四月十五日	二七〇(20)
南京市政府令：派叶家俊为本府技术专员此令	第九十九期	二十一年一月十五日	二六八(19)
南京市政府令：派田晁衡为本府办事员此令	第九十一期	二十年九月十五日	〇三九(18)
南京市政府令：派任汉沅暂代本府秘书处文书股主任，任命刘世超、黄骏为本市自治事务所事务员，任命张元良为本市自治事务所视察员此令	第八十七期	二十年七月十五日	三八一(17)
南京市政府令：派任治沅为本府秘书处第一科文书股主任此令	第九十九期	二十一年一月十五日	二六七(19)
南京市政府令：派向云龙暂代本府秘书此令	第一〇五期	二十一年四月十五日	二六五(20)
南京市政府令：派向云龙暂兼代秘书处第二科科长此令	第一〇五期	二十一年四月十五日	二六六(20)
南京市政府令：派刘九如、杨至刚、王景贤、马玉林、赵冠甲、方墨林、梅裕昆充南京市清洁总队督察员此令	第一〇七期	二十一年五月十五日	四七五(20)

南京市政府令：派刘琨章充本府办事员此令	第七十二期	十九年十一月三十日	七七九(14)
南京市政府令：派关绍棠代理公园管理处主任，任命袁侠民为本府科员，派袁侠民充本府秘书处编译股主任，虞清楠改派在本府秘书处统计股办事，任命刘彩麟为本府科员，派吴家耀为本府办事员此令	第八十八期	二十年七月三十一日	四六七(17)
南京市政府令：派许行成、陈品善、万宽为南京市政府工务局技正，杨肇辉为南京市政府工务局科长，调派林庚白为本府秘书，调派林瑞书为南京市政府工务局技正此令	第六十四期	十九年六七月三十一日	六〇一(13)
南京市政府令：派许蟠云暂代本市府社会局第一科科长此令	第一〇六期	二十一年四月三十日	三六〇(20)
南京市政府令：派麦骞暂行兼代土地局局长职务此令	第八十二期	二十年四月三十日	五五一(16)
南京市政府令：派技正刘仁夔兼代工务局第二科科长此令	第一〇四期	二十一年三月三十一日	一〇三(20)
南京市政府令：派杜唱初代理本市市民银行副行长此令	第一〇一期	二十一年二月十五日	五二二(19)
南京市政府令：派李长儒为本府浦口市政办事处会计兼庶务员，派苗占魁为本府浦口市政办事处办事员此令	第九十二期	二十年九月三十日	一六七(18)
南京市政府令：派李茂材为本府秘书处办事员在第一科庶务股服务此令	第一〇六期	二十一年四月三十日	三五三(20)
南京市政府令：派李宝祥暂代本府参事，刘兆锡为本市铁路管理处主任，徐湛星暂兼本府秘书此令	第一〇〇期	二十一年一月三十一日	三八九(19)

南京市政府令：派李健民、侯倩宜为本市筑路摊费审查委员会办事员此令	第一〇二期	二十一年二月二十九日	六一一(19)
南京市政府令：派李捷才、马轶群、林庚白兼任本市土地评价委员会专门委员此令	第六十八期	十九年九月三十日	三二〇(14)
南京市政府令：派李捷才充本市自治事务所所长，任命王啓东、李搏为本市自治事务所组长，任命魏达方为本市自治事务所事务员此令	第八十六期	二十年六月三十日	二四二(17)
南京市政府令：派李捷才兼充本市筑路摊费审查委员会主任秘书此令	第七十二期	十九年十一月三十日	七七九(14)
南京市政府令：派李捷才暂代本市社会局局长此令	第八十七期	二十年七月十五日	三八一(17)
南京市政府令：派杨昭暂代本府第一科科长此令	第一〇五期	二十一年四月十五日	二六九(20)
南京市政府令：派杨维新充本府市库监理，任命巫源镇为本府秘书处科员此令	第七十三期	十九年十二月十五日	〇四七(15)
南京市政府令：派吴克俾充本市筑路摊费审查委员会秘书此令	第七十六期	二十年一月三十一日	四八一(15)
南京市政府令：派吴伯岱为本府稽查兼卫队长此令	第一〇六期	二十一年四月三十日	三五六(20)
南京市政府令：派吴梦茵暂代本府社会局科长在第二科办事此令	第一〇〇期	二十一年一月三十一日	三九〇(19)
南京市政府令：派旷连文暂代本市府社会局第二科科长此令	第一〇六期	二十一年四月三十日	三六〇(20)
南京市政府令：派余顺乾兼任本市筑路摊费审查委员会委员，派余顺干兼任本市土地评价委员会主席委员此令	第八十六期	二十年六月三十日	二四一(17)
南京市政府令：派余籍传暂代工务局局长此令	第一〇五期	二十一年四月十五日	二六七(20)

南京市政府令：派汪开元、梅慰祖、陈爵三兼充本市房租产价调查委员会调查员此令	第七十四期	十九年十二月三十一日	一五五(15)
南京市政府令：派汪荻浪充本市公园管理处技正此令	第九十五期	二十年十一月十五日	五五五(18)
南京市政府令：派张劭宣兼任首都米市筹备处筹备委员此令	第八十五期	二十年六月十五日	一五三(17)
南京市政府令：派张峄阳暂代本市工务局科长在第一科办事此令	第一〇四期	二十一年三月三十一日	一〇三(20)
南京市政府令：派张育海、林庚白、李捷才、刘旭、钮雨农、王肖山、许行成、田耀南、张崇德兼本府法规编纂委员会委员并指定张育海为主席委员此令	第七十六期	二十年一月三十一日	四八一(15)
南京市政府令：派张宝鼎、蔡驾良兼充本市房租产价调查委员会调查员，任命彭清震为本府科员，派刘仁夑暂代南京市政府工务局技正此令	第七十九期	二十年三月十五日	二一九(16)
南京市政府令：派张宝瑢、左愚、何汉勋、冯斌甲、杨骥兼任本市房租产价调查委员会事务员此令	第七十五期	二十年一月十五日	三一三(15)
南京市政府令：派张建英充南京市清洁队总队附此令	第一〇七期	二十一年五月十五日	四七四(20)
南京市政府令：派张剑鸣为本市技术专员，任命楼兆馗、童璋为本市自治事务所事务员此令	第八十七期	二十年七月十五日	三八一(17)
南京市政府令：派张家鼎代理南京市自治事务所所长此令	第一〇八期	二十一年五月三十一日	五六四(20)
南京市政府令：派张恕暂代南京市卫生局第一科科长，张崇德暂代南京市卫生局第二科科长，陈璞暂代南京市卫生局技正此令	第七十四期	十九年十二月三十一日	一五五(15)

南京市政府令：派张弼充南京市东路清洁队队长、宋淦充南京市南路清洁队队长、郭俊生充南京市西路清洁队队长、李人虎充南京市北路清洁队队长、鄂其山充南京市下关清洁队队长、杨啓明充南京市特务清洁队队长	第一〇七期	二十一年五月十五日	四七五(20)
南京市政府令：派张熙麟暂代财政局第二科科长此令	第一〇六期	二十一年四月三十日	三六一(20)
南京市政府令：派陈秉乾暂代南京市政府社会局科长此令	第八十三期	二十年五月十五日	六七三(16)
南京市政府令：派陈继烈暂代南京市社会局科长此令	第九十期	二十年八月三十一日	六四九(17)
南京市政府令：派陈璞暂代南京市卫生事务所所长此令	第一〇七期	二十一年五月十五日	四七六(20)
南京市政府令：派罗冕为本市社会局救济院院长此令	第八十五期	二十年六月十五日	一五三(17)
南京市政府令：派委张锦云试充本市公园管理处技术员此令	第一〇三期	二十一年三月十五日	〇二二(20)
南京市政府令：派周学春为南京市土地评价委员会专门委员此令	第一〇五期	二十一年四月十五日	二七〇(20)
南京市政府令：派周德民暂代本府卫生局屠宰场场长此令	第一〇〇期	二十一年一月三十一日	三九一(19)
南京市政府令：派郑德镕暂代本府秘书处审核股主任此令	第九十五期	二十年十一月十五日	五五五(18)
南京市政府令：派郎奎第暂代本市教育局科长此令	第一〇三期	二十一年三月十五日	〇二一(20)
南京市政府令：派赵志游兼代筑路摊费审查委员会主席委员，麦謇暂代筑路摊费审查委员会委员此令	第八十三期	二十年五月十五日	六七三(16)

南京市政府令：派赵国英、葛德铭、陈庆松充本市筑路摊费审查委员会事务员，何汉勋、王国荣、凌荣光、王汉忠、陈正和、龚家骅兼充本市房租产价调查委员会复查员，李华庭充本府办事员此令	第七十七期	二十年二月十五日	六七三(15)
南京市政府令：派胡宗王兼任首都米市筹备处筹备委员此令	第一〇三期	二十一年三月十五日	〇二一(20)
南京市政府令：派相寿吕为本府办事员此令	第八十二期	二十年四月三十日	五五一(16)
南京市政府令：派姜广兴兼充本市房租产价调查委员会调查员此令	第七十六期	二十年一月三十一日	四八一(15)
南京市政府令：派姚世濂暂代本府工务局技正此令	第九十三期	二十年十月十五日	三一五(18)
南京市政府令：派统计股科员程仲远兼办文书股事务此令	第六十六期	十九年八月三十一日	〇五一(14)
南京市政府令：派莘禄钟暂代本市工务局技正此令	第一〇四期	二十一年三月三十一日	一〇三(20)
南京市政府令：派钱汝昌、刘肇麟在秘书处第二科审核股办事，派巫原镇、王正九、陈鹏谟、彭清震在秘书处第一科文书股办事，派卫文沁、汪崇礼、李华庭在秘书处第二科编译股办事，派庄剑兰、相寿吕在秘书处第一科外务股办事此令	第八十二期	二十年四月三十日	五五一(16)
南京市政府令：派钱汝昌、汪崇礼充本府秘书处办事员此令	第六十九期	十九年十月十五日	四三一(14)
南京市政府令：派徐文信暂代铁路管理处主任此令	第一〇六期	二十一年四月三十日	三五三(20)
南京市政府令：派徐若霖暂代本市财政局第二科科长此令	第一〇六期	二十一年四月三十日	三五四(20)

南京市政府令：派徐若霖暂代财政局第一科科长此令	第一〇六期	二十一年四月三十日	三六一(20)
南京市政府令：派郭厚庵为本市公园管理处主任，李驹为本市公园管理处技正此令	第六十七期	十九年九月十五日	二〇五(14)
南京市政府令：派兼代土地局局长邓翔海兼任南京市土地评价委员会主席此令	第一〇五期	二十一年四月十五日	二六九(20)
南京市政府令：派黄会樾兼任本市平民工厂清查整理委员会主席，齐叙、张育海兼任本市平民工厂清查整理委员会委员此令	第六十七期	十九年九月十五日	二〇五(14)
南京市政府令：派萧铁耕为本府秘书处文书股主任此令	第一〇五期	二十一年四月十五日	二七一(20)
南京市政府令：派雀濂暂代本市公园管理处主任此令	第八十五期	二十年六月十五日	一五三(17)
南京市政府令：派常鸿钧兼任本市土地评价委员会委员并指定为主席委员、兼任本市筑路摊费审查委员会委员并指定为主席委员此令	第七十六期	二十年一月三十一日	四八一(15)
南京市政府令：派常鸿钧暂代本市土地局局长此令	第七十六期	二十年一月三十一日	四八一(15)
南京市政府令：派崔濂为本府秘书，蔡玄甫为本市市民银行副行长此令	第八十期	二十年三月三十一日	三〇一(16)
南京市政府令：派章祓、麦骞、韩家祥兼任本市土地评价委员会委员此令	第八十七期	二十年七月十五日	三八一(17)
南京市政府令：派梁克西兼任首都米市筹备处筹备委员，派刘全忠为本市公园管理处第一公园助理员此令	第九十二期	二十年九月三十日	一六七(18)

南京市政府令：派葛德铭充本市筑路摊费审查委员会技术员，张宗镐充本市筑路摊费审查委员会事务员此令	第八十期	二十年三月三十一日	三〇一(16)
南京市政府令：派暂代工务局局长余籍传兼任本市府筑路摊费审查委员会委员此令	第一〇六期	二十一年四月三十日	三五四(20)
南京市政府令：派暂代工务局局长余籍传兼任南京市土地评价委员会当然委员此令	第一〇五期	二十一年四月十五日	二六九(20)
南京市政府令：派暂代土地局局长邓翔海兼任本市府筑路摊费审查委员会委员此令	第一〇六期	二十一年四月三十日	三五四(20)
南京市政府令：派暂代土地局第一科科长邓翔海暂行兼代土地局局长	第一〇五期	二十一年四月十五日	二六七(20)
南京市政府令：派暂代本府秘书长赖琏兼任南京市土地评价委员会当然委员此令	第一〇八期	二十一年五月三十一日	五六三(20)
南京市政府令：派暂代本府秘书长赖琏暂代财政局局长此令	第一〇五期	二十一年四月十五日	二六七(20)
南京市政府令：派暂代本府第一科科长杨昭兼任本市府筑路摊费审查委员会委员此令	第一〇六期	二十一年四月三十日	三五五(20)
南京市政府令：派暂代财政局局长程远帆兼任本市府筑路摊费审查委员会委员此令	第一〇六期	二十一年四月三十日	三五四(20)
南京市政府令：派暂代财政局局长程远帆兼任南京市土地评价委员会主席此令	第一〇八期	二十一年五月三十一日	五六三(20)
南京市政府令：派暂代财政局局长赖琏兼任南京市土地评价委员会当然委员此令	第一〇五期	二十一年四月十五日	二六九(20)

南京市政府令：派暂代社会局局长马洗繁兼任南京市土地评价委员会当然委员此令 第一〇五期 二十一年四月十五日 二六九(20)

南京市政府令：派程远帆暂代本市政府财政局局长此令 第一〇六期 二十一年四月三十日 三五四(20)

南京市政府令：派程毓芳为本府科员办理监印事宜此令 第一〇五期 二十一年四月十五日 二七〇(20)

南京市政府令：派谢征孚、刘仁燮兼法规编纂委员会委员此令 第八十三期 二十年五月十五日 六七三(16)

南京市政府令：派谢征孚暂代本府秘书此令 第七十六期 二十年一月三十一日 四八一(15)

南京市政府令：派赖琏暂代本府秘书长此令 第一〇五期 二十一年四月十五日 二六五(20)

南京市政府令：派詹孝萱暂代本府土地局科长在第一科办事此令 第一〇〇期 二十一年一月三十一日 三九一(19)

南京市政府令：派蔡玄甫兼任本市财政局营业税征收处处长，任命章遵时为本府科员此令 第九十一期 二十年九月十五日 〇三九(18)

南京市政府令：派谭亚霖、陈翦充本府办事员此令 第六十六期 十九年八月三十一日 〇五一(14)

南京市政府令：派谭声巨暂代本市社会局科长在第一科办事此令 第一〇一期 二十一年二月十五日 五二一(19)

南京市政府令：派熊亨灵暂代本府秘书此令 第一〇五期 二十一年四月十五日 二六五(20)

南京市政府令：派熊亨灵暂兼代秘书处第一科科长此令 第一〇五期 二十一年四月十五日 二六五(20)

南京市政府令：兼任本市筑路摊费委员会委员陈耀祖应即免职此令 第一〇二期 二十一年二月二十九日 六一三(19)

南京市政府令：浦口市政办事处主任杨维新业经停职另候任用，遗缺兹调李达可继任此令 第一〇八期 二十一年五月三十一日 五六四(20)

南京市政府令：调任周东浦为本市公园管理处技术员，任命何伯仁为本市公园管理处第一公园管理兼技术员，余士诚为本市公园管理处莫愁湖公园管理员，项丹如为本市公园管理处助理员此令	第六十八期	十九年九月三十日	三一九(14)
南京市政府令：调派麦骞暂代本府秘书处科长，调派余顺乾暂代本市土地局局长此令	第八十六期	二十年六月三十日	二四一(17)
南京市政府令：调派杨维新在浦口市政管理处办事此令	第七十四期	十九年十二月三十一日	一五五(15)
南京市政府令：调派张忠道暂代本市教育局局长，黄会樾暂代本市社会局局长，张育海暂代本府参事，李捷才暂代本府科长，章渊若暂代本府秘书，余顺乾改派在本府秘书处第一科办事，李捷才派在本府秘书处第二科办事此令	第六十六期	十九年八月三十一日	〇五一(14)
南京市政府令：调派秦荣棠为本市公园管理处管理员，周东浦为本市公园管理处助理员此令	第九十期	二十年八月三十一日	六四九(17)
南京市政府令：调派韩家祥暂代南京市政府土地局第二科科长此令	第八十六期	二十年六月三十日	二四一(17)
南京市政府令：调派廖傅薪在本市公园管理处办事此令	第六十八期	十九年九月三十日	三一九(14)
南京市政府令：暂代本府秘书向云龙不用兼代第二科科长	第一〇六期	二十一年四月三十日	三五五(20)
南京市政府令：暂代本府秘书徐湛星恳请辞职准免本职，派司徒德暂代本府秘书在市长室办事此令	第一〇〇期	二十一年一月三十一日	三九二(19)
南京市政府训令：准本府秘书处第二科科长麦骞辞职此令	第一〇五期	二十一年四月十五日	二七五(20)

南京市政府指令：准本府文书股科员周庸枢辞职此令	第一〇五期	二十一年四月十五日	二七三(20)
南京市政府指令：准本府事务股主任科员徐文澄辞职此令	第一〇五期	二十一年四月十五日	二七三(20)
南京市政府指令：准本府秘书长王漱芳辞职此令	第一〇五期	二十一年四月十五日	二七二(20)
南京市政府指令：准本府秘书处第一科科长沈时济辞职此令	第一〇五期	二十一年四月十五日	二七四(20)
南京市政府指令：准本府秘书司徒德辞职此令	第一〇五期	二十一年四月十五日	二七四(20)
南京市政府指令：准本府秘书何惺常辞职此令	第一〇五期	二十一年四月十五日	二七二(20)
南京市政府指令：准本府秘书陈无涯辞职此令	第一〇五期	二十一年四月十五日	二七二(20)
南京市政府指令：准本府编译股主任科员袁侠民辞职此令	第一〇五期	二十一年四月十五日	二七三(20)
南京市政府指令：准本府编译股科员郭顺清辞职此令	第一〇五期	二十一年四月十五日	二七四(20)
南京市政府指令：准科员岳佩兰等辞职此令	第一〇七期	二十一年五月十五日	四七七(20)
南京特别市市政府令(第二七七号)：电灯厂厂长呈送九月份中旬旬报	第二期	十六年十月十五日	〇四三(2)
南京特别市市政府令(第二七三至二七五号)：接收江宁县	第二期	十六年十月十五日	〇四二(2)
南京特别市市政府令(第二七六号)：利生工厂延期开工	第二期	十六年十月十五日	〇四二(2)
南京特别市市政府令(第二八一号)：拟编造十六年度岁入岁出预算	第二期	十六年十月十五日	〇四四(2)
南京特别市市政府令(第二八二号)：预算书格式	第二期	十六年十月十五日	〇四六(2)

南京特别市市政府令(第二八八号):江宁县县立初级中学续办问题	第二期	十六年十月十五日	〇五〇(2)
南京特别市市政府令(第二八九号):以前国民政府应即合并改组其所属各机关应即移交现国民政府统辖	第二期	十六年十月十五日	〇五一(2)
南京特别市市政府令(第二八三号):要求政府派人到青龙山一带剿匪	第二期	十六年十月十五日	〇四七(2)
南京特别市市政府令(第二八五号):查清总理陵园及接通陵园马路用地以便按照计划收购拨用	第二期	十六年十月十五日	〇四九(2)
南京特别市市政府令(第二八四号):呈请发给八卦洲职员八月份薪水	第二期	十六年十月十五日	〇四八(2)
南京特别市市政府令(第二八〇号):呈请在太平门富贵山到朝阳门一带三角测量	第二期	十六年十月十五日	〇四四(2)
南京特别市市政府令(第二九一号):要求公安局派警员协同查禁私灯	第二期	十六年十月十五日	〇五二(2)
南京特别市市政府令(第二九二号):江宁县教育局长呈请将丁戊两祭费拨抵教育基金请准备案	第二期	十六年十月十五日	〇五三(2)
南京特别市市政府令(第二九九号):电灯厂拟向用灯各户收保证金	第二期	十六年十月十五日	〇五四(2)
南京特别市市政府令(第二九三号):警长李堃升为一等巡长以资鼓励	第二期	十六年十月十五日	〇五四(2)
南京特别市市政府令(第二九〇号):电灯厂厂长呈请派宪兵协同查禁私灯	第二期	十六年十月十五日	〇五二(2)

南京特别市市政府令(第二三九号):电灯厂和铁路局划规工务局	第二期	十六年十月十五日	〇二八(2)
南京特别市市政府令(第二五一号):呈请恢复公共汽车	第二期	十六年十月十五日	〇三二(2)
南京特别市市政府令(第二五七号):财政局科长因公外出遭劫	第二期	十六年十月十五日	〇三四(2)
南京特别市市政府令(第二五九号):征收房租	第二期	十六年十月十五日	〇三五(2)
南京特别市市政府令(第二五三号):准备恢复公共汽车	第二期	十六年十月十五日	〇三二(2)
南京特别市市政府令(第二五五号):整顿各项捐税及征收下关码头货物落地捐	第二期	十六年十月十五日	〇三三(2)
南京特别市市政府令(第二五六号):浦口商埠局仍归省有	第二期	十六年十月十五日	〇三三(2)
南京特别市市政府令(第二五四号):请令流通角洋毋得分别年造限用	第二期	十六年十月十五日	〇三三(2)
南京特别市市政府令(第二六七号):普育堂改组为整理委员会	第二期	十六年十月十五日	〇四一(2)
南京特别市市政府令(第二六八号):旗民生计处和八卦洲管理局合并改组为整理委员会	第二期	十六年十月十五日	〇四一(2)
南京特别市市政府令(第二六五号):大黄洲强割柴薪发生争执	第二期	十六年十月十五日	〇三八(2)
南京特别市市政府令(第二六六号):共产党嫌犯二名应转送何处	第二期	十六年十月十五日	〇四〇(2)
南京特别市市政府令(第二六四号):东南饭店经理在店后违法建屋侵占河滩	第二期	十六年十月十五日	〇三八(2)

南京特别市市政府令(第二六〇至二六一号)要求财政局局长和公安局长、副局长呈送履历	第二期	十六年十月十五日	〇三八(2)
南京特别市市政府令(第二四二号):军人乘车半价	第二期	十六年十月十五日	〇二九(2)
南京特别市市政府令(第二四七号):教育局十六年度经常费预算书已编呈在案	第二期	十六年十月十五日	〇三〇(2)
南京特别市市政府令(第二四八号):继续办理和扩充警察教练所	第二期	十六年十月十五日	〇三一(2)
南京特别市市政府令(第二四九至二五〇号):整理公共厕所由工务局负责菜场和卖柴货由公安局选择适当地点	第二期	十六年十月十五日	〇三一(2)
南京特别市市政府令(第二四三号):公安局取缔卫生事件急需款项	第二期	十六年十月十五日	〇二九(2)
南京特别市市政府令(第二四四号):令财政局发给公安局取缔卫生事件急需的款项	第二期	十六年十月十五日	〇三〇(2)
南京特别市市政府令(第二四〇号):电灯厂以后预算及一切计划应呈工务局	第二期	十六年十月十五日	〇二八(2)
南京特别市市政府令(第二四〇号):铁路局以后预算及一切计划应呈工务局	第二期	十六年十月十五日	〇二八(2)
南京特别市市政府令(第三一一号):准予财政局代为征收车捐	第二期	十六年十月十五日	〇六二(2)
南京特别市市政府令(第三一二号):提请发八月份警察欠饷并酌加警饷	第二期	十六年十月十五日	〇六三(2)

南京特别市市政府令(第三一七号):长途汽车公司简章由工务局修改后再行提出讨论	第二期	十六年十月十五日	○六五(2)
南京特别市市政府令(第三一八号):公安局拟请先期筹办警察棉衣以免临时困难	第二期	十六年十月十五日	○六六(2)
南京特别市市政府令(第三一九号):铁路局长提议军人乘车半价	第二期	十六年十月十五日	○六六(2)
南京特别市市政府令(第三一三至三一四号):牛羊检验费归公安局征收	第二期	十六年十月十五日	○六四(2)
南京特别市市政府令(第三一五号):关于裁撤侦缉手枪队承的七条决议	第二期	十六年十月十五日	○六四(2)
南京特别市市政府令(第三一六号):决议第四条由财政局筹拟办法	第二期	十六年十月十五日	○六五(2)
南京特别市市政府令(第三一〇号):风闻汉方中央银行各种纸币有在宁行使之说垦预行停止又所承认二五库券久未领到应如何办法均请核示	第二期	十六年十月十五日	○六一(2)
南京特别市市政府令(第三二一号):查明曹都巷东三省银号是否逆产	第二期	十六年十月十五日	○六八(2)
南京特别市市政府令(第三二七号):灯油费不抵电灯经费拟变通办法	第二期	十六年十月十五日	○七〇(2)
南京特别市市政府令(第三二九至三三〇号):汉防小轮请拨作消防之用	第二期	十六年十月十五日	○七一(2)

南京特别市市政府令(第三二三号):通缉第二方面总指挥靳云鹗	第二期	十六年十月十五日	〇六九(2)
南京特别市市政府令(第三二五号):请通令约束军士佩枪	第二期	十六年十月十五日	〇七〇(2)
南京特别市市政府令(第三二四号):召雇临时清道夫	第二期	十六年十月十五日	〇六九(2)
南京特别市市政府令(第三七八号):本府宣传股要求通令各机关所发生之事件及建筑情形于可能范围内尽量供给该股编作新闻或演稿以广泛宣传	第三期	十六年十月三十一日	三〇六(2)
南京特别市市政府令(第三七九号):南京总商会要求宣布九十两年辅币相当价值	第三期	十六年十月三十一日	三〇七(2)
南京特别市市政府令(第三七三号):利生工厂管理员陈雪荪擅支公款	第三期	十六年十月三十一日	三〇五(2)
南京特别市市政府令(第三七〇号):要求公安局将接收的浦口商埠管理处所存枪弹造册具报	第三期	十六年十月三十一日	三〇五(2)
南京特别市市政府令(第三八一号):在秀山公园改为血花公园国府未核示以前请公安局派警监视并将重要部分封存以重公产	第三期	十六年十月三十一日	三〇八(2)
南京特别市市政府令(第三八七号):本府所属各机关文官俸给应遵照十六年六月二十七日所公布之文官俸给表办理	第三期	十六年十月三十一日	三一〇(2)
南京特别市市政府令(第三八八号):提议电灯厂恢复路灯提早送电一案当经议决通过	第三期	十六年十月三十一日	三一〇(2)

南京特别市市政府令(第三八三号):本府所属各机关简任荐任各官履历造册呈报	第三期	十六年十月三十一日	三〇八(2)
南京特别市市政府令(第三八五号):南京市公共汽车股份有限公司简章予以修正	第三期	十六年十月三十一日	三〇九(2)
南京特别市市政府令(第三八〇号):拟请搜集各机关现用各种证章照式摹绘发区备查	第三期	十六年十月三十一日	三〇七(2)
南京特别市市政府令(第三九一号):江宁县公安局已无余力兼顾招夫役之事	第三期	十六年十月三十一日	三一一(2)
南京特别市市政府令(第三九七号):布告民间一律遵用阳历	第三期	十六年十月三十一日	三一三(2)
南京特别市市政府令(第三九九号):凡因时疫死亡之灵柩酌定期限不得久停	第三期	十六年十月三十一日	三一四(2)
南京特别市市政府令(第三九三至三九四号):呈请中央准将南京市官产逆产拨归市政府处理	第三期	十六年十月三十一日	三一二(2)
南京特别市市政府令(第三九五号):拟请各局将本局及附属各机关内部编制造册呈核	第三期	十六年十月三十一日	三一三(2)
南京特别市市政府令(第三三二号):筹设八所幼儿园	第二期	十六年十月十五日	〇七一(2)
南京特别市市政府令(第三三七号):严禁城内秦淮河沿岸居民任意抛弃垃圾	第二期	十六年十月十五日	〇七三(2)
南京特别市市政府令(第三三八号):不准铁路局所属下关养路房免税	第三期	十六年十月三十一日	二八三(2)
南京特别市市政府令(第三三九号):八卦洲旗民生计处整理委员会请拨经费	第三期	十六年十月三十一日	二八三(2)

南京特别市市政府令（第三三六号）：俘虏给养办法	第二期	十六年十月十五日	〇七二（2）
南京特别市市政府令（第三五一号）：要求电灯厂接电，但保证金照交	第三期	十六年十月三十一日	二九四（2）
南京特别市市政府令（第三五七号）：市民张鹤荣要求用荒芜官基盖房	第三期	十六年十月三十一日	二九七（2）
南京特别市市政府令（第三五八号）：南京总商会转请禁止行使中央银行各种纸币以维商业	第三期	十六年十月三十一日	二九八（2）
南京特别市市政府令（第三五九号）：各公安局对信达公司营业及商运戒烟药品切实保护以利税收	第三期	十六年十月三十一日	二九九（2）
南京特别市市政府令（第三五三号）：各机关所有各种车辆均须遵章纳捐	第三期	十六年十月三十一日	二九五（2）
南京特别市市政府令（第三五五号）：西路清道队队长请求拨款翻盖马棚和修理食灶房屋等	第三期	十六年十月三十一日	二九六（2）
南京特别市市政府令（第三五六号）：添用保证金收费员	第三期	十六年十月三十一日	二九七（2）
南京特别市市政府令（第三五〇号）：土地局补发薪水表册	第三期	十六年十月三十一日	二九二（2）
南京特别市市政府令（第三六一号）：军委会通令所属一体照章纳捐购取车票以维本市财政	第三期	十六年十月三十一日	三〇一（2）
南京特别市市政府令（第三六八号）：设立平民学校以救济失学市民	第三期	十六年十月三十一日	三〇三（2）
南京特别市市政府令（第三六九号）：雇用临时清道夫	第三期	十六年十月三十一日	三〇四（2）

南京特别市市政府令(第三六三号):收回国民革命军警备第一师司令部向土地局借用的淮清桥处房屋	第三期	十六年十月三十一日	三〇一(2)
南京特别市市政府令(第三六五号):要求东南饭店拆除多占地基所建房屋	第三期	十六年十月三十一日	三〇二(2)
南京特别市市政府令(第三六六号):请求公安局即行释放郑英	第三期	十六年十月三十一日	三〇三(2)
南京特别市市政府令(第三六〇号):电政总局颁发沪宁长途电话价目表	第三期	十六年十月三十一日	二九九(2)
南京特别市市政府令(第三四一号):市民沈安甫要求租坐落在下关黄泥滩文德里的空基三间一进	第二期	十六年十月十五日	〇七四(2)
南京特别市市政府令(第三四二号):公安局超支严重	第三期	十六年十月三十一日	二八四(2)
南京特别市市政府令(第三四七号):审核汇编电灯厂十六年度岁入岁出预算书	第三期	十六年十月三十一日	二九〇(2)
南京特别市市政府令(第三四八号):浦口商埠管理处要求拨款结清十月份经常费	第三期	十六年十月三十一日	二九一(2)
南京特别市市政府令(第三四九号):卫生局所属各处各项支出决算书	第三期	十六年十月三十一日	二九一(2)
南京特别市市政府令(第三四三号):商民拒交电灯保证金	第三期	十六年十月三十一日	二八六(2)
南京特别市市政府令(第三四五号):南京汽车公司愿捐钱延长路线	第三期	十六年十月三十一日	二八八(2)

南京特别市市政府令(第三四六号):欠发的公安局经费由公安局代收房租抵拨	第三期	十六年十月三十一日	二八九(2)
南京特别市市政府令(第三四四号):对不交保证金的各户暂缓剪火	第三期	十六年十月三十一日	二八八(2)
南京特别市市政府令(第三四〇号):市民徐成金要求租坐落在下关厂门口后街的空基一所	第二期	十六年十月十五日	〇七三(2)
南京特别市市政府令(第三〇一号):工务局亟待举办各项工程造具预算呈请鉴核在案	第二期	十六年十月十五日	〇五五(2)
南京特别市市政府令(第三〇二号):罗步洲扭挠和记复工	第二期	十六年十月十五日	〇五六(2)
南京特别市市政府令(第三〇七号):共产党余独醒当交公安局东区一分署管押	第二期	十六年十月十五日	〇六〇(2)
南京特别市市政府令(第三〇九号):卫生课主管五路清道队九月份薪饷尚未发给	第二期	十六年十月十五日	〇六一(2)
南京特别市市政府令(第三〇三号):要求零修补砌绘图调查报告予于豁免	第二期	十六年十月十五日	〇五七(2)
南京特别市市政府令(第三〇五号):发给取缔卫生事件所需款项	第二期	十六年十月十五日	〇五九(2)
南京特别市市政府令(第三〇四号):维持塾师生计	第二期	十六年十月十五日	〇五八(2)
南京特别市市政府令(第四一一号):火药局已改设无烟药厂并须扩充,工务局拟筑造二十尺马路必须拆让两边房屋方得动工	第三期	十六年十月三十一日	三一八(2)

南京特别市市政府令(第四一二号):请准予饬令江宁县政府取消同行保结恶例查照普通登记章程核发斛证以裕税收	第三期	十六年十月三十一日	三一九(2)
南京特别市市政府令(第四一七号):中央财政委员会决议各省仿照粤省先例征收房租二个月以充北伐军费	第三期	十六年十月三十一日	三二二(2)
南京特别市市政府令(第四一九号):工务局所提拨前数次会议议决各种建筑款项	第三期	十六年十月三十一日	三二三(2)
南京特别市市政府令(第四一三号):秀山公园改为血花公园李纯祠堂改为市立幼幼小学校由教育局管理	第三期	十六年十月三十一日	三一八(2)
南京特别市市政府令(第四一六号):整理普育堂委员会函请将堂产发交该会整理	第三期	十六年十月三十一日	三二一(2)
南京特别市市政府令(第四一四号):拨款修理下关龙江桥复兴桥	第三期	十六年十月三十一日	三二一(2)
南京特别市市政府令(第四二一号):为士兵在金陵大戏院闹事通令各军严加约束	第三期	十六年十月三十一日	三二四(2)
南京特别市市政府令(第四二七号):令公安局迅速造送所属的济良所乞丐收容所贫民医院残废收容院十月份新预算	第三期	十六年十月三十一日	三二六(2)
南京特别市市政府令(第四二八号):整顿江宁铁路	第三期	十六年十月三十一日	三二七(2)
南京特别市市政府令(第四二九号):整顿江宁铁路由工务局办理	第三期	十六年十月三十一日	三二七(2)

南京特别市市政府令(第四二三号):令公安局派警士加强鼓楼医院门禁	第三期	十六年十月三十一日	三二四(2)
南京特别市市政府令(第四二五号):土地局进行事项暂并由财政局办理	第三期	十六年十月三十一日	三二五(2)
南京特别市市政府令(第四二六号):本府所辖各机关各月份预算应即先行编送	第三期	十六年十月三十一日	三二六(2)
南京特别市市政府令(第四二四号):上新河林业公所与朱云伯等争执滩地一案在法庭未判决前请公安局就近禁止铲芦开垦	第三期	十六年十月三十一日	三二五(2)
南京特别市市政府令(第四二〇号):请筹办自来水	第三期	十六年十月三十一日	三二三(2)
南京特别市市政府令(第四七二号):下关东南饭店违章建筑房屋业经拆除事后应如何处置	第三期	十六年十月三十一日	三五〇(2)
南京特别市市政府令(第四七七号):各项费用由财政局拨发,长途汽车新路线由工务局办理,街灯交回电灯厂自行收费	第三期	十六年十月三十一日	三五三(2)
南京特别市市政府令(第四七八号):令工务局祛除路中障碍以免人民危险、取缔重笨车辆免损道路	第三期	十六年十月三十一日	三五四(2)
南京特别市市政府令(第四七八号):令公安局安插游兵避免流离失所、清查户口经免匪类潜藏	第三期	十六年十月三十一日	三五四(2)
南京特别市市政府令(第四七九号):电灯厂征收保证金	第三期	十六年十月三十一日	三五四(2)
南京特别市市政府令(第四七三号):整理财政统一收支款项	第三期	十六年十月三十一日	三五一(2)

南京特别市市政府令(第四七五号)：通令各军不得在电灯厂路线装灯接电以免危险	第三期	十六年十月三十一日	三五二(2)
南京特别市市政府令(第四七六号)：国民政府交通部函请市政府派工匠前来勘修慈悲社一段马路	第三期	十六年十月三十一日	三五二(2)
南京特别市市政府令(第四七四号)：教育局提议举办市民阅报处	第三期	十六年十月三十一日	三五一(2)
南京特别市市政府令(第四七〇号)：提议接收血花公园并组织该园董事会	第三期	十六年十月三十一日	三五〇(2)
南京特别市市政府令(第四八一号)：请拨江宁县县立初中最低限度开办费	第三期	十六年十月三十一日	三五六(2)
南京特别市市政府令(第四八二号)：金陵救生局拒不移交给教育局	第三期	十六年十月三十一日	三五七(2)
南京特别市市政府令(第四三二号)：公民雷家炎等诬告县长刘裁甫	第三期	十六年十月三十一日	三二八(2)
南京特别市市政府令(第四三七号)：首都市民讨唐大会在公共体育场举行并请各界停止工作一律参加	第三期	十六年十月三十一日	三三二(2)
南京特别市市政府令(第四三八号)：纠正并赔偿南京市公务局强拆沪宁铁路下关站木棚的损失	第三期	十六年十月三十一日	三三二(2)
南京特别市市政府令(第四三三号)：本市应设立多数平民学校以救济失学市民	第三期	十六年十月三十一日	三二九(2)

南京特别市市政府令(第四三五号):提议征收旅馆妓寮菜馆麻雀捐	第三期	十六年十月三十一日	三三一(2)
南京特别市市政府令(第四三六号):征收洁净费章程	第三期	十六年十月三十一日	三三一(2)
南京特别市市政府令(第四三四号):令玄武湖主任迅速造送十月份新预算	第三期	十六年十月三十一日	三三〇(2)
南京特别市市政府令(第四三〇号):本市暂行条例第四条修正公布	第三期	十六年十月三十一日	三二八(2)
南京特别市市政府令(第四五二号):将关于南京特别市市区内所有公产逆产并由市政府处理以裕经费而利建设呈	第三期	十六年十月三十一日	三三九(2)
南京特别市市政府令(第四五七号):土地局保管员将所收官地部分之文卷移交	第三期	十六年十月三十一日	三四一(2)
南京特别市市政府令(第四五九号):呈请委派保安队十名武装前往大黄洲维护治安	第三期	十六年十月三十一日	三四一(2)
南京特别市市政府令(第四五三号):公共汽车更改路线	第三期	十六年十月三十一日	三三九(2)
南京特别市市政府令(第四五四号):本城朝天宫旧江宁府学及学宫全部房屋拨作大学院址	第三期	十六年十月三十一日	三四〇(2)
南京特别市市政府令(第四六一号):拟送游民习艺所计划书	第三期	十六年十月三十一日	三四三(2)
南京特别市市政府令(第四六七号):令工务局造送编制表及薪饷公费月计算表职员名册等以便提交参事会审查在案	第三期	十六年十月三十一日	三四七(2)

南京特别市市政府令(第四六七号):令财政局造送编制表及薪饷公费月概算表职员名册等以便提交参事会审查在案	第三期	十六年十月三十一日	三四六(2)
南京特别市市政府令(第四六七号):令教育,公安局造送编制表及薪饷公费月计算表职员名册等以便提交参事会审查在案	第三期	十六年十月三十一日	三四八(2)
南京特别市市政府令(第四六八号):工务局交议市建筑取缔章程	第三期	十六年十月三十一日	三四九(2)
南京特别市市政府令(第四六九号):教育局请发市立学校修理建筑等费	第三期	十六年十月三十一日	三四九(2)
南京特别市市政府令(第四六三号):提议在戒严期内暂令各戏院停演	第三期	十六年十月三十一日	三四四(2)
南京特别市市政府令(第四六六号):南京和记外庄职工会呈请将查封罗步洲各庄行存款迅予先行提给并祈转请查抄各省埠逆产	第三期	十六年十月三十一日	三四五(2)
南京特别市市政府令(第四六四号):二月份房租先行预估电报在案	第三期	十六年十月三十一日	三四四(2)
南京特别市市政府令(第四六〇号):东南饭店经理翻造楼屋经下关警察署核准现要求拆除不知原因	第三期	十六年十月三十一日	三四二(2)
南京特别市市政府令(第四四七号):限期三年分年分区肃清国内鸦片	第三期	十六年十月三十一日	三三七(2)
南京特别市市政府令(第四四五号):为首都观瞻按实情分类收容乞丐和残废	第三期	十六年十月三十一日	三三六(2)

南京特别市市政府令(第四四四号):请筹拨款项修筑狮子桥一带马路	第三期	十六年十月三十一日	三三六(2)
南京特别市市政府令(第四〇七号):拟请先期筹办警察棉衣以免临时困难	第三期	十六年十月三十一日	三一六(2)
南京特别市市政府令(第四〇三号):呈请公安局令知江宁地检厅派夫打捞秦淮河内无名尸首	第三期	十六年十月三十一日	三一五(2)
南京特别市市政府令(第四〇四号):公安局派警取缔水炉	第三期	十六年十月三十一日	三一六(2)
南京特别市市政府令(第四〇〇号):呈报电灯厂各课职员人数及编制情形	第三期	十六年十月三十一日	三一四(2)
南京特别市市政府指令(第二七一号):呈税捐股主任宗玄被匪徒路劫失落公私要件附单恳予转咨严缉法办	第二期	十六年十月十五日	〇八五(2)
南京特别市市政府指令(第二七七号):呈报下关养路市房准予免捐	第二期	十六年十月十五日	〇九二(2)
南京特别市市政府指令(第二七八号):呈请委任孟广泰为督察处长仰祈鉴察施行	第二期	十六年十月十五日	〇九三(2)
南京特别市市政府指令(第二七九号):为大黄洲所属之石山林洲一带恐有强割柴薪之事发生拟请饬队弹压并咨皖省饬属保护	第二期	十六年十月十五日	〇九四(2)
南京特别市市政府指令(第二七三号):呈复查无金陵善后局档案卷宗请转知	第二期	十六年十月十五日	〇八七(2)
南京特别市市政府指令(第二七五号):为公安局警兵剿匪宿食等费应从缓拨请核示	第二期	十六年十月十五日	〇九〇(2)

南京特别市市政府指令(第二七四号)：呈复赵世培所呈简则留局查考仰祈鉴核　第二期　十六年十月十五日　〇八八(2)

南京特别市市政府指令(第二八二号)：教育局十六年度新预算书业经另行缮送财政局汇编请鉴核　第二期　十六年十月十五日　〇九六(2)

南京特别市市政府指令(第二八七号)：呈复土地局前借财政局卷宗业交还　第二期　十六年十月十五日　一〇〇(2)

南京特别市市政府指令(第二八八号)：利生工厂保管员呈报开工并送据属姓名单　第二期　十六年十月十五日　一〇一(2)

南京特别市市政府指令(第二八三号)：公安局呈领屠宰检验费请鉴核照准　第二期　十六年十月十五日　〇九七(2)

南京特别市市政府指令(第二八六号)：核复南京车业工会所请恢复旧章凭票给证情形不甚妥洽　第二期　十六年十月十五日　〇九九(2)

南京特别市市政府指令(第二八四号)：工务局呈送九月份办事经过情形清册　第二期　十六年十月十五日　〇九八(2)

南京特别市市政府指令(第二九一号)：呈请咨省政府转令财政厅催还公济公典借款　第二期　十六年十月十五日　一〇三(2)

南京特别市市政府指令(第二九二号)：遵令绘具修理各项图说一俟款项领到分别兴办　第二期　十六年十月十五日　一〇四(2)

南京特别市市政府指令(第二九八号)：财政局呈报实行征收旅馆牌照税及旅馆营业捐祈备案　第二期　十六年十月十五日　一〇八(2)

南京特别市市政府指令(第二九九号)：玄武湖管理局主任呈送上周工作报告表　第二期　十六年十月十五日　一〇九(2)

南京特别市市政府指令(第二九三号):电灯厂厂长呈十六年度预算书请鉴核	第二期	十六年十月十五日	一〇五(2)
南京特别市市政府指令(第二九四号):铁路局呈送九月份经过事项报告书二份	第二期	十六年十月十五日	一〇七(2)
南京特别市市政府指令(第二六一号):呈报浦口商埠管理处所有文件公物等已造册点收祈鉴核	第二期	十六年十月十五日	〇七七(2)
南京特别市市政府指令(第二六二号):呈报土地局裁员情形及发给生活费办法请核示	第二期	十六年十月十五日	〇七八(2)
南京特别市市政府指令(第二六七号):呈为军人滋扰妓院请转呈制止	第二期	十六年十月十五日	〇八一(2)
南京特别市市政府指令(第二六八号):公安局呈送九月十九日至二十五日止一周工作报告表	第二期	十六年十月十五日	〇八二(2)
南京特别市市政府指令(第二六九号):令浦口商埠管理委员会呈报接收情形并请补发费用	第二期	十六年十月十五日	〇八三(2)
南京特别市市政府指令(第二六三号):令电灯厂厂长呈送征收用户保证金数目清单	第二期	十六年十月十五日	〇七九(2)
南京特别市市政府指令(第二六五号):呈送直辖各学校及社会教育各机关十六年度临时费预算书请核	第二期	十六年十月十五日	〇八〇(2)
南京特别市市政府指令(第二六〇号):代理财政局局长呈送九月十九日到二十五日一周经办事项报告书	第二期	十六年十月十五日	〇七七(2)

南京特别市市政府指令(第三一二号):财政局请转呈军委会通令维持车捐	第二期	十六年十月十五日	一一四(2)
南京特别市市政府指令(第三一七号):普育堂呈送上星期工作报告祈鉴核	第二期	十六年十月十五日	一二〇(2)
南京特别市市政府指令(第三一八号):遵令呈复铁路局归并工务局名分似嫌薄弱办事亦多掣肘请核示	第二期	十六年十月十五日	一二一(2)
南京特别市市政府指令(第三一九号):令普育堂造送九月份工作报告书仰祈核转	第二期	十六年十月十五日	一二三(2)
南京特别市市政府指令(第三一五号):工务局呈请抽留浦口商埠所藏汉口等处计划书	第二期	十六年十月十五日	一一七(2)
南京特别市市政府指令(第三一六号):财政局为送公安局代收房租款项数目清单并应如何抵拨祈核示	第二期	十六年十月十五日	一一八(2)
南京特别市市政府指令(第三一四号):财政局为查复张恪敏被控情形	第二期	十六年十月十五日	一一五(2)
南京特别市市政府指令(第三二一号):特务员遵令查送物价比较表并请准支车资	第二期	十六年十月十五日	一二五(2)
南京特别市市政府指令(第三二二号):公安局遵令布告市民注重卫生并饬警从事取缔	第二期	十六年十月十五日	一二七(2)
南京特别市市政府指令(第三二八号):各区署代收房捐业已抵充八月份警察经费	第二期	十六年十月十五日	一三四(2)

南京特别市市政府指令(第三二九号):公安局请领卫生添置器具费乞核发	第二期	十六年十月十五日	一三五(2)
南京特别市市政府指令(第三二三号):呈复王照福请租文庙内土地祠房屋开设茶社	第二期	十六年十月十五日	一二九(2)
南京特别市市政府指令(第三二五号):工务局为继续兴办各项工程谨拟需款数目送清单请予核示	第二期	十六年十月十五日	一三二(2)
南京特别市市政府指令(第三二六号):工务局呈送下关工务办事处七八九月办事清册请核转	第二期	十六年十月十五日	一三三(2)
南京特别市市政府指令(第三二四号):呈复已饬东路清道队清除夫子庙一带积秽	第二期	十六年十月十五日	一三〇(2)
南京特别市市政府指令(第三二〇号):令普育堂呈报开办盲哑学校请备案	第二期	十六年十月十五日	一二三(2)
南京特别市市政府指令(第三七七号):公安局遵令造送下关驻兵表	第三期	十六年十月三十一日	三六三(2)
南京特别市市政府指令(第三七八号):呈请转函苏财厅核发公安局经费并令该局催收房租捐	第三期	十六年十月三十一日	三六四(2)
南京特别市市政府指令(第三七九号):呈缴电灯厂十六年度岁出入预算书	第三期	十六年十月三十一日	三六五(2)
南京特别市市政府指令(第三七三号):公安局抄送本年一二月份支付预算并声明职员长警薪饷较前增加	第三期	十六年十月三十一日	三五九(2)
南京特别市市政府指令(第三七六号):秀山公园改为血花公园李纯祠堂定为实验学校请转呈国府备案	第三期	十六年十月三十一日	三六一(2)

南京特别市市政府指令(第三七〇号):令公安局呈报二十七军缴械情形祈鉴核	第二期	十六年十月十五日	一五八(2)
南京特别市市政府指令(第三八一号):查核卫生局书表请鉴核	第三期	十六年十月三十一日	三六六(2)
南京特别市市政府指令(第三八二号):普育堂呈报移交该堂事业仰祈	第三期	十六年十月三十一日	三六八(2)
南京特别市市政府指令(第三八七号):财政局呈报十月三日至九日一周间经办事项请鉴核备案	第三期	十六年十月三十一日	三七二(2)
南京特别市市政府指令(第三八三号):遵令复核土地局报销间有五项特点暨结束费发放存银若干应请令行造册具报并缴各项表册	第三期	十六年十月三十一日	三六九(2)
南京特别市市政府指令(第三八四号):遵令查复凌玉成被控案	第三期	十六年十月三十一日	三七一(2)
南京特别市市政府指令(第三九二号):令公安局呈送共产党余独醒至军委会情形	第三期	十六年十月三十一日	三七四(2)
南京特别市市政府指令(第三九五号):为电灯厂厂长丁永诚因病辞职以谢彦继任请赐委	第三期	十六年十月三十一日	三七五(2)
南京特别市市政府指令(第三九〇号):呈复遵发市参事会九月份经费请鉴核备案	第三期	十六年十月三十一日	三七三(2)
南京特别市市政府指令(第三三七号):令财政局呈送九月份工作报告请核转	第二期	十六年十月十五日	一四〇(2)
南京特别市市政府指令(第三三三号):五路清道队九月份薪饷请予核发	第二期	十六年十月十五日	一三六(2)

南京特别市市政府指令(第三三五号):令公安局呈送九月份经办事项报告书	第二期	十六年十月十五日	一三八(2)
南京特别市市政府指令(第三三六号):令教育局呈送九月份经办事项报告清册	第二期	十六年十月十五日	一三九(2)
南京特别市市政府指令(第三三四号):令公安局呈送一周工作报告表	第二期	十六年十月十五日	一三七(2)
南京特别市市政府指令(第三五一号):遵核玄武湖八九月份表册票根单据应请准予核销祈鉴核示遵	第二期	十六年十月十五日	一四五(2)
南京特别市市政府指令(第三五二号):呈缴教育局新编十六年度岁出预算书祈鉴核示遵	第二期	十六年十月十五日	一四七(2)
南京特别市市政府指令(第三五三号):令公安局造送九月份办理烟赌案件起数表	第二期	十六年十月十五日	一四八(2)
南京特别市市政府指令(第三五五号):请拨市立幼稚园设备费	第二期	十六年十月十五日	一五〇(2)
南京特别市市政府指令(第三五四号):令教育局请将本府两屋旁散置之木柜拨归收管为市民博物馆应用	第二期	十六年十月十五日	一四九(2)
南京特别市市政府指令(第三六一号):就本市中区实验小学校暂添初中等班容纳前江宁县属初中及第一小学补修班祈鉴核	第二期	十六年十月十五日	一五一(2)
南京特别市市政府指令(第三六九号):令公安局呈报兵士在金陵大戏院内不听指挥经宪兵开枪肇事情形	第二期	十六年十月十五日	一五七(2)

南京特别市市政府指令(第三六三号):令财政局复送普育堂十六年度预算书	第二期	十六年十月十五日	一五三(2)
南京特别市市政府指令(第三六五号):公安局遵令派队剿匪一切给养及临时费用应如何支给	第二期	十六年十月十五日	一五四(2)
南京特别市市政府指令(第三四一号):拟取缔商店栏杆招牌等障碍物请鉴核示遵	第二期	十六年十月十五日	一四〇(2)
南京特别市市政府指令(第三四八号):呈复开释共党嫌疑犯董海平等情形	第二期	十六年十月十五日	一四三(2)
南京特别市市政府指令(第三四九号):奉令饬警弹压大黄洲用费应如何支给请示遵	第二期	十六年十月十五日	一四四(2)
南京特别市市政府指令(第三四三号):王府园一带已转令逐日认真打扫	第二期	十六年十月十五日	一四一(2)
南京特别市市政府指令(第三〇五号):公安局呈请指拨的款以便续办水池	第二期	十六年十月十五日	一一二(2)
南京特别市市政府指令(第三〇六号):工务局呈送上周工作报告清册	第二期	十六年十月十五日	一一三(2)
南京特别市市政府指令(第三〇〇号):核复八卦洲员役薪工补发办法	第二期	十六年十月十五日	一一〇(2)
南京特别市市政府指令(第五〇一号):财政局呈送九月份收支对照表请鉴核示遵	第三期	十六年十月三十一日	四三四(2)
南京特别市市政府指令(第五〇二号):公安局为下关东南饭店后面违法建筑业已督拆请示以后如何处置	第三期	十六年十月三十一日	四三五(2)

南京特别市市政府指令(第五〇五号):呈复接收县立初中实情请令财政局将开办费尽先拨发	第三期	十六年十月三十一日	四三八(2)
南京特别市市政府指令(第五〇六号):财政局呈报十月十七日至二十三日一周间经办事项祈鉴核备案	第三期	十六年十月三十一日	四三九(2)
南京特别市市政府指令(第四一九号):公安局呈请给予林城藩恤金	第三期	十六年十月三十一日	三八八(2)
南京特别市市政府指令(第四一三号):为平民学校亟须设立恳请迅予拨款俾便举办(附呈平民学校办法章程)	第三期	十六年十月三十一日	三八三(2)
南京特别市市政府指令(第四一五号):呈请拨给初中班开办费俾得从速开学招收学生	第三期	十六年十月三十一日	三八四(2)
南京特别市市政府指令(第四一六号):利生工厂保管员呈送前保管员单据账册	第三期	十六年十月三十一日	三八六(2)
南京特别市市政府指令(第四一〇号):电灯厂厂长请转呈通令各军队勿得私行装灯接电以免危险	第三期	十六年十月三十一日	三八二(2)
南京特别市市政府指令(第四二一号):呈复开释共产嫌疑丁一情形	第三期	十六年十月三十一日	三八九(2)
南京特别市市政府指令(第四二二号):呈复代征会费有紊权限似应由会自理较为妥协	第三期	十六年十月三十一日	三九一(2)
南京特别市市政府指令(第四二三号):遵令请发明陵保管员夫马费请拨发以便转给祇领	第三期	十六年十月三十一日	三九二(2)

南京特别市市政府指令(第四二五号):呈复遵发整理旗民生计处及八卦洲委员会经费	第三期	十六年十月三十一日	三九五(2)
南京特别市市政府指令(第四七一号):工务局呈请拨款完成狮子巷马路	第三期	十六年十月三十一日	四一七(2)
南京特别市市政府指令(第四七七号):为请饬公安局广收乞丐送入收容所并函整理普育堂委员会收容残废	第三期	十六年十月三十一日	四二〇(2)
南京特别市市政府指令(第四七九号):电灯厂为呈明解决各商号因抗缴保证金剪线一案仰祈鉴核	第三期	十六年十月三十一日	四二一(2)
南京特别市市政府指令(第四七三号):财政局呈报公安局本月领款数目并请令饬该局具报征起房租情形	第三期	十六年十月三十一日	四一九(2)
南京特别市市政府指令(第四八七号):呈请迅函财政厅核拨公安局冬季服装费	第三期	十六年十月三十一日	四二四(2)
南京特别市市政府指令(第四八六号):铁路局为造具市房清册请饬公安局免收房租捐	第三期	十六年十月三十一日	四二三(2)
南京特别市市政府指令(第四九一号):财政局据情呈请迅速派保安队十名武装前往大黄洲保护	第三期	十六年十月三十一日	四二六(2)
南京特别市市政府指令(第四九七号):特务员遵令查复利生工厂开工日期及内部情形	第三期	十六年十月三十一日	四三〇(2)
南京特别市市政府指令(第四九九号):为下关警署扣留漏税卷烟一案呈请迅予令遵	第三期	十六年十月三十一日	四三三(2)

南京特别市市政府指令(第四九三号):财政局呈请令饬土地局保管员将所收官地部分之文卷移交	第三期	十六年十月三十一日	四二七(2)
南京特别市市政府指令(第四九四号):下关商埠商会为严濬澄拆屋事请鉴核示遵	第三期	十六年十月三十一日	四二八(2)
南京特别市市政府指令(第四三一号):征收房租捐已分饬各区署督属认真办理	第三期	十六年十月三十一日	三九七(2)
南京特别市市政府指令(第四三八号):教育局呈请接收救生局以便职局接续办理	第三期	十六年十月三十一日	四〇一(2)
南京特别市市政府指令(第四三九号):电灯厂各课职员另行编制缮册呈请鉴核示遵	第三期	十六年十月三十一日	四〇二(2)
南京特别市市政府指令(第四三五号):代军队雇募夫役一事拟恳转江宁县公安局长遵照议决案办理以免误会请鉴核施行	第三期	十六年十月三十一日	三九八(2)
南京特别市市政府指令(第四三六号):财政局呈复调查美汉轮情形仰祈核示	第三期	十六年十月三十一日	四〇〇(2)
南京特别市市政府指令(第四三〇号):继续办理各种医院诊所登记及饮食起居商店注册事宜祈核示祗遵	第三期	十六年十月三十一日	三九六(2)
南京特别市市政府指令(第四五六号):南京总工会为上新河滩地纠葛一案在法庭未判决以前请先行饬该地公安局就近禁止	第三期	十六年十月三十一日	四一一(2)
南京特别市市政府指令(第四五四号):财政局遵令查核旅馆牌照税及营业捐仍应照案征收	第三期	十六年十月三十一日	四一〇(2)

南京特别市市政府指令(第四六七号):公安局为查获漏税卷烟请示办理	第三期	十六年十月三十一日	四一五(2)
南京特别市市政府指令(第四四一号):公安局遵令造送十六年度冬季服装费预算书	第三期	十六年十月三十一日	四〇四(2)
南京特别市市政府指令(第四四二号):大黄洲派警远出弹压恐无效果可否暂行缓派	第三期	十六年十月三十一日	四〇六(2)
南京特别市市政府指令(第四四七号):财政局呈报上周经办事项呈送工作报告书	第三期	十六年十月三十一日	四〇九(2)
南京特别市市政府指令(第四四三号):教育局为本府行政区域问题呈请转呈国府仍予维持原修正案	第三期	十六年十月三十一日	四〇七(2)
南京特别市市政府指令(第四四五号):财政局呈报遵拨总工会补助费三百元请鉴核	第三期	十六年十月三十一日	四〇八(2)
南京特别市市政府指令(第四四四号):公安局呈送每周工作报告表	第三期	十六年十月三十一日	四〇八(2)
南京特别市市政府指令(第四四〇号):公安局呈复美汉轮租金一案俟职局九月份经费全数领清即行照数发给祈鉴核查考	第三期	十六年十月三十一日	四〇三(2)
南京特别市市政府指令(第四〇一号):令财政局呈报遵发工务局工程费	第三期	十六年十月三十一日	三七六(2)
南京特别市市政府指令(第四〇七号):呈复执行拆除违法筑屋侵占河滩一案并请令饬财政局停收地租	第三期	十六年十月三十一日	三七九(2)

南京特别市市政府指令(第四〇九号):遵令查勘夫子庙左边泮宫门旁毕传林拟租地盖屋业经勘明确难准行绘具图说乞鉴核	第三期	十六年十月三十一日	三八〇(2)
南京特别市市政府指令(第四〇三号):电灯厂厂长谢彦呈报就职日期	第三期	十六年十月三十一日	三七七(2)
南京特别市市政府指令(第四〇五号):利生工厂保管员呈报九月份经办事项乞鉴核	第三期	十六年十月三十一日	三七八(2)
南京特别市政府令:任命李驹为本市公园管理处主任	第六十二期	十九年六月三十日	二二一(13)
南京特别市政府令:任命佘秉国、翟鲸身为本府科员	第六十二期	十九年六月三十日	二二一(13)
修正本市各区保办公处组织暂行规程第五条条文令(府总秘三字第三四八六号)	第一卷第二期	三十五年五月十六日	〇三九(44)
修正清凉飲食业规则第二条条文准予备案(府总秘二字第九七五二号)	第一卷第十二期	三十五年十二月十五日	三三三(44)
修正德侨处理办法等条文令(府总秘外字第九二一二号)	第一卷第十一期	三十五年十一月一日	二八七(44)
总理陵园管理委员会现奉令改称国父陵园管理委员会令(府总秘二字第八九二四号)	第一卷第十一期	三十五年十一月一日	二八四(44)
派万海润充本市清洁总队卫生督察员令	第一一〇期	二十一年六月三十日	〇二八(21)
派王宝璋充本市清洁总队卫生督察员令	第一一〇期	二十一年六月三十日	〇二八(21)
派王崇植代理本市社会局局长令	第一一五期	二十一年九月十五日	六二九(21)
派龙毓莹兼任本市国医审查委员会当然委员令	第一一〇期	二十一年六月三十日	〇二七(21)
派吴文渊充本市清洁总队队副令	第一一二期	二十一年七月三十日	三一〇(21)

派陈祖平代理本府第三科科长令	第一一五期	二十一年九月十五日	六二九(21)
派陈祖平兼任本市国医审查委员会委员令	第一一六期	二十一年九月三十日	七三三(21)
派周兆泰充本市清洁总队卫生督察员令	第一一〇期	二十一年六月三十日	〇二八(21)
派柯萍村充本府清洁总队卫生督察员令	第一一五期	二十一年九月十五日	六二九(21)
派徐世纶暂代本市卫生事务所副所长令	第一一〇期	二十一年六月三十日	〇二七(21)
派徐若霖兼任本市土地评价委员会专门委员令	第一一六期	二十一年九月三十日	七三四(21)
派黄北屏充本市清洁总队卫生督察员令	第一一〇期	二十一年六月三十日	〇二八(21)
院令关于敌产停止移转日期前经本院规定三十四年十一月为有效期业经国防最高委员会批准令(府总秘二字第九六七一号)	第一卷第十一期	三十五年十一月一日	二八九(44)
盐商承销食盐在同一税率区域内可自由销售(府总秘二字第一〇二五五号)	第一卷第十二期	三十五年十二月十五日	三二七(44)
准内政部电废止有关户政法规三种(府总秘三字第二六八号)	第二卷第一期	三十六年一月十五日	四〇四(44)
准内政部电请尊重记者采访自由并保障其安全等由令(府总秘二字第八七四三号)	第一卷第十期	三十五年九月十六日	二六二(44)
准内政部代电以户籍法施行细则第十三条后项「人数」二字应为「户口」令(府总秘三字第七〇二号)	第二卷第二/三期合刊	三十六年二月十五日	四四六(44)
准内政部废止全国总动员关于户口调查整顿保甲长及协助征工方案令(府总秘字第三五六号)	第一卷第一期	三十五年五月一日	〇〇七(44)

题名	卷期	日期	页码
准内政部函为解释伪组织许可变更国籍均属无效其行为应依法办理(府总秘二字第四三二五号)	第一卷第三/四期合刊	三十五年六月十六日	〇六三(44)
准内政部函知义奥人呈请许可归化中国应如何核办一案嘱查照等由令(府总秘二字第八三七号)	第二卷第二/三期合刊	三十六年二月十五日	四四八(44)
准内政部函废止安置战区登记合法非现任警官办法(府总秘二字第六九七九号)	第一卷第六期	三十五年七月十六日	一三九(44)
准电规定征兵原则三项令(府总秘四字第一四六号)	第二卷第一期	三十六年一月十五日	四〇二(44)
准市新生活运动促进会电为推行守时运动令(府总秘二字第九三七七号)	第一卷第十二期	三十五年十二月十五日	三二三(44)
准地政署函送院颁征收土地计划书式令(府总秘二字第一〇二〇九号)	第一卷第十二期	三十五年十二月十五日	三二五(44)
准地政署函解释土地法第十八条外国人土地权利疑义等由令(府总秘二字第一〇二一〇号)	第一卷第十二期	三十五年十二月十五日	三二六(44)
准地政署送公务统计方案暨实施办法各一份检发原件令(府总秘二字第七二〇六号)	第一卷第七期	三十五年八月一日	一七〇(44)
准财政部下关盐务掣验局函为奉行政院核定敌伪存盐变价款处理手续等由令(府总秘二字第七七七九号)	第一卷第九期	三十五年九月一日	二二〇(44)
准财政部电嘱严禁地下钱庄一案令(府总秘二字第一一九九七号)	第一卷第十二期	三十五年十二月十五日	三二九(44)
准社会部合作事业特派员办公处抄送各机关领拨敌伪物资手续及结价办法等件令(府总秘二字第六六五二号)	第一卷第六期	三十五年七月十六日	一三八(44)

准社会部咨以收复地区调整工资办法应即废止等由令(府总秘二字第八九三号)	第二卷第二/三期合刊	三十六年二月十五日	四四八(44)
准国防部电以撤销军委会军风纪巡察团令(府总秘二字第七七八四号)	第一卷第九期	三十五年九月一日	二二二(44)
准经济部电为调查工矿电商事业破壊状况暨重建情形一案令(府总秘二字第一二〇〇六号)	第一卷第十二期	三十五年十二月十五日	三三〇(44)
准经济部咨关于收复区内矿业权及矿业呈请案之整理亟应举办上四项令仰遵办具报(府总秘二字第八九四六号)	第一卷第十一期	三十五年十一月一日	二八五(44)
准经济部函以核定各电厂电价表内所列实行月份即为新电价开始收费之月令(府总秘二字第七五四七号)	第一卷第八期	三十五年八月十六日	一九五(44)
准敌产局京处函知目下建筑材料较二十六年增加倍数标准等由令(府总秘二字第二一二号)	第二卷第一期	三十六年一月十五日	四〇三(44)
准教育部函公立学校对于主管教育行政机关之处分依法不得提起诉愿令(府总秘二字第二〇六号)	第二卷第一期	三十六年一月十五日	四〇三(44)
准裁撤韶关市一案令(府总秘二字第五八九六号)	第一卷第五期	三十五年七月一日	一〇一(44)
准粮食部电为更正非常时期违反粮食管理治署暂行条例第十三条第一款条文转饬知照(府总秘二字第八七七一号)	第一卷第十期	三十五年九月十六日	二六二(44)
案准内政部函废止统制民力辦法令(府总秘字第七九六号)	第一卷第一期	三十五年五月一日	〇〇八(44)
调任李茂材代理本市屠宰场场长令	第一一五期	二十一年九月十五日	六二九(21)

据工务局呈为救济本市房荒拟准市民兴建两幢以上之里衖房屋应予照准(府总秘二字第一三〇七号)	第二卷第二/三期合刊	三十六年二月十五日	四五一(44)
据报推广国民教育救济失学儿童情形经据情转京市临参会查照(府总秘二字第六六五四号)	第一卷第七期	三十五年八月一日	一七一(44)
据呈报市立医院暂定住院病人伙食费等级数目指令(府总秘字第二六七九号)	第一卷第一期	三十五年五月一日	〇一三(44)
据呈将日侨赠交国币二百五十万元拨交救济院作添购农具之用令饬造具计划及预算呈候核夺(府总秘二字第七〇九七号)	第一卷第七期	三十五年八月一日	一七二(44)
据第二六六号签呈拟具大小黄洲管理处推进国民教育暂行办法案经修正令行抄发原修正办法令(府总秘二字第三五六一号)	第一卷第二期	三十五年五月十六日	〇四〇(44)
据签拟具修正南京市筵席税征收规则第十三条及十五条条文业经修正通过令(府总秘二字第七五〇四号)	第一卷第七期	三十五年八月一日	一七三(44)
据签拟将已整理地籍约五十余户先行通知江苏区直接税局啓征七月一日起再行遵照院令由本府自征准予如呈办理(府总秘二字第七〇九九号)	第一卷第七期	三十五年八月一日	一七二(44)
检发抗战军人忠烈录征集办法布告纸仰即张贴交通要道俾众周知(府总秘四字第二三七号)	第二卷第一期	三十六年一月十五日	四〇四(44)
检发社会部三十四年度冬令救济实施总报告令(府总秘二字第七五六号)	第二卷第二/三期合刊	三十六年二月十五日	四四六(44)

检发故员兵遗族及荣员兵请恤领卹信件优待办法布告(府总秘四字第二三六号)	第二卷第一期	三十六年一月十五日	四〇四(44)
清查团组织成立令(府总秘二字第七四五〇号)	第一卷第八期	三十五年八月十六日	一九四(44)
盟军更改在京狩猎办法令(府总秘四字第五九二号)	第二卷第二/三期合刊	三十六年二月十五日	四四五(44)
签为组织市县佃租委员会一案仰即会同地政局拟具组织规程呈核(府总秘二字第一〇三六〇号)	第一卷第十二期	三十五年十二月十五日	三三三(44)
慧圆街小学校舍被占一案业经电首都警察所转饬迁让(府总秘二字第八九六〇号)	第一卷第十一期	三十五年十一月一日	二八九(44)
整饬官常惩处不良份子令(府总秘二字第三二二五号)	第一卷第一期	三十五年五月一日	〇一二(44)

市政计划

篇　　名	卷(期)数	出版日期	页码(册数)
南京市第二工业区初步计划(三十五年三月)	第一卷第三/四期合刊	三十五年六月十六日	〇八四(44)

市政讲演录

篇　　名	卷(期)数	出版日期	页码(册数)
市民的责任	第十二期	十七年三月三十一日	五七二(3)
建设首都市政的我见	第十二期	十七年三月三十一日	五七四(3)
怎样去建设首都市政	第十二期	十七年三月三十一日	五六九(3)
首都市政一月内之预计	第十三期	十七年四月十五日	六五八(3)
都市的革命与进化	第十三期	十七年四月十五日	六五七(3)

市政要讯·市政要闻·市政消息·市政简讯

篇　　名	卷(期)数	出 版 日 期	页码(册数)
二月份市民死亡之调查	第十一期	十七年三月十五日	四九三(3)
二次市政联席会议志	第十四至十五期	十七年六月十五日	〇二九(4)
八卦州整理完毕	第八期	十七年一月十五日	二四三(3)
工务局之三大工程	第十期	十七年二月二十九日	四一四(3)
工务局计划修筑全市马路	第十期	十七年二月二十九日	四一四(3)
工务局出示保护三角架	第十期	十七年二月二十九日	四一三(3)
工务局设立车船管理处	第十四至十五期	十七年六月十五日	〇四〇(4)
工务局拟取缔市内染晒工作	第十四至十五期	十七年六月十五日	〇三八(4)
工务局严禁私运城砖	第十四至十五期	十七年六月十五日	〇三六(4)
工务局招考测量员夫	第十六期	十七年七月三十一日	二四九(4)
工务局取缔水炉建筑	第十六期	十七年七月三十一日	二五二(4)
工务局取缔各街转角披房	第十六期	十七年七月三十一日	二五三(4)
工务局取缔城砖	第十三期	十七年四月十五日	六六四(3)
工务局取缔染坊办法	第十六期	十七年七月三十一日	二四六(4)
工务局取缔课查验戏院茶馆太平门	第十六期	十七年七月三十一日	二四七(4)
工务局取缔墙壁泥土质色	第十六期	十七年七月三十一日	二五三(4)
工务局实行检验车辆	第十四至十五期	十七年六月十五日	〇二四(4)
工务局建设首都之新计划	第十期	十七年二月二十九日	四一三(3)
工务局查勘全市街道	第十一期	十七年三月十五日	四八九(3)
工务局消息汇志	第十四至十五期	十七年六月十五日	〇四八(4)
工务局请收回承恩寺	第十期	十七年二月二十九日	四一三(3)
工务局继续取缔买卖城砖	第十期	十七年二月二十九日	四一四(3)
工务局接收首都监理所改订汽车检验费等数额	第三卷第四期	三十六年八月三十一日目录	〇五一(45)
工务局营缮散工登记办法	第十四至十五期	十七年六月十五日	〇二四(4)
土地局标卖地基滩地	第二十期	十七年九月三十日	六七六(4)
土地局查勘下关土地	第十四至十五期	十七年六月十五日	〇四二(4)
土地局消息汇志	第十六期	十七年七月三十一日	二五〇(4)
下水道第一期工程准备兴工	第四卷第五期	三十七年三月日十五日	四六三(45)
下关第二期土地重划	第二卷第七期	三十六年四月十五日	六三七(44)
下关堤岸崩塌事件	第二卷第六期	三十六年三月三十一日	五七八(44)
小本贷款继续举办	第二卷第六期	三十六年三月三十一日	五八四(44)

卫生运动定期举行	第十四至十五期	十七年六月十五日	〇四四(4)
开征自治事业费	第二卷第七期	三十六年四月十五日	六三七(44)
开始修筑下水道工程	第四卷第七期	三十七年四月十五日	五二一(45)
开筑中山路近讯	第二十期	十七年九月三十日	六六九(4)
元旦市府招待首都各团体	第八期	十七年一月十五日	二四一(3)
元武湖公园更名为五洲公园	第二十期	十七年九月三十日	六八三(4)
中小学增校增班	第二卷第六期	三十六年三月三十一日	五八二(44)
中山路破土典礼志盛	第十八期	十七年八月三十一日	四八三(4)
中区实验学校之新设施	第十期	十七年二月二十九日	四一六(3)
中委陈树人参观救济院	第十八期	十七年八月三十一日	四八八(4)
分期整理摊贩	第二卷第七期	三十六年四月十五日	六三九(44)
公工两局整顿人行道	第十六期	十七年七月三十一日	二四九(4)
公布本市参加第七届全运会代表团名单	第四卷第九期	三十七年五月十五日	五六八(45)
公安局务会议纪略	第十期	十七年二月二十九日	四一五(3)
公安局对于卫生之设施	第十二期	十七年三月三十一日	五八〇(3)
公安局考选优良长警	第八期	十七年一月十五日	二四五(3)
公安局设施汇志	第九期	十七年一月三十一日	三二〇(3)
公安局进行户口调查	第十一期	十七年三月十五日	四八八(3)
公安局严厉取缔标语	第十三期	十七年四月十五日	六六二(3)
公安局呈请举行医师审查	第八期	十七年一月十五日	二四六(3)
公安局局务会议	第十六期	十七年七月三十一日	二五四(4)
公安局局务会议	第十四至十五期	十七年六月十五日	〇四九(4)
公安局改良警棍	第十六期	十七年七月三十一日	二四七(4)
公安局改组清道队	第八期	十七年一月十五日	二四五(3)
公安局取缔酱园	第十六期	十七年七月三十一日	二四七(4)
公安局注意工厂卫生	第十一期	十七年三月十五日	四八九(3)
公安局将办特务警察	第十六期	十七年七月三十一日	二五四(4)
公安局举行考验	第二十期	十七年九月三十日	六七五(4)
公安局捕获反动分子	第十期	十七年二月二十九日	四一五(3)
公安局消息	第二十期	十七年九月三十日	六七三(4)
公安局第二十三次局务会议	第十三期	十七年四月十五日	六六四(3)
公安局第十九次局务会议	第十二期	十七年三月三十一日	五八一(3)

公安局催修路灯	第八期	十七年一月十五日	二四六(3)
公园建设计划	第二十期	十七年九月三十日	六八四(4)
公葬杨光泩等九烈士	第三卷第六期	三十六年九月三十日	一二一(45)
订定三十六年度第一学期市立学校学生缴费标准	第三卷第二期	三十六年七月三十一日	八八一(44)
订定汽车行登记执照及保证金各费数额表	第三卷第一期	三十六年七月十五日	八一九(44)
办理难民医疗卫生	第三卷第十二期	三十六年十二月卅一日	三二一(45)
办理预防霍乱注射	第四卷第九期	三十七年五月十五日	五六六(45)
本市中小学生缴费标准及免费办法确定	第四卷第四期	三十七年二月二十九日	四三五(45)
本市市界全部定妥	第四卷第十一期	三十七年六月十五日	六一四(45)
本市立法委员改选举竣事	第四卷第三期	三十七年二月十五日	四〇八(45)
本市民众自卫队举行秋季大检阅	第五卷第六期	三十七年九月三十日	八〇五(45)
本市民众自卫队举行总校阅	第五卷第八期	三十七年十月三十一日	八五一(45)
本市行将举办之两种登记	第十九期	十七年九月十五日	五六六(4)
本市各机关节余移充员工福利金	第五卷第四期	三十七年八月三十一日	七五八(45)
本市事业补助费中央准拨二百亿元	第二卷第八期	三十六年四月三十日	六七八(44)
本市国大代表选举竣事	第三卷第十一期	三十六年十二月十五日	二九七(45)
本市征兵展至八一开始	第三卷第一期	三十六年七月十五日	八一六(44)
本市房屋租金标准呈院备案	第四卷第三期	三十七年二月十五日	四〇八(45)
本市标准地价评定公布	第五卷第四期	三十七年八月三十一日	七五七(45)
本市第一次检阅民众自卫队	第四卷第八期	三十七年四月三十日	五四一(45)
本市储粮委员会成立	第三卷第九期	三十六年十一月十五日	二二五(45)
本市粪便招商处理	第二卷第六期	三十六年三月三十一日	五七九(44)
本市满族国大代表选举结束	第四卷第二期	三十七年一月三十一日	三八〇(45)
本府之市政演讲	第十三期	十七年四月十五日	六六三(3)
本府之废娼运动	第十八期	十七年八月三十一日	四八四(4)
本府之新职员	第十七期	十七年八月十五日	三八六(4)
本府为配合总动员补订施政方针七项	第三卷第三期	三十六年八月十五日	〇一五(45)
本府成立一周纪念大会盛况	第十六期	十七年七月三十一日	二四七(4)
本府欢迎交通会议会员	第十九期	十七年九月十五日	五七一(4)

本府欢迎党国要人	第十八期	十七年八月三十一日	四八八(4)
本府呈请接收在京省产	第十七期	十七年八月十五日	三八六(4)
本府招待上海商业请愿团	第十八期	十七年八月三十一日	四九〇(4)
本府组织条例确定	第十八期	十七年八月三十一日	四八二(4)
本府将举行国术训练	第十八期	十七年八月三十一日	四八五(4)
本府举行市政宣传周	第十二期	十七年三月三十一日	五七九(3)
本府秘书处变更组织系统	第十期	十七年二月二十九日	四一一(3)
本府新编制	第五十九至六十期	十九年五月三十一日	六八五(12)
史警玉峰之哀荣	第十四至十五期	十七年六月十五日	〇二七(4)
四所村平民住宅基地征价提高	第四卷第七期	三十七年四月十五日	五二〇(45)
处理流亡来京学生医疗事宜	第五卷第四期	三十七年八月三十一日	七五七(45)
冬令救济委员会成立	第三卷第十一期	三十六年十二月十五日	二九七(45)
冬令救济积极展开	第四卷第一期	三十七年一月十五日	三五四(45)
市工务局之新设施	第八期	十七年一月十五日	二四九(3)
市工务局近讯	第十二期	十七年三月三十一日	五七九(3)
市工务局取缔城砖近讯	第十四至十五期	十七年六月十五日	〇二五(4)
市工务局最近之设施	第九期	十七年一月三十一日	三二二(3)
市工务局整理秦淮河	第十三期	十七年四月十五日	六六一(3)
市土地局之最近设施	第十四至十五期	十七年六月十五日	〇三七(4)
市土地局消息汇志	第十四至十五期	十七年六月十五日	〇四八(4)
市区经界划分问题	第十一期	十七年三月十五日	四八七(3)
市长巡视记	第二十期	十七年九月三十日	六八二(4)
市长视察八卦洲	第五卷第九期	三十七年十一月十五日	八七五(45)
市长首次出巡	第二卷第五期	三十六年三月十五日	五三七(44)
市长裁定箩梢业及食盐起卸纠纷	第三卷第十二期	三十六年十二月卅一日	三二〇(45)
市公安局保安第二大队出勤概况	第九期	十七年一月三十一日	三二一(3)
市公安局群乐会成立	第十四至十五期	十七年六月十五日	〇四三(4)
市立医院董事会组织成立	第三卷第三期	三十六年八月十五日	〇二〇(45)
市立体育场所开幕	第三卷第一期	三十六年七月十五日	八一九(44)
市立社会教育委员会成立	第十四至十五期	十七年六月十五日	〇四一(4)
市地与营产争执问题商定处理原则三项	第五卷第十期	三十七年十一月三十一日	八九四(45)
市财政开始清理市有土地	第十三期	十七年四月十五日	六六三(3)

市财政局近讯	第十九期	十七年九月十五日	五六九(4)
市财政局消息	第十六期	十七年七月三十一日	二五三(4)
市财政局消息	第十八期	十七年八月三十一日	四八六(4)
市财政局消息	第二十期	十七年九月三十日	六七一(4)
市财政局消息汇志	第十四至十五期	十七年六月十五日	〇三三(4)
市财政局消息汇志	第十四至十五期	十七年六月十五日	〇四七(4)
市体育场修筑完成	第二卷第十二期	三十六年六月三十日	七九二(44)
市社会处一月来之工作	第二十期	十七年九月三十日	六七六(4)
市社会处接收普育堂与救生局	第二十期	十七年九月三十日	六七七(4)
市社会教育之新发展	第十四至十五期	十七年六月十五日	〇三八(4)
市金库成立	第二十期	十七年九月三十日	六八一(4)
市府进行交通调查	第十期	十七年二月二十九日	四一二(3)
市府实行大扫除	第十四至十五期	十七年六月十五日	〇三八(4)
市府组织出版物审查会	第十六期	十七年七月三十一日	二四八(4)
市府举行消费调查	第十期	十七年二月二十九日	四一二(3)
市参议会召开第一届第七次大会	第五卷第九期	三十七年十一月十五日	八七五(45)
市参议会召开第一届第六次大会	第五卷第二期	三十七年七月三十一日	七〇五(45)
市参议会举行第一届第四次大会	第三卷第十期	三十六年十一月三十日	二六六(45)
市参议会第一届第五次大会揭幕	第四卷第六期	三十七年三月三十一日	四九七(45)
市政府欢迎全国教育会代表	第十四至十五期	十七年六月十五日	〇四四(4)
市政经费力谋开源节流	第四卷第六期	三十七年三月三十一日	四九七(45)
市政联席会议详情	第十四至十五期	十七年六月十五日	〇二七(4)
市政简讯	第二卷第九期	三十六年五月十五日	七一七(44)
市政简讯	第五卷第一期	三十七年七月十五日	六七七(45)
市选举事务所展开工作	第三卷第五期	三十六年九月十五日	〇八五(45)
市铁路近况	第二十期	十七年九月三十日	六八三(4)
市铁路局积极整顿	第十二期	十七年三月三十一日	五八二(3)
市教局将设公共游泳池	第十六期	十七年七月三十一日	二五六(4)
市教育局力谋教费独立	第九期	十七年一月三十一日	三二二(3)
市教育局之扩大局务会议	第十四至十五期	十七年六月十五日	〇二六(4)
市教育局布告辟谣	第十四至十五期	十七年六月十五日	〇三五(4)
市教育局出版新刊物	第十三期	十七年四月十五日	六六五(3)
市教育局发表市立各校校长	第十六期	十七年七月三十一日	二五八(4)

市教育局近讯	第八期	十七年一月十五日	二四六(3)
市教育局近闻种种	第十四至十五期	十七年六月十五日	〇三四(4)
市教育局社会教育之新设施	第十一期	十七年三月十五日	四九二(3)
市教育局改良公文程式	第十四至十五期	十七年六月十五日	〇四一(4)
市教育局注意公共卫生	第十四至十五期	十七年六月十五日	〇四〇(4)
市教育局学校教育近况	第十期	十七年二月二十九日	四一五(3)
市教育局学校教育近况	第十一期	十七年三月十五日	四九〇(3)
市教育局致全国教育代表之二函	第十四至十五期	十七年六月十五日	〇四六(4)
市教育局积极进行社会教育	第九期	十七年一月三十一日	三二一(3)
市教育局请参事会力争屠牙税	第十一期	十七年三月十五日	四九〇(3)
市教育局接收救生局	第八期	十七年一月十五日	二四九(3)
市教育局接收普育堂	第九期	十七年一月三十一日	三二二(3)
市教育局接管城北公园	第十二期	十七年三月三十一日	五八四(3)
市教育局整顿普育堂	第十期	十七年二月二十九日	四一六(3)
市教育局邀集塾师大会	第十一期	十七年三月十五日	四九一(3)
市教费实行独立	第十四至十五期	十七年六月十五日	〇三八(4)
玄武公园规定停车地段	第三卷第四期	三十六年八月三十一日	〇五三(45)
玄武湖公园开幕典礼纪盛	第十九期	十七年九月十五日	五七〇(4)
玄武湖近况	第十八期	十七年八月三十一日	四八七(4)
玄武湖堤禁止行车	第三卷第一期	三十六年七月十五日	八一九(44)
玄武湖管理局工作概况	第十六期	十七年七月三十一日	二五五(4)
玄武湖管理局之新事业	第十四至十五期	十七年六月十五日	〇四二(4)
玄武湖管理局整理湖务	第十七期	十七年八月十五日	三八七(4)
训练戏词鼓书演员近讯	第十二期	十七年三月三十一日	五八四(3)
民政局成立	第二卷第七期	三十六年四月十五日	六三六(44)
召集划界会议	第十四至十五期	十七年六月十五日	〇二三(4)
召集特别市政会议	第十六期	十七年七月三十一日	二五二(4)
加紧修堤防汛	第五卷第三期	三十七年八月十五日	七三六(45)
加紧催征土地税	第二卷第七期	三十六年四月十五日	六三九(44)
加铺柏油路	第三卷第九期	三十六年十一月十五日	二二六(45)
加强劝募布鞋劳军工作	第五卷第三期	三十七年八月十五日	七三七(45)
发动建校兴学运动	第三卷第二期	三十六年七月三十一日	八八一(44)
发动洲民修筑堤	第二卷第七期	三十六年四月十五日	六三九(44)

发行首都市政	第二十期	十七年九月三十日	六八三(4)
发放贫户救济款物	第四卷第三期	三十七年二月十五日	四〇八(45)
发放贫民免费自来水券	第四卷第十二期	三十七年六月三十日	六四一(45)
再度举行道路运量观测	第三卷第七期	三十六年十月十六日	一五八(45)
再接再厉之禁赌	第十八期	十七年八月三十一日	四八六(4)
成立经济管制三机构	第五卷第九期	三十七年十一月十五日	八七六(45)
成立城市卫生中心区	第二卷第六期	三十六年三月三十一日	五八三(44)
自来水厂整理工程竣事	第四卷第九期	三十七年五月十五日	五六七(45)
向江宁县接收市范围行政	第十四至十五期	十七年六月十五日	〇三七(4)
会拟清洁办法	第二十期	十七年九月三十日	六七四(4)
各区积极办理禁烟工作	第五卷第八期	三十七年十月三十一日	八五一(45)
各界卫生委员会五次大会	第十期	十七年二月二十九日	四一一(3)
各界卫生委员会会议情形	第十四至十五期	十七年六月十五日	〇二三(4)
庆祝本府成立二十周年	第二卷第十一期	三十六年六月十五日	七五八(44)
刘市长向五中全会建议整理首都	第十八期	十七年八月三十一日	四八一(4)
刘市长选拔真材	第十七期	十七年八月十五日	三八四(4)
刘市长检阅警察	第十七期	十七年八月十五日	三八三(4)
刘市长就职之盛况	第十七期	十七年八月十五日	三七五(4)
江心洲扶植自耕农工作近况	第三卷第二期	三十六年七月三十一日	八八〇(44)
江心洲扶植自耕农近讯	第三卷第五期	三十六年九月十五日	〇八七(45)
江心洲扶植自耕农实验区近讯	第五卷第三期	三十七年八月十五日	七三七(45)
江心洲扶植自耕农实验区近况	第四卷第八期	三十七年四月三十日	五四二(45)
江心洲扶植自耕农实验区近况	第五卷第八期	三十七年十月三十一日	八五二(45)
江心洲实验区办事处成立	第二卷第八期	三十六年四月三十日	六八〇(44)
江南官书局确系市产	第十六期	十七年七月三十一日	二四六(4)
设立市金库	第十九期	十七年九月十五日	五六五(4)
设立民众团体招待室	第十六期	十七年七月三十一日	二五六(4)
戏词鼓书训练班第七次大会	第十二期	十七年三月三十一日	五八四(3)
欢送第二期志愿兵入营	第三卷第九期	三十六年十一月十五日	二二五(45)
进行全市三角测量	第十一期	十七年三月十五日	四八九(3)
远东基教会议代表参观本市教育	第三卷第六期	三十六年九月三十日	一一九(45)
抢修下关码头	第四卷第二期	三十七年一月三十一日	三八〇(45)
拟开辟民众游艺场	第九期	十七年一月三十一日	三二〇(3)

拟设社会事业整理处	第十三期	十七年四月十五日	六六四(3)
劳资纠纷评断委员会成立	第三卷第一期	三十六年七月十五日	八一七(44)
李财政局长之市财政谈	第十九期	十七年九月十五日	五六八(4)
呈请国府将电话局归市经营	第十八期	十七年八月三十一日	四八四(4)
财政土地两局长更迭	第十六期	十七年七月三十一日	二五六(4)
财政局土地课清理市有公地	第九期	十七年一月三十一日	三二〇(3)
财政局成立第三科	第二卷第六期	三十六年三月三十一日	五八三(44)
财政局消息	第十六期	十七年七月三十一日	二五〇(4)
财政局消息汇志	第十四至十五期	十七年六月十五日	〇三九(4)
财政局接收承恩寺	第十期	十七年二月二十九日	四一三(3)
财政局添设土地课	第八期	十七年一月十五日	二四五(3)
财政局整顿车房捐	第十二期	十七年三月三十一日	五八二(3)
私立中学收费标准	第三卷第五期	三十六年九月十五日	〇八六(45)
私立中学超收学杂各费处理办法确定	第五卷第六期	三十七年九月三十日	八〇五(45)
私塾教育研究会之第一声	第十四至十五期	十七年六月十五日	〇二六(4)
私塾教育研究会成立	第十三期	十七年四月十五日	六六五(3)
估修交通要道	第十一期	十七年三月十五日	四九〇(3)
何市长察勘大黄洲	第十六期	十七年七月三十一日	二四八(4)
彻底查缉烟毒	第三卷第一期	三十六年七月十五日	八一八(44)
迎榇大道举行开路典礼	第十七期	十七年八月十五日	三八五(4)
沈市长补行宣誓就职	第二卷第六期	三十六年三月三十一日	五七九(44)
评定第十二区标准地价	第四卷第二期	三十七年一月三十一日	三八二(45)
评定第九区标准地价	第三卷第十期	三十六年十一月三十日	二六六(45)
补办免缓役审查	第四卷第十期	三十七年五月三十一日	五八七(45)
社会民政工务三局调整职掌	第五卷第十期	三十七年十一月三十一日	八九四(45)
社会调查处开始工作	第九期	十七年一月三十一日	三一九(3)
社会调查处请改首都名称	第十四至十五期	十七年六月十五日	〇三六(4)
改订人兽力车处罚金额	第二卷第十一期	三十六年六月十五日	七六〇(44)
改订广告捐率	第三卷第四期	三十六年八月三十一日	〇五一(45)
改订本市广告捐率	第五卷第八期	三十七年十月三十一日	八五二(45)
改进营业税申报制度与征收机构	第四卷第八期	三十七年四月三十日	五四一(45)
改定车辆价目	第十九期	十七年九月十五日	五六七(4)

改建中山路工程开工	第二卷第十一期	三十六年六月十五日	七五九(44)
改筑益仁巷五马街一带马路	第十四至十五期	十七年六月十五日	○三一(4)
改善户口配给米发放办法	第五卷第三期	三十七年八月十五日	七三六(45)
改善首都公共交通及电力供应	第四卷第三期	三十七年二月十五日	四○七(45)
张秘书长就职	第二十期	十七年九月三十日	六七○(4)
妓女登记之第一日	第十八期	十七年八月三十一日	四八六(4)
规定车辆牌照颜色	第二卷第十一期	三十六年六月十五日	七六一(44)
规定自治人员薪给表	第二卷第六期	三十六年三月三十一日	五八○(44)
规定医师诊金数额	第二卷第六期	三十六年三月三十一日	五八三(44)
规定夏令急救治病办法	第五卷第二期	三十七年七月三十一日	七○五(45)
拆除武定门城门	第二十期	十七年九月三十日	六八三(4)
取缔不良连环图画	第四卷第十一期	三十七年六月十五日	六一七(45)
取缔占用市有公地	第五卷第五期	三十七年九月十五日	七八四(45)
取缔妇女奇装异服之联席会议	第十六期	十七年七月三十一日	二五七(4)
取缔贩卖水果及清凉饮食品	第十六期	十七年七月三十一日	二四七(4)
取缔沿街障碍物经过	第十四至十五期	十七年六月十五日	○二五(4)
取缔婚丧恶习	第十四至十五期	十七年六月十五日	○三四(4)
码头修理工程近况	第三卷第九期	三十六年十一月十五日	二二六(45)
征兵工作积极展开	第三卷第六期	三十六年九月三十日	一一九(45)
放领市有公地公开摸号竣事	第五卷第七期	三十七年十月十五日	八二五(45)
定期取消市参事会	第十六期	十七年七月三十一日	二五二(4)
实行家庭化之市府	第十八期	十七年八月三十一日	四八五(4)
建筑东关水闸已开标	第十三期	十七年四月十五日	六六三(3)
限期建筑中山北路空地房屋	第二卷第十一期	三十六年六月十五日	七六○(44)
参议会举行第三次大会	第三卷第三期	三十六年八月十五日	○一五(45)
参加田粮会议情形	第二卷第十期	三十六年五月三十一日	七四○(44)
组织规划首都图案委员会	第十六期	十七年七月三十一日	二五一(4)
革除玄武湖采柴恶例	第八期	十七年一月十五日	二四四(3)
南京三私校呈准立案	第十四至十五期	十七年六月十五日	○四七(4)
南京区救济特捐募集委员人选决定	第四卷第五期	三十七年三月日十五日	四六四(45)
南京市长途汽车开驶	第八期	十七年一月十五日	二四三(3)
南京市文化建设委员会成立	第三卷第一期	三十六年七月十五日	八一六(44)
南京市兵役协会召开第三次会议	第三卷第三期	三十六年八月十五日	○一八(45)

南京市兵役协会成立	第三卷第二期	三十六年七月三十一日	八七九(44)
南京市国民教育研究会举行第二次大会	第五卷第二期	三十七年七月三十一日	七〇五(45)
南京市经济建设委员会成立	第二卷第十一期	三十六年六月十五日	七五八(44)
南京市都市计划委员会成立	第二卷第八期	三十六年四月三十日	六七九(44)
南京市都市计划委员会首次会议通过计划大纲	第二卷第十期	三十六年五月三十一日	七三九(44)
南京市粮食消费合作社展开业务	第四卷第四期	三十七年二月二十九日	四三六(45)
标准地价续有评定	第三卷第九期	三十六年十一月十五日	二二六(45)
查禁娼妓卜筮星相之严厉	第十九期	十七年九月十五日	五六六(4)
选定各区调解委员会委员	第三卷第十二期	三十六年十二月卅一日	三二二(45)
选举事务所即将成立	第三卷第三期	三十六年八月十五日	〇一五(45)
复成仓改建公园及图书馆之计划	第二十期	十七年九月三十日	六八三(4)
修订本市建筑造价标准	第五卷第八期	三十七年十月三十一日	八五二(45)
修正本市民食配购证换领及补领手续	第四卷第九期	三十七年五月十五日	五六七(45)
狮子巷马路改筑柏油路	第十八期	十七年八月三十一日	四八六(4)
奖助市内大中学清寒学生	第四卷第五期	三十七年三月日十五日	四六一(45)
首都公共汽车公司正式成立	第三卷第十二期	三十六年十二月卅一日	三二〇(45)
首都公安局管辖问题解决	第二十期	十七年九月三十日	六六九(4)
首都户籍调查工作之紧张	第二十期	十七年九月三十日	六七七(4)
首都户籍调查宣传事项之总报告	第二十期	十七年九月三十日	六七九(4)
首都各界举行六三纪念大会	第四卷第十一期	三十七年六月十五日	六一四(45)
首都庆祝儿童节	第四卷第八期	三十七年四月三十日	五四一(45)
首都空前清洁运动	第十四至十五期	十七年六月十五日	〇三二(4)
首都城门名称改定	第十六期	十七年七月三十一日	二四五(4)
首都城门将改名	第十三期	十七年四月十五日	六六一(3)
首都举行植树节典礼市长出席致词并植树	第二卷第六期	三十六年三月三十一日	五七九(44)
首都都市计划资料展览圆满结束	第四卷第一期	三十七年一月十五日	三五四(45)
首都清壁运动	第十七期	十七年八月十五日	三八七(4)
逆产委员会改组	第十七期	十七年八月十五日	三八七(4)
恢复纳言箱	第十七期	十七年八月十五日	三八六(4)

举办卫生展览会	第三卷第二期	三十六年七月三十一日	八八二(44)
举办本市各级国民学校教员登记及检定	第四卷第十二期	三十七年六月三十日	六四二(45)
举办全市户口总复查	第五卷第四期	三十七年八月三十一日	七五四(45)
举办全市户口总调查	第三卷第八期	三十六年十月三十一日	二〇〇(45)
举办道路运量调查	第三卷第三期	三十六年八月十五日	〇一六(45)
举行儿童美劳成绩展览会	第三卷第一期	三十六年七月十五日	八一九(44)
举行开国三十七年庆祝行宪大会	第四卷第一期	三十七年一月十五日	三五四(45)
举行本市二届中小学体育表演会	第五卷第十期	三十七年十一月三十一日	八九四(45)
举行市民园艺大会	第十三期	十七年四月十五日	六六六(3)
举行市国民教育研究会	第二卷第十一期	三十六年六月十五日	七五九(44)
举行全市会计会议	第十六期	十七年七月三十一日	二五二(4)
举行祀孔礼/纪念教师节	第五卷第五期	三十七年九月十五日	七八三(45)
举行房捐总调查	第三卷第四期	三十六年八月三十一日	〇五一(45)
举行夏令卫生运动扩大宣传周	第三卷第一期	三十六年七月十五日	八一七(44)
举行教育人员第二次扩大纪念周	第二卷第六期	三十六年三月三十一日	五八三(44)
举行职员考试	第十八期	十七年八月三十一日	四八二(4)
举行禁烟纪念大会积极推进禁烟工作	第二卷第十二期	三十六年六月三十日	七九二(44)
统计人员养成所开学	第二十期	十七年九月三十日	六八二(4)
热河路商场放租问题解决	第四卷第四期	三十七年二月二十九日	四三七(45)
夏令卫生防疫设施	第三卷第一期	三十六年七月十五日	八一六(44)
柴车通行须守时间	第十三期	十七年四月十五日	六六三(3)
铁路局长易人	第八期	十七年一月十五日	二四四(3)
积极办理防泛筑堤工作	第四卷第十二期	三十七年六月三十日	六四一(45)
积极劝募救济特捐	第五卷第四期	三十七年八月三十一日	七五六(45)
积极进行中之中山路	第十九期	十七年九月十五日	五六五(4)
积极取缔门前障碍物	第十一期	十七年三月十五日	四八九(3)
积极调查及处理公地	第三卷第五期	三十六年九月十五日	〇八七(45)
积极添装路灯	第三卷第一期	三十六年七月十五日	八一八(44)
积极筹办大选事宜	第三卷第十期	三十六年十一月三十日	二六六(45)
积极筹办全市民食配售	第四卷第五期	三十七年三月日十五日	四六三(45)
积极筹组首都公共汽车公司	第三卷第七期	三十六年十月十六日	一五七(45)

积极整修水厂机器	第二卷第六期	三十六年三月三十一日	五八四(44)
积极整理玄武湖	第十四至十五期	十七年六月十五日	○三二(4)
秘书处职员出勤通则	第十四至十五期	十七年六月十五日	○四二(4)
准备开征本年度田赋	第三卷第六期	三十六年九月三十日	一一九(45)
调查户籍	第十八期	十七年八月三十一日	四八五(4)
调查户籍近讯	第十九期	十七年九月十五日	五六五(4)
调查本市选民人数	第二卷第十期	三十六年五月三十一日	七四一(44)
调查市区经界委员团呈报调查经过	第九期	十七年一月三十一日	三一七(3)
调整人兽力车各项收费数额	第四卷第六期	三十七年三月三十一日	四九八(45)
调整本市广告捐捐率	第四卷第九期	三十七年五月十五日	五六八(45)
调整本市水电商工资本限额及纳费标准	第四卷第三期	三十七年二月十五日	四○九(45)
调整市立中小学人事	第三卷第四期	三十六年八月三十一日	○五一(45)
调整自来水接水贴管押表等费费率	第二卷第十二期	三十六年六月三十日	七九二(44)
调整各项行政规费与使用牌照税税额	第五卷第七期	三十七年十月十五日	八二七(45)
调整各项行政规费征收标准	第四卷第十期	三十七年五月三十一日	五八八(45)
调整各项行政规费征收标准	第三卷第一期	三十六年七月十五日	八二○(44)
调整各项行政规费标准	第五卷第二期	三十七年七月三十一日	七○六(45)
调整屠宰检验费数额	第四卷第七期	三十七年四月十五日	五二一(45)
展开本市各乡区医疗工作	第五卷第七期	三十七年十月十五日	八二七(45)
展开全市卫生检查	第四卷第十二期	三十七年六月三十日	六四一(45)
继续实施四月份民食配售	第四卷第七期	三十七年四月十五日	五二○(45)
继续调查物价与编制指数	第五卷第八期	三十七年十月三十一日	八五一(45)
继续清理军政机关接收敌伪圈占土地	第三卷第八期	三十六年十月三十一日	二○一(45)
继续筹办各项选举	第三卷第八期	三十六年十月三十一日	二○一(45)
推行节约消费运动	第三卷第八期	三十六年十月三十一日	二○○(45)
教育卫生工作近况	第二卷第七期	三十六年四月十五日	六三五(44)
教育局长易人	第二十期	十七年九月三十日	六七○(4)
教育局扩大局务会议详情	第十四至十五期	十七年六月十五日	○四五(4)
教育局近讯	第十九期	十七年九月十五日	五六八(4)
教育局社会教育之改进	第十七期	十七年八月十五日	三八八(4)

教育局继续办收复区伪中学毕业生甄审	第四卷第八期	三十七年四月三十日	五四二(45)
教费独立已无问题	第十三期	十七年四月十五日	六六四(3)
接管整理首都公共汽车公司	第五卷第六期	三十七年九月三十日	八〇五(45)
基本教育首都示范区计划委会举行会议	第五卷第九期	三十七年十一月十五日	八七六(45)
救济四所村灾民	第四卷第三期	三十七年二月十五日	四〇九(45)
救济纺织工业贷款办法决定	第三卷第三期	三十六年八月十五日	〇一八(45)
晨光训练读书组会议纪	第十四至十五期	十七年六月十五日	〇四五(4)
第八届市运动会圆满结束	第三卷第十期	三十六年十一月三十日	二六六(45)
第八届市运会积极筹备	第二卷第十期	三十六年五月三十一日	七三九(44)
领取国民身份证简化手续	第五卷第七期	三十七年十月十五日	八二七(45)
商讨建设本市工商业区	第二卷第七期	三十六年四月十五日	六三八(44)
商民请悼史警玉峰	第十三期	十七年四月十五日	六六六(3)
清理军政机关接收敌伪圈占地	第三卷第七期	三十六年十月十六日	一五八(45)
清道是南京市政第一步工作	第十二期	十七年三月三十一日	五八二(3)
续订包商承办粪便管理契约	第五卷第三期	三十七年八月十五日	七三七(45)
续制第二期筑路预算	第十一期	十七年三月十五日	四九〇(3)
续遣皖鲁难民完毕	第二卷第十一期	三十六年六月十五日	七六〇(44)
募集清寒学生助学金	第三卷第六期	三十六年九月三十日	一一九(45)
募集清寒学生助学金	第五卷第五期	三十七年九月十五日	七八三(45)
朝气勃发之市府	第十四至十五期	十七年六月十五日	〇三一(4)
确定市属中小学收费标准及原则	第五卷第四期	三十七年八月三十一日	七五五(45)
确定热河路商场舖摊位租金额	第三卷第十一期	三十六年十二月十五日	二九八(45)
最近之三大取缔	第十七期	十七年八月十五日	三八五(4)
普育堂近讯	第十四至十五期	十七年六月十五日	〇三五(4)
普育堂近讯	第十四至十五期	十七年六月十五日	〇四三(4)
普遍供应自来水之三项措施	第四卷第十期	三十七年五月三十一日	五八七(45)
游泳池两旬内可成	第十八期	十七年八月三十一日	四八四(4)
鼓楼医院疑难交还	第八期	十七年一月十五日	二四五(3)
勤务训练班积极进行	第十二期	十七年三月三十一日	五八五(3)
甄选国民学校教员	第三卷第三期	三十六年八月十五日	〇一九(45)
甄选国民学校教员揭晓	第三卷第五期	三十六年九月十五日	〇八五(45)

酬答南京之友艾拉培	第二卷第五期	三十六年三月十五日	五三八(44)
筹开第八届全市运动会	第三卷第九期	三十六年十一月十五日	二二五(45)
筹办本市满族国大代表及立委监委选举	第四卷第一期	三十七年一月十五日	三五四(45)
筹办首都都市计划资料展览会	第三卷第十二期	三十六年十二月卅一日	三二一(45)
筹议改良八卦洲洲地	第四卷第四期	三十七年二月二十九日	四三七(45)
筹议改善下关码头	第四卷第一期	三十七年一月十五日	三五五(45)
筹议改善市内交通	第二卷第八期	三十六年四月三十日	六七八(44)
筹发本年度应征新兵安家补助费	第四卷第十一期	三十七年六月十五日	六一四(45)
筹划建筑平民住宅	第四卷第五期	三十七年三月日十五日	四六三(45)
筹划重建雨花公园	第四卷第十期	三十七年五月三十一日	五八七(45)
筹设市民银行	第十六期	十七年七月三十一日	二五六(4)
筹设米市	第二十期	十七年九月三十日	六七三(4)
筹设巡回医院	第三卷第七期	三十六年十月十六日	一五七(45)
筹设革命纪念馆	第十七期	十七年八月十五日	三八五(4)
筹备公教人员物资配售	第二卷第七期	三十六年四月十五日	六三六(44)
筹备本年度第二期征兵工作	第五卷第四期	三十七年八月三十一日	七五六(45)
筹备冬令救济	第三卷第九期	三十六年十一月十五日	二二五(45)
筹备防疫医院	第十六期	十七年七月三十一日	二五六(4)
筹备社会卫生两局	第十六期	十七年七月三十一日	二五五(4)
筹备选拔本市参加全运会代表	第四卷第二期	三十七年一月三十一日	三八一(45)
筹备职员家属联谊会	第十四至十五期	十七年六月十五日	〇四三(4)
筹备第八届全市运动会	第二卷第七期	三十六年四月十五日	六三八(44)
筹建平民住宅	第四卷第十一期	三十七年六月十五日	六一四(45)
筹建救济院新院舍	第三卷第一期	三十六年七月十五日	八一八(44)
筹复义仓	第二卷第六期	三十六年三月三十一日	五八三(44)
筹筑平民住宅	第二十期	十七年九月三十日	六八二(4)
简讯	第二卷第十期	三十六年五月三十一日	七四一(44)
简讯	第二卷第十一期	三十六年六月十五日	七六一(44)
简讯	第二卷第十二期	三十六年六月三十日	七九三(44)
简讯	第三卷第一期	三十六年七月十五日	八二二(44)
简讯	第三卷第二期	三十六年七月三十一日	八八三(44)
简讯	第三卷第三期	三十六年八月十五日	〇二一(45)

简讯	第三卷第四期	三十六年八月三十一日	〇五三(45)
简讯	第三卷第五期	三十六年九月十五日	〇八八(45)
简讯	第三卷第六期	三十六年九月三十日	一二二(45)
简讯	第三卷第七期	三十六年十月十六日	一六〇(45)
简讯	第三卷第八期	三十六年十月三十一日	二〇二(45)
简讯	第三卷第九期	三十六年十一月十五日	二二七(45)
简讯	第三卷第十期	三十六年十一月三十日	二六九(45)
简讯	第三卷第十一期	三十六年十二月十五日	二九九(45)
简讯	第三卷第十二期	三十六年十二月卅一日	三二三(45)
简讯	第四卷第一期	三十七年一月十五日	三五五(45)
简讯	第四卷第二期	三十七年一月三十一日	三八四(45)
简讯	第四卷第三期	三十七年二月十五日	四〇九(45)
简讯	第四卷第四期	三十七年二月二十九日	四三八(45)
简讯	第四卷第五期	三十七年三月日十五日	四六四(45)
简讯	第四卷第六期	三十七年三月三十一日	四九八(45)
简讯	第四卷第七期	三十七年四月十五日	五二一(45)
简讯	第四卷第八期	三十七年四月三十日	五四三(45)
简讯	第四卷第九期	三十七年五月十五日	五七〇(45)
简讯	第四卷第十期	三十七年五月三十一日	五九一(45)
简讯	第四卷第十一期	三十七年六月十五日	六一八(45)
简讯	第四卷第十二期	三十七年六月三十日	六四三(45)
简讯	第五卷第二期	三十七年七月三十一日	七〇九(45)
简讯	第五卷第三期	三十七年八月十五日	七三八(45)
简讯	第五卷第四期	三十七年八月三十一日	七五九(45)
简讯	第五卷第五期	三十七年九月十五日	七八五(45)
简讯	第五卷第六期	三十七年九月三十日	八〇六(45)
简讯	第五卷第七期	三十七年十月十五日	八二九(45)
简讯	第五卷第八期	三十七年十月三十一日	八五三(45)
简讯	第五卷第九期	三十七年十一月十五日	八七七(45)
简讯	第五卷第十期	三十七年十一月三十一日	八九五(45)
简讯	第二卷第七期	三十六年四月十五日	六三九(44)
简讯	第二卷第八期	三十六年四月三十日	六八〇(44)
简讯一束	第二卷第六期	三十六年三月三十一日	五八四(44)

塾师讲习会筹备就绪	第十二期	十七年三月三十一日	五八四（3）
旗民生计处严禁重利盘剥	第十四至十五期	十七年六月十五日	〇四九（4）
旗民生计处消息	第十六期	十七年七月三十一日	二五五（4）
撤销自治费及清洁费改征临时市政建设捐	第四卷第七期	三十七年四月十五日	五二〇(45)
增设屠宰场	第二十期	十七年九月三十日	六八二（4）
燕子矶改造新村之建议	第十四至十五期	十七年六月十五日	〇三九（4）
整修小街小巷第二期开工	第二卷第八期	三十六年四月三十日	六七九(44)
整理小街小巷	第二卷第六期	三十六年三月三十一日	五八二(44)
整理本市郊区地籍举办测量登记估价	第二卷第六期	三十六年三月三十一日	五八二(44)
整理后之玄武湖	第十六期	十七年七月三十一日	二五七（4）
整理普育堂近讯	第十二期	十七年三月三十一日	五八二（3）
警察加岗之计划	第十三期	十七年四月十五日	六六二（3）
警察练习国术	第二十期	十七年九月三十日	六七五（4）
警察教练所开学志盛	第十二期	十七年三月三十一日	五八一（3）
警察教练所近讯	第二十期	十七年九月三十日	六七五（4）

行政院训令

篇　　名	卷(期)数	出 版 日 期	页码(册数)
中央物价对策委员会组织条例草案	第一〇六期	三十一年十二月十五日	一五二(42)
地方物价对策委员会组织规程草案	第一〇九期	三十一年十二月十五日	一五二(42)
地方物价管理局组织规则草案	第一〇九期	三十一年十二月十五日	一五三(42)
华北政务委员会建设总署暂行组织条例(民国三十二年二月四日公布)(续前)	第一一五期	三十二年三月十五日	三八三(42)
华北政务委员会政务厅交通局暂行组织条例(民国三十二年二月四日公布)	第一一五期	三十二年三月十五日	三八九(42)
华北政务委员会政务厅暂行组织条例(民国三十二年二月四日公布)	第一一五期	三十二年三月十五日	三八五(42)
华北政务委员会秘书厅暂行组织条例(民国三十二年二月四日公布)	第一一五期	三十二年三月十五日	三八八(42)
行政院训令(令南京特别市政府)	第一二六期	三十二年八月三一日	七九一(42)
行政院训令(行字第八六一二号)	第一一〇期	三十一年十二月三十一日	一八八(42)
行政院训令(行字第八六一二号,国府令发修正财政部税务署组织法)	第一一〇期	三十一年十二月三十一日	一八八(42)
行政院训令(行字第　号,令南京特别市政府)	第一一〇期	三十一年十二月三十一日	一八七(42)
行政院训令(行字第　号,令南京特别市政府)	第一一〇期	三十一年十二月三十一日	一八七(42)
行政院训令(行字第　号,令南京特别市政府)	第一四七/一四八期合刊	三十三年七月三十日	四四三(43)
行政院训令(行字第　号,令南京特别市政府)	第一〇九期	三十一年十二月十五日	一五一(42)
行政院训令(行字第　号,令南京特别市政府)	第一〇一期	三十一年八月十五日	七九九(41)
行政院训令(行字第　号,令南京特别市政府)	第一〇二期	三十一年八月三十一日	八四七(41)

行政院训令(行字第　号,令南京特别市政府)	第一〇三期	三十一年九月十五日	八八一(41)
行政院训令(行字第　号,令南京特别市政府)	第一〇三期	三十一年九月十五日	八八九(41)
行政院训令(行字第　号,令南京特别市政府)	第一〇四期	三十一年九月三十日	九四一(41)
行政院训令(字第六五八号,令南京特别市政府)	第一二一期	三十二年六月十五日	五八三(42)
行政院训令(字第四二八号,令南京特别市政府)	第一一四期	三十二年三月二十八日	三三一(42)
行政院训令(字第　号,令南京特别市政府)	第一三〇期	三十二年十月三十一日	九一五(42)
行政院训令(字第　号,令南京特别市政府)	第一三二期	三十二年十一月三十日	〇四三(43)
行政院训令(字第　号,令南京特别市政府)	第一三五/一三六期合刊	三十三年一月三十一日	一一五(43)
行政院训令(政字第一三二〇号,令南京特别市政府)	第一二二期	三十二年六月三十日	六二一(42)
行政院训令(政字第六九二号,国府令将湖北省沔阳县划分沔南沔北两县)	第一一六期	三十二年三月三十一日	四一五(42)
行政院训令(政字第六九〇号,国府令福建厦门市改为厦门特别市特任李思贤为厦门特别市市长)	第一一六期	三十二年三月三十一日	四一五(42)
行政院训令(政字第　号,令南京特别市政府)	第一一二期	三十二年一月三十一日	二四九(42)
行政院训令(政字第　号,令南京特别市政府)	第一一二期	三十二年一月三十一日	二四九(42)
行政院训令(政字第　号,令南京特别市政府)	第一一二期	三十二年一月三十一日	二五〇(42)
行政院训令(政字第　号,令南京特别市政府)	第一一三期	三十二年二月十五日	二九七(42)

题名	期号	日期	页码
行政院训令(政字第 号,令南京特别市政府)	第一一三期	三十二年二月十五日	二九七(42)
行政院训令(政字第 号,令南京特别市政府)	第一一三期	三十二年二月十五日	二九九(42)
行政院训令(政字第 号,令南京特别市政府)	第一一三期	三十二年二月十五日	三〇〇(42)
行政院训令(政字第 号令南京特别市政府)	第一二〇期	三十二年五月三十一日	五五二(42)
行政院训令(政字第 号,令南京特别市政府)	第一一九期	三十二年五月十五日	五一一(42)
行政院训令(院字第二七一号,令南京特别市政府)	第一一七期	三十二年四月十五日	四四九(42)
行政院训令(院字第二七二号,令南京特别市政府)	第一一七期	三十二年四月十五日	四五〇(42)
行政院训令(院字第七八六号,令南京特别市政府)	第一二二期	三十二年六月三十日	六二三(42)
行政院训令(院字第三三〇号,令南京特别市政府)	第一一八期	三十二年四月三十日	四八一(42)
行政院训令(院字第五七二号,令南京特别市政府)	第一二一期	三十二年六月十五日	五七九(42)
行政院训令(院字第五九一三号,令南京特别市政府)	第一四五期	三十三年六月十五日	三六一(43)
行政院训令(院字第六三一号,令南京特别市政府)	第一二一期	三十二年六月十五日	五八二(42)
行政院训令(院字第六三二号,令南京特别市政府)	第一二一期	三十二年六月十五日	五八五(42)
行政院训令(院字第 号,令南京特别市政府)	第一二〇期	三十二年五月三十一日	五五一(42)
行政院训令(院字第 号,令南京特别市政府)	第一二〇期	三十二年五月三十一日	五五一(42)
行政院训令(院字第 号,令南京特别市政府)	第一二三期	三十二年七月十五日	六六九(42)

行政院训令(院字第　号,令南京特别市政府)	第一三九期	三十三年三月十五日	二〇三(43)
行政院训令(院字第　号,令南京特别市政府)	第一五九/一六〇期合刊	三十四年一月三十日	七七七(43)
行政院训令院(院字第　号)	第一二五期	三十二年八月十五日	七六〇(42)
行政院行政效率促进委员会签呈	第一二二期	三十二年六月三十日	六二一(42)
行政院指令(院字第一〇五号,令南京特别市政府)	第一一六期	三十二年三月三十一日	四一五(42)
国民政府行政院训令(行字第　号,令南京特别市政府)	第一〇三期	三十一年九月十五日	八八五(41)
国民政府行政院训令(政字第　号,令南京特别市政府)	第一二五期	三十二年八月十五日	七五九(42)
审查惩治盗匪暂行条例草案报告	第一二一期	三十二年六月十五日	五八〇(42)
实业部物价管理总局组织条例草案	第一〇九期	三十一年十二月十五日	一五三(42)
通过建设部呈请改订华中各铁道旅客运价一案(国民政府三十二年十一月十六日第五四九号训令)	第一三一期	三十二年十一月十五日	〇〇三(43)

会议·会议记录·会议纪录·会议录·纪录

篇　名	卷(期)数	出版日期	页码(册数)
平定米价评议委员会第七次会议纪录	第四十二期	二十九年二月二十九日	三四二(39)
平定米价评议委员会第八次会议纪录	第四十三期	二十九年三月十五日	三八九(39)
平定米价评议委员会第六次会议纪录	第四十一期	二十九年二月十五日	二九一(39)
市长局长参事联席会议纪录	第一号补编	十六年四月始迄八月止	四一三(1)
市财政局第二次局务会议纪录	第十六期	十七年七月三十一日	三四三(4)
市参事会十一次常会纪录	第十三期	十七年四月十五日	七〇七(3)
市参事会第一次常会纪	第一号补编	十六年四月始迄八月止	四二六(1)
市参事会第二次常会纪	第一号补编	十六年四月始迄八月止	四二八(1)
市参事会第十二次常会纪录	第十三期	十七年四月十五日	七〇九(3)
市参事会第十三次常会纪录	第十四至十五期	十七年六月十五日	一七七(4)
市参事会第十五次常会纪录	第十四至十五期	十七年六月十五日	一七九(4)
市参事会第十四次常会纪录	第十四至十五期	十七年六月十五日	一七八(4)
市参事会第十次常会纪录	第十二期	十七年三月三十一日	六四一(3)
市政企划委员会第十二次会议纪录	第三十九期	二十九年一月十五日	二〇二(39)
市政企划委员会第七次会议记录	第十九期	二十八年三月十五日	八二二(37)
市政企划委员会第八次会议纪录	第二十三期	二十八年五月十五日	一七六(38)
市政企划委员会第九次会议纪录	第二十八期	二十八年七月三十一日	五二一(38)
市政企划委员会第六次会议记录	第十七期	二十八年二月十五日	七〇五(37)
市政企委会第十次会议纪录	第三十一期	二十八年九月十五日	六九〇(38)
市政法规委员会第二次常会纪录	第二十一期	十七年十月十五日	一一五(5)
市政法规委员会第十一次常会纪录	第二十六期	十七年十二月三十一日	一七六(6)
市政法规委员会第十二次常会纪录	第二十六期	十七年十二月三十一日	一七八(6)
市政法规委员会第十三次常会纪录	第二十六期	十七年十二月三十一日	一七九(6)
市政法规委员会第十三次常会纪录	第二十七期	十八年一月十五日	三二四(6)
市政法规委员会第十五次常会纪录	第二十七期	十八年一月十五日	三二六(6)
市政法规委员会第十六次常会纪录	第三十期	十八年二月二十八日	七九二(6)
市政法规委员会第十四次常会纪录	第二十七期	十八年一月十五日	三二五(6)
市政法规委员会第十次常会纪录	第二十五期	十七年十二月十五日	八一九(5)
市政法规委员会第七次常会纪录	第二十四期	十七年十一月三十日	五九七(5)

市政法规委员会第八次常会纪录	第二十四期	十七年十一月三十日	五九九(5)
市政法规委员会第九次常会纪录	第二十五期	十七年十二月十五日	八一六(5)
市政法规委员会第三次常会纪录	第二十二期	十七年十月三十一日	二四九(5)
市政法规委员会第五次常会纪录	第二十二期	十七年十月三十一日	二五一(5)
市政法规委员会第六次常会纪录	第二十三期	十七年十一月十五日	四〇二(5)
市政法规委员会第四次常会纪录	第二十二期	十七年十月三十一日	二五〇(5)
市政联席会议议案讨论委员会第一次会议纪录	第一号补编	十六年四月始迄八月止	四〇九(1)
市政联席会议议案讨论委员会简章	第一号补编	十六年四月始迄八月止	四一〇(1)
市政联席会议第二次会议纪录	第一号补编	十六年四月始迄八月止	四〇九(1)
民国十九年二月份南京特别市市民各级年龄二十七种死因男女死亡实数统计表	第五十九至六十期	十九年五月三十一日	七五〇(12)
民国十九年二月份南京特别市市民职业分类二十七种死因男女死亡实数统计表	第五十九至六十期	十九年五月三十一日	七五〇(12)
民国十九年二月份南京特别市全市出生率及死亡率统计表	第五十九至六十期	十九年五月三十一日	七五一(12)
民国十九年二月份南京特别市职业分类出生婴儿实数统计表	第五十九至六十期	十九年五月三十一日	七五一(12)
民国十九年三月份南京特别市市民各级年龄二十七种死因男女死亡实数统计表	第五十九至六十期	十九年五月三十一日	七五二(12)
民国十九年三月份南京特别市市民职业分类二十七种死因男女死亡实数统计表	第五十九至六十期	十九年五月三十一日	七五二(12)
民国十九年三月份南京特别市全市出生率及死亡率统计表	第五十九至六十期	十九年五月三十一日	七五三(12)
民国十九年三月份南京特别市职业分类出生婴儿实数统计表	第五十九至六十期	十九年五月三十一日	七五三(12)
召集本市米业代表紧急会议纪录	第四十二期	二十九年二月二十九日	三四八(39)
财政局第一次局务会议纪录	第十四至十五期	十七年六月十五日	一八七(4)
财政局第一次临时局务会议纪录	第十四至十五期	十七年六月十五日	一八五(4)

社会局召开本市金融谈话会纪录	第二十六期	二十八年六月三十日	三九三(38)
社会局召集全市米商谈话会纪录	第四十一期	二十九年二月十五日	二九四(39)
购米委员会第一次会议纪录	第二十六期	二十八年六月三十日	三九五(38)
法规编纂委员会第一次会议纪录	第三十一期	二十八年九月十五日	六九四(38)
建设东亚新秩序运动谈话会会议记录	第十九期	二十八年三月十五日	八二五(37)
南京市立中小学学艺展览会筹备委员会第一次会议记录	第二十期	二十八年三月三十一日	八七四(37)
南京市立中小学学艺展览会筹备委员会第二次会议记录	第二十期	二十八年三月三十一日	八七六(37)
南京市立中小学学艺展览会筹备委员会第三次会议记录	第二十期	二十八年三月三十一日	八七七(37)
南京市立中小学学艺展览会筹备委员会第四次会议记录	第二十期	二十八年三月三十一日	八七九(37)
南京市政府市政会议纪录	第六十五期	三十年二月十五日	四〇七(40)
南京市政府第一一一次市政会议纪录	第四卷第二期	三十七年一月三十一日	三九三(45)
南京市政府第一一二次市政会议纪录	第四卷第二期	三十七年一月三十一日	三九四(45)
南京市政府第一一七次市政会议纪录	第四卷第五期	三十七年三月日十五日	四七九(45)
南京市政府第一一八次市政会议纪录	第四卷第六期	三十七年三月三十一日	五〇四(45)
南京市政府第一一九次市政会议纪录	第四卷第六期	三十七年三月三十一日	五〇四(45)
南京市政府第一一三次市政会议纪录	第四卷第三期	三十七年二月十五日	四一七(45)
南京市政府第一一五次市政会议纪录	第四卷第五期	三十七年三月日十五日	四七九(45)
南京市政府第一一六次市政会议纪录	第四卷第五期	三十七年三月日十五日	四七九(45)
南京市政府第一一四次市政会议纪录	第四卷第三期	三十七年二月十五日	四一七(45)

南京市政府第一一〇次市政会议纪录	第四卷第一期	三十七年一月十五日	三六六(45)
南京市政府第一二一次市政会议纪录	第四卷第七期	三十七年四月十五日	五二九(45)
南京市政府第一二二次市政会议记录	第四卷第八期	三十七年四月三十日	五五〇(45)
南京市政府第一二七次市政会议记录	第四卷第十一期	三十七年六月十五日	六二八(45)
南京市政府第一二八次市政会议记录	第四卷第十一期	三十七年六月十五日	六二八(45)
南京市政府第一二九次市政会议记录	第四卷第十二期	三十七年六月三十日	六五〇(45)
南京市政府第一二三次市政会议纪录	第四卷第九期	三十七年五月十五日	五七八(45)
南京市政府第一二五次市政会议记录	第四卷第十期	三十七年五月三十一日	六〇〇(45)
南京市政府第一二六次市政会议记录	第四卷第十期	三十七年五月三十一日	六〇一(45)
南京市政府第一二四次市政会议纪录	第四卷第九期	三十七年五月十五日	五七八(45)
南京市政府第一二〇次市政会议纪录	第四卷第七期	三十七年四月十五日	五二九(45)
南京市政府第一三一次市政会议记录	第五卷第一期	三十七年七月十五日	六八七(45)
南京市政府第一三二次市政会议记录	第五卷第一期	三十七年七月十五日	六八八(45)
南京市政府第一三七次市政会议记录	第五卷第三期	三十七年八月十五日	七三九(45)
南京市政府第一三八次市政会议记录	第五卷第四期	三十七年八月三十一日	七六五(45)
南京市政府第一三九次市政会议记录	第五卷第四期	三十七年八月三十一日	七六五(45)

南京市政府第一三三次市政会议记录	第五卷第一期	三十七年七月十五日	六八九(45)
南京市政府第一三五次市政会议记录	第五卷第二期	三十七年七月三十一日	七二一(45)
南京市政府第一三六次市政会议记录	第五卷第三期	三十七年八月十五日	七三九(45)
南京市政府第一三四次市政会议记录	第五卷第二期	三十七年七月三十一日	七二一(45)
南京市政府第一三〇次市政会议记录	第四卷第十二期	三十七年六月三十日	六五〇(45)
南京市政府第一四一次市政会议记录	第五卷第六期	三十七年九月三十日	八一二(45)
南京市政府第一四二次市政会议记录	第五卷第七期	三十七年十月十五日	八三七(45)
南京市政府第一四七次市政会议记录	第五卷第九期	三十七年十一月十五日	八八三(45)
南京市政府第一四八次市政会议记录	第五卷第十期	三十七年十一月三十一日	九〇六(45)
南京市政府第一四九次市政会议记录	第五卷第十期	三十七年十一月三十一日	九〇六(45)
南京市政府第一四三次市政会议记录	第五卷第七期	三十七年十月十五日	八三七(45)
南京市政府第一四五次市政会议记录	第五卷第八期	三十七年十月三十一日	八五七(45)
南京市政府第一四六次市政会议记录	第五卷第九期	三十七年十一月十五日	八八二(45)
南京市政府第一四四次市政会议记录	第五卷第八期	三十七年十月三十一日	八五七(45)
南京市政府第一四〇次市政会议记录	第五卷第五期	三十七年九月十五日	七八〇(45)
南京市政府第一〇一次市政会议纪录	第三卷第八期	三十六年十月三十一日	二一〇(45)

南京市政府第一〇二次市政会议纪录	第三卷第九期	三十六年十一月十五日	二三七(45)
南京市政府第一〇七次市政会议纪录	第三卷第十二期	三十六年十二月卅一日	三三〇(45)
南京市政府第一〇八次市政会议纪录	第三卷第十二期	三十六年十二月卅一日	三三一(45)
南京市政府第一〇九次市政会议纪录	第四卷第一期	三十七年一月十五日	三六六(45)
南京市政府第一〇三次市政会议纪录	第三卷第九期	三十六年十一月十五日	二三八(45)
南京市政府第一〇五次市政会议纪录	第三卷第十期	三十六年十一月三十日	二八三(45)
南京市政府第一〇六次市政会议纪录	第三卷第十一期	三十六年十二月十五日	三〇六(45)
南京市政府第一〇四次市政会议纪录	第三卷第十期	三十六年十一月三十日	二八三(45)
南京市政府第一〇〇次市政会议纪录	第三卷第七期	三十六年十月十六日	一八五(45)
南京市政府第二十七次市政会议记录	第一卷第二期	三十五年五月十六日	〇四二(44)
南京市政府第二十八次市政会议记录	第一卷第二期	三十五年五月十六日	〇四三(44)
南京市政府第二十九次市政会议记录	第一卷第三/四期合刊	三十五年六月十六日	〇六五(44)
南京市政府第二十五次市政会议记录	第一卷第一期	三十五年五月一日	〇一四(44)
南京市政府第二十六次市政会议记录	第一卷第一期	三十五年五月一日	〇一五(44)
南京市政府第七十一次市政会议纪录	第二卷第五期	三十六年三月十五日	五五一(44)
南京市政府第七十二次市政会议纪录	第二卷第五期	三十六年三月十五日	五五一(44)

南京市政府第七十七次市政会议记录　第二卷第八期　三十六年四月三十日　六七七(44)
南京市政府第七十八次市政会议纪录　第二卷第九期　三十六年五月十五日　七〇七(44)
南京市政府第七十九次市政会议纪录　第二卷第九期　三十六年五月十五日　七〇九(44)
南京市政府第七十三次市政会议纪录　第二卷第六期　三十六年三月三十一日　五九七(44)
南京市政府第七十四次市政会议纪录　第二卷第六期　三十六年三月三十一日　五九八(44)
南京市政府第七十次市政会议纪录　第二卷第五期　三十六年三月十五日　五五〇(44)
南京市政府第八十一次市政会议纪录　第二卷第十期　三十六年五月三十一日　七四三(44)
南京市政府第八十二次市政会议纪录　第二卷第十一期　三十六年六月十五日　七七一(44)
南京市政府第八十七次市政会议纪录　第三卷第一期　三十六年七月十五日　八四五(44)
南京市政府第八十八次市政会议纪录　第三卷第一期　三十六年七月十五日　八四五(44)
南京市政府第八十九次市政会议纪录　第三卷第二期　三十六年七月三十一日　八九八(44)
南京市政府第八十三次市政会议纪录　第二卷第十一期　三十六年六月十五日　七七二(44)
南京市政府第八十五次市政会议纪录　第二卷第十二期　三十六年六月三十日　八〇三(44)
南京市政府第八十六次市政会议纪录　第二卷第十二期　三十六年六月三十日　八〇三(44)
南京市政府第八十四次市政会议纪录　第二卷第十二期　三十六年六月三十日　八〇三(44)
南京市政府第八十次市政会议纪录　第二卷第十期　三十六年五月三十一日　七四三(44)
南京市政府第九十一次市政会议纪录　第三卷第三期　三十六年八月十五日　〇三六(45)

南京市政府第九十二次市政会议纪录	第三卷第四期	三十六年八月三十一日目录	○六九(45)
南京市政府第九十七次市政会议纪录	第三卷第六期	三十六年九月三十日	一三六(45)
南京市政府第九十八次市政会议纪录	第三卷第六期	三十六年九月三十日	一三六(45)
南京市政府第九十九次市政会议纪录	第三卷第七期	三十六年十月十六日	一八五(45)
南京市政府第九十三次市政会议纪录	第三卷第四期	三十六年八月三十一日目录	○七○(45)
南京市政府第九十五次市政会议记录	第三卷第五期	三十六年九月十五日	○九九(45)
南京市政府第九十六次市政会议记录	第三卷第五期	三十六年九月十五日	○九九(45)
南京市政府第九十四次市政会议记录	第三卷第五期	三十六年九月十五日	○九九(45)
南京市政府第九十次市政会议纪录	第三卷第二期	三十六年七月三十一日	八九八(44)
南京市政府第三十一次市政会议记录	第一卷第三/四期合刊	三十五年六月十六日	○七○(44)
南京市政府第三十二次市政会议记录	第一卷第三/四期合刊	三十五年六月十六日	○七一(44)
南京市政府第三十七次市政会议记录	第一卷第六期	三十五年七月十六日	一四六(44)
南京市政府第三十八次市政会议记录	第一卷第七期	三十五年八月一日	一七三(44)
南京市政府第三十九次市政会议记录	第一卷第七期	三十五年八月一日	一七四(44)
南京市政府第三十三次市政会议记录	第一卷第五期	三十五年七月一日	一○二(44)
南京市政府第三十五次市政会议记录	第一卷第六期	三十五年七月十六日	一四一(44)
南京市政府第三十六次市政会议记录	第一卷第六期	三十五年七月十六日	一四四(44)

南京市政府第三十四次市政会议记录	第一卷第五期	三十五年七月一日	一〇六(44)
南京市政府第三十次市政会议记录	第一卷第三/四期合刊	三十五年六月十六日	〇六六(44)
南京市政府第五十一次市政会议纪录	第一卷第十二期	三十五年十二月十五日	三三五(44)
南京市政府第五十二次市政会议纪录	第一卷第十二期	三十五年十二月十五日	三三八(44)
南京市政府第五十七次市政会议纪录	第一卷第十二期	三十五年十二月十五日	三五二(44)
南京市政府第五十八次市政会议纪录	第一卷第十二期	三十五年十二月十五日	三五四(44)
南京市政府第五十九次市政会议纪录	第二卷第一期	三十六年一月十五日	四〇七(44)
南京市政府第五十三次市政会议纪录	第一卷第十二期	三十五年十二月十五日	三四三(44)
南京市政府第五十五次市政会议纪录	第一卷第十二期	三十五年十二月十五日	三四七(44)
南京市政府第五十六次市政会议纪录	第一卷第十二期	三十五年十二月十五日	三四九(44)
南京市政府第五十四次市政会议纪录	第一卷第十二期	三十五年十二月十五日	三四五(44)
南京市政府第五十次市政会议纪录	第一卷第十二期	三十五年十二月十五日	三三四(44)
南京市政府第六十一次市政会议纪录	第二卷第二/三期合刊	三十六年二月十五日	四五三(44)
南京市政府第六十二次市政会议纪录	第二卷第二/三期合刊	三十六年二月十五日	四五九(44)
南京市政府第六十七次市政会议纪录	第二卷第四期	三十六年三月一日	五〇五(44)
南京市政府第六十八次市政会议纪录	第二卷第四期	三十六年三月一日	五〇七(44)
南京市政府第六十九次市政会议纪录	第二卷第五期	三十六年三月十五日	五四七(44)

南京市政府第六十三次市政会议纪录	第二卷第二/三期合刊	三十六年二月十五日	四六一(44)
南京市政府第六十五次市政会议纪录	第二卷第四期	三十六年三月一日	五〇一(44)
南京市政府第六十六次市政会议纪录	第二卷第四期	三十六年三月一日	五〇二(44)
南京市政府第六十四次市政会议纪录	第二卷第二/三期合刊	三十六年二月十五日	四六二(44)
南京市政府第六十次市政会议纪录	第二卷第一期	三十六年一月十五日	四一〇(44)
南京市政府第四十一次市政会议纪录	第一卷第八期	三十五年八月十六日	一九八(44)
南京市政府第四十二次市政会议纪录	第一卷第九期	三十五年九月一日	二二三(44)
南京市政府第四十七次市政会议纪录	第一卷第十一期	三十五年十一月一日	二九三(44)
南京市政府第四十八次市政会议纪录	第一卷第十一期	三十五年十一月一日	二九六(44)
南京市政府第四十九次市政会议纪录	第一卷第十一期	三十五年十一月一日	二九九(44)
南京市政府第四十三次市政会议纪录	第一卷第九期	三十五年九月一日	二二四(44)
南京市政府第四十五次市政会议纪录	第一卷第十期	三十五年九月十六日	二六四(44)
南京市政府第四十六次市政会议纪录	第一卷第十一期	三十五年十一月一日	二九〇(44)
南京市政府第四十四次市政会议纪录	第一卷第十期	三十五年九月十六日	二六三(44)
南京市政府第四十次市政会议纪录	第一卷第八期	三十五年八月十六日	一九七(44)
南京市保护森林委员会第二次常会记录	第十七期	二十八年二月十五日	七〇八(37)
南京市保护森林委员会第八次常会纪录	第二十七期	二十八年七月十五日	四六〇(38)
南京市第七十五次市政会议纪录	第二卷第七期	三十六年四月十五日	六五四(44)

南京市第七十六次市政会议纪录	第二卷第七期	三十六年四月十五日	六五四(44)
南京保护森林委员会十三次常务会议纪录	第三十七期	二十八年十二月十五日	〇八〇(39)
南京保护森林委员会第十六次常务会议纪录	第四十四期	二十九年三月三十一日	四四三(39)
南京保护森林委员会第十四次常务会议纪录	第四十期	二十九年一月三十一日	二五一(39)
南京保护森林委员会第七次常务会议纪录	第二十五期	二十八年六月十五日	三二一(38)
南京保护森林委员会第九次常会议纪录	第三十期	二十八年八月三十一日	六四四(38)
南京保护森林委员会第三次常务会议纪录	第二十三期	二十八年五月十五日	一八五(38)
南京保护森林委员会第五次常务会议纪录	第二十四期	二十八年五月三十一日	二五五(38)
南京保护森林委员会第六次常务会议纪录	第二十四期	二十八年五月三十一日	二五八(38)
南京保护森林委员会第四次常务会议纪录(补登)	第二十三期	二十八年五月十五日	一八七(38)
南京特别市平定米价评议委员会第一次会议纪录	第三十五期	二十八年十一月十五日	九二六(38)
南京特别市平定米价评议委员会第二次会议纪录	第三十五期	二十八年十一月十五日	九二九(38)
南京特别市平定米价评议委员会第三次会议纪录	第三十五期	二十八年十一月十五日	九三四(38)
南京特别市平定米价评议委员会第四次会议纪录	第三十七期	二十八年十二月十五日	〇八二(39)
南京特别市平粜委员会筹备会议记录	第五十期	二十九年六月三十日	七〇九(39)
南京特别市市政府市政会议决议案汇览	第三十二期	十八年三月三十一日	三八一(7)
南京特别市市政府财政局九月份收支四柱公布	第一期	十六年九月	九二二(1)

南京特别市市政法规委员会成立会及第一次常会纪录	第二十一期	十七年十月十五日	一一三(5)
南京特别市各区道路现状调查表	第五十九至六十期	十九年五月三十一日	七五〇(12)
南京特别市财政局收支报告	第一期	十六年九月	九一五(1)
南京特别市社会局召集冬防会议纪录	第三十六期	二十八年十一月三十日	〇三七(39)
南京特别市参事会第一次常会纪要	第三期	十六年十月三十一日	五三四(2)
南京特别市参事会第二次常会纪录	第四期	十六年十一月十五日	八六六(2)
南京特别市参事会第十七次常会纪录	第十六期	十七年七月三十一日	三三九(4)
南京特别市参事会第十六次常会纪录	第十六期	十七年七月三十一日	三三九(4)
南京特别市参事会第七次常会纪录	第九期	十七年一月三十一日	三七三(3)
南京特别市参事会第八次常会纪录	第十期	十七年二月二十九日	四五九(3)
南京特别市参事会第九次常会纪录	第十一期	十七年三月十五日	五四〇(3)
南京特别市参事会第三次临时会纪录	第六至七期	十六年十二月三十一日	二二〇(3)
南京特别市参事会第三次常会纪录	第五期	十六年十一月三十日	〇九一(3)
南京特别市参事会第五次常会纪录	第六至七期	十六年十二月三十一日	二一九(3)
南京特别市参事会第六次常会纪录	第八期	十七年一月十五日	二七七(3)
南京特别市参事会第四次常会纪录	第六至七期	十六年十二月三十一日	二一八(3)
南京特别市政府卫生局紧急防疫会议记录	第二十一期	二十八年四月十五日	〇六七(38)
南京特别市政府首届统计会议纪录	第二十九期	二十八年八月十五日	五七二(38)
南京特别市政府秘书处第七次处务会议纪录	第四十七期	十八年十一月十五日	七三九(10)
南京特别市政府第二届统计会议纪录	第三十一期	二十八年九月十五日	六九二(38)
南京特别市宣传委员会筹备会议谈话会	第三十三期	二十八年十月十五日	八〇七(38)
临时市政会议记录	第一期	十六年九月	九二七(1)
临时市政会议纪录	第一四七期	二十三年十一月	五一一(26)

振务委员会第三十七次会议记录(二月十三日下午二时)	第十七期	二十八年二月十五日	七〇六(37)
振务委员会第三十八次会议记录(二十八年二月二十八日下午二时)	第十八期	二十八年二月二十八日	七五一(37)
振务委员会第三十九次会议记录(二十八年三月二十日下午二时)	第十九期	二十八年三月十五日	八二三(37)
振务委员会第四十一次会议记录	第二十一期	二十八年四月十五日	〇七一(38)
振务委员会第四十二次会议纪录	第二十三期	二十八年五月十五日	一七七(38)
振务委员会第四十七次会议纪录	第三十五期	二十八年十一月十五日	九二三(38)
振务委员会第四十三次会议纪录	第二十四期	二十八年五月三十一日	二五三(38)
振务委员会第四十五次会议纪录	第二十七期	二十八年七月十五日	四五六(38)
振务委员会第四十六次会议纪录	第三十二期	二十八年九月三十日	七四五(38)
振务委员会第四十四次会议纪录	第二十五期	二十八年六月十五日	三一六(38)
振务委员会第四十次会议记录	第二十期	二十八年三月三十一日	八七二(37)
夏季清洁运动联席会议	第二十三期	二十八年五月十五日	一八〇(38)
秘书处第一次处务会议记录	第一期	十六年九月	九四〇(1)
秘书处第二十一次处务会议纪录	第十三期	十七年四月十五日	七一一(3)
秘书处第二十二次处务会议纪录	第十三期	十七年四月十五日	七一三(3)
秘书处第二十七次处务会议纪录	第十六期	十七年七月三十一日	三四〇(4)
秘书处第二十八次处务会纪录	第十六期	十七年七月三十一日	三四一(4)
秘书处第二十九次处务会议纪录	第十六期	十七年七月三十一日	三四二(4)
秘书处第二十三次处务会议纪录	第十四至十五期	十七年六月十五日	一八〇(4)
秘书处第二十五次处务会议纪录	第十四至十五期	十七年六月十五日	一八三(4)
秘书处第二十六次处务会议纪录	第十二期	十七年三月三十一日	六四五(3)
秘书处第二十六次处务会议纪录	第十四至十五期	十七年六月十五日	一八四(4)
秘书处第二十四次处务会议纪录	第十四至十五期	十七年六月十五日	一八一(4)
秘书处第二次临时处务会议纪录	第十期	十七年二月二十九日	四五六(3)
秘书处第十一次处务会议纪录	第六至七期	十六年十二月三十一日	二一六(3)
秘书处第十二次处务会议纪录	第六至七期	十六年十二月三十一日	二一七(3)
秘书处第十七次处务会议纪录	第十一期	十七年三月十五日	五四二(3)
秘书处第十八次处务会议纪录	第十二期	十七年三月三十一日	六四二(3)
秘书处第十九次处务会议纪录	第十二期	十七年三月三十一日	六四四(3)

秘书处第十三次处务会议纪录	第八期	十七年一月十五日	二七六(3)
秘书处第十五次处务会议纪录	第十期	十七年二月二十九日	四五四(3)
秘书处第十六次处务会议纪录	第十一期	十七年三月十五日	五四二(3)
秘书处第十四次处务会议纪录	第九期	十七年一月三十一日	三七二(3)
秘书处第十次处务会议纪录	第五期	十六年十一月三十日	〇八九(3)
秘书处第七次处务会议纪录	第四期	十六年十一月十五日	八六一(2)
秘书处第八次处务会议纪录	第四期	十六年十一月十五日	八六三(2)
秘书处第九次处务会议纪录	第五期	十六年十一月三十日	〇八八(3)
秘书处第三次临时处务会议纪录	第十期	十七年二月二十九日	四五八(3)
秘书处第五次处务会议纪录	第三期	十六年十月三十一日	五二九(2)
秘书处第六次处务会议纪录	第三期	十六年十月三十一日	五三一(2)
秘书处第四次处务会议纪录	第二期	十六年十月十五日	二一四(2)
第一一一次市政会议纪录	第五十九至六十期	十九年五月三十一日	七四六(12)
第一一二次市政会议纪录	第五十九至六十期	十九年五月三十一日	七四七(12)
第一一七次市政会议记录	第六十一期	十九年六月十五日	一四八(13)
第一一八次市政会议记录	第六十一期	十九年六月十五日	一四九(13)
第一一九次市政会议记录	第六十二期	十九年六月三十日	二〇一(13)
第一一三次市政会议纪录	第五十九至六十期	十九年五月三十一日	七四八(12)
第一一五次市政会议记录	第六十一期	十九年六月十五日	一四五(13)
第一一六次市政会议记录	第六十一期	十九年六月十五日	一四六(13)
第一一四次市政会议纪录	第五十九至六十期	十九年五月三十一日	七四九(12)
第一一〇次市政会议纪录	第五十九至六十期	十九年五月三十一日	七四六(12)
第一二一次市政会议记录	第六十三期	十九年七月十五日	三八三(13)
第一二二次市政会议记录	第六十三期	十九年七月十五日	三八四(13)
第一二七次市政会议记录	第六十五期	十九年八月十五日	七二一(13)
第一二八次市政会议记录	第六十五期	十九年八月十五日	七二三(13)
第一二九次市政会议记录	第六十五期	十九年八月十五日	七二四(13)
第一二三次市政会议记录	第六十三期	十九年七月十五日	三八六(13)
第一二五次市政会议记录	第六十四期	十九年六七月三十一日	五八一(13)
第一二六次市政会议记录	第六十四期	十九年六七月三十一日	五八三(13)
第一二四次市政会议记录	第六十三期	十九年七月十五日	三八八(13)
第一二〇次市政会议记录	第六十二期	十九年六月三十日	二〇三(13)
第一七一次市政会议记录	第八十五期	二十年六月十五日	一二二(17)

第一七二次市政会议记录	第八十六期	二十年六月三十日	二一三(17)
第一七七次市政会议记录	第八十八期	二十年七月三十一日	四三九(17)
第一七八次市政会议记录	第八十八期	二十年七月三十一日	四四〇(17)
第一七九次市政会议纪录	第八十九期	二十年八月十五日	五四三(17)
第一七三次市政会议记录	第八十六期	二十年六月三十日	二一四(17)
第一七五次市政会议纪录	第八十七期	二十年七月十五日	三四六(17)
第一七六次市政会议纪录	第八十七期	二十年七月十五日	三四八(17)
第一七四次市政会议纪录	第八十七期	二十年七月十五日	三四五(17)
第一七〇次市政会议记录	第八十五期	二十年六月十五日	一二一(17)
第一八一次市政会议记录	第九十期	二十年八月三十一日	六三〇(17)
第一八二次市政会议记录	第九十一期	二十年九月十五日	〇二三(18)
第一八七次市政会议记錄	第九十三期	二十年十月十五日	三〇六(18)
第一八八次市政会议记录	第九十四期	二十年十月三十一日	四二五(18)
第一八九次市政会议记录	第九十五期	二十年十一月十五日	五三七(18)
第一八三次市政会议记录	第九十一期	二十年九月十五日	〇二五(18)
第一八五次市政会议记录	第九十二期	二十年九月三十日	一四八(18)
第一八六次市政会议记錄	第九十三期	二十年十月十五日	三〇五(18)
第一八四次市政会议记录	第九十二期	二十年九月三十日	一四五(18)
第一八〇次市政会议记录	第九十期	二十年八月三十一日	六二九(17)
第一九一次市政会议记录	第九十六期	二十年十一月三十日	六四七(18)
第一九二次市政会议记录	第九十七期	二十年十二月十五日	〇〇九(19)
第一九七次市政会议记录	第一〇二期	二十一年二月二十九日	五九五(19)
第一九八次市政会议记录	第一〇二期	二十一年二月二十九日	五九九(19)
第一九九次市政会议记录	第一〇三期	二十一年三月十五日	〇〇九(20)
第一九三次市政会议记录	第九十七期	二十年十二月十五日	〇一一(19)
第一九五次市政会议记录	第一〇一期	二十一年二月十五日	四九九(19)
第一九六次市政会议记录	第一〇一期	二十一年二月十五日	五〇三(19)
第一九四次市政会议记录	第一〇〇期	二十一年一月三十一日	三五五(19)
第一九〇次市政会议记录	第九十五期	二十年十一月十五日	五三九(18)
第一三一次市政会议纪录	第六十六期	十九年八月三十一日	〇二八(14)
第一三二次市政会议纪录	第六十七期	十九年九月十五日	一九一(14)
第一三七次市政会议记录	第七十期	十九年十月三十一日	四八九(14)
第一三八次市政会议记录	第七十期	十九年十月三十一日	四九一(14)

第一三九次市政会议记录	第七十期	十九年十月三十一日	四九三(14)
第一三三次市政会议纪录	第六十七期	十九年九月十五日	一九二(14)
第一三五次市政会议纪录	第六十八期	十九年九月三十日	二八八(14)
第一三六次市政会议纪录	第六十九期	十九年十月十五日	四一三(14)
第一三四次市政会议纪录	第六十八期	十九年九月三十日	二八七(14)
第一三〇次市政会议纪录	第六十六期	十九年八月三十一日	〇二七(14)
第一五一次市政会议记录	第七十六期	二十年一月三十一日	四一一(15)
第一五二次市政会议记录	第七十六期	二十年一月三十一日	四一三(15)
第一五七次市政会议纪录	第七十九期	二十年三月十五日	一九三(16)
第一五八次市政会议纪录	第七十九期	二十年三月十五日	一九四(16)
第一五九次市政会议纪录	第八十期	二十年三月三十一日	二八五(16)
第一五三次市政会议记录	第七十七期	二十年二月十五日	六〇三(15)
第一五五次市政会议记录	第七十八期	二十年二月二十八日	〇二三(16)
第一五六次市政会议记录	第七十八期	二十年二月二十八日	〇二四(16)
第一五四次市政会议记录	第七十七期	二十年二月十五日	六〇四(15)
第一五〇次市政会议记录	第七十六期	二十年一月三十一日	四一〇(15)
第一六一次市政会议记录	第八十一期	二十年四月十五日	四一三(16)
第一六二次市政会议记录	第八十一期	二十年四月十五日	四一四(16)
第一六七次市政会议纪录	第八十三期	二十年五月十五日	六五八(16)
第一六八次市政会议记录	第八十四期	二十年五月三十一日	〇二三(17)
第一六九次市政会议记录	第八十四期	二十年五月三十一日	〇二四(17)
第一六三次市政会议记录	第八十一期	二十年四月十五日	四一五(16)
第一六五次市政会议记录	第八十二期	二十年四月三十日	五二六(16)
第一六六次市政会议纪录	第八十三期	二十年五月十五日	六五七(16)
第一六四次市政会议记录	第八十二期	二十年四月三十日	五二五(16)
第一六〇次市政会议纪录	第八十期	二十年三月三十一日	二八六(16)
第一四一次市政会议纪录	第七十二期	十九年十一月三十日	七四七(14)
第一四二次市政会议记录	第七十三期	十九年十二月十五日	〇二三(15)
第一四七次市政会议记录	第七十五期	二十年一月十五日	二六〇(15)
第一四八次市政会议记录	第七十五期	二十年一月十五日	二六二(15)
第一四九次市政会议记录	第七十六期	二十年一月三十一日	四〇九(15)
第一四三次市政会议记录	第七十三期	十九年十二月十五日	〇二五(15)
第一四五次市政会议记录	第七十四期	十九年十二月三十一日	一二六(15)

第一四六次市政会议记录	第七十五期	二十年一月十五日	二五九(15)
第一四四次市政会议记录	第七十四期	十九年十二月三十一日	一二五(15)
第一四〇次市政会议纪录	第七十一期	十九年十一月十五日	六二三(14)
第一次市政会议记录	第一期	十六年九月	九三四(1)
第一次市政会议纪录	第十七期	十七年八月十五日	四四七(4)
第一次市政会议纪录	第一号补编	十六年四月始迄八月止	四〇一(1)
第一次临时市政会议纪录	第一一八期	二十一年十月三十一日	一五六(22)
第一次特别市政会议纪录	第十六期	十七年七月三十一日	三二七(4)
第一零七次市政会议纪录	第五十八期	十九年四月三十日	六〇五(12)
第一零八次市政会议纪录	第五十八期	十九年四月三十日	六〇六(12)
第一零五次市政会议纪录	第五十八期	十九年四月三十日	六〇四(12)
第一零六次市政会议纪录	第五十八期	十九年四月三十日	六〇四(12)
第一零四次市政会议纪录	第五十八期	十九年四月三十日	六〇三(12)
第一〇一次市政会议纪录	第五十七期	十九年四月十五日	五一一(12)
第一〇二次市政会议纪录	第五十七期	十九年四月十五日	五一二(12)
第一〇九次市政会议纪录	第五十九至六十期	十九年五月三十一日	七四五(12)
第一〇三次市政会议纪录	第五十七期	十九年四月十五日	五一二(12)
第一〇〇次市政会议纪录	第五十七期	十九年四月十五日	五一一(12)
第二一一次市政会议纪録	第一〇九期	二十一年六月十五日	六六〇(20)
第二一二次市政会议纪録	第一〇九期	二十一年六月十五日	六六三(20)
第二一七次市政会议纪录	第一一二期	二十一年七月三十日	二八三(21)
第二一八次市政会议纪录	第一一二期	二十一年七月三十日	二八六(21)
第二一九次市政会议纪录	第一一三期	二十一年八月十五日	四〇一(21)
第二一三次市政会议纪录	第一一〇期	二十一年六月三十日	〇〇九(21)
第二一五次市政会议纪录	第一一一期	二十一年七月十五日	一八一(21)
第二一六次市政会议纪录	第一一一期	二十一年七月十五日	一八四(21)
第二一四次市政会议纪录	第一一〇期	二十一年六月三十日	〇一一(21)
第二一〇次市政会议纪録	第一〇九期	二十一年六月十五日	六五九(20)
第二二一次市政会议纪录	第一一四期	二十一年八月三十一日	四六五(21)
第二二二次市政会议纪录	第一一四期	二十一年八月三十一日	四六八(21)
第二二七次市政会议纪录	第一一七期	二十一年十月十五日	〇七一(22)
第二二八次市政会议纪录	第一一七期	二十一年十月十五日	〇七三(22)
第二二九次市政会议纪录	第一一七期	二十一年十月十五日	〇七五(22)

第二二三次市政会议纪录	第一一五期	二十一年九月十五日	五九三(21)
第二二五次市政会议纪录	第一一六期	二十一年九月三十日	七一三(21)
第二二六次市政会议纪录	第一一六期	二十一年九月三十日	七一四(21)
第二二四次市政会议纪录	第一一五期	二十一年九月十五日	五九五(21)
第二二零次市政会议纪录	第一一三期	二十一年八月十五日	四〇三(21)
第二十一次市政会议纪录	第二十四期	十七年十一月三十日	五九六(5)
第二十一次市政会议纪录	第九期	十七年一月三十一日	三七一(3)
第二十一次市政会议纪录	第一号补编	十六年四月始迄八月止	四二一(1)
第二十二次市政会议纪录	第二十四期	十七年十一月三十日	五九六(5)
第二十二次市政会议纪录	第十期	十七年二月二十九日	四四九(3)
第二十二次市政会议纪录	第一号补编	十六年四月始迄八月止	四二二(1)
第二十七次市政会议纪录	第二十六期	十七年十二月三十一日	一七五(6)
第二十七次市政会议纪录	第十二期	十七年三月三十一日	六三九(3)
第二十七次市政会议纪录	第一号补编	十六年四月始迄八月止	四二五(1)
第二十八次市政会议纪录	第二十七期	十八年一月十五日	三二三(6)
第二十八次市政会议纪录	第十二期	十七年三月三十一日	六四〇(3)
第二十九次市政会议纪录	第二十七期	十八年一月十五日	三二三(6)
第二十九次市政会议纪录	第十三期	十七年四月十五日	七〇三(3)
第二十三次市政会议纪录	第二十四期	十七年十一月三十日	五九七(5)
第二十三次市政会议纪录	第十期	十七年二月二十九日	四五〇(3)
第二十三次市政会议纪录	第一号补编	十六年四月始迄八月止	四二三(1)
第二十五次市政会议纪录	第二十五期	十七年十二月十五日	八一五(5)
第二十五次市政会议纪录	第十一期	十七年三月十五日	五三九(3)
第二十五次市政会议纪录	第一号补编	十六年四月始迄八月止	四二四(1)
第二十六次市政会议纪录	第二十六期	十七年十二月三十一日	一七五(6)
第二十六次市政会议纪录	第十二期	十七年三月三十一日	六三七(3)
第二十六次市政会议纪录	第一号补编	十六年四月始迄八月止	四二五(1)
第二十四次市政会议纪录	第二十五期	十七年十二月十五日	八一三(5)
第二十四次市政会议纪录	第十期	十七年二月二十九日	四五二(3)
第二十四次市政会议纪录	第一号补编	十六年四月始迄八月止	四二四(1)
第二十次市政会议纪录	第二十四期	十七年十一月三十日	五九五(5)
第二十次市政会议纪录	第八期	十七年一月十五日	二七五(3)
第二十次市政会议纪录	第一号补编	十六年四月始迄八月止	四二〇(1)

第二七一次市政会议记录	第一三三期	二十二年九月三十日	三七三(24)
第二七二次市政会议记录	第一三三期	二十二年九月三十日	三七四(24)
第二七七次市政会议记录	第一三四期	二十二年十月三十一日	四七八(24)
第二七八次市政会议记录	第一三四期	二十二年十月三十一日	四八〇(24)
第二七九次市政会议记录	第一三四期	二十二年十月三十一日	四八一(24)
第二七三次市政会议记录	第一三三期	二十二年九月三十日	三七五(24)
第二七五次市政会议记录	第一三三期	二十二年九月三十日	三七八(24)
第二七六次市政会议记录	第一三四期	二十二年十月三十一日	四七七(24)
第二七四次市政会议记录	第一三三期	二十二年九月三十日	三七六(24)
第二七〇次市政会议记录	第一三二期	二十二年八月三十一日	二四五(24)
第二八一次市政会议记录	第一三五期	二十二年十一月三十日	五八九(24)
第二八二次市政会议记录	第一三五期	二十二年十一月三十日	五九一(24)
第二八七次市政会议记录	第一三六期	二十二年十二月三十一日	〇一三(25)
第二八八次市政会议记录	第一三七期	二十三年一月三十一日	一三九(25)
第二八九次市政会议记录	第一三七期	二十三年一月三十一日	一四〇(25)
第二八三次市政会议记录	第一三五期	二十二年十一月三十日	五九三(24)
第二八五次市政会议记录	第一三六期	二十二年十二月三十一日	〇一〇(25)
第二八六次市政会议记录	第一三六期	二十二年十二月三十一日	〇一二(25)
第二八四次市政会议记录	第一三六期	二十二年十二月三十一日	〇〇九(25)
第二八〇次市政会议记录	第一三五期	二十二年十一月三十日	五八七(24)
第二九一次市政会议记录	第一三八期	二十三年二月二十八日	二四三(25)
第二九二次市政会议记录	第一三八期	二十三年二月二十八日	二四五(25)
第二九七次市政会议记录	第一三九期	二十三年三月三十一日	三四四(25)
第二九八次市政会议记录	第一三九期	二十三年三月三十一日	三四六(25)
第二九九次市政会议记录	第一三九期	二十三年三月三十一日	三四七(25)
第二九三次市政会议记录	第一三八期	二十三年二月二十八日	二四六(25)
第二九五次市政会议记录	第一三九期	二十三年三月三十一日	三四一(25)
第二九六次市政会议记录	第一三九期	二十三年三月三十一日	三四二(25)
第二九四次市政会议记录	第一三八期	二十三年二月二十八日	二四七(25)
第二九〇次市政会议记录	第一三七期	二十三年一月三十一日	一四二(25)
第二三一次市政会议纪录	第一一八期	二十一年十月三十一日	一五七(22)
第二三二次市政会议纪录	第一一九期	二十一年十一月十五日	二八一(22)
第二三七次市政会议纪录	第一二一期	二十一年十二月十五日	四九五(22)

第二三八次市政会议纪录 第一二二期 二十一年十二月三十一日 六六三(22)
第二三九次市政会议纪录 第一二二期 二十一年十二月三十一日 六六四(22)
第二三三次市政会议纪录 第一一九期 二十一年十一月十五日 二八三(22)
第二三五次市政会议纪录 第一二〇期 二十一年十一月三十日 三八〇(22)
第二三六次市政会议纪录 第一二一期 二十一年十二月十五日 四九三(22)
第二三四次市政会议纪录 第一二〇期 二十一年十一月三十日 三七九(22)
第二三零次市政会议纪录 第一一八期 二十一年十月三十一日 一五五(22)
第二五一次市政会议记录 第一二七期 二十二年三月三十一日 三五〇(23)
第二五二次市政会议记录 第一二八期 二十二年四月三十日 四八三(23)
第二五七次市政会议记录 第一二九期 二十二年五月三十一日 六〇四(23)
第二五八次市政会议记录 第一二九期 二十二年五月三十一日 六〇五(23)
第二五九次市政会议记录 第一三〇期 二十二年六月三十日 〇〇九(24)
第二五三次市政会议记录 第一二八期 二十二年四月三十日 四八五(23)
第二五五次市政会议记录 第一二八期 二十二年四月三十日 四八八(23)
第二五六次市政会议记录 第一二九期 二十二年五月三十一日 六〇三(23)
第二五四次市政会议记录 第一二八期 二十二年四月三十日 四八六(23)
第二五零次市政会议记录 第一二七期 二十二年三月三十一日 三四九(23)
第二六一次市政会议记录 第一三〇期 二十二年六月三十日 〇一一(24)
第二六二次市政会议记录 第一三〇期 二十二年六月三十日 〇一二(24)
第二六七次市政会议记录 第一三二期 二十二年八月三十一日 二四一(24)
第二六八次市政会议记录 第一三二期 二十二年八月三十一日 二四二(24)
第二六九次市政会议记录 第一三二期 二十二年八月三十一日 二四三(24)
第二六三次市政会议记录 第一三〇期 二十二年六月三十日 〇一四(24)
第二六五次市政会议记录 第一三一期 二十二年七月三十一日 一四七(24)
第二六六次市政会议记录 第一三一期 二十二年七月三十一日 一四八(24)
第二六四次市政会议记录 第一三一期 二十二年七月三十一日 一四五(24)
第二六〇次市政会议记录 第一三〇期 二十二年六月三十日 〇一〇(24)
第二四一次市政会议纪录 第一二三期 二十二年一月十五日 七三九(22)
第二四二次市政会议记录 第一二四期 二十二年一月三十一日 〇〇九(23)
第二四七次市政会议记录 第一二七期 二十二年三月三十一日 三四五(23)
第二四八次市政会议记录 第一二七期 二十二年三月三十一日 三四七(23)
第二四九次市政会议记录 第一二七期 二十二年三月三十一日 三四八(23)
第二四三次市政会议记录 第一二四期 二十二年一月三十一日 〇一一(23)

第二四五次市政会议记录	第一二五期	二十二年二月十五日	一四五(23)
第二四六次市政会议纪录	第一二六期	二十二年二月二十八日	二七一(23)
第二四四次市政会议记录	第一二五期	二十二年二月十五日	一四三(23)
第二四零次市政会议纪录	第一二三期	二十二年一月十五日	七三七(22)
第二次市政会议纪录	第二期	十六年十月十五日	二〇一(2)
第二次市政会议纪录	第十七期	十七年八月十五日	四四九(4)
第二次市政会议纪录	第一号补编	十六年四月始迄八月止	四〇一(1)
第二次特别市政会议纪录	第十六期	十七年七月三十一日	三二八(4)
第二零七次市政会议纪録	第一〇七期	二十一年五月十五日	四六二(20)
第二零八次市政会议纪録	第一〇八期	二十一年五月三十一日	五五三(20)
第二零九次市政会议纪録	第一〇八期	二十一年五月三十一日	五五五(20)
第二零六次市政会议纪録	第一〇七期	二十一年五月十五日	四六一(20)
第二〇一次市政会议记录	第一〇四期	二十一年三月三十一日	〇九五(20)
第二〇二次市政会议记录	第一〇四期	二十一年三月三十一日	〇九八(20)
第二〇三次市政会议记録	第一〇五期	二十一年四月十五日	二五七(20)
第二〇五次市政会议记录	第一〇六期	二十一年四月三十日	三四二(20)
第二〇四次市政会议记录	第一〇六期	二十一年四月三十日	三三九(20)
第二〇〇次市政会议记录	第一〇四期	二十一年三月三十一日	〇八七(20)
第十一次市政会议纪录	第四期	十六年十一月十五日	八五八(2)
第十一次市政会议纪录	第十八期	十七年八月三十一日	五二九(4)
第十一次市政会议纪录	第一号补编	十六年四月始迄八月止	四一二(1)
第十二次市政会议记录	第十九期	十七年九月十五日	六〇五(4)
第十二次市政会议纪录	第五期	十六年十一月三十日	〇八五(3)
第十二次市政会议纪录	第一号补编	十六年四月始迄八月止	四一三(1)
第十七次市政会议纪录	第二十二期	十七年十月三十一日	二四九(5)
第十七次市政会议纪录	第六至七期	十六年十二月三十一日	二一三(3)
第十七次市政会议纪录	第一号补编	十六年四月始迄八月止	四一七(1)
第十八次市政会议决案	第二十三期	十七年十一月十五日	四〇一(5)
第十八次市政会议纪录	第六至七期	十六年十二月三十一日	二一五(3)
第十八次市政会议纪录	第一号补编	十六年四月始迄八月止	四一七(1)
第十九次市政会议决案	第二十三期	十七年十一月十五日	四〇一(5)
第十九次市政会议纪录	第六至七期	十六年十二月三十一日	二一五(3)
第十九次市政会议纪录	第一号补编	十六年四月始迄八月止	四一九(1)

第十三次市政会议记录	第十九期	十七年九月十五日	六〇八(4)
第十三次市政会议纪录	第五期	十六年十一月三十日	〇八六(3)
第十三次市政会议纪录	第一号补编	十六年四月始迄八月止	四一四(1)
第十五次市政会议纪录	第二十一期	十七年十月十五日	一〇九(5)
第十五次市政会议纪录	第六至七期	十六年十二月三十一日	二一一(3)
第十五次市政会议纪录	第一号补编	十六年四月始迄八月止	四一五(1)
第十六次市政会议纪录	第二十一期	十七年十月十五日	一一二(5)
第十六次市政会议纪录	第一号补编	十六年四月始迄八月止	四一六(1)
第十六次市政会议纪录	第六至七期	十六年十二月三十一日	二一二(3)
第十四次市政会议记录	第二十期	十七年九月三十日	七五九(4)
第十四次市政会议纪录	第五期	十六年十一月三十日	〇八七(3)
第十四次市政会议纪录	第一号补编	十六年四月始迄八月止	四一五(1)
第十次市政会议纪录	第四期	十六年十一月十五日	八五三(2)
第十次市政会议纪录	第十八期	十七年八月三十一日	五二八(4)
第十次市政会议纪录	第一号补编	十六年四月始迄八月止	四一一(1)
第七十一次市政会议纪录	第四十八期	十八年十一月三十日	一一一(11)
第七十二次市政会议纪录	第四十八期	十八年十一月三十日	一一二(11)
第七十七次市政会议纪录	第五十期	十八年十二月三十一日	四二九(11)
第七十八次市政会议纪录	第五十期	十八年十二月三十一日	四三〇(11)
第七十九次市政会议纪录	第五十期	十八年十二月三十一日	四三〇(11)
第七十三次市政会议纪录	第四十八期	十八年十一月三十日	一一三(11)
第七十五次市政会议纪录	第四十九期	十八年十二月十五日	三一一(11)
第七十六次市政会议纪录	第五十期	十八年十二月三十一日	四二九(11)
第七十四次市政会议纪录	第四十九期	十八年十二月十五日	三一一(11)
第七十次市政会议纪录	第四十八期	十八年十一月三十日	一一一(11)
第七次市政会议纪录	第三期	十六年十月三十一日	五一七(2)
第七次市政会议纪录	第十七期	十七年八月十五日	四六〇(4)
第七次市政会议纪录	第一号补编	十六年四月始迄八月止	四〇七(1)
第八十一次市政会议纪录	第五十一期	十九年一月十五日	五九九(11)
第八十二次市政会议纪录	第五十一期	十九年一月十五日	六〇〇(11)
第八十七次市政会议纪录	第五十三期	十九年二月十五日	八四七(11)
第八十八次市政会议纪录	第五十三期	十九年二月十五日	八四八(11)
第八十九次市政会议纪录	第五十三期	十九年二月十五日	八四八(11)

第八十三次市政会议纪录	第五十二期	十九年一月三十一日	七〇三(11)
第八十五次市政会议纪录	第五十二期	十九年一月三十一日	七〇四(11)
第八十六次市政会议纪录	第五十三期	十九年二月十五日	八四五(11)
第八十四次市政会议纪录	第五十二期	十九年一月三十一日	七〇三(11)
第八十次市政会议纪录	第五十一期	十九年一月十五日	五九九(11)
第八次市政会议纪录	第三期	十六年十月三十一日	五二一(2)
第八次市政会议纪录	第十八期	十七年八月三十一日	五二五(4)
第八次市政会议纪录	第一号补编	十六年四月始迄八月止	四〇八(1)
第九十一次市政会议纪录	第五十四期	十九年二月二十八日	一〇九(12)
第九十二次市政会议纪录	第五十四期	十九年二月二十八日	一一〇(12)
第九十七次市政会议纪录	第五十六期	十九年三月三十一日	四〇七(12)
第九十八次市政会议纪录	第五十六期	十九年三月三十一日	四〇七(12)
第九十九次市政会议纪录	第五十六期	十九年三月三十一日	四〇八(12)
第九十三次市政会议纪录	第五十五期	十九年三月十五日	二六一(12)
第九十五次市政会议纪录	第五十五期	十九年三月十五日	二六二(12)
第九十六次市政会议纪录	第五十五期	十九年三月十五日	二六三(12)
第九十四次市政会议纪录	第五十五期	十九年三月十五日	二六一(12)
第九十次市政会议纪录	第五十四期	十九年二月二十八日	一〇九(12)
第九次市政会议纪录	第三期	十六年十月三十一日	五二五(2)
第九次市政会议纪录	第十八期	十七年八月三十一日	五二六(4)
第九次市政会议纪录	第一号补编	十六年四月始迄八月止	四一〇(1)
第三一一次市政会议记录	第一四二期	二十三年六月份	七〇七(25)
第三一二次市政会议纪录	第一四三期	二十三年七月	〇〇九(26)
第三一七次市政会议纪录	第一四四期	二十三年八月	一四一(26)
第三一八次市政会议纪录	第一四四期	二十三年八月	一四三(26)
第三一九次市政会议纪录	第一四四期	二十三年八月	一四四(26)
第三一三次市政会议纪录	第一四三期	二十三年七月	〇一〇(26)
第三一五次市政会议纪录	第一四四期	二十三年八月	一三九(26)
第三一六次市政会议纪录	第一四四期	二十三年八月	一四〇(26)
第三一四次市政会议纪录	第一四三期	二十三年七月	〇一二(26)
第三一〇次市政会议记录	第一四二期	二十三年六月份	七〇六(25)
第三二一次市政会议纪录	第一四五期	二十三年九月	二四二(26)
第三二二次市政会议纪录	第一四五期	二十三年九月	二四四(26)

第三二七次市政会议纪录	第一四六期	二十三年十月	三八二(26)
第三二八次市政会议纪录	第一四七期	二十三年十一月	五〇七(26)
第三二九次市政会议纪录	第一四七期	二十三年十一月	五〇九(26)
第三二三次市政会议纪录	第一四五期	二十三年九月	二四六(26)
第三二五次市政会议纪录	第一四六期	二十三年十月	三七七(26)
第三二六次市政会议纪录	第一四六期	二十三年十月	三八〇(26)
第三二四次市政会议纪录	第一四六期	二十三年十月	三七五(26)
第三二〇次市政会议纪录	第一四五期	二十三年九月	二四一(26)
第三十一次市政会议纪录	第二十八期	十八年一月三十一日	四七一(6)
第三十一次市政会议纪录	第十三期	十七年四月十五日	七〇六(3)
第三十二市政会议纪录	第十四至十五期	十七年六月十五日	一六五(4)
第三十二次市政会议记录	第二十九期	十八年二月十五日	六六八(6)
第三十七市政会议纪录	第十四至十五期	十七年六月十五日	一七二(4)
第三十七次市政会议记录	第三十一期	十八年三月十五日	一八八(7)
第三十八市政会议纪录	第十四至十五期	十七年六月十五日	一七四(4)
第三十八次市政会议记录	第三十二期	十八年三月三十一日	三九七(7)
第三十九市政会议纪录	第十四至十五期	十七年六月十五日	一七五(4)
第三十九次市政会议记录	第三十二期	十八年三月三十一日	三九八(7)
第三十三市政会议纪录	第十四至十五期	十七年六月十五日	一六六(4)
第三十三次市政会议记录	第二十九期	十八年二月十五日	六六七(6)
第三十五市政会议纪录	第十四至十五期	十七年六月十五日	一六九(4)
第三十五次市政会议纪录	第三十期	十八年二月二十八日	七九一(6)
第三十六市政会议纪录	第十四至十五期	十七年六月十五日	一七一(4)
第三十六次市政会议记录	第三十一期	十八年三月十五日	一八七(7)
第三十四市政会议纪录	第十四至十五期	十七年六月十五日	一六八(4)
第三十四次市政会议纪录	第三十期	十八年二月二十八日	七九一(6)
第三十次市政会议纪录	第二十七期	十八年一月十五日	三二四(6)
第三十次市政会议纪录	第十三期	十七年四月十五日	七〇五(3)
第三七一次市政会议纪录	第一五八期	二十四年十月	〇〇九(29)
第三七二次市政会议纪录	第一五八期	二十四年十月	〇一三(29)
第三七七次市政会议纪录	第一六〇期	二十四年十二月	〇〇九(30)
第三七八次市政会议纪录	第一六〇期	二十四年十二月	〇一三(30)
第三七九次市政会议记录	第一六一期	二十五年一月	四八一(30)

第三七三次市政会议纪录	第一五八期	二十四年十月	〇一七(29)
第三七五次市政会议纪录	第一五九期	二十四年十一月	二九五(29)
第三七六次市政会议纪录	第一五九期	二十四年十一月	二九九(29)
第三七四次市政会议纪录	第一五八期	二十四年十月	〇二一(29)
第三七〇次市政会议纪录	第一五七期	二十四年九月	六一九(28)
第三八一次市政会议记录	第一六一期	二十五年一月	四八八(30)
第三八二次市政会议记录	第一六一期	二十五年一月	四九二(30)
第三八七次市政会议记录	第一六三期	二十五年三月	四〇七(31)
第三八八次市政会议记录	第一六三期	二十五年三月	四一〇(31)
第三八九次市政会议纪录	第一六四期	二十五年四月	〇一一(32)
第三八三次市政会议纪录	第一六二期	二十五年二月	〇一一(31)
第三八五次市政会议记录	第一六三期	二十五年三月	四〇一(31)
第三八六次市政会议记录	第一六三期	二十五年三月	四〇四(31)
第三八四次市政会议纪录	第一六二期	二十五年二月	〇一四(31)
第三八〇次市政会议记录	第一六一期	二十五年一月	四八五(30)
第三九一次市政会议纪录	第一六四期	二十五年四月	〇一八(32)
第三九二次市政会议纪录	第一六四期	二十五年四月	〇二二(32)
第三九七次市政会议记录	第一六六期	二十五年六月	〇一六(33)
第三九八次市政会议记录	第一六六期	二十五年六月	〇一九(33)
第三九九次市政会议记录	第一六七期	二十五年七月	四四七(33)
第三九三次市政会议纪录	第一六五期	二十五年五月	四六五(32)
第三九五次市政会议记录	第一六六期	二十五年六月	〇一一(33)
第三九六次市政会议记录	第一六六期	二十五年六月	〇一三(33)
第三九四次市政会议纪录	第一六五期	二十五年五月	四六八(32)
第三九〇次市政会议纪录	第一六四期	二十五年四月	〇一五(32)
第三三一次市政会议纪录	第一四七期	二十三年十一月	五一三(26)
第三三二次市政会议纪录	第一四七期	二十三年十一月	五一四(26)
第三三七次市政会议纪录	第一四九期	二十四年一月	〇一一(27)
第三三八次市政会议纪录	第一四九期	二十四年一月	〇一三(27)
第三三九次市政会议纪录	第一四九期	二十四年一月	〇一五(27)
第三三三次市政会议纪录	第一四八期	二十三年十二月	六八七(26)
第三三五次市政会议纪录	第一四八期	二十三年十二月	六九〇(26)
第三三六次市政会议纪录	第一四八期	二十三年十二月	六九二(26)

第三三四次市政会议纪录 第一四八期 二十三年十二月 六八八(26)
第三三〇次市政会议纪录 第一四七期 二十三年十一月 五一一(26)
第三五一次市政会议纪录 第一五三期 二十四年五月 六七五(27)
第三五二次市政会议纪录 第一五三期 二十四年五月 六七七(27)
第三五七次市政会议纪录 第一五四期 二十四年六月 〇二四(28)
第三五八次市政会议纪录 第一五四期 二十四年六月 〇二七(28)
第三五九次市政会议纪录 第一五四期 二十四年六月 〇三〇(28)
第三五三次市政会议纪录 第一五三期 二十四年五月 六七九(27)
第三五五次市政会议纪录 第一五三期 二十四年五月 六八四(27)
第三五六次市政会议纪录 第一五四期 二十四年六月 〇二一(28)
第三五四次市政会议纪录 第一五三期 二十四年五月 六八一(27)
第三五〇次市政会议纪录 第一五二期 二十四年四月 四九四(27)
第三六一次市政会议纪录 第一五五期 二十四年七月 一九四(28)
第三六二次市政会议纪录 第一五五期 二十四年七月 一九七(28)
第三六七次市政会议纪录 第一五六期 二十四年八月 三六三(28)
第三六八次市政会议纪录 第一五七期 二十四年九月 六一一(28)
第三六九次市政会议纪录 第一五七期 二十四年九月 六一五(28)
第三六五次市政会议纪录 第一五六期 二十四年八月 三五六(28)
第三六六次市政会议纪录 第一五六期 二十四年八月 三六〇(28)
第三六四次市政会议纪录 第一五六期 二十四年八月 三五三(28)
第三六〇次市政会议纪录 第一五五期 二十四年七月 一九一(28)
第三四一次市政会议记录 第一五〇期 二十四年二月 一三三(27)
第三四二次市政会议记录 第一五〇期 二十四年二月 一三四(27)
第三四七次市政会议记录 第一五一期 二十四年三月 三一九(27)
第三四八次市政会议纪录 第一五二期 二十四年四月 四八九(27)
第三四九次市政会议纪录 第一五二期 二十四年四月 四九二(27)
第三四三次市政会议记录 第一五〇期 二十四年二月 一三五(27)
第三四五次市政会议记录 第一五一期 二十四年三月 三一五(27)
第三四六次市政会议记录 第一五一期 二十四年三月 三一七(27)
第三四四次市政会议记录 第一五一期 二十四年三月 三一三(27)
第三四〇次市政会议记录 第一五〇期 二十四年二月 一三一(27)
第三次市政会议纪录 第二期 十六年十月十五日 二〇四(2)
第三次市政会议纪录 第十七期 十七年八月十五日 四五四(4)

第三次市政会议纪录	第一号补编	十六年四月始迄八月止	四〇二(1)
第三次特别市政会议纪录	第十六期	十七年七月三十一日	三三〇(4)
第三〇一次市政会议记录	第一四〇期	二十三年四月三十日	四六〇(25)
第三〇二次市政会议记录	第一四〇期	二十三年四月三十日	四六一(25)
第三〇七次市政会议记录	第一四一期	二十三年五月三十一日	五八三(25)
第三〇八次市政会议记录	第一四二期	二十三年六月份	七〇三(25)
第三〇九次市政会议记录	第一四二期	二十三年六月份	七〇四(25)
第三〇三次市政会议记录	第一四〇期	二十三年四月三十日	四六二(25)
第三〇五次市政会议记录	第一四一期	二十三年五月三十一日	五七八(25)
第三〇六次市政会议记录	第一四一期	二十三年五月三十一日	五八一(25)
第三〇四次市政会议记录	第一四一期	二十三年五月三十一日	五七七(25)
第三〇〇次市政会议记录	第一四〇期	二十三年四月三十日	四五九(25)
第五十一次市政会议纪录	第三十九期	十八年七月十五日	七九四(8)
第五十二次市政会议纪录	第四十期	十八年七月三十一日	一三七(9)
第五十七次市政会议纪录	第四十二期	十八年八月三十一日	五九〇(9)
第五十八次市政会议纪录	第四十三期	十八年九月十五日	八五九(9)
第五十九次市政会议纪录	第四十三期	十八年九月十五日	八五九(9)
第五十三次市政会议纪录	第四十一期	十八年八月十五日	三九一(9)
第五十五次市政会议纪录	第四十一期	十八年八月十五日	三九二(9)
第五十六次市政会议纪录	第四十二期	十八年八月三十一日	五八九(9)
第五十四次市政会议纪录	第四十一期	十八年八月十五日	三九二(9)
第五十次市政会议纪录	第三十九期	十八年七月十五日	七九三(8)
第五次市政会议纪录	第二期	十六年十月十五日	二一二(2)
第五次市政会议纪录	第十七期	十七年八月十五日	四五八(4)
第五次市政会议纪录	第一号补编	十六年四月始迄八月止	四〇五(1)
第五次特别市政会议纪录	第十六期	十七年七月三十一日	三三五(4)
第六十一次市政会议纪录	第四十四期	十八年九月三十日	一三九(10)
第六十二次市政会议纪录	第四十五期	十八年十月十五日	三九一(10)
第六十七次市政会议纪录	第四十七期	十八年十一月十五日	七三六(10)
第六十八次市政会议纪录	第四十七期	十八年十一月十五日	七三七(10)
第六十九次市政会议纪录	第四十七期	十八年十一月十五日	七三八(10)
第六十三次市政会议纪录	第四十五期	十八年十月十五日	三九一(10)
第六十五次市政会议纪录	第四十六期	十八年十月三十一日	五九四(10)

第六十六次市政会议纪录	第四十七期	十八年十一月十五日	七三五(10)
第六十四次市政会议纪录	第四十六期	十八年十月三十一日	五九三(10)
第六十次市政会议纪录	第四十四期	十八年九月三十日	一三九(10)
第六次市政会议纪录	第三期	十六年十月三十一日	五一三(2)
第六次市政会议纪录	第十七期	十七年八月十五日	四五九(4)
第六次市政会议纪录	第一号补编	十六年四月始迄八月止	四〇六(1)
第六次特别市政会议纪录	第十六期	十七年七月三十一日	三三八(4)
第四一一次市政会议纪录	第一七一期	二十五年十一月	〇一一(35)
第四一二次市政会议纪录	第一七一期	二十五年十一月	〇一五(35)
第四一七次市政会议纪录	第一七三期	二十六年一月	四〇〇(35)
第四一八次市政会议纪录	第一七四期	二十六年二月	五八五(35)
第四一九次市政会议纪录	第一七四期	二十六年二月	五八九(35)
第四一三次市政会议纪录	第一七一期	二十五年十一月	〇一九(35)
第四一五次市政会议纪录	第一七二期	二十五年十二月	二〇〇(35)
第四一六次市政会议纪录	第一七三期	二十六年一月	三九五(35)
第四一四次市政会议纪录	第一七二期	二十五年十二月	一九七(35)
第四一〇次市政会议纪录	第一七〇期	廿五年十月	四五六(34)
第四二一次市政会议纪录	第一七五期	二十六年三月	〇一五(36)
第四二二次市政会议纪录	第一七五期	二十六年三月	〇一九(36)
第四二七次市政会议纪录	第一七七期	二十六年五月	三五二(36)
第四二八次市政会议纪录	第一七七期	二十六年五月	三五七(36)
第四二九次市政会议纪录	第一七八期	二十六年六月	五〇一(36)
第四二三次市政会议纪录	第一七六期	二十六年四月	一五三(36)
第四二五次市政会议纪录	第一七六期	二十六年四月	一六一(36)
第四二六次市政会议纪录	第一七七期	二十六年五月	三四九(36)
第四二四次市政会议纪录	第一七六期	二十六年四月	一五七(36)
第四二〇次市政会议纪录	第一七五期	二十六年三月	〇一一(36)
第四十一次市政会议纪录	第三十四期	十八年四月三十日	七五五(7)
第四十二次市政会议纪录	第三十四期	十八年四月三十日	七五六(7)
第四十七次市政会议纪录	第三十七期	十八年六月十五日	四五一(8)
第四十八次市政会议纪录	第三十八期	十八年六月三十日	六一九(8)
第四十九次市政会议纪录	第三十八期	十八年六月三十日	六二〇(8)
第四十三次市政会议纪录	第三十五期	十八年五月十五日	一二七(8)

第四十五次市政会议纪录	第三十六期	十八年五月三十一日	二八七(8)
第四十六次市政会议纪录	第三十六期	十八年五月三十一日	二八八(8)
第四十四次市政会议纪录	第三十六期	十八年五月三十一日	二八七(8)
第四十次市政会议纪录	第三十三期	十八年四月十五日	五八九(7)
第四十次市政会议纪录	第十四至十五期	十七年六月十五日	一七六(4)
第四三〇次市政会议纪录	第一七八期	二十六年六月	五〇五(36)
第四次市政会议纪录	第二期	十六年十月十五日	二〇九(2)
第四次市政会议纪录	第十七期	十七年八月十五日	四五八(4)
第四次市政会议纪录	第一号补编	十六年四月始迄八月止	四〇二(1)
第四次特别市政会议纪录	第十六期	十七年七月三十一日	三三三(4)
第四〇一次市政会议纪录	第一六八期	廿五年八月	〇〇九(34)
第四〇二次市政会议纪录	第一六八期	二十五年八月	〇一二(34)
第四〇七次市政会议纪录	第一七〇期	廿五年十月	四四九(34)
第四〇八次市政会议纪录	第一七〇期	二十五年十月	四五一(34)
第四〇九次市政会议纪录	第一七〇期	廿五年十月	四五三(34)
第四〇三次市政会议纪录	第一六八期	二十五年八月	〇一五(34)
第四〇五次市政会议纪录	第一六九期	二十五年九月	一八九(34)
第四〇六次市政会议纪录	第一六九期	二十五年九月	一九二(34)
第四〇四次市政会议纪录	第一六八期	二十五年八月	〇一九(34)
第四〇〇次市政会议记录	第一六七期	二十五年七月	四五一(33)

论　述

收支报告

篇　名	卷(期)数	出版日期	页码(册数)
南京特别市政府三月份行政报告	第五十八期	十九年四月三十日	六一一(12)
南京特别市政府财政局十九年三月份收支四柱清册	第五十八期	十九年四月三十日	六〇七(12)
南京特别市政府财政局收支对照明细表	第五十八期	十九年四月三十日	六四六(12)

纪　事

篇　名	卷(期)数	出版日期	页码(册数)
一月份粮食指数	第五十四期	十九年二月二十八日	〇四八(12)
二次布告申报土地	第五十七期	十九年四月十五日	四四五(12)
二批自来水厂机件运到	第七十七期	二十年二月十五日	六〇二(15)
十一月份汇兑统计	第五十一期	十九年一月十五日	五二七(11)
十一月份粮食指数	第五十期	十八年十二月三十一日	三五五(11)
十九年修理马路面积之统计	第七十六期	二十年一月三十一日	四〇〇(15)
十月份市民死生统计	第五十一期	十九年一月十五日	五三〇(11)
十月份汇兑统计	第五十一期	十九年一月十五日	五二六(11)
十月份传染病统计	第五十期	十八年十二月三十一日	三五六(11)
十月份粮食指数	第四十八期	十八年十一月三十日	〇三三(11)
七月份汇兑之调查	第四十五期	十八年十月十五日	二六七(10)
八月份汇兑数目	第四十六期	十八年十月三十一日	四四三(10)
八月份粮食指数	第四十四期	十八年九月三十日	〇四五(10)
八卦洲加筑护堤	第七十四期	十九年十二月三十一日	一一六(15)
八卦洲鱼禁止私捕	第六十七期	十九年九月十五日	一七八(14)
八卦洲将建筑瞭望台	第四十五期	十八年十月十五日	二七二(10)
八卦洲渔税开标	第六十一期	十九年六月十五日	〇四一(13)
八卦洲溢地将放垦	第七十六期	二十年一月三十一日	四〇七(15)
九月份传染病统计	第四十七期	十八年十一月十五日	六五〇(10)
九月份粮食指数	第四十六期	十八年十月三十一日	四四三(10)
九龙桥游泳场继续开放	第六十七期	十九年九月十五日	一八二(14)
九袱洲将建大桥	第四十五期	十八年十月十五日	二七三(10)
三元巷架天桥	第三十六期	十八年五月三十一日	一六九(8)
三牌楼小学建筑校舍	第八十八期	二十年七月三十一日	四三二(17)
工务局开技术会议	第三十二期	十八年三月三十一日	二五七(7)
工务局长订定与市民谈话时间	第四十二期	十八年八月三十一日	四五一(9)
工务局长易人	第四十期	十八年七月三十一日	〇四一(9)
工务局长易人	第五十七期	十九年四月十五日	四四七(12)
工务局以工代赈	第二十二期	十七年十月三十一日	一七三(5)
工务局代理局长业已视事	第五十八期	十九年四月三十日	五四六(12)
工务局考试测量员揭晓	第二十五期	十七年十二月十五日	七〇〇(5)
工务局设置意见箱	第三十四期	十八年四月三十日	六五〇(7)

工务局拟具采运山石办法	第二十五期	十七年十二月十五日	六九九(5)
工务局录取监工	第二十二期	十七年十月三十一日	一七四(5)
工务局限期拆屋	第二十二期	十七年十月三十一日	一七三(5)
工务局将检验汽车	第三十四期	十八年四月三十日	六四九(7)
工务局测量员夜间出勤规则	第六十一期	十九年六月十五日	〇四四(13)
工务局消息	第二十三期	十七年十一月十五日	三一六(5)
工务局勒还馈赠	第二十九期	十八年二月十五日	五五二(6)
工务局检验车辆	第二十七期	十八年一月十五日	二三六(6)
工务局第五十九次第六十次局务会议并志	第四十四期	十八年九月三十日	〇三七(10)
工务局第五十五次会议	第四十二期	十八年八月三十一日	四五〇(9)
工务局第五十四次局务会议	第四十一期	十八年八月十五日	二三八(9)
工务局第六十一次局务会议	第四十五期	十八年十月十五日	二五八(10)
工务局第六十五次局务会议	第四十七期	十八年十一月十五日	六三八(10)
工务局第四十九次局务会议	第三十八期	十八年六月三十日	四九九(8)
工务局增开自流井	第三十三期	十八年四月十五日	四六三(7)
工会立案展限三月	第七十期	十九年十月三十一日	四七八(14)
工程师等开业须向工务局声请	第六十七期	十九年九月十五日	一七九(14)
土地申报展期	第六十五期	十九年八月十五日	七一八(13)
土地评价会议	第二十九期	十八年二月十五日	五四一(6)
土地评价委员会与征收土地审查委员会相提并存	第三十四期	十八年四月三十日	六四八(7)
土地评价委员会开第九次常会	第四十六期	十八年十月三十一日	四三五(10)
土地评价委员会行将撤消	第三十期	十八年二月二十八日	七一六(6)
土地局长易人	第七十六期	二十年一月三十一日	四〇七(15)
土地局成立及桂局长就职纪	第一号补编	十六年四月始迄八月止	五一九(1)
土地局问事处成立	第六十三期	十九年七月十五日	三六五(13)
土地局收用两处土地	第二十五期	十七年十二月十五日	七〇四(5)
土地局定期开标	第二十二期	十七年十月三十一日	一七六(5)
土地局试取测量员	第三十三期	十八年四月十五日	四五七(7)
土地局建筑储藏库	第七十五期	二十年一月十五日	二五六(15)
土地局练习生业已修业期满	第三十四期	十八年四月三十日	六四八(7)
土地局消息	第二十三期	十七年十一月十五日	三二一(5)

土地局请保标记	第二十二期	十七年十月三十一日	一七六(5)
土地局增设问事处	第六十一期	十九年六月十五日	〇四一(13)
土地征收审查委员会成立	第三十七期	十八年六月十五日	三三七(8)
土地征收审查委员会举行第十三次常会	第五十六期	十九年三月三十一日	三五八(12)
土地征收审查委员会举行第十五次常会	第五十六期	十九年三月三十一日	三五八(12)
土地审委会决定地价	第四十七期	十八年十一月十五日	六三七(10)
土街口至羊皮巷马路	第五十二期	十九年一月三十一日	六三三(11)
下关中山支路变更路线	第三十七期	十八年六月十五日	三三八(8)
下关地滩准由转租人承领	第四十五期	十八年十月十五日	二五五(10)
下关交通路不日竣工	第六十九期	十九年十月十五日	四〇七(14)
下关交通路线改变	第三十七期	十八年六月十五日	三四〇(8)
下关米市近讯	第二十四期	十七年十一月三十日	四四七(5)
下关江边定为单行路线	第八十六期	二十年六月三十日	二〇八(17)
下关和记洋行房捐问题解决	第五十九至六十期	十九年五月三十一日	六八七(12)
下关将建平民住宅	第三十八期	十八年六月三十日	五〇〇(8)
下关浦口码头捐移归本府征收	第五十五期	十九年三月十五日	一九五(12)
下关商店广告就近盖戳	第四十六期	十八年十月三十一日	四三八(10)
大阴沟平民住宅已有一部完工	第二十二期	十七年十月三十一日	一七三(5)
大营盘公墓设计完成	第六十一期	十九年六月十五日	〇四三(13)
大营盘公墓即将兴工	第七十六期	二十年一月三十一日	四〇一(15)
大营盘公墓即将兴工建筑	第五十七期	十九年四月十五日	四四六(12)
大盘营公墓分两期建筑	第七十五期	二十年一月十五日	二四八(15)
上半年防疫工作步骤	第五十三期	十九年二月十五日	七五三(11)
上年十一月份传染病统计	第五十二期	十九年一月三十一日	六四〇(11)
上年十二月份汇兑统计及全年总数	第五十三期	十九年二月十五日	七五三(11)
上年十二月份传染病统计	第五十三期	十九年二月十五日	七五六(11)
上年十二月份粮食指数	第五十二期	十九年一月三十一日	六三七(11)
小号本市全图出版	第三十七期	十八年六月十五日	三三八(8)
小学国语课程内增授注音符号	第七十六期	二十年一月三十一日	四〇三(15)
小学校长会议	第四十七期	十八年十一月十五日	六四二(10)
小学校长第八十次会议	第三十三期	十八年四月十五日	四六七(7)

小学校校长会议	第四十五期	十八年十月十五日	二六一(10)
小学授课应以国音为标准	第七十三期	十九年十二月十五日	〇一七(15)
小学暑期研究会闭幕	第四十三期	十八年九月十五日	七二八(9)
乞丐捐移交财政局征收	第三十五期	十八年五月十五日	〇三八(8)
广告捐开标	第二十四期	十七年十一月三十日	四四六(5)
广告捐订立合同	第二十五期	十七年十二月十五日	七〇四(5)
广告捐将收回自办	第五十期	十八年十二月三十一日	三四六(11)
广告牌着手进行	第四十三期	十八年九月十五日	七二六(9)
子午线最近工程	第四十五期	十八年十月十五日	二五八(10)
子午线路此段开工	第二十七期	十八年一月十五日	二三三(6)
子午线路限期完成	第三十五期	十八年五月十五日	〇四〇(8)
卫生处长就职纪	第二十三期	十七年十一月十五日	三一五(5)
卫生处成立	第二十二期	十七年十月三十一日	一七〇(5)
卫生处迁移处址	第二十五期	十七年十二月十五日	七一二(5)
卫生处消息	第二十三期	十七年十一月十五日	三二七(5)
卫生训练会之第一日	第二十九期	十八年二月十五日	五五〇(6)
卫生训练会志要	第三十期	十八年二月二十八日	七二二(6)
卫生运动周闭幕	第八十四期	二十年五月三十一日	〇二一(17)
卫生诊疗所工作近况	第六十九期	十九年十月十五日	四一一(14)
卫生诊疗所免费送诊	第五十九至六十期	十九年五月三十一日	六九五(12)
卫生局内部改组	第四十六期	十八年十月三十一日	四四四(10)
卫生局布种牛痘之工作	第三十二期	十八年三月三十一日	二六七(7)
卫生局成立党义研究会	第二十八期	十八年一月三十一日	三八〇(6)
卫生局改组	第五十五期	十九年三月十五日	二〇八(12)
卫生局改组成立	第二十八期	十八年一月三十一日	三七八(6)
卫生局取缔豆腐店规则	第五十五期	十九年三月十五日	二〇八(12)
卫生局派员调查南汤山急性传染病	第三十三期	十八年四月十五日	四七四(7)
卫生局党义研究会近讯	第二十九期	十八年二月十五日	五五二(6)
卫生局筹设诊疗室	第三十四期	十八年四月三十日	六五五(7)
卫生局新猷	第二十九期	十八年二月十五日	五四九(6)
卫生局慎防时疫	第五十五期	十九年三月十五日	二〇九(12)
卫生试验所十一月份工作概况	第七十四期	十九年十二月三十一日	一二二(15)
卫生试验所开始检验	第四十二期	十八年八月三十一日	四六二(9)

卫生试验所化验井水牛乳空气	第七十二期	十九年十一月三十日	七四三(14)
卫生试验所招考女练习生揭晓	第四十一期	十八年八月十五日	二四五(9)
卫生试验所接受检验迅速	第四十六期	十八年十月三十一日	四四六(10)
卫生试验所最近工作详志	第七十期	十九年十月三十一日	四八七(14)
卫生教育讲习会开课	第六十五期	十九年八月十五日	七一五(13)
卫生教育讲习会请专家演讲	第四十二期	十八年八月三十一日	四五四(9)
卫生稽查队施药济众	第六十四期	十九年六七月三十一日	五七八(13)
卫护密查仇货人员	第二十二期	十七年十月三十一日	一七八(5)
马路段落计划审查完竣	第四十九期	十八年十二月十五日	二一四(11)
开办中区塾师讲习所	第八十五期	二十年六月十五日	一一四(17)
开办北区塾师讲习所	第九十期	二十年八月三十一日	六二六(17)
开办民众团体注册	第三十八期	十八年六月三十日	五〇四(8)
开办西区塾师讲习所	第七十七期	二十年二月十五日	六〇〇(15)
开办会计讲习会	第四十期	十八年七月三十一日	〇三九(9)
开办注音符号讲习所	第七十三期	十九年十二月十五日	〇一九(15)
开征秋季车捐	第八十六期	二十年六月三十日	二〇六(17)
开放九龙桥游泳池	第八十六期	二十年六月三十日	二〇八(17)
开放中正街自流井	第五十九至六十期	十九年五月三十一日	六八七(12)
开放水西门水闸	第六十二期	十九年六月三十日	一八五(13)
开放第一公园	第四十期	十八年七月三十一日	〇五三(9)
开始办理中西药商注册	第四十四期	十八年九月三十日	〇五〇(10)
开始布种牛痘	第六十七期	十九年九月十五日	一八七(14)
开始灭蝇工作	第五十九至六十期	十九年五月三十一日	六九五(12)
开始注射伤寒针	第六十五期	十九年八月十五日	七一六(13)
开始秋季种痘	第六十八期	十九年九月三十日	二八四(14)
开始秋季种痘	第四十七期	十八年十一月十五日	六四八(10)
开凿自流井	第八十四期	二十年五月三十一日	〇一三(17)
开凿自流井	第二十八期	十八年一月三十一日	三七〇(6)
开凿江岸及石营盘沟渠	第七十四期	十九年十二月三十一日	一一四(15)
开辟子午线路	第二十五期	十七年十二月十五日	六九八(5)
开辟中山国府两路间马路	第七十九期	二十年三月十五日	一八五(16)
开辟中正街至珠宝廊一段马路	第七十三期	十九年十二月十五日	〇一五(15)
开辟公园两处	第八十四期	二十年五月三十一日	〇一一(17)

开辟白下路	第八十五期	二十年六月十五日	一一一(17)
开辟白鹭洲公园	第三十八期	十八年六月三十日	五一一(8)
开辟玄武湖游泳池	第八十八期	二十年七月三十一日	四三一(17)
开辟汉中路	第八十一期	二十年四月十五日	四〇四(16)
开辟汉中路	第八十三期	二十年五月十五日	六四九(16)
开辟汉中路	第八十五期	二十年六月十五日	一一二(17)
开辟汉中路	第八十七期	二十年七月十五日	三三二(17)
开辟江岸马路	第七十三期	十九年十二月十五日	〇一四(15)
开辟杨公井马路	第四十期	十八年七月三十一日	〇四三(9)
开辟沪宁车站马路	第三十六期	十八年五月三十一日	一六七(8)
开辟第一工商业区	第八十三期	二十年五月十五日	六四七(16)
开辟第二工商业区	第九十期	二十年八月三十一日	六二二(17)
开辟新公园	第二十二期	十七年十月三十一日	一八〇(5)
开辟新住宅区第七干路	第八十九期	二十年八月十五日	五三七(17)
开辟糖坊桥大丰富巷两横路	第七十三期	十九年十二月十五日	〇一五(15)
夫子庙内摊号应建筑白铁房屋	第四十五期	十八年十月十五日	二五七(10)
夫子庙摊号定期举行登记	第五十七期	十九年四月十五日	四四五(12)
夫子庙摊位编订号牌	第四十六期	十八年十月三十一日	四三九(10)
无轨电车计划	第五十期	十八年十二月三十一日	三六〇(11)
五月份本市粮食指数	第三十八期	十八年六月三十日	五〇五(8)
五洲公园之梅兰	第二十九期	十八年二月十五日	五五〇(6)
五洲公园计划新建筑	第四十一期	十八年八月十五日	二四八(9)
五洲公园杂讯	第二十四期	十七年十一月三十日	四六〇(5)
五洲公园近讯	第三十六期	十八年五月三十一日	一八〇(8)
五洲公园试办建设公园附加捐	第三十三期	十八年四月十五日	四五七(7)
五洲公园将开菊花会	第二十二期	十七年十月三十一日	一八一(5)
五洲公园将装置路灯	第六十一期	十九年六月十五日	〇五四(13)
五洲公园禁止狩猎	第八十一期	二十年四月十五日	四一二(16)
五洲公园新事业	第二十六期	十七年十二月三十一日	〇六八(6)
不设官契纸管理员	第四十三期	十八年九月十五日	七二五(9)
不便与美领合作传染病之调查	第三十一期	十八年三月十五日	〇六二(7)
不准龟鸨请开娼禁	第三十三期	十八年四月十五日	四七一(7)
太平路北段路线内房屋拆迁展期	第八十三期	二十年五月十五日	六四七(16)

太平路建筑近讯	第八十六期	二十年六月三十日	二〇七(17)
历书须加印革命纪念表	第四十六期	十八年十月三十一日	四四〇(10)
车捐新章实行	第二十四期	十七年十一月三十日	四四七(5)
车票发售展期	第三十七期	十八年六月十五日	三三五(8)
车辆之调查	第三十二期	十八年三月三十一日	二五六(7)
车辆检验纳捐展限	第四十七期	十八年十一月十五日	六四〇(10)
切实改良私塾教育	第七十期	十九年十月三十一日	四八五(14)
切实管理娱乐场所	第六十九期	十九年十月十五日	四〇四(14)
切实管理娱乐场所	第七十六期	二十年一月三十一日	三九四(15)
切实整顿乞丐收容所	第七十三期	十九年十二月十五日	〇一三(15)
切实整顿补习学校	第七十三期	十九年十二月十五日	〇一九(15)
日侨开始缴纳房捐	第四十五期	十八年十月十五日	二五三(10)
日领汽车免捐须互相平等	第四十五期	十八年十月十五日	二七四(10)
中山大道内逸仙桥落成	第三十二期	十八年三月三十一日	二五六(7)
中山大道将有极隆重布置	第二十九期	十八年二月十五日	五三三(6)
中山大道暂禁通行	第三十四期	十八年四月三十日	六四九(7)
中山门至汤山禁通车马	第三十七期	十八年六月十五日	三三九(8)
中山桥工程近况	第三十三期	十八年四月十五日	四六一(7)
中山陵明陵将建伟大牌坊	第七十七期	二十年二月十五日	五九六(15)
中山路工程	第二十四期	十七年十一月三十日	四四四(5)
中山路工程之报告	第三十期	十八年二月二十八日	七一三(6)
中山路工程近状	第三十一期	十八年三月十五日	〇四九(7)
中山路工程限期完成	第三十三期	十八年四月十五日	四六〇(7)
中山路占地及其地价	第四十七期	十八年十一月十五日	六三八(10)
中山路加铺柏油	第八十六期	二十年六月三十日	二〇七(17)
中山路地价已奉准筹拨	第四十八期	十八年十一月三十日	〇二九(11)
中山路交叉点将设置红绿灯	第三十九期	十八年七月十五日	六七二(8)
中山路两旁拟安临时沟管	第三十二期	十八年三月三十一日	二五七(7)
中山路两旁沟渠工程	第三十三期	十八年四月十五日	四六二(7)
中山路两旁建筑办法	第二十八期	十八年一月三十一日	三六九(6)
中山路两旁限期拆屋	第四十一期	十八年八月十五日	二三七(9)
中山路拆屋展限	第四十五期	十八年十月十五日	二五七(10)
中山路建筑近讯	第二十一期	十七年十月十五日	〇四五(5)

中山路修拆工程应先领照	第四十三期	十八年九月十五日	七二六(9)
中山路积极建造	第二十九期	十八年二月十五日	五四三(6)
中山路积极建筑	第二十八期	十八年一月三十一日	三六九(6)
中山路旁发现隧道之真相	第二十五期	十七年十二月十五日	七〇一(5)
中山路旁征收地价	第三十七期	十八年六月十五日	三三八(8)
中山路旁建筑房屋办法	第二十四期	十七年十一月三十日	四四三(5)
中山路被征收地价业经审定	第四十六期	十八年十月三十一日	四三四(10)
中山路展宽问题	第四十七期	十八年十一月十五日	六四〇(10)
中山路继续建筑慢车人行道	第三十九期	十八年七月十五日	六七〇(8)
中山路第二期工程不容变更	第四十四期	十八年九月三十日	〇三九(10)
中山路第三段已工竣通车	第三十三期	十八年四月十五日	四六二(7)
中山路添设警亭标灯	第四十四期	十八年九月三十日	〇三七(10)
中山路禁止各种重车通行	第三十四期	十八年四月三十日	六五〇(7)
中山路横线业已规定	第三十七期	十八年六月十五日	三三九(8)
中山路警亭修竣	第六十九期	十九年十月十五日	四〇七(14)
中区实中添建校舍	第五十期	十八年十二月三十一日	三四八(11)
中区实校增设特别班级	第六十六期	十九年八月三十一日	〇二三(14)
中区实验学校近讯	第四十期	十八年七月三十一日	〇四四(9)
中正街车站自流井工竣	第三十三期	十八年四月十五日	四六一(7)
中正街车站建筑站房	第四十四期	十八年九月三十日	〇五〇(10)
中正街车站修复	第三十八期	十八年六月三十日	五一一(8)
中正街自流井水清洁	第四十二期	十八年八月三十一日	四五一(9)
中正街自流井增加水量	第三十九期	十八年七月十五日	六七一(8)
中正街拆全部房屋准展限	第四十七期	十八年十一月十五日	六四〇(10)
中华门外添设民众学校	第七十九期	二十年三月十五日	一八九(16)
中等学校校长会议	第四十五期	十八年十月十五日	二六〇(10)
中签未售市公债之措置	第六十五期	十九年八月十五日	七一一(13)
水厂电厂互供电流	第八十七期	二十年七月十五日	三四三(17)
水厂机械即将运京	第六十八期	十九年九月三十日	二八五(14)
水厂清水机间工程开标	第七十八期	二十年二月二十八日	〇二二(16)
水厂蓄水池掘洞试验	第七十三期	十九年十二月十五日	〇二二(15)
水上救护所	第三十三期	十八年四月十五日	四七〇(7)
水上救护所八月份救护人数	第四十四期	十八年九月三十日	〇四六(10)

水上救护所工作近况	第四十八期	十八年十一月三十日	〇三七(11)
水上救护所四月份工作统计	第五十九至六十期	十九年五月三十一日	六九二(12)
水上救护所近讯	第三十七期	十八年六月十五日	三四五(8)
水上救护所改善发恤办法	第五十三期	十九年二月十五日	七五〇(11)
水上救护所救护成绩	第四十一期	十八年八月十五日	二四二(9)
牛羊屠宰场查获私宰私贩肉类处置办法	第七十五期	二十年一月十五日	二五四(15)
手车板车限期登记	第三十八期	十八年六月三十日	五〇一(8)
化验井水水质	第八十七期	二十年七月十五日	三四一(17)
化验市内食水	第六十七期	十九年九月十五日	一八六(14)
化验谷类营养分量	第四十一期	十八年八月十五日	二四四(9)
化验饮水	第四十九期	十八年十二月十五日	二二五(11)
今后本市之工务设施	第四十期	十八年七月三十一日	〇四一(9)
分期发清市教育欠费	第二十八期	十八年一月三十一日	三六七(6)
公布九龙桥游泳场规则	第四十三期	十八年九月十五日	七二八(9)
公布干路两旁段落分划图	第五十一期	十九年一月十五日	五一八(11)
公布土地申报章程	第五十二期	十九年一月三十一日	六三二(11)
公布中山路通行车辆暂行规则	第三十四期	十八年四月三十日	六四九(7)
公布合格医药师助产士	第四十七期	十八年十一月十五日	六四八(10)
公布准演戏剧	第五十六期	十九年三月三十一日	三六二(12)
公共讲演厅行将收回	第三十期	十八年二月二十八日	七二五(6)
公安局长易人	第二十一期	十七年十月十五日	〇四二(5)
公安局长视察教练所	第二十二期	十七年十月三十一日	一七七(5)
公安局长面试职员	第二十二期	十七年十月三十一日	一七七(5)
公安局长通令部属认真督察勤务	第三十一期	十八年三月十五日	〇五五(7)
公安局训练处之近讯	第三十一期	十八年三月十五日	〇五五(7)
公安局孙局长就职志	第三期	十六年十月三十一日	五八五(2)
公安局报告三月份火灾	第三十四期	十八年四月三十日	六五一(7)
公安局奉令禁赌	第二十二期	十七年十月三十一日	一七八(5)
公安局派督察员考查各区工作	第二十八期	十八年一月三十一日	三七二(6)
公安局消息	第二十三期	十七年十一月十五日	三二一(5)
公安局接办户籍	第二十九期	十八年二月十五日	五四七(6)
公安局维护治安之通令	第二十八期	十八年一月三十一日	三七二(6)

公园事务仍归本府直接管理	第六十一期	十九年六月十五日	○五四(13)
公园管理处开办苗圃	第七十二期	十九年十一月三十日	七四五(14)
公园管理处努力工作	第三十一期	十八年三月十五日	○六六(7)
公园管理处积极设备五洲公园	第三十五期	十八年五月十五日	○四八(8)
公园管理处最近之工作	第三十三期	十八年四月十五日	四七六(7)
公园管理处游艇码头完成	第六十七期	十九年九月十五日	一九○(14)
公园管理处新辟两公园	第二十九期	十八年二月十五日	五五○(6)
公告没收无主荒地	第七十一期	十九年十一月十五日	六二○(14)
公私建筑执照均须照章纳费	第六十一期	十九年六月十五日	○四三(13)
公债监督用途会第二次会议	第四十九期	十八年十二月十五日	二一二(11)
公债监督用途委员会第二次会议	第五十期	十八年十二月三十一日	三四五(11)
公债基金保管会第二次会议	第四十九期	十八年十二月十五日	二一一(11)
公债基金保管委员会成立	第四十八期	十八年十一月三十日	○二七(11)
公债基金保管委员会第三次会议	第五十期	十八年十二月三十一日	三四五(11)
公益团体注册	第三十六期	十八年五月三十一日	一七二(8)
公宴民政会议会	第二十七期	十八年一月十五日	二三三(6)
公祭故警	第二十五期	十七年十二月十五日	七○八(5)
六月份粮食物价指数	第四十期	十八年七月三十一日	○五○(9)
火腿业调查	第四十四期	十八年九月三十日	○四三(10)
为小学生种痘	第五十七期	十九年四月十五日	四四八(12)
计议取缔公共娱乐场所	第二十八期	十八年一月三十一日	三七八(6)
计议举办土地登记	第二十六期	十七年十二月三十一日	○五四(6)
计划广设公共娱乐场所	第六十九期	十九年十月十五日	四○七(14)
计划开凿自流井两处	第五十九至六十期	十九年五月三十一日	六八八(12)
计划开辟南城东西线干路	第三十六期	十八年五月三十一日	一六八(8)
计划市营土地房屋	第二十五期	十七年十二月十五日	六九五(5)
计划扩大新市界内各校	第五十四期	十九年二月二十八日	○四○(12)
计划划界后应行修筑各路	第五十四期	十九年二月二十八日	○三九(12)
计划设立警亭	第四十一期	十八年八月十五日	二三六(9)
计划设置水位尺	第四十五期	十八年十月十五日	二五八(10)
计划改善九龙桥游泳场	第八十一期	二十年四月十五日	四○六(16)
计划拆修中正街至大行宫马路	第三十九期	十八年七月十五日	六七二(8)
计划放宽江边马路	第七十六期	二十年一月三十一日	四○○(15)

计划学校及劳工卫生	第五十三期	十九年二月十五日	七五七(11)
计划建设菜市	第七十三期	十九年十二月十五日	〇一四(15)
计划建造车夫休息所	第五十九至六十期	十九年五月三十一日	六八九(12)
计划建筑丰润门至五洲堤路及桥梁	第三十期	十八年二月二十八日	七一五(6)
计划建筑公厕	第三十六期	十八年五月三十一日	一七六(8)
计划建筑玄武湖游泳池	第八十五期	二十年六月十五日	一一二(17)
计划按区建筑体育场	第八十五期	二十年六月十五日	一一四(17)
计划修理旧路	第五十五期	十九年三月十五日	一九八(12)
计划修筑城内往燕子矶马路	第三十九期	十八年七月十五日	六七一(8)
计划将本市水流导入秦淮	第五十八期	十九年四月三十日	五四七(12)
计划首都造林	第七十八期	二十年二月二十八日	〇一二(16)
计划积谷办法	第八十五期	二十年六月十五日	一〇八(17)
计划疏浚玄武湖	第四十二期	十八年八月三十一日	四六四(9)
计划增设小学	第八十一期	二十年四月十五日	四〇八(16)
计划增设小学	第五十九至六十期	十九年五月三十一日	六九〇(12)
计划增设体育场	第八十八期	二十年七月三十一日	四三四(17)
计划增设停车场	第六十八期	十九年九月三十日	二八一(14)
计划敷设全市下水道	第七十九期	二十年三月十五日	一八六(16)
计划整理市内河道	第五十六期	十九年三月三十一日	三五九(12)
计划纂修市志	第八十七期	二十年七月十五日	三二八(17)
订购自来水厂滤水池	第五十一期	十九年一月十五日	五三三(11)
订定土地登记章程	第二十四期	十七年十一月三十日	四四八(5)
订定代征苏省屠宰税办法	第九十期	二十年八月三十一日	六二一(17)
订定自来水厂机械招标日期	第五十一期	十九年一月十五日	五三三(11)
订定自来水水厂码头合同	第六十八期	十九年九月三十日	二八五(14)
订定各中学收费限制办法	第八十九期	二十年八月十五日	五三八(17)
订定巡回救护车办事细则	第五十三期	十九年二月十五日	七五四(11)
订定取缔歌妓办法	第三十一期	十八年三月十五日	〇五八(7)
订定新旧制度量衡器合折表	第六十九期	十九年十月十五日	四〇二(14)
订期举行市公债第二届抽签还本	第六十二期	十九年六月三十日	一八二(13)
办理工人补习学校	第五十四期	十九年二月二十八日	〇五〇(12)
办理下关小贩登记	第三十九期	十八年七月十五日	六八一(8)

办理中央广播无线电台收用江东门民地	第六十三期	十九年七月十五日	三六五(13)
办理中央医院收用旗地	第六十三期	十九年七月十五日	三六七(13)
办理公司商业注册	第三十四期	十八年四月三十日	六五三(7)
办理市有旗产登记	第二十七期	十八年一月十五日	二四一(6)
办理全市斛户登记	第八十一期	二十年四月十五日	四〇三(16)
办理交通路收用土地登记	第六十二期	十九年六月三十日	一八三(13)
办理戏曲游艺审查	第四十五期	十八年十月十五日	二六一(10)
办理医药师注册	第三十一期	十八年三月十五日	〇六二(7)
办理国庆日救护事宜	第四十六期	十八年十月三十一日	四四五(10)
办理春季验车换照	第七十五期	二十年一月十五日	二五一(15)
办理总司令部收用光华门外民地	第六十四期	十九年六七月三十一日	五六〇(13)
办理退役军官登记	第七十六期	二十年一月三十一日	三九八(15)
办理船只登记	第八十七期	二十年七月十五日	三三二(17)
办理斛行登记	第七十四期	十九年十二月三十一日	一〇九(15)
办理游船登记	第八十四期	二十年五月三十一日	〇一二(17)
劝告市民防止性病	第四十八期	十八年十一月三十日	〇三八(11)
劝谕市民慎食醉蟹	第七十期	十九年十月三十一日	四八八(14)
劝募慰劳讨逆将士捐款	第六十五期	十九年八月十五日	七〇六(13)
劝喻申报地产	第八十五期	二十年六月十五日	一一七(17)
劝销本市特种建设公债	第七十九期	二十年三月十五日	一八四(16)
双十节本府全部开放	第二十二期	十七年十月三十一日	一七二(5)
刊行社会教育半月刊	第七十八期	二十年二月二十八日	〇一七(16)
示禁随地涕唾	第四十九期	十八年十二月十五日	二二五(11)
本市一月份传染病统计	第五十五期	十九年三月十五日	二〇八(12)
本市一月份零售物价指数	第五十四期	十九年二月二十八日	〇四四(12)
本市一月份零售物价指数	第五十七期	十九年四月十五日	四五二(12)
本市一月份粮食指数	第七十七期	二十年二月十五日	五九三(15)
本市二月份零售物价指数	第五十七期	十九年四月十五日	四五三(12)
本市二月份粮食指数	第五十七期	十九年四月十五日	四五六(12)
本市二月份粮食指数	第七十九期	二十年三月十五日	一八三(16)
本市十一月份零售物价指数	第七十四期	十九年十二月三十一日	一一一(15)
本市十一月份粮食指数	第七十四期	十九年十二月三十一日	一一〇(15)

本市十八年度犯罪人数统计	第六十四期	十九年六七月三十一日	五七二(13)
本市十八年度财政统计	第七十二期	十九年十一月三十日	七三六(14)
本市十九年十二月份零售物价指数	第七十六期	二十年一月三十一日	三九三(15)
本市十九年十二月份粮食指数	第七十六期	二十年一月三十一日	三九二(15)
本市十月份零售物价指数	第七十二期	十九年十一月三十日	七三五(14)
本市十月份粮食指数	第七十二期	十九年十一月三十日	七三二(14)
本市七月份粮食指数	第九十期	二十年八月三十一日	六二〇(17)
本市七月份粮食指数	第六十七期	十九年九月十五日	一七〇(14)
本市八月份零售物价指数	第六十八期	十九年九月三十日	二七七(14)
本市八月份粮食指数	第六十八期	十九年九月三十日	二七八(14)
本市九月份零售物价指数	第七十期	十九年十月三十一日	四八二(14)
本市九月份粮食指数	第七十期	十九年十月三十一日	四八一(14)
本市三月份零售物价指数	第五十八期	十九年四月三十日	五五二(12)
本市三月份粮食指数	第五十八期	十九年四月三十日	五五四(12)
本市三月份粮食指数	第八十一期	二十年四月十五日	四〇二(16)
本市工会之统计	第五十四期	十九年二月二十八日	〇五二(12)
本市土地将行重划	第八十三期	二十年五月十五日	六五五(16)
本市大小麦出产统计	第六十四期	十九年六七月三十一日	五七六(13)
本市与苏省划界交割事权会议	第七十三期	十九年十二月十五日	〇一一(15)
本市小火车增加开车次数	第五十七期	十九年四月十五日	四六〇(12)
本市小学行政视察情形	第六十四期	十九年六七月三十一日	五六七(13)
本市小学统计	第七十五期	二十年一月十五日	二五三(15)
本市之私立小学	第五十八期	十九年四月三十日	五四九(12)
本市五月份零售物价指数	第六十二期	十九年六月三十日	一九〇(13)
本市五月份粮食指数	第八十五期	二十年六月十五日	一一〇(17)
本市区长人选一部发表	第八十五期	二十年六月十五日	一〇七(17)
本市区长全部发表	第八十六期	二十年六月三十日	二〇五(17)
本市历届民众学校概况	第八十七期	二十年七月十五日	三三八(17)
本市车辆统计	第七十六期	二十年一月三十一日	三九二(15)
本市中小学本届毕业学生统计	第六十六期	十九年八月三十一日	〇二〇(14)
本市中小学将开联运会	第五十七期	十九年四月十五日	四四八(12)
本市中小学举行第四届联合毕业典礼	第八十七期	二十年七月十五日	三三四(17)

本市中小学统计	第八十四期	二十年五月三十一日	○一五(17)
本市中小学第一次联合运动会	第三十六期	十八年五月三十一日	一七○(8)
本市中小学联合运动会	第五十八期	十九年四月三十日	五五一(12)
本市水灾第一次调查统计	第八十八期	二十年七月三十一日	四二九(17)
本市水塘统计	第六十一期	十九年六月十五日	○四一(13)
本市长途汽车恢复	第六十三期	十九年七月十五日	三六九(13)
本市公共阅报处所统计	第八十七期	二十年七月十五日	三四○(17)
本市公私立学校统计	第七十七期	二十年二月十五日	五九八(15)
本市六月份零售物价指数	第六十四期	十九年六七月三十一日	五七一(13)
本市六月份粮食指数	第六十四期	十九年六七月三十一日	五七五(13)
本市六月份粮食指数	第八十七期	二十年七月十五日	三三○(17)
本市计划中之两广场	第六十七期	十九年九月十五日	一八一(14)
本市书店之统计	第三十九期	十八年七月十五日	六七六(8)
本市四月份人口生死统计	第三十八期	十八年六月三十日	五○八(8)
本市四月份零售物价指数	第五十九至六十期	十九年五月三十一日	六九三(12)
本市四月份粮食指数	第八十三期	二十年五月十五日	六四六(16)
本市四月份粮食指数	第五十九至六十期	十九年五月三十一日	六九三(12)
本市四月份粮食概况	第五十九至六十期	十九年五月三十一日	六九二(12)
本市失业工人登记处成立	第三十六期	十八年五月三十一日	一七一(8)
本市民众学校发达	第六十八期	十九年九月三十日	二八三(14)
本市民众科学馆开幕	第五十八期	十九年四月三十日	五四七(12)
本市划分自治区近讯	第七十八期	二十年二月二十八日	○○九(16)
本市自来水进行近况	第五十七期	十九年四月十五日	四六○(12)
本市自来水最近筹备情形	第六十二期	十九年六月三十日	二○○(13)
本市合作社之合作	第四十五期	十八年十月十五日	二六二(10)
本市各小学提前放春假	第五十七期	十九年四月十五日	四五一(12)
本市各乡秋收之调查	第七十二期	十九年十一月三十日	七三○(14)
本市各局局长一览	第一号补编	十六年四月始迄八月止	五二六(1)
本市各校举行国术总表演	第八十四期	二十年五月三十一日	○一六(17)
本市各校编纂教育丛刊	第五十八期	十九年四月三十日	五四八(12)
本市农民人数之调查	第六十四期	十九年六七月三十一日	五七一(13)
本市农民年龄之调查	第六十四期	十九年六七月三十一日	五七一(13)
本市劳资纠纷之统计	第五十五期	十九年三月十五日	二○四(12)

本市私立学校视察完毕	第六十七期	十九年九月十五日	一八五(14)
本市改称南京市	第六十三期	十九年七月十五日	三六二(13)
本市现有救火会之统计	第七十七期	二十年二月十五日	五九四(15)
本市垃圾之调查	第三十四期	十八年四月三十日	六五六(7)
本市国民会议代表选举事务所成立	第七十八期	二十年二月二十八日	○一○(16)
本市国民会议代表选举事务所成立	第七十九期	二十年三月十五日	一九一(16)
本市国民会议代表选举事务所积极组织各民众团体	第七十九期	二十年三月十五日	一九二(16)
本市国民会议代表选举结果	第八十二期	二十年四月三十日	五二三(16)
本市图书刊物审查处成立	第八十一期	二十年四月十五日	四○一(16)
本市学术团体统计	第八十八期	二十年七月三十一日	四三三(17)
本市学龄儿童最近统计	第六十五期	十九年八月十五日	七一五(13)
本市房租将有定规	第六十三期	十九年七月十五日	三七二(13)
本市参事一览	第一号补编	十六年四月始迄八月止	五二七(1)
本市将划分区坊间邻	第六十二期	十九年六月三十日	一八一(13)
本市将设疯人院	第五十八期	十九年四月三十日	五五五(12)
本市将举行合作会议	第七十四期	十九年十二月三十一日	一○九(15)
本市度量衡划一程序	第五十四期	十九年二月二十八日	○四八(12)
本市度器划一后物价亦应变更	第七十六期	二十年一月三十一日	三九四(15)
本市校长会议	第五十五期	十九年三月十五日	二○三(12)
本市特种建设公债第四次还本抽签	第八十六期	二十年六月三十日	二○六(17)
本市造林计划已拟就	第五十五期	十九年三月十五日	二○七(12)
本市高等检定考试结果	第八十四期	二十年五月三十一日	○一四(17)
本市娱乐场所之统计	第七十八期	二十年二月二十八日	○一二(16)
本市教育会划区问题	第七十九期	二十年三月十五日	一八七(16)
本市职员欢送刘市长	第五十八期	十九年四月三十日	五五七(12)
本市检定考试开始报名	第八十一期	二十年四月十五日	四○八(16)
本市检定考试筹备近讯	第八十二期	二十年四月三十日	五二一(16)
本市第一次党政谈话会	第七十三期	十九年十二月十五日	○○九(15)
本市第二次党政谈话会	第八十一期	二十年四月十五日	三九九(16)
本市商业受金涨之影响	第六十三期	十九年七月十五日	三七三(13)
本市清道工作之计划	第三十八期	十八年六月三十日	五○七(8)
本市普通检定考试结果	第八十四期	二十年五月三十一日	○一九(17)

本市缎业衰落原因之调查	第六十五期	十九年八月十五日	七〇七(13)
本市缎业最近之调查	第七十六期	二十年一月三十一日	三九五(15)
本市禁烟情形	第二十四期	十七年十一月三十日	四五五(5)
本市粮食业统计	第八十八期	二十年七月三十一日	四二八(17)
本市粮食问题与义仓积存粮食管理所之调查与补救	第五十五期	十九年三月十五日	二〇六(12)
本市慈善机关开联席会议	第五十五期	十九年三月十五日	二〇五(12)
本市增设学校经费院令本府与财部协商	第五十六期	十九年三月三十一日	三六三(12)
本市碾米事业之调查	第五十七期	十九年四月十五日	四五六(12)
本府十八年份全年收支概况	第五十八期	十九年四月三十日	五四五(12)
本府十九年度经常预算概况	第六十六期	十九年八月三十一日	〇一一(14)
本府工作人员之党义测验	第四十三期	十八年九月十五日	七三六(9)
本府印赠首都名胜片	第三十七期	十八年六月十五日	三四九(8)
本府考取职员联欢会	第二十八期	十八年一月三十一日	三八〇(6)
本府在体育场举行总纪念周	第五期	十六年十一月三十日	一一五(3)
本府行政费与事业费之新标准	第五十八期	十九年四月三十日	五四五(12)
本府合署办公已全部实现	第五十七期	十九年四月十五日	四五九(12)
本府庆祝国庆之盛况	第四十六期	十八年十月三十一日	四三一(10)
本府欢宴党国要人	第二十一期	十七年十月十五日	〇四一(5)
本府严禁溺女打胎	第五十五期	十九年三月十五日	二〇六(12)
本府更换门额	第四十五期	十八年十月十五日	二七四(10)
本府呈请行政院令各机关补领建筑执照	第五十五期	十九年三月十五日	一九八(12)
本府呈请行政院拨款补助首都教育经费	第五十五期	十九年三月十五日	二〇四(12)
本府启用新印	第六十四期	十九年六七月三十一日	五五九(13)
本府补助费由财部月拨五万元	第五十八期	十九年四月三十日	五四四(12)
本府招待海外华侨	第二十二期	十七年十月三十一日	一八一(5)
本府拨款修理土街口至羊皮巷马路	第五十五期	十九年三月十五日	一九九(12)
本府拨款添设路灯	第五十五期	十九年三月十五日	一九八(12)
本府征集各项出品参加西湖博览会	第三十七期	十八年六月十五日	三四九(8)
本府学术研究会成立	第四十六期	十八年十月三十一日	四四六(10)

本府实行裁员减政	第五十五期	十九年三月十五日	一九五(12)
本府组织市政宣传委员会	第三十六期	十八年五月三十一日	一八〇(8)
本府将建官舍	第四十五期	十八年十月十五日	二七二(10)
本府举行国庆纪念典礼	第七十期	十九年十月三十一日	四七七(14)
本府举行联欢茶会	第六十七期	十九年九月十五日	一六九(14)
本府换发职员证章	第六十五期	十九年八月十五日	七〇三(13)
本府换发职员证章	第七十八期	二十年二月二十八日	〇一〇(16)
本府积极筹备自来水	第五十五期	十九年三月十五日	二一〇(12)
本府秘书长及各局长补行宣誓典礼	第四十六期	十八年十月三十一日	四二九(10)
本府接办外交事务	第四十四期	十八年九月三十日	〇五二(10)
本府职员补行宣誓典礼	第六十三期	十九年七月十五日	三六一(13)
本府救济城北居民饮水	第五十五期	十九年三月十五日	二〇九(12)
本府续发中山路被拆有上盖民地之补偿金	第五十八期	十九年四月三十日	五四五(12)
本府最近之两要政	第七十六期	二十年一月三十一日	三九一(15)
本府最近处理各项问题纪要	第五十期	十八年十二月三十一日	三五九(11)
丙种平民住宅竣工后之情形	第二十七期	十八年一月十五日	二三四(6)
厉行公司商业注册	第六十一期	十九年六月十五日	〇四六(13)
厉行财政公开	第三十八期	十八年六月三十日	四九六(8)
石城桥将竣工	第四十三期	十八年九月十五日	七二五(9)
布告工商部收用民地	第四十八期	十八年十一月三十日	〇二九(11)
布告无证调查系属假冒	第四十六期	十八年十月三十一日	四三五(10)
布告各汽车速行报验	第四十八期	十八年十一月三十日	〇三〇(11)
布告并无额外职员之编制	第四十三期	十八年九月十五日	七二五(9)
布告设置特许广告	第四十四期	十八年九月三十日	〇三九(10)
布告更正监督寺庙条例	第五十三期	十九年二月十五日	七四七(11)
布告呈报图则须用公尺制	第五十九至六十期	十九年五月三十一日	六八九(12)
布告呈报修建接洽办法	第四十五期	十八年十月十五日	二五八(10)
布告汽车方向灯之作用	第五十三期	十九年二月十五日	七四四(11)
布告取缔掘路规则	第四十九期	十八年十二月十五日	二一五(11)
布告购用租簿	第二十七期	十八年一月十五日	二四〇(6)
布告注意夏令卫生	第四十一期	十八年八月十五日	二四七(9)
布告修正房捐章程	第四十三期	十八年九月十五日	七二三(9)

布告保护测量标记	第二十一期	十七年十月十五日	○四五(5)
布告浦口商民仍应照章缴纳税捐	第五十七期	十九年四月十五日	四四四(12)
布告预防伤寒	第四十四期	十八年九月三十日	○四八(10)
布告营业广告盖印办法	第四十九期	十八年十二月十五日	二一四(11)
布告维持清洁	第二十七期	十八年一月十五日	二四九(6)
布告逾期未税契纸从速报税	第七十二期	十九年十一月三十日	七四四(14)
布告禁止幼年剃度	第五十八期	十九年四月三十日	五四三(12)
布告慎防煤气中毒	第五十期	十八年十二月三十一日	三五七(11)
布告管理成药规则	第六十一期	十九年六月十五日	○五一(13)
布种工赈大队牛痘	第二十八期	十八年一月三十一日	三七九(6)
布种牛痘	第八十期	二十年三月三十一日	二八三(16)
戊种平民住宅落成	第八十八期	二十年七月三十一日	四三一(17)
平民工厂提倡国货	第三十八期	十八年六月三十日	五○四(8)
平民习艺所出品成绩	第三十二期	十八年三月三十一日	二六四(7)
平民住宅陆续竣工	第二十四期	十七年十一月三十日	四四四(5)
平民诊察所迁移	第五十三期	十九年二月十五日	七五八(11)
灭蝇工作结束	第六十七期	十九年九月十五日	一八六(14)
东区实验学校添筑校舍	第七十八期	二十年二月二十八日	○一七(16)
东区署公布一月份案件	第三十一期	十八年三月十五日	○五四(7)
东区署计划警察模范区	第三十一期	十八年三月十五日	○五四(7)
东区警署整理内外勤务	第二十九期	十八年二月十五日	五四五(6)
东北教育参观团出发	第八十一期	二十年四月十五日	四○七(16)
北区冬防加勤	第二十四期	十七年十一月三十日	四四九(5)
北区署长整顿警务之一班	第三十二期	十八年三月三十一日	二六○(7)
旧有商店须补领营业执照	第七十期	十九年十月三十一日	四七九(14)
电灯线将埋置地下	第三十九期	十八年七月十五日	六七二(8)
电影院星期上午免征娱乐捐	第五十一期	十九年一月十五日	五二六(11)
四届民校概况	第七十期	十九年十月三十一日	四八五(14)
四象桥之建筑计划	第三十六期	十八年五月三十一日	一六八(8)
四象桥改建近讯	第七十一期	十九年十一月十五日	六一五(14)
四象桥改建新式铁桥	第六十八期	十九年九月三十日	二八○(14)
四象桥改筑平桥	第三十八期	十八年六月三十日	五○一(8)
四象桥旁人行木桥竣工	第五十三期	十九年二月十五日	七四三(11)

代征苏省屠宰税	第八十八期	二十年七月三十一日	四三〇(17)
白鹭洲公园驻军迁让	第七十四期	十九年十二月三十一日	一二三(15)
令发度量衡标本器	第五十期	十八年十二月三十一日	三五一(11)
令各娱乐场国庆日减价	第四十六期	十八年十月三十一日	四四八(10)
令拟救济浦口商店	第五十一期	十九年一月十五日	五三三(11)
令告市民预防时疫	第三十三期	十八年四月十五日	四七五(7)
令饬民众团体注册	第四十三期	十八年九月十五日	七二九(9)
令饬兴华公共汽车公司增加汽车	第八十二期	二十年四月三十日	五二〇(16)
令饬严禁夜市	第四十七期	十八年十一月十五日	六五二(10)
令饬补修雨雪损蚀之马路	第三十一期	十八年三月十五日	〇四九(7)
令准增添侦员	第二十五期	十七年十二月十五日	七〇八(5)
令催文化团体登记	第九十期	二十年八月三十一日	六二三(17)
令催私校立案	第八十九期	二十年八月十五日	五三八(17)
用机器开垦八卦洲	第四十五期	十八年十月十五日	二七三(10)
印发传染病预防法	第四十四期	十八年九月三十日	〇五〇(10)
印刷新旧路关系图	第七十一期	十九年十一月十五日	六二〇(14)
外侨在京人数	第四十三期	十八年九月十五日	七三〇(9)
处分荒地庙产	第六十三期	十九年七月十五日	三六五(13)
处理市有土地暂行条例	第三十一期	十八年三月十五日	〇四八(7)
处理逆委员裁员并股	第二十四期	十七年十一月三十日	四六一(5)
处置五洲公园废物办法	第六十六期	十九年八月三十一日	〇二六(14)
处置经令停办或封闭之学校办法	第五十六期	十九年三月三十一日	三六三(12)
冬防近况	第二十七期	十八年一月十五日	二四一(6)
冬季车捐发照展限	第四十八期	十八年十一月三十日	〇二七(11)
冬赈会结束	第五十九至六十期	十九年五月三十一日	六九二(12)
冬赈会第二次执委会议	第五十一期	十九年一月十五日	五二二(11)
冬赈委员会二次会议	第五十期	十八年十二月三十一日	三五五(11)
冬赈委员会首次会议	第五十期	十八年十二月三十一日	三五三(11)
冬赈联合会第二次会议	第五十期	十八年十二月三十一日	三五二(11)
冬赈旗民	第二十六期	十七年十二月三十一日	〇六四(6)
市工务局之工赈办法	第二十七期	十八年一月十五日	二三四(6)
市工务局琐闻	第二十一期	十七年十月十五日	〇四五(5)
市卫生局将举行种痘运动	第三十一期	十八年三月十五日	〇六三(7)

市区五次变更	第二十六期	十七年十二月三十一日	○四五(6)
市区扩大	第二十五期	十七年十二月十五日	六九五(5)
市区即将会勘	第五十八期	十九年四月三十日	五四三(12)
市区域问题	第四十八期	十八年十一月三十日	○四三(11)
市牙税应改归市征	第四十四期	十八年九月三十日	○三五(10)
市内公共娱乐场管理权之划分	第三十一期	十八年三月十五日	○五八(7)
市内地产买卖之新办法	第二十七期	十八年一月十五日	二四○(6)
市内农业调查	第四十三期	十八年九月十五日	七三一(9)
市内设置时钟地点	第二十八期	十八年一月三十一日	三七七(6)
市内建筑房屋之统计	第三十一期	十八年三月十五日	○五○(7)
市长视察警署	第二十八期	十八年一月三十一日	三七一(6)
市长亲获私娼	第三十期	十八年二月二十八日	七一七(6)
市长亲破烟窟	第二十八期	十八年一月三十一日	三七一(6)
市公安局长新旧交替记	第二十二期	十七年十月三十一日	一六九(5)
市公安局近闻	第二十一期	十七年十月十五日	○四七(5)
市公安局特别注意治安	第三十二期	十八年三月三十一日	二五九(7)
市公园管理处	第三十期	十八年二月二十八日	七二五(6)
市公园管理处成立	第二十六期	十七年十二月三十一日	○六八(6)
市公园管理处最近之设施	第三十一期	十八年三月十五日	○六六(7)
市公债二次还本中签债票开始付款	第六十四期	十九年六七月三十一日	五五九(13)
市公债自本年起开始偿还	第四十八期	十八年十一月三十日	○二七(11)
市公债条例修正	第四十期	十八年七月三十一日	○三九(9)
市公债定期发行	第四十四期	十八年九月三十日	○三六(10)
市公债基金之稳固	第四十一期	十八年八月十五日	二三三(9)
市公债基金财局逐日拨付	第六十三期	十九年七月十五日	三六四(13)
市公债基金实行拨存	第四十三期	十八年九月十五日	七二四(9)
市公债第二次抽签还本	第六十三期	十九年七月十五日	三六三(13)
市公债第三次还本抽签	第七十五期	二十年一月十五日	二四六(15)
市四局举行临时联席会议	第三十五期	十八年五月十五日	○五○(8)
市立小学增设学级	第七十七期	二十年二月十五日	五九七(15)
市立历史博物馆力谋扩充	第七十二期	十九年十一月三十日	七四○(14)
市立历史博物馆添设革命纪念部	第七十期	十九年十月三十一日	四八六(14)
市立水上救护所修船工竣	第五十六期	十九年三月三十一日	三六七(12)

市立平民工厂进行近况	第三十五期	十八年五月十五日	○四七(8)
市立民众科学馆改组	第七十二期	十九年十一月三十日	七四○(14)
市立各校长更动	第四十一期	十八年八月十五日	二三九(9)
市立各校将扩大招生	第四十三期	十八年九月十五日	七二八(9)
市立农艺场业之概况	第三十二期	十八年三月三十一日	二六五(7)
市立两工厂实行合并	第六十六期	十九年八月三十一日	○一五(14)
市立图书馆十九年度阅览统计	第八十八期	二十年七月三十一日	四三四(17)
市立图书馆之筹备	第三十一期	十八年三月十五日	○五七(7)
市立图书馆开始筹备	第二十二期	十七年十月三十一日	一八○(5)
市立图书馆先行开放	第五十七期	十九年四月十五日	四六○(12)
市立图书馆行将落成	第七十五期	二十年一月十五日	二五二(15)
市立图书馆设计就绪	第四十五期	十八年十月十五日	二五七(10)
市立图书馆近讯	第四十八期	十八年十一月三十日	○四二(11)
市立图书馆即将兴工建筑	第四十五期	十八年十月十五日	二七二(10)
市立图书馆图书目录出版	第六十六期	十九年八月三十一日	○二一(14)
市立图书馆征集图书	第七十二期	十九年十一月三十日	七四一(14)
市立图书馆馆舍落成	第八十三期	二十年五月十五日	六五○(16)
市立图书馆新屋落成	第七十一期	十九年十一月十五日	六一九(14)
市立学校校长联席会议	第五十期	十八年十二月三十一日	三四九(11)
市立职业指导所实行升学就业指导	第六十三期	十九年七月十五日	三七○(13)
市立救济院正式成立	第三十六期	十八年五月三十一日	一七二(8)
市立救济院近讯	第八十期	二十年三月三十一日	二六五(16)
市立救济院游民习艺所新设施	第六十三期	十九年七月十五日	三七四(13)
市立救济院整理院务办法	第六十二期	十九年六月三十日	一九○(13)
市立第一工厂将添设电机	第四十一期	十八年八月十五日	二四一(9)
市立第一图书馆概况	第四十二期	十八年八月三十一日	四五三(9)
市立第一通俗图书馆概况	第五期	十六年十一月三十日	一一五(3)
市立游泳场正式开放	第六十四期	十九年六七月三十一日	五六八(13)
市立粮食管理所之科学化	第三十三期	十八年四月十五日	四六八(7)
市民合作社第五次筹备会议	第四十九期	十八年十二月十五日	二二二(11)
市民校教师开第一次研究会	第四十五期	十八年十月十五日	二六○(10)
市民消费合作社已定三月十五日开幕	第五十六期	十九年三月三十一日	三六三(12)

市民银行之进行	第二十一期	十七年十月十五日	〇四三(5)
市民银行开幕	第二十六期	十七年十二月三十一日	〇五三(6)
市民银行设立第一分行	第三十六期	十八年五月三十一日	一七九(8)
市民银行近讯	第五十九至六十期	十九年五月三十一日	六九七(12)
市民银行监理委员会行将设立	第三十三期	十八年四月十五日	四五七(7)
市民银行筹委会招待各界谈话	第二十二期	十七年十月三十一日	一八二(5)
市有土地地价之评定	第六十七期	十九年九月十五日	一八七(14)
市行政区域之设计	第四十四期	十八年九月三十日	〇三八(10)
市财局拟开垦八卦洲	第三十三期	十八年四月十五日	四五七(7)
市财政局杂讯	第二十一期	十七年十月十五日	〇四六(5)
市财政局消息	第二十二期	十七年十月三十一日	一七四(5)
市财政最近概况	第四十四期	十八年九月三十日	〇三五(10)
市金库改归市民银行办理	第六十一期	十九年六月十五日	〇五四(13)
市府招考服务生	第三十一期	十八年三月十五日	〇四五(7)
市府党义研究会近讯	第二十九期	十八年二月十五日	五五一(6)
市参事会成立志	第三期	十六年十月三十一日	五八三(2)
市参事会新参事就职记	第六至七期	十六年十二月三十一日	二二一(3)
市组织法已由立法院修正	第五十一期	十九年一月十五日	五三三(11)
市政厅成立及刘市长就职纪	第一号补编	十六年四月始迄八月止	五一五(1)
市政府及各局成立纪	第一号补编	十六年四月始迄八月止	五一六(1)
市政法规初集出版	第三十八期	十八年六月三十日	五一一(8)
市政法规委员会成立	第二十一期	十七年十月十五日	〇四〇(5)
市政顾问演讲公安学识	第三十一期	十八年三月十五日	〇五五(7)
市校之统计	第二十八期	十八年一月三十一日	三七三(6)
市校开始国术训练	第八十一期	二十年四月十五日	四〇八(16)
市校成绩展览会开幕	第三十八期	十八年六月三十日	五〇二(8)
市校成绩展览会延期	第三十七期	十八年六月十五日	三四一(8)
市校体育研究会纪	第二十七期	十八年一月十五日	二四六(6)
市校学生骤增	第三十一期	十八年三月十五日	〇五七(7)
市校组织暑期研究会	第四十期	十八年七月三十一日	〇四六(9)
市校举行联合毕业典礼	第六十四期	十九年六七月三十一日	五六四(13)
市校校长举行宣誓典礼	第七十期	十九年十月三十一日	四八四(14)
市校校长第八十七次会议	第三十六期	十八年五月三十一日	一六九(8)

市校校长第八十六次会议	第三十六期	十八年五月三十一日	一六九(8)
市校校长第九十二次会议	第三十九期	十八年七月十五日	六七四(8)
市校校长第九十三次会议	第三十九期	十八年七月十五日	六七五(8)
市校预算标准	第四十期	十八年七月三十一日	〇四六(9)
市校增加国术学科	第二十四期	十七年十一月三十日	四五二(5)
市校增加学级	第二十四期	十七年十一月三十日	四五二(5)
市校增设正式学级	第九十期	二十年八月三十一日	六二五(17)
市铁路与京沪路将实行联运	第七十七期	二十年二月十五日	六〇二(15)
市铁路仍由宪兵随车弹压	第五十八期	十九年四月三十日	五五七(12)
市铁路收取军人乘车费	第四十五期	十八年十月十五日	二七一(10)
市铁路拟增车辆	第四十七期	十八年十一月十五日	六五二(10)
市铁路近讯	第四十九期	十八年十二月十五日	二三一(11)
市铁路局营业报告	第二十六期	十七年十二月三十一日	〇五一(6)
市铁路局添设客车	第二十六期	十七年十二月三十一日	〇五一(6)
市铁路营业状况	第二十八期	十八年一月三十一日	三七〇(6)
市铁路营业状况	第二十四期	十七年十一月三十日	四四六(5)
市铁路营业状况之报告	第二十五期	十七年十二月十五日	七〇〇(5)
市铁路增开客车	第四十一期	十八年八月十五日	二五〇(9)
市教育之新计划	第二十五期	十七年十二月十五日	七〇八(5)
市职业介绍所筹备完竣	第二十八期	十八年一月三十一日	三七六(6)
市救生局工作	第二十二期	十七年十月三十一日	一七九(5)
市救济院之改革计划	第六十七期	十九年九月十五日	一六九(14)
市救济院妇女教养所附设工读班	第六十七期	十九年九月十五日	一七二(14)
玄武门两旁添辟门洞	第七十五期	二十年一月十五日	二五〇(15)
玄武湖用腐鱼充肥料	第四十一期	十八年八月十五日	二五〇(9)
玄武湖建筑停车场	第八十期	二十年三月三十一日	二八四(16)
玄武湖荷叶专利八月	第三十九期	十八年七月十五日	六八四(8)
玄武湖湖民住宅落成	第八十九期	二十年八月十五日	五三七(17)
汇编商业概况	第五十二期	十九年一月三十一日	六三八(11)
训练卫生警士	第六十九期	十九年十月十五日	四一二(14)
训练卫生警士实施消毒工作	第二十四期	十七年十一月三十日	四五九(5)
训练劳工生活调查员	第四十四期	十八年九月三十日	〇四八(10)
训练总监部前马路修筑完竣	第七十五期	二十年一月十五日	二四七(15)

训练接生婆	第四十九期	十八年十二月十五日	二二八(11)
训练清洁队长	第七十二期	十九年十一月三十日	七四三(14)
议发地价汇志	第六十二期	十九年六月三十日	一八三(13)
议决扑治八卦洲蝗蝻办法	第五十八期	十九年四月三十日	五四四(12)
议决征收地价标准	第四十三期	十八年九月十五日	七二四(9)
议定中正街到汉府街马路征地地价	第六十四期	十九年六七月三十一日	五六〇(13)
议定白下路征地地价	第八十三期	二十年五月十五日	六五四(16)
议定汉中路征地地价	第八十三期	二十年五月十五日	六五四(16)
议定考选委员会收用民地地价	第八十二期	二十年四月三十日	五二二(16)
议定住宅区收用土地地价	第六十五期	十九年八月十五日	七一八(13)
民众学校之发达	第四十七期	十八年十一月十五日	六四三(10)
民众学校之近状	第二十七期	十八年一月十五日	二四六(6)
民众学校近讯	第三十八期	十八年六月三十日	五〇三(8)
民众学校教学研究会议	第三十二期	十八年三月三十一日	二六二(7)
民众学校教学研究会议	第三十四期	十八年四月三十日	六五二(7)
民众科学馆出借自然科学教具办法	第六十九期	十九年十月十五日	四一〇(14)
民众科学馆征集科学器械	第六十五期	十九年八月十五日	七一五(13)
民众阅报人数之统计	第二十七期	十八年一月十五日	二四六(6)
民众教育近讯	第四十三期	十八年九月十五日	七二七(9)
民众教育实施计划	第六十六期	十九年八月三十一日	〇二二(14)
民众教育实施状况	第七十五期	二十年一月十五日	二五二(15)
民众教育实验区决定	第八十七期	二十年七月十五日	三四一(17)
民众教育馆近讯	第五十四期	十九年二月二十八日	〇四〇(12)
民校测验成绩	第五十一期	十九年一月十五日	五二一(11)
民校教师第四次研究会	第五十一期	十九年一月十五日	五二一(11)
出版月刊	第二十四期	十七年十一月三十日	四四八(5)
出售八卦洲芦柴	第八十一期	二十年四月十五日	四〇四(16)
召开合作会议	第七十七期	二十年二月十五日	五九二(15)
召投春盘满期货物	第三十七期	十八年六月十五日	三三七(8)
召集工商团体谈话	第三十八期	十八年六月三十日	五〇六(8)
召集小学校长会议	第三十三期	十八年四月十五日	四六六(7)
召集冬防会议	第七十二期	十九年十一月三十日	七三二(14)
召集全市会计会议	第三十七期	十八年六月十五日	三三六(8)

召集会计会议	第二十五期	十七年十二月十五日	七〇二(5)
召集合作会议	第八十七期	二十年七月十五日	三二九(17)
召集各工厂代表谈话	第八十八期	二十年七月三十一日	四二七(17)
召集米商谈话	第三十六期	十八年五月三十一日	一七三(8)
召集收买土地会议	第五十期	十八年十二月三十一日	三四七(11)
召集防疫会议	第六十二期	十九年六月三十日	一九八(13)
召集经收人员训话	第三十七期	十八年六月十五日	三三六(8)
召集娱乐场所训话	第三十七期	十八年六月十五日	三四二(8)
召集救济本市水灾会议	第八十八期	二十年七月三十一日	四二八(17)
召集塾师谈话	第二十八期	十八年一月三十一日	三七四(6)
加拨市公债还本基金	第四十六期	十八年十月三十一日	四三三(10)
加委各自治区助理员	第九十期	二十年八月三十一日	六二八(17)
加紧清道工作	第四十九期	十八年十二月十五日	二二七(11)
加宽交通路第二段人行道	第七十三期	十九年十二月十五日	〇一七(15)
皮丝烟业概况	第四十四期	十八年九月三十日	〇四三(10)
发行市政公债	第二十二期	十七年十月三十一日	一七一(5)
发还八卦洲佃农保证金	第六十三期	十九年七月十五日	三六五(13)
发给大教场地价	第三十八期	十八年六月三十日	四九七(8)
发给中山路被征收土地补偿金	第五十期	十八年十二月三十一日	三四六(11)
发给中正街等处房屋拆迁费	第四十一期	十八年八月十五日	二三四(9)
发给外勤人员取缔证	第四十六期	十八年十月三十一日	四四五(10)
发给岗警急救药囊	第四十二期	十八年八月三十一日	四六一(9)
发给环湖马路征用民地补偿金	第六十三期	十九年七月十五日	三六四(13)
发给拆迁费	第四十二期	十八年八月三十一日	四四八(9)
发给松涛巷被拆民房地价及拆迁费	第六十四期	十九年六七月三十一日	五六〇(13)
发给建筑执照暂行办法	第四十一期	十八年八月十五日	二三八(9)
发给重要街道房屋拆让费	第六十一期	十九年六月十五日	〇四一(13)
发给部颁各式统计表	第二十八期	十八年一月三十一日	三七九(6)
发给商号营业执照	第六十一期	十九年六月十五日	〇四六(13)
发给蒲包贺家两洲被征民地地价	第六十六期	十九年八月三十一日	〇二四(14)
发给新住宅区一二区坟墓迁葬费	第八十二期	二十年四月三十日	五一九(16)
发起婴儿比赛会	第四十七期	十八年十一月十五日	六四八(10)
发展盲哑教育	第二十九期	十八年二月十五日	五四七(6)

发填粮食统计表	第五十三期	十九年二月十五日	七五二(11)
对于买卖中山路旁基地之规定	第二十二期	十七年十月三十一日	一七二(5)
对于脑脊髓膜炎病之调查	第三十五期	十八年五月十五日	〇四四(8)
对娼妓卜筮星相再申禁令	第三十三期	十八年四月十五日	四七一(7)
寺庙佛像最近之调查	第三十二期	十八年三月三十一日	二六五(7)
扣押盛宣怀产业	第四十一期	十八年八月十五日	二三三(9)
扣押韩永清财产	第四十期	十八年七月三十一日	〇三九(9)
考取度量衡检定员	第五十七期	十九年四月十五日	四五四(12)
考试卫生警士	第五十七期	十九年四月十五日	四五七(12)
考试女调查员揭晓	第四十三期	十八年九月十五日	七三〇(9)
考试全体警士	第二十六期	十七年十二月三十一日	〇五六(6)
考试汽车司机	第四十五期	十八年十月十五日	二五七(10)
考试征收吏	第四十七期	十八年十一月十五日	六三五(10)
考试院附近不准搭盖棚屋	第四十七期	十八年十一月十五日	六四〇(10)
考查药剂生	第五十一期	十九年一月十五日	五三一(11)
考送度量衡学员	第六十六期	十九年八月三十一日	〇一二(14)
考核职员工作成绩	第四十四期	十八年九月三十日	〇五一(10)
考核新职员	第二十二期	十七年十月三十一日	一七一(5)
考验汽车夫	第六十八期	十九年九月三十日	二八二(14)
考察职员有无嗜好	第四十九期	十八年十二月十五日	二二九(11)
老米桥菜场改移铁管巷口北	第五十三期	十九年二月十五日	七四四(11)
扩充小学	第三十二期	十八年三月三十一日	二六二(7)
扩充卫生诊疗所	第八十一期	二十年四月十五日	四一〇(16)
扩充公共汽车路线	第八十一期	二十年四月十五日	四〇五(16)
扩充市立图书馆	第七十三期	十九年十二月十五日	〇一七(15)
扩充初等教育参考部	第九十期	二十年八月三十一日	六二四(17)
扩充初等教育参考部	第八十七期	二十年七月十五日	三三三(17)
扫除道路积水	第八十七期	二十年七月十五日	三四二(17)
再令各厂店设立工人补习学校	第五十八期	十九年四月三十日	五五五(12)
再令私校立案	第六十三期	十九年七月十五日	三七〇(13)
再令商店行使九年以后双毫银辅币	第六十四期	十九年六七月三十一日	五七四(13)
再咨财部筹发中山路征地补偿金	第五十四期	十九年二月二十八日	〇三八(12)
协议大营盘公墓征地地价	第八十三期	二十年五月十五日	六五四(16)

协议新街口地价	第六十三期	十九年七月十五日	三六六(13)
协定清凉山民产地价	第六十一期	十九年六月十五日	○四一(13)
西区塾师讲习所开课	第七十八期	二十年二月二十八日	○一八(16)
西区塾师讲习所结束	第八十八期	二十年七月三十一日	四三三(17)
有关卫生各业限期注册	第五十一期	十九年一月十五日	五二九(11)
有关卫生营业注册展限	第五十二期	十九年一月三十一日	六四一(11)
成立劳资争议处理委员会	第二十四期	十七年十一月三十日	四五三(5)
成立初等教育参考部	第五十三期	十九年二月十五日	七四五(11)
成立首都各界冬赈联合会	第七十二期	十九年十一月三十日	七三三(14)
划一计时标准	第二十一期	十七年十月十五日	○四三(5)
划一本市度器	第七十五期	二十年一月十五日	二四四(15)
划一各局处名称	第四十七期	十八年十一月十五日	六五二(10)
划一设立暑期学校办法	第八十六期	二十年六月三十日	二○九(17)
划一新制度器	第七十三期	十九年十二月十五日	○一二(15)
划分本市自治区	第四十四期	十八年九月三十日	○五一(10)
划分市区	第二十二期	十七年十月三十一日	一六八(5)
划分自治区	第五十三期	十九年二月十五日	七六○(11)
划定下关第一工厂区	第七十七期	二十年二月十五日	五九五(15)
划定下关第一工商区	第七十八期	二十年二月二十八日	○一六(16)
划定中山路两旁拆屋线	第四十一期	十八年八月十五日	二三五(9)
划定国府前停车场	第五十七期	十九年四月十五日	四四七(12)
划定清道队工作区域	第六十七期	十九年九月十五日	一八七(14)
划清土地管理权限	第四十二期	十八年八月三十一日	四五○(9)
吸食鸦片调验委员会近讯	第四十二期	十八年八月三十一日	四六三(9)
年终结账不得变通	第七十二期	十九年十一月三十日	七三○(14)
优待已受教练之警察	第三十一期	十八年三月十五日	○五一(7)
延长狮子巷马路	第三十六期	十八年五月三十一日	一六八(8)
延长施诊时间	第五十三期	十九年二月十五日	七五七(11)
延揽国术人才	第四十六期	十八年十月三十一日	四四二(10)
自来水厂厂址填土开工	第五十八期	十九年四月三十日	五五七(12)
自来水厂厂址填土开标	第五十六期	十九年三月三十一日	三六八(12)
自来水厂与首都电厂将互供电流	第八十四期	二十年五月三十一日	○二二(17)
自来水厂电力厂工程招标已揭晓	第六十六期	十九年八月三十一日	○二六(14)

自来水厂机件开标	第五十三期	十九年二月十五日	七五九(11)
自来水厂机房工程招标	第七十一期	十九年十一月十五日	六二二(14)
自来水厂机器到京	第六十九期	十九年十月十五日	四一二(14)
自来水厂进水间工程开标	第七十五期	二十年一月十五日	二五七(15)
自来水厂码头先期赶竣	第七十一期	十九年十一月十五日	六二二(14)
自来水厂建筑近讯	第六十七期	十九年九月十五日	一九〇(14)
自来水厂起重机进口	第六十六期	十九年八月三十一日	〇二五(14)
自来水厂起重机进口	第六十四期	十九年六七月三十一日	五七九(13)
自来水厂基地核准征收	第五十二期	十九年一月三十一日	六四三(11)
自来水厂蓄水池即将开掘	第七十九期	二十年三月十五日	一九〇(16)
自来水工程处建造堆货栈	第六十八期	十九年九月三十日	二八五(14)
自来水工程处建筑蓄水池沉淀池	第八十六期	二十年六月三十日	二一一(17)
自来水工程处奖励石城营造厂	第七十二期	十九年十一月三十日	七四五(14)
自来水工程处测量水管道	第八十四期	二十年五月三十一日	〇二二(17)
自来水工程处编印专书	第八十八期	二十年七月三十一日	四三七(17)
自来水工程进行近讯	第八十五期	二十年六月十五日	一一八(17)
自来水工程进行近讯	第八十七期	二十年七月十五日	三四三(17)
自来水工程积极进行	第七十四期	十九年十二月三十一日	一二三(15)
自来水工程第一期工作准备就绪	第六十五期	十九年八月十五日	七一九(13)
自来水水源将择定三汊河	第四十六期	十八年十月三十一日	四四七(10)
自来水计划完成	第五十期	十八年十二月三十一日	三六一(11)
自来水积极设计	第三十九期	十八年七月十五日	六七〇(8)
自来水筹备专员设立办事处	第四十二期	十八年八月三十一日	四五〇(9)
自来水筹备近讯	第六十三期	十九年七月十五日	三八一(13)
自来水筹备近讯	第七十期	十九年十月三十一日	四八八(14)
自来水筹备委员会二次会议	第四十期	十八年七月三十一日	〇四二(9)
自治区公所陆续成立	第八十八期	二十年七月三十一日	四三七(17)
自治事务所正式成立	第八十七期	二十年七月十五日	三二七(17)
自治事务所举办人事登记	第九十期	二十年八月三十一日	六二八(17)
自然科实验表演会举行第一次分区表演	第七十二期	十九年十一月三十日	七四一(14)
向各部征集行政材料	第五十六期	十九年三月三十一日	三五七(12)
行政区域已划定	第二十二期	十七年十月三十一日	一六九(5)

行政院令催会商市屠牙税	第五十五期	十九年三月十五日	一九六(12)
行政院拨款补助冬赈会	第七十五期	二十年一月十五日	二四五(15)
行政院检发自来水计划图样	第四十一期	十八年八月十五日	二三五(9)
行将开辟中山支路	第三十二期	十八年三月三十一日	二五七(7)
全市井水实施消毒	第八十九期	二十年八月十五日	五三九(17)
全市中小学统计	第八十七期	二十年七月十五日	三三四(17)
全市水管道将开始测量	第八十期	二十年三月三十一日	二八四(16)
全市举行大扫除	第三十八期	十八年六月三十日	五〇八(8)
全国运动会场坟墓迁竣	第六十九期	十九年十月十五日	四〇九(14)
全城路线测量完竣	第三十七期	十八年六月十五日	三四〇(8)
会计讲习会开学	第四十二期	十八年八月三十一日	四四七(9)
会办夏季车辆检验纳捐	第五十七期	十九年四月十五日	四四四(12)
会议举办保健储蓄柜	第三十二期	十八年三月三十一日	二六八(7)
会同发给朝阳门外地价	第四十二期	十八年八月三十一日	四四九(9)
会拟筹款改良路灯	第二十八期	十八年一月三十一日	三七三(6)
会商划一度量衡	第五十一期	十九年一月十五日	五二六(11)
合作社定月底举行开幕	第五十五期	十九年三月十五日	二〇五(12)
合作事业指导委员会一二两次开会并志	第四十二期	十八年八月三十一日	四五八(9)
合作事业指导委员会派员指导农民信用合作社	第六十七期	十九年九月十五日	一七二(14)
合作事业指委会指导农民组织合作社	第六十九期	十九年十月十五日	四〇三(14)
合作事业指委会第二十一次会议	第六十九期	十九年十月十五日	四〇一(14)
合作事业指委员第二十三次会议	第七十三期	十九年十二月十五日	〇一一(15)
合作指委会开会	第四十四期	十八年九月三十日	〇四四(10)
合作指委会开第九次会议	第四十六期	十八年十月三十一日	四四一(10)
合作指委会规定宣传办法	第六十三期	十九年七月十五日	三七四(13)
合作指委会第十一次会议	第四十八期	十八年十一月三十日	〇三三(11)
合作指委会第十二次会议	第四十八期	十八年十一月三十日	〇三五(11)
合作指委会第十三次会议	第四十九期	十八年十二月十五日	二二一(11)
合作指委会第十五次会议	第五十二期	十九年一月三十一日	六三七(11)
合作指委会第十次会议	第四十七期	十八年十一月十五日	六四六(10)

合作指委会第七次会议	第四十五期	十八年十月十五日	二六三(10)
合作指委会编印宣传品	第四十八期	十八年十一月三十日	〇三六(11)
创办初级职业学校	第八十八期	二十年七月三十一日	四三五(17)
创办经济编制班	第八十七期	二十年七月十五日	三三九(17)
创办首都城市民众教育区	第八十二期	二十年四月三十日	五二一(16)
创设民众茶园	第三十七期	十八年六月十五日	三四一(8)
名胜古迹集出版	第三十七期	十八年六月十五日	三四二(8)
各小学自然科最低限度设施	第六十七期	十九年九月十五日	一八四(14)
各乡灾情统计	第四十九期	十八年十二月十五日	二二一(11)
各区署增设二等巡官	第二十七期	十八年一月十五日	二四三(6)
各中学添设军事训练	第八十三期	二十年五月十五日	六五〇(16)
各业工资统计	第五十一期	十九年一月十五日	五二八(11)
各机关征用土地应依照土地征收法	第四十七期	十八年十一月十五日	六三七(10)
各机关征收土地统计	第七十五期	二十年一月十五日	二五五(15)
各机关建筑均须遵章领照	第六十八期	十九年九月三十日	二八二(14)
各机关遇有建筑须先报勘领照	第六十九期	十九年十月十五日	四〇八(14)
各局会计会议	第二十九期	十八年二月十五日	五三九(6)
各学校机关团体映放电影须先送教育局审查	第五十九至六十期	十九年五月三十一日	六九〇(12)
各项土地登记统计	第七十五期	二十年一月十五日	二五六(15)
各种预防注射最近统计	第六十五期	十九年八月十五日	七一七(13)
各校实行废除旧历年假	第五十四期	十九年二月二十八日	〇四〇(12)
各特别市催制土地法规	第五十五期	十九年三月十五日	一九七(12)
各商年终休业须遵国历举行	第七十四期	十九年十二月三十一日	一一二(15)
冰业统计	第四十四期	十八年九月三十日	〇四二(10)
刘市长为黄道周立碑	第五十五期	十九年三月十五日	二〇九(12)
刘市长关于建筑首都道路之谈话	第二十一期	十七年十月十五日	〇四二(5)
刘市长关心民食	第四十六期	十八年十月三十一日	四四三(10)
刘市长欢宴亚文诺记	第二十九期	十八年二月十五日	五三五(6)
刘市长欢宴多玛氏	第二十五期	十七年十二月十五日	六九六(5)
刘市长招待各国专使	第三十八期	十八年六月三十日	四九五(8)
刘市长招待罗威尔墨兰	第四十五期	十八年十月十五日	二七三(10)
刘市长招待参加奉安代表	第三十八期	十八年六月三十日	四九五(8)

刘市长招待美国记者团	第四十期	十八年七月三十一日	○三七(9)
刘市长金局长为发行市政公债事	第三十九期	十八年七月十五日	六六八(8)
刘市长视察各慈善机关	第二十一期	十七年十月十五日	○四八(5)
刘市长宴请美公使	第五十四期	十九年二月二十八日	○五五(12)
刘市长聘请警察顾问	第二十九期	十八年二月十五日	五四四(6)
交通工人休假日工作办法	第七十六期	二十年一月三十一日	三九五(15)
交通路土方涵洞工程兴工	第六十三期	十九年七月十五日	三六八(13)
交通路已全部完成	第七十二期	十九年十一月三十日	七三八(14)
交通路两旁建筑应呈核图样	第七十四期	十九年十二月三十一日	一一四(15)
交通警察训练毕业	第二十七期	十八年一月十五日	二四三(6)
产婆训练班毕业	第六十五期	十九年八月十五日	七一六(13)
决定各实校工作进行办法	第五十三期	十九年二月十五日	七四七(11)
决定起草限制干路两旁建筑办法之原则	第三十二期	十八年三月三十一日	二五六(7)
决定推行国历办法	第七十四期	十九年十二月三十一日	一一二(15)
米谷四厘捐展限一月开征	第六十六期	十九年八月三十一日	○一九(14)
米粮评价委员会成立	第六十一期	十九年六月十五日	○四七(13)
米粮评价委员会结束	第七十期	十九年十月三十一日	四七八(14)
米粮评价委员会第二十一次会议	第六十八期	十九年九月三十日	二七九(14)
米粮评价委员会第二十二次会议	第六十九期	十九年十月十五日	四○五(14)
米粮评价委员会第二十三次会议	第六十九期	十九年十月十五日	四○六(14)
米粮评价委员会第二十次会议	第六十七期	十九年九月十五日	一七七(14)
米粮评价委员会第二次会议	第六十二期	十九年六月三十日	一九二(13)
米粮评价委员会第十一次会议	第六十五期	十九年八月十五日	七○八(13)
米粮评价委员会第十二次会议	第六十五期	十九年八月十五日	七○九(13)
米粮评价委员会第十七次会议	第六十七期	十九年九月十五日	一七四(14)
米粮评价委员会第十八次会议	第六十七期	十九年九月十五日	一七五(14)
米粮评价委员会第十九次会议	第六十七期	十九年九月十五日	一七六(14)
米粮评价委员会第十三次会议	第六十五期	十九年八月十五日	七一○(13)
米粮评价委员会第十五次会议	第六十六期	十九年八月三十一日	○一六(14)
米粮评价委员会第十六次会议	第六十六期	十九年八月三十一日	○一七(14)
米粮评价委员会第十四次会议	第六十六期	十九年八月三十一日	○一五(14)
米粮评价委员会第十次会议	第六十四期	十九年六七月三十一日	五六九(13)

米粮评价委员会第三次会议	第六十二期	十九年六月三十日	一九二(13)
米粮评价委员会第五次会议	第六十二期	十九年六月三十日	一九四(13)
米粮评价委员会第六次会议	第六十二期	十九年六月三十日	一九六(13)
米粮评价委员会第四次会议	第六十二期	十九年六月三十日	一九四(13)
米粮评定委员会第七次会议	第六十三期	十九年七月十五日	三七六(13)
米粮评定委员会第八次会议	第六十三期	十九年七月十五日	三七七(13)
米粮评定委员会第九次会议	第六十三期	十九年七月十五日	三七八(13)
江宁民众反对废县内幕大暴露	第二十六期	十七年十二月三十一日	○四六(6)
江宁县划入市区后之江宁民众	第二十六期	十七年十二月三十一日	○四六(6)
池塘即将登记	第三十九期	十八年七月十五日	六六九(8)
池塘登记展限	第四十六期	十八年十月三十一日	四三六(10)
兴工改造白下路西段马路	第七十九期	二十年三月十五日	一八六(16)
兴工建筑大营盘公墓	第八十七期	二十年七月十五日	三三一(17)
兴工建筑国府东至中山路一段马路	第七十四期	十九年十二月三十一日	一一三(15)
兴中广场四周划作银行区	第七十六期	二十年一月三十一日	四○一(15)
兴华汽车公司增开新路线	第七十期	十九年十月三十一日	四八三(14)
兴建大规模之平民住宅	第二十五期	十七年十二月十五日	六九八(5)
兴建夫子庙前广场	第七十六期	二十年一月三十一日	四○○(15)
兴建革命博物纪念馆	第二十四期	十七年十一月三十日	四四五(5)
兴修山西路	第八十二期	二十年四月三十日	五二○(16)
兴修汉西门外石城桥	第七十五期	二十年一月十五日	二四七(15)
兴筑中正街至杨公井一段马路	第七十五期	二十年一月十五日	二四九(15)
兴筑玄武路	第八十八期	二十年七月三十一日	四三二(17)
兴筑交通路	第五十九至六十期	十九年五月三十一日	六八九(12)
安设中正路沟管	第八十六期	二十年六月三十日	二○七(17)
安置中正路沟管	第八十七期	二十年七月十五日	三三二(17)
军人乘坐火车应照章纳资	第四十九期	十八年十二月十五日	二三○(11)
军事机关车辆均须照章纳捐	第七十六期	二十年一月三十一日	三九八(15)
军事机关车辆须照章缴捐	第七十一期	十九年十一月十五日	六一四(14)
军政机关车辆须照章检验领照	第七十三期	十九年十二月十五日	○一五(15)
设计全市路线	第二十四期	十七年十一月三十日	四四三(5)
设计改良旧城市	第四十六期	十八年十月三十一日	四三七(10)
设立市民消费合作社	第四十二期	十八年八月三十一日	四五九(9)

设立考绩委员会	第四十九期	十八年十二月十五日	二二八(11)
设立机械工厂	第四十一期	十八年八月十五日	二三七(9)
设立自治研究所	第七十七期	二十年二月十五日	五九一(15)
设立合作事业指导委员会	第四十二期	十八年八月三十一日	四五五(9)
设立妇女职业补习学校增级	第七十七期	二十年二月十五日	五九六(15)
设立国语流动学校	第四十七期	十八年十一月十五日	六四三(10)
设立国语流动学校	第四十八期	十八年十一月三十日	〇三一(11)
设立练习生训练班	第四十六期	十八年十月三十一日	四四六(10)
设立垫师讲习所	第三十七期	十八年六月十五日	三四一(8)
设立临时治疫所	第四十四期	十八年九月三十日	〇四九(10)
设立度量衡检定所	第六十七期	十九年九月十五日	一七四(14)
设立首都民众教育实验区民众教育馆筹备处	第八十九期	二十年八月十五日	五三八(17)
设立职员诊疗所	第七十三期	十九年十二月十五日	〇二一(15)
设置广告牌	第五十二期	十九年一月三十一日	六三三(11)
设置卫生稽查	第五十七期	十九年四月十五日	四五七(12)
设置甲种街道路灯	第五十三期	十九年二月十五日	七四三(11)
设置审核股	第五十七期	十九年四月十五日	四四四(12)
设置茶缸八十处	第六十五期	十九年八月十五日	七〇五(13)
设置路名牌	第八十七期	二十年七月十五日	三三一(17)
设置粮食委员会	第四十六期	十八年十月三十一日	四四四(10)
收回警察分所无用房屋	第六十二期	十九年六月三十日	一八二(13)
收买江东门外民地	第五十九至六十期	十九年五月三十一日	六八七(12)
收买莫愁湖湖产	第四十四期	十八年九月三十日	〇三六(10)
收容乞丐	第八十八期	二十年七月三十一日	四二九(17)
收容乞丐	第五十七期	十九年四月十五日	四五四(12)
收容失业职工	第三十七期	十八年六月十五日	三四五(8)
防止霍乱传染入境	第四十二期	十八年八月三十一日	四六〇(9)
防范恶性疟疾	第七十一期	十九年十一月十五日	六一九(14)
防疫工作	第四十五期	十八年十月十五日	二六七(10)
防害卫生营业之取缔	第三十期	十八年二月二十八日	七二三(6)
防御扬子江水患工程兴工	第六十三期	十九年七月十五日	三六七(13)
妇女院之近况	第二十五期	十七年十二月十五日	七一一(5)

妇女教养所整顿刷新	第六十七期	十九年九月十五日	一七三(14)
妇女教养促进委员会召集首次会议	第五十六期	十九年三月三十一日	三六七(12)
妇女救济院新收院生一览	第二十二期	十七年十月三十一日	一七九(5)
妇女缝纫合作社正式成立	第八十期	二十年三月三十一日	二七一(16)
欢迎市民报告	第五十七期	十九年四月十五日	四五九(12)
欢宴三全大会代表	第三十三期	十八年四月十五日	四五六(7)
进行地产测量	第五十二期	十九年一月三十一日	六三二(11)
戒烟药品不准化验销行	第三十九期	十八年七月十五日	六八一(8)
运除铺户垃圾	第六十六期	十九年八月三十一日	〇二三(14)
技师换证限期再展六个月	第七十一期	十九年十一月十五日	六一四(14)
折征铺捐旧欠	第二十六期	十七年十二月三十一日	〇五三(6)
拟订水木作及营造厂登记条例	第四十一期	十八年八月十五日	二三五(9)
拟订市校训育标准	第五十期	十八年十二月三十一日	三四九(11)
拟订财政设计法规	第三十三期	十八年四月十五日	四五七(7)
拟办电车	第三十一期	十八年三月十五日	〇四六(7)
拟办接生婆训练班	第四十六期	十八年十月三十一日	四四五(10)
拟议禁绝鸦片计划	第六十八期	十九年九月三十日	二七六(14)
拟设国家音乐院与剧场	第五十七期	十九年四月十五日	四四七(12)
拟改车捐章程	第二十六期	十七年十二月三十一日	〇五三(6)
拟具二十年春季行政计划	第七十五期	二十年一月十五日	二四三(15)
拟具工作计划	第二十七期	十八年一月十五日	二三九(6)
拟具五大企业计划	第四十九期	十八年十二月十五日	二一九(11)
拟具中学招生办法	第七十六期	二十年一月三十一日	四〇四(15)
拟具取缔豆腐店规则	第五十三期	十九年二月十五日	七五八(11)
拟定工人补习教育办法	第四十七期	十八年十一月十五日	六四一(10)
拟定土地申报章程	第四十四期	十八年九月三十日	〇三七(10)
拟定卫生试验计划	第五十三期	十九年二月十五日	七五五(11)
拟定公开投资实业方案	第四十八期	十八年十一月三十日	〇三八(11)
拟定办理出国护照暂行章程	第四十七期	十八年十一月十五日	六五二(10)
拟定刊物管理章程	第六十五期	十九年八月十五日	七〇五(13)
拟定布种牛痘办法	第七十九期	二十年三月十五日	一九〇(16)
拟定平民住宅出租章程	第二十七期	十八年一月十五日	二三九(6)
拟定取缔车辆办法	第四十九期	十八年十二月十五日	二一三(11)

拟定养路计划	第六十四期	十九年六七月三十一日	五六一(13)
拟定捕蝇办法	第八十期	二十年三月三十一日	二八三(16)
拟定调济粮食办法	第四十五期	十八年十月十五日	二六七(10)
拟定清洁计划	第五十二期	十九年一月三十一日	六四一(11)
拟定填河筑路计划	第五十四期	十九年二月二十八日	〇三九(12)
拟定新辟道路名称	第五十四期	十九年二月二十八日	〇三八(12)
拟定管理斛行章程	第五十四期	十九年二月二十八日	〇五二(12)
拟定整顿私中办法	第五十二期	十九年一月三十一日	六三五(11)
拟建公共会堂	第四十五期	十八年十月十五日	二六三(10)
拟修重车马路	第三十一期	十八年三月十五日	〇五一(7)
拟请中央速颁土地法	第五十三期	十九年二月十五日	七四一(11)
严订职员请假办法	第五十二期	十九年一月三十一日	六四三(11)
严厉考核职员工作成绩	第二十五期	十七年十二月十五日	六九五(5)
严令卜筮星相克期改业	第六十七期	十九年九月十五日	一七二(14)
严限接生婆登记	第四十八期	十八年十一月三十日	〇四一(11)
严限检验车辆	第五十三期	十九年二月十五日	七四四(11)
严查漏捐车辆	第七十二期	十九年十一月三十日	七三六(14)
严密维护公安	第二十五期	十七年十二月十五日	七〇六(5)
严惩行使贿赂	第三十八期	十八年六月三十日	四九七(8)
严禁人浆种痘	第三十六期	十八年五月三十一日	一七四(8)
严禁米商囤积抬价	第八十九期	二十年八月十五日	五三六(17)
严禁军警无票乘车	第五十四期	十九年二月二十八日	〇五五(12)
严禁妇女束胸缠足	第五十四期	十九年二月二十八日	〇五一(12)
严禁私娼	第三十期	十八年二月二十八日	七一六(6)
严禁抬高国货价格	第七十八期	二十年二月二十八日	〇一三(16)
严禁房东苛索小租	第七十六期	二十年一月三十一日	三九七(15)
严禁房东重索押租	第八十一期	二十年四月十五日	四〇三(16)
严禁房东重索押租	第八十四期	二十年五月三十一日	〇一〇(17)
严禁冒充卫生稽查敲诈商民	第八十一期	二十年四月十五日	四一一(16)
严禁旅馆茶役强索小账	第八十九期	二十年八月十五日	五三五(17)
严禁烟毒	第二十三期	十七年十一月十五日	三一六(5)
严禁售卖瘟鱼	第四十四期	十八年九月三十日	〇五〇(10)
劳工卫生展览会	第三十六期	十八年五月三十一日	一七四(8)

劳资仲裁机关即将成立	第八十八期	二十年七月三十一日	四二九(17)
克期办理划一本市度量衡	第六十七期	十九年九月十五日	一七三(14)
杨财政局长就职纪	第一号补编	十六年四月始迄八月止	五一七(1)
更改本市街道名称	第二十八期	十八年一月三十一日	三七八(6)
更改汽车驾驶人执照检验期限	第四十三期	十八年九月十五日	七二六(9)
更改测量名称	第六十六期	十九年八月三十一日	○二五(14)
更委两自治区区长	第八十九期	二十年八月十五日	五四二(17)
更换汽车磁牌	第七十六期	二十年一月三十一日	三九九(15)
两委员会成立会志	第二期	十六年十月十五日	二五五(2)
两商人补习学校举行毕业礼	第七十六期	二十年一月三十一日	四○五(15)
医师牙医师镶牙助产士登记瞬将实行	第二十六期	十七年十二月三十一日	○六八(6)
医药师与助产士踊跃领证	第三十四期	十八年四月三十日	六五五(7)
医药师助产士领证再行展限	第四十二期	十八年八月三十一日	四六三(9)
医药师注册	第三十期	十八年二月二十八日	七二三(6)
医药调查	第三十三期	十八年四月十五日	四七三(7)
励行职员研究党义	第四十四期	十八年九月三十日	○五一(10)
呈请迁移江宁县政府	第四十三期	十八年九月十五日	七三五(9)
呈请严办贩烟店号	第四十七期	十八年十一月十五日	六五二(10)
呈请严禁无票乘车	第五十三期	十九年二月十五日	七六○(11)
呈请补助经费	第二十九期	十八年二月十五日	五三八(6)
呈请补助经费	第三十期	十八年二月二十八日	七一五(6)
呈请国府迅颁土地法令	第二十六期	十七年十二月三十一日	○五四(6)
呈请国府增加市补助费	第二十三期	十七年十一月十五日	三一五(5)
呈请将电话划归市管	第二十一期	十七年十月十五日	○四○(5)
呈请统一医政名称	第五十期	十八年十二月三十一日	三五六(11)
呈请速办平粜	第六十三期	十九年七月十五日	三七四(13)
呈请速迁江宁县政府	第四十四期	十八年九月三十日	○五○(10)
呈请颁行小学党义课程标准	第七十一期	十九年十一月十五日	六一八(14)
呈请禁止运米出洋	第六十九期	十九年十月十五日	四○四(14)
呈请禁止运米出洋	第七十一期	十九年十一月十五日	六一三(14)
呈请禁止学校医院驻兵	第五十二期	十九年一月三十一日	六四二(11)
邮局代扣房捐	第四十五期	十八年十月十五日	二五三(10)

财局组织党义研究会	第二十八期	十八年一月三十一日	三八〇(6)
财政局长易人	第三十六期	十八年五月三十一日	一六五(8)
财政局直接收入概况	第四十八期	十八年十一月三十日	〇二八(11)
财政局金局长之新猷	第三十六期	十八年五月三十一日	一六六(8)
财政局研究党义近讯	第二十九期	十八年二月十五日	五五一(6)
财政局消息	第二十三期	十七年十一月十五日	三一八(5)
财政局解释米厘与省税	第二十六期	十七年十二月三十一日	〇五二(6)
财政局新任局长之表示	第五十九至六十期	十九年五月三十一日	六八五(12)
财部修正建筑市房公债条例	第三十四期	十八年四月三十日	六四七(7)
财部将筹发中山路地价	第五十五期	十九年三月十五日	一九七(12)
利用垃圾填平公私废塘	第四十七期	十八年十一月十五日	六五一(10)
私立补习学校登记展限	第五十九至六十期	十九年五月三十一日	六九〇(12)
私立学校立案踊跃	第五十期	十八年十二月三十一日	三四八(11)
私宰牛羊之处罚	第六十八期	十九年九月三十日	二八三(14)
私娼健康诊断方法之简报	第三十一期	十八年三月十五日	〇六四(7)
估计房捐	第三十二期	十八年三月三十一日	二五五(7)
估衣廊小学迁移校址	第八十二期	二十年四月三十日	五二〇(16)
何市长就职志	第一期	十六年九月	九五一(1)
免费布种牛痘	第二十五期	十七年十二月十五日	七一二(5)
免费布种牛痘	第七十八期	二十年二月二十八日	〇一九(16)
免费注射防疫针	第四十三期	十八年九月十五日	七三四(9)
免费种痘近讯	第四十八期	十八年十一月三十日	〇三九(11)
饬令各校酌减学费	第六十六期	十九年八月三十一日	〇二〇(14)
饬报烟毒实况	第五十期	十八年十二月三十一日	三五〇(11)
饬拟开辟武定门图样	第五十期	十八年十二月三十一日	三四七(11)
饬拨救济院贷款所基金	第五十四期	十九年二月二十八日	〇四五(12)
饬修崔八巷道路	第五十二期	十九年一月三十一日	六三二(11)
饬属会勘省市界址	第九十期	二十年八月三十一日	六二八(17)
饬禁溺女打胎	第五十四期	十九年二月二十八日	〇四五(12)
饮食物小贩统计	第四十一期	十八年八月十五日	二四五(9)
饮食物检查结果	第四十三期	十八年九月十五日	七三三(9)
饮料卫生之设施	第三十三期	十八年四月十五日	四七三(7)
应征市徽揭晓	第四十四期	十八年九月三十日	〇五一(10)

汽车补行检验	第四十四期	十八年九月三十日	〇三八(10)
汽车装置方向灯	第四十四期	十八年九月三十日	〇三八(10)
沪宁站接中山路马路土方兴工	第四十一期	十八年八月十五日	二三七(9)
沪宁站接中山路计划另拟	第四十期	十八年七月三十一日	〇四三(9)
完成首都路灯装置案	第六十五期	十九年八月十五日	七一三(13)
灾农临时贷款处成立	第五十八期	十九年四月三十日	五五二(12)
灾农贷款处结束	第五十九至六十期	十九年五月三十一日	六九二(12)
灾农贷款经过	第六十三期	十九年七月十五日	三七二(13)
启用新颁印信	第四十四期	十八年九月三十日	〇五二(10)
启封万国储蓄分会	第六十六期	十九年八月三十一日	〇一九(14)
启封南京万国储蓄会	第三十五期	十八年五月十五日	〇三八(8)
评定应征市徽等第	第四十三期	十八年九月十五日	七三五(9)
补发公债票息金与折扣费	第二十五期	十七年十二月十五日	七〇二(5)
补行营业登记	第九十期	二十年八月三十一日	六二一(17)
补助冬赈会款项	第五十二期	十九年一月三十一日	六三一(11)
补救职业教育	第五十五期	十九年三月十五日	二〇四(12)
补植各路行道树	第七十三期	十九年十二月十五日	〇一六(15)
补税契纸税额标准	第七十四期	十九年十二月三十一日	一二二(15)
社会处	第二十二期	十七年十月三十一日	一七九(5)
社会处与卫生处改局	第二十六期	十七年十二月三十一日	〇四九(6)
社会处处址迁移	第二十五期	十七年十二月十五日	七一一(5)
社会处财政局开始营业登记	第二十二期	十七年十月三十一日	一七八(5)
社会处规定递呈手续	第二十四期	十七年十一月三十日	四五七(5)
社会处消息	第二十三期	十七年十一月十五日	三二五(5)
社会处救济难民	第二十五期	十七年十二月十五日	七一〇(5)
社会局工作近讯	第三十一期	十八年三月十五日	〇六二(7)
社会局工作近况	第四十六期	十八年十月三十一日	四三九(10)
社会局之新猷	第三十三期	十八年四月十五日	四七一(7)
社会局主管发给工商业营业执照	第三十四期	十八年四月三十日	六五四(7)
社会局会议救济粮食问题	第四十七期	十八年十一月十五日	六四五(10)
社会局局务会议	第五十三期	十九年二月十五日	七四八(11)
社会局改组成立	第二十八期	十八年一月三十一日	三七五(6)
社会局取缔歌妓	第三十一期	十八年三月十五日	〇五九(7)

社会局注意职工教育	第五十五期	十九年三月十五日	二〇七(12)
社会局定期招考度量衡检定生	第五十五期	十九年三月十五日	二〇六(12)
社会局调查市内娱乐场所	第三十一期	十八年三月十五日	〇五九(7)
社会局筹备救灾民	第五十五期	十九年三月十五日	二〇五(12)
诊疗难民	第五十四期	十九年二月二十八日	〇五三(12)
诊治难民	第五十二期	十九年一月三十一日	六三九(11)
改订艺员登记费	第七十三期	十九年十二月十五日	〇一一(15)
改订不动产契纸式样	第四十一期	十八年八月十五日	二三四(9)
改订取缔牛奶坊规则	第七十五期	二十年一月十五日	二五五(15)
改订夏季车牌	第六十一期	十九年六月十五日	〇四二(13)
改订职员签到办法	第五十六期	十九年三月三十一日	三五七(12)
改订屠宰场规则	第七十六期	二十年一月三十一日	四〇六(15)
改正工会名称	第八十期	二十年三月三十一日	二七三(16)
改正各医院名称	第四十八期	十八年十一月三十日	〇四一(11)
改正医院名称设备	第四十七期	十八年十一月十五日	六五一(10)
改用新契纸	第七十三期	十九年十二月十五日	〇二一(15)
改市民房屋图样	第二十九期	十八年二月十五日	五四三(6)
改进乡村教育	第五十三期	十九年二月十五日	七四六(11)
改进私塾	第三十期	十八年二月二十八日	七二〇(6)
改进盲哑学校增设藤工科	第五十六期	十九年三月三十一日	三六二(12)
改进说书场	第七十八期	二十年二月二十八日	〇一七(16)
改进清道设备	第五十七期	十九年四月十五日	四五八(12)
改钉路名牌	第七十四期	十九年十二月三十一日	一一三(15)
改良本市饮料	第三十四期	十八年四月三十日	六五六(7)
改良全市厕所	第八十八期	二十年七月三十一日	四三六(17)
改良全市厕所	第八十五期	二十年六月十五日	一一六(17)
改良汽车行驶办法	第六十六期	十九年八月三十一日	〇一九(14)
改良党义教师待遇	第六十七期	十九年九月十五日	一八三(14)
改良商人账簿	第四十八期	十八年十一月三十日	〇三五(11)
改良塾师教育	第七十三期	十九年十二月十五日	〇二〇(15)
改征车捐	第五十期	十八年十二月三十一日	三四六(11)
改建中山门	第八十八期	二十年七月三十一日	四三一(17)
改建中山门	第八十七期	二十年七月十五日	三三二(17)

改建两桥	第七十六期	二十年一月三十一日	四〇〇(15)
改组工商团体	第六十七期	十九年九月十五日	一七一(14)
改组戏鼓训练所	第二十四期	十七年十一月三十日	四五二(5)
改筑四象桥兴工	第六十五期	十九年八月十五日	七一三(13)
改筑玄武路	第八十三期	二十年五月十五日	六四九(16)
改善九龙桥游泳场	第八十四期	二十年五月三十一日	〇二〇(17)
改善民众科学馆设备	第九十期	二十年八月三十一日	六二四(17)
改善清道夫役生活	第五十六期	十九年三月三十一日	三六五(12)
改善歌女生活	第八十期	二十年三月三十一日	二七二(16)
张挂卫生标语	第三十二期	十八年三月三十一日	二六八(7)
张秘书长再请辞职	第三十九期	十八年七月十五日	六八二(8)
张教育局长之新猷	第六十六期	十九年八月三十一日	〇二一(14)
附市立贫民借贷所章程	第二十七期	十八年一月十五日	二四七(6)
鸡鸣寺一带坟墓迁葬公墓	第四十一期	十八年八月十五日	二三六(9)
纸业调查	第四十三期	十八年九月十五日	七二九(9)
奉安布置计划	第二十九期	十八年二月十五日	五三三(6)
武定门之平民住宅	第二十二期	十七年十月三十一日	一七三(5)
武定门添设实验民众学校	第五十七期	十九年四月十五日	四四九(12)
规划柴市	第二十六期	十七年十二月三十一日	〇五〇(6)
规定人力车租价标准	第八十三期	二十年五月十五日	六四六(16)
规定人民告密办法	第四十一期	十八年八月十五日	二四八(9)
规定小学收费办法	第七十六期	二十年一月三十一日	四〇三(15)
规定五洲公园采藕办法	第七十四期	十九年十二月三十一日	一二三(15)
规定中学寒假日期	第二十九期	十八年二月十五日	五四八(6)
规定市立小学收费办法	第九十期	二十年八月三十一日	六二四(17)
规定市立小学征收学杂费办法	第七十七期	二十年二月十五日	五九七(15)
规定市民呈诉程序	第四十一期	十八年八月十五日	二四八(9)
规定会计程序	第二十四期	十七年十一月三十日	四四六(5)
规定运粪时间	第七十四期	十九年十二月三十一日	一二二(15)
规定住房租金标准	第二十四期	十七年十一月三十日	四五四(5)
规定汽车行驶速率标准	第六十七期	十九年九月十五日	一八一(14)
规定改进私立中学办法	第五十六期	十九年三月三十一日	三六〇(12)
规定改进私立中学办法	第五十四期	十九年二月二十八日	〇四一(12)

规定取缔建筑办法	第八十四期	二十年五月三十一日	○一二(17)
规定学生穿着制服办法	第七十六期	二十年一月三十一日	四○二(15)
规定学校行政年度	第六十五期	十九年八月十五日	七一六(13)
规定测量标准尺度	第二十七期	十八年一月十五日	二三四(6)
规定夏季灭蝇办法	第六十一期	十九年六月十五日	○五○(13)
规定推行国历办法	第四十八期	十八年十一月三十日	○三八(11)
规定救治急症办法	第八十五期	二十年六月十五日	一一五(17)
规定商家结账总收解期	第八十五期	二十年六月十五日	一○八(17)
规定添设小学校址圈地办法	第七十六期	二十年一月三十一日	四○三(15)
担任医疗贫民事务	第五十四期	十九年二月二十八日	○五三(12)
担保市公债之车捐市产收入数	第四十七期	十八年十一月十五日	六三五(10)
抽查户口	第三十二期	十八年三月三十一日	二五八(7)
拆迁路旁棚户	第八十期	二十年三月三十一日	二七六(16)
拆除太平门神策门一带城墙	第二十五期	十七年十二月十五日	六九八(5)
拆除中山门外套城	第七十三期	十九年十二月十五日	○一五(15)
拆除旧屋改建停车场	第五十七期	十九年四月十五日	四四五(12)
拆除汉西门	第八十期	二十年三月三十一日	二七五(16)
拆除违章建筑物	第四十二期	十八年八月三十一日	四五二(9)
拆除转角房屋	第五十三期	十九年二月十五日	七四四(11)
拆换各城门匾额	第三十一期	十八年三月十五日	○五一(7)
招工开辟新城门	第六十四期	十九年六七月三十一日	五六一(13)
招工改建四象桥	第六十四期	十九年六七月三十一日	五六一(13)
招工建筑下关江堤	第六十二期	十九年六月三十日	一八五(13)
招工承包市民村道路沟渠等工程	第六十二期	十九年六月三十日	一八四(13)
招工修理石城桥	第四十一期	十八年八月十五日	二三五(9)
招工赶修马路	第三十五期	十八年五月十五日	○四一(8)
招考卫生警士	第五十九至六十期	十九年五月三十一日	六九六(12)
招考查勘员揭晓	第二十四期	十七年十一月三十日	四四五(5)
招考测绘练习生	第五十四期	十九年二月二十八日	○三九(12)
招考测绘练习生	第五十五期	十九年三月十五日	一九九(12)
招考测绘练习生	第七十二期	十九年十一月三十日	七三九(14)
招考测绘练习生	第七十三期	十九年十二月十五日	○一六(15)
招收第六期学警	第二十七期	十八年一月十五日	二四三(6)

招标购办自来水管	第七十六期	二十年一月三十一日	四〇八(15)
招标建筑白下路	第八十一期	二十年四月十五日	四〇五(16)
招标建筑房屋及烈士墓	第五十七期	十九年四月十五日	四四四(12)
招标承办自来水管	第七十八期	二十年二月二十八日	〇二二(16)
招待工界代表志	第一期	十六年九月	九五四(1)
招待外报记者参观团	第二十九期	十八年二月十五日	五三八(6)
招待银行界	第三十九期	十八年六月二十七日	六六八(8)
招租乙丙两种平民房屋	第二十九期	十八年二月十五日	五四一(6)
招领野狗	第七十五期	二十年一月十五日	二五五(15)
招商建筑下关平民住宅	第五十一期	十九年一月十五日	五一九(11)
招商承办本市公共汽车	第五十六期	十九年三月三十一日	三五九(12)
招商承办自来水厂机械	第四十九期	十八年十二月十五日	二三〇(11)
招商承办筵席捐	第三十五期	十八年五月十五日	〇三七(8)
招商承办新住宅区内自流井	第七十四期	十九年十二月三十一日	一一五(15)
招商承办新制度量衡器	第六十四期	十九年六七月三十一日	五七五(13)
招商承包八卦洲芦柴	第六十九期	十九年十月十五日	四一二(14)
招商承包八卦洲渔税	第三十六期	十八年五月三十一日	一七九(8)
招商承包大小黄洲芦柴	第六十八期	十九年九月三十日	二八〇(14)
招商承包筵席捐	第三十四期	十八年四月三十日	六四七(7)
招商承制汽车新磁牌	第七十三期	十九年十二月十五日	〇一六(15)
拨发开洲巨款	第二十六期	十七年十二月三十一日	〇五三(6)
拨发中山路款	第二十七期	十八年一月十五日	二三九(6)
拨发贫儿院款	第二十六期	十七年十二月三十一日	〇五三(6)
拨存十月份市公债基金	第四十八期	十八年十一月三十日	〇二八(11)
拨存市公债五月份基金	第六十二期	十九年六月三十日	一八二(13)
拨放开洲临时费	第四十六期	十八年十月三十一日	四三三(10)
拨定市民诊察所所址	第五十二期	十九年一月三十一日	六四〇(11)
拨借营地迁移棚户	第六十二期	十九年六月三十日	一八三(13)
拨款补助装设路灯	第七十六期	二十年一月三十一日	四〇一(15)
拨款改建四象桥	第四十六期	十八年十月三十一日	四三七(10)
拨款搭盖羊棚	第四十七期	十八年十一月十五日	六五〇(10)
拨款装设全市路灯	第七十二期	十九年十一月三十日	七三八(14)
择定公墓地址	第二十七期	十八年一月十五日	二三六(6)

择定建筑自来水蓄水池地点	第四十五期	十八年十月十五日	二七三(10)
取销特务警	第三十七期	十八年六月十五日	三三七(8)
取销娱乐场所执照	第七十三期	十九年十二月十五日	〇一三(15)
取缔卜筮星相	第五十三期	十九年二月十五日	七五二(11)
取缔广告	第二十六期	十七年十二月三十一日	〇五〇(6)
取缔马车停留与翻弄垃圾箱	第四十期	十八年七月三十一日	〇五二(9)
取缔无照车辆	第七十一期	十九年十一月十五日	六一五(14)
取缔艺员不法行为	第四十四期	十八年九月三十日	〇四四(10)
取缔不正当医生	第四十七期	十八年十一月十五日	六五一(10)
取缔不合规定之党国旗	第七十三期	十九年十二月十五日	〇一二(15)
取缔不合法公司	第四十三期	十八年九月十五日	七三一(9)
取缔不合法公司	第六十一期	十九年六月十五日	〇四六(13)
取缔不良建筑	第三十期	十八年二月二十八日	七一四(6)
取缔不规则广告	第四十二期	十八年八月三十一日	四六五(9)
取缔不规则广告	第五十二期	十九年一月三十一日	六三三(11)
取缔水船	第四十八期	十八年十一月三十日	〇四〇(11)
取缔水船贪载水量	第四十一期	十八年八月十五日	二四四(9)
取缔公用饮料混用井水	第四十九期	十八年十二月十五日	二二六(11)
取缔火后危险	第五十二期	十九年一月三十一日	六三三(11)
取缔未注册公司	第五十七期	十九年四月十五日	四五一(12)
取缔未登记之学术团体	第七十一期	十九年十一月十五日	六一八(14)
取缔瓜类办法	第四十一期	十八年八月十五日	二四六(9)
取缔外医	第四十九期	十八年十二月十五日	二二七(11)
取缔处置股份有限公司招股	第五十七期	十九年四月十五日	四五四(12)
取缔市内欠退房屋	第五十七期	十九年四月十五日	四四六(12)
取缔市内危险房屋	第四十六期	十八年十月三十一日	四三八(10)
取缔市民赁屋陋习	第四十六期	十八年十月三十一日	四四八(10)
取缔民众团体证章配用半式党徽	第八十一期	二十年四月十五日	四〇二(16)
取缔皮坊及骨杂油坊	第七十五期	二十年一月十五日	二五四(15)
取缔幼童拉车	第二十五期	十七年十二月十五日	七〇七(5)
取缔过街招牌	第二十七期	十八年一月十五日	二三六(6)
取缔劣医	第五十期	十八年十二月三十一日	三五六(11)
取缔肉类营业	第三十七期	十八年六月十五日	三四七(8)

取缔年节压低币价	第七十三期	十九年十二月十五日	〇一一(15)
取缔自行车晚间行驶不备灯火	第八十一期	二十年四月十五日	四〇六(16)
取缔行驶汽车任意超越	第八十九期	二十年八月十五日	五三七(17)
取缔杂色食盐	第四十期	十八年七月三十一日	〇五二(9)
取缔危险房屋	第六十三期	十九年七月十五日	三六九(13)
取缔危险房屋	第八十期	二十年三月三十一日	二七五(16)
取缔各马车行	第四十八期	十八年十一月三十日	〇四二(11)
取缔交通障碍	第三十八期	十八年六月三十日	四九九(8)
取缔奸商压低中央银行毫票兑价	第七十五期	二十年一月十五日	二四三(15)
取缔违反管理医院规则	第五十一期	十九年一月十五日	五三一(11)
取缔违章车辆	第三十二期	十八年三月三十一日	二六〇(7)
取缔违章建筑	第四十八期	十八年十一月三十日	〇三〇(11)
取缔违章建筑物	第七十六期	二十年一月三十一日	三九九(15)
取缔违章修建房屋	第四十期	十八年七月三十一日	〇四一(9)
取缔私宰驴马	第三十三期	十八年四月十五日	四七四(7)
取缔私宰病死马匹	第六十二期	十九年六月三十日	一九七(13)
取缔私宰病死马匹	第六十三期	十九年七月十五日	三八一(13)
取缔饮食物小贩	第四十七期	十八年十一月十五日	六四九(10)
取缔饮料私用井水	第四十八期	十八年十一月三十日	〇四一(11)
取缔妨害公共卫生	第四十三期	十八年九月十五日	七三三(9)
取缔抬高房租	第五十二期	十九年一月三十一日	六三六(11)
取缔奇装异服	第四十六期	十八年十月三十一日	四四〇(10)
取缔废历年关各业加价	第五十三期	十九年二月十五日	七五二(11)
取缔废历新年停业	第五十二期	十九年一月三十一日	六三六(11)
取缔单轮行驶中山路	第五十七期	十九年四月十五日	四四四(12)
取缔沿用废历日期	第六十三期	十九年七月十五日	三七二(13)
取缔茶役苛索小账	第七十期	十九年十月三十一日	四七九(14)
取缔茶社点戏	第二十八期	十八年一月三十一日	三七二(6)
取缔标会	第五十六期	十九年三月三十一日	三六四(12)
取缔虐待牲畜	第七十七期	二十年二月十五日	六〇一(15)
取缔重利盘剥	第七十八期	二十年二月二十八日	〇一三(16)
取缔食盐搀加泥沙	第七十四期	十九年十二月三十一日	一〇九(15)
取缔迹近诲淫新剧	第四十八期	十八年十一月三十日	〇三一(11)

取缔送报车载客	第二十五期	十七年十二月十五日	七〇三(5)
取缔秦淮河两岸倾倒秽物	第六十三期	十九年七月十五日	三八〇(13)
取缔破旧汽车	第三十三期	十八年四月十五日	四六三(7)
取缔破旧汽车	第七十二期	十九年十一月三十日	七三九(14)
取缔破坏劳资协约	第二十七期	十八年一月十五日	二四七(6)
取缔租屋小租陋习	第六十四期	十九年六七月三十一日	五七六(13)
取缔高利贷款	第七十九期	二十年三月十五日	一八二(16)
取缔剧场之建筑	第三十一期	十八年三月十五日	〇五〇(7)
取缔虚伪医药广告	第八十五期	二十年六月十五日	一一七(17)
取缔崔八巷蓬户	第六十一期	十九年六月十五日	〇四五(13)
取缔售卖迷信物品	第五十七期	十九年四月十五日	四五四(12)
取缔停棺不葬	第七十七期	二十年二月十五日	六〇一(15)
取缔庸医	第二十四期	十七年十一月三十日	四五八(5)
取缔庸医施诊	第五十八期	十九年四月三十日	五五六(12)
取缔黑市	第七十期	十九年十月三十一日	四八〇(14)
取缔黑市	第二十四期	十七年十一月三十日	四四九(5)
取缔道旁粪缸	第六十六期	十九年八月三十一日	〇二四(14)
取缔催眠麻醉药品	第三十五期	十八年五月十五日	〇四四(8)
取缔滥用卫生字样	第五十三期	十九年二月十五日	七五八(11)
取缔漏捐车辆	第五十九至六十期	十九年五月三十一日	六八六(12)
取缔熟食铺不盖纱罩	第六十三期	十九年七月十五日	三八一(13)
取缔操纵民九民十双角	第四十四期	十八年九月三十日	〇四七(10)
取缔操纵民食	第五十四期	十九年二月二十八日	〇五〇(12)
取缔露售食品	第六十一期	十九年六月十五日	〇五一(13)
英商遵缴附捐	第四十九期	十八年十二月十五日	二一三(11)
直接征收广告捐	第四十九期	十八年十二月十五日	二一一(11)
码头捐改由市征	第四十九期	十八年十二月十五日	二一三(11)
国历年终结账不得变通	第七十三期	十九年十二月十五日	〇一二(15)
国际考察团考察本市卫生	第四十七期	十八年十一月十五日	六五〇(10)
国货调查委员会开始调查	第四十一期	十八年八月十五日	二四三(9)
国货调查委员会筹备就绪	第四十期	十八年七月三十一日	〇五〇(9)
国货调查竣事	第四十四期	十八年九月三十日	〇四三(10)

国府至中山路一段路面工程计划完成即日兴工	第六十二期	十九年六月三十日	一八四(13)
国府接中山路马路不日兴工	第三十九期	十八年七月十五日	六七一(8)
国府路两旁房屋拆让展限	第八十一期	二十年四月十五日	四〇四(16)
国府路路线内房屋展期拆让	第八十三期	二十年五月十五日	六四七(16)
国联卫生部长拉西曼参观卫生局	第四十八期	十八年十一月三十日	〇四一(11)
明故宫建设营房	第四十二期	十八年八月三十一日	四四九(9)
购办洒水汽车	第四十一期	十八年八月十五日	二四五(9)
购办新殖鱼秧	第五十三期	十九年二月十五日	七五九(11)
购制首都界线全图	第五十四期	十九年二月二十八日	〇五六(12)
购备工程材料整理运输车辆	第五十九至六十期	十九年五月三十一日	六八八(12)
购置仪器	第四十三期	十八年九月十五日	七二四(9)
购置洒水汽车	第三十九期	十八年七月十五日	六八一(8)
购置救火护眼镜	第二十四期	十七年十一月三十日	四五一(5)
图书刊物审查处工作近况	第八十四期	二十年五月三十一日	〇二〇(17)
图书馆加紧建筑	第五十三期	十九年二月十五日	七四三(11)
图书馆投标之结果	第三十三期	十八年四月十五日	四六七(7)
图书馆拟定规则	第四十九期	十八年十二月十五日	二三一(11)
图书馆征求出版品	第四十四期	十八年九月三十日	〇五二(10)
图博体管理处更名为第二通俗教育馆	第四十一期	十八年八月十五日	二三九(9)
制止民众团体开会	第三十二期	十八年三月三十一日	二五九(7)
制止米商居奇垄断	第五十八期	十九年四月三十日	五五三(12)
制止私卖三塔寺公产	第七十七期	二十年二月十五日	六〇二(15)
制止燃放炮竹	第三十三期	十八年四月十五日	四六四(7)
制发人力车夫号衣	第六十六期	十九年八月三十一日	〇一九(14)
制发出勤证章	第四十二期	十八年八月三十一日	四五三(9)
制成首都详图	第五十七期	十九年四月十五日	四四三(12)
制备卫生巡船及垃圾船	第五十九至六十期	十九年五月三十一日	六九五(12)
制备焚化垃圾炉十二座	第五十九至六十期	十九年五月三十一日	六九五(12)
制定不动产卖典暂行规则	第七十五期	二十年一月十五日	二五七(15)
制定公尺模型	第四十九期	十八年十二月十五日	二二〇(11)
制定玄武湖游船价目表	第三十九期	十八年七月十五日	六八三(8)

制定各种规则	第四十二期	十八年八月三十一日	四五二(9)
制定度量衡统一制度表	第五十期	十八年十二月三十一日	三五四(11)
制售首都城市地图	第三十八期	十八年六月三十日	四九八(8)
物色农科人材	第二十四期	十七年十一月三十日	四四七(5)
委任侦探长	第二十五期	十七年十二月十五日	七〇七(5)
委定市民银行行长	第二十五期	十七年十二月十五日	七〇一(5)
征用交通路土地	第六十三期	十九年七月十五日	三六六(13)
征用清凉门一带土地	第六十八期	十九年九月三十日	二八四(14)
征用新街口土地建筑广场	第六十八期	十九年九月三十日	二八四(14)
征收人力车捐展限	第四十二期	十八年八月三十一日	四四八(9)
征收土地建筑大营盘公墓马路	第八十六期	二十年六月三十日	二一一(17)
征收大方巷一带空地建筑新住宅区	第六十六期	十九年八月三十一日	〇二五(14)
征收外商房捐之创举	第三十九期	十八年七月十五日	六六九(8)
征收民营电厂税捐须先呈院核准	第六十三期	十九年七月十五日	三六三(13)
征收房捐新办法	第三十三期	十八年四月十五日	四五六(7)
征收春季车捐	第二十七期	十八年一月十五日	二三九(6)
征收夏季车捐	第三十四期	十八年四月三十日	六四七(7)
征收娱乐捐	第四十三期	十八年九月十五日	七二三(9)
征收船捐	第八十七期	二十年七月十五日	三三〇(17)
征收蒲包洲至清凉山一带土地	第八十二期	二十年四月三十日	五二二(16)
征求市歌	第二十一期	十七年十月十五日	〇四四(5)
征求市徽	第二十一期	十七年十月十五日	〇四三(5)
征求武士	第四十七期	十八年十一月十五日	六四七(10)
征集国货陈列品	第五十二期	十九年一月三十一日	六四二(11)
征集革命史料	第三十一期	十八年三月十五日	〇六五(7)
征集教育出品	第四十九期	十八年十二月十五日	二一六(11)
征集棉织出品陈列展览	第七十期	十九年十月三十一日	四八〇(14)
觅定职工俱乐部地址	第四十四期	十八年九月三十日	〇三六(10)
贫民借贷所设部指导	第三十三期	十八年四月十五日	四七〇(7)
贫民借贷所基金发还	第二十九期	十八年二月十五日	五四〇(6)
服务生复试揭晓	第三十三期	十八年四月十五日	四五五(7)
变更各业注册办法	第七十六期	二十年一月三十一日	三九六(15)
变更测量手续	第七十二期	十九年十一月三十日	七四四(14)

京市各校视察完毕	第八十六期	二十年六月三十日	二一〇(17)
郊外路工之近况	第三十一期	十八年三月十五日	〇五〇(7)
废除跪拜礼节	第八十四期	二十年五月三十一日	〇一〇(17)
废除跪拜礼节	第八十七期	二十年七月十五日	三二九(17)
盲哑学校筹开游艺会	第三十五期	十八年五月十五日	〇四三(8)
放宽下关马路	第三十八期	十八年六月三十日	四九九(8)
放宽中山路	第八十四期	二十年五月三十一日	〇一二(17)
放宽中山路两段马路	第八十三期	二十年五月十五日	六四九(16)
放宽中正街杨公井间马路	第七十四期	十九年十二月三十一日	一一四(15)
放宽扬子江沿岸马路	第七十四期	十九年十二月三十一日	一一六(15)
放宽国府路	第八十八期	二十年七月三十一日	四三一(17)
放宽毗连新街口广场各马路	第七十三期	十九年十二月十五日	〇一四(15)
放宽益仁巷到升平桥马路	第六十四期	十九年六七月三十一日	五六一(13)
放宽碑亭巷大石板桥道路	第七十五期	二十年一月十五日	二五二(15)
放宽新街口马路	第七十七期	二十年二月十五日	五九五(15)
放宽新街口至碑亭巷一段马路	第七十九期	二十年三月十五日	一八六(16)
注重工人教育	第四十九期	十八年十二月十五日	二二〇(11)
注重考绩	第四十六期	十八年十月三十一日	四四七(10)
注重社会教育	第四十六期	十八年十月三十一日	四三九(10)
注重社会教育	第五十四期	十九年二月二十八日	〇四三(12)
注重党化教育	第七十三期	十九年十二月十五日	〇一九(15)
注重海外宣传	第四十七期	十八年十一月十五日	六五三(10)
注重婴儿卫生	第四十七期	十八年十一月十五日	六四九(10)
注重清道工作	第四十六期	十八年十月三十一日	四四五(10)
注重街市卫生	第五十七期	十九年四月十五日	四五八(12)
注音符号讲习所举行正音会	第七十六期	二十年一月三十一日	四〇二(15)
注音符号推行委员会举行第一次会议	第六十四期	十九年六七月三十一日	五六二(13)
注射伤寒预防针	第六十六期	十九年八月三十一日	〇二四(14)
注意工人卫生	第六十二期	十九年六月三十日	一九七(13)
注意工人教育	第六十八期	十九年九月三十日	二七六(14)
注意下关饮料	第六十二期	十九年六月三十日	一九七(13)
注意小学生体育训练	第六十七期	十九年九月十五日	一八五(14)

注意公用汽车卫生	第四十七期	十八年十一月十五日	六四九(10)
注意公共场所安全	第七十期	十九年十月三十一日	四八四(14)
注意公共娱乐场所卫生	第七十三期	十九年十二月十五日	〇二一(15)
注意扑灭蝗蝻	第六十一期	十九年六月十五日	〇四七(13)
注意冬防	第二十二期	十七年十月三十一日	一七一(5)
注意市民饮食	第六十五期	十九年八月十五日	七一七(13)
注意市民脚气病	第六十六期	十九年八月三十一日	〇二四(14)
注意民食	第八十七期	二十年七月十五日	三二八(17)
注意全市交通	第四十六期	十八年十月三十一日	四三七(10)
注意交通	第二十二期	十七年十月三十一日	一七二(5)
注意阴沟公井	第四十九期	十八年十二月十五日	二二五(11)
注意防止狂犬病	第六十八期	十九年九月三十日	二八三(14)
注意劳工卫生	第四十一期	十八年八月十五日	二四六(9)
注意饮料卫生	第五十一期	十九年一月十五日	五三一(11)
注意贫民注射防疫针	第六十七期	十九年九月十五日	一八六(14)
注意贫民健康	第八十七期	二十年七月十五日	三四一(17)
注意贫民健康	第八十六期	二十年六月三十日	二一一(17)
注意河流清洁	第四十期	十八年七月三十一日	〇五二(9)
注意治安	第三十三期	十八年四月十五日	四六三(7)
注意学生家属状况	第三十三期	十八年四月十五日	四六六(7)
注意学校卫生	第三十四期	十八年四月三十日	六五五(7)
注意食肉卫生	第五十期	十八年十二月三十一日	三五六(11)
注意秦淮河清洁	第五十七期	十九年四月十五日	四五九(12)
注意夏令卫生	第三十九期	十八年七月十五日	六七九(8)
注意夏季道路卫生	第八十五期	二十年六月十五日	一一五(17)
注意造林运动	第四十一期	十八年八月十五日	二四三(9)
注意消防	第二十三期	十七年十一月十五日	三一六(5)
注意警察卫生	第四十一期	十八年八月十五日	二四五(9)
治疫所近讯	第四十五期	十八年十月十五日	二六九(10)
治疫所近闻	第四十六期	十八年十月三十一日	四四五(10)
学术团体登记近讯	第六十二期	十九年六月三十日	一八七(13)
学术研究会第一次大会	第五十一期	十九年一月十五日	五一五(11)
学警练习巡逻	第三十三期	十八年四月十五日	四六五(7)

定订取缔洗刷马桶办法	第四十二期	十八年八月三十一日	四六一(9)
定期开征船捐	第八十五期	二十年六月十五日	一一〇(17)
定期开放九龙桥游泳场	第六十一期	十九年六月十五日	〇四五(13)
定期专用国历	第四十七期	十八年十一月十五日	六四五(10)
定期办理秋季车辆检验缴捐	第六十二期	十九年六月三十日	一八六(13)
定期发给拆迁费	第三十九期	十八年七月十五日	六七〇(8)
定期征收车辆季捐	第四十五期	十八年十月十五日	二五四(10)
定期征收本市牙税	第四十五期	十八年十月十五日	二五四(10)
定期举行市公债第四次抽签还本	第八十五期	二十年六月十五日	一一〇(17)
定期举行市立各校春季运动会及成绩展览会	第三十五期	十八年五月十五日	〇四三(8)
定期举行划界会议	第六十二期	十九年六月三十日	一八一(13)
定期举行全市小学演说竞进会	第七十二期	十九年十一月三十日	七四一(14)
定期举行第二届婴孩比赛会	第五十八期	十九年四月三十日	五四八(12)
定期举行第二届婴孩健康比赛会	第五十九至六十期	十九年五月三十一日	六九六(12)
定期举行第三届卫生运动	第四十九期	十八年十二月十五日	二二五(11)
定期举行第四届识字运动	第六十七期	十九年九月十五日	一八一(14)
定期登记马车	第四十五期	十八年十月十五日	二五五(10)
定期登记检验水车	第三十二期	十八年三月三十一日	二五七(7)
定期登验下关各种车辆	第四十七期	十八年十一月十五日	六三九(10)
审定戏剧	第四十五期	十八年十月十五日	二六一(10)
审查小学教师	第八十一期	二十年四月十五日	四一〇(16)
审查市徽	第二十六期	十七年十二月三十一日	〇六九(6)
审查市徽图案	第四十期	十八年七月三十一日	〇五三(9)
审查医药师助产士	第三十七期	十八年六月十五日	三四七(8)
审查建筑师工程师登记章程	第三十四期	十八年四月三十日	六五一(7)
空气测验	第五十五期	十九年三月十五日	二〇七(12)
空前之全市户籍大调查	第二十一期	十七年十月十五日	〇三九(5)
实行会计规程	第三十九期	十八年七月十五日	六六七(8)
实行产业补契	第七十九期	二十年三月十五日	一九〇(16)
实行防疫	第四十四期	十八年九月三十日	〇四八(10)
实行征收娱乐捐	第四十二期	十八年八月三十一日	四四八(9)
实行捕捉野犬	第七十二期	十九年十一月三十日	七四三(14)

实行捕捉野犬	第七十三期	十九年十二月十五日	〇二一(15)
实行检验救济院妇女	第二十七期	十八年一月十五日	二五〇(6)
实行减政裁员	第六十一期	十九年六月十五日	〇三九(13)
实行筑路摊费办法	第七十三期	十九年十二月十五日	〇一五(15)
实行疏浚秦淮河	第二十四期	十七年十一月三十日	四四四(5)
实施军事训练	第九十期	二十年八月三十一日	六二四(17)
实施管理斛行规则	第七十三期	十九年十二月十五日	〇一三(15)
实验学校开会	第二十八期	十八年一月三十一日	三七五(6)
试办土地登记	第七十八期	二十年二月二十八日	〇二一(16)
试办经济编制班	第八十八期	二十年七月三十一日	四三五(17)
试验救火机	第二十六期	十七年十二月三十一日	〇五七(6)
试编生活费指数	第三十五期	十八年五月十五日	〇四八(8)
房捐仲裁会开会	第四十一期	十八年八月十五日	二三三(9)
房捐仲裁会开会	第四十二期	十八年八月三十一日	四四八(9)
房捐仲裁会开第八次会议	第四十六期	十八年十月三十一日	四三三(10)
视察各校行政概况	第七十三期	十九年十二月十五日	〇一九(15)
视察私立各级学校	第六十二期	十九年六月三十日	一八七(13)
视察私立学校	第五十二期	十九年一月三十一日	六三五(11)
视察私校竣事	第六十三期	十九年七月十五日	三七〇(13)
视察私塾教育	第七十四期	十九年十二月三十一日	一二一(15)
视察第一通俗图书馆	第五十期	十八年十二月三十一日	三四九(11)
建立市图书馆近讯	第二十三期	十七年十一月十五日	三二八(5)
建议举行全国市政会议	第二十八期	十八年一月三十一日	三六七(6)
建设公债两委员会开会	第五十一期	十九年一月十五日	五一七(11)
建设公债第一次抽签还本	第五十一期	十九年一月十五日	五一六(11)
建设垃圾焚化炉十二座	第六十一期	十九年六月十五日	〇五一(13)
建设新住宅区近讯	第七十七期	二十年二月十五日	五九五(15)
建造水厂混水抽水机房	第六十八期	十九年九月三十日	二八五(14)
建筑乙丙两种市民住宅马路沟渠	第六十三期	十九年七月十五日	三六八(13)
建筑人力车夫休息所	第六十二期	十九年六月三十日	一八五(13)
建筑人力车夫休息所	第六十三期	十九年七月十五日	三六七(13)
建筑下关菜场	第九十期	二十年八月三十一日	六二二(17)
建筑大规模图书馆	第五十七期	十九年四月十五日	四六〇(12)

建筑大营盘公墓	第七十八期	二十年二月二十八日	○一五(16)
建筑大营盘公墓	第八十二期	二十年四月三十日	五二○(16)
建筑大营盘公墓马路	第八十五期	二十年六月十五日	一一一(17)
建筑小公园两处	第七十期	十九年十月三十一日	四八四(14)
建筑山西路	第八十八期	二十年七月三十一日	四三二(17)
建筑山西路	第八十三期	二十年五月十五日	六四八(16)
建筑夫子庙前广场	第七十四期	十九年十二月三十一日	一一四(15)
建筑太平路	第七十六期	二十年一月三十一日	三九九(15)
建筑太平路	第七十九期	二十年三月十五日	一八六(16)
建筑中山路西流湾一带涵洞	第七十八期	二十年二月二十八日	○一五(16)
建筑中山路西流湾涵洞	第七十期	十九年十月三十一日	四八三(14)
建筑中山路慢车道两段	第七十四期	十九年十二月三十一日	一一五(15)
建筑中山澄平两码头间马路	第七十一期	十九年十一月十五日	六一四(14)
建筑中正街自流井之经过	第三十三期	十八年四月十五日	四五八(7)
建筑中正街自流井售水票房	第三十二期	十八年三月三十一日	二五七(7)
建筑水厂清水机间	第七十六期	二十年一月三十一日	四○八(15)
建筑公共小便池十六处	第六十三期	十九年七月十五日	三六七(13)
建筑公墓	第八十期	二十年三月三十一日	二七六(16)
建筑戊种市民住宅	第八十四期	二十年五月三十一日	○一一(17)
建筑戊种市民住宅	第六十三期	十九年七月十五日	三六九(13)
建筑市民村戊种住宅	第六十六期	十九年八月三十一日	○二○(14)
建筑玄武湖停车场	第四十八期	十八年十一月三十日	○三○(11)
建筑玄武湖湖民住宅	第八十四期	二十年五月三十一日	○一二(17)
建筑玄武湖湖民住宅	第八十七期	二十年七月十五日	三三一(17)
建筑玄武路	第九十期	二十年八月三十一日	六二二(17)
建筑自来水厂进水台	第七十六期	二十年一月三十一日	四○七(15)
建筑全国运动会场	第六十七期	十九年九月十五日	一七八(14)
建筑各路慢车道	第七十四期	十九年十二月三十一日	一一六(15)
建筑花牌楼马路	第七十五期	二十年一月十五日	二四九(15)
建筑陆家背巷公厕	第五十二期	十九年一月三十一日	六三三(11)
建筑奉安来往道	第三十四期	十八年四月三十日	六四九(7)
建筑国府至中山路一段马路	第七十三期	十九年十二月十五日	○一六(15)
建筑保险储藏室	第七十三期	十九年十二月十五日	○一六(15)

建筑挹江门广场	第八十九期	二十年八月十五日	五三八(17)
建筑挹江门城门	第七十四期	十九年十二月三十一日	一一三(15)
建筑挹江门城门计划	第六十七期	十九年九月十五日	一八〇(14)
建筑挹江门城楼	第六十八期	十九年九月三十日	二八二(14)
建筑热度消毒室	第八十七期	二十年七月十五日	三四一(17)
建筑菜市已筹划完竣	第七十五期	二十年一月十五日	二四八(15)
建筑停车场	第四十七期	十八年十一月十五日	六四〇(10)
建筑商业中心广场	第八十七期	二十年七月十五日	三三一(17)
建筑望粮桥附近水沟	第六十七期	十九年九月十五日	一七九(14)
建筑屠宰场	第三十二期	十八年三月三十一日	二五六(7)
建筑道路杂讯	第二十四期	十七年十一月三十日	四四五(5)
建筑新式屠宰场	第七十八期	二十年二月二十八日	〇二〇(16)
建筑新住宅区计划	第七十五期	二十年一月十五日	二五〇(15)
建筑新住宅区近讯	第八十一期	二十年四月十五日	四〇五(16)
建筑新住宅区俱乐部	第八十七期	二十年七月十五日	三三二(17)
建筑新住宅区第七干路	第八十六期	二十年六月三十日	二〇八(17)
建筑慢车道	第四十一期	十八年八月十五日	二三六(9)
肃清垃圾	第三十期	十八年二月二十八日	七二四(6)
居住内地之外人不得免缴铺房捐	第二十九期	十八年二月十五日	五四一(6)
承恩寺摊位布置计划	第五十五期	十九年三月十五日	一九八(12)
函索长途汽车	第五十一期	十九年一月十五日	五三四(11)
函请加班巡查	第五十一期	十九年一月十五日	五三四(11)
函请执行迁移牛皮骨角业	第四十八期	十八年十一月三十日	〇三九(11)
函请各国领事参加双十节典礼	第四十六期	十八年十月三十一日	四四八(10)
函请取缔未纳捐车辆	第五十三期	十九年二月十五日	七四一(11)
函请保护日人游历	第五十七期	十九年四月十五日	四六〇(12)
函请保护城砖	第五十七期	十九年四月十五日	四四五(12)
函请保护路旁树木	第五十四期	十九年二月二十八日	〇五六(12)
函请维护兴华公共汽车	第七十四期	十九年十二月三十一日	一一五(15)
函请整理市有路灯	第五十期	十八年十二月三十一日	三五九(11)
函请警厅保护中山路两旁树木	第五十八期	十九年四月三十日	五四四(12)
函催苏财厅筹拨补助费	第五十四期	十九年二月二十八日	〇三七(12)
函催移交浦口商埠	第二十七期	十八年一月十五日	二三三(6)

限令卜筮星相改业	第七十四期	十九年十二月三十一日	一一一(15)
限令人力车夫领用号衣	第六十七期	十九年九月十五日	一七九(14)
限令大世界改良卫生设备	第四十三期	十八年九月十五日	七三四(9)
限令夫子庙摊贩迁让	第七十五期	二十年一月十五日	二四八(15)
限令书店印刷所登记	第七十八期	二十年二月二十八日	〇一一(16)
限令私立小学立案	第七十八期	二十年二月二十八日	〇一六(16)
限令私立补习学校登记	第六十二期	十九年六月三十日	一八七(13)
限令教会学校立案	第六十二期	十九年六月三十日	一八九(13)
限制小学练习歌舞	第七十期	十九年十月三十一日	四八五(14)
限制公共汽车每辆乘客人数	第六十九期	十九年十月十五日	四〇七(14)
限制私中招收女生	第六十四期	十九年六七月三十一日	五六八(13)
限制追加预算	第三十一期	十八年三月十五日	〇四六(7)
限制碾磨白米	第六十六期	十九年八月三十一日	〇一四(14)
限定汽车载客数目	第四十九期	十八年十二月十五日	二二六(11)
限期办理报社登记	第八十五期	二十年六月十五日	一〇八(17)
限期办竣土地申报	第八十三期	二十年五月十五日	六五五(16)
限期迁让新住宅区坟墓	第七十四期	十九年十二月三十一日	一一五(15)
限期迁移坟墓	第三十八期	十八年六月三十日	五〇二(8)
限期拟定工作计划	第二十五期	十七年十二月十五日	六九五(5)
限期完成国府东至中山路一段马路	第七十五期	二十年一月十五日	二四八(15)
限期完缴房铺捐	第二十四期	十七年十一月三十日	四四六(5)
限期拆除子午线内建筑	第四十三期	十八年九月十五日	七二七(9)
限期拆除中正街至杨公井路线房屋	第四十七期	十八年十一月十五日	六三九(10)
限期拆除转角凸出房屋	第二十一期	十七年十月十五日	〇四五(5)
限期拆除珠宝廊至使署口路线内房屋	第四十七期	十八年十一月十五日	六四〇(10)
限期征收车捐	第四十二期	十八年八月三十一日	四四七(9)
限期建筑公墓	第四十一期	十八年八月十五日	二四〇(9)
限期登记中正街杨公井间路线内地契	第四十七期	十八年十一月十五日	六三七(10)
限期登记私立补习学校	第五十一期	十九年一月十五日	五二〇(11)
限期登记补习学校	第七十二期	十九年十一月三十日	七四一(14)
限期登记党义教师	第六十一期	十九年六月十五日	〇四五(13)

限期禁绝鸦片	第四十五期	十八年十月十五日	二七二(10)
参加全国运动会本市预选会办法	第九十期	二十年八月三十一日	六二五(17)
组设儿童保健会	第八十七期	二十年七月十五日	三四二(17)
组设戏词鼓书研究会	第五十七期	十九年四月十五日	四四九(12)
组设教育实验研究委员会	第七十二期	十九年十一月三十日	七四〇(14)
组织土地征收审查委员会	第二十六期	十七年十二月三十一日	〇五五(6)
组织卫生演讲队	第四十五期	十八年十月十五日	二六八(10)
组织卫生警士救急法临时训练班	第三十期	十八年二月二十八日	七二四(6)
组织升学就业指导委员会	第三十九期	十八年七月十五日	六七四(8)
组织灭蝇队	第八十一期	二十年四月十五日	四一一(16)
组织东北教育参观团	第八十期	二十年三月三十一日	二八二(16)
组织冬赈委员会	第四十九期	十八年十二月十五日	二二四(11)
组织市典当整委会	第四十七期	十八年十一月十五日	六三五(10)
组织民教审委会	第四十五期	十八年十月十五日	二六一(10)
组织传染病医院	第六十四期	十九年六七月三十一日	五七八(13)
组织合作事业指导委员会	第三十九期	十八年七月十五日	六七八(8)
组织农村通俗讲演团	第五十期	十八年十二月三十一日	三五三(11)
组织防疫宣传队	第六十三期	十九年七月十五日	三八〇(13)
组织妇女缝纫合作社	第七十九期	二十年三月十五日	一八四(16)
组织劳资仲裁机关	第八十三期	二十年五月十五日	六四七(16)
组织劳资仲裁委员会	第八十四期	二十年五月三十一日	〇〇八(17)
组织劳资仲裁委员会	第八十六期	二十年六月三十日	二〇五(17)
组织国术研究会	第七十一期	十九年十一月十五日	六二二(14)
组织国语注音符号传习会	第六十九期	十九年十月十五日	四〇九(14)
组织国语注音符号推行委员会	第六十三期	十九年七月十五日	三七〇(13)
组织购料委员会	第二十九期	十八年二月十五日	五三四(6)
组织图书刊物审查处	第八十期	二十年三月三十一日	二七三(16)
组织征收土地审查会	第三十六期	十八年五月三十一日	一六六(8)
组织注音符号传习会	第七十二期	十九年十一月三十日	七三〇(14)
组织学校教育研究会	第四十九期	十八年十二月十五日	二一六(11)
组织房屋租金调查委员会	第五十期	十八年十二月三十一日	三五〇(11)
组织房捐仲裁委员会	第三十九期	十八年七月十五日	六六七(8)
组织经济调查会	第三十一期	十八年三月十五日	〇四七(7)

组织省市划界交割事权接收委员会	第八十三期	二十年五月十五日	六四五(16)
组织首都丝织业改良研究会	第六十七期	十九年九月十五日	一七二(14)
组织首都年鉴编纂委员会	第五十三期	十九年二月十五日	七五九(11)
组织首都各界冬赈联合会	第二十六期	十七年十二月三十一日	〇六四(6)
组织总理奉安时临时救护队	第三十一期	十八年三月十五日	〇六三(7)
组织统计委员会	第五十八期	十九年四月三十日	五四四(12)
组织校舍委员会	第四十一期	十八年八月十五日	二三九(9)
组织特别训练班	第二十四期	十七年十一月三十日	四四九(5)
组织调查食品处	第四十二期	十八年八月三十一日	四六〇(9)
组织教育会会员资格审查委员会	第八十期	二十年三月三十一日	二八二(16)
组织教育实验研究会	第六十九期	十九年十月十五日	四〇九(14)
组织救济院	第三十四期	十八年四月三十日	六五五(7)
组织暑期教育讲习会	第八十七期	二十年七月十五日	三三七(17)
组织暑期教育研究会	第六十三期	十九年七月十五日	三七一(13)
组织暑期教育研究会	第六十四期	十九年六七月三十一日	五六九(13)
组织暑期教育研究会	第八十五期	二十年六月十五日	一一三(17)
组织道路计划实施方案起草委员会	第五十七期	十九年四月十五日	四四三(12)
组织疏浚秦淮河设计委员会	第三十九期	十八年七月十五日	六七三(8)
组织路灯委员会	第八十九期	二十年八月十五日	五三八(17)
组织粮食委员会	第九十期	二十年八月三十一日	六二〇(17)
织缎业概况	第三十二期	十八年三月三十一日	二六七(7)
经济调查委员会筹备就绪	第四十期	十八年七月三十一日	〇四〇(9)
春季车捐展限	第五十三期	十九年二月十五日	七四一(11)
封闭三民小学	第五十七期	十九年四月十五日	四四八(12)
封闭东关头洞口	第五十八期	十九年四月三十日	五四七(12)
城北疫势减退	第四十五期	十八年十月十五日	二六九(10)
城垣内附近不准搭盖草房	第四十二期	十八年八月三十一日	四五三(9)
指导工人夏令卫生	第四十二期	十八年八月三十一日	四五九(9)
指导学员实习	第五十二期	十九年一月三十一日	六三三(11)
指定工务局对房屋修建办法	第三十七期	十八年六月十五日	三四〇(8)
指派会计专员	第二十七期	十八年一月十五日	二三七(6)
荐头行将移转管辖	第四十八期	十八年十一月三十日	〇三五(11)
草拟整顿私中办法	第五十三期	十九年二月十五日	七四七(11)

南区塾师讲习所成立	第六十九期	十九年十月十五日	四〇九(14)
南区塾师讲习所结束	第七十四期	十九年十二月三十一日	一二一(15)
南区塾师讲习所结束	第七十六期	二十年一月三十一日	四〇五(15)
南区警署禁演扬州戏	第三十三期	十八年四月十五日	四六四(7)
南京市市政厅成立及市长就职典礼纪	第一号	十六年六月	一四五(1)
南京市成立二周纪念	第三十五期	十八年五月十五日	〇三五(8)
南京特别市市政府成立及各局长就职典礼纪	第一号	十六年六月	一四六(1)
南京特别市市政府体育会简章	第二十三期	十七年十一月十五日	三二八(5)
南京特别市市政府职员一览	第一号补编	十六年四月始迄八月止	五二四(1)
南京特别市参事会成立	第一号补编	十六年四月始迄八月止	五二一(1)
南城市街计划就绪	第三十五期	十八年五月十五日	〇四〇(8)
南城新街道计划近讯	第五十一期	十九年一月十五日	五二〇(11)
药商注册展限	第四十七期	十八年十一月十五日	六五〇(10)
标卖八卦洲柳树	第五十四期	十九年二月二十八日	〇五四(12)
标卖下关交通路小菜场旁空地	第六十八期	十九年九月三十日	二八四(14)
标卖大批逆产	第二十七期	十八年一月十五日	二三七(6)
标卖市有土地两处	第七十五期	二十年一月十五日	二五五(15)
标卖市有基地滩地	第二十四期	十七年十一月三十日	四四八(5)
标卖两种市民住宅	第五十三期	十九年二月十五日	七五九(11)
标卖逆产	第二十六期	十七年十二月三十一日	〇五三(6)
标卖益仁巷废路	第六十四期	十九年六七月三十一日	五六〇(13)
标卖基地	第二十四期	十七年十一月三十日	四四七(5)
查明孙宝珊占地	第二十五期	十七年十二月十五日	七〇四(5)
查获反动刊物	第四十一期	十八年八月十五日	二四三(9)
查获反动刊物	第四十四期	十八年九月三十日	〇四五(10)
查获反动刊物	第四十八期	十八年十一月三十日	〇三五(11)
查获反动刊物	第四十九期	十八年十二月十五日	二二一(11)
查获违禁药物	第四十五期	十八年十月十五日	二六五(10)
查验房屋修建退缩	第四十八期	十八年十一月三十日	〇二九(11)
查勘文庙旁民屋	第五十三期	十九年二月十五日	七四二(11)
查禁卜筮星相	第六十一期	十九年六月十五日	〇四六(13)

查禁卜筮星相	第六十二期	十九年六月三十日	一九二(13)
查禁反动刊物	第七十六期	二十年一月三十一日	三九八(15)
查禁旧法种痘	第五十六期	十九年三月三十一日	三六六(12)
查禁有奖储蓄券	第六十九期	十九年十月十五日	四〇三(14)
查禁私运吗啡	第五十七期	十九年四月十五日	四五四(12)
查禁含有火酒之饮料	第三十期	十八年二月二十八日	七二四(6)
查禁卖出小孩	第五十七期	十九年四月十五日	四五二(12)
查禁固本戒烟丸	第四十七期	十八年十一月十五日	六五〇(10)
查禁废历历书	第五十三期	十九年二月十五日	七五二(11)
查禁奖券	第六十八期	十九年九月三十日	二七六(14)
查禁赌具	第五十四期	十九年二月二十八日	〇四五(12)
查禁操纵兑换	第五十四期	十九年二月二十八日	〇四八(12)
查察旅馆饭店卫生	第五十三期	十九年二月十五日	七五七(11)
省市执行划界	第八十一期	二十年四月十五日	四〇一(16)
省市划界会议	第三十八期	十八年六月三十日	四九六(8)
省市划界会议仍无结果	第六十三期	十九年七月十五日	三六二(13)
省市划界交割事权行将竣事	第八十四期	二十年五月三十一日	〇〇七(17)
省市划界问题告一段落	第四十九期	十八年十二月十五日	二二八(11)
省市划界问题解决	第五十三期	十九年二月十五日	七五八(11)
省市商会筹浚秦淮河	第三十三期	十八年四月十五日	四六二(7)
秋季车捐开征	第六十三期	十九年七月十五日	三六四(13)
秋季车捐收入概况	第六十六期	十九年八月三十一日	〇一八(14)
重订妇女教养所所生配婚规则	第五十二期	十九年一月三十一日	六三八(11)
重订检验汽车办法	第八十一期	二十年四月十五日	四〇四(16)
重行招标建筑玄武门停车场	第四十二期	十八年八月三十一日	四五一(9)
重行调查学龄儿童	第四十二期	十八年八月三十一日	四五四(9)
重行调查房捐	第六十三期	十九年七月十五日	三六二(13)
重拟汽车捐率	第三十二期	十八年三月三十一日	二五七(7)
重定育婴所婴孩给领规则	第五十三期	十九年二月十五日	七五三(11)
重建下江考棚等处便池	第四十六期	十八年十月三十一日	四三八(10)
重修复成桥	第八十六期	二十年六月三十日	二〇八(17)
重造新预算	第五十九至六十期	十九年五月三十一日	六八五(12)
复议清凉山民地地价	第六十三期	十九年七月十五日	三六四(13)

复查房租产价	第七十五期	二十年一月十五日	二四五(15)
复勘九袱洲筑桥及市民住宅地址	第四十七期	十八年十一月十五日	六三八(10)
修订测量例规	第四十九期	十八年十二月十五日	二一三(11)
修正车辆价目	第三十五期	十八年五月十五日	〇四一(8)
修正公众营业建筑许可证	第七十四期	十九年十二月三十一日	一一六(15)
修正市政公债条例	第三十九期	十八年七月十五日	六六七(8)
修正关于自来水各项文件	第四十六期	十八年十月三十一日	四四七(10)
修正汽车罚款细则	第四十六期	十八年十月三十一日	四三九(10)
修正征收试验费规则	第五十二期	十九年一月三十一日	六三九(11)
修正商业薄记夜班讲习所简章	第四十五期	十八年十月十五日	二六五(10)
修补中山路	第八十七期	二十年七月十五日	三三三(17)
修改粮食管理所章程	第四十三期	十八年九月十五日	七三一(9)
修治老马路两旁树木	第六十七期	十九年九月十五日	一八〇(14)
修建中华门城楼	第八十五期	二十年六月十五日	一一一(17)
修建升平桥小学	第四十八期	十八年十一月三十日	〇三二(11)
修建粤军烈士墓	第三十五期	十八年五月十五日	〇四二(8)
修浚秦淮河	第二十六期	十七年十二月三十一日	〇四九(6)
修浚浦口马路沟渠	第六十一期	十九年六月十五日	〇四五(13)
修理下关马路	第八十五期	二十年六月十五日	一一二(17)
修理五洲公园景行楼	第四十六期	十八年十月三十一日	四三七(10)
修理车轨计划	第四十八期	十八年十一月三十日	〇四二(11)
修理中山码头驳岸	第四十一期	十八年八月十五日	二三五(9)
修理中正街自流井	第八十一期	二十年四月十五日	四〇五(16)
修理北极阁马路	第四十五期	十八年十月十五日	二五八(10)
修理全市沟渠	第八十八期	二十年七月三十一日	四三二(17)
修理柳叶街马路	第四十八期	十八年十一月三十日	〇三〇(11)
修理路沟	第三十八期	十八年六月三十日	五〇〇(8)
修葺救生船	第四十五期	十八年十月十五日	二六六(10)
修筑太平桥	第五十三期	十九年二月十五日	七四三(11)
修筑中山路至丁家桥马路	第六十八期	十九年九月三十日	二八一(14)
修筑行政院门前道路沟渠	第六十八期	十九年九月三十日	二八〇(14)
修筑江东门石路	第七十一期	十九年十一月十五日	六一六(14)
修筑房屋执照应在开工地点悬挂	第四十一期	十八年八月十五日	二三六(9)

修筑挹江门一带马路	第八十八期	二十年七月三十一日	四三一(17)
修筑黄埔路	第六十一期	十九年六月十五日	〇四四(13)
修筑崔八巷道路并取缔蓬户	第五十六期	十九年三月三十一日	三五九(12)
修筑道路桥梁	第三十七期	十八年六月十五日	三四〇(8)
修筑富贵山马路	第六十七期	十九年九月十五日	一七九(14)
修缮市立各校校舍	第四十一期	十八年八月十五日	二四〇(9)
修缮城墙	第八十六期	二十年六月三十日	二〇八(17)
保存胜迹古物	第八十四期	二十年五月三十一日	〇二〇(17)
保存胜迹古物	第八十七期	二十年七月十五日	三三三(17)
保护飞来剪古物	第七十五期	二十年一月十五日	二五三(15)
保护中山路旁树木	第四十七期	十八年十一月十五日	六五三(10)
保持街道清洁	第五十一期	十九年一月十五日	五二九(11)
保送小学毕业生免试升学	第六十五期	十九年八月十五日	七一四(13)
保送小学优秀毕业生	第八十七期	二十年七月十五日	三三九(17)
保送市校升学学生	第六十四期	十九年六七月三十一日	五六八(13)
保留三塔寺古迹	第九十期	二十年八月三十一日	六二八(17)
急救疾病之实施	第三十一期	十八年三月十五日	〇六二(7)
将设统计委员会	第五十七期	十九年四月十五日	四五一(12)
奖励优良小学	第八十期	二十年三月三十一日	二八〇(16)
奖励佛教慈幼院	第四十一期	十八年八月十五日	二四〇(9)
奖励捕盗之官警	第三十一期	十八年三月十五日	〇五二(7)
度量衡检定所开始办公	第六十八期	十九年九月三十日	二七五(14)
度量衡检定所分期推行新器	第七十七期	二十年二月十五日	五九二(15)
度量衡检定所公开检定市尺	第八十二期	二十年四月三十日	五一九(16)
度量衡检定所公开检定市尺	第八十三期	二十年五月十五日	六四五(16)
疯人拘留所	第三十二期	十八年三月三十一日	二五八(7)
咨询沪汉田赋情形	第六十三期	十九年七月十五日	三六四(13)
咨请财部饬拨积欠补助费	第五十六期	十九年三月三十一日	三五七(12)
咨请制止擅占校基	第五十三期	十九年二月十五日	七四五(11)
咨请指定省市划界代表	第五十四期	十九年二月二十八日	〇五五(12)
咨请颁给市尺	第五十一期	十九年一月十五日	五一八(11)
施行清道消毒	第五十六期	十九年三月三十一日	三六五(12)
养成保育人材	第五十期	十八年十二月三十一日	三五一(11)

美术展览会开幕情形	第八十四期	二十年五月三十一日	〇一三(17)
美术展览会闭幕	第八十五期	二十年六月十五日	一一三(17)
美术展览会定期开幕	第七十八期	二十年二月二十八日	〇一六(16)
首都卫生行政实验区施行办法	第四十二期	十八年八月三十一日	四六二(9)
首都卫生运动大会志盛	第二十六期	十七年十二月三十一日	〇六五(6)
首都公私建筑须向工务局领照动工	第五十六期	十九年三月三十一日	三五九(12)
首都户籍总调查统计发表	第二十二期	十七年十月三十一日	一六七(5)
首都户籍调查统计图表出版	第三十三期	十八年四月十五日	四七六(7)
首都四月粮食物价指数	第三十六期	十八年五月三十一日	一七一(8)
首都冬防会议	第二十五期	十七年十二月十五日	七〇五(5)
首都各界冬赈联合会办理结束	第八十一期	二十年四月十五日	四〇二(16)
首都米市筹备处成立	第六十五期	十九年八月十五日	七〇四(13)
首都实验民众教育馆举办社会调查	第九十期	二十年八月三十一日	六二七(17)
首都城市全图不日出版	第三十五期	十八年五月十五日	〇三八(8)
首都消费社本月内开幕	第五十四期	十九年二月二十八日	〇五〇(12)
首都消费社先办煤斤营业	第五十三期	十九年二月十五日	七四九(11)
首都第三届识字运动	第五十五期	十九年三月十五日	二〇〇(12)
首都道路计划即将完成	第四十七期	十八年十一月十五日	六三九(10)
兹委任许白同为南京特别市市政府社会局公益科科长	第三十期	十八年二月二十八日	七二七(6)
测制考试院地形图	第四十六期	十八年十月三十一日	四三六(10)
测制南京新地图	第三十四期	十八年四月三十日	六四八(7)
测绘本市市街全图	第三十一期	十八年三月十五日	〇四八(7)
测验民众学校	第五十三期	十九年二月十五日	七四五(11)
测验全市民众学校	第三十九期	十八年七月十五日	六七三(8)
测勘自来水蓄水池	第四十六期	十八年十月三十一日	四三六(10)
测量工作紧张	第二十六期	十七年十二月三十一日	〇五五(6)
测量子午线路	第三十六期	十八年五月三十一日	一六八(8)
测量本市地图	第四十一期	十八年八月十五日	二三四(9)
测量城北地籍	第七十八期	二十年二月二十八日	〇二一(16)
测量秦淮河	第四十期	十八年七月三十一日	〇四三(9)
测量朝天宫	第四十六期	十八年十月三十一日	四三五(10)
测量新地图	第四十五期	十八年十月十五日	二五五(10)

派员出席全国工商会议	第六十五期	十九年八月十五日	七〇七(13)
派员协商划分自治区	第四十五期	十八年十月十五日	二七三(10)
派员讲演卫生方法	第三十五期	十八年五月十五日	〇四四(8)
派员视察各校	第七十七期	二十年二月十五日	六〇〇(15)
派员视察各校行政	第五十八期	十九年四月三十日	五五〇(12)
派员赴日考察教育完毕	第六十二期	十九年六月三十日	一八九(13)
派员监印债券	第四十四期	十八年九月三十日	〇三六(10)
派员调查公产	第二十六期	十七年十二月三十一日	〇五三(6)
派员调查本市商业	第六十二期	十九年六月三十日	一九一(13)
派员调查出生确数	第四十七期	十八年十一月十五日	六四九(10)
派员接收晓庄师范	第六十七期	十九年九月十五日	一八三(14)
派员接收救济洲	第二十五期	十七年十二月十五日	七〇三(5)
派定省市划界人员	第五十三期	十九年二月十五日	七六〇(11)
津浦路局栈房应纳铺捐	第四十一期	十八年八月十五日	二四八(9)
恢复各区巡逻警	第二十六期	十七年十二月三十一日	〇五六(6)
恢复演讲厅	第二十四期	十七年十一月三十日	四五二(5)
举办工厂登记	第六十三期	十九年七月十五日	三七四(13)
举办工厂登记	第六十九期	十九年十月十五日	四〇二(14)
举办小贩登记	第七十五期	二十年一月十五日	二五五(15)
举办卫生警训练班	第四十六期	十八年十月三十一日	四四四(10)
举办书店印刷所登记	第七十一期	十九年十一月十五日	六一三(14)
举办书店印刷登记	第六十八期	十九年九月三十日	二七七(14)
举办训育主任训练班	第五十二期	十九年一月三十一日	六三五(11)
举办民校教师登记	第八十五期	二十年六月十五日	一一三(17)
举办有关卫生各业注册	第五十期	十八年十二月三十一日	三五七(11)
举办会馆同乡会注册	第四十五期	十八年十月十五日	二六四(10)
举办农村调查	第八十七期	二十年七月十五日	三二九(17)
举办医师登记	第八十八期	二十年七月三十一日	四三六(17)
举办私立补习学校登记	第五十期	十八年十二月三十一日	三四九(11)
举办饮食店登记	第六十九期	十九年十月十五日	四一一(14)
举办饮食品小贩登记	第六十四期	十九年六七月三十一日	五七八(13)
举办卖典不动产经纪人登记	第七十五期	二十年一月十五日	二五七(15)
举办注音符号讲习所	第八十八期	二十年七月三十一日	四三三(17)

举办学龄儿童统计	第八十四期	二十年五月三十一日	○一三(17)
举办度量衡营业登记	第八十四期	二十年五月三十一日	○一○(17)
举办施茶	第四十一期	十八年八月十五日	二四二(9)
举办教师登记	第九十期	二十年八月三十一日	六二六(17)
举办教会登记	第九十期	二十年八月三十一日	六二○(17)
举办职业补习学校	第五十五期	十九年三月十五日	一九九(12)
举办第二次农村总调查	第八十五期	二十年六月十五日	一○九(17)
举办第四期注音符号讲习所	第八十二期	二十年四月三十日	五二一(16)
举办猪只检验	第七十七期	二十年二月十五日	六○一(15)
举办斛行登记	第八十三期	二十年五月十五日	六四六(16)
举办暑期卫生讲习会	第四十期	十八年七月三十一日	○五二(9)
举办游船登记	第六十一期	十九年六月十五日	○四五(13)
举办寒假卫生训练班	第五十三期	十九年二月十五日	七四六(11)
举办蓬户登记	第八十五期	二十年六月十五日	一一二(17)
举办慈善团体注册	第三十三期	十八年四月十五日	四七二(7)
举办塾师讲习所	第三十八期	十八年六月三十日	五○三(8)
举行儿童庆祝双十节大会	第四十六期	十八年十月三十一日	四三九(10)
举行工人家计调查	第三十九期	十八年七月十五日	六七五(8)
举行工业团体登记	第六十四期	十九年六七月三十一日	五七七(13)
举行小学毕业生会考	第八十五期	二十年六月十五日	一一五(17)
举行小学毕业生会考	第八十六期	二十年六月三十日	二○九(17)
举行小学毕业生志愿调查	第六十四期	十九年六七月三十一日	五六八(13)
举行小学毕业会考	第四十期	十八年七月三十一日	○四七(9)
举行小学自然科实验表演会	第七十三期	十九年十二月十五日	○一七(15)
举行小学第三届演说竞进会	第五十一期	十九年一月十五日	五二○(11)
举行中校教师登记	第四十四期	十八年九月三十日	○四一(10)
举行牛奶坊及水船水车注册	第五十三期	十九年二月十五日	七五五(11)
举行升学就业指导	第六十四期	十九年六七月三十一日	五六二(13)
举行公共娱乐场所登记	第四十一期	十八年八月十五日	二四一(9)
举行公益行政会议	第三十三期	十八年四月十五日	四六九(7)
举行公益慈善团体注册	第三十五期	十八年五月十五日	○四六(8)
举行书店登记	第六十三期	十九年七月十五日	三七二(13)
举行幻灯演讲	第四十二期	十八年八月三十一日	四五四(9)

举行未立案私立高级中学毕业生升学预试	第八十五期	二十年六月十五日	一一四(17)
举行市交通会议	第六十七期	十九年九月十五日	一七九(14)
举行市政演讲	第五十四期	十九年二月二十八日	〇五四(12)
举行市校升学标准测验	第六十二期	十九年六月三十日	一八八(13)
举行市校第二届演讲比赛	第二十六期	十七年十二月三十一日	〇六四(6)
举行市校联合毕业典礼	第四十期	十八年七月三十一日	〇四七(9)
举行扩大卫生运动周	第八十三期	二十年五月十五日	六五一(16)
举行死亡登记	第六十四期	十九年六七月三十一日	五七八(13)
举行年终考绩	第五十三期	十九年二月十五日	七六一(11)
举行自然科学实验表演会	第七十期	十九年十月三十一日	四八六(14)
举行自然科实验联合表演	第七十四期	十九年十二月三十一日	一一七(15)
举行全市大扫除	第六十一期	十九年六月十五日	〇四九(13)
举行全市大扫除	第七十四期	十九年十二月三十一日	一二二(15)
举行全市大扫除	第五十九至六十期	十九年五月三十一日	六九六(12)
举行全市卫生总检查	第四十一期	十八年八月十五日	二四七(9)
举行全市民众大扫除	第三十九期	十八年七月十五日	六八〇(8)
举行全市饮食物店总检查	第四十二期	十八年八月三十一日	四六〇(9)
举行全市学龄儿童调查	第六十九期	十九年十月十五日	四一〇(14)
举行全市教职员总登记	第四十九期	十八年十二月十五日	二一七(11)
举行庆祝元旦大会	第五十二期	十九年一月三十一日	六四二(11)
举行庆祝总理诞辰纪念会	第七十二期	十九年十一月三十日	七二九(14)
举行巡回讲演	第五十八期	十九年四月三十日	五四八(12)
举行巡回演讲	第五十一期	十九年一月十五日	五二〇(11)
举行巡回演讲	第五十二期	十九年一月三十一日	六三四(11)
举行时事测验	第二十八期	十八年一月三十一日	三七五(6)
举行私中毕业生升学预试	第八十七期	二十年七月十五日	三三三(17)
举行私立中学毕业生升学预试	第八十六期	二十年六月三十日	二〇九(17)
举行饮食品小贩登记	第三十七期	十八年六月十五日	三四六(8)
举行社教联席会议	第四十八期	十八年十一月三十日	〇三一(11)
举行识字运动	第二十六期	十七年十二月三十一日	〇五七(6)
举行国民革命军誓师五周纪念会	第八十七期	二十年七月十五日	三二七(17)
举行国语展览会	第五十三期	十九年二月十五日	七四五(11)

举行学术讲演	第七十八期	二十年二月二十八日	○一七(16)
举行学生智力测验	第五十期	十八年十二月三十一日	三五○(11)
举行学龄儿童个别调查	第七十六期	二十年一月三十一日	四○二(15)
举行房租产价调查	第七十三期	十九年十二月十五日	○一四(15)
举行首次学术讲演会	第八十期	二十年三月三十一日	二八○(16)
举行总理奉安二周纪念会	第八十五期	二十年六月十五日	一○七(17)
举行总理逝世六周纪念会	第七十九期	二十年三月十五日	一八一(16)
举行宣传运动周	第四十七期	十八年十一月十五日	六五三(10)
举行家犬登记	第六十七期	十九年九月十五日	一八五(14)
举行家犬登记	第六十八期	十九年九月三十日	二八四(14)
举行通俗讲演	第五十期	十八年十二月三十一日	三五○(11)
举行通俗演讲	第四十四期	十八年九月三十日	○四二(10)
举行通俗演讲	第七十九期	二十年三月十五日	一八七(16)
举行婴儿保健会	第八十四期	二十年五月三十一日	○二一(17)
举行婴孩比赛会	第六十一期	十九年六月十五日	○四九(13)
举行第二次识字运动	第四十四期	十八年九月三十日	○四一(10)
举行第二届学龄儿童调查	第七十一期	十九年十一月十五日	六一八(14)
举行第二届学龄儿童调查	第七十四期	十九年十二月三十一日	一二一(15)
举行第三次塾师登记	第五十四期	十九年二月二十八日	○四二(12)
举行第三届中小学联合运动会	第八十四期	二十年五月三十一日	○一六(17)
举行第三届中学演讲竞赛会	第七十四期	十九年十二月三十一日	一二○(15)
举行第五届民众学校毕业测验	第八十六期	二十年六月三十日	二○九(17)
举行第五届民校毕业典礼	第八十七期	二十年七月十五日	三三五(17)
举行第五届识字运动	第七十九期	二十年三月十五日	一八七(16)
举行第四届小学演说比赛会	第七十四期	十九年十二月三十一日	一一八(15)
举行第四届识字运动	第六十八期	十九年九月三十日	二八二(14)
举行船只登记及检验	第八十五期	二十年六月十五日	一一二(17)
举行清道会议	第五十八期	十九年四月三十日	五五六(12)
举行提倡国货运动宣传周	第七十九期	二十年三月十五日	一八二(16)
举行提倡国货运动宣传周	第八十期	二十年三月三十一日	二六六(16)
举行游船登记	第四十二期	十八年八月三十一日	四五二(9)
举行摊号春季登记	第五十一期	十九年一月十五日	五一九(11)
举行感化演讲	第五十八期	十九年四月三十日	五五○(12)

举行歌女登记	第三十二期	十八年三月三十一日	二六二(7)
举行演说竞进会	第三十五期	十八年五月十五日	○四二(8)
举行霍乱预防注射	第六十三期	十九年七月十五日	三八○(13)
宣传合作事业	第二十八期	十八年一月三十一日	三七五(6)
宣传废除旧历及撤消领判权	第五十一期	十九年一月十五日	五三五(11)
官后山将建筑小学校	第八十期	二十年三月三十一日	二八○(16)
姚公安局长整饬局务	第二十二期	十七年十月三十一日	一七六(5)
姚局长注意治安	第三十期	十八年二月二十八日	七一七(6)
姚局长诰诫僚属以三事自省	第二十六期	十七年十二月三十一日	○五五(6)
拏获共产党	第二十四期	十七年十一月三十日	四五○(5)
结束市处理逆产委员会	第二十八期	十八年一月三十一日	三七九(6)
绘定住宅区界图	第六十五期	十九年八月十五日	七一二(13)
绘就中山路两旁段落分划图	第四十五期	十八年十月十五日	二五九(10)
给养退伍警士	第三十三期	十八年四月十五日	四六四(7)
统一本市度量衡	第四十二期	十八年八月三十一日	四五九(9)
统一市度量衡	第三十一期	十八年三月十五日	○五八(7)
统一市校体育教课	第三十二期	十八年三月三十一日	二六二(7)
统计人员养成所举行开学典礼	第二十二期	十七年十月三十一日	一八四(5)
统计学龄儿童	第八十七期	二十年七月十五日	三三三(17)
捕捉蝗虫	第三十七期	十八年六月十五日	三四二(8)
捕获大批嫌疑匪犯	第二十五期	十七年十二月十五日	七○七(5)
赶办全市土地测量	第八十八期	二十年七月三十一日	四三六(17)
赶筑中山马路	第八十九期	二十年八月十五日	五三七(17)
赶筑各马路沟渠	第八十三期	二十年五月十五日	六四九(16)
赶筑江岸护堤工程	第六十五期	十九年八月十五日	七一三(13)
捐款慰劳前方将士	第四十八期	十八年十一月三十日	○四三(11)
挹江门架设轻便铁道	第二十二期	十七年十月三十一日	一七三(5)
校长联席会议	第五十四期	十九年二月二十八日	○四○(12)
核定舟车价格标准	第八十期	二十年三月三十一日	二七六(16)
核准合作社暂行章程	第五十一期	十九年一月十五日	五二三(11)
核准兴华汽车公司新路线	第七十一期	十九年十一月十五日	六一五(14)
核准兴华汽车公司增开第二路线	第七十二期	十九年十一月三十日	七三九(14)
逐段放宽中山路	第八十一期	二十年四月十五日	四○六(16)

党义研究会近况	第二十六期	十七年十二月三十一日	〇六四(6)
党国旗应用国货制造	第七十八期	二十年二月二十八日	〇一一(16)
晓市售物之消毒	第二十九期	十八年二月十五日	五五〇(6)
铁路局收入锐减	第三十二期	十八年三月三十一日	二五五(7)
铁路管理处计划改良路轨	第七十二期	十九年十一月三十日	七四五(14)
铁路管理处建筑木栅栏两处	第七十一期	十九年十一月十五日	六二二(14)
铁路管理处组织清理路产委员会	第六十四期	十九年六七月三十一日	五七九(13)
铁路管理处修理车辆	第四十八期	十八年十一月三十日	〇四二(11)
铁路管理处将增开客货车	第八十期	二十年三月三十一日	二八四(16)
铁路管理处客车刷新	第五十九至六十期	十九年五月三十一日	六九八(12)
铁路管理处请修客车	第四十七期	十八年十一月十五日	六五二(10)
铁路管理处请派兵护车	第四十三期	十八年九月十五日	七三五(9)
铁路管理处增加开车次数	第八十一期	二十年四月十五日	四一二(16)
铁路管理处整顿行车秩序	第八十二期	二十年四月三十日	五二二(16)
铁路管理处整理租务	第四十六期	十八年十月三十一日	四四七(10)
特种建设公债票已印就运京	第五十四期	十九年二月二十八日	〇三七(12)
造送汽车马车登记表	第六十二期	十九年六月三十日	一八五(13)
积极从事土地测量	第二十九期	十八年二月十五日	五四二(6)
积极办理工厂登记	第七十期	十九年十月三十一日	四八〇(14)
积极扑灭蝗蝻	第三十八期	十八年六月三十日	五〇五(8)
积极兴筑白下太平两路	第八十八期	二十年七月三十一日	四三一(17)
积极兴筑交通路	第六十二期	十九年六月三十日	一八六(13)
积极防止脑膜炎症	第三十四期	十八年四月三十日	六五五(7)
积极防疫	第八十九期	二十年八月十五日	五四〇(17)
积极防疫	第五十七期	十九年四月十五日	四五七(12)
积极进行开辟新街口广场	第六十六期	十九年八月三十一日	〇二〇(14)
积极进行寺庙登记	第六十九期	十九年十月十五日	四〇四(14)
积极进行划区工作	第六十八期	十九年九月三十日	二七五(14)
积极进行自来水厂两大工程	第八十三期	二十年五月十五日	六五六(16)
积极进行农村调查	第八十四期	二十年五月三十一日	〇〇八(17)
积极进行医师登记	第二十五期	十七年十二月十五日	七一二(5)
积极完成太平路	第八十一期	二十年四月十五日	四〇五(16)
积极完成新马路	第六十一期	十九年六月十五日	〇四三(13)

积极改革救济事业	第六十四期	十九年六七月三十一日	五七六(13)
积极建设五洲公园	第四十二期	十八年八月三十一日	四六五(9)
积极修理中山路	第五十九至六十期	十九年五月三十一日	六八九(12)
积极预防传染病	第六十四期	十九年六七月三十一日	五七七(13)
积极救济失业职工	第三十八期	十八年六月三十日	五〇四(8)
积极清除市内粪便	第七十九期	二十年三月十五日	一八九(16)
积极筹办冬防	第二十五期	十七年十二月十五日	七〇五(5)
积极筹划发展首都教育	第七十五期	二十年一月十五日	二五三(15)
积极筹设公墓	第四十期	十八年七月三十一日	〇四九(9)
积极筹备市民消费合作社	第四十期	十八年七月三十一日	〇五〇(9)
积极筹备市民银行	第二十二期	十七年十月三十一日	一七〇(5)
积极筹备划分自治区	第六十五期	十九年八月十五日	七〇三(13)
积极筹备自来水	第三十八期	十八年六月三十日	五〇一(8)
积极筹备自治	第四十八期	十八年十一月三十日	〇四三(11)
积极筹备国货运动宣传周	第七十六期	二十年一月三十一日	三九六(15)
积极筹备国货运动宣传周	第七十八期	二十年二月二十八日	〇一一(16)
积极筹备首都米市	第六十七期	十九年九月十五日	一七〇(14)
积极筹建市图书馆	第二十七期	十八年一月十五日	二四五(6)
积极筹建自流井	第六十五期	十九年八月十五日	七一三(13)
积极整顿市立两工厂	第六十二期	十九年六月三十日	一八九(13)
积极整顿慈善团体	第三十九期	十八年七月十五日	六七七(8)
积极整理私塾	第四十一期	十八年八月十五日	二四〇(9)
秘书处第二次处务会议记录	第一期	十六年九月	九四四(1)
秘书处第三次处务会议记录	第一期	十六年九月	九四六(1)
借镜维也纳三万户之新屋计划	第二十二期	十七年十月三十一日	一七四(5)
颁发人造化学肥料成分表	第六十五期	十九年八月十五日	七〇四(13)
颁发各自治区公所钤记	第八十九期	二十年八月十五日	五四二(17)
颁发各校新印	第六十六期	十九年八月三十一日	〇二一(14)
颁发住户须知	第二十七期	十八年一月十五日	二四四(6)
准备划一度量衡器具	第三十三期	十八年四月十五日	四七三(7)
准备改良缎业	第四十三期	十八年九月十五日	七三二(9)
准备结束各区冬防委员会	第三十二期	十八年三月三十一日	二五八(7)
准给举发奖励金	第二十五期	十七年十二月十五日	七〇三(5)

旅馆捐招商投承	第三十一期	十八年三月十五日	〇四八(7)
旅馆捐定期投标	第三十五期	十八年五月十五日	〇三八(8)
益仁巷马路加铺柏油	第七十四期	十九年十二月三十一日	一一四(15)
益仁巷马路动工	第二十六期	十七年十二月三十一日	〇五〇(6)
益仁巷马路动工	第三十三期	十八年四月十五日	四六一(7)
益仁巷马路定期兴工	第三十一期	十八年三月十五日	〇五〇(7)
益仁巷马路赶筑路牙	第三十九期	十八年七月十五日	六七一(8)
益仁巷等处慢车道将竣工	第七十五期	二十年一月十五日	二四八(15)
益仁巷新马路路牙及排水设备竣工	第四十八期	十八年十一月三十日	〇三〇(11)
浦口牛羊屠宰分场实行检宰	第七十期	十九年十月三十一日	四八六(14)
浦口市政管理处成立	第三十九期	十八年七月十五日	六八二(8)
浦口市政管理处成立	第四十期	十八年七月三十一日	〇三八(9)
浦口市政管理处近讯	第四十二期	十八年八月三十一日	四六四(9)
浦口施医所成立	第四十七期	十八年十一月十五日	六五一(10)
浦口商埠划归本府接管	第三十七期	十八年六月十五日	三四八(8)
消防队购置浦板车	第二十四期	十七年十一月三十日	四五〇(5)
消费合作社进行顺利	第四十五期	十八年十月十五日	二六六(10)
消费合作社拟定社员大会议事细则	第四十九期	十八年十二月十五日	二一八(11)
消费合作社社员大会	第五十期	十八年十二月三十一日	三五一(11)
消费合作社定期开幕	第五十二期	十九年一月三十一日	六三八(11)
消费合作社理监联席会议	第五十期	十八年十二月三十一日	三五三(11)
消费合作社营业会议	第五十一期	十九年一月十五日	五二七(11)
消费合作社第二次理事会议	第五十一期	十九年一月十五日	五二二(11)
消费合作社第三次筹备会	第四十八期	十八年十一月三十日	〇三四(11)
消费合作社第四次筹备会议	第四十九期	十八年十二月十五日	二一七(11)
消费合作社筹备会议志	第四十七期	十八年十一月十五日	六四四(10)
消费合作社筹备经过	第五十期	十八年十二月三十一日	三五二(11)
消费合作指委会之工作计划	第四十四期	十八年九月三十日	〇四七(10)
请办暴民	第二十七期	十八年一月十五日	二四〇(6)
请以城根营地移作教育基金	第三十三期	十八年四月十五日	四五七(7)
请转饬停止处分三岔河地	第五十五期	十九年三月十五日	一九七(12)
请保护石标	第五十六期	十九年三月三十一日	三五八(12)
被劫商民免房捐三个月	第五十三期	十九年二月十五日	七六一(11)

调剂物价	第三十二期	十八年三月三十一日	二六三(7)
调查人力车概况	第四十七期	十八年十一月十五日	六四七(10)
调查儿语	第八十五期	二十年六月十五日	一一三(17)
调查工厂农村	第三十四期	十八年四月三十日	六五四(7)
调查工厂概况	第八十九期	二十年八月十五日	五三五(17)
调查工人团体	第五十一期	十九年一月十五日	五二六(11)
调查工人消费状况	第五十七期	十九年四月十五日	四五五(12)
调查工人家庭状况	第四十五期	十八年十月十五日	二六三(10)
调查工商业	第三十三期	十八年四月十五日	四六八(7)
调查下关地价	第三十五期	十八年五月十五日	○三九(8)
调查小学生识字能力	第七十一期	十九年十一月十五日	六一八(14)
调查山西商人贷款业	第四十三期	十八年九月十五日	七三○(9)
调查专科医师	第五十一期	十九年一月十五日	五三二(11)
调查水灾	第八十七期	二十年七月十五日	三二九(17)
调查公产	第四十五期	十八年十月十五日	二六二(10)
调查户口积极进行	第三十一期	十八年三月十五日	○五三(7)
调查户口积极进行	第三十期	十八年二月二十八日	七一八(6)
调查本市工厂	第五十四期	十九年二月二十八日	○四五(12)
调查本市工人状况	第三十四期	十八年四月三十日	六五三(7)
调查本市汇兑押汇情形	第三十七期	十八年六月十五日	三四三(8)
调查本市伞业概况	第三十七期	十八年六月十五日	三四三(8)
调查本市运输业概况	第四十五期	十八年十月十五日	二六四(10)
调查本市鸡鸭业概况	第三十七期	十八年六月十五日	三四二(8)
调查本市草席业	第三十九期	十八年七月十五日	六七七(8)
调查本市面积	第七十九期	二十年三月十五日	一九○(16)
调查本市棉织物	第三十五期	十八年五月十五日	○四八(8)
调查本届毕业学生概况	第六十八期	十九年九月三十日	二八二(14)
调查失业人数	第七十六期	二十年一月三十一日	三九五(15)
调查外人土地	第四十二期	十八年八月三十一日	四四九(9)
调查外人地产	第四十三期	十八年九月十五日	七二五(9)
调查市内粮食出入	第二十八期	十八年一月三十一日	三七七(6)
调查市尺斛斗	第八十八期	二十年七月三十一日	四二八(17)
调查市民生命统计	第六十五期	十九年八月十五日	七一八(13)

调查市产	第三十一期	十八年三月十五日	○四七(7)
调查市郊蝗虫	第三十六期	十八年五月三十一日	一七二(8)
调查民航概况	第五十四期	十九年二月二十八日	○四四(12)
调查幼稚园	第三十三期	十八年四月十五日	四六六(7)
调查丝织品出口数量	第五十四期	十九年二月二十八日	○四七(12)
调查划界应行注意事项	第五十四期	十九年二月二十八日	○三八(12)
调查毕业学生之状况	第三十三期	十八年四月十五日	四六七(7)
调查传染病	第五十二期	十九年一月三十一日	六四○(11)
调查全市太平水缸	第八十九期	二十年八月十五日	五四一(17)
调查全市水井	第八十一期	二十年四月十五日	四一○(16)
调查全市医师医院	第八十六期	二十年六月三十日	二一○(17)
调查全市医师医院药房	第八十九期	二十年八月十五日	五三九(17)
调查全市医药救济事业机关	第二十八期	十八年一月三十一日	三七九(6)
调查全市医院医师	第九十期	二十年八月三十一日	六二七(17)
调查全市所有发动机	第五十六期	十九年三月三十一日	三六四(12)
调查全市学龄儿童	第四十期	十八年七月三十一日	○四四(9)
调查全市学龄儿童	第八十期	二十年三月三十一日	二八○(16)
调查全市堆栈	第四十期	十八年七月三十一日	○四九(9)
调查全市蔬菜销额	第三十二期	十八年三月三十一日	二六四(7)
调查名胜古迹	第四十一期	十八年八月十五日	二四三(9)
调查各业状况	第九十期	二十年八月三十一日	六二○(17)
调查各机关人口	第二十四期	十七年十一月三十日	四五四(5)
调查各级工会数目	第五十二期	十九年一月三十一日	六三九(11)
调查各医院病人	第五十二期	十九年一月三十一日	六四一(11)
调查各校进行状况	第六十九期	十九年十月十五日	四○九(14)
调查各校党义教育设施状况	第五十六期	十九年三月三十一日	三六二(12)
调查各校党义教育状况	第五十八期	十九年四月三十日	五五一(12)
调查各校新生入学试验情形	第六十五期	十九年八月十五日	七一六(13)
调查农业灾害损失	第八十九期	二十年八月十五日	五三六(17)
调查农村状况	第八十三期	二十年五月十五日	六四六(16)
调查农村概况	第三十六期	十八年五月三十一日	一七四(8)
调查进口粮食	第五十三期	十九年二月十五日	七四九(11)
调查进出口货数量	第五十三期	十九年二月十五日	七四九(11)

调查批发物价	第四十一期	十八年八月十五日	二四一(9)
调查批发物价平均价格	第四十九期	十八年十二月十五日	二二二(11)
调查医士药商实数	第七十一期	十九年十一月十五日	六一九(14)
调查医药团体	第四十四期	十八年九月三十日	〇四九(10)
调查医院设备	第四十九期	十八年十二月十五日	二二七(11)
调查私立小学	第五十七期	十九年四月十五日	四四八(12)
调查应废旧路	第五十四期	十九年二月二十八日	〇三八(12)
调查汽车牌号	第四十九期	十八年十二月十五日	二一四(11)
调查汽车肇祸各项统计	第六十七期	十九年九月十五日	一七八(14)
调查国货蒇事	第五十九至六十期	十九年五月三十一日	六九〇(12)
调查贫民生活	第三十九期	十八年七月十五日	六七七(8)
调查学龄儿童结果	第四十四期	十八年九月三十日	〇四一(10)
调查首都附近荒山	第四十八期	十八年十一月三十日	〇三三(11)
调查夏季农事收获	第六十二期	十九年六月三十日	一九二(13)
调查兼差职员	第二十四期	十七年十一月三十日	四六〇(5)
调查教师生活状况	第三十五期	十八年五月十五日	〇四三(8)
调查职教程度	第五十七期	十九年四月十五日	四四七(12)
调查救火会	第八十一期	二十年四月十五日	四〇二(16)
调查救火会	第八十四期	二十年五月三十一日	〇一〇(17)
调查婴孩生产及死亡	第八十六期	二十年六月三十日	二一〇(17)
调查银行汇兑	第四十三期	十八年九月十五日	七三〇(9)
调查淫祠邪祀	第五十一期	十九年一月十五日	五二六(11)
调查婚龄妇女数目	第五十四期	十九年二月二十八日	〇五一(12)
调查锡常粮食产销状况	第五十四期	十九年二月二十八日	〇五一(12)
调查新旧医师	第三十六期	十八年五月三十一日	一七四(8)
调查慈善团体	第五十八期	十九年四月三十日	五五五(12)
调查慈善团体	第七十七期	二十年二月十五日	五九一(15)
调查旗民竣事	第七十期	十九年十月三十一日	四七八(14)
调阅各校试卷	第六十七期	十九年九月十五日	一八三(14)
调验公务人员	第三十九期	十八年七月十五日	六八二(8)
调验公务员	第五十三期	十九年二月十五日	七六〇(11)
调验公务员委员会第四次会议	第四十九期	十八年十二月十五日	二二九(11)
调验产契	第二十五期	十七年十二月十五日	七〇四(5)

调验委员会调查市属机关	第四十七期	十八年十一月十五日	六五三(10)
调解劳资纠纷	第三十五期	十八年五月十五日	〇四八(8)
调解劳资纠纷	第四十九期	十八年十二月十五日	二二〇(11)
调解新旧斛行争执	第七十三期	十九年十二月十五日	〇一四(15)
展期登记小贩	第三十八期	十八年六月三十日	五〇七(8)
展期缴销运送麻将牌护照	第三十期	十八年二月二十八日	七二二(6)
展缓棚户登记限期	第九十期	二十年八月三十一日	六二三(17)
娱乐场所之统计	第四十八期	十八年十一月三十日	〇三二(11)
娱乐场所调查完毕	第三十期	十八年二月二十八日	七二一(6)
通令各团体更改名称	第六十五期	十九年八月十五日	七〇四(13)
通令各校慎选师资	第八十九期	二十年八月十五日	五三九(17)
通令各校增加图书仪器	第九十期	二十年八月三十一日	六二五(17)
通令各游艺场所酌减标价	第六十五期	十九年八月十五日	七〇六(13)
通令呈报研究党义状况	第四十五期	十八年十月十五日	二七二(10)
通令商店进退职员一律改照国历	第六十六期	十九年八月三十一日	〇一四(14)
通过征收当税暂行章程案	第四十九期	十八年十二月十五日	二一一(11)
通告改订贫民借贷章程	第二十七期	十八年一月十五日	二四七(6)
通告学术团体遵照部颁办法	第五十二期	十九年一月三十一日	六三四(11)
通告预防煤毒	第七十六期	二十年一月三十一日	四〇六(15)
通知各业新年休假	第五十一期	十九年一月十五日	五二九(11)
通俗演讲团举行第三次巡回演讲	第六十二期	十九年六月三十日	一八九(13)
预订改进私塾之步骤	第三十三期	十八年四月十五日	四六七(7)
预防八卦洲水患	第六十三期	十九年七月十五日	三六六(13)
预防发生天花	第二十七期	十八年一月十五日	二四九(6)
预防赤痢	第四十二期	十八年八月三十一日	四五九(9)
预防秋蝗	第四十二期	十八年八月三十一日	四五五(9)
预防疫疠	第八十八期	二十年七月三十一日	四三六(17)
预防疫症之两大工作	第三十八期	十八年六月三十日	五〇九(8)
预防夏季流行病	第八十五期	二十年六月十五日	一一六(17)
预防脑脊髓膜炎	第七十七期	二十年二月十五日	六〇一(15)
预防脑膜炎	第五十六期	十九年三月三十一日	三六六(12)
预防流行症	第八十一期	二十年四月十五日	四一〇(16)
预防蝗灾	第八十五期	二十年六月十五日	一〇八(17)

预防霍乱症流行	第八十四期	二十年五月三十一日	〇二一(17)
预算经费起筑下关贫民住宅	第三十四期	十八年四月三十日	六四七(7)
验收子午线填塘工程	第四十六期	十八年十月三十一日	四三八(10)
验收东关头水闸	第三十九期	十八年七月十五日	六七一(8)
验收自来水厂址第三期填土工程	第六十一期	十九年六月十五日	〇四四(13)
继续布种牛痘	第五十八期	十九年四月三十日	五五七(12)
继续兴筑中正街北新马路	第四十四期	十八年九月三十日	〇三八(10)
继续进行种痘工作	第三十二期	十八年三月三十一日	二六八(7)
继续招商承投筵席捐	第三十六期	十八年五月三十一日	一六五(8)
继续举办商业簿记夜班讲习所	第八十四期	二十年五月三十一日	〇〇九(17)
继续捕蝗工作	第三十九期	十八年七月十五日	六七五(8)
继续调查房租产价	第八十期	二十年三月三十一日	二七四(16)
继续调查房租产价	第八十四期	二十年五月三十一日	〇一一(17)
继续推销特种建设公债	第七十八期	二十年二月二十八日	〇一四(16)
掩埋北极阁附近曝露棺柩	第六十五期	十九年八月十五日	七一二(13)
掩埋暴露尸骨	第八十三期	二十年五月十五日	六四九(16)
排除市内积水	第九十期	二十年八月三十一日	六二三(17)
推广民众教育	第四十四期	十八年九月三十日	〇四二(10)
推行社会拒毒教育	第五十八期	十九年四月三十日	五五〇(12)
推行注音符号	第八十期	二十年三月三十一日	二七九(16)
推行新式簿记	第七十七期	二十年二月十五日	五九二(15)
教师总登记办理完竣	第六十三期	十九年七月十五日	三七一(13)
教局召集学生奏党歌	第三十二期	十八年三月三十一日	二六一(7)
教局将举行名人讲演	第三十二期	十八年三月三十一日	二六一(7)
教育局长之更迭	第二十四期	十七年十一月三十日	四五一(5)
教育局再迁局址	第二十四期	十七年十一月三十日	四五二(5)
教育局组设鼓词书话审查委员会	第五十五期	十九年三月十五日	二〇四(12)
教育局举行视察会议	第二十七期	十八年一月十五日	二四五(6)
教育局消息	第二十三期	十七年十一月十五日	三二三(5)
教育局增设民众体育股	第四十二期	十八年八月三十一日	四五五(9)
教育实验研究会敦请专家指导	第七十期	十九年十月三十一日	四八六(14)
教育研究会之成绩	第六十七期	十九年九月十五日	一八三(14)
教练所学警第五期毕业	第二十九期	十八年二月十五日	五四六(6)

教重订卫生行政大纲	第二十四期	十七年十一月三十日	四五八(5)
接办极乐庵等四小学	第五十三期	十九年二月十五日	七四六(11)
接办街道洒水工作	第三十三期	十八年四月十五日	四七三(7)
接生婆二次开班训练	第七十二期	十九年十一月三十日	七四四(14)
接生婆训练班继续开课	第六十一期	十九年六月十五日	○五○(13)
接收下关同善分社	第四十五期	十八年十月十五日	二六六(10)
接收乡村小学	第五十四期	十九年二月二十八日	○四四(12)
接收金陵关码头捐	第五十四期	十九年二月二十八日	○三七(12)
接管市钟	第四十八期	十八年十一月三十日	○二九(11)
接管西水关	第四十二期	十八年八月三十一日	四五三(9)
职工介绍所职工介绍规则	第三十七期	十八年六月十五日	三四四(8)
职员研究党义	第二十四期	十七年十一月三十日	四四八(5)
勘定火葬场所	第二十六期	十七年十二月三十一日	○五○(6)
勘定自来水蓄水池地基	第四十七期	十八年十一月十五日	六三七(10)
勘定首都国货工厂厂址	第五十三期	十九年二月十五日	七四二(11)
勘定篷户迁地	第七十九期	二十年三月十五日	一八五(16)
勘查小东门外营地	第六十三期	十九年七月十五日	三六六(13)
勘查设置垃圾箱地点	第四十三期	十八年九月十五日	七三五(9)
勘修利涉桥	第五十二期	十九年一月三十一日	六三二(11)
勘修武定门市民住宅道路	第六十七期	十九年九月十五日	一八○(14)
勘修城北马路	第五十六期	十九年三月三十一日	三五九(12)
勘察平民住宅区地	第五十二期	十九年一月三十一日	六三二(11)
黄社会局长就职训话	第六十六期	十九年八月三十一日	○一二(14)
营业税即将开征	第九十期	二十年八月三十一日	六二一(17)
营业税展期开征	第七十八期	二十年二月二十八日	○一四(16)
营业登记展期	第二十四期	十七年十一月三十日	四四七(5)
营房设计处收用土地核准	第五十三期	十九年二月十五日	七四二(11)
营造业限期登记	第四十七期	十八年十一月十五日	六三九(10)
营造业登记证	第五十三期	十九年二月十五日	七四四(11)
营造业登记展限	第四十九期	十八年十二月十五日	二一四(11)
梅贻琳继任卫生局长	第五十四期	十九年二月二十八日	○五四(12)
检定训育主任	第五十四期	十九年二月二十八日	○四三(12)
检定绸布庄柜尺	第八十五期	二十年六月十五日	一○九(17)

检查卜筮星相	第三十二期	十八年三月三十一日	二六四(7)
检查卜筮星相	第三十三期	十八年四月十五日	四六九(7)
检查不洁食盐	第八十六期	二十年六月三十日	二一〇(17)
检查牛奶坊	第八十一期	二十年四月十五日	四一〇(16)
检查公共娱乐场所	第二十九期	十八年二月十五日	五四八(6)
检查电影片	第四十期	十八年七月三十一日	〇四九(9)
检查电影院	第三十八期	十八年六月三十日	五〇六(8)
检查全市度器	第七十六期	二十年一月三十一日	三九八(15)
检查各项车辆牌照	第七十三期	十九年十二月十五日	〇一七(15)
检查妇女救济院院生之实行	第二十九期	十八年二月十五日	五四九(6)
检查学童体格	第四十九期	十八年十二月十五日	二一六(11)
检查婴儿健康	第八十三期	二十年五月十五日	六五一(16)
检查婴孩健康	第八十二期	二十年四月三十日	五二二(16)
检验入境肉类	第七十六期	二十年一月三十一日	四〇六(15)
检验水质	第四十四期	十八年九月三十日	〇四九(10)
检验各种车辆	第五十二期	十九年一月三十一日	六三二(11)
检验载重卡车	第六十七期	十九年九月十五日	一八〇(14)
检验营业汽车	第六十三期	十九年七月十五日	三六八(13)
检验救火器具	第八十期	二十年三月三十一日	二七三(16)
救生局之工作	第二十一期	十七年十月十五日	〇四九(5)
救生局更正名称后工作之成绩	第三十三期	十八年四月十五日	四六八(7)
救生局改组	第二十七期	十八年一月十五日	二四八(6)
救生船冒险救生	第二十四期	十七年十一月三十日	四五七(5)
救护严寒中之病人	第五十三期	十九年二月十五日	七五四(11)
救护所改革恤嫠办法	第三十八期	十八年六月三十日	五〇四(8)
救济本市民食	第五十二期	十九年一月三十一日	六三八(11)
救济本市粮食办法行政院指令本府知照	第五十九至六十期	十九年五月三十一日	六九七(12)
救济失业	第八十八期	二十年七月三十一日	四二七(17)
救济失学儿童	第六十六期	十九年八月三十一日	〇二二(14)
救济冬季灾农	第五十三期	十九年二月十五日	七四九(11)
救济老米仓灾户	第四十五期	十八年十月十五日	二六二(10)
救济农业灾害损失	第九十期	二十年八月三十一日	六一九(17)

救济灾农	第五十二期	十九年一月三十一日	六三九(11)
救济贫民房屋被雪压倒	第七十八期	二十年二月二十八日	〇一二(16)
救济河南灾民	第三十九期	十八年七月十五日	六七七(8)
救济河南灾民	第四十一期	十八年八月十五日	二四一(9)
救济院生学理发	第二十四期	十七年十一月三十日	四五七(5)
救济院扩充妇女教养所	第六十六期	十九年八月三十一日	〇一四(14)
救济院收容贫民统计	第五十二期	十九年一月三十一日	六三七(11)
救济院近讯	第三十八期	十八年六月三十日	五〇三(8)
救济院近讯一束	第八十四期	二十年五月三十一日	〇〇九(17)
救济院改换所属机关名称	第四十九期	十八年十二月十五日	二二一(11)
救济院贷款所拟改为工艺基金流通处	第八十六期	二十年六月三十日	二〇六(17)
救济院举行通俗演讲	第五十一期	十九年一月十五日	五二八(11)
救济院积极收容乞丐	第七十四期	十九年十二月三十一日	一一一(15)
救济院留养人数统计	第三十九期	十八年七月十五日	六七六(8)
救济院教育感化会议	第五十五期	十九年三月十五日	二〇五(12)
救济院募棉衣	第四十九期	十八年十二月十五日	二二四(11)
救济院筹设售品所	第七十五期	二十年一月十五日	二四四(15)
救济院筹备募捐	第四十二期	十八年八月三十一日	四五九(9)
救济院筹建新院舍	第四十九期	十八年十二月十五日	二一八(11)
救济院新计划	第八十七期	二十年七月十五日	三二八(17)
救济浦口商民	第五十二期	十九年一月三十一日	六四三(11)
救济绸布业失业店员	第五十六期	十九年三月三十一日	三六四(12)
悬赏征求中央行政区域图案	第四十期	十八年七月三十一日	〇四三(9)
崔八巷棚户限期拆迁	第六十二期	十九年六月三十日	一八四(13)
赈遣灾民	第四十八期	十八年十一月三十日	〇三三(11)
婴孩比赛会发行刊物	第四十八期	十八年十一月三十日	〇四〇(11)
婴孩比赛会评定给奖	第四十八期	十八年十一月三十日	〇三九(11)
银行邮局汇兑统计	第六十一期	十九年六月十五日	〇四七(13)
移交傅厚岗阎锡山逆产	第六十九期	十九年十月十五日	四一二(14)
移葬北极阁曝露棺柩	第六十二期	十九年六月三十日	一八五(13)
第一卫生事务所兼理戒烟事宜	第八十期	二十年三月三十一日	二八三(16)
第一公园收音机即将装置	第二十二期	十七年十月三十一日	一八一(5)

第一公园近讯免售门票	第三十九期	十八年七月十五日	六八三(8)
第一公园周年纪念	第二十四期	十七年十一月三十日	四五九(5)
第一公园举行周年纪念	第二十三期	十七年十一月十五日	三二五(5)
第一公园游览规则	第四十二期	十八年八月三十一日	四六三(9)
第一平民工厂近讯	第二十四期	十七年十一月三十日	四五六(5)
第一平民工厂增加流动资本	第二十五期	十七年十二月十五日	七一〇(5)
第一平民医院行将迁址	第三十四期	十八年四月三十日	六五六(7)
第一百十三次校长联席会议	第四十九期	十八年十二月十五日	二一五(11)
第一次市政联席会议纪	第一号	十六年六月	一四八(1)
第一诊疗所上月工作统计	第六十四期	十九年六七月三十一日	五七七(13)
第一诊疗所添设卫生展览室	第六十七期	十九年九月十五日	一八六(14)
第一图书馆请拨馆址	第四十九期	十八年十二月十五日	二一七(11)
第一通俗图书馆筹备迁移	第四十七期	十八年十一月十五日	六四二(10)
第一第二两诊疗所现已成立	第五十八期	十九年四月三十日	五五六(12)
第二平民工厂近讯	第二十五期	十七年十二月十五日	七一〇(5)
第二平民工厂近讯	第二十四期	十七年十一月三十日	四五六(5)
第二次市政联席会议纪	第一号	十六年六月	一四九(1)
第二届首都卫生运动大会概况	第三十六期	十八年五月三十一日	一七六(8)
第二届婴孩健康比赛会详志	第六十二期	十九年六月三十日	一九八(13)
第二教育馆近讯	第四十七期	十八年十一月十五日	六四二(10)
第二期民众学校开课	第四十五期	十八年十月十五日	二五九(10)
第七次中校校长会议	第四十八期	十八年十一月三十日	〇三一(11)
第九十七次校长会议	第四十二期	十八年八月三十一日	四五四(9)
第三次市政联席会议纪	第一号	十六年六月	一五〇(1)
第三届卫生运动大会开幕盛况	第五十期	十八年十二月三十一日	三五七(11)
第三届民众学校开学	第五十六期	十九年三月三十一日	三六二(12)
第三届民众学校举行毕业典礼	第六十四期	十九年六七月三十一日	五六三(13)
第五次市政联席会议纪	第一号	十六年六月	一五六(1)
第五届民众学校开学	第八十期	二十年三月三十一日	二七九(16)
第五届民众学校定期开学	第七十九期	二十年三月十五日	一八九(16)
第五届民众学校概况	第八十一期	二十年四月十五日	四〇七(16)
第五届民众教育计划纲要	第七十六期	二十年一月三十一日	四〇四(15)
第四次市政联席会议纪	第一号	十六年六月	一五二(1)

第四届民众学校举行毕业典礼	第七十七期	二十年二月十五日	六〇〇(15)
第四届民众学校结束	第七十六期	二十年一月三十一日	四〇三(15)
停发建筑执照	第四十期	十八年七月三十一日	〇四二(9)
船捐登记	第四十五期	十八年十月十五日	二五六(10)
领款放赈	第五十二期	十九年一月三十一日	六三六(11)
领款救济浦口灾户	第六十二期	十九年六月三十日	一九一(13)
减免田租	第八十九期	二十年八月十五日	五三六(17)
减征下关旅业外招待执照费	第七十一期	十九年十一月十五日	六一四(14)
减征浦口鸡鸭捐	第四十五期	十八年十月十五日	二五三(10)
减轻不动产契税税率	第三十七期	十八年六月十五日	三三七(8)
商业簿记讲习所举行开学礼	第二十七期	十八年一月十五日	二四八(6)
商业簿记讲习所第二届毕业	第四十九期	十八年十二月十五日	二一九(11)
商业簿记学校录取新生	第四十七期	十八年十一月十五日	六四七(10)
商定首都附近造林办法	第五十三期	十九年二月十五日	七四八(11)
商定救济粮食办法	第五十八期	十九年四月三十日	五五五(12)
商标注册证查验二次展限	第五十九至六十期	十九年五月三十一日	六九一(12)
清丈全市土地	第八十九期	二十年八月十五日	五四一(17)
清查莫愁湖产权	第四十二期	十八年八月三十一日	四四九(9)
清洁设计会第二次会议	第五十二期	十九年一月三十一日	六四一(11)
清洁设计委员会开会	第五十一期	十九年一月十五日	五三二(11)
清除市内粪便	第八十期	二十年三月三十一日	二八三(16)
清理市有土地	第七十八期	二十年二月二十八日	〇二〇(16)
清理房捐	第七十七期	二十年二月十五日	五九四(15)
清道夫役加饷	第四十五期	十八年十月十五日	二六八(10)
清道整顿夫役服装	第二十八期	十八年一月三十一日	三七九(6)
添用新式洒水汽车	第四十三期	十八年九月十五日	七三四(9)
添设公共汽车路线	第八十五期	二十年六月十五日	一一一(17)
添设公共娱乐场小公园	第六十六期	十九年八月三十一日	〇一二(14)
添设市校	第九十期	二十年八月三十一日	六二四(17)
添设各路阅报牌	第四十九期	十八年十二月十五日	二一六(11)
添设炎帝庵小学	第七十一期	十九年十一月十五日	六一六(14)
添设职业学校	第二十四期	十七年十一月三十日	四五一(5)
添建小学校舍	第八十四期	二十年五月三十一日	〇一六(17)

添掘消防公井	第六十三期	十九年七月十五日	三六七(13)
添筑公共小便池	第四十九期	十八年十二月十五日	二二五(11)
添装全市路灯	第八十三期	二十年五月十五日	六四八(16)
添置垃圾箱	第六十七期	十九年九月十五日	一八六(14)
续开自流井两处	第六十二期	十九年六月三十日	一八六(13)
续办第三届民众学校	第五十四期	十九年二月二十八日	〇四二(12)
续发水厂征地地价	第七十七期	二十年二月十五日	六〇二(15)
续拨市公债四月份基金	第五十九至六十期	十九年五月三十一日	六八六(12)
维护中山路基	第六十九期	十九年十月十五日	四〇八(14)
维持工友生活	第二十四期	十七年十一月三十日	四五七(5)
维持奉安交通	第三十八期	十八年六月三十日	四九八(8)
搭造人行桥	第五十期	十八年十二月三十一日	三四七(11)
搭盖芦棚救济灾民	第八十九期	二十年八月十五日	五三七(17)
搭盖棚户临时住宅	第八十八期	二十年七月三十一日	四三二(17)
提拨借款建设自来水之建议	第三十三期	十八年四月十五日	四六一(7)
提前完成行政院前马路	第七十四期	十九年十二月三十一日	一一四(15)
提倡工人教育	第四十六期	十八年十月三十一日	四四〇(10)
提倡市立第二平民工厂出品	第二十二期	十七年十月三十一日	一八〇(5)
提倡妇女职业	第七十六期	二十年一月三十一日	三九七(15)
搜查棚户	第二十四期	十七年十一月三十日	四五〇(5)
搜捕乞丐	第三十三期	十八年四月十五日	四七二(7)
搜获反动刊物	第四十七期	十八年十一月十五日	六四七(10)
搜集年鉴材料	第五十四期	十九年二月二十八日	〇五六(12)
援助失业工友	第四十六期	十八年十月三十一日	四四一(10)
散发米票	第七十八期	二十年二月二十八日	〇一二(16)
募捐扩充首都盲哑教育	第三十一期	十八年三月十五日	〇五六(7)
募款救济灾民	第二十八期	十八年一月三十一日	三七六(6)
募款赈济灾民	第八十九期	二十年八月十五日	五三六(17)
蒋主席亲临本府视察	第五十三期	十九年二月十五日	七六一(11)
蒋主席核定中正街马路线	第三十八期	十八年六月三十日	四九九(8)
朝阳门外民户限令登记	第三十九期	十八年七月十五日	六六九(8)
焚毁两种影片	第八十期	二十年三月三十一日	二七二(16)
确定干路宽度标准	第三十一期	十八年三月十五日	〇四九(7)

确定兰花为首都市花	第二十一期	十七年十月十五日	〇四三(5)
暂停征收米谷四厘捐	第六十一期	十九年六月十五日	〇四〇(13)
暑期卫生教育讲习会定期开学	第六十四期	十九年六七月三十一日	五六一(13)
遗失地产契据应遵章声请补契	第七十八期	二十年二月二十八日	〇二一(16)
筑路业讯	第八十期	二十年三月三十一日	二七四(16)
筑路近讯	第四十三期	十八年九月十五日	七二六(9)
筑路摊费审查委员会成立	第七十八期	二十年二月二十八日	〇一五(16)
筵席捐投标后	第三十七期	十八年六月十五日	三三五(8)
装设中山路沿路电灯	第二十九期	十八年二月十五日	五四四(6)
敦请党国领袖书写城门匾额	第三十三期	十八年四月十五日	四五五(7)
普设茶亭	第八十五期	二十年六月十五日	一一六(17)
普育堂改进计划	第二十四期	十七年十一月三十日	四五四(5)
普育堂改组后之新气象	第二十五期	十七年十二月十五日	七〇九(5)
普育堂改革旧制	第二十三期	十七年十一月十五日	三二七(5)
普育堂将改救济院	第三十一期	十八年三月十五日	〇六一(7)
普育堂募捐计划	第二十四期	十七年十一月三十日	四五四(5)
疏浚河道沟渠	第五十八期	十九年四月三十日	五四七(12)
疏浚秦淮河	第八十二期	二十年四月三十日	五二〇(16)
疏浚秦淮河	第八十三期	二十年五月十五日	六四九(16)
疏浚浦口沟渠	第九十期	二十年八月三十一日	六二二(17)
疏浚湖河	第九十期	二十年八月三十一日	六二二(17)
登记市校教师	第六十五期	十九年八月十五日	七一四(13)
登记民众学校教师	第四十三期	十八年九月十五日	七二七(9)
登记医务人员	第五十六期	十九年三月三十一日	三六五(12)
登记卖典不动产经纪人	第七十六期	二十年一月三十一日	四〇七(15)
登记学术团体	第五十七期	十九年四月十五日	四五〇(12)
登记学术团体	第五十九至六十期	十九年五月三十一日	六九〇(12)
登记旗产	第二十五期	十七年十二月十五日	七〇四(5)
登记旗产	第三十三期	十八年四月十五日	四五八(7)
缉获劫案要犯	第二十九期	十八年二月十五日	五四五(6)
缓办下关米市	第二十六期	十七年十二月三十一日	〇五四(6)
编订夫子庙内摊位磁牌	第五十二期	十九年一月三十一日	六三三(11)
编印民众学校教材	第五十期	十八年十二月三十一日	三四八(11)

编印民众科学丛刊	第七十一期	十九年十一月十五日	六一九(14)
编印汽车牌号车主住址一览	第二十六期	十七年十二月三十一日	〇五〇(6)
编印营缮便览	第八十一期	二十年四月十五日	四〇六(16)
编发训练周历	第六十七期	十九年九月十五日	一八二(14)
编发各校早操教材	第七十八期	二十年二月二十八日	〇一八(16)
编译股主任辞职	第三十一期	十八年三月十五日	〇四六(7)
编制十九年度学校历	第六十二期	十九年六月三十日	一八九(13)
编制全市小学统计	第七十二期	十九年十一月三十日	七四〇(14)
编定各区户籍警	第二十九期	十八年二月十五日	五四七(6)
编造生活费指数	第三十四期	十八年四月三十日	六五二(7)
编造市校增级预算	第三十二期	十八年三月三十一日	二五五(7)
编辑中山路计划经过	第四十六期	十八年十月三十一日	四四八(10)
填平废弃池塘	第四十六期	十八年十月三十一日	四四六(10)
填塘近讯	第四十九期	十八年十二月十五日	二二八(11)
鼓励学生升学	第七十七期	二十年二月十五日	五九七(15)
鼓励商人开设女浴所	第八十五期	二十年六月十五日	一一五(17)
鼓楼富厚冈等处一带民地仍准买卖建筑	第六十一期	十九年六月十五日	〇四三(13)
鼓楼新街口设警亭	第四十三期	十八年九月十五日	七二七(9)
聘定市公债基金保管委员及监督用途委员	第四十六期	十八年十月三十一日	四三三(10)
聘定市立小学校长	第八十七期	二十年七月十五日	三三七(17)
聘请劝销公债委员	第四十期	十八年七月三十一日	〇三八(9)
聘请委员顾问	第三十七期	十八年六月十五日	三三六(8)
禁止工商团体废历年关休假	第七十五期	二十年一月十五日	二四四(15)
禁止无故辞退工友	第五十四期	十九年二月二十八日	〇四七(12)
禁止旧历新年迷信品	第五十三期	十九年二月十五日	七四八(11)
禁止出售淫书	第四十五期	十八年十月十五日	二六三(10)
禁止米商囤积居奇	第六十五期	十九年八月十五日	七〇七(13)
禁止江湖卖艺者兼售伪药	第八十四期	二十年五月三十一日	〇〇八(17)
禁止军人无票乘车	第七十六期	二十年一月三十一日	三九九(15)
禁止拒用九年以后双毫银辅币	第六十三期	十九年七月十五日	三七四(13)
禁止报纸刊登迷信广告	第七十八期	二十年二月二十八日	〇一一(16)

禁止贩卖污浊河水	第五十四期	十九年二月二十八日	〇五三(12)
禁止沿街倾倒垃圾	第六十三期	十九年七月十五日	三八〇(13)
禁止城内厝葬	第六十九期	十九年十月十五日	四〇七(14)
禁止城内厝棺筑墓	第六十八期	十九年九月三十日	二八一(14)
禁止城内漂洗染色丝布	第七十期	十九年十月三十一日	四八八(14)
禁止标会	第四十二期	十八年八月三十一日	四五五(9)
禁止捕杀青蛙	第六十一期	十九年六月十五日	〇四七(13)
禁止钱业操从铜元	第五十三期	十九年二月十五日	七四七(11)
禁止娱乐场所任意增价	第七十六期	二十年一月三十一日	三九七(15)
禁用印刷纸包裹食物	第五十一期	十九年一月十五日	五三二(11)
禁取污水作饮料	第七十六期	二十年一月三十一日	四〇六(15)
禁制度量衡旧器	第六十九期	十九年十月十五日	四〇二(14)
禁绝蓄发缠足	第四十四期	十八年九月三十日	〇四五(10)
禁宰耕牛	第七十五期	二十年一月十五日	二四三(15)
禁掘故宫砖瓦	第七十六期	二十年一月三十一日	四〇一(15)
禁售三德洋行生殖灵	第四十三期	十八年九月十五日	七三三(9)
禁售不洁食盐	第七十五期	二十年一月十五日	二五四(15)
禁售含有毒质药品	第四十九期	十八年十二月十五日	二二六(11)
禁售驴骡马肉	第八十一期	二十年四月十五日	四一二(16)
禁售毒质药品	第六十一期	十九年六月十五日	〇五〇(13)
禁售冥钞	第八十期	二十年三月三十一日	二七二(16)
禁售清凉饮料	第三十七期	十八年六月十五日	三四八(8)
禁售替代鸦片药品	第四十五期	十八年十月十五日	二七〇(10)
碑亭巷一带马路将放宽	第三十九期	十八年七月十五日	六七二(8)
路名牌分两期装订	第八十期	二十年三月三十一日	二七五(16)
遣送来京各地难民	第七十四期	十九年十二月三十一日	一一〇(15)
遣送灾民出境	第四十九期	十八年十二月十五日	二一八(11)
遣送灾民回籍	第五十期	十八年十二月三十一日	三五三(11)
遣送灾民两批	第四十六期	十八年十月三十一日	四四三(10)
署员查获烟犯	第三十一期	十八年三月十五日	〇五四(7)
置办除雪器具	第七十五期	二十年一月十五日	二五四(15)
筹开冬赈游艺会	第二十八期	十八年一月三十一日	三七六(6)
筹办土地登记	第九十期	二十年八月三十一日	六二七(17)

筹办卫生教育讲习会	第六十三期	十九年七月十五日	三七一(13)
筹办民众教育馆	第五十期	十八年十二月三十一日	三四九(11)
筹办地产测量	第五十一期	十九年一月十五日	五一八(11)
筹办合作人员养成所	第五十三期	十九年二月十五日	七四九(11)
筹办米粮消费合作社	第六十七期	十九年九月十五日	一七〇(14)
筹办灾农借贷所	第五十三期	十九年二月十五日	七五二(11)
筹办指纹人口登记	第四十六期	十八年十月三十一日	四四八(10)
筹办标准电钟	第三十二期	十八年三月三十一日	二六三(7)
筹办美术展览会	第七十五期	二十年一月十五日	二五二(15)
筹办首都民众教育实验区	第八十三期	二十年五月十五日	六五〇(16)
筹办党义教师训练所	第五十二期	十九年一月三十一日	六三四(11)
筹办消费合作社	第三十九期	十八年七月十五日	六七八(8)
筹办营业税	第七十七期	二十年二月十五日	五九四(15)
筹办营业税近讯	第八十一期	二十年四月十五日	四〇四(16)
筹办营业税近讯	第八十七期	二十年七月十五日	三三一(17)
筹办婴儿比赛会	第四十五期	十八年十月十五日	二六九(10)
筹办第四届民众学校	第六十四期	十九年六七月三十一日	五六六(13)
筹办婚姻登记	第七十八期	二十年二月二十八日	〇一二(16)
筹办粮食业登记	第三十四期	十八年四月三十日	六五三(7)
筹办粮食登记	第六十六期	十九年八月三十一日	〇一五(14)
筹办粮食登记机关	第六十七期	十九年九月十五日	一七一(14)
筹办模范林	第四十九期	十八年十二月十五日	二二四(11)
筹办警察服装	第二十六期	十七年十二月三十一日	〇五七(6)
筹发中山路征收土地补偿金	第四十七期	十八年十一月十五日	六三六(10)
筹发各路被征民地地价	第八十七期	二十年七月十五日	三四二(17)
筹划规定南城路线	第三十五期	十八年五月十五日	〇四〇(8)
筹划添设公厕	第五十八期	十九年四月三十日	五五六(12)
筹设工人补习学校	第五十四期	十九年二月二十八日	〇五三(12)
筹设大中桥菜场	第五十三期	十九年二月十五日	七四三(11)
筹设卫生模范区	第三十期	十八年二月二十八日	七二四(6)
筹设无轨电车	第四十三期	十八年九月十五日	七二六(9)
筹设毛革肉类化学消验所	第三十期	十八年二月二十八日	七二四(6)
筹设公墓	第三十二期	十八年三月三十一日	二六三(7)

筹设文献委员会	第八十九期	二十年八月十五日	五三五(17)
筹设本府职工消费合作社	第七十五期	二十年一月十五日	二四四(15)
筹设电汽时计	第二十七期	十八年一月十五日	二四七(6)
筹设市立医院	第八十期	二十年三月三十一日	二八三(16)
筹设市立疗养院	第八十六期	二十年六月三十日	二一〇(17)
筹设民众艺术馆	第五十一期	十九年一月十五日	五二〇(11)
筹设民众乐园	第五十九至六十期	十九年五月三十一日	六九一(12)
筹设传染病隔离所	第五十一期	十九年一月十五日	五三〇(11)
筹设自治区公所	第八十期	二十年三月三十一日	二六五(16)
筹设合作人员养成所	第五十六期	十九年三月三十一日	三六七(12)
筹设合作讲习所	第五十二期	十九年一月三十一日	六三六(11)
筹设米仓	第六十九期	十九年十月十五日	四〇五(14)
筹设妇女工厂	第八十四期	二十年五月三十一日	〇〇七(17)
筹设妇女教养促进会	第五十四期	十九年二月二十八日	〇五一(12)
筹设戒烟所	第六十六期	十九年八月三十一日	〇二三(14)
筹设戒烟所	第八十五期	二十年六月十五日	一一六(17)
筹设两小学	第六十七期	十九年九月十五日	一八二(14)
筹设夜班商业簿记讲习所	第二十六期	十七年十二月三十一日	〇六四(6)
筹设复成仓小公园	第五十二期	十九年一月三十一日	六四三(11)
筹设复成桥小学	第六十四期	十九年六七月三十一日	五六二(13)
筹设疯人疗养所	第六十五期	十九年八月十五日	七〇六(13)
筹设疯人院	第七十八期	二十年二月二十八日	〇一三(16)
筹设疯人院	第八十二期	二十年四月三十日	五一九(16)
筹设较斛公平处	第四十八期	十八年十一月三十日	〇三七(11)
筹设消费合作社	第二十四期	十七年十一月三十日	四五三(5)
筹设教育感化会	第五十四期	十九年二月二十八日	〇五二(12)
筹设职业学校	第三十三期	十八年四月十五日	四六七(7)
筹设街市饮茶处	第六十四期	十九年六七月三十一日	五七四(13)
筹设模范工厂	第五十八期	十九年四月三十日	五五二(12)
筹设警务人员养成所	第三十一期	十八年三月十五日	〇五二(7)
筹拟举募市公债	第三十二期	十八年三月三十一日	二五五(7)
筹改民众科学馆	第五十三期	十九年二月十五日	七四五(11)
筹备下关浦口轮渡	第七十四期	十九年十二月三十一日	一二四(15)

筹备小学运动会	第五十五期	十九年三月十五日	一九九(12)
筹备卫生运动大会	第三十五期	十八年五月十五日	○四六(8)
筹备中山路开路典礼	第三十三期	十八年四月十五日	四五六(7)
筹备东区塾师讲习会	第五十期	十八年十二月三十一日	三四八(11)
筹备东区塾师讲习所	第四十七期	十八年十一月十五日	六四三(10)
筹备市自治近讯	第五十八期	十九年四月三十日	五四三(12)
筹备民众教育实验区	第八十六期	二十年六月三十日	二○九(17)
筹备民众教育馆	第五十二期	十九年一月三十一日	六三五(11)
筹备划分学区	第七十一期	十九年十一月十五日	六一八(14)
筹备传染病医院	第五十九至六十期	十九年五月三十一日	六九五(12)
筹备全市合作会议	第八十四期	二十年五月三十一日	○一一(17)
筹备全国运动会本市预选会	第八十九期	二十年八月十五日	五三九(17)
筹备庆祝新年	第五十一期	十九年一月十五日	五三四(11)
筹备医生登记	第二十四期	十七年十一月三十日	四五八(5)
筹备识字运动	第八十七期	二十年七月十五日	三三八(17)
筹备盲哑学校募费游艺会	第四十八期	十八年十一月三十日	○三一(11)
筹备学校行政成绩展览会	第八十一期	二十年四月十五日	四○七(16)
筹备参加全国运动大会	第五十一期	十九年一月十五日	五二一(11)
筹备举行自然科实验表演会	第七十一期	十九年十一月十五日	六一六(14)
筹备举行第二届婴孩比赛	第五十七期	十九年四月十五日	四五九(12)
筹备举行植树典礼	第三十一期	十八年三月十五日	○六五(7)
筹备夏季卫生运动	第八十二期	二十年四月三十日	五二一(16)
筹备消费合作社	第三十一期	十八年三月十五日	○五九(7)
筹备家庭妇女缝纫合作社	第七十八期	二十年二月二十八日	○一三(16)
筹备调查学龄儿童	第七十三期	十九年十二月十五日	○一九(15)
筹备教员登记	第四十五期	十八年十月十五日	二五九(10)
筹备第三届中小学联合运动会	第八十期	二十年三月三十一日	二八一(16)
筹备第五届识字运动	第七十八期	二十年二月二十八日	○一八(16)
筹备清洁运动	第八十一期	二十年四月十五日	四一一(16)
筹备普通检定考试	第八十期	二十年三月三十一日	二八二(16)
筹备简易体育场	第五十三期	十九年二月十五日	七四六(11)
筹备粮食消费合作社	第六十五期	十九年八月十五日	七○七(13)
筹备演剧募捐	第四十九期	十八年十二月十五日	二二二(11)

筹建九袱洲市场	第四十九期	十八年十二月十五日	二二九(11)
筹建下关虹门口菜场	第六十三期	十九年七月十五日	三六八(13)
筹建大规模平民住宅	第七十七期	二十年二月十五日	五九六(15)
筹建大规模平民住宅	第五十九至六十期	十九年五月三十一日	六八八(12)
筹建公共会堂	第八十四期	二十年五月三十一日	〇一〇(17)
筹建戊种市民住宅	第七十五期	二十年一月十五日	二四七(15)
筹建平民住宅五百间	第六十一期	十九年六月十五日	〇四三(13)
筹建市民住屋	第四十三期	十八年九月十五日	七二五(9)
筹建玄武湖停车场	第六十五期	十九年八月十五日	七一三(13)
筹建存储材料厂	第六十三期	十九年七月十五日	三六八(13)
筹建全市大会堂	第五十九至六十期	十九年五月三十一日	六九一(12)
筹建利济巷菜场	第三十八期	十八年六月三十日	五〇〇(8)
筹建疗养院	第八十五期	二十年六月十五日	一一六(17)
筹建图书馆	第二十六期	十七年十二月三十一日	〇六三(6)
筹建娱乐场所之积极	第三十五期	十八年五月十五日	〇四九(8)
筹建菜市	第四十九期	十八年十二月十五日	二一五(11)
筹建游泳池	第三十九期	十八年七月十五日	六七三(8)
筹建粮食堆栈	第六十七期	十九年九月十五日	一七二(14)
筹建模范新村	第八十四期	二十年五月三十一日	〇〇七(17)
筹组自治事务所	第八十五期	二十年六月十五日	一〇八(17)
筹组育婴保健会	第六十五期	十九年八月十五日	七一七(13)
筹组注音符号研究班	第六十五期	十九年八月十五日	七一四(13)
筹组房租评价委员会	第八十一期	二十年四月十五日	四〇二(16)
筹商迁移北极阁坟墓办法	第二十八期	十八年一月三十一日	三八〇(6)
筹添学校两所	第六十六期	十九年八月三十一日	〇二三(14)
筹款发展盲哑教育	第二十八期	十八年一月三十一日	三七四(6)
筹筑大规模市民住宅	第五十四期	十九年二月二十八日	〇五四(12)
签订自来水管合同	第八十二期	二十年四月三十日	五二三(16)
催令学术团体登记	第五十八期	十九年四月三十日	五五一(12)
催令洋商缴捐	第二十四期	十七年十一月三十日	四四七(5)
催议划界问题	第六十一期	十九年六月十五日	〇三九(13)
催发中山路补偿地价	第五十三期	十九年二月十五日	七四二(11)
催拨中山路地价	第五十期	十八年十二月三十一日	三四七(11)

催英商缴纳房捐	第三十期	十八年二月二十八日	七一五(6)
催请各部速办平粜	第六十二期	十九年六月三十日	一九一(13)
催验五洲公园界内业户产契	第二十六期	十七年十二月三十一日	〇五四(6)
催缴旧欠房捐	第二十六期	十七年十二月三十一日	〇五四(6)
催缴旅馆牌照捐	第四十期	十八年七月三十一日	〇四〇(9)
解决下关劳资纠纷	第二十七期	十八年一月十五日	二四八(6)
解决两招待工会纠纷	第三十期	十八年二月二十八日	七二一(6)
解决招待工会工潮	第二十五期	十七年十二月十五日	七〇三(5)
解决和记洋行工潮	第五十八期	十九年四月三十日	五五二(12)
解决屠牙税案之办法	第四十九期	十八年十二月十五日	二一二(11)
解决粮食业与斛行纠纷办法	第五十三期	十九年二月十五日	七五一(11)
解散私塾联合改进会	第三十二期	十八年三月三十一日	二六〇(7)
解散衡谦估产处	第二十五期	十七年十二月十五日	七〇三(5)
解释注册局疑问	第二十五期	十七年十二月十五日	七〇一(5)
新订征收娱乐捐章程	第四十一期	十八年八月十五日	二三三(9)
新市街计划	第二十一期	十七年十月十五日	〇四四(5)
新任公安局长之警政意见	第二十二期	十七年十月三十一日	一七〇(5)
新住宅区工程概况	第七十八期	二十年二月二十八日	〇一五(16)
新住宅区进行近讯	第八十期	二十年三月三十一日	二七四(16)
新招警察上课	第二十五期	十七年十二月十五日	七〇六(5)
新制度量衡制造计划	第六十六期	十九年八月三十一日	〇一二(14)
新闻机关须先由政府备案	第五十九至六十期	十九年五月三十一日	六九一(12)
新涨滩地收归公有	第四十五期	十八年十月十五日	二五五(10)
新街口土地禁止买卖	第六十六期	十九年八月三十一日	〇二五(14)
新街口广场开始建筑	第七十一期	十九年十一月十五日	六一五(14)
新街口广场办理征地之经过情形	第七十一期	十九年十一月十五日	六二〇(14)
新街口广场完工	第七十五期	二十年一月十五日	二五〇(15)
新街口广场定名兴中广场	第七十六期	二十年一月三十一日	四〇〇(15)
新街口广场建筑近讯	第六十七期	十九年九月十五日	一八〇(14)
新街口广场将建总理铜像	第七十二期	十九年十一月三十日	七三九(14)
新街口广场装置铁柱路灯	第八十一期	二十年四月十五日	四〇五(16)
新街口开辟广场	第三十六期	十八年五月三十一日	一六七(8)
新街口地价已审定	第六十五期	十九年八月十五日	七一八(13)

粮食平粜所将与沪汉津粤大联络	第四十期	十八年七月三十一日	〇五一(9)
粮食业开张须领营业执照	第七十期	十九年十月三十一日	四七九(14)
粮食业定期登记	第四十五期	十八年十月十五日	二六五(10)
粮食业登记	第四十九期	十八年十二月十五日	二一八(11)
粮食业登记办竣	第五十一期	十九年一月十五日	五二七(11)
粮食业登记近迅	第五十期	十八年十二月三十一日	三五一(11)
粮食行号须插牌标价	第七十二期	十九年十一月三十日	七三二(14)
粮食委员会成立	第四十七期	十八年十一月十五日	六四五(10)
粮食委员会举行四次会议	第五十七期	十九年四月十五日	四五五(12)
粮食委员会第一次会议	第四十八期	十八年十一月三十日	〇三四(11)
粮食委员会第二次常会	第五十一期	十九年一月十五日	五二七(11)
粮食委员会第七次会议	第六十五期	十九年八月十五日	七〇五(13)
粮食委员会第八次会议	第六十七期	十九年九月十五日	一七四(14)
粮食委员会第三次常会	第五十三期	十九年二月十五日	七五〇(11)
粮食管理所化验粮食成分	第三十一期	十八年三月十五日	〇五九(7)
粮食管理所近讯	第四十三期	十八年九月十五日	七二九(9)
粮食管理所取缔精白米掺入石粉	第六十八期	十九年九月三十日	二七六(14)
粮食管理所制定糙米精米比较表	第六十三期	十九年七月十五日	三七五(13)
粮食管理所注意民食	第八十四期	二十年五月三十一日	〇〇九(17)
粮食管理所注意保健标准	第三十九期	十八年七月十五日	六七六(8)
粮食管理所试验斛手	第七十八期	二十年二月二十八日	〇一三(16)
粮食管理所查验义仓	第六十一期	十九年六月十五日	〇四七(13)
粮食管理所调剂米价	第五十六期	十九年三月三十一日	三六五(12)
粮食管理所调剂米价	第五十七期	十九年四月十五日	四五六(12)
粮食管理所调查农村生产	第八十五期	二十年六月十五日	一一〇(17)
粮食管理所预防米荒	第八十期	二十年三月三十一日	二七三(16)
粮食管理所清理义仓	第八十八期	二十年七月三十一日	四二八(17)
粮食管理所编制粮食物价指数	第三十五期	十八年五月十五日	〇四六(8)
粮食管理所筹划救济民食	第七十七期	二十年二月十五日	五九三(15)
慎防脑膜炎	第七十八期	二十年二月二十八日	〇一九(16)
慎防霍乱病症	第六十五期	十九年八月十五日	七一七(13)
辟置公告栏	第五十四期	十九年二月二十八日	〇三九(12)
管理建筑事项办法	第八十八期	二十年七月三十一日	四三〇(17)

管理旗民住屋办法核定	第三十八期	十八年六月三十日	五〇九(8)
塾师讲习所举行休业式	第四十五期	十八年十月十五日	二六〇(10)
塾师登记展期	第三十期	十八年二月二十八日	七二一(6)
旗民生计处开办教养院	第四十八期	十八年十一月三十日	〇四二(11)
旗民生计处迁移	第四十六期	十八年十月三十一日	四四七(10)
旗民生计处近讯	第三十七期	十八年六月十五日	三四九(8)
旗民生计处近讯	第三十九期	十八年七月十五日	六八四(8)
旗民生计处改良旗民生计	第三十五期	十八年五月十五日	〇五〇(8)
旗民生计处承租荒地办法	第三十八期	十八年六月三十日	五一〇(8)
旗民教养院将规复	第三十六期	十八年五月三十一日	一七九(8)
旗产登记不再展期	第四十期	十八年七月三十一日	〇四〇(9)
旗产登记展期	第三十六期	十八年五月三十一日	一六七(8)
旗产登记展期	第三十八期	十八年六月三十日	四九七(8)
演讲儿童卫生教育	第三十六期	十八年五月三十一日	一七五(8)
演讲币制问题	第五十四期	十九年二月二十八日	〇四七(12)
缩短市铁路线	第三十一期	十八年三月十五日	〇五〇(7)
撤销特务警	第四十期	十八年七月三十一日	〇三八(9)
增加小学教职员俸给	第四十四期	十八年九月三十日	〇四〇(10)
增加办理户籍经费	第三十期	十八年二月二十八日	七一六(6)
增设小学十所	第七十五期	二十年一月十五日	二五二(15)
增设小学及女子中学	第八十五期	二十年六月十五日	一一四(17)
增设专科学校	第四十七期	十八年十一月十五日	六四二(10)
增设甲种小学五所	第八十八期	二十年七月三十一日	四三四(17)
增设民众体育场	第四十四期	十八年九月三十日	〇四〇(10)
增设传染病医院	第七十一期	十九年十一月十五日	六一九(14)
增设诊疗所	第五十七期	十九年四月十五日	四五八(12)
增设诊疗所	第八十五期	二十年六月十五日	一一五(17)
增设稽查所	第二十九期	十八年二月十五日	五四七(6)
增设警亭	第四十八期	十八年十一月三十日	〇二九(11)
增设警亭	第五十三期	十九年二月十五日	七四四(11)
增补修路费	第四十六期	十八年十月三十一日	四三八(10)
增添汽车自行车	第二十六期	十七年十二月三十一日	〇五七(6)
增植行道树三千株	第七十五期	二十年一月十五日	二四七(15)

增编警察巡查队	第二十四期	十七年十一月三十日	四四九(5)
增填护城河水湾土方	第七十四期	十九年十二月三十一日	一一五(15)
敷设标准时计	第二十五期	十七年十二月十五日	七〇九(5)
澈查日人行窃案	第五十四期	十九年二月二十八日	〇五五(12)
澈查罗步洲逆产	第二十五期	十七年十二月十五日	七〇二(5)
慰留秘书长之辞职	第三十一期	十八年三月十五日	〇四六(7)
整饬下关水陆交通	第六十五期	十九年八月十五日	七一二(13)
整饬公共卫生	第五十九至六十期	十九年五月三十一日	六九四(12)
整顿夫子庙前摊位	第七十四期	十九年十二月三十一日	一一三(15)
整顿车辆	第二十六期	十七年十二月三十一日	〇五一(6)
整顿本市婴儿出生统计	第四十五期	十八年十月十五日	二七〇(10)
整顿外勤员警	第四十九期	十八年十二月十五日	二二六(11)
整顿市钟	第四十五期	十八年十月十五日	二七二(10)
整顿市铁路路政	第四十期	十八年七月三十一日	〇五三(9)
整顿市警察	第二十九期	十八年二月十五日	五四四(6)
整顿民众学校	第四十九期	十八年十二月十五日	二一六(11)
整顿出生统计	第四十一期	十八年八月十五日	二四七(9)
整顿全市房捐	第七十四期	十九年十二月三十一日	一一三(15)
整顿交通警察	第二十四期	十七年十一月三十日	四五〇(5)
整顿巡回救护车	第七十二期	十九年十一月三十日	七四三(14)
整顿私塾	第二十五期	十七年十二月十五日	七〇八(5)
整顿私塾教育	第六十三期	十九年七月十五日	三七一(13)
整顿补习学校	第七十一期	十九年十一月十五日	六一七(14)
整顿房捐	第三十一期	十八年三月十五日	〇四七(7)
整顿房捐税收	第六十五期	十九年八月十五日	七一二(13)
整顿消防设备	第二十二期	十七年十月三十一日	一七二(5)
整顿娱乐场所	第六十五期	十九年八月十五日	七〇四(13)
整顿娱乐场所	第七十二期	十九年十一月三十日	七三〇(14)
整顿娱乐场所	第七十五期	二十年一月十五日	二四五(15)
整顿娱乐机关	第五十八期	十九年四月三十日	五五〇(12)
整顿营造业办法	第六十三期	十九年七月十五日	三六八(13)
整顿第一平民工厂	第七十三期	十九年十二月十五日	〇一二(15)
整顿清道工作	第三十九期	十八年七月十五日	六八〇(8)

整顿清道事务	第五十三期	十九年二月十五日	七五四(11)
整顿屠宰牛税	第五十二期	十九年一月三十一日	六三一(11)
整顿屠宰收入	第七十三期	十九年十二月十五日	〇二一(15)
整顿铺户房捐	第六十二期	十九年六月三十日	一八三(13)
整顿慈善团体	第六十五期	十九年八月十五日	七〇四(13)
整理大小黄洲	第四十六期	十八年十月三十一日	四三四(10)
整理马路街树	第五十四期	十九年二月二十八日	〇五六(12)
整理中山码头	第九十期	二十年八月三十一日	六二二(17)
整理中山路两旁树木	第六十五期	十九年八月十五日	七〇五(13)
整理市钟	第七十六期	二十年一月三十一日	四〇一(15)
整理全市公园	第八十三期	二十年五月十五日	六五五(16)
整理全市公园	第八十五期	二十年六月十五日	一一七(17)
整理全市路名牌	第七十五期	二十年一月十五日	二四九(15)
整理全市路灯	第二十六期	十七年十二月三十一日	〇五〇(6)
整理各公园	第七十九期	二十年三月十五日	一九一(16)
整理两善堂	第二十四期	十七年十一月三十日	四五三(5)
整理房捐	第七十六期	二十年一月三十一日	三九八(15)
整理秦淮河收用土地办法	第二十九期	十八年二月十五日	五四二(6)
整理菜摊	第七十四期	十九年十二月三十一日	一一六(15)
整理清道夫役号衣	第三十二期	十八年三月三十一日	二六七(7)
整理旗产	第五十八期	十九年四月三十日	五四六(12)
整理旗产	第七十五期	二十年一月十五日	二五六(15)
赠送注射券	第四十二期	十八年八月三十一日	四六一(9)
魏市长招待法使韦尔敦	第六十四期	十九年六七月三十一日	五五九(13)
魏市长检阅清洁队	第七十期	十九年十月三十一日	四八八(14)
翻修汉西门外道路	第六十八期	十九年九月三十日	二八一(14)
翻修黑廊街至水西门马路	第二十八期	十八年一月三十一日	三七一(6)
警士消毒训练班开课	第二十五期	十七年十二月十五日	七一二(5)
警用电筒雨伞之开支	第二十九期	十八年二月十五日	五四〇(6)
警察教练所开学典礼	第二十二期	十七年十月三十一日	一八三(5)
警察教练所近闻	第二十八期	十八年一月三十一日	三七二(6)
警察教练所注意课余研习	第三十三期	十八年四月十五日	四六五(7)

警察教练所学期考试	第三十二期	十八年三月三十一日	二六〇(7)
警察教练所组织小组会议	第三十期	十八年二月二十八日	七一八(6)
簿记讲习所开学	第四十八期	十八年十一月三十日	〇三二(11)

纪念周报告

篇　名	卷(期)数	出版日期	页码(册数)
中央物价对策委员会组织条例草案	第一〇九期	三十一年十二月十五日	一五二(42)
地方物价对策委员会组织规程草案	第一〇九期	三十一年十二月十五日	一五二(42)
地方物价管理局组织规则草案	第一〇九期	三十一年十二月十五日	一五三(42)
行政院训令(行字第　号,令南京特别市政府)	第一〇九期	三十一年十二月十五日	一五一(42)
行政院训令(政字第　号,令南京特别市政府)	第一一九期	三十二年五月十五日	五一一(42)
刘市长在本府第七次纪念周之报告	第二十期	十七年九月三十日	六四三(4)
刘市长在本府第八次纪念周之报告	第二十期	十七年九月三十日	六四四(4)
刘市长在本府第三次纪念周之报告	第十八期	十七年八月三十一日	四七九(4)
刘市长在本府第五次纪念周之报告	第十九期	十七年九月十五日	五六一(4)
刘市长在本府第四次纪念周之报告	第十八期	十七年八月三十一日	四八〇(4)
刘市长在第六次纪念周之报告	第十九期	十七年九月十五日	五六二(4)
何市长在总纪念周之报告	第十六期	十七年七月三十一日	二四〇(4)
何市长在第二十三次纪念周之报告	第十六期	十七年七月三十一日	二三五(4)
何市长在第二十五次纪念周之报告	第十六期	十七年七月三十一日	二三七(4)
何市长在第二十四次纪念周之报告	第十六期	十七年七月三十一日	二三五(4)
何市长在第七次总理纪念周之报告	第十一期	十七年三月十五日	四八三(3)
实业部物价管理总局组织条例草案	第一〇九期	三十一年十二月十五日	一五三(42)
姚秘书长在第二十二次纪念周之报告	第十六期	十七年七月三十一日	二三三(4)
姚秘书长在第二十七次纪念周之报告	第十六期	十七年七月三十一日	二四二(4)
姚秘书长在第二十八次纪念周之报告	第十六期	十七年七月三十一日	二四三(4)

批　示

篇　名	卷(期)数	出版日期	页码(册数)
批示二则	第一号	十六年六月	一三三(1)
附财政局批	第四期	十六年十一月十五日	八三二(2)
南京特别市市政府各局的批示	第一期	十六年九月	八六五(1)
南京特别市市政府各局的批示	第三期	十六年十月三十一日	四九五(2)
南京特别市市政府各局的批示	第四期	十六年十一月十五日	八二九(2)
南京特别市市政府批示	第二期	十六年十月十五日	一九七(2)

报　告

篇　名	卷(期)数	出版日期	页码(册数)
二十一年十一月份第一周(十月三十一日至十一月五日)	第一一九期	二十一年十一月十五日	三三七(22)
二十一年十一月份第二周(七日至十二日)	第一一九期	二十一年十一月十五日	三四一(22)
二十一年十一月份第三周(十四日至十九日)	第一二〇期	二十一年十一月三十日	四六五(22)
二十一年十一月份第四周(二十一日至二十六日)	第一二〇期	二十一年十一月三十日	四六九(22)
二十一年十二月份第一周(十一月二十八日至十二月三日)	第一二一期	二十一年十二月十五日	五六七(22)
二十一年十二月份第二周(五日至十日)	第一二一期	二十一年十二月十五日	五七〇(22)
二十一年十二月份第三周(十二日至十七日)	第一二二期	二十一年十二月三十一日	七〇五(22)
二十一年十二月份第五周(二十六日至三十一日)	第一二二期	二十一年十二月三十一日	七一三(22)
二十一年十二月份第四周(十九日至二十四日)	第一二二期	二十一年十二月三十一日	七〇八(22)
二十一年十月份第一周(九月二十六日至十月一日)	第一一七期	二十一年十月十五日	一二七(22)
二十一年十月份第三周(十日至十五日)	第一一七期	二十一年十月十五日	一三五(22)
二十一年十月份第五周(二十四日至二十九日)	第一一八期	二十一年十月三十一日	二三三(22)
二十一年十月份第四周(十七日至二十二日)	第一一八期	二十一年十月三十一日	二二九(22)
二十一年七月份第三周(十一日至十六日)	第一一二期	二十一年七月三十日	三四三(21)
二十一年七月份第四周(十八日至二十三日)	第一一二期	二十一年七月三十日	三四七(21)
二十一年七月第一周(六月二十七日至七月二日)	第一一一期	二十一年七月十五日	二五三(21)

二十一年八月份第一周(一日至六日)	第一一三期	二十一年八月十五日	四四五(21)
二十一年八月份第二周(八日至十三日)	第一一三期	二十一年八月十五日	四四九(21)
二十一年八月份第三周(十五日至二十日)	第一一四期	二十一年八月三十一日	五四七(21)
二十一年八月份第四周(二十二日至二十七日)	第一一四期	二十一年八月三十一日	五五一(21)
二十一年九月份第一周(八月二十九日至九月三日)	第一一五期	二十一年九月十五日	六八一(21)
二十一年九月份第二周(五日至十日)	第一一五期	二十一年九月十五日	六八五(21)
二十一年九月份第三周(十二日至十七日)	第一一六期	二十一年九月三十日	七七七(21)
二十一年九月份第四周(十八日至二十四日)	第一一六期	二十一年九月三十日	七八一(21)
二十一年六月份第三周(十三日至十八日)	第一一〇期	二十一年六月三十日	〇七一(21)
二十一年六月份第四周(二十日至二十五日)	第一一〇期	二十一年六月三十日	〇七五(21)
二十二年一月份第一周(二日至七日)	第一二三期	二十二年一月十五日	七九九(22)
二十二年一月份第二周(九日至十四日)	第一二三期	二十二年一月十五日	八〇二(22)
二十二年一月份第三周(十六日至二十一日)	第一二四期	二十二年一月三十一日	〇九一(23)
二十二年一月份第四周(二十三日至二十八日)	第一二四期	二十二年一月三十一日	〇九五(23)
二十二年二月份第一周(一月三十日至二月四日)	第一二五期	二十二年二月十五日	二三九(23)
二十二年二月份第二周(六日至十一日)	第一二五期	二十二年二月十五日	二四三(23)

二十二年二月份第三周(十三日至十八日)	第一二六期	二十二年二月二十八日	三〇七(23)
二十二年二月份第四周(二十日至二十五日)	第一二六期	二十二年二月二十八日	三一一(23)
二十七年七月第二周(四日至九日)	第一一一期	二十一年七月十五日	二五七(21)
二十年十月份第二周(三日至八日)　二十一年十月份第二周(三日至八日)	第一一七期	二十一年十月十五日	一三一(22)
工务局二月份事务报告	第十一期	十七年三月十五日	五五二(3)
工务局十一月份事务报告	第五期	十六年十一月三十日	〇九七(3)
工务局十七年一月份事务报告	第九期	十七年一月三十一日	三八一(3)
工务局十六年十二月份事务报告	第八期	十七年一月十五日	二八二(3)
工务局最近工作概况	第九十一期	二十年九月十五日	〇八五(18)
卫生局最近工作概况	第九十八期	二十年十二月三十一日	一六九(19)
公安局二月份事务报告	第十一期	十七年三月十五日	五五四(3)
公安局十一月份事务报告	第五期	十六年十一月三十日	一〇七(3)
公安局十七年一月份事务报告	第九期	十七年一月三十一日	三八二(3)
公安局十六年十二月份事务报告	第八期	十七年一月十五日	二八四(3)
本市自治进行概况	第九十三期	二十年十月十五日	三五七(18)
本市每周工作纪要(二十年十月份第一周)	第九十三期	二十年十月十五日	三六〇(18)
本市教育最近概况	第九十四期	二十年十月三十一日	四七五(18)
本市筹办土地所有权登记经过	第九十七期	二十年十二月十五日	〇五九(19)
本府在中央广播无线电台报告十九年工务方面重要工作(第十六次市政报告)	第五十六期	十九年三月三十一日	三五三(12)
本府在中央广播无线电台报告(第十五次市政报告)	第五十六期	十九年三月三十一日	三五一(12)
本府每周工作纪要	第八十一期	二十年四月十五日	五〇一(16)
本府每周工作纪要	第八十三期	二十年五月十五日	七一九(16)
本府每周工作纪要	第八十四期	二十年五月三十一日	〇六五(17)
本府每周工作纪要	第八十五期	二十年六月十五日	一八七(17)
本府每周工作纪要	第八十六期	二十年六月三十日	二九一(17)

本府每周工作纪要	第八十七期	二十年七月十五日	四一一(17)
本府每周工作纪要	第八十八期	二十年七月三十一日	四九三(17)
本府每周工作纪要	第八十九期	二十年八月十五日	六〇三(17)
本府每周工作纪要	第九十期	二十年八月三十一日	六七七(17)
本府每周工作纪要	第九十一期	二十年九月十五日	〇八九(18)
本府每周工作纪要	第九十二期	二十年九月三十日	二一一(18)
本府每周工作纪要	第八十期	二十年三月三十一日	三五九(16)
本府每周工作纪要	第八十二期	二十年四月三十日	六〇九(16)
本府每周工作纪要(二十一年一月份第三周)	第一〇〇期	二十一年一月三十一日	四四一(19)
本府每周工作纪要(二十一年二月份第一周)	第一〇一期	二十一年二月十五日	五六一(19)
本府每周工作纪要(二十一年二月份第三周)	第一〇二期	二十一年二月二十九日	六五七(19)
本府每周工作纪要(二十一年三月份第一周)	第一〇三期	二十一年三月十五日	〇六一(20)
本府每周工作纪要(二十一年五月份第一周)	第一〇七期	二十一年五月十五日	五二五(20)
本府每周工作纪要(二十一年五月份第三周)	第一〇八期	二十一年五月三十一日	六一三(20)
本府每周工作纪要(二十一年五月份第四周)	第一〇八期	二十一年五月三十一日	六一七(20)
本府每周工作纪要(二十一年六月份第一周)	第一〇九期	二十一年六月十五日	七五一(20)
本府每周工作纪要(二十一年六月份第二周)	第一〇九期	二十一年六月十五日	七五五(20)
本府每周工作纪要(二十一年四月份第一周)	第一〇五期	二十一年四月十五日	三〇九(20)
本府每周工作纪要(二十一年四月份第三周)	第一〇六期	二十一年四月三十日	四〇九(20)
本府每周工作纪要(二十一年四月份第五周)	第一〇六期	二十一年四月三十日	四一五(20)

本府每周工作纪要(二十一年四月份第四周)	第一〇六期	二十一年四月三十日	四一二(20)
本府每周工作纪要(二十年十一月份第一周一日至七日)	第九十五期	二十年十一月十五日	六〇一(18)
本府每周工作纪要(二十年十一月份第三月)	第九十六期	二十年十一月三十日	七二九(18)
本府每周工作纪要(二十年十二月份第一周)	第九十七期	二十年十二月十五日	〇六〇(19)
本府每周工作纪要(二十年十二月份第三周)	第九十八期	二十年十二月三十一日	一七二(19)
本府每周工作纪要(二十年十月份第三月)	第九十四期	二十年十月三十一日	四七九(18)
本府每周工作纪要(二十年三月份第三周十四日至十九日)	第一〇四期	二十一年三月三十一日	一五九(20)
市铁路局十一月份事务报告	第五期	十六年十一月三十日	一一二(3)
民国二十年三月份南京市财政局收支对照明细表	第八十二期	二十年四月三十日	六三六(16)
自来水工程进行近况	第九十一期	二十年九月十五日	〇八八(18)
刘市长在第十一次纪念周之报告	第五十七期	十九年四月十五日	四三三(12)
刘市长在第十二次纪念周之报告	第五十七期	十九年四月十五日	四三六(12)
刘市长在第十三次纪念周之报告	第五十七期	十九年四月十五日	四三九(12)
刘市长在第十四次纪念周之报告	第五十八期	十九年四月三十日	五三五(12)
刘市长在第十次纪念周之报告	第五十六期	十九年三月三十一日	三四八(12)
刘市长临别赠言	第五十八期	十九年四月三十日	五三八(12)
关于工务事项	第一期	十六年九月	九〇三(1)
关于土地事项	第一期	十六年九月	九〇七(1)
关于卫生事项	第一期	十六年九月	九〇八(1)
关于公安事项	第一期	十六年九月	八九一(1)
关于市政事项	第一期	十六年九月	八八七(1)
关于财政事项	第一期	十六年九月	八九七(1)
关于教育事项	第一期	十六年九月	九〇六(1)
财政局二十一年十一月份收支报告	第一二三期	二十二年一月十五日	八〇六(22)
财政局二十一年十二月份收支报告	第一二四期	二十二年一月三十一日	〇九八(23)

财政局二十二年一月份收支报告	第一二六期	二十二年二月二十八日	三一六(23)
财政局二月份事务报告	第十一期	十七年三月十五日	五四五(3)
财政局十一月份收支四柱公布	第五期	十六年十一月三十日	一一二(3)
财政局十一月份事务报告	第五期	十六年十一月三十日	〇九三(3)
财政局十七年一月份事务报告	第九期	十七年一月三十一日	三七五(3)
财政局十七年十二月份财务报告	第三十期	十八年二月二十八日	八〇七(6)
财政局十七年度一月份收支四柱公布	第九期	十七年一月三十一日	三八八(3)
财政局十八年一月份业务报告	第三十期	十八年二月二十八日	八一一(6)
财政局十八年二月份财务报告	第三十二期	十八年三月三十一日	四〇九(7)
财政局十八年三月份财务报告	第三十三期	十八年四月十五日	五九九(7)
财政局十八年四月份财务报告	第三十五期	十八年五月十五日	一二九(8)
财政局十九年五月份收支报告	第六十二期	十九年六月三十日	二九三(13)
财政局十九年四月份收支报告	第五十九至六十期	十九年五月三十一日	七五五(12)
财政局十六年十二月份事务报告	第八期	十七年一月十五日	二七八(3)
财政局十六年度六月一日起至十二月三十一日止全市收支报告	第八期	十七年一月十五日	二八九(3)
财政局五月份财务报告	第三十七期	十八年六月十五日	四五三(8)
社会局最近工作概况(二十年十一月十四日本府派员在中央广播无线电台报告)	第九十五期	二十年十一月十五日	五九七(18)
附：南京市政府财政局收支对照明细表(民国二十一年五月份)	第一一〇期	二十一年六月三十日	一〇二(21)
南京市财政局二十一年一月份收支报告	第一〇二期	二十一年二月二十九日	六六五(19)
南京市财政局二十一年一月份收支报告	第一〇一期	二十一年二月十五日	五六八(19)
南京市财政局二十一年二月份收支报告	第一〇三期	二十一年三月十五日	〇六八(20)
南京市财政局二十一年三月份收支报告	第一〇五期	二十一年四月十五日	三一五(20)
南京市财政局二十一年五月份收支报告	第一〇九期	二十一年六月十五日	七五八(20)

南京市财政局二十一年六月份收支报告	第一一一期	二十一年七月十五日	二六一(21)
南京市财政局二十一年四月份收支报告	第一〇七期	二十一年五月十五日	五三二(20)
南京市财政局二十年一月份收支报告	第七十七期	二十年二月十五日	七二一(15)
南京市财政局二十年二月份收支报告	第七十九期	二十年三月十五日	二五一(16)
南京市财政局二十年十一月份收支报告	第九十七期	二十年十二月十五日	〇六七(19)
南京市财政局二十年十二月份收支报告	第九十九期	二十一年一月十五日	三〇五(19)
南京市财政局二十年十月份收支报告	第九十五期	二十年十一月十五日	六〇七(18)
南京市财政局二十年七月份收支报告	第八十九期	二十年八月十五日	六〇七(17)
南京市财政局二十年八月份收支报告	第九十一期	二十年九月十五日	〇九四(18)
南京市财政局二十年九月份收支报告	第九十三期	二十年十月十五日	三六七(18)
南京市财政局二十年三月份收支报告	第八十一期	二十年四月十五日	五〇四(16)
南京市财政局二十年五月份收支报告	第八十五期	二十年六月十五日	一八九(17)
南京市财政局二十年四月份收支报告	第八十三期	二十年五月十五日	七二二(16)
南京市财政局十九年十二月份收支报告	第七十五期	二十年一月十五日	三七三(15)
南京市财政局十九年十二月份收支报告	第七十六期	二十年一月三十一日	五四九(15)
南京市财政局十九年十月份收支报告	第七十一期	十九年十一月十五日	七一五(14)

南京市财政局十九年八月份收支报告	第六十七期	十九年九月十五日	二六一(14)
南京市财政局十九年九月份收支报告	第六十九期	十九年十月十五日	四六五(14)
南京市财政局收支对照明细表(民国二十一年三月份)	第一〇六期	二十一年四月三十日	四四〇(20)
南京市财政局收支对照明细表(民国二十年四月份)	第八十四期	二十年五月三十一日	〇九六(17)
南京市政府二十一年二月份行政报告	第一〇四期	二十一年三月三十一日	一六七(20)
南京市政府二十一年十月份行政报告	第一二一期	二十一年十二月十五日	五七五(22)
南京市政府二十一年七月份行政报告	第一一四期	二十一年八月三十一日	五五七(21)
南京市政府二十一年八月份行政报告	第一一六期	二十一年九月三十日	七八七(21)
南京市政府二十一年九月份行政报告	第一一八期	二十一年十月三十一日	二三九(22)
南京市政府二十一年三月份行政报告	第一〇六期	二十一年四月三十日	四一九(20)
南京市政府二十一年五月份行政报告	第一一〇期	二十一年六月三十日	〇七九(21)
南京市政府二十一年六月份行政报告	第一一二期	二十一年七月三十日	三五五(21)
南京市政府二十一年四月份行政报告	第一〇八期	二十一年五月三十一日	六二三(20)
南京市政府二十年一月份行政计划	第七十八期	二十年二月二十八日	一四七(16)
南京市政府二十年二月份行政报告	第八十期	二十年三月三十一日	三六五(16)
南京市政府二十年十一月份行政报告	第九十八期	二十年十二月三十一日	一八一(19)
南京市政府二十年十二月份行政报告	第一〇〇期	二十一年一月三十一日	四四九(19)
南京市政府二十年十月份行政报告	第九十六期	二十年十一月三十日	七三七(18)

南京市政府二十年七月份行政报告	第九十期	二十年八月三十一日	六八一(17)
南京市政府二十年八月份行政报告	第九十二期	二十年九月三十日	二一九(18)
南京市政府二十年九月份行政报告	第九十四期	二十年十月三十一日	四九一(18)
南京市政府二十年三月份行政报告	第八十二期	二十年四月三十日	六一三(16)
南京市政府二十年五月份行政报告	第八十六期	二十年六月三十日	二九五(17)
南京市政府二十年六月行政报告	第八十八期	二十年七月三十一日	四九七(17)
南京市政府二十年四月份行政报告	第八十四期	二十年五月三十一日	〇七一(17)
南京市政府十一月份行政报告	第七十四期	十九年十二月三十一日	二〇七(15)
南京市政府十九年十二月份行政报告	第七十六期	二十年一月三十一日	五五五(15)
南京市政府十月份行政报告	第七十二期	十九年十一月三十日	八二七(14)
南京市政府七月份行政报告	第六十六期	十九年八月三十一日	一一三(14)
南京市政府八月份行政报告	第六十八期	十九年九月三十日	三五七(14)
南京市政府九月份行政报告	第七十期	十九年十月三十一日	五六七(14)
南京市政府财政局十九年度七月份收支报告	第六十五期	十九年八月十五日	七九五(13)
南京市政府财政局收支对照明细表(民国二十一年七月份)	第一一四期	二十一年八月三十一日	五八〇(21)
南京市政府财政局收支对照明细表(民国二十一年六月份)	第一一二期	二十一年七月三十日	三七六(21)
南京财政局二十年六月份收支报告	第八十七期	二十年七月十五日	四一四(17)
南京财政局十九年十一月份收支报告	第七十三期	十九年十二月十五日	〇九五(15)
南京财政局十九年六月份收支报告	第六十三期	十九年七月十五日	四七九(13)
南京特别市公园管理处十七年十二月份业务报告	第二十九期	十八年二月十五日	六七七(6)
南京特别市户籍调查报告	第二十六期	十七年十二月三十一日	一八四(6)
南京特别市市财政局十二月份业务报告	第二十八期	十八年一月三十一日	四七三(6)
南京特别市市政府十八年一月份业务报告	第三十期	十八年二月二十八日	七九五(6)
南京特别市市政府十八年七月份工作报告表	第四十期	十八年七月三十一日	一四一(9)

南京特别市市政府十八年三月份业务报告	第三十二期	十八年三月三十一日	四〇一(7)
南京特别市市政府十八年三月份业务报告	第三十三期	十八年四月十五日	五九三(7)
南京特别市市政府十八年五月份业务报告	第三十六期	十八年五月三十一日	二九五(8)
南京特别市市政府十八年六月份业务报告	第三十八期	十八年六月三十日	六二五(8)
南京特别市市政府十八年四月份业务报告	第三十四期	十八年四月三十日	七五九(7)
南京特别市市政府八月份经办事项报告	第一期	十六年九月	八八七(1)
南京特别市市政府工务局十一月份事务报告	第二十六期	十七年十二月三十一日	一八一(6)
南京特别市市政府工务局十七年十二月份业务报告	第二十八期	十八年一月三十一日	四七四(6)
南京特别市市政府工务局十七年九月份事务报告	第二十三期	十七年十一月十五日	四〇三(5)
南京特别市市政府工务局十八年二月份业务报告	第三十一期	十八年三月十五日	一九八(7)
南京特别市市政府工务局十月份事务报告	第二十四期	十七年十一月三十日	六二四(5)
南京特别市市政府工务局市内街道转角处应行拆除房屋调查表	第二十一期	十七年十月十五日	一一九(5)
南京特别市市政府工务局调查表	第二十三期	十七年十一月十五日	四一〇(5)
南京特别市市政府土地局一月份业务报告	第三十期	十八年二月二十八日	八一八(6)
南京特别市市政府土地局九月份事务报告	第二十四期	十七年十一月三十日	六〇一(5)
南京特别市市政府土地局中山路(宽二十米达)征收土地统计表	第二十一期	十七年十月十五日	一二七(5)
南京特别市市政府土地局调查表	第二十三期	十七年十一月十五日	四一〇(5)

南京特别市市政府卫生处十七年十二月业务报告	第二十八期	十八年一月三十一日	四七九(6)
南京特别市市政府卫生局十八年二月份业务报告	第三十一期	十八年三月十五日	二〇三(7)
南京特别市市政府五月来业务报告	第二十九期	十八年二月十五日	六六九(6)
南京特别市市政府公安司法课十七年七月份审结案件一览表	第十九期	十七年九月十五日	六一六(4)
南京特别市市政府公安局十七年二月至七月特务案件一览表	第二十一期	十七年十月十五日	一三二(5)
南京特别市市政府公安局十八年一月份业务报告	第三十期	十八年二月二十八日	八一三(6)
南京特别市市政府公安局所属各区队长警数类表	第二十一期	十七年十月十五日	一三一(5)
南京特别市市政府市金库十七年十二月份业务报告	第二十九期	十八年二月十五日	六七九(6)
南京特别市市政府民国十八年八月份工作报告表	第四十二期	十八年八月三十一日	六二七(9)
南京特别市市政府财政局十七年十一月份收支对照明细表	第二十七期	十八年一月十五日	三三〇(6)
南京特别市市政府财政局十七年十一月份收支报告	第二十七期	十八年一月十五日	三二八(6)
南京特别市市政府财政局十七年十二月份收支对照明细表	第三十期	十八年二月二十八日	八一〇(6)
南京特别市市政府财政局十七年十月份收支四柱清册	第二十四期	十七年十一月三十日	六二八(5)
南京特别市市政府财政局十七年八月份收支四柱公布	第十九期	十七年九月十五日	六一一(4)
南京特别市市政府财政局十七年八月份收支对照明细表	第十九期	十七年九月十五日	六一四(4)
南京特别市市政府财政局十七年九月份收支四柱清册公布	第二十三期	十七年十一月十五日	四〇七(5)
南京特别市市政府财政局十七年九月份收支对照明细表	第二十三期	十七年十一月十五日	四一〇(5)

南京特别市市政府财政局十七年度十月份收支对照明细表	第二十四期	十七年十一月三十日	六五八(5)
南京特别市市政府财政局十七年度上半年收支报告	第三十一期	十八年三月十五日	一八九(7)
南京特别市市政府财政局十八年一月份收支报告	第三十一期	十八年三月十五日	一九三(7)
南京特别市市政府财政局十八年二月份业务报告	第三十一期	十八年三月十五日	一九七(7)
南京特别市市政府财政局十八年二月份收支对照明细表	第三十二期	十八年三月三十一日	四〇九(7)
南京特别市市政府财政局十八年十月份财务报告	第四十七期	十八年十一月十五日	七四一(10)
南京特别市市政府财政局十八年七月份收支对照明细表	第四十一期	十八年八月十五日	三九八(9)
南京特别市市政府财政局十八年七月份财务报告	第四十一期	十八年八月十五日	三九五(9)
南京特别市市政府财政局十八年八月份收支对照明细表	第四十三期	十八年九月十五日	八六四(9)
南京特别市市政府财政局十八年三月份收支对照明细表	第三十三期	十八年四月十五日	六二〇(7)
南京特别市市政府财政局十八年六月份收支对照明细表	第三十九期	十八年七月十五日	八〇二(8)
南京特别市市政府财政局十八年六月份财务报告	第三十九期	十八年七月十五日	七九九(8)
南京特别市市政府财政局十八年四月份收支对照明细表	第三十五期	十八年五月十五日	一三二(8)
南京特别市市政府财政局五月收支对照明细表	第三十七期	十八年六月十五日	四五六(8)
南京特别市市政府社会处调查表	第二十四期	十七年十一月三十日	六三二(5)
南京特别市市政府社会局十八年一月份业务报告	第三十期	十八年二月二十八日	八一五(6)
南京特别市市政府教育局十七年十一月份事务报告	第二十七期	十八年一月十五日	三二七(6)

南京特别市市政府教育局十七年十二月份业务报告	第二十八期	十八年一月三十一日	四七八(6)
南京特别市市政府教育局十八年二月份业务报告	第三十一期	十八年三月十五日	二〇二(7)
南京特别市财政局十九年一月份收支对照明细表	第五十三期	十九年二月十五日	八五四(11)
南京特别市财政局十九年一月份财务报告	第五十三期	十九年二月十五日	八五一(11)
南京特别市财政局十九年二月份收支对照明细表	第五十五期	十九年三月十五日	三一六(12)
南京特别市政府二月份行政报告	第五十五期	十九年三月十五日	二六九(12)
南京特别市政府五月份行政报告	第六十二期	十九年六月三十日	二九七(13)
南京特别市政府六月份行政报告	第六十四期	十九年六七月三十一日	六四一(13)
南京特别市政府四月份行政报告	第五十九至六十期	十九年五月三十一日	七六一(12)
南京特别市政府民国十八年十一月份工作报告表	第四十八期	十八年十一月三十日	一一五(11)
南京特别市政府民国十八年十二月份工作报告表	第五十期	十八年十二月三十一日	四三一(11)
南京特别市政府民国十八年十月份工作报告表	第四十六期	十八年十月三十一日	五三一(10)
南京特别市政府民国十八年九月份工作报告表	第四十四期	十八年九月三十日	一四五(10)
南京特别市政府财政局十八年十一月份财务报告	第四十九期	十八年十二月十五日	三一三(11)
南京特别市政府财政局十八年十二月份财务报告	第五十一期	十九年一月十五日	六〇一(11)
南京特别市政府财政局十八年八月份财务报告	第四十三期	十八年九月十五日	八六一(9)
南京特别市政府财政局十八年九月份收支对照明细表	第四十五期	十八年十月十五日	三九六(10)
南京特别市政府财政局十八年九月份收支报告	第四十五期	十八年十月十五日	三九三(10)

南京特别市政府财政局十九年四月份收支对照明细表	第五十九至六十期	十九年五月三十一日	八〇八(12)
南京特别市政府财政局民国十八年十一月份收支对照明细表	第四十九期	十八年十二月十五日	三一六(11)
南京特别市政府财政局民国十八年十二月份收支对照表	第五十一期	十九年一月十五日	六〇四(11)
南京特别市政府财政局民国十八年十月份收支对照明细表	第四十七期	十八年十一月十五日	七四四(10)
南京特别市政府财政局民国十九年五月份收支对照明细表	第六十二期	十九年六月三十日	三四二(13)
南京特别市政府财政府政局十九年二月份财务报告	第五十五期	十九年三月十五日	二六五(12)
南京特别市逆产调查表	第二十二期	十七年十月三十一日	二五三(5)
南京特别市教育局三个月工作报告	第一期	十六年九月	九〇九(1)
钱秘书长在第九次纪念周之报告	第五十六期	十九年三月三十一日	三四五(12)
教育局二月份事务报告	第十一期	十七年三月十五日	五五六(3)
教育局十一月份事务报告	第五期	十六年十一月三十日	一〇八(3)
教育局十七年一月份事务报告	第九期	十七年一月三十一日	三八四(3)
教育局十六年十二月份事务报告	第八期	十七年一月十五日	二八六(3)

来文照登

篇　　名	卷(期)数	出版日期	页码(册数)
军事委员会抚恤委员会国防部联合勤务总司令部抚恤处公告	第一卷第十一期	三十五年十一月一日	三一一(44)
南京特别市市政府十八年四月份业务报告	第三十四期	十八年四月三十日	七五九(7)

呈文·咨文

篇　名	卷(期)数	出版日期	页码(册数)
关于公用课已办事项	第一号	十六年六月	一一六(1)
关于取缔课已办事项	第一号	十六年六月	一一三(1)
关于建筑课已办事项	第一号	十六年六月	一一五(1)
呈报国民政府本市政府经办事项由	第一号	十六年六月	〇九一(1)
呈报(国民政府总司令蒋)本厅成立市长宣誓就职及启用印信日期由	第一号	十六年六月	〇八七(1)
呈报(国民政府总司令蒋)拆迁桥房备案由	第一号	十六年六月	〇八八(1)
呈请国民政府本府及各局举行成立典礼由	第一号	十六年六月	〇八八(1)
呈请国民政府加委各局局长由	第一号	十六年六月	〇九〇(1)
呈请国民政府重加任命另行颁发印信由	第一号	十六年六月	〇八七(1)
呈请国民政府颁布条例由	第一号	十六年六月	〇九〇(1)
呈请总司令蒋拆去照壁由	第一号	十六年六月	〇八九(1)
附各局呈报本市政府经办事项文	第一号	十六年六月	〇九六(1)
南京特别市工务局自五月二十五日筹备起至六月底止经办事项造具清册呈请	第一号	十六年六月	一一〇(1)
南京特别市公安局谨将十六年六月份经办事项造具清册呈请	第一号	十六年六月	一一七(1)
南京特别市市政府呈文(第二六号)：呈为据工务局呈请转呈军委会通令各军保护测量人员由	第一期	十六年九月	八〇三(1)
南京特别市市政府呈(第一号)：呈国府为清党审委会已撤彭犹龙案如何办理	第一期	十六年九月	七八五(1)
南京特别市市政府呈(第一〇号)：呈复国民政府商洽迁让方更生逆产情形	第一期	十六年九月	七八八(1)
南京特别市市政府呈(第二一号)：呈国府军事委员会请迁移下关各旅馆驻兵由	第一期	十六年九月	七九八(1)

南京特别市市政府呈(第二二号):呈复军委会仍请饬派宪兵检查私灯由	第一期	十六年九月	七九九(1)
南京特别市市政府呈(第二十三号):呈军事委员会呈报金陵戏院内兵士不听指挥经宪兵开枪肇事情形	第二期	十六年十月十五日	一六九(2)
南京特别市市政府呈(第二七号):呈国府送八月份经办事项报告书	第一期	十六年九月	八〇四(1)
南京特别市市政府呈(第二八号):呈军委会请通令军人乘车应购半票	第二期	十六年十月十五日	一六一(2)
南京特别市市政府呈(第二九号):呈国民政府军委会请出示禁止军人滋扰妓院	第二期	十六年十月十五日	一六一(2)
南京特别市市政府呈(第二三号):呈国府为转呈总商会请设中央银行各钞兑换处由	第一期	十六年九月	八〇〇(1)
南京特别市市政府呈(第二五号):呈为请予核准免予行使不兑现各种钞票由	第一期	十六年九月	八〇二(1)
南京特别市市政府呈(第二号:呈报就职日期由	第一期	十六年九月	七八六(1)
南京特别市市政府呈(第二四号):呈国民政府拟议恢复土地局请核示由	第一期	十六年九月	八〇一(1)
南京特别市市政府呈(第二〇号):呈军事委员会请给示禁止驻兵由	第一期	十六年九月	七九七(1)
南京特别市市政府呈(第十一号):呈军委会呈为学校及教育机关多已照常工作请给示保护由	第一期	十六年九月	七八九(1)
南京特别市市政府呈(第十二号):呈军委会清发给鼓楼医院伙食及被褥费	第一期	十六年九月	七九〇(1)

南京特别市市政府呈(第十七号)：呈送本府秘书处暂行组织条例由	第一期	十六年九月	七九五(1)
南京特别市市政府呈(第十八号)：呈国府为秀山公园应否改为血花公园由	第一期	十六年九月	七九五(1)
南京特别市市政府呈(第十九号)：呈军事委员会请饬令军队官长约束部属并出示保护下关发电所	第一期	十六年九月	七九六(1)
南京特别市市政府呈(第十三号)：呈军委会为下关商埠商会拟在空地搭屋以供军队休息请查核	第一期	十六年九月	七九一(1)
南京特别市市政府呈(第十五号)：呈国府为特种法庭未经组织将来杨焕卿如何转送由	第一期	十六年九月	七九三(1)
南京特别市市政府呈(第十六号)：呈复国民政府军事委员会未便遵令将土地局址作为航空处飞机队居住由	第一期	十六年九月	七九四(1)
南京特别市市政府呈(第十四号)：呈国民政府军委会为电灯厂继续检查私灯请派宪兵协助由	第一期	十六年九月	七九二(1)
南京特别市市政府呈(第七一号)：呈复国府奉令已转函并陈农工商局未设原因由	第四期	十六年十一月十五日	七八四(2)
南京特别市市政府呈(第七二号)：呈军事委员会为大黄洲柴薪发给旗帜请将转行通令概行免封由	第四期	十六年十一月十五日	七八五(2)
南京特别市市政府呈(第七三号)：呈军委会为公安局呈报唐生智派员来京运动军警内乱由	第四期	十六年十一月十五日	七八六(2)
南京特别市市政府呈(第七五号)：呈军事委员会据公安局呈报大黄洲匪多警少请派兵兜剿由	第四期	十六年十一月十五日	七八八(2)

南京特别市市政府呈(第七六号)：呈国民政府为公安局呈报本市发现共产党扑灭宁汉战争宣言抄呈乞令各省一体查禁由	第四期	十六年十一月十五日	七九〇(2)
南京特别市市政府呈(第七四号)：呈国民政府送系统等表由	第四期	十六年十一月十五日	七八七(2)
南京特别市市政府呈(第七〇号)：呈国民政府请将市禁烟局划归市府办理由	第四期	十六年十一月十五日	七八三(2)
南京特别市市政府呈(第三一七号)：呈军委会请令住扎妇女协会军队迁让	第三期	十六年十月三十一日	四四三(2)
南京特别市市政府呈(第三一号)：呈国民政府报告接事后办理市政大概情形	第二期	十六年十月十五日	一六三(2)
南京特别市市政府呈(第三十三号)：呈军委会请派队痛剿匪徒	第二期	十六年十月十五日	一七〇(2)
南京特别市市政府呈(第三十五号)：呈国民政府为秀山公园改为血花公园李纯祠堂定为实验学校请转呈国民政府备案由	第三期	十六年十月三十一日	四四一(2)
南京特别市市政府呈(第三十六号)：呈军委会送驻兵表请查照办理由	第三期	十六年十月三十一日	四四二(2)
南京特别市市政府呈(第三八号)：呈军事委会请通令各军队勿得私自装灯接电	第三期	十六年十月三十一日	四四三(2)
南京特别市市政府呈(第三九号)：呈国府请颁布文官抚恤条例	第三期	十六年十月三十一日	四四五(2)
南京特别市市政府呈(第三号)：呈国府转总商会呈为行使中央钞币等利害情形由	第一期	十六年九月	七八六(1)

南京特别市市政府呈(第三〇号):呈军委会请通令维持车捐	第二期	十六年十月十五日	一六二(2)
南京特别市市政府呈(第五七号):呈军委会请拨冬防炮弹由	第四期	十六年十一月十五日	七六六(2)
南京特别市市政府呈(第五九号):呈国民政府呈复拆卸沪宁车站旁木棚一案由	第四期	十六年十一月十五日	七六七(2)
南京特别市市政府呈(第五六号):呈国府请示杨焕卿案如何转送办理	第四期	十六年十一月十五日	七六六(2)
南京特别市市政府呈(第五四至五五号):呈为呈请分令所属各机关每月照数缴纳灯费俾裕费收而免损失由	第四期	十六年十一月十五日	七六五(2)
南京特别市市政府呈(第五〇至五二号):呈军委会国府请令金陵大戏院等暂行停演由	第三期	十六年十月三十一日	四六〇(2)
南京特别市市政府呈(第六一至六二号):呈国府及军委会为议决公用车辆应装火灯由	第四期	十六年十一月十五日	七七三(2)
南京特别市市政府呈(第六七号):呈国府通缉罗步洲并组织特种刑事法庭由	第四期	十六年十一月十五日	七七八(2)
南京特别市市政府呈(第六八至六九号):呈中央党部国民政府请通令在广告栏内张贴标语由	第四期	十六年十一月十五日	七八二(2)
南京特别市市政府呈(第六三号):呈复军委会停演戏院事已函商戒严司令部俟复到再行办理由	第四期	十六年十一月十五日	七七四(2)
南京特别市市政府呈(第六五号):呈报国民政府为兼代经过并请加委工务教育两局长由	第四期	十六年十一月十五日	七七五(2)

南京特别市市政府呈(第六六号):呈国府为请在烟酒税等项下加征市政捐由	第四期	十六年十一月十五日	七七六(2)
南京特别市市政府呈(第六四号):呈国民政府请加委三秘书由	第四期	十六年十一月十五日	七七五(2)
南京特别市市政府呈(第六〇号):呈国民政府为教育局不应划归第四中大管理由	第四期	十六年十一月十五日	七六九(2)
南京特别市市政府呈(第四一号):呈国民政府请通令军政机关照付电费并维持运煤由	第三期	十六年十月三十一日	四四六(2)
南京特别市市政府呈(第四二号):呈国民政府请准处理市内公产逆产	第三期	十六年十月三十一日	四四七(2)
南京特别市市政府呈(第四七号):为本行政区域问题呈请转呈国府仍予维持原修正案由	第三期	十六年十月三十一日	四五三(2)
南京特别市市政府呈(第四八号):呈国民政府迅予核定警察官兵章制以便饬遵由	第三期	十六年十月三十一日	四五六(2)
南京特别市市政府呈(第四九至五〇号):呈中央特别委员会国民政府详陈刘昌言欲攫取八卦洲不正当之情形由	第三期	十六年十月三十一日	四五七(2)
南京特别市市政府呈(第四三号):呈中央党部据教育局请接收卫生局继续办理由	第三期	十六年十月三十一日	四四八(2)
南京特别市市政府呈(第四六号):呈国民政府请加委公安、财政等局长及秘书长	第三期	十六年十月三十一日	四五二(2)
南京特别市市政府呈(第四四号):呈请国府铸发本府及所属各局印信	第三期	十六年十月三十一日	四五二(2)

南京特别市市政府呈(第四〇号):呈复国民政府共犯董海平已予开释	第三期	十六年十月三十一日	四四六(2)
南京特别市市政府咨(第一三号):派赵和前往接收浦口商埠管理处	第二期	十六年十月十五日	一七三(2)
南京特别市市政府咨(第二三号):浦口商埠管理处经常费由省政府负责	第三期	十六年十月三十一日	四六一(2)
南京特别市市政府咨(第二六号):加征市政捐	第四期	十六年十一月十五日	七九三(2)
南京特别市市政府咨(第二号):市长因病请假令知委贵新任暂行兼代	第一期	十六年九月	八〇七(1)
南京特别市市政府咨(第二四号):南京应速办自来水以重饮料卫生	第三期	十六年十月三十一日	四六二(2)
南京特别市市政府咨(第二〇号):前浦口商埠管理处处长呈送前浦口商埠督办处专案移交卷宗五项清册一份请予鉴核	第三期	十六年十月三十一日	四六一(2)
南京特别市市政府咨(第十一号):电灯厂厂长请彻查前检查课长刘任材私收电费携款潜逃案	第一期	十六年九月	八一二(1)
南京特别市市政府咨(第十二号):电灯厂厂长请明令通缉前检查课长刘任材	第一期	十六年九月	八一三(1)
南京特别市市政府咨(第十七号):公济公典经理要求财政局拨还借款	第二期	十六年十月十五日	一七六(2)
南京特别市市政府咨(第十八号):省政府借用浦口埠管理处的文书器具相应造册	第二期	十六年十月十五日	一七七(2)
南京特别市市政府咨(第十九号):取缔秦淮河沿岸居民任意抛弃垃圾	第二期	十六年十月十五日	一七八(2)

南京特别市市政府咨(第十五号)：接收人员按册点收浦口商埠管理处	第二期	十六年十月十五日	一七五(2)
南京特别市市政府咨(第十六号)：制止军人滋扰妓院以维护军誉	第二期	十六年十月十五日	一七五(2)
南京特别市市政府咨(第十号)：请电灯厂勿再向造币厂借煤	第一期	十六年九月	八一一(1)
南京特别市市政府咨(第十四号)：大黄洲所属之石山一带恐有强割柴薪之事发生拟请饬队弹压并咨皖省饬属保护	第二期	十六年十月十五日	一七三(2)
南京特别市市政府咨(第七号)：省市联席会议共谋省市划分权限	第一号	十六年六月	一二七(1)
南京特别市市政府咨(第八号)：令造币厂拨借五百吨煤给电灯厂救急	第一期	十六年九月	八〇九(1)
南京特别市市政府咨(第九号)：暂缓呈送土地机关拟定的组织条例	第一期	十六年九月	八一一(1)
南京特别市市政府咨(第三号)：市长已给假除将印信文件移交外未办公文相应列单	第一期	十六年九月	八〇七(1)
南京特别市市政府咨(第六号)：省市划分权限	第一号	十六年六月	一二七(1)
南京特别市市政府咨(第六号)：准予杨焕卿保释	第一期	十六年九月	八〇八(1)
南京特别市市政府咨(第四号)：市长已给假所有关于编辑股一应文件相应列册	第一期	十六年九月	八〇八(1)
南京特别市财政局谨将十六年六月份经办事项造具清册呈请	第一号	十六年六月	〇九六(1)
南京特别市教育局谨将十六年六月份经办事项造具清册呈请	第一号	十六年六月	一二一(1)
总务科已办事项	第一号	十六年六月	一一〇(1)

财政报告

篇　　名	卷(期)数	出版日期	页码(册数)
市财政局十七年七月份收支四柱公布	第十八期	十七年八月三十一日	五四一(4)
财政局十七年三月份收支四柱公布	第十三期	十七年四月十五日	七三七(3)
财政局十七年六月份收支四柱公布	第十六期	十七年七月三十一日	三四五(4)
南京特别市市政府财政局十七年七月份收支四柱公布	第十七期	十七年八月十五日	四六三(4)
南京特别市市政府财政局十七年七月份收支明细表	第十七期	十七年八月十五日	四六七(4)
南京特别市市政府财政局十七年七月份收支明细表	第十八期	十七年八月三十一日	五四四(4)
南京特别市市政府财政局十七年五月份收支四柱公布	第十四至十五期	十七年六月十五日	二〇九(4)
南京特别市市政府财政局十七年四月份收支四柱公布	第十四至十五期	十七年六月十五日	二〇七(4)
南京特别市市政府财政局公布十六年六月一日至十二月三十一日止全市收支状况	第十四至十五期	十七年六月十五日	二一九(4)
南京特别市市政府财政局任自十六年九月份起至十七年四月截日止统收统支四柱清册	第十四至十五期	十七年六月十五日	二一一(4)
南京特别市市政府财政局唐任自十七年四月六日起至五月二十日止统收统支四柱清册	第十四至十五期	十七年六月十五日	二一六(4)
南京特别市财政局十六年度支出统计表	第十八期	十七年八月三十一日	五四八(4)
南京特别市财政局十六年度收入统计表	第十八期	十七年八月三十一日	五四七(4)
南京特别市财政局十六年度债权债务统计表	第十八期	十七年八月三十一日	五五〇(4)
南京特别市财政局民国十六年六月一日至九月七日收支报告书	第一号补编	十六年四月始迄八月止	五〇九(1)

言　论

篇　名	卷(期)数	出版日期	页码(册数)
土地申报	第五十七期	十九年四月十五日	四三一(12)
卫生取缔与清洁自治	第五十一期	十九年一月十五日	四九八(11)
卫生救国	第五十期	十八年十二月三十一日	三二七(11)
公众卫生之历史	第六十五期	十九年八月十五日	六九五(13)
公安与市政	第三十一期	十八年三月十五日	〇三三(7)
公墓与火葬	第三十期	十八年二月二十八日	七〇三(6)
办理市政的主旨	第五十九至六十期	十九年五月三十一日	六六二(12)
节约与建设	第五十九至六十期	十九年五月三十一日	六六三(12)
本市第二届运动会的意义	第五十九至六十期	十九年五月三十一日	六六一(12)
本府对于省市划界之意见	第四十九期	十八年十二月十五日	一九三(11)
生命安全与防疫	第四十四期	十八年九月三十日	〇一八(10)
市土地局在市区内发行不动产契纸的问题	第二十三期	十七年十一月十五日	三〇〇(5)
市区五次变更与反对废县黑幕	第二十六期	十七年十二月三十一日	〇三四(6)
市区扩大以后	第二十五期	十七年十二月十五日	六八一(5)
市民对于市房租赁章程应有的认识	第三十七期	十八年六月十五日	三二一(8)
市民对于训政应有之认识	第四十八期	十八年十一月三十日	〇〇九(11)
市民对于婴孩健康比赛会应有之认识	第六十二期	十九年六月三十日	一七九(13)
市政的精神建设	第三十四期	十八年四月三十日	六二九(7)
市校添设职业班的意义	第四十四期	十八年九月三十日	〇一八(10)
训政时期中之市政建设	第四十六期	十八年十月三十一日	四一七(10)
对于三全大会之祝望	第三十二期	十八年三月三十一日	二三五(7)
对于舆论界之希望	第五十六期	十九年三月三十一日	三二九(12)
地方自治声中之南京市行政权问题	第四十一期	十八年八月十五日	二〇九(9)
地方建设与国家	第五十二期	十九年一月三十一日	六一七(11)
权限与经费	第五十六期	十九年三月三十一日	三三一(12)
吃饭与饮水	第三十四期	十八年四月三十日	六三〇(7)
自来水问题	第三十八期	十八年六月三十日	四七七(8)
合作及其与民生与市民之关系	第六十三期	十九年七月十五日	三五五(13)
合作事业与社会经济	第三十九期	十八年七月十五日	六五三(8)
刘市长在第四十八次纪念周之报告	第五十期	十八年十二月三十一日	三三一(11)

刘市长在第四十九次纪念周之报告	第五十期	十八年十二月三十一日	三三五(11)
江宁县的存废问题	第二十六期	十七年十二月三十一日	〇三一(6)
论增税	第二十四期	十七年十一月三十日	四三三(5)
如何整理秦淮河	第二十二期	十七年十月三十一日	一五七(5)
妇女之教养	第五十四期	十九年二月二十八日	〇〇九(12)
纪念　总理与建设首都	第三十六期	十八年五月三十一日	一五三(8)
医师药师助产士登记之意义	第四十一期	十八年八月十五日	二一一(9)
医学上之新建设——公医	第六十四期	十九年六七月三十一日	五四七(13)
垃圾之处理	第四十三期	十八年九月十五日	七一〇(9)
取缔操纵银辅币	第四十四期	十八年九月三十日	〇一七(10)
贫民贷款问题	第三十五期	十八年五月十五日	〇一七(8)
废县与请愿	第二十六期	十七年十二月三十一日	〇三一(6)
实施最革命的市政治	第二十三期	十七年十一月十五日	二九九(5)
建设首都的责任问题	第二十一期	十七年十月十五日	〇二三(5)
建设新南京之过程	第二十二期	十七年十月三十一日	一五五(5)
建筑市民住宅	第五十四期	十九年二月二十八日	〇〇九(12)
建筑取缔与市民安全	第四十五期	十八年十月十五日	二三七(10)
经审查后江宁县存废之预测	第二十六期	十七年十二月三十一日	〇三四(6)
经营、管理、监理	第四十二期	十八年八月三十一日	四二三(9)
南京之新生命	第二十七期	十八年一月十五日	二二一(6)
南京拆城问题	第二十八期	十八年一月三十一日	三五七(6)
省市划界问题平议	第三十八期	十八年六月三十日	四七八(8)
怎样避免劳资纠纷	第三十七期	十八年六月十五日	三二二(8)
首都与南京	第三十三期	十八年四月十五日	四四三(7)
首都电气电话的管理权问题	第二十一期	十七年十月十五日	〇二五(5)
首都市民的穿衣问题	第二十四期	十七年十一月三十日	四三四(5)
首都振兴小学的必要	第三十六期	十八年五月三十一日	一五四(8)
首都辟路之我见	第五十三期	十九年二月十五日	七一九(11)
祝学术研究会成立	第四十五期	十八年十月十五日	二三八(10)
说市政公债之用途及与市民之关系	第四十七期	十八年十一月十五日	六一三(10)
统一市税	第四十三期	十八年九月十五日	七〇九(9)
积极建设首都之要旨	第五十七期	十九年四月十五日	四二七(12)
调查学龄儿童与振兴小学教育	第四十期	十八年七月三十一日	〇二〇(9)

预算问题	第四十一期	十八年八月十五日	二一〇(9)
推行社会拒毒教育	第五十八期	十九年四月三十日	五三二(12)
职业的指导与介绍	第三十期	十八年二月二十八日	七〇四(6)
救贫	第四十期	十八年七月三十一日	〇一九(9)
救济国民失业问题	第六十一期	十九年六月十五日	〇一五(13)
减政	第五十五期	十九年三月十五日	一六三(12)
普及成人补习教育	第五十期	十八年十二月三十一日	三二八(11)
禁止幼年剃度	第五十八期	十九年四月三十日	五三一(12)
禁止溺女打胎	第五十七期	十九年四月十五日	四三〇(12)
禁止缠足束胸	第五十五期	十九年三月十五日	一六四(12)
整饬学风	第五十一期	十九年一月十五日	四九七(11)

附录·附载

篇　名	卷(期)数	出版日期	页码(册数)
二十八年度夏令灭蝇消毒工作简报	第三十四期	二十八年十月三十一日	八五〇(38)
二十年十一月二日至二十一日土地局核准土地买卖案件一览表	第九十六期	二十年十一月三十日	七六六(18)
二十年十月十二日至十七日土地局核准土地买卖案件一览表	第九十四期	二十年十月三十一日	五二五(18)
三十年来国人对于度量衡标准制单位名称意见分歧之情形及法定名称历次确定之经过与今后问题之焦点(全国度量衡局编)	第一五二期	二十四年四月	六三六(27)
工务局取缔课市民修建房屋违章匿报罚款清单	第三期	十六年十月三十一日	五八九(2)
土地局土地登记核准公告案件一览表(二十五年二月)	第一六二期	二十五年二月	一三三(31)
土地局土地登记核准公告案件一览表(二十四年十月份)	第一五八期	二十四年十月	一一七(29)
土地局土地登记核准公告案件一览表(二十四年八月份)	第一五六期	二十四年八月	四五五(28)
土地局土地登记核准公告案件一览表(二十四年九月份)	第一五七期	二十四年九月	七二一(28)
土地局土地登记核准公告案件一览表(廿五年一月份)	第一六一期	二十五年一月	六一七(30)
土地局土地登记核准公告案件一览表(廿五年三月份)	第一六三期	二十五年三月	五〇五(31)
土地局土地登记核准公告案件一览表(廿五年五月份)	第一六五期	二十五年五月	五七五(32)
土地局土地登记核准公告案件一览表(廿五年四月份)	第一六四期	二十五年四月	一二九(32)
土地局土地登记核准公告案件一览表(廿四年十一月)	第一五九期	二十四年十一月	五一三(29)
土地局土地登记核准公告案件一览表(廿四年十二月)	第一六〇期	二十四年十二月	一五一(30)

土地局核准土地买卖案件一览表（二十一年一月二十五日至二月七日）	第一〇一期	二十一年二月十五日	五八三(19)
土地局核准土地买卖案件一览表（二十一年一月四日至二十三日）	第一〇〇期	二十一年一月三十一日	四八三(19)
土地局核准土地买卖案件一览表（二十一年二月二十二日至三月六日）	第一〇三期	二十一年三月十五日	〇七五(20)
土地局核准土地买卖案件一览表（二十一年二月八日至二十一日）	第一〇二期	二十一年二月二十九日	七〇八(19)
土地局核准土地买卖案件一览表（二十一年三月二十一日至二十六日）	第一〇五期	二十一年四月十五日	三二五(20)
土地局核准土地买卖案件一览表（二十一年三月二十八日至四月十七日）	第一〇六期	二十一年四月三十日	四四五(20)
土地局核准土地买卖案件一览表（二十一年三月七日至二日）	第一〇四期	二十一年三月三十一日	一九九(20)
土地局核准土地买卖案件一览表（二十一年四月十八日至二十三日）	第一〇七期	二十一年五月十五日	五四一(20)
土地局核准土地买卖案件一览表（二十年十一月三十日至十二月十九日）	第九十八期	二十年十二月三十一日	二二二(19)
土地局核准土地买卖案件一览表（二十年十二月二十八日至二十一年一月二日）	第九十九期	二十一年一月十五日	三二一(19)
土地局核准土地买卖案件一览表（二十年八月十七日至二十九日）	第九十一期	二十年九月十五日	一二七(18)
土地局核准土地买卖案件表（二十年十一月二十三日至二十八日）	第九十七期	二十年十二月十五日	〇七九(19)
土地局核准土地买卖案件表（二十年十月十九日至三十一日）	第九十五期	二十年十一月十五日	六三〇(18)

土地局核准土地买卖案件表(二十年九月二十一日至十月三日)	第九十三期	二十年十月十五日	三八九(18)
土地局核准土地买卖案件表(二十年九月七日至十九日)	第九十二期	二十年九月三十日	二六五(18)
土地法目录	第六十三期	十九年七月十五日	四八三(13)
土地登记核准公告案件一览表(二十四年七月份)	第一五五期	二十四年七月	二九一(28)
大东亚战争一周年纪念大东亚共荣圈市长交换广播(南京特别市市长周学昌广播词)	第一〇八期	三十一年十一月三十日	一四四(42)
小学教员登记委员会第二次会议记录	第十六期	二十八年一月三十一日	五九〇(37)
卫生局灭蝇消毒药量消耗统计表	第三十四期	二十八年十月三十一日	八五三(38)
乡镇自治施行法	第四十五期	十八年十月十五日	三九七(10)
王念曾等呈请保护清故江宁县知县袁公坟墓	第十一期	二十七年十一月十五日	三〇三(37)
无主孤魂碑记	第十六期	二十八年一月三十一日	五九四(37)
艺文竞赛缘起	第十七期	二十八年二月十五日	七一二(37)
区自治施行法	第四十六期	十八年十月三十一日	五九五(10)
日本市政概观	第八期	十七年一月十五日	二九五(3)
日军特务部长原田少将致训词	第九期	二十七年十月十五日	二〇八(37)
中山北路筑路摊费表	第九十五期	二十年十一月十五日	六二三(18)
中日军民亲善运动宣传周宣言	第四十一期	二十九年二月十五日	三〇〇(39)
中日亲善之真缔(杨九鸣)	第四十一期	二十九年二月十五日	三〇二(39)
中央政治学校学生派在南京市政府实习员分组轮流赴各局处所实习时间表	第九十一期	二十年九月十五日	一三一(18)
中华民国度量衡标准	第一二七期	二十二年三月三十一日	四七〇(23)
中国度量衡市用制与标准制折合表	第一三〇期	二十二年六月三十日	一三四(24)
中国度量衡标准制与市用制折合表(民国二十二年二月份)	第一二七期	二十二年三月三十一日	四七〇(23)
公务员登记条例(三十一年四月十六日公布)	第一〇一期	三十一年八月十五日	八三五(41)

公务员登记条例施行细则(三十一年四月十六日公布)	第一〇一期	三十一年八月十五日	八三七(41)
扑灭死蝇字数表(二十八年七月十五日至十月十五日)	第三十四期	二十八年十月三十一日	八五四(38)
本公报第一卷所载法规目录	第二卷第七期	三十六年四月十五日	六六〇(44)
本公报第二卷所载法规目录	第二卷第十二期	三十六年六月三十日	八〇七(44)
本市钱业等三十二业使用旧秤与新制折合表	第一〇八期	二十一年五月三十一日	六四三(20)
本市高冠吾市长致祭陈箓故外交部长文	第二十一期	二十八年四月十五日	〇八〇(38)
本市高冠吾市长致祭殉难先烈文	第二十一期	二十八年四月十五日	〇七九(38)
本府召开日本陆军战胜俄国庆祝纪念座谈会记事	第十九期	二十八年三月十五日	八二八(37)
市长广播词(中日同盟与中国之独立解放—周学昌)	第一三一期	三十二年十一月十五日	〇三六(43)
市立图书馆藏书概况	第一三九期	二十三年三月三十一日	四三一(25)
市组织法	第六十一期	十九年六月十五日	一五一(13)
市政公报暂行条例	第一期	二十七年六月十五日	〇二九(37)
市政企划委员会第一次会议记录	第十二期	二十七年十一月三十日	三三九(37)
市政企划委员会第二次会议记录	第十三期	二十七年十二月十五日	三八〇(37)
市政企划委员会第五次会议记录	第十六期	二十八年一月三十一日	五七七(37)
市政企划委员会第四次会议记录	第十五期	二十八年一月十五日	五一六(37)
市政企画[划]委员会第三次会议记录	第十四期	二十七年十二月三十一日	四三六(37)
玄武路筑路摊费案	第九十五期	二十年十一月十五日	六二一(18)
巩固都市空防(防空委员会副委员长周学昌)	第一一五期	三十二年三月十五日	四〇八(42)
地政局土地登记核准公告案件一览表	第一七二期	二十五年十二月	三三九(35)
地政局土地登记核准公告案件一览表(二十五年十一月份)	第一七一期	二十五年十一月	一二五(35)
地政局土地登记核准公告案件一览表(二十五年七月份)	第一六七期	二十五年七月	五四五(33)

地政局土地登记核准公告案件一览表(二十五年八月份)	第一六八期	廿五年八月	一一三(34)
地政局土地登记核准公告案件一览表(二十五年九月份)	第一六九期	廿五年九月	三〇七(34)
地政局土地登记核准公告案件一览表(二十六年一月份)	第一七三期	二十六年一月	五五一(35)
地政局土地登记核准公告案件一览表(二十六年二月份)	第一七四期	二十六年二月	七〇七(35)
地政局土地登记核准公告案件一览表(二十六年三月份)	第一七五期	二十六年三月	一三一(36)
地政局土地登记核准公告案件一览表(二十六年五月份)	第一七七期	二十六年五月	四六三(36)
地政局土地登记核准公告案件一览表(二十六年六月份)	第一七八期	二十六年六月	六三七(36)
地政局土地登记核准公告案件一览表(二十六年四月份)	第一七六期	二十六年四月	三〇九(36)
地政局土地登记核准公告案件一览表(廿五年十月份)	第一七〇期	廿五年十月	五八五(34)
地政局土地登记核准公告案件一览表(廿五年六月份)	第一六六期	二十五年六月	一〇九(33)
自来水工程经费分期建筑详表	第九十八期	二十年十二月三十一日	二一九(19)
各区注射防疫针人数统计表(九月份)	第十期	二十七年十月三十日	二五八(37)
各区署辖境四至界址说明	第三十二期	二十八年九月三十日	七四八(38)
各省市县风俗调查纲要	第一〇二期	二十一年二月二十九日	七〇五(19)
各检疫所消毒人数统计表(九月份)	第十期	二十七年十月三十日	二五九(37)
访日感想(周市长大东亚广播词)	第一〇五期	三十一年十月十五日	〇三二(42)
声援印度独立(周学昌广播)	第一二五期	三十二年八月十五日	七八四(42)
劳动证明书	第一〇一期	三十一年八月十五日	八四一(41)
县组织法	第四十四期	十八年九月三十日	二一七(10)
县组织法施行法	第四十四期	十八年九月三十日	二二一(10)
财政局二十三年一月份收支对照明细表	第一三八期	二十三年二月二十八日	三三〇(25)

财政局二十三年二月份收支对照明细表	第一三九期	二十三年三月三十一日	四四八(25)
财政局二十三年十一月份收支对照明细表	第一四八期	二十三年十二月	八一八(26)
财政局二十三年十月份收支对照明细表	第一四七期	二十三年十一月	六七四(26)
财政局二十三年七月份收支对照明细表	第一四四期	二十三年八月	二二六(26)
财政局二十三年八月份收支对照明细表	第一四五期	二十三年九月	三六二(26)
财政局二十三年九月份收支对照明细表	第一四六期	二十三年十月	四九四(26)
财政局二十三年三月份收支对照明细表	第一四〇期	二十三年四月三十日	五六四(25)
财政局二十三年五月份收支对照明细表	第一四二期	二十三年六月份	七九〇(25)
财政局二十三年六月份收支对照明细表	第一四三期	二十三年七月	一二八(26)
财政局二十三年四月份收支对照明细表	第一四一期	二十三年五月三十一日	六九〇(25)
财政局二十五年一月份收支对照明细表	第一六二期	二十五年二月	三八八(31)
财政局二十五年二月份收支对照明细表	第一六三期	二十五年三月	七七六(31)
财政局二十五年七月份收支对照明细表	第一六八期	二十五年八月	一七六(34)
财政局二十五年八月份收支对照明细表	第一六九期	廿五年九月	四三六(34)
财政局二十五年九月份收支对照明细表	第一七〇期	廿五年十月	六九六(34)
财政局二十五年三月份收支对照明细表	第一六四期	二十五年四月	四五四(32)

财政局二十五年四月份收支对照明细表	第一六五期	二十五年五月	八六八(32)
财政局二十四年十二月份收支对照明细表	第一六一期	二十五年一月	八六二(30)
财政局土地登记核准公告更正表(廿四年二月份)	第一五〇期	二十四年二月	二九一(27)
财政局土地登记核准公告案件一览(二十三年十一月)	第一四七期	二十三年十一月	六六一(26)
财政局土地登记核准公告案件一览表	第一四六期	二十三年十月	四八五(26)
财政局土地登记核准公告案件一览表(二十三年十二月份)	第一四八期	二十三年十二月	八〇三(26)
财政局土地登记核准公告案件一览表(二十四年三月)	第一五一期	二十四年三月	四三七(27)
财政局土地登记核准公告案件一览表(二十四年五月份)	第一五三期	二十四年五月	七八一(27)
财政局土地登记核准公告案件一览表(二十四年六月份)	第一五四期	二十四年六月	一三一(28)
财政局土地登记核准公告案件一览表(二十四年四月份)	第一五二期	二十四年四月	五八一(27)
财政局土地登记核准公告案件一览表(廿四年一月份)	第一四九期	二十四年一月	〇九一(27)
财政局土地登记核准公告案件一览表(廿四年二月份)	第一五〇期	二十四年二月	二六九(27)
财政局土地登记核准公告案件更正表	第一五二期	二十四年四月	六〇五(27)
财政局廿四年十一月份收支对照明细表	第一六〇期	二十四年十二月	四六八(30)
财政局收支对照明细表(二十二年十月份)	第一三五期	二十二年十一月三十日	七〇二(24)
财政局收支对照明细表(民国二十二年二月份)	第一二七期	二十二年三月三十一日	四七〇(23)

财政局收支对照明细表(民国二十二年十二月份)	第一三七期	二十三年一月三十一日	二三二(25)
财政局收支对照明细表(民国二十二年七月份)	第一三二期	二十二年八月三十一日	三六二(24)
财政局收支对照明细表(民国二十二年八月份)	第一三三期	二十二年九月三十日	四六六(24)
财政局收支对照明细表(民国二十二年九月份)	第一三四期	二十二年十月三十一日	五七四(24)
财政局收支对照明细表(民国二十二年三月份)	第一二八期	二十二年四月三十日	五九二(23)
财政局收支对照明细表(民国二十二年五月份)	第一三〇期	二十二年六月三十日	一三四(24)
财政局收支对照明细表(民国二十二年六月份)	第一三一期	二十二年七月三十一日	二三〇(24)
财政局收支对照明细表(民国二十二年四月份)	第一二八期	二十二年四月三十日	五九二(23)
财政局收支明细对照表(民国二十二年度)	第一四三期	二十三年七月	一二八(26)
财政局核准土地买卖案件一览表(二十一年十月二十四日至二十九日)	第一一九期	二十一年十一月十五日	三六七(22)
财政局核准土地买卖案件一览表(二十一年九月十九日至十月一日)	第一一七期	二十一年十月十五日	一四三(22)
财政局核准土地买卖案件一览表(二十一年五月二十三至六月四日)	第一〇九期	二十一年六月十五日	七六五(20)
财政局核准土地买卖案件一览表(二十一年五月九日至二十一日)	第一〇八期	二十一年五月三十一日	六四五(20)
财政局核准土地买卖案件一览表(二十二年十二月十一日至二十三年一月廿日)	第一三七期	二十三年一月三十一日	二二三(25)

财政局核准土地买卖案件一览表（二十二年六月十九日至七月二十一日）	第一三一期	二十二年七月三十一日	二二七(24)
财政局核准土地买卖案件一览表（二十三年五月二十一日至六月九日）	第一四二期	二十三年六月份	七八五(25)
财政局核准土地买卖案件一览表（二十三年四月十四日至五月十二日）	第一四一期	二十三年五月三十一日	六八五(25)
财政局核准土地买卖案件一览表（廿二年十一月二十日至十二月九日）	第一三六期	二十二年十二月三十一日	一二三(25)
财政局核准土地买卖案件一览表（廿二年十二月二十三日至十一月十八日）	第一三五期	二十二年十一月三十日	六九七(24)
财政局核准土地买卖案件一览表（廿二年七月二十四日至八月十二日）	第一三二期	二十二年八月三十一日	三五九(24)
财政局核准土地买卖案件一览表（廿二年八月十四日至九月九日）	第一三三期	二十二年九月三十日	四六一(24)
财政局核准土地买卖案件一览表（廿二年九月十一日至十月二十一日）	第一三四期	二十二年十月三十一日	五六五(24)
财政局核准土地买卖案件一览表（廿二年五月二十二日至六月十七日）	第一三〇期	二十二年六月三十日	一二七(24)
财政局核准土地买卖案件一览表（廿三年一月廿二日至二月十七日）	第一三八期	二十三年二月二十八日	三二三(25)
财政局核准土地买卖案件一览表（廿三年二月十九日至三月十七日）	第一三九期	二十三年三月三十一日	四四三(25)

财政局核准土地买卖案件一览表（廿三年十月二十二日至十一月十七日）	第一四七期	二十三年十一月	六六七(26)
财政局核准土地买卖案件一览表（廿三年八月十三日至九月十五日）	第一四五期	二十三年九月	三五一(26)
财政局核准土地买卖案件一览表（廿三年九月十七日至十月二十日）	第一四六期	二十三年十月	四八七(26)
财政局核准土地买卖案件一览表（廿三年三月十九日至四月二十一日）	第一四〇期	二十三年四月三十日	五五七(25)
财政局核准土地买卖案件一览表（廿四年一月廿一日至二月二日）	第一五〇期	二十四年二月	二九三(27)
财政局核准土地买卖案件一览表（廿四年二月四日至三月十六日）	第一五一期	二十四年三月	四六五(27)
财政局核准土地局卖买案件一览表（二十三年六月十一日至三十日）	第一四三期	二十三年七月	一二三(26)
财政局核准土地卖买案件一览表（二十一年十一月十四日至十二月三日）	第一二一期	二十一年十二月十五日	六五一(22)
财政局核准土地卖买案件一览表（二十一年十二月二十六日至二十二年一月七日）	第一二三期	二十二年一月十五日	八二三(22)
财政局核准土地卖买案件一览表（二十一年十二月五日至二十四日）	第一二二期	二十一年十二月三十一日	七二三(22)
财政局核准土地卖买案件一览表（二十一年十月三十一日至十一月十二日）	第一二〇期	二十一年十一月三十日	四七九(22)
财政局核准土地卖买案件一览表（二十一年十月三日至二十二日）	第一一八期	二十一年十月三十一日	二六七(22)

财政局核准土地卖买案件一览表(二十一年七月十八日至三十日)	第一一三期	二十一年八月十五日	四五三(21)
财政局核准土地卖买案件一览表(二十一年八月一日至十三日)	第一一四期	二十一年八月三十一日	五八一(21)
财政局核准土地卖买案件一览表(二十一年八月十五日至九月三日)	第一一五期	二十一年九月十五日	六九三(21)
财政局核准土地卖买案件一览表(二十一年九月五日至十七日)	第一一六期	二十一年九月三十日	八一五(21)
财政局核准土地卖买案件一览表(二十一年六月二十七日至七月十六日)	第一一二期	二十一年七月三十日	三九一(21)
财政局核准土地卖买案件一览表(二十一年六月十三日至二十六日)	第一一一期	二十一年七月十五日	二六七(21)
财政局核准土地卖买案件一览表(二十一年六月六日至十一日)	第一一〇期	二十一年六月三十日	一一三(21)
财政局核准土地卖买案件一览表(二十二年一月二十三日至二十八日)	第一二五期	二十二年二月十五日	二六一(23)
财政局核准土地卖买案件一览表(二十二年一月九日至二十一日)	第一二四期	二十二年一月三十一日	一三一(23)
财政局核准土地卖买案件一览表(二十二年一月三十日至二月十八日)	第一二六期	二十二年二月二十八日	三二九(23)
财政局核准土地卖买案件一览表(二十二年二月二十七日至四月十五日)	第一二八期	二十二年四月三十日	五八九(23)
财政局核准土地卖买案件一览表(二十二年二月二十日至三月二十五日)	第一二七期	二十二年三月三十一日	四六五(23)
财政局核准土地卖买案件一览表(二十三年七月二日至八月十一日)	第一四四期	二十三年八月	二一九(26)

财政局核准土地卖买案件一览表（廿二年四月十七日至五月二十日）	第一二九期	二十二年五月三十一日	七二九(23)
财政局核准土地卖买案件一览表（廿三年十一月十九日至十二月十五日）	第一四八期	二十三年十二月	八一一(26)
财政局核准土地卖买案件一览表（廿三年十二月十七日至二十四年一月十九日）	第一四九期	二十四年一月	一一一(27)
告民众书	第二期	二十七年六月三十日	○五三(37)
社会局度量衡检定所办理度量衡划一总报告书	第一三九期	二十三年三月三十一日	四三九(25)
祀孔礼节	第二十期	二十八年三月三十一日	八八二(37)
陈德才呈文一件	第十期	二十七年十月三十日	二五六(37)
青年的自觉与自治（中国青少年团南京特别市司令周学昌七月二十七日对全国青少年广播词）	第一二四期	三十二年七月三十一日	七五三(42)
现任公务员登记审查表	第一○一期	三十一年八月十五日	八三九(41)
国民政府考试院铨敘公函（函午字第　号）	第一○一期	三十一年八月十五日	八三五(41)
国民政府最近公布法令一览表	第九十七期	三十一年六月十五日	七一四(41)
国民政府最近公布法令一览表	第一○四期	三十一年九月三十日	九六八(41)
法定度量衡标准制单位定义与名称确立之缘由（全国度量衡局编）	第一五二期	二十四年四月	六○六(27)
实业部依照奖励工业技术暂行条例取消奖励案件	第一六一期	二十五年一月	六一七(30)
实业部依照奖励工业技术暂行条例取销专利权各案一览表	第一六七期	二十五年七月	五四五(33)
实业部依照奖励工业技术暂行条例取销专利权案件	第一七三期	二十六年一月	五五○(35)
实业部依照奖励工业技术暂行条例核准专利权让与案件	第一七三期	二十六年一月	五五○(35)

实业部依照奖励工业技术暂行条例核准专利权让与案件一览表	第一六七期	二十五年七月	五四四(33)
实业部依照奖励工业技术暂行条例核准奖励各案一览表(自民国二十五年一月起至六月底止)	第一六七期	二十五年七月	五四三(33)
实业部依照奖励工业技术暂行条例核准奖励各案(自民国二十五年七月起至十二月底止)	第一七三期	二十六年一月	五四九(35)
实业部依照奖励工业技术暂行条例核准奖励各案(自民国廿四年七月起至十二月止)	第一六一期	二十五年一月	六一五(30)
参战体制下都市人民之生活(南京特别市市长周学昌)	第一二一期	三十二年六月十五日	六一四(42)
经历证明书	第一〇一期	三十一年八月十五日	八四二(41)
南京市九十两月份死亡人数统计表	第十期	二十七年十月三十日	二六一(37)
南京市已完成之公路表	第一四四期	二十三年八月	二二六(26)
南京市卫生事务所处方录	第一一〇期	二十一年六月三十日	一〇三(21)
南京市太平路北段筑路摊费表	第一二一期	二十一年十二月十五日	六三五(22)
南京市计划中之道路公路表	第一四四期	二十三年八月	二二六(26)
南京市冬赈查放米衣办法	第十一期	二十七年十一月十五日	二九九(37)
南京市立职业指导所就业指导调查表	第一一一期	二十一年七月十五日	二七〇(21)
南京市立第一中学学生谢禧生演词我们要怎样建设东亚新秩序	第十九期	二十八年三月十五日	八二九(37)
南京市立第四小学学生王孝仁演词	第十九期	二十八年三月十五日	八三〇(37)
南京市自来水已成未成工程一览表	第一〇〇期	二十一年一月三十一日	四七九(19)
南京市各义仓民国二十年所存积谷总数四柱清册(社会局调查)	第一一五期	二十一年九月十五日	六九六(21)
南京市各界冬振联合会第二次会议记录(十二月十一日上午十一时)	第十四期	二十七年十二月三十一日	四四六(37)
南京市各界冬赈联合会筹备会第一次会议记录(九月二十九日上午九时)	第十一期	二十七年十一月十五日	二九二(37)

南京市防水计划草案(章祓、张剑鸣拟)	第一一二期	二十一年七月三十日	三七七(21)
南京市财政支出统计比较表(二十一年八月)	第一二〇期	二十一年十一月三十日	四八二(22)
南京市社会团体一览表	第四十八期	二十九年五月三十一日	六二四(39)
南京市征收营业税税率表	第二十三期	二十八年五月十五日	一九〇(38)
南京市法定传染病人数比较表(七八九十月统计表)	第十期	二十七年十月三十日	二六〇(37)
南京市政府及附属各机关会计系统表	第一一一期	二十一年七月十五日	二六八(21)
南京市政府财政局收支对照表(二十五年十一月份)	第一七二期	二十五年十二月	三八二(35)
南京市政府财政局收支对照表(二十五年十二月份)	第一七四期	二十六年二月	七一八(35)
南京市政府财政局收支对照表(二十五年十月份)	第一七一期	二十五年十一月	一八四(35)
南京市政府财政局收支对照表(二十六年一月份)	第一七五期	二十六年三月	一四一(36)
南京市政府财政局收支对照表(二十六年二月份)	第一七六期	二十六年四月	三三六(36)
南京市政府财政局收支对照表(二十六年三月份)	第一七七期	二十六年五月	四四八(36)
南京市政府财政局收支对照表(二十六年四月份)	第一七八期	二十六年六月	六五八(36)
南京市政府财政局收支对照明细表(二十一年十月份)	第一二一期	二十一年十二月十五日	六五四(22)
南京市政府财政局收支对照明细表(二十一年九月份)	第一一八期	二十一年十月三十一日	二七〇(22)
南京市政府财政局收支对照明细表(二十二年四月份)	第一二九期	二十二年五月三十一日	七三二(23)
南京市政府财政局收支对照明细表(二十三年十二月)	第一四九期	二十四年一月	一一八(27)

南京市政府财政局收支对照明细表(二十三年度)	第一五九期	二十四年十一月	七七〇(29)
南京市政府财政局收支对照明细表(二十五年六月份)	第一六七期	二十五年七月	七〇六(33)
南京市政府财政局收支对照明细表(二十四年十月份)	第一五九期	二十四年十一月	七七〇(29)
南京市政府财政局收支对照明细表(二十四年七月份)	第一五六期	二十四年八月	五九八(28)
南京市政府财政局收支对照明细表(二十四年八月份)	第一五七期	二十四年九月	八六〇(28)
南京市政府财政局收支对照明细表(二十四年九月份)	第一五八期	二十四年十月	二八二(29)
南京市政府财政局收支对照明细表(二十四年五月份)	第一五四期	二十四年六月	一七八(28)
南京市政府财政局收支对照明细表(二十四年六月份)	第一五五期	二十四年七月	三四二(28)
南京市政府财政局收支对照明细表(民国二十一年八月份)	第一一六期	二十一年九月三十日	八二〇(21)
南京市政府财政局收支对照明细表(民国二十五年五月份)	第一六六期	二十五年六月	四三六(33)
南京市政府财政局收支对照明细表(民国二十四年一月份)	第一五一期	二十四年三月	四七四(27)
南京市政府财政局收支对照明细表(民国二十四年二月份)	第一五一期	二十四年三月	四七四(27)
南京市政府财政局收支对照明细表(民国二十四年三月份)	第一五二期	二十四年四月	六六二(27)
南京市政府财政局收支对照明细表(民国二十四年四月份)	第一五三期	二十四年五月	八三〇(27)
南京市保甲命令周实施办法	第十四期	二十七年十二月三十一日	四五二(37)
南京市保甲命令周捕拿演习办法	第十四期	二十七年十二月三十一日	四五二(37)
南京市保甲恳谈周实施办法	第十三期	二十七年十二月十五日	三九二(37)
南京市保护森林委员会筹备会会议记录	第十二期	二十七年十一月三十日	三四八(37)

南京市度量衡新旧器折合比较表	第一一一期	二十一年七月十五日	二六八(21)
南京市特别市第三届登记合格塾师简明概况表	第四十八期	二十九年五月三十一日	六二一(39)
南京市教育界联名献赠市长杨教育局长纪念品	第二十三期	二十八年五月十五日	一九三(38)
南京市职业团体一览表	第四十八期	二十九年五月三十一日	六二九(39)
南京市领发旅行证办法	第十四期	二十七年十二月三十一日	四五四(37)
南京城区干路系统图	第三十四期	二十八年十月三十一日	八七四(38)
南京特别市田地评价委员会会议纪录	第一一五期	三十二年三月十五日	四〇七(42)
南京特别市食粮增产策进会议纪录	第一二八期	三十二年九月三十日	八七二(42)
南京特别市卫生局改订各种证照收费数目表	第八十四/八十五期合刊	三十年十二月十五日	四二九(41)
南京特别市市政府教育局接管金陵救生局报告	第六至七期	十六年十二月三十一日	二二三(3)
南京特别市市政府职员一览	第一期	十六年九月	九五九(1)
南京特别市市政府整理旗民生计处及八卦洲委员会议案函牍汇报	第九期	十七年一月三十一日	三九一(3)
南京特别市市政府整理旗民生计处及八卦洲委员会议案函牍汇报(读)	第十期	十七年二月二十九日	四六一(3)
南京特别市各主要商未加入同业公会商店名册	第一〇一期	三十一年八月十五日	八三二(41)
南京特别市宣传委员会告各界书	第四十一期	二十九年二月十五日	二九八(39)
南京特别市教育局实验学区学校一览	第一期	十六年九月	九六一(1)
南京特别市筹设游民习艺所第一次会议记录	第一〇一期	三十一年八月十五日	八三〇(41)
南京第一公园概况	第二十四期	十七年十一月三十日	六四七(5)
南京警察厅管辖区域略图	第三十二期	二十八年九月三十日	七五〇(38)
战时文化与广播事业(南京特别市市长周学昌　二月廿三日　中国广播协会成立二周年纪念对全国特别广播词)	第一一四期	三十二年三月二十八日	三七五(42)

秋季清洁运动工作简报(民国廿八年)	第三十四期	二十八年十月三十一日	八五七(38)
秋季清洁运动运秽汽车运秽次数表	第三十四期	二十八年十月三十一日	八六四(38)
秋季清洁运动运秽汽车运秽重量表	第三十四期	二十八年十月三十一日	八六三(38)
秋季清洁运动住户清洁状况检查表	第三十四期	二十八年十月三十一日	八七三(38)
复王金门函	第十七期	二十八年二月十五日	七一四(37)
复王念曾等函	第十一期	二十七年十一月十五日	三〇五(37)
复兴(高督办广播)东方文化	第十八期	二十八年二月二十八日	七五五(37)
修建清故江甯县知县袁公墓碑募捐啓	第十七期	二十八年二月十五日	七一二(37)
度量衡利制简便折合表	第一四二期	二十三年六月份	七九〇(25)
度量衡标准制正名表	第一四二期	二十三年六月份	七九〇(25)
度量衡新制简便折合表	第一四二期	二十三年六月份	七九〇(25)
首都第四期路灯及低压线路名表	第一二三期	二十二年一月十五日	八二五(22)
首都第四期路灯低压线图	第一二三期	二十二年一月十五日	八二六(22)
退职公务员登记审查表	第一〇一期	三十一年八月十五日	八四〇(41)
振务委员会第二十八次会议记录(十二月四日上午九时)	第十三期	二十七年十二月十五日	三八三(37)
振务委员会第二十九次会议记(十二月十一日上午九时)	第十三期	二十七年十二月十五日	三八六(37)
振务委员会第三十一次会议记录(十二月二十六日上午二时)	第十四期	二十七年十二月三十一日	四四一(37)
振务委员会第三十二次会议记录(十二月三十一日上午九时)	第十四期	二十七年十二月三十一日	四四四(37)
振务委员会第三十三次会议记录(元月八日上午九时)	第十五期	二十八年一月十五日	五一七(37)
振务委员会第三十五次会议记录(一月二十二日上午九时)	第十六期	二十八年一月三十一日	五七八(37)
振务委员会第三十六次会议记录(一月三十一日下午二时)	第十六期	二十八年一月三十一日	五八一(37)
振务委员会第三十四次会议记录(一月十五日上午九时)	第十五期	二十八年一月十五日	五二〇(37)

振务委员会第三十次会议记录(十二月十八日上午九时)	第十四期	二十七年十二月三十一日	四三七(37)
校正中国度量衡标准制与市用制折合表	第一三〇期	二十二年六月三十日	一三三(24)
夏季清洁运动宣传大纲(民国廿八年五月)	第二十四期	二十八年五月三十一日	二六一(38)
原田少将捐廉救济院平民	第十五期	二十八年一月十五日	五二二(37)
高市长在中日军民亲善运动宣传大会演词	第四十一期	二十九年二月十五日	三〇一(39)
高市长就职初周致训　深望同仁具分工合作精神和衷共济切不可自私自利	第三十三期	二十八年十月十五日	八一〇(38)
高督办发表保甲训练谈话(十二月八日)	第十三期	二十七年十二月十五日	三九一(37)
高督办致答词极愿踵踏前规黾勉从事	第九期	二十七年十月十五日	二〇八(37)
高督办演讲孔子学说记录	第九期	二十七年十月十五日	二〇九(37)
赈务委员会第二十七次会议记录(十一月二十六日上午九时)	第十二期	二十七年十一月三十日	三四四(37)
赈务委员会第二十五次会议记录(十一月十一日上午九时)	第十一期	二十七年十一月十五日	三〇一(37)
赈务委员会第二十六次会议记录(十一月十八日上午九时)	第十二期	二十七年十一月三十日	三四二(37)
赈务委员会第二十四次会议记录(十一月四日上午九时)	第十一期	二十七年十一月十五日	二九九(37)
赈务委员会第二拾三次会议记录(十月二十二日上午九时)	第十期	二十七年十月三十日	二五四(37)
第二次兴亚大会的经过(东亚联盟中国总会副秘书长周学昌)	第一二六期	三十二年八月三一日	八一〇(42)
第二届小学教员登记委员会第一次会议	第十六期	二十八年一月三十一日	五八六(37)
梁院长致训词期望举办市政四项要务	第九期	二十七年十月十五日	二〇七(37)

寒儒王金门呈谢文	第十七期	二十八年二月十五日	七一三(37)
缅甸独立与东亚联盟(东亚联盟中国总会副秘书长周学昌)	第一二九期	三十二年十月十五日	九〇九(42)
督办南京市政公署卫生处训令(卫字第213号,令各诊疗所)	第八期	二十七年九月三十日	一七三(37)
督办南京市政公署财政处通告	第七期	二十七年九月十五日	一三九(37)
督办南京市政公署财政处通告(未列号　九月九日发)	第七期	二十七年九月十五日	一三八(37)
督办南京市政公署社会处筹办祀孔大典记录	第八期	二十七年九月三十日	一七三(37)
督办南京市政公署社会局致西方寺住持僧妙机函	第十五期	二十八年一月十五日	五二三(37)
督办南京市政公署实业处通告(实字第　号)	第七期	二十七年九月十五日	一三九(37)
督办南京市政公署通告	第二期	二十七年六月三十日	〇五三(37)
督办南京市政公署通告(字第　号)	第六期	二十七年八月三十一日	一二三(37)
督办南京市政公署通告(财字第六八号)	第四期	二十七年七月三十一日	〇九〇(37)
督办南京市政公署通告(教字第　号)	第十三期	二十七年十二月十五日	三九〇(37)
督办南京市政公署通告(第　号)	第三期	二十七年七月十五日	〇七三(37)
督办就职典礼记录(十月五日)	第九期	二十七年十月十五日	二〇六(37)
新旧量器折算表	第九十五期	二十年十一月十五日	六二九(18)
新国民运动与青年训练(南京市长周学昌对全国青年广播)	第一〇一期	三十一年八月十五日	八二八(41)
新京特别市成立十周年纪念广播祝词(中华民国南京特别市市长周学昌)	第一一八期	三十二年四月三十日	五〇五(42)
霍乱预防注射工作分配及地点图表	第二十一期	二十八年四月十五日	〇八三(38)

事务报告

篇　名	卷(期)数	出版日期	页码(册数)
工务局十七年七月份事务报告	第十八期	十七年八月三十一日	五三五(4)
工务局十七年三月份事务报告	第十三期	十七年四月十五日	七二六(3)
工务局下关办事处十七年七月份事务报告	第十八期	十七年八月三十一日	五三七(4)
工务局下关办事处三月份经办事项报告	第十三期	十七年四月十五日	七二八(3)
工务局四月份事务报告	第十四至十五期	十七年六月十五日	一九八(4)
土地局四月份事务报告	第十四至十五期	十七年六月十五日	二〇三(4)
公安局四月份事务报告	第十四至十五期	十七年六月十五日	二〇一(4)
财政局三月份事务报告	第十三期	十七年四月十五日	七一五(3)
财政局四月份事务报告	第十四至十五期	十七年六月十五日	一九一(4)
南京特别市市政府公安局三月份事务报告	第十三期	十七年四月十五日	七二四(3)
教育局十七年三月份事务报告	第十三期	十七年四月十五日	七三一(3)

例　规

篇 名	卷(期)数	出版日期	页码(册数)
二十年度地方预算编送程序	第七十八期	二十年二月二十八日	〇七五(16)
二十年度国家预算编送程序	第七十八期	二十年二月二十八日	〇七五(16)
二成戒烟经费支销办法	第七十四期	十九年十二月三十一日	一五二(15)
人民团体职员选举通则(二十年一月二十二日)	第七十八期	二十年二月二十八日	〇五三(16)
工厂法施行条例(十九年十二月十六日)	第七十五期	二十年一月十五日	三〇六(15)
工厂检查法(二十年二月十日)	第七十八期	二十年二月二十八日	〇七二(16)
工务局取缔建筑及修理临时规则(暂行)	第一号补编	十六年四月始迄八月止	三五一(1)
工务局取缔课办事程序	第一号补编	十六年四月始迄八月止	三五二(1)
工务局暂行建筑领照简章	第一号补编	十六年四月始迄八月止	三五一(1)
工会分事务所组织简则	第七十九期	二十年三月十五日	二一二(16)
土石采取规则(二十年七月一日)	第八十八期	二十年七月三十一日	四六四(17)
土地征收法(十七年七月二十八日)	第十七期	十七年八月十五日	四三九(4)
下关浦口划船取缔规则	第九期	十七年一月三十一日	三六五(3)
大小黄洲庄规(十八年四月三日)	第三十四期	十八年四月三十日	七五二(7)
大小黄洲垦务管理处领佃暂行规则(十八年四月三日)	第三十四期	十八年四月三十日	七五〇(7)
区丁制服章程(十九年十月九日)	第七十一期	十九年十一月十五日	六六九(14)
区乡镇坊调解委员会权限规程(二十年四月三日)	第八十二期	二十年四月三十日	五四七(16)
中央及各省市调验所规程	第七十六期	二十年一月三十一日	四七五(15)
中华民国国民政府组织法(二十年六月十五日)	第八十六期	二十年六月三十日	二三五(17)
中国国民党出席国民会议代表选举施行程序(二十年一月二十九日)	第七十八期	二十年二月二十八日	〇五四(16)
内政部核发候补荐任警察官证书规则(十九年十一月二十九日)	第七十七期	二十年二月十五日	六六六(15)
水陆公安机关考查烟犯办法	第七十五期	二十年一月十五日	三一〇(15)

公务员办理内政统计暂行考成规则(十九年十月二日)	第七十二期	十九年十一月三十日	七七六(14)
公务员惩戒委员会组织法(二十年六月八日)	第八十六期	二十年六月三十日	二二五(17)
公务员惩戒法(二十年六月八日)	第八十六期	二十年六月三十日	二二七(17)
公司法施行法(二十年二月二十一日)	第八十期	二十年三月三十一日	二九二(16)
公司登记规则(二十年六月三十日)	第八十七期	二十年七月十五日	三七三(17)
文化团体组织大纲施行细则(二十年二月五日)	第八十期	二十年三月三十一日	二九〇(16)
文牍股办事细则	第一号	十六年六月	〇二五(1)
引水人考试条例(二十年三月五日)	第八十期	二十年三月三十一日	二九五(16)
引水人考试典试规程	第八十六期	二十年六月三十日	二三九(17)
办公秩序	第一号	十六年六月	〇二四(1)
古物保存法施行细则	第八十七期	二十年七月十五日	三六七(17)
电气事业人检查窃电及追偿电费规则(二十年四月二十四日)	第八十四期	二十年五月三十一日	〇三〇(17)
电影检查委员会组织章程	第七十七期	二十年二月十五日	六五九(15)
电影检查法施行规则	第七十七期	二十年二月十五日	六五八(15)
市公民宣誓登记规则(十九年九月二十五日)	第七十期	十九年十月三十一日	五〇七(14)
市县文献委员会组织大纲	第八十七期	二十年七月十五日	三七〇(17)
民国二十年卷烟税库券条例(十九年十二月十三日)	第七十六期	二十年一月三十一日	四五八(15)
民国十八年南京特别市特种建设公债还本付息表	第四十八期	十八年十一月三十日	一〇四(11)
民国十八年南京特别市特种建设公债条例(十八年十月二十九日)	第四十八期	十八年十一月三十日	一〇三(11)
民法亲属编施行法(二十年一月二十四日)	第七十七期	二十年二月十五日	六四七(15)
民法继承编施行法(二十年一月二十四日)	第七十七期	二十年二月十五日	六四八(15)
民船船员工会组织规则	第八十一期	二十年四月十五日	四五〇(16)

出版法(十九年十二月十六日)	第七十六期	二十年一月三十一日	四四〇(15)
考试法施行细则(十九年十二月三十日)	第七十六期	二十年一月三十一日	四五〇(15)
考试复核条例	第七十四期	十九年十二月三十一日	一五〇(15)
团体协约法	第七十二期	十九年十一月三十日	七六九(14)
危害民国紧急治罪法(二十年一月三十一日)	第七十七期	二十年二月十五日	六五六(15)
危害民国紧急治罪法施行条例(二十年三月九日)	第八十期	二十年三月三十一日	二九五(16)
负伤官兵及死亡官兵遗族迁居领恤办法	第七十七期	二十年二月十五日	六六〇(15)
各市县个人及社团创设戒烟所简则	第七十三期	十九年十二月十五日	〇四四(15)
各机关编制二十年度概算应行注意事项	第七十八期	二十年二月二十八日	〇七六(16)
各省征收营业税大纲	第七十六期	二十年一月三十一日	四七七(15)
各省征收营业税大纲补充办法	第七十六期	二十年一月三十一日	四七八(15)
江苏省入境车辆管理及纳捐暂行章程(十九年十二月)	第七十六期	二十年一月三十一日	四七七(15)
军事机关制发执照证明书规则(十九年十二月三十一日)	第七十六期	二十年一月三十一日	四五四(15)
农会法(十九年十二月三十日)	第七十六期	二十年一月三十一日	四四六(15)
农会法施行法(二十年一月三十一日)	第七十八期	二十年二月二十八日	〇七〇(16)
农矿部农产物检查所检查农产物处罚规则(十九年九月十三日)	第七十一期	十九年十一月十五日	六七四(14)
护照条例(二十年一月三十一日)	第七十八期	二十年二月二十八日	〇六八(16)
应考人体格检验规则	第七十七期	二十年二月十五日	六六五(15)
取缔车夫马夫通则	第一号补编	十六年四月始迄八月止	三五四(1)
取缔花船规则	第九期	十七年一月三十一日	三六四(3)
取缔货车规则	第九期	十七年一月三十一日	三六二(3)
国民会议代表选举法(二十年一月一日)	第七十六期	二十年一月三十一日	四六〇(15)

国民会议代表选举法施行法(二十年一月二十日)	第七十八期	二十年二月二十八日	○五七(16)
国道条例(二十年六月六日)	第八十六期	二十年六月三十日	二二四(17)
典试规程(十九年十二月三十日)	第七十六期	二十年一月三十一日	四五二(15)
河海航行员考试条例(二十年三月七日)	第八十期	二十年三月三十一日	二九六(16)
学生自治会组织大纲施行细则	第七十二期	十九年十一月三十日	七七五(14)
实业部商品检验局牲畜产品检验规程(二十年四月二十四日)	第八十三期	二十年五月十五日	六七一(16)
实业部商品检验局蜜蜂进口检验规程(二十年四月十六日)	第八十二期	二十年四月三十日	五四九(16)
南京市人行路取缔规则	第一号补编	十六年四月始迄八月止	三五三(1)
南京市工厂登记规则(十九年七月十一日)	第六十八期	十九年九月三十日	三○五(14)
南京市工务局审查建筑许可证(十九年十二月十日)	第七十四期	十九年十二月三十一日	一四三(15)
南京市工务局组织规则(十九年七月二十五日)	第六十六期	十九年八月三十一日	○四四(14)
南京市工务局首都警察厅会订陆上交通管理规则(十九年十月三十日)	第七十一期	十九年十一月十五日	六五四(14)
南京市工务局首都警察厅会订陆上交通管理规则处罚细则(十九年十月三十日)	第七十一期	十九年十一月十五日	六六三(14)
南京市工务局通用工程投标章程暨工程合同(十九年十一月二十六日)	第七十三期	十九年十二月十五日	○三九(15)
南京市工务局管理公共便亭外围广告及征捐规则(十九年九月十五日)	第六十八期	十九年九月三十日	三一七(14)
南京市工务局管理汽车油站规则(二十年三月七日)	第七十九期	二十年三月十五日	二○五(16)

南京市工务局管理汽油商暂行规则(二十年五月二十七日)	第八十四期	二十年五月三十一日	○二七(17)
南京市土地局办理委托测量土地章程(十九年六月二十七日)	第六十三期	十九年七月十五日	四一○(13)
南京市土地局组织规则(十九年七月二十五日)	第六十六期	十九年八月三十一日	○四八(14)
南京市土地局勘丈建筑用地暂行规则(二十年四月八日)	第八十一期	二十年四月十五日	四三九(16)
南京市卫生局卫生诊疗所组织规则(二十年四月一日)	第八十一期	二十年四月十五日	四三三(16)
南京市卫生局牛羊屠宰场查获私宰私贩肉类处置办法(十九年十二月十五日)	第七十四期	十九年十二月三十一日	一四七(15)
南京市卫生局训练接生婆暂行规则(十九年九月十二日)	第六十八期	十九年九月三十日	三一六(14)
南京市卫生局运除铺商住户垃圾暂行规则(十九年九月五日)	第六十八期	十九年九月三十日	三一一(14)
南京市卫生局招商承办清除市内粪便投标办法(二十年三月十一日)	第七十九期	二十年三月十五日	二一○(16)
南京市卫生局招商承办清除市内粪便简章(二十年三月十一日)	第七十九期	二十年三月十五日	二○九(16)
南京市卫生局取缔皮坊规则(十九年十二月十六日)	第七十五期	二十年一月十五日	二八三(15)
南京市卫生局取缔骨杂油坊规则(十九年十二月十六日)	第七十五期	二十年一月十五日	二八四(15)
南京市卫生局取缔食肉铺摊规则(二十年一月二十六日)	第七十六期	二十年一月三十一日	四三八(15)
南京市卫生局取缔宰猪作暂行规则(十九年十二月十五日)	第七十五期	二十年一月十五日	二八六(15)
南京市卫生局取缔熟肉铺规则(二十年一月二十六日)	第七十六期	二十年一月三十一日	四三八(15)

南京市卫生局组织规则(十九年七月二十五日)	第六十六期	十九年八月三十一日	〇四七(14)
南京市卫生局家犬登记规则(十九年九月三日)	第六十八期	十九年九月三十日	三〇九(14)
南京市卫生局请领许可证规则(二十年一月二十六日)	第七十六期	二十年一月三十一日	四三九(15)
南京市卫生局检验贩运入境肉类办法(二十年一月二十一日)	第七十六期	二十年一月三十一日	四三七(15)
南京市卫生局检验猪只及征费规则(十九年十二月二十四日)	第七十五期	二十年一月十五日	二八五(15)
南京市卫生局第一卫生事务所组织章程(十九年九月十日)	第六十八期	十九年九月三十日	三一三(14)
南京市卫生局清除粪便暂行办法(二十年二月二十八日)	第七十八期	二十年二月二十八日	〇五一(16)
南京市卫生局屠宰场组织章程(十九年十二月二十四日)	第七十五期	二十年一月十五日	二八五(15)
南京市卫生局管理开业医师暂行规则(二十年七月十五日)	第八十八期	二十年七月三十一日	四五六(17)
南京市卫生局管理牛奶坊规则(十九年十二月十五日)	第七十四期	十九年十二月三十一日	一四五(15)
南京市不动产卖典暂行规则(二十年一月一日)	第七十五期	二十年一月十五日	二八八(15)
南京市车辆交通罚则	第一号补编	十六年四月始迄八月止	三五四(1)
南京市公园管理处章程(十九年六月二十日)	第六十三期	十九年七月十五日	四〇七(13)
南京市公益慈善事业捐助褒奖规则(十九年九月十日)	第六十八期	十九年九月三十日	三一二(14)
南京市书店印刷所登记规则(十九年十月八日)	第七十期	十九年十月三十一日	五〇四(14)
南京市电影戏剧审查委员会组织暂行规则(十九年七月十九日)	第六十五期	十九年八月十五日	七四〇(13)
南京市市民银行各业问事处章程	第六十三期	十九年七月十五日	四一〇(13)
南京市市民银行房地产信托处章程	第六十三期	十九年七月十五日	四一一(13)

南京市立民众科学馆章程	第七十一期	十九年十一月十五日	六六八(14)
南京市民银行各业问事处办事细则(十九年九月三日)	第六十八期	十九年九月三十日	三一〇(14)
南京市民银行房地产信托处办事细则(十九年九月二十九日)	第六十九期	十九年十月十五日	四二八(14)
南京市民银行房地产信托处执行业务细则(十九年九月二十九日)	第六十九期	十九年十月十五日	四二六(14)
南京市成药注册章程(十九年九月二十四日)	第六十九期	十九年十月十五日	四二五(14)
南京市自来水工程处组织规则(二十年六月二十六日)	第八十六期	二十年六月三十日	二一七(17)
南京市自来水管招标审查委员会规则(二十年二月四日)	第七十七期	二十年二月十五日	六四四(15)
南京市自治事务所办事细则(二十年七月二十九月)	第八十八期	二十年七月三十一日	四五七(17)
南京市自治事务所组织规则(二十年六月二十六日)	第八十六期	二十年六月三十日	二一八(17)
南京市志编纂委员会组织简章(十八年九月二十七日)	第四十五期	十八年十月十五日	三八一(10)
南京市财政局八卦洲筑埂委员会暂行简章(二十年五月三十日)	第八十四期	二十年五月三十一日	〇二八(17)
南京市财政局八卦洲管理处组织规则(二十年三月十七日)	第八十期	二十年三月三十一日	二八九(16)
南京市财政局大小黄洲管理处组织细则(十九年七月三十一日)	第六十五期	十九年八月十五日	七三九(13)
南京市财政局永定洲戾字号洲地承租暂行规则(二十年六月十九日)	第八十六期	二十年六月三十日	二一八(17)
南京市财政局庄地规则(二十年一月五日)	第七十六期	二十年一月三十一日	四三五(15)
南京市财政局征收吏奖惩暂行规则(二十年一月一日)	第七十六期	二十年一月三十一日	四三一(15)

南京市财政局组织规则(十九年七月二十五日)	第六十六期	十九年八月三十一日	〇四三(14)
南京市财政局清理积欠房附捐暂行办法(二十年一月二十九日)	第七十六期	二十年一月三十一日	四四〇(15)
南京市财政局税捐征收处办事细则(二十年一月一日)	第七十六期	二十年一月三十一日	四三二(15)
南京市财政局税捐征收处组织规则(二十年一月一日)	第七十六期	二十年一月三十一日	四三二(15)
南京市社会局组织规则(十九年七月二十五日)	第六十六期	十九年八月三十一日	〇四二(14)
南京市社会局度量衡检定所组织规则(二十年七月十五月)	第八十八期	二十年七月三十一日	四五五(17)
南京市社会局管理斛行规则(十九年六月三日)	第六十二期	十九年六月三十日	二一七(13)
南京市卖典不动产经纪人登记暂行规则(二十年一月一日)	第七十五期	二十年一月十五日	二八九(15)
南京市图书刊物审查处审查细则(二十年三月十一日)	第七十九期	二十年三月十五日	二〇八(16)
南京市图书刊物审查处组织大纲(二十年三月十一日)	第七十九期	二十年三月十五日	二〇七(16)
南京市征收船捐规则(二十年四月二十二日)	第八十二期	二十年四月三十日	五四四(16)
南京市征收船捐规则(十九年七月二十三日)	第六十五期	十九年八月十五日	七三七(13)
南京市沿街修建房屋附筑人行道暂行规则(十九年十二月二十七日)	第七十五期	二十年一月十五日	二八七(15)
南京市房租产价调查委员会规则(十九年九月十日)	第六十八期	十九年九月三十日	三一二(14)
南京市政府市库章程(十九年六月二十日)	第六十三期	十九年七月十五日	四〇七(13)
南京市政府市政设计委员会章程(十九年九月三日)	第六十八期	十九年九月三十日	三〇八(14)

南京市政府自治研究所简章(二十年二月七日)	第七十七期	二十年二月十五日	六四一(15)
南京市政府组织规则(二十年四月二日)	第八十一期	二十年四月十五日	四三三(16)
南京市政府党义研究会暂行章程(十九年九月十二日)	第六十八期	十九年九月三十日	三一五(14)
南京市政府秘书处组织规则(十九年七月二十五日)	第六十六期	十九年八月三十一日	○四一(14)
南京市政府颁发证章办法(二十年二月二十三日)	第七十八期	二十年二月二十八日	○四九(16)
南京市政府浦口市政办事处办事细则(二十年五月四日)	第八十三期	二十年五月十五日	六六七(16)
南京市政府浦口市政办事处组织规则(十九年十二月二十九日)	第七十五期	二十年一月十五日	二八八(15)
南京市政府职员注意符号传习会简章(十九年十月二十九日)	第七十一期	十九年十一月十五日	六五三(14)
南京市政府职员请假规则(二十年二月十一日)	第七十七期	二十年二月十五日	六四五(15)
南京市教育局中小学校筹备员服务简则(二十年二月二十七日)	第七十八期	二十年二月二十八日	○五○(16)
南京市教育局中等学校招生暂行规则(二十年二月二十七日)	第七十八期	二十年二月二十八日	○四九(16)
南京市教育局名胜古迹古物登记规则(二十年二月三日)	第七十七期	二十年二月十五日	六四一(15)
南京市教育局学术团体登记暂行规则	第六十二期	十九年六月三十日	二一九(13)
南京市教育局学术演讲办法(二十年三月十四日)	第七十九期	二十年三月十五日	二一○(16)
南京市教育局实验学区研究员服务规程(十九年十二月八日)	第七十四期	十九年十二月三十一日	一四二(15)
南京市教育局组织规则(十九年七月二十五日)	第六十六期	十九年八月三十一日	○四六(14)

南京市教育局美术展览会组织章程(十九年十二月三日)	第七十四期	十九年十二月三十一日	一四一(15)
南京市教育局总务课办事细则	第一号补编	十六年四月始迄八月止	三七五(1)
南京市教育局津贴中央大学京籍毕业生参观费暂行办法(二十年一月十日)	第七十六期	二十年一月三十一日	四三六(15)
南京市教育局监督文化团体规则(二十年二月九日)	第七十七期	二十年二月十五日	六四二(15)
南京市教育局教育实验研究委员会章程(十九年十月三十一日)	第七十一期	十九年十一月十五日	六六六(14)
南京市教育局职员公守暂行规则	第一号补编	十六年四月始迄八月止	三七九(1)
南京市教育局第一次美术展览会征集陈列品办法(十九年十二月三日)	第七十四期	十九年十二月三十一日	一四一(15)
南京市救济院妇女工读班简章(十九年九月十六日)	第六十九期	十九年十月十五日	四二五(14)
南京市屠宰场检验规则(十九年七月二十三日)	第六十五期	十九年八月十五日	七三八(13)
南京市筑路摊费审查委员会组织规则(十九年十月八日)	第七十期	十九年十月三十一日	五〇三(14)
南京市筑路摊费审查委员会组织细则(二十年一月二十一日)	第七十六期	二十年一月三十一日	四三六(15)
南京市筑路摊费审查委员会组织细则(二十年一月二十一日)	第七十七期	二十年二月十五日	六四六(15)
南京市筑路摊费暂行规则(十九年八月十九日)	第六十八期	十九年九月三十日	三〇七(14)
南京市登记船只规则(二十年四月二十二日)	第八十二期	二十年四月三十日	五四三(16)
南京市登记船只规则(十九年六月二十七日)	第六十三期	十九年七月十五日	四〇八(13)
南京特别市八旗教养院组织章程	第四十期	十八年七月三十一日	一三五(9)
南京特别市工务局取缔中山路通行车辆暂行规则(十八年四月三日)	第三十四期	十八年四月三十日	七四五(7)

南京特别市工务局取缔市内欠退尺寸房屋办法(十九年三月十一日)	第五十六期	十九年三月三十一日	四〇四(12)
南京特别市工务局取缔市内建筑章程	第一期	十六年九月	五五四(1)
南京特别市工务局取缔掘路规则(十八年十月二十五日)	第四十七期	十八年十一月十五日	七三一(10)
南京特别市工务局建筑投票章程	第一号补编	十六年四月始迄八月止	三五〇(1)
南京特别市工务局章程(十六年六月三十日公布)	第一号补编	十六年四月始迄八月止	三四七(1)
南京特别市工务局街道转角房屋边线及路牙曲线勘定规则(十九年二月十一日)	第五十四期	十九年二月二十八日	一〇七(12)
南京特别市工会注册暂行规则(十八年十月十八日)	第四十七期	十八年十一月十五日	七二六(10)
南京特别市工会注册暂行规则(十八年八月七日)	第四十二期	十八年八月三十一日	五八三(9)
南京特别市工会注册暂行章程	第三十六期	十八年五月三十一日	二八〇(8)
南京特别市土地申报章程(十八年十二月三十日)	第五十二期	十九年一月三十一日	六九七(11)
南京特别市土地买卖暂行章程	第三十九期	十八年七月十五日	七八九(8)
南京特别市土地局办理委托测量征收土地章程(十八年九月十三日)	第四十四期	十八年九月三十日	一三七(10)
南京特别市土地局测绘条例	第一号补编	十六年四月始迄八月止	三九八(1)
南京特别市土地局测绘课办事细则	第一号补编	十六年四月始迄八月止	三九六(1)
南京特别市土地局章程(十六年七月二十七日)	第一号补编	十六年四月始迄八月止	三九五(1)
南京特别市卫生局行政科办事细则(十九年一月十七日)	第五十三期	十九年二月十五日	八三二(11)
南京特别市卫生局技术科办事细则(十九年一月十七日)	第五十三期	十九年二月十五日	八三四(11)

南京特别市卫生局取缔牙科医生章程	第一号补编	十六年四月始迄八月止	三六七(1)
南京特别市卫生局取缔中医生章程	第一号补编	十六年四月始迄八月止	三六六(1)
南京特别市卫生局取缔西医生章程	第一号补编	十六年四月始迄八月止	三六六(1)
南京特别市卫生局取缔贩卖清凉饮料规则	第一号补编	十六年四月始迄八月止	三七〇(1)
南京特别市卫生局取缔破布败絮营业规则(十八年十月四日)	第四十六期	十八年十月三十一日	五二九(10)
南京特别市卫生局取缔旅馆卫生规则	第一号补编	十六年四月始迄八月止	三七一(1)
南京特别市卫生局取缔酒楼饭店规则	第一号补编	十六年四月始迄八月止	三七〇(1)
南京特别市卫生局总务科办事细则(十九年一月十七日)	第五十三期	十九年二月十五日	八三〇(11)
南京特别市卫生局章程(十六年六月三十日公布)	第一号补编	十六年四月始迄八月止	三六五(1)
南京特别市开辟马路收用土地章程	第一号补编	十六年四月始迄八月止	三四九(1)
南京特别市开辟马路征费条例(十七年十二月十九日)	第二十七期	十八年一月十五日	三二一(6)
南京特别市车辆交通罚则	第九期	十七年一月三十一日	三六六(3)
南京特别市公安局官兵赏罚章程	第一号补编	十六年四月始迄八月止	三五八(1)
南京特别市公安局重订取缔旅馆规则	第一号补编	十六年四月始迄八月止	三六三(1)
南京特别市公安局章程(十六年六月三十日公布)	第一号补编	十六年四月始迄八月止	三五六(1)
南京特别市公安局清查户口条例	第一号补编	十六年四月始迄八月止	三六一(1)
南京特别市公益慈善团体注册规则(十八年三月六日)	第三十二期	十八年三月三十一日	三七八(7)
南京特别市处理新辟马路两旁建筑用地暂行章程(十八年八月十四日)	第四十二期	十八年八月三十一日	五八七(9)
南京特别市市立九龙桥游泳场游泳规则(十八年八月二十一日)	第四十三期	十八年九月十五日	八五五(9)

南京特别市市立小学校长任免暂行条例	第一号补编	十六年四月始迄八月止	三八一(1)
南京特别市市立小学校学生转学暂行规程(十八年十一月十五日)	第四十八期	十八年十一月三十日	一一〇(11)
南京特别市市立学校十六年度学历	第一号补编	十六年四月始迄八月止	三九五(1)
南京特别市市立学校教职员服务细则	第一号补编	十六年四月始迄八月止	三八三(1)
南京特别市市立学校教职员服务细则	第一期	十六年九月	五七四(1)
南京特别市市立职工介绍所章程	第三十六期	十八年五月三十一日	二八四(8)
南京特别市市立救济院组织章程(十八年八月二十一日)	第四十三期	十八年九月十五日	八五三(9)
南京特别市市立第一通俗图书馆规程	第五期	十六年十一月三十日	〇七九(3)
南京特别市市立第一通俗图书馆规程暂行规程	第五期	十六年十一月三十日	〇七九(3)
南京特别市市立第一通俗图书馆暂行规程	第一号补编	十六年四月始迄八月止	三九〇(1)
南京特别市市立游泳场暂行章程(十八年八月二十一日)	第四十三期	十八年九月十五日	八五四(9)
南京特别市市立粮食管理所章程(十八年八月二十一日)	第四十三期	十八年九月十五日	八五一(9)
南京特别市市民房屋租赁暂行章程(十八年五月二十二日)	第三十七期	十八年六月十五日	四四五(8)
南京特别市市民借用市政府礼堂举行婚礼章程(十八年九月十二日)	第四十五期	十八年十月十五日	三八五(10)
南京特别市市民银行组织大纲(十七年十月三日)	第二十一期	十七年十月十五日	一〇二(5)
南京特别市市政府工务局执行退缩放宽街道暂行条例(十六年十一月九日)	第四期	十六年十一月十五日	八四一(2)

南京特别市市政府工务局取缔市内芦棚土屋条例(十六年十一月三十日)	第六至七期	十六年十二月三十一日	二〇四(3)
南京特别市市政府工务局取缔买卖城砖条例	第九期	十七年一月三十一日	三六八(3)
南京特别市市政府工务局承办建筑店铺注册领照章程	第九期	十七年一月三十一日	三六七(3)
南京特别市市政府工务局组织条例(十七年八月八日)	第十七期	十七年八月十五日	四二一(4)
南京特别市市政府工务局管理城砖规则(十七年十二月五日)	第二十六期	十七年十二月三十一日	一七二(6)
南京特别市市政府土地评价委员会组织条例(十七年十一月二十八日)	第二十五期	十七年十二月十五日	七九五(5)
南京特别市市政府土地局土地登记章程(十七年十一月七日)	第二十四期	十七年十一月三十日	五八七(5)
南京特别市市政府土地局市有土地租赁章程	第三十六期	十八年五月三十一日	二七六(8)
南京特别市市政府土地局发行不动产契纸暨征收契税章程	第三十八期	十八年六月三十日	六一〇(8)
南京特别市市政府土地局承领溢地章程	第十六期	十七年七月三十一日	三二六(4)
南京特别市市政府土地局组织条例(十七年八月八日)	第十七期	十七年八月十五日	四二〇(4)
南京特别市市政府土地局标卖市有滩地官基章程	第十六期	十七年七月三十一日	三二五(4)
南京特别市市政府土地征收章程(十七年八月十一日)	第十七期	十七年八月十五日	四三〇(4)
南京特别市市政府卫生处牙医师登记暂行章程(十七年十一月二十八日)	第二十五期	十七年十二月十五日	七九九(5)
南京特别市市政府卫生处外国人行医暂行章程(十七年十一月二十八日)	第二十五期	十七年十二月十五日	八〇三(5)

南京特别市市政府卫生处医师登记暂行章程(十七年十一月二十八日)	第二十五期	十七年十二月十五日	七九八(5)
南京特别市市政府卫生处助产士登记暂行章程(十七年十一月二十八日)	第二十五期	十七年十二月十五日	八〇二(5)
南京特别市市政府卫生处组织条例(十七年十月十七日)	第二十二期	十七年十月三十一日	二四七(5)
南京特别市市政府卫生处管理医师暂行章程(十七年十一月二十八日)	第二十五期	十七年十二月十五日	七九七(5)
南京特别市市政府卫生处镶牙士登记暂行章程(十七年十一月二十八日)	第二十五期	十七年十二月十五日	八〇一(5)
南京特别市市政府卫生局卫生试验所组织章程(十八年一月十六日)	第二十九期	十八年二月十五日	六六一(6)
南京特别市市政府公安局卫生课办事细则	第三期	十六年十月三十一日	五〇四(2)
南京特别市市政府公安局卫生课章程	第三期	十六年十月三十一日	五〇二(2)
南京特别市市政府公安局取缔牙科医生章程	第四期	十六年十一月十五日	八四四(2)
南京特别市市政府公安局取缔水炉营业规则	第十四至十五期	十七年六月十五日	一五八(4)
南京特别市市政府公安局取缔西医生章程	第四期	十六年十一月十五日	八四二(2)
南京特别市市政府公安局取缔戏院规则	第十四至十五期	十七年六月十五日	一五七(4)
南京特别市市政府公安局取缔私厕清洁规则	第十四至十五期	十七年六月十五日	一六二(4)
南京特别市市政府公安局取缔垃圾清洁规则	第三期	十六年十月三十一日	五一一(2)

南京特别市市政府公安局取缔茶馆营业规则	第十四至十五期	十七年六月十五日	一五七(4)
南京特别市市政府公安局取缔洗衣业规则	第十四至十五期	十七年六月十五日	一六一(4)
南京特别市市政府公安局取缔旅馆卫生规则	第四期	十六年十一月十五日	八四八(2)
南京特别市市政府公安局取缔酒楼饭店规则	第四期	十六年十一月十五日	八四六(2)
南京特别市市政府公安局取缔浴堂规则	第十四至十五期	十七年六月十五日	一五九(4)
南京特别市市政府公安局取缔理发业规则	第十四至十五期	十七年六月十五日	一六〇(4)
南京特别市市政府公安局取缔酱园规则	第十四至十五期	十七年六月十五日	一六一(4)
南京特别市市政府公安局征收洁净费章程	第三期	十六年十月三十一日	五〇七(2)
南京特别市市政府公安局征收清净费各区办事细则	第三期	十六年十月三十一日	五〇九(2)
南京特别市市政府公安局所辖清道队各项规则章程	第六至七期	十六年十二月三十一日	二〇五(3)
南京特别市市政府公安局组织条例(十七年八月八日)	第十七期	十七年八月十五日	四二四(4)
南京特别市市政府公安/工务/财政局管理车辆船只规则管理汽车规则	第九期	十七年一月三十一日	三五五(3)
南京特别市市政府公园管理处组织章程(十七年十一月二十八日)	第二十五期	十七年十二月十五日	七九六(5)
南京特别市市政府公债条例(十七年十一月十四日)	第二十四期	十七年十一月三十日	五八六(5)
南京特别市市政府处理市有土地暂行条例(十七年十二月一日)	第二十六期	十七年十二月三十一日	一七一(6)
南京特别市市政府处理市有土地暂行条例(十八年一月二十三日)	第二十九期	十八年二月十五日	六六三(6)

南京特别市市政府处理逆产委员会组织条例(十七年九月二十六日)	第二十一期	十七年十月十五日	一〇二(5)
南京特别市市政府市金库组织条例(十七年八月十五日)	第十八期	十七年八月三十一日	五一七(4)
南京特别市市政府市政会议议事细则(十七年十一月二十一日)	第二十五期	十七年十二月十五日	八〇三(5)
南京特别市市政府财政局土地课条例(十六年十一月九日)	第四期	十六年十一月十五日	八三七(2)
南京特别市市政府财政局处罚各种车辆漏捐章程	第四期	十六年十一月十五日	八三九(2)
南京特别市市政府财政局设计委员会组织条例(十七年九月十二日)	第十九期	十七年九月十五日	六〇四(4)
南京特别市市政府财政局征收花捐章程	第八期	十七年一月十五日	二七四(3)
南京特别市市政府财政局征收房捐章程	第三十五期	十八年五月十五日	一二四(8)
南京特别市市政府财政局征收旅馆牌照税章程	第八期	十七年一月十五日	二七三(3)
南京特别市市政府财政局房产登记章程施行细则(十七年一月二十九日)	第十八期	十七年八月三十一日	五一九(4)
南京特别市市政府财政局组织条例(十七年八月八日)	第十七期	十七年八月十五日	四一八(4)
南京特别市市政府财政局租赁市有地滩章程	第十期	十七年二月二十九日	四四七(3)
南京特别市市政府财政局营业登记章程实施细则(十七年八月二十九日)	第十八期	十七年八月三十一日	五二二(4)
南京特别市市政府社会处组织条例(十七年八月八日)	第十七期	十七年八月十五日	四二八(4)

南京特别市市政府社会局监督市内公益慈善团体章程(十八年三月六日)	第三十二期	十八年三月三十一日	三七七(7)
南京特别市市政府社会局管理公墓规则	第三十八期	十八年六月三十日	六〇七(8)
南京特别市市政府社会调查处组织条例	第六至七期	十六年十二月三十一日	二〇三(3)
南京特别市市政府纳言箱投递规则	第十七期	十七年八月十五日	四三三(4)
南京特别市市政府取缔私娼章程(十八年一月二十三日)	第二十九期	十八年二月十五日	六六四(6)
南京特别市市政府购料委员会组织章程	第三十六期	十八年五月三十一日	二八三(8)
南京特别市市政府购料委员会组织章程(十八年一月十二日)	第二十八期	十八年一月三十一日	四六九(6)
南京特别市市政府制定市政法规程序(十七年十一月十日)	第二十四期	十七年十一月三十日	五八五(5)
南京特别市市政府法规委员会组织条例(十七年九月五日)	第十九期	十七年九月十五日	六〇三(4)
南京特别市市政府房产登记补充章程(十七年十一月三日)	第二十四期	十七年十一月三十日	五九二(5)
南京特别市市政府房产登记审查委员会章程(十七年九月二十六日)	第二十三期	十七年十一月十五日	三九八(5)
南京特别市市政府房产登记章程(十七年八月二十七日)	第十八期	十七年八月三十一日	五一七(4)
南京特别市市政府参事会会议规则	第三期	十六年十月三十一日	五〇一(2)
南京特别市市政府组织条例(十七年八月六日)	第十七期	十七年八月十五日	四一一(4)
南京特别市市政府经济调查委员会简章(十八年三月二十日)	第三十三期	十八年四月十五日	五九一(7)
南京特别市市政府标卖市有墓地滩地章程(十七年十二月五日)	第二十六期	十七年十二月三十一日	一七一(6)

南京特别市市政府标卖逆产暂行简章(十七年十二月十九日)	第二十七期	十八年一月十五日	三二二(6)
南京特别市市政府总务科办事细则	第一号补编	十六年四月始迄八月止	三三四(1)
南京特别市市政府总务科办事秩序	第一号补编	十六年四月始迄八月止	三三五(1)
南京特别市市政府总务科各股办事细则	第一号补编	十六年四月始迄八月止	三三五(1)
南京特别市市政府统计委员会简章	第三十五期	十八年五月十五日	一二三(8)
南京特别市市政府秘书处文事科文牍股办事细则	第二期	十六年十月十五日	〇一七(2)
南京特别市市政府秘书处文事科宣传股办事细则	第二期	十六年十月十五日	〇二〇(2)
南京特别市市政府秘书处文事科编辑股办事细则	第二期	十六年十月十五日	〇一八(2)
南京特别市市政府秘书处办事通则	第一期	十六年九月	五五三(1)
南京特别市市政府秘书处处务会议规则	第十二期	十七年三月三十一日	六三四(3)
南京特别市市政府秘书处处务会议规则	第一期	十六年九月	五五二(1)
南京特别市市政府秘书处处务会议规则(十七年十一月二十二日)	第二十五期	十七年十二月十五日	八〇六(5)
南京特别市市政府秘书处服务通则	第十二期	十七年三月三十一日	六三四(3)
南京特别市市政府秘书处审查账目委员会办事细则	第十二期	十七年三月三十一日	六三五(3)
南京特别市市政府秘书处审查账目委员会组织条例	第十二期	十七年三月三十一日	六三五(3)
南京特别市市政府秘书处组织条例(十七年八月四日)	第十七期	十七年八月十五日	四一七(4)
南京特别市市政府秘书处临时处理文书程序	第十七期	十七年八月十五日	四三二(4)
南京特别市市政府秘书处总务科会计股办事细则	第二期	十六年十月十五日	〇二一(2)
南京特别市市政府秘书处总务科特务股办事细则	第二期	十六年十月十五日	〇二四(2)

南京特别市市政府秘书处总务科庶务股办事细则	第二期	十六年十月十五日	〇二二(2)
南京特别市市政府秘书处职员请假规则	第六至七期	十六年十二月三十一日	二〇四(3)
南京特别市市政府秘书处职员请假规则	第二十四期	十七年十一月三十日	五九三(5)
南京特别市市政府秘书处职员宿舍规则	第十二期	十七年三月三十一日	六三六(3)
南京特别市市政府秘书处暂行组织条例(十六年九月)	第一期	十六年九月	五五一(1)
南京特别市市政府秘书处暂行章程	第十二期	十七年三月三十一日	六三三(3)
南京特别市市政府教育局私塾设立暂行条例	第四期	十六年十一月十五日	八四九(2)
南京特别市市政府教育局组织条例(十七年八月九日)	第十七期	十七年八月十五日	四二六(4)
南京特别市市政府教育局检定塾师暂行条例	第四期	十六年十一月十五日	八五〇(2)
南京特别市市政府职员临时考试规则	第十七期	十七年八月十五日	四三一(4)
南京特别市市政府职员惩戒条例	第一号补编	十六年四月始迄八月止	三三七(1)
南京特别市市政府营业登记章程(十七年八月二十七日)	第十八期	十七年八月三十一日	五二〇(4)
南京特别市市政府管理公共娱乐场所规例(十八年四月三日)	第三十四期	十八年四月三十日	七四六(7)
南京特别市市政法规委员会组织条例(十七年九月二十六日)	第二十一期	十七年十月十五日	一〇一(5)
南京特别市市营土地房屋经理处章程(十七年十月三十一日)	第二十三期	十七年十一月十五日	三九七(5)
南京特别市自来水工程处组织章程(十九年三月十八日)	第五十七期	十九年四月十五日	五〇七(12)
南京特别市自来水筹备处组织章程(十八年七月二十四日)	第四十一期	十八年八月十五日	三八八(9)
南京特别市米市筹备处组织章程	第十三期	十七年四月十五日	七〇二(3)

南京特别市米粮评价委员会暂行章程(十九年五月二十日)	第六十一期	十九年六月十五日	一四一(13)
南京特别市农工商业团体注册暂行规则(十八年十月十八日)	第四十七期	十八年十一月十五日	七二四(10)
南京特别市农工商业团体注册暂行规则(十八年八月七日)	第四十二期	十八年八月三十一日	五七七(9)
南京特别市农民协会注册暂行规则	第三十六期	十八年五月三十一日	二七八(8)
南京特别市农民协会注册暂行规则(十八年十月十八日)	第四十七期	十八年十一月十五日	七二三(10)
南京特别市农民协会注册暂行规则(十八年八月七日)	第四十二期	十八年八月三十一日	五八一(9)
南京特别市医师注册规则(十八年七月十七日)	第四十一期	十八年八月十五日	三八五(9)
南京特别市助产士注册规则(十八年七月十七日)	第四十一期	十八年八月十五日	三八六(9)
南京特别市财政工务局会订广告取缔及征捐章程(十九年四月一日)	第五十八期	十九年四月三十日	五九一(12)
南京特别市财政局办事通则	第二十一期	十七年十月十五日	一〇四(5)
南京特别市财政局局务会议规则	第一号补编	十六年四月始迄八月止	三四〇(1)
南京特别市财政局征收广告捐章程	第一号补编	十六年四月始迄八月止	三四三(1)
南京特别市财政局征收牙税暂行章程(十八年九月二十七日)	第四十五期	十八年十月十五日	三八三(10)
南京特别市财政局征收当税暂行章程(十八年十一月一日)	第四十八期	十八年十一月三十日	一〇五(11)
南京特别市财政局征收戏剧营业捐章程	第一号补编	十六年四月始迄八月止	三四二(1)
南京特别市财政局征收花捐章程	第一号补编	十六年四月始迄八月止	三四四(1)
南京特别市财政局征收花船捐章程	第一号补编	十六年四月始迄八月止	三四五(1)
南京特别市财政局征收房捐章程	第一号补编	十六年四月始迄八月止	三四六(1)
南京特别市财政局征收茶馆营业捐章程	第一号补编	十六年四月始迄八月止	三四一(1)

南京特别市财政局征收旅馆营业捐章程	第一号补编	十六年四月始迄八月止	三四一(1)
南京特别市财政局征收旅馆营业税章程(十八年十月十八日)	第四十七期	十八年十一月十五日	七二二(10)
南京特别市财政局征收旅馆牌照捐章程(十九年一月十七日)	第五十三期	十九年二月十五日	八四〇(11)
南京特别市财政局征收旅馆牌照税章程	第一号补编	十六年四月始迄八月止	三四〇(1)
南京特别市财政局征收娱乐捐章程(十八年七月十七日)	第四十一期	十八年八月十五日	三八七(9)
南京特别市财政局征收筵席捐暂行章程	第一号补编	十六年四月始迄八月止	三四五(1)
南京特别市财政局标卖乙丙两种市民住宅投标简章(十九年一月十七日)	第五十三期	十九年二月十五日	八二九(11)
南京特别市财政局罚款充奖办法(十九年五月二十三日)	第六十一期	十九年六月十五日	一四二(13)
南京特别市财政局章程(十六年六月三十日公布)	第一号补编	十六年四月始迄八月止	三三九(1)
南京特别市私立学校立案规程	第一号补编	十六年四月始迄八月止	三八七(1)
南京特别市私立学校校董会设立规程	第一号补编	十六年四月始迄八月止	三八六(1)
南京特别市灾农临时贷款处押款细则	第五十七期	十九年四月十五日	五〇九(12)
南京特别市灾农临时贷款处贷款简章(十九年三月二十八日)	第五十七期	十九年四月十五日	五〇八(12)
南京特别市社会局发给营业执照规则(十九年二月二十一日)	第五十五期	十九年三月十五日	二五七(12)
南京特别市社会局妇女教养所促进委员会组织大纲(十九年一月二十四日)	第五十三期	十九年二月十五日	八四三(11)
南京特别市学术研究会第一次大会会议规则(十八年十二月二十七日)	第五十一期	十九年一月十五日	五九六(11)

南京特别市实验学区暂行条例	第一期	十六年九月	五七七(1)
南京特别市建筑师工程师登记章程	第三十六期	十八年五月三十一日	二七五(8)
南京特别市参事会会议规则	第一号补编	十六年四月始迄八月止	三三八(1)
南京特别市政府工务局招商经办下关市民房屋规则(十八年十月二十五日)	第四十七期	十八年十一月十五日	七三二(10)
南京特别市政府工务局组织细则(十九年五月九日)	第六十一期	十九年六月十五日	一三六(13)
南京特别市政府土地局组织细则(十九年五月九日)	第六十一期	十九年六月十五日	一三五(13)
南京特别市政府卫生局组织细则(十九年五月九日)	第六十一期	十九年六月十五日	一四〇(13)
南京特别市政府办理出国护照暂行章程(十八年十月十八日)	第四十七期	十八年十一月十五日	七二一(10)
南京特别市政府考绩委员会暂行简章(十八年十一月一日)	第四十八期	十八年十一月三十日	一〇六(11)
南京特别市政府财政局征收房捐章程(十八年八月二十八日)	第四十三期	十八年九月十五日	八五六(9)
南京特别市政府财政局组织细则(十九年五月九日)	第六十一期	十九年六月十五日	一三四(13)
南京特别市政府社会局组织细则(十九年五月九日)	第六十一期	十九年六月十五日	一三九(13)
南京特别市政府招商承办市区内公共汽车章程(十九年五月九日)	第五十九至六十期	十九年五月三十一日	七四一(12)
南京特别市政府购料处规程(十九年四月八日)	第五十八期	十九年四月三十日	五九八(12)
南京特别市政府学术研究会简章(十八年九月二十七日)	第四十五期	十八年十月十五日	三八一(10)
南京特别市政府修正办理公文手续	第五十九至六十期	十九年五月三十一日	七四三(12)
南京特别市政府秘书处参事室处理公文暂行办法	第五十九至六十期	十九年五月三十一日	七四三(12)
南京特别市政府秘书处组织细则(十九年五月九日)	第六十一期	十九年六月十五日	一三三(13)

南京特别市政府教育局组织细则(十九年五月九日)	第六十一期	十九年六月十五日	一三八(13)
南京特别市政府职员发给俸薪细则(十九年二月二十一日)	第五十五期	十九年三月十五日	二五九(12)
南京特别市政府职员任免暂行章程(十九年一月十七日)	第五十三期	十九年二月十五日	八三九(11)
南京特别市政府职员保证规则(十九年一月二十四日)	第五十三期	十九年二月十五日	八四一(11)
南京特别市政府职员请假规则(十九年一月十七日)	第五十三期	十九年二月十五日	八三六(11)
南京特别市政府编纂首都年鉴委员会章程(十九年一月二十四日)	第五十三期	十九年二月十五日	八四三(11)
南京特别市政府聘任咨议暂行简章(十九年三月十一日)	第五十六期	十九年三月三十一日	四〇五(12)
南京特别市药师注册规则(十八年七月十七日)	第四十一期	十八年八月十五日	三八六(9)
南京特别市铁路管理处组织章程(十八年一月二十三日)	第二十九期	十八年二月十五日	六六五(6)
南京特别市特种建设公债监督用途委员会办事细则(十九年二月十一日)	第五十四期	十九年二月二十八日	一〇五(12)
南京特别市特种建设公债基金保管委员会办事细则(十九年一月十四日)	第五十二期	十九年一月三十一日	七〇〇(11)
南京特别市特种建设公债基金保管委员会组织章程(十八年十一月五日)	第四十八期	十八年十一月三十日	一〇七(11)
南京特别市浦口市政管理处组织暂行章程	第三十八期	十八年六月三十日	六一六(8)
南京特别市消防委员会章程	第三十九期	十八年七月十五日	七九〇(8)
南京特别市教育局小学校长服务细则	第一期	十六年九月	五七三(1)

南京特别市教育局小学教职员待遇暂行条例	第一号补编	十六年四月始迄八月止	三八〇(1)
南京特别市教育局小学教职员登记暂行规程(十八年十一月十五日)	第四十八期	十八年十一月三十日	一〇八(11)
南京特别市教育局社会教育课办事细则	第一号补编	十六年四月始迄八月止	三七七(1)
南京特别市教育局局务会议暂行细则	第一号补编	十六年四月始迄八月止	三七四(1)
南京特别市教育局改进私塾计划大纲	第一号补编	十六年四月始迄八月止	三八五(1)
南京特别市教育局改进私塾计划大纲	第一期	十六年九月	五七八(1)
南京特别市教育局学校教育课办事细则	第一号补编	十六年四月始迄八月止	三七六(1)
南京特别市教育局保护名胜古迹条例(十七年四月十三日)	第十四至十五期	十七年六月十五日	一五六(4)
南京特别市教育局监督私立慈善机关条例(十七年四月十三日)	第十四至十五期	十七年六月十五日	一五五(4)
南京特别市教育局党义党纲社会教育宣传团办事细则	第一号补编	十六年四月始迄八月止	三八九(1)
南京特别市教育局党义党纲社会教育宣传团简章	第一号补编	十六年四月始迄八月止	三八八(1)
南京特别市教育局检定小学教师暂行条例	第一号补编	十六年四月始迄八月止	三八一(1)
南京特别市教育局章程(十六年六月三十日公布)	第一号补编	十六年四月始迄八月止	三七三(1)
南京特别市营造业登记章程(十八年十月四日)	第四十六期	十八年十月三十一日	五二七(10)
南京特别市第一市民医院章程	第三十八期	十八年六月三十日	六一二(8)
南京特别市商人团体注册暂行规则(十八年八月七日)	第四十二期	十八年八月三十一日	五七九(9)
南京特别市商民协会注册暂行规则	第三十六期	十八年五月三十一日	二八二(8)

南京特别市商民协会注册暂行规则(十八年十月十八日)	第四十七期	十八年十一月十五日	七二九(10)
南京特别市商民协会注册暂行规则(十八年八月七日)	第四十二期	十八年八月三十一日	五八五(9)
南京特别市暂行条例(十六年月六日公布)	第一号补编	十六年四月始迄八月止	三三一(1)
南京特别市暂行条例(中华民国十六年六月六日国民政府公布)	第一号	十六年六月	〇一五(1)
南京特别市暂行狩猎章程(十八年五月二十二日)	第三十七期	十八年六月十五日	四四八(8)
南京特别市道路计划实施方案起草委员会章程(十九年三月十一日)	第五十六期	十九年三月三十一日	四〇三(12)
南京特别市新辟干路两旁建筑房屋规则(十八年十二月二十四日)	第五十一期	十九年一月十五日	五九五(11)
南京特别市新辟干路两旁建筑房屋章程(十八年四月三日)	第三十四期	十八年四月三十日	七四八(7)
南京特别市粮食业登记规则(十八年八月二十一日)	第四十三期	十八年九月十五日	八五二(9)
省党部特别市党部及县市党部指导农会组织办法(二十年二月五日)	第七十九期	二十年三月十五日	二一一(16)
省党部特别市党部及县市党部指导教育会改组及组织办法(二十年二月十二日)	第八十期	二十年三月三十一日	二九一(16)
修正民国十九年关税短期库券条例	第七十一期	十九年十一月十五日	六七三(14)
修正考试法施行细则第六条条文	第八十七期	二十年七月十五日	三六七(17)
修正国民政府硝磺类专运护照规则第七条条文(二十年六月五日)	第八十六期	二十年六月三十日	二二四(17)
修正典试规程(二十年六月十三日)	第八十六期	二十年六月三十日	二三三(17)
修正南京市社会局发给营业执照规则(十九年十月一日)	第七十期	十九年十月三十一日	五〇五(14)

修正南京市筑路摊费审查委员会组织细则第九第十两条条文(二十年六月十七日)	第八十六期	二十年六月三十日	二一七(17)
修正南京特别市政府财政局征收筵席捐章程	第五十八期	十九年四月三十日	六〇〇(12)
修正襄试法(二十年六月十三日)	第八十六期	二十年六月三十日	二三二(17)
保护耕牛规则	第七十七期	二十年二月十五日	六六八(15)
促进地方自治及注重区乡镇组织与人选办法(二十年四月二日)	第八十三期	二十年五月十五日	六六八(16)
度量衡器具营业条例施行细则(二十年一月二十九日)	第七十七期	二十年二月十五日	六六六(15)
度量衡器具检定费征收规程(二十年一月三十日)	第七十七期	二十年二月十五日	六六八(15)
首都米市筹备处组织章程(十九年六月三日)	第六十二期	十九年六月三十日	二一八(13)
总务科办事细则	第一号	十六年六月	〇二三(1)
盐法(二十年五月三十日)	第八十六期	二十年六月三十日	二一九(17)
监试法	第七十四期	十九年十二月三十一日	一四九(15)
监察院调查证使用规则(二十年四月六日)	第八十二期	二十年四月三十日	五四五(16)
特别市组织法(十七年七月八日)	第十七期	十七年八月十五日	四三四(4)
特种考试助产士考试条例	第八十一期	二十年四月十五日	四五一(16)
特种考试邮务人员考试条例	第八十七期	二十年七月十五日	三七一(17)
特种考试法(二十年三月二十一日)	第八十一期	二十年四月十五日	四四〇(16)
特种考试监所看守考试条例	第七十七期	二十年二月十五日	六六四(15)
倾销货物税法(二十年二月九日)	第七十八期	二十年二月二十八日	〇七一(16)
航业公会组织规则(二十年四月十七日)	第八十三期	二十年五月十五日	六六九(16)
高等考试卫生行政人员考试条例	第七十八期	二十年二月二十八日	〇八二(16)
高等考试外交官领事官考试条例	第七十八期	二十年二月二十八日	〇八九(16)
高等考试司法官律师考试条例	第七十八期	二十年二月二十八日	〇九一(16)
高等考试西医医师考试条例	第七十八期	二十年二月二十八日	〇九六(16)
高等考试会计人员会计师考试条例	第七十八期	二十年二月二十八日	〇八四(16)

高等考试财务行政人员考试条例	第七十八期	二十年二月二十八日	〇七七(16)
高等考试药师考试条例	第七十八期	二十年二月二十八日	〇九八(16)
高等考试统计人员考试条例	第七十八期	二十年二月二十八日	〇八六(16)
高等考试监狱官考试条例	第七十八期	二十年二月二十八日	〇九四(16)
高等考试教育行政人员考试条例	第七十八期	二十年二月二十八日	〇七九(16)
高等考试普通行政人员考试条例	第七十七期	二十年二月十五日	六六二(15)
高等考试警察行政人员考试条例	第七十九期	二十年三月十五日	二一二(16)
旅行业注册暂行章程	第七十期	十九年十月三十一日	五二〇(14)
阅览规则	第一号补编	十六年四月始迄八月止	三九四(1)
阅览规则	第五期	十六年十一月三十日	〇八四(3)
海员工会组织规则	第八十一期	二十年四月十五日	四四八(16)
通俗讲演员检定条例(二十年三月十九日)	第八十一期	二十年四月十五日	四四〇(16)
教育会法(二十年一月二十七日)	第七十七期	二十年二月十五日	六四九(15)
营业税法(二十年六月十三日)	第八十六期	二十年六月三十日	二三〇(17)
检定考试规程	第七十七期	二十年二月十五日	六六〇(15)
救灾准备金法	第七十二期	十九年十一月三十日	七七四(14)
银行法(二十年三月二十八日)	第八十一期	二十年四月十五日	四四一(16)
船舶法(十九年十二月四日)	第七十五期	二十年一月十五日	二九一(15)
船舶登记法(十九年十二月五日)	第七十五期	二十年一月十五日	二九七(15)
馆务会议暂行细则	第一号补编	十六年四月始迄八月止	三九三(1)
馆务会议暂行细则	第五期	十六年十一月三十日	〇八二(3)
庶务股办事细则	第一号	十六年六月	〇二六(1)
商标法施行细则	第七十六期	二十年一月三十一日	四六四(15)
清理市有土地施行细则	第十三期	十七年四月十五日	七〇一(3)
清理市有土地暂行条例	第十三期	十七年四月十五日	七〇一(3)
渔业登记规则(十九年七月四日)	第七十期	十九年十月三十一日	五一三(14)
渔业登记规则施行细则(十九年九月二十日)	第七十期	十九年十月三十一日	五一六(14)
寄存图书规则	第一号补编	十六年四月始迄八月止	三九四(1)
堤防造林及限制倾斜地垦植办法	第七十三期	十九年十二月十五日	〇四三(15)
募赠图书办法	第一号补编	十六年四月始迄八月止	三九三(1)
募赠图书办法	第五期	十六年十一月三十日	〇八三(3)

棉纱火柴水泥统税条例(二十年一月二十八日)	第七十七期	二十年二月十五日	六五四(15)
暂行办事细则	第一号补编	十六年四月始迄八月止	三九一(1)
暂行办事细则	第五期	十六年十一月三十日	〇八〇(3)
普通考试卫生行政人员考试条例	第七十八期	二十年二月二十八日	一〇五(16)
普通考试行政人员考试条例	第七十八期	二十年二月二十八日	一〇一(16)
普通考试法院书记官考试条例	第七十八期	二十年二月二十八日	一〇七(16)
普通考试监狱官考试条例	第七十八期	二十年二月二十八日	一〇六(16)
普通考试教育行政人员考试条例	第七十八期	二十年二月二十八日	一〇三(16)
普通考试警察行政人员考试条例	第七十九期	二十年三月十五日	二一六(16)
编辑股办事细则	第一号	十六年六月	〇二六(1)
禁烟委员会审议告发文件简章	第七十七期	二十年二月十五日	六七〇(15)
禁烟罚金充奖规则	第七十期	十九年十月三十一日	五二三(14)
剿匪期内各级行政人员奖惩条例(二十年七月四月)	第八十八期	二十年七月三十一日	四五九(17)
管理人力小货车规则	第九期	十七年一月三十一日	三六〇(3)
管理人力车规则	第九期	十七年一月三十一日	三五九(3)
管理马车规则	第九期	十七年一月三十一日	三五八(3)
管理水车规则	第九期	十七年一月三十一日	三六一(3)
管理自行车规则	第九期	十七年一月三十一日	三六一(3)
管理汽车规则	第九期	十七年一月三十一日	三五五(3)
管辖在华外国人实施条例(二十年五月四日)	第八十四期	二十年五月三十一日	〇二九(17)
谭院长墓管理规则(行政院核准备案)	第一二六期	二十二年二月二十八日	二七三(23)
稽查股办公时间规约	第一号	十六年六月	〇二七(1)
褒扬条例(二十年七月十一月)	第八十八期	二十年七月三十一日	四六三(17)
襄试法	第七十四期	十九年十二月三十一日	一四七(15)

命令・委令

篇　　名	卷(期)数	出 版 日 期	页码(册数)
中华民国维新政府行政院训令(字第九七五号,令南京特别市政府)	第二十八期	二十八年七月三十一日	四七一(38)
升任王宪章暂代本府秘书处办事员令	第一七五期	二十六年三月	〇五七(36)
升任庄立代理本府卫生局第三科科长兼防疫股主任科员令	第五十八期	二十九年十月三十一日	〇八七(40)
升任孙受庵为本府自治事务处干事令	第一七七期	二十六年五月	三八七(36)
升任吴凤平为本府宣传处荐任专员兼新闻股主任科员令	第一四七/一四八期合刊	三十三年七月三十日	四四八(43)
升任胡海门为本府自治事务处事务员令	第一七七期	二十六年五月	三八七(36)
升任袁鹏飞为本府秘书处科员令	第一六七期	二十五年七月	四七九(33)
升任程轶群为本府卫生局第二科科长仍兼医政股主任令	第一三三/一三四期合刊	三十二年十二月三十一日	〇七二(43)
升沈振寰为本府秘书处科员令	第一五九期	二十四年十一月	三八七(29)
升沈桂森为本市第五区区长令	第四十二期	二十九年二月二十九日	三〇九(39)
升张振万为本府粮食管理局技正令	第九十期	三十一年二月二十八日	五二八(41)
升委卢玮若为南京市粮税局局长此令	第九期	二十七年十月十五日	一七九(37)
升委汪和卿为本公署教育局第一科科长此令	第十六期	二十八年一月三十一日	五二九(37)
升委蔡宗熙代理社会局第一科长此令	第十八期	二十八年二月二十八日	七二一(37)
公布不在业主土地房屋审查委员会组织章程	第一四一/一四二期合刊	三十三年四月三十日	二六一(43)
公布本市卫生委员会组织规程令	第九十九期	三十一年七月十五日	七五一(41)
公布本市近郊米谷买卖暂行办法	第一四六期	三十三年六月三十日	三九七(43)
公布本市管理公共娱乐场所及艺员登记修正规则	第一四六期	三十三年六月三十日	三九七(43)
公布本府卫生局所属各卫生事务所诊疗规则	第一五一/一五二期合刊	三十三年九月三十日	五八三(43)

公布本府职员保证暂行规则	第六十三期	三十年一月十五日	二八七(40)
公布玄武湖游船管理规则令	第九十六期	三十一年五月三十一日	六五九(41)
公布会订违反抑平物价暂行办法罚则令	第七十九期	三十年九月十五日	二二五(41)
公布取缔他省人员私在市区设立局所越境征收暂行办法	第一四三/一四四期合刊	三十三年五月三十一日	三〇五(43)
公布制定南京特别市山西路菜场租赁临时办法	第一二四期	三十二年七月三十一日	七一一(42)
公布南京市公典招商标卖满货投标规则令	第八十四/八十五期合刊	三十年十二月十五日	三九九(41)
公布南京市立中心民众学校暨附设民众学校暂行简则市立民众学校校长教员任免及服务暂行规则及市立民众学校各科教学实施纲要令	第七十六期	三十年七月三十一日	〇八七(41)
公布南京市立民众教育馆馆长馆员服务规则暨南京市立民众图书馆馆长馆员服务规则令	第七十六期	三十年七月三十一日	〇八七(41)
公布南京市私塾总登记暂行办法	第六十期	二十九年十一月三十日	一七一(40)
公布南京市社会教育工作人员登记办法	第六十五期	三十年二月十五日	三八七(40)
公布南京市政府地政局发行官契纸规则	第六十七期	三十年三月十五日	四九七(40)
公布南京市政府法规编审委员会组织简章令	第五十五期	二十九年九月十五日	九三九(39)
公布南京市政府教育局监督私立职业补习学校/传习所登记办法	第六十期	二十九年十一月三十日	一七一(40)
公布南京市政府职员临时考绩委员会组织简章令	第五十五期	二十九年九月十五日	九三九(39)
公布南京市教育工作人员连环保证办法	第七十期	三十年四月三十日	六四六(40)
公布南京特别市人力车管理委员会组织规程	第一二三期	三十二年七月十五日	六七三(42)

公布南京特别市工务局自来水站公营简则废止南京特别市工务局自来水站管理及承租人暂行简则	第一二七期	三十二年九月十五日	八一七(42)
公布南京特别市工务局许可水炉业代售自来水暂行规则七条令	第七十八期	三十年八月三十一日	一八三(41)
公布南京特别市工务局征收船舶登记滞纳金暂行办法令	第九十二期	三十一年三月三十一日	五七一(41)
公布南京特别市卫生局检查各业男女员役健康暂行规则令	第一〇〇期	三十一年七月三十一日	七七三(41)
公布南京特别市卫生局第一二三四诊疗所第一二三巡回诊疗所暂行诊疗规则南京特别市卫生局各诊疗所住院规则令	第一〇三期	三十一年九月十五日	八九一(41)
公布南京特别市卫生局第一/二/三/四卫生事务所组织简则	第一四七/一四八期合刊	三十三年七月三十日	四四六(43)
公布南京特别市公粜委员会公粜售米处违章罚则令	第一〇二期	三十一年八月三十一日	八五九(41)
公布南京特别市市立小学附设简易班暂行办法	第一三〇期	三十二年十月三十一日	九一八(42)
公布南京特别市市立小学清寒优秀学生奖学金规程暨清寒优秀学生奖学金审查委员会组织规程令	第八十期	三十年九月三十日	二五九(41)
公布南京特别市市立各级学校现任职教员抚恤办法令	第九十六期	三十一年五月三十一日	六五九(41)
公布南京特别市市金库暂行规程暨南京特别市政府财政局岁入岁出会计科目	第七十期	三十年四月三十日	六四五(40)
公布南京特别市地政局管理仪器规则令	第八十一期	三十年十月十五日	二九九(41)
公布南京特别市地政局整理档案考工简则令	第八十二期	三十年十月三十一日	三三三(41)

公布南京特别市抑平物价办法暨南京特别市取缔私抬物价市民检举办法	第一二九期	三十二年十月十五日	八八三(42)
公布南京特别市抑平物价暂行办法令	第七十八期	三十年八月三十一日	一八三(41)
公布南京特别市取缔书场简则	第一二七期	三十二年九月十五日	八一七(42)
公布南京特别市取缔米粮业违章处罚规则令	第九十二期	三十一年三月三十一日	五七〇(41)
公布南京特别市物价评议委员会规程令	第七十九期	三十年九月十五日	二二五(41)
公布南京特别市凭证购买棉布暂行办法	第一三三/一三四期合刊	三十二年十二月三十一日	〇七一(43)
公布南京特别市政府卫生试验所病理检验收费表	第一五〇期	三十三年八月三十日	五四九(43)
公布南京特别市政府购办委员会招商投标办法令	第九十六期	三十一年五月三十一日	六五九(41)
公布南京特别市政府奖励稻麦增收暂行规则令	第九十四期	三十一年四月三十日	六一八(41)
公布南京特别市政府职员证及证章领用规则令	第九十二期	三十一年三月三十一日	五七〇(41)
公布南京特别市政府职员保证规则令	第九十二期	三十一年三月三十一日	五七〇(41)
公布南京特别市政府管理娱乐场所散售印刷品暂行办法	第一四七/一四八期合刊	三十三年七月三十日	四四六(43)
公布南京特别市奖励手工业办法令	第八十八期	三十一年一月三十一日	四七四(41)
公布南京特别市宣传处办事细则令	第一〇一期	三十一年八月十五日	八〇三(41)
公布南京特别市捕运鱼花登记暂行办法	第七十期	三十年四月三十日	六四五(40)
公布南京特别市秘书处分科规则(见法规栏)	第一一七期	三十二年四月十五日	四五一(42)
公布南京特别市粮食局红糖配给办法	第一三三/一三四期合刊	三十二年十二月三十一日	〇七一(43)

公布南京特别市粮食局食糖经售商违章处罚办法	第一二九期	三十二年十月十五日	八八三(42)
公布南京特别市粮食局食糖配给暂行办法	第一二八期	三十二年九月三十日	八四三(42)
公布南京特别市粮食管理局管理粮食暂行办法南京特别市粮食管理局米粮存储登记及移动暂行办法令	第八十四/八十五期合刊	三十年十二月十五日	三九九(41)
公布南京特别市管理文化剧艺团体暂行规则	第一四九期	三十三年八月十五日	四九一(43)
公布修正本市工商业登记暂行规则第四条第五条第七条第十一条第十五条条文	第一六一/一六二期合刊	三十四年二月三十日	八一七(43)
公布修正本市建筑规则第十一章罚则	第一二六期	三十二年八月三一日	七九三(42)
公布修正本市限制拆屋暂行规则第九条条文	第一二〇期	三十二年五月三十一日	五五三(42)
公布修正本市营业税征收章程第十二/十六/二十一/二十二条各条文	第一五三/一五四期合刊	三十三年十月三十一日	六二三(43)
公布修正本市管理公共娱乐场所及艺员登记规则第三十三条暨第三十五条条文	第一五九/一六〇期合刊	三十四年一月三十日	七七八(43)
公布修正许可水炉业代售自来水暂行简则	第一五一/一五二期合刊	三十三年九月三十日	五八三(43)
公布修正征收住户清洁捐暂行办法第三条条文令	第九十八期	三十一年六月三十日	七一九(41)
公布修正组织规则	第一二二期	三十二年六月三十日	六二四(42)
公布修正南京特别市工商业登记暂行规则	第一二二期	三十二年六月三十日	六二四(42)
公布修正南京特别市工商业登记暂行规则	第七十三期	三十年六月十五日	八一七(40)

公布修正南京特别市工商业登记暂行规则第五条及第六条条文令	第七十六期	三十年七月三十一日	〇八八(41)
公布修正南京特别市卫生局传染病院组织规则(见法规栏)	第一〇八期	三十一年十一月三十日	〇九(42)
公布修正南京特别市不动产卖典暂行规则	第七十一期	三十年五月十五日	七一七(40)
公布修正南京特别市区公所办事细则	第七十二期	三十年五月三十一日	七五一(40)
公布修正南京特别市市民遗失图状书证收据呈请补给须知	第七十一期	三十年五月十五日	七一七(40)
公布修正南京特别市市民遗失图状书证收据呈请补给须知令	第九十三期	三十一年四月十五日	六〇〇(41)
公布修正南京特别市地产公司营业取缔规则	第七十一期	三十年五月十五日	七一七(40)
公布修正南京特别市地政局办理委托测量土地简则及南京特别市地政局办理土地勘丈收费简则令	第九十七期	三十一年六月十五日	六八五(41)
公布修正南京特别市各区公所组织规程	第七十二期	三十年五月三十一日	七五一(40)
公布修正南京特别市保护耕牛登记暂行规则令	第七十四期	三十年六月三十日	〇〇三(41)
公布修正南京特别市度量衡器具征收检定费暂行规程	第七十二期	三十年五月三十一日	七五二(40)
公布修正南京特别市度量衡器具营业暂行条例	第七十二期	三十年五月三十一日	七五二(40)
公布修正南京特别市钱业取缔暂行规则	第七十三期	三十年六月十五日	八一七(40)
公布修正南京特别市营造业登记章程	第一二一期	三十二年六月十五日	五八七(42)
公布修正南京特别市管理公共娱乐场所及艺员登记规则(见法规栏)	第一一九期	三十二年五月十五日	五一二(42)

公布修正南京特别市管理临时摊贩暂行规则	第一四六期	三十三年六月三十日	三九七(43)
公布奖励工业规程七条	第一四一/一四二期合刊	三十三年四月三十日	二六一(43)
公布借用人行道暂行简则	第一四三/一四四期合刊	三十三年五月三十一日	三〇五(43)
公布娱乐场/酒菜饮食店加强节约电流办法	第一四五期	三十三年六月十五日	三六五(43)
公布管理物资特配商店暂行办法七条	第一四三/一四四期合刊	三十三年五月三十一日	三〇五(43)
令卫生局科长庄立代理本市市立传染病院院长	第一〇六期	三十一年十月三十一日	〇三九(42)
令王淑敏充本府秘书处办事员令	第一六五期	二十五年五月	四八五(32)
令王瑞麟为本府社会局秘书	第一〇七期	三十一年十一月十五日	〇七一(42)
令王翼谋任工务局代理秘书职务	第一〇五期	三十一年十月十五日	〇〇四(42)
令专员兼传染病院院长黄道三免本兼各职另候任用所遗院长职务派卫生局科长庄立代理)	第一〇六期	三十一年十月三十一日	〇三九(42)
令公粜委员会秘书唐钦和免职	第一〇七期	三十一年十一月十五日	〇七二(42)
令孙益三为公粜委员会秘书	第一〇七期	三十一年十一月十五日	〇七二(42)
令改派土地局局长周湘为南京市地政局局长令	第一六四期	二十五年四月	〇四八(32)
令参事兼外事室主任暨社会局秘书李惟身无庸兼办仍回参事室服务	第一〇七期	三十一年十一月十五日	〇七一(42)
令赵贯三升充本市乡区保安独立中队第二分队长令	第一六五期	二十五年五月	四八五(32)
令唐忻梁代理本府地政局技正	第一〇七期	三十一年十一月十五日	〇七一(42)
令教育局视察陈霭舟代理教育局督学	第一〇五期	三十一年十月十五日	〇〇四(42)
令常宗会为本市公园管理处主任令	第二十六期	十七年十二月三十一日	〇七一(6)
任命马宗豫为南京特别市土地局局长令	第二十一期	二十八年四月十五日	〇〇三(38)

任命王承典为南京特别市社会局局长邵鸿铸为财政局局长赵公瑾为工务局局长杨九鸣为教育局局长卫锡良为卫生局局长孙叔荣为秘书长黄震金国书为参事此令	第二十期	二十八年三月三十一日	八三七(37)
任命孙叔荣为督办南京市政公署秘书长黄震为参事此令	第八期	二十七年九月三十日	一四五(37)
任命赵公瑾为南京市工务局局长赵威叔为实业局局长邵鸿铸为财政局局长王承典为社会局局长杨九鸣为教育局局长此令	第八期	二十七年九月三十日	一四五(37)
行政院训令(行字第一五八五号)	第六十四期	三十年一月三十一日	三四三(40)
行政院训令(行字第　号,令南京特别市政府)	第八十八期	三十一年一月三十一日	四七一(41)
行政院训令(行字第　号,令南京特别市政府)	第八十八期	三十一年一月三十一日	四七一(41)
行政院训令(字第二七一号,令蔡培)	第五十一期	二十九年七月十五日	七一九(39)
免去刘登瀛本兼各职	第一〇五期	三十一年十月十五日	〇〇三(42)
免去张熹辉本兼各职(另有任用)	第一五九/一六〇期合刊	三十四年一月三十日	七八二(43)
免杨九鸣保甲委员会主任委员(另候任用)	第一四七/一四八期合刊	三十三年七月三十日	四四七(43)
免张静超物资配给委员会组长(另有任用)	第一五一/一五二期合刊	三十三年九月三十日	五八五(43)
陈崇寿暂代本市市立传染病医院院长令	第一六七期	二十五年七月	四七九(33)
国民政府行政院电令	第四十五期	二十九年四月十五日	四四九(39)
委丁烨兼代本府宣传处秘书令	第七十期	三十年四月三十日	六四六(40)
委于振寰为本市第二区区长令	第五十二期	二十九年七月三十一日	七六五(39)
委万霖生为本公署产业处第二科科员暂行兼代该科科长此令	第一期	二十七年六月十五日	〇〇八(37)

委万霖生代理本公署财政处第三科长此令	第三期	二十七年七月十五日	〇五九(37)
委卫锡良为本公署卫生处第二科科长此令	第一期	二十七年六月十五日	〇〇七(37)
委卫锡良代理本公署卫生处长此令	第二期	二十七年六月三十日	〇三七(37)
委马北拱为本府稽查员令	第一六四期	二十五年四月	〇四七(32)
委马志骅为本府特务员令	第一七五期	二十六年三月	〇五七(36)
委马春山为南京市上新河区江胜乡乡长令	第一五九期	二十四年十一月	三八六(29)
委马恒策为本市清洁总队事务员令	第一五五期	二十四年七月	二一九(28)
委马皋铃为本公署卫生处清洁队长此令	第三期	二十七年七月十五日	〇五九(37)
委马维鸿为本市卫生事务所清洁总队队长令	第一七一期	二十五年十一月	〇四五(35)
委马锡侯为南京市棉纱织工厂长此令	第八期	二十七年九月三十日	一四六(37)
委马镜清代理本府秘书处庶务股主任科员令	第一五四期	二十四年六月	〇六五(28)
委王人麟为本府自治事务处正主任令	第一六二期	二十五年二月	〇三六(31)
委王才干为栅栏乡副乡长令	第一四五期	二十三年九月	二六九(26)
委王才干暂代燕子矶区栅栏乡乡长令	第一四七期	二十三年十一月	五九五(26)
委王仁秉为谷秀乡保甲编查员令	第一四九期	二十四年一月	〇三四(27)
委王永陞袁庆安为北圩乡副乡长令	第一四五期	二十三年九月	二七四(26)
委王志诚为本府工务局技正令	第九十二期	三十一年三月三十一日	五七〇(41)
委王松亭为本市第四区副区长此令	第一期	二十七年六月十五日	〇〇六(37)
委王明武凤台乡乡长令	第一四五期	二十三年九月	二七六(26)
委王明武、魏源钊、冯家培为凤台乡副乡长令	第一四五期	二十三年九月	二七六(26)
委王郊麟为本市市民银行副行长令	第一五三期	二十四年五月	七〇九(27)
委王承典为本公署社会处处长此令	第一期	二十七年六月十五日	〇〇五(37)
委王春生为南京市警察厅厅长此令	第一期	二十七年六月十五日	〇〇五(37)

委王诵清为本公署社会处第三科科长此令	第一期	二十七年六月十五日	〇〇七(37)
委王耕山为本市孝陵区仙鹤镇镇副令	第一五一期	二十四年三月	三五六(27)
委王桂芳为孝陵镇镇长令	第一四五期	二十三年九月	二七〇(26)
委王敬沂为北滨乡乡长令	第一四五期	二十三年九月	二七四(26)
委王鼎三为南京市燕子矶八卦乡副乡长令	第一五八期	二十四年十月	〇四八(29)
委王曾鲁为本公署秘书处第一科科长此令	第九期	二十七年十月十五日	一七九(37)
委王镕鉴、杨世钧为万山乡副乡长令	第一四五期	二十三年九月	二六八(26)
委王德祥为孝陵镇保甲编查员令	第一四九期	二十四年一月	〇三三(27)
委韦金炘为乌龙乡保甲编查员令	第一四九期	二十四年一月	〇三一(27)
委专员段麟郊暂行兼代本市乡区保安独立中队队长令	第一六六期	二十五年六月	〇四一(33)
委毛炯东为南圩乡保甲编查员令	第一四九期	二十四年一月	〇三五(27)
委方政为海新乡保甲编查员令	第一四九期	二十四年一月	〇三三(27)
委方灏为本市第四区区长此令	第一期	二十七年六月十五日	〇〇六(37)
委方灏/詹荣光/陈良知/尉迟琨为本市第三/第四/上新河/安德门区区长令	第八十期	三十年九月三十日	二五九(41)
委尹炳荣为本市燕子矶区太平乡副乡长令	第一四九期	二十四年一月	〇二九(27)
委邓其德为上新河区善德镇镇长令	第一五五期	二十四年七月	二二一(28)
委卢东林为本公署实业处技士兼代第三科长此令	第三期	二十七年七月十五日	〇五九(37)
委卢东林为本市第一区副区长此令	第一期	二十七年六月十五日	〇〇六(37)
委卢东林兼园林管理所所长此令	第六期	二十七年八月三十一日	一一七(37)
委卢汉山为本市清洁总队队副令	第一五三期	二十四年五月	七〇九(27)
委卢玮若为本公署秘书处帮办秘书此令	第一期	二十七年六月十五日	〇〇八(37)
委卢玮若兼粮税局副局长此令	第六期	二十七年八月三十一日	一一七(37)

委卢青代理本府秘书处第二科科员令	第一四四期	二十三年八月	一六一(26)
委叶玉成为上新河镇保甲编查员令	第一四九期	二十四年一月	〇三四(27)
委叶君一为本市第三区公所助理员令	第一三九期	二十三年三月三十一日	三八三(25)
委叶标为本市清洁总队队长令	第一五三期	二十四年五月	七〇八(27)
委叶集奎为本市清洁总队事务员令	第一五五期	二十四年七月	二一七(28)
委史家斌为燕子矶镇保甲编查员令	第一四九期	二十四年一月	〇三〇(27)
委白士艺为本公署实业处第一科长此令	第三期	二十七年七月十五日	〇五九(37)
委冯秉诚为江胜乡乡长令	第一四五期	二十三年九月	二七五(26)
委司徒鉴代理本府秘书处科员办理监印事宜令	第一五四期	二十四年六月	〇六七(28)
委吉言为太平乡乡长令	第一四五期	二十三年九月	二六六(26)
委达剑峰为本公署谘议此令	第五期	二十七年八月十五日	〇九七(37)
委吕载峰为燕子矶区八卦乡副乡长令	第一五五期	二十四年七月	二二二(28)
委朱凤安为本公署卫生处第三科长此令	第二期	二十七年六月三十日	〇三七(37)
委朱凤安兼卫生处公共卫生训练班主任此令	第五期	二十七年八月十五日	〇九七(37)
委朱寿春为本府外事秘书令	第八十三期	三十年十一月十五日	三六五(41)
委朱鸿为本公署工务处第三科科长此令	第一期	二十七年六月十五日	〇〇七(37)
委任于愈众为本府秘书处主任科员令	第一五五期	二十四年七月	二一八(28)
委任万霖生为南京特别市政府土地局第二科科长	第二十三期	二十八年五月十五日	一三四(38)
委任卫锡良为南京特别市政府卫生局第一科科长	第二十三期	二十八年五月十五日	一三五(38)
委任马立垣、马焕朝、梁载生为本市屠宰场总务股股员令	第一六八期	廿五年八月	〇四二(34)
委任王光辉为本府特务秘书令	第一六九期	廿五年九月	二〇九(34)

委任王伦暨为本府卫生局第三科科长兼防疫股主任科员令	第一三三/一三四期合刊	三十二年十二月三十一日	〇七一(43)
委任王修为本府秘书处科员令	第一二四期	二十二年一月三十一日	〇四三(23)
委任王诵清为南京特别市政府参议	第二十三期	二十八年五月十五日	一三五(38)
委任王淑敏试署本府秘书处科员状	第一七六期	二十六年四月	二一九(36)
委任王曾鲁为南京特别市政府秘书处第一科科长	第二十三期	二十八年五月十五日	一三三(38)
委任牛振勋为本市屠宰场兽医令	第一五五期	二十四年七月	二一九(28)
委任牛海涛为本市清洁总队督察员令	第一五五期	二十四年七月	二一八(28)
委任仇良弼为本市第二区区长令	第七十六期	三十年七月三十一日	〇八八(41)
委任尹明旺为本市上新河区凤台乡副乡长令	第一六二期	二十五年二月	〇三六(31)
委任邓华年为本市屠宰场兽医令	第一二三期	二十二年一月十五日	七五七(22)
委任石灼华为本市市民银行副行长令	第一一七期	二十一年十月十五日	〇八五(22)
委任石肇基为本市清洁总队队长令	第一三一期	二十二年七月三十一日	一六八(24)
委任卢东林为南京特别市政府园林管理所所长	第二十三期	二十八年五月十五日	一三五(38)
委任卢玮若为南京特别市政府秘书处助理秘书	第二十三期	二十八年五月十五日	一三三(38)
委任史乃勋为本府卫生局秘书令	第五十一期	二十九年七月十五日	七二二(39)
委任白士艺为南京特别市政府参议兼办助理秘书事务	第二十三期	二十八年五月十五日	一三三(38)
委任吕松峰为燕子矶区区长令	第四十八期	二十九年五月三十一日	五八五(39)
委任朱凤安为南京特别市政府卫生局第三科科长	第二十三期	二十八年五月十五日	一三五(38)
委任朱宾坚为南京市营业税征收处副处长	第二十三期	二十八年五月十五日	一三六(38)
委任朱镜佛为南京市立民众教育馆筹备主任此令	第十九期	二十八年三月十五日	七六二(37)
委任任西萍为本府自治事务处副主任令	第一七八期	二十六年六月	五五二(36)

委任任西萍兼任自治人员训练委员会委员令	第一七五期	二十六年三月	〇五八(36)
委任华彦云为南京特别市政府卫生局秘书令	第二十五期	二十八年六月十五日	二六九(38)
委任华惕庵为本府卫生试验所所长令	第七十六期	三十年七月三十一日	〇八九(41)
委任刘子长为本府秘书处科员令	第一一九期	二十一年十一月十五日	二九七(22)
委任刘登瀛为本府专员	第一〇五期	三十一年十月十五日	〇〇三(42)
委任许炯黎试署本府秘书处科员状	第一七六期	二十六年四月	二一九(36)
委任杨九鸣兼任市立女子中学校校长令	第四十期	二十九年一月三十一日	二〇九(39)
委任杨志雄为本市禁烟局戒烟医院院长此令	第十一期	二十七年十一月十五日	二六七(37)
委任杨志雄为南京特别市政府卫生局第二科科长	第二十三期	二十八年五月十五日	一三五(38)
委任杨志雄/龚亦祁为本府卫生局第三/二科科长令	第四十五期	二十九年四月十五日	四四九(39)
委任杨雄飞为本市乡区保安独立中队少尉分队长令	第一五七期	二十四年九月	六四三(28)
委任吴炳仁为南京特别市政府工务局秘书	第二十三期	二十八年五月十五日	一三四(38)
委任何升岳兼任本市屠宰场医务股主任令	第一六八期	廿五年八月	〇四二(34)
委任何田林为本府秘书处科员令	第一一八期	二十一年十月三十一日	一八三(22)
委任余侃如为南京特别市政府参议	第二十三期	二十八年五月十五日	一三五(38)
委任余思永为本市国货陈列馆馆长令	第一六五期	二十五年五月	四八七(32)
委任汪和卿为南京特别市政府教育局第一科科长	第二十三期	二十八年五月十五日	一三四(38)
委任沈袖芝为南京特别市政府财政局秘书	第二十三期	二十八年五月十五日	一三四(38)
委任张子衡为本市清洁总队清洁督察员令	第一四二期	二十三年六月份	七二七(25)

委任张云雁为本市清洁总队队附令	第一四二期	二十三年六月份	七二七(25)
委任张善堂为南京市禁烟局戒烟医院院长	第二十三期	二十八年五月十五日	一三五(38)
委任陆咏黄为本府秘书处第二科统计股主任科员令	第一一八期	二十一年十月三十一日	一八三(22)
委任陈以益为本公署秘书此令	第十四期	二十七年十二月三十一日	四〇一(37)
委任陈景辉为本市屠宰场兽医令	第一五七期	二十四年九月	六四一(28)
委任范炘为燕子矶区八卦乡乡长令	第一四八期	二十三年十二月	七一九(26)
委任范维岳为本府秘书处第一科科员令	第一二七期	二十二年三月三十一日	三八九(23)
委任林德昌代理南京特别市政府社会局第一科科长	第二十三期	二十八年五月十五日	一三三(38)
委任易树声为本市第二区区公所助理员令	第一六三期	二十五年三月	四二七(31)
委任罗世杰代理孝陵卫区区长令	第一六一/一六二期合刊	三十四年二月三十日	八一八(43)
委任罗其勉为南京特别市政府土地局第一科科长	第二十三期	二十八年五月十五日	一三四(38)
委任周人杰为南京特别市政府参议	第二十三期	二十八年五月十五日	一三五(38)
委任周曰庠为本府秘书处科员令	第一五五期	二十四年七月	二一八(28)
委任周啓章为南京特别市政府谘议令	第三十九期	二十九年一月十五日	一三五(39)
委任庞独笑为南京特别市政府秘书处秘书令	第三十五期	二十八年十一月十五日	八七九(38)
委任郑葆芬为本市屠宰场总稽查令	第一六八期	廿五年八月	〇四二(34)
委任居国栋为本市第一区助理员令	第一三〇期	二十二年六月三十日	〇四七(24)
委任赵公谨兼南京特别市政府工务局第二科科长	第二十三期	二十八年五月十五日	一三四(38)
委任赵果华为本府专员令	第一五一/一五二期合刊	三十三年九月三十日	五八三(43)
委任赵贯三为本市乡区保安独立中队准尉特务长令	第一五七期	二十四年九月	六四四(28)

委任赵春江为南京市立民众教育馆主任令	第三十三期	二十八年十月十五日	七五五(38)
委任赵威叔为南京特别市政府首席参议	第二十二期	二十八年四月三十日	○八九(38)
委任胡国仁为市立民众图书馆馆长令	第七十六期	三十年七月三十一日	○八九(41)
委任胡国仁为南京市民众图书馆筹备主任此令	第十九期	二十八年三月十五日	七六一(37)
委任闻建国为本市乡区保安独立中队少尉国术教官令	第一五七期	二十四年九月	六四四(28)
委任洪孟揆为南京市粮税局副局长此令	第十五期	二十八年一月十五日	四五九(37)
委任洪孟揆为南京特别市政府秘书处第二科科长	第二十三期	二十八年五月十五日	一三三(38)
委任姚绍熙为本府秘书处科员兼代编译股主任令	第一二四期	二十二年一月三十一日	○四三(23)
委任袁吉为本市清洁总队督察员令	第一五五期	二十四年七月	二一九(28)
委任贾润之为本市屠宰场兽医令	第一五八期	二十四年十月	○四七(29)
委任顾忠潞为南京特别市政府财政局第二科科长	第二十三期	二十八年五月十五日	一三四(38)
委任顾诚为本府卫生局第一科科长令	第五十一期	二十九年七月十五日	七二五(39)
委任顾诚为南京特别市政府卫生局第一科科长令	第二十四期	二十八年五月三十一日	一九九(38)
委任晏忠承为本府秘书处科员令	第一三二期	二十二年八月三十一日	二六五(24)
委任钱念慈为南京特别市政府教育局第三科科长	第二十三期	二十八年五月十五日	一三四(38)
委任徐文山为本府办事员令	第一二三期	二十二年一月十五日	七五七(22)
委任徐学修为本市屠宰埸兽医令	第一六四期	二十五年四月	○四九(32)
委任徐惠人夏云飞为本府参议令	第四十三期	二十九年三月十五日	三五七(39)
委任殷百祥为南京特别市政府工务局第三科科长	第二十三期	二十八年五月十五日	一三四(38)

委任高昌运即高应侯为本府秘书处科员状	第一七六期	二十六年四月	二一九(36)
委任高鋆为本府秘书处第一科科员令	第一一九期	二十一年十一月十五日	二九七(22)
委任唐云倬为本市屠宰场兽医令	第一二三期	二十二年一月十五日	七五七(22)
委任陶泽之为南京特别市政府教育局秘书	第二十三期	二十八年五月十五日	一三四(38)
委任陶新为本市乡区保安独立中队少尉分队长	第一五七期	二十四年九月	六四三(28)
委任黄师朱、胡传杰为清洁总队清洁督察员令	第一四七期	二十三年十一月	五九六(26)
委任黄伯熙为南京特别市政府财政局第一科科长	第二十三期	二十八年五月十五日	一三四(38)
委任黄建昭为本市第六区公所助理员令	第一三一期	二十二年七月三十一日	一六七(24)
委任黄思颖为本府购买材料审核委员会委员令	第一六四期	二十五年四月	○四七(32)
委任黄振廷为本府工务局第二科科长令	第四十二期	二十九年二月二十九日	三○九(39)
委任黄振禹为南京特别市政府教育局第二科科长	第二十三期	二十八年五月十五日	一三四(38)
委任黄寅为南京特别市政府卫生局秘书	第二十三期	二十八年五月十五日	一三四(38)
委任梅光组为南京特别市政府社会局第二科科长	第二十三期	二十八年五月十五日	一三三(38)
委任曹季鑯为南京特别市政府土地局秘书	第二十三期	二十八年五月十五日	一三四(38)
委任曹悦庭试署本府秘书处办事员令	第一六八期	廿五年八月	○四一(34)
委任龚亦祁为本府卫生局第二科科长令	第五十一期	二十九年七月十五日	七二五(39)
委任谌斐为南京特别市政府社会局秘书	第二十三期	二十八年五月十五日	一三三(38)

委任蒋嘉祥为本市自来水厂稽核令	第一六八期	廿五年八月	〇四三(34)
委任韩创之为本府特务员令	第一二〇期	二十一年十一月三十日	四〇三(22)
委任程苌碧夏静观为南京特别市政府参议	第二十五期	二十八年六月十五日	二六九(38)
委任程苌碧兼南京特别市政府助理秘书令	第二十八期	二十八年七月三十一日	四七一(38)
委任程致远为本市乡区保安独立中队中尉分队长令	第一五七期	二十四年九月	六四三(28)
委任谢传安为南京特别市政府秘书处第三科科长	第二十三期	二十八年五月十五日	一三三(38)
委任蒯毅为南京特别市政府参议兼办助理秘书事务	第二十三期	二十八年五月十五日	一三三(38)
委任裘迈度为南京市营业税征收处处长此令	第十六期	二十八年一月三十一日	五二九(37)
委任裘迈度为南京特别市政府财政局第三科科长	第二十三期	二十八年五月十五日	一三四(38)
委任裘迈度兼本府财政局捐税征收所所长令	第四十八期	二十九年五月三十一日	五八五(39)
委任詹荣光兼任本市第四区区长调任方灏为本市第三区区长令	第四十三期	二十九年三月十五日	三五七(39)
委任鲍南山为南京市营业税征收处处长	第二十三期	二十八年五月十五日	一三六(38)
委任蔡宗熙为南京特别市政府社会局第三科科长	第二十三期	二十八年五月十五日	一三三(38)
委任潘雄飞为南京特别市政府土地局第三科科长令	第三十期	二十八年八月三十一日	五七九(38)
委任潘雄飞代理南京特别市政府土地局第三科科长	第二十三期	二十八年五月十五日	一三四(38)
委任潘福昌为南京特别市政府秘书处助理秘书	第二十三期	二十八年五月十五日	一三三(38)
委任潘福昌兼蒙藏招待所主任此令	第十四期	二十七年十二月三十一日	四〇一(37)
委任瞿兴周为燕子矶区八卦乡乡长令	第一五七期	二十四年九月	六四二(28)

委刘长发龚兆鹏为本市乡区保卫团特务员令	第一五一期	二十四年三月	三五八(27)
委刘世煌为本市度量衡检定所所长令	第一五一期	二十四年三月	三五六(27)
委刘连祥为本市下关区区长此令	第一期	二十七年六月十五日	○○六(37)
委刘国锡为本市孝陵区谷秀乡乡副令	第一五一期	二十四年三月	三五六(27)
委刘济瀛为本市屠宰场兽医令	第一七一期	二十五年十一月	○四五(35)
委许之象为本公署参议此令	第七期	二十七年九月十五日	一二七(37)
委许公定为本府专员令	第九十二期	三十一年三月三十一日	五六九(41)
委许必功为和平乡乡长令	第一四五期	二十三年九月	二六七(26)
委许闻武为本公署参议此令	第八期	二十七年九月三十日	一四五(37)
委许炯黎暂代本府秘书处科员令	第一五六期	二十四年八月	三八六(28)
委许维一为本市屠宰场兽医令	第一七四期	二十六年二月	六三二(35)
委许傅英为本公署参议此令	第一期	二十七年六月十五日	○○八(37)
委孙吉浓为上新河镇镇长令	第一四五期	二十三年九月	二七三(26)
委孙安为本府特务员令	第一五五期	二十四年七月	二二二(28)
委孙叔荣为本公署秘书处处长此令	第一期	二十七年六月十五日	○○五(37)
委杜哲庵为本公署参议此令	第七期	二十七年九月十五日	一二七(37)
委杜章甫为江胜乡保甲编查员令	第一四九期	二十四年一月	○三五(27)
委李仁生代理本府秘书处科员办理庶务事宜令	第一五四期	二十四年六月	○六六(28)
委李龙文为本公署谘议此令	第十二期	二十七年十一月三十日	三一一(37)
委李吉同为上新河区善德镇副镇长令	第一五五期	二十四年七月	二二一(28)
委李庆慈为本府专员令	第八十九期	三十一年二月十五日	五○一(41)
委李伯根为笆斗乡乡长令	第一四五期	二十三年九月	二六八(26)
委李国权兼任本市米市管理处副处长令	第一七二期	二十五年十二月	二五二(35)
委李振强为本府稽查令	第一五五期	二十四年七月	二二一(28)
委李隽充任本市乡区保安独立中队队长令	第一五七期	二十四年九月	六四一(28)
委李梧为万山乡乡长令	第一四五期	二十三年九月	二六七(26)

委杨九鸣为本公署教育处处长此令	第一期	二十七年六月十五日	〇〇五(37)
委杨九鸣兼本公署秘书处第二科科长此令	第一期	二十七年六月十五日	〇〇五(37)
委杨九鸣兼本公署教育处第一科科长此令	第一期	二十七年六月十五日	〇〇七(37)
委杨士沄史家斌为燕子矶镇副镇长令	第一四五期	二十三年九月	二六六(26)
委杨代康为仙鹤镇镇长令	第一四五期	二十三年九月	二七二(26)
委杨永广为本市自来水管理处工程课课长令	第一六七期	二十五年七月	四七九(33)
委杨永广为自来水管理处第二课课长令	第一七五期	二十六年三月	〇五七(36)
委杨志雄兼任卫生局卫生试验所所长令	第四十期	二十九年一月三十一日	二〇九(39)
委杨良臣为海新乡乡长令	第一四五期	二十三年九月	二七一(26)
委吴广和为金固乡乡长令	第一四五期	二十三年九月	二六九(26)
委吴金宝郭荣钧为仙鹤镇副镇长令	第一四五期	二十三年九月	二七二(26)
委吴金培为本市孝陵区孝陵镇镇长令	第一六四期	二十五年四月	〇四七(32)
委吴金培吴彭永孙仁炜为孝陵镇副镇长令	第一四五期	二十三年九月	二七〇(26)
委吴炳仁为本公署工务处秘书此令	第六期	二十七年八月三十一日	一一七(37)
委吴海寿为金固乡保甲编查员令	第一四九期	二十四年一月	〇三一(27)
委邱少芳为本市清洁总队分队长令	第一五五期	二十四年七月	二一九(28)
委邱光史暂代本府秘书处科员令	第一六四期	二十五年四月	〇四八(32)
委何希韵宋建中为本府专员令	第九十期	三十一年二月二十八日	五二八(41)
委何缉之为本市第一区区长此令	第一期	二十七年六月十五日	〇〇六(37)
委余志磐为本公署卫生处临时隔离病所事务长此令	第三期	二十七年七月十五日	〇五九(37)
委余侃如为本公署工务处第一科科长此令	第一期	二十七年六月十五日	〇〇七(37)
委余锦春为仙鹤镇保甲编查员令	第一四九期	二十四年一月	〇三三(27)
委汪存惠为栅栏乡乡长令	第一四五期	二十三年九月	二六八(26)

委汪茂炘为本公署秘书处第一科科长此令	第一期	二十七年六月十五日	〇〇五(37)
委汪和卿暂行兼代本公署教育处第一科长此令	第四期	二十七年七月三十一日	〇七七(37)
委沈桂森为本市下关区副区长此令	第一期	二十七年六月十五日	〇〇六(37)
委沈袖之为本公署财政处秘书此令	第一期	二十七年六月十五日	〇〇七(37)
委沈善良为本府特务队事务长令	第一七三期	二十六年一月	四五四(35)
委沈瑞华为本府稽查员令	第一七七期	二十六年五月	三八五(36)
委张太游代理本府地政局第三科科长令	第七十期	三十年四月三十日	六四七(40)
委张发楹为上新河区凤台乡乡长令	第一四七期	二十三年十一月	五九四(26)
委张如林、李锡海为南滨乡副乡长令	第一四五期	二十三年九月	二七三(26)
委张秉功代理本府自治事务处训练组组长令	第一七八期	二十六年六月	五五二(36)
委张绍元为本市第一区区公所助理员令	第一六一期	二十五年一月	五三四(30)
委张剑鸣王祖祥为筹设本市清洁所专员令	第一六三期	二十五年三月	四二六(31)
委张容直为本市清洁总队事务员令	第一五五期	二十四年七月	二一七(28)
委张崇德代理本府秘书处科员办理会计事宜令	第一五四期	二十四年六月	〇六六(28)
委张维翰为和平乡保甲编查员令	第一四九期	二十四年一月	〇三一(27)
委张善堂暂行兼代本公署卫生处第二科长此令	第二期	二十七年六月三十日	〇三八(37)
委张曾荫为本市清洁总队督察员令	第一五五期	二十四年七月	二二一(28)
委张愚若为本府专员令	第九十五期	三十一年五月十五日	六三七(41)
委张德惠为本府稽查员令	第一五九期	二十四年十一月	三八七(29)
委陈万恭为本府工务局技正令	第九十期	三十一年二月二十八日	五二八(41)
委陈无涯为本市公园管理处主任令	第一五四期	二十四年六月	〇六八(28)
委陈公衡为本市孝陵卫区区长此令	第一期	二十七年六月十五日	〇〇六(37)
委陈世鉴为马群镇镇长令	第一四五期	二十三年九月	二七二(26)
委陈永源为万山乡保甲编查员令	第一四九期	二十四年一月	〇三二(27)

委陈永源为笆斗乡副乡长令	第一四五期	二十三年九月	二六八(26)
委陈守言代理本府秘书处科员办理庶务事宜令	第一五四期	二十四年六月	○六六(28)
委陈良知为本市上新河区区长此令	第一期	二十七年六月十五日	○○六(37)
委陈忠新为七里乡副乡长令	第一四五期	二十三年九月	二七○(26)
委陈诲生为本府秘书处科员状	第一七七期	二十六年五月	三八六(36)
委陈诲生代理本府秘书处第一科科员令	第一七三期	二十六年一月	四五五(35)
委陈维定、江富根、陈干甫为江胜乡副乡长令	第一四五期	二十三年九月	二七五(26)
委陈嘉祥为凤台乡保甲编查员令	第一四九期	二十四年一月	○三六(27)
委陈嘉隆为燕子矶区太平乡乡长令	第一四七期	二十三年十一月	五九四(26)
委陈嘉隆、程广荣为太平乡副乡长令	第一四五期	二十三年九月	二六七(26)
委邵志尧为本市营业税征收处处长令	第九十一期	三十一年三月十五日	五四九(41)
委邵鸿铸为本公署财政处长此令	第二期	二十七年六月三十日	○三七(37)
委邵鸿铸兼南京市禁烟局局长此令	第七期	二十七年九月十五日	一二七(37)
委范炘为八卦乡保甲编查员令	第一四九期	二十四年一月	○三二(27)
委林志刚为本府清洁总队事务员令	第一五四期	二十四年六月	○六七(28)
委林宴清为本市乡区保卫团书记令	第一五一期	二十四年三月	三五七(27)
委林宴清接充本市乡区保安独立中队特务长令	第一六五期	二十五年五月	四八五(32)
委昌森山周启铭为和平乡副乡长令	第一四五期	二十三年九月	二六七(26)
委罗保为本府技术专员令	第一五八期	二十四年十月	○四七(29)
委罗剑声为本府专员令	第一五七期	二十四年九月	六四一(28)
委罗梦球为本市清洁总队督察员令	第一五五期	二十四年七月	二二○(28)
委金国书为本公署秘书处秘书此令	第一期	二十七年六月十五日	○○六(37)
委周人杰为本公署实业处第二科长此令	第三期	二十七年七月十五日	○五九(37)
委周世坤郭九林为北滨乡副乡长令	第一四五期	二十三年九月	二七四(26)
委周志杰暂代本府自治事务处事务员令	第一七七期	二十六年五月	三八五(36)

委周其芳为燕子矶镇镇长令	第一四五期	二十三年九月	二六六(26)
委周欣为为本市铁路管理处主任令	第一五四期	二十四年六月	〇六九(28)
委周梦蝶代理秘书处办事员令	第一四八期	二十三年十二月	七二〇(26)
委周梓骥兼任自来水管理处第一课课长令	第一七五期	二十六年三月	〇五七(36)
委周燕贻余经乾为上新河镇副镇长令	第一四五期	二十三年九月	二七三(26)
委郑为成为本公署参议此令	第一期	二十七年六月十五日	〇〇八(37)
委郑家荣代理本府稽查主任令	第一五四期	二十四年六月	〇六八(28)
委郑桑畲兼任本市米市管理处处长令	第一七二期	二十五年十二月	二五一(35)
委孟庆云为本公署财政处屠宰税专员兼屠宰厂厂长此令	第四期	二十七年七月三十一日	〇七七(37)
委孟庆云为本公署财政处屠宰税专员兼屠宰厂长此令	第三期	二十七年七月十五日	〇五九(37)
委赵云谷兼办本京烟酒牌照税及烟酒公卖事宜此令	第五期	二十七年八月十五日	〇九七(37)
委赵公谨为本公署工务处处长此令	第一期	二十七年六月十五日	〇〇五(37)
委赵公谨兼本公署工务处第二科科长此令	第一期	二十七年六月十五日	〇〇七(37)
委赵安平兼任本市土地估价委员会事务员令	第一六六期	二十五年六月	〇四二(33)
委赵宏英为善德镇保甲编查员令	第一四九期	二十四年一月	〇三五(27)
委赵茂源为金固乡副乡长令	第一四五期	二十三年九月	二六九(26)
委赵茀禄暂代本府秘书处办事员令	第一四四期	二十三年八月	一六二(26)
委赵贯三为本府特务队第二分队队长令	第一七三期	二十六年一月	四五三(35)
委赵春锦陈友忠为南圩乡副乡长令	第一四五期	二十三年九月	二七五(26)
委赵威叔为本公署财政处处长此令	第一期	二十七年六月十五日	〇〇五(37)
委赵威叔兼本公署产业处处长此令	第一期	二十七年六月十五日	〇〇五(37)
委胡万亿为上新河区善德镇副镇长令	第一四七期	二十三年十一月	五九五(26)
委胡雨荪为本市第三区区长此令	第一期	二十七年六月十五日	〇〇六(37)

委胡颀人/陈彦博为本府专员令	第八十九期	三十一年二月十五日	五〇一(41)
委胡啓阀为本市第二区区长此令	第一期	二十七年六月十五日	〇〇六(37)
委查抚民为本市第三区副区长此令	第一期	二十七年六月十五日	〇〇六(37)
委柏国梁为本市第三区公所助理员令	第一四三期	二十三年七月	〇六三(26)
委钟洪声为本公署参议此令	第五期	二十七年八月十五日	〇九七(37)
委钟洪声为市立救济院长此令	第三期	二十七年七月十五日	〇五九(37)
委段麟郊为本府自治事务处副主任令	第一六二期	二十五年二月	〇三六(31)
委施忆云暂代本府秘书令	第七十三期	三十年六月十五日	八一九(40)
委闻天福为南滨乡乡长令	第一四五期	二十三年九月	二七三(26)
委闻春龙为本府特务队国术教官令	第一七三期	二十六年一月	四五四(35)
委闻春龙为南滨乡保甲编查员令	第一四九期	二十四年一月	〇三四(27)
委派丁烨暂兼本府宣传处指导科科长/唐献廷代理本府宣传处事业科科长令	第六十九期	三十年四月十五日	五八四(40)
委派王子静为本府宣传处代理秘书令	第一四七/一四八期合刊	三十三年七月三十日	四四六(43)
委派王子静暂行兼代本府宣传处第一科科长令	第一四七/一四八期合刊	三十三年七月三十日	四四八(43)
委派王益之代理本府参事令	第一三七/一三八期合刊	三十三年二月二十九日	一五二(43)
委派王渊为本府教育局督学令	第一五九/一六〇期合刊	三十四年一月三十日	七八〇(43)
委派叶一舟为本市城区实验区区长令	第一四一/一四二期合刊	三十三年四月三十日	二六二(43)
委派由云龙兼任本市物资配给委员会委员并在该会工作	第一四三/一四四期合刊	三十三年五月三十一日	三〇六(43)
委派由云龙兼任本市物资配给委员会委员并在该会工作令	第一四三/一四四期合刊	三十三年五月三十一日	三〇六(43)
委派史伯桥为本府物资配给委员会组长令	第一五九/一六〇期合刊	三十四年一月三十日	七七九(43)

委派丛尚滋为本府专员仍兼地政局不在业主土地管理股主任科员职务令	第一三七/一三八期合刊	三十三年二月二十九日	一五一(43)
委派地政局长胡政暂行兼领该局第三科科长令	第六十四期	三十年一月三十一日	三四四(40)
委派华允琦代理本府宣传处处长令	第六十八期	三十年三月三十一日	五一九(40)
委派庄庠培/程松龄/刘昌亚为本府社会福利局科长,徐宝锺/王浩然为视察令	第一六一/一六二期合刊	三十四年二月三十日	八一七(43)
委派庄通三为本府工务局第三科科长令	第一三五/一三六期合刊	三十三年一月三十一日	一一八(43)
委派庄通三/吴显扬兼任本府工务局秘书/第二科科长令	第一四一/一四二期合刊	三十三年四月三十日	二六二(43)
委派刘颂声暂行兼代本府秘书处第二科科长令	第六十四期	三十年一月三十一日	三四五(40)
委派刘渤为本市物资配给委员会专任委员令	第一四五期	三十三年六月十五日	三六五(43)
委派许之凤代理工务局秘书令	第六十二期	二十九年十二月三十一日	二四三(40)
委派麦兆初为本府专员令	第一五九/一六〇期合刊	三十四年一月三十日	七七九(43)
委派苏荣轩苏镜三为本府公营车轮管理委员会委员令	第一五九/一六〇期合刊	三十四年一月三十日	七七九(43)
委派苏荣轩/余济民/夏道生/刘国光为本府财政局救济洲洲产整理委员会委员,谭友仲为主任委员令	第一五七/一五八期合刊	三十三年十二月三十一日	七三七(43)
委派苏镜三为本府秘书处外事室主任令	第一五〇期	三十三年八月三十日	五五一(43)
委派巫开福为本市孝陵卫区区长令	第七十一期	三十年五月十五日	七一八(40)
委派李双甫为本府财政局专员令	第一六一/一六二期合刊	三十四年二月三十日	八一七(43)
委派杨九鸣/张今吾杨靖寰为本市国民义务劳动服务团团长/副团长令	第一三七/一三八期合刊	三十三年二月二十九日	一五一(43)

委派杨正宇代理本市教育局局长令	第七十三期	三十年六月十五日	八一九(40)
委派杨清襄/詹哲尊为本府国民义务劳动服务团团长/副团长令	第一五〇期	三十三年八月三十日	五五一(43)
委派汪衍周/叶瘦鸣兼任本市物资配给委员会秘书/第一组组长令	第一三七/一三八期合刊	三十三年二月二十九日	一五三(43)
委派社会福利局局长钱能夏为本府保甲委员会委员令	第一五九/一六〇期合刊	三十四年一月三十日	七八一(43)
委派张希仿为本市消费特税征收处督征主任令	第一五七/一五八期合刊	三十三年十二月三十一日	七三八(43)
委派张熹辉为本府物资配给委员会专员专司交办事项令	第一五九/一六〇期合刊	三十四年一月三十日	七八〇(43)
委派张熹辉兼任本市物资配给委员会第二组组长令	第一五一/一五二期合刊	三十三年九月三十日	五八四(43)
委派陆善炽秘书长兼任本府保甲委员会主任委员令	第一四七/一四八期合刊	三十三年七月三十日	四四七(43)
委派陆善炽/林大中/韩春第/谭友仲/张仿良/褚通爵/苏荣轩/周雨人为本市中小学会考委员会委员,杨正宇为委员兼秘书令	第一五七/一五八期合刊	三十三年十二月三十一日	七三七(43)
委派陆善炽/詹哲尊/杨靖襄/谢祖逖/叶一舟/苏源/宋建中/叶秀甫/潘叔蕃/刘运祥为本市征集废金属委员会委员令	第一五一/一五二期合刊	三十三年九月三十日	五八四(43)
委派陈迹代理本府宣传处第一科科长令	第一三五/一三六期合刊	三十三年一月三十一日	一一八(43)
委派邵啓珪为本市消费特税征收处处长江兆龙为副处长令	第一五七/一五八期合刊	三十三年十二月三十一日	七三八(43)
委派林盟丹为本府保甲委员会第二科科长令	第一三五/一三六期合刊	三十三年一月三十一日	一一八(43)
委派罗谓贤兼任本府保甲经费保管委员会稽核组总干事令	第一五〇期	三十三年八月三十日	五五一(43)
委派罗熙甫暂行代理本府教育局第一科科长职务令	第一五九/一六〇期合刊	三十四年一月三十日	(43)

委派周学昌为本市中小学会考委员会委员并指定为主任委员令	第一五七/一五八期合刊	三十三年十二月三十一日	七三七(43)
委派胡达义兼代工务局科长	第七十三期	三十年六月十五日	八二〇(40)
委派姜文宝/俞济民为本市民营车辆管理委员会主任委员/委员令	第一三七/一三八期合刊	三十三年二月二十九日	一五一(43)
委派顾慰椿代理本府财政局第一科科长令	第六十四期	三十年一月三十一日	三四五(40)
委派钱亚栋/胡仲常为本府宣传处秘书;张隽伟为本府宣传处专员;茅及仁为本府宣传处视察令	第一三五/一三六期合刊	三十三年一月三十一日	一一九(43)
委派钱亚栋/第及仁/张隽伟/胡仲常为本府宣传处秘书专员/视察令	第一三三/一三四期合刊	三十二年十二月三十一日	〇七二(43)
委派钱能夏为本府社会福利局局长令	第一五九/一六〇期合刊	三十四年一月三十日	七七九(43)
委派高锺奎为本府财政局牲畜屠宰税征收所所长兼屠宰厂厂长令	第六十九期	三十年四月十五日	五八四(40)
委派高懋学代理本府地政局第三科科长令	第六十五期	三十年二月十五日	三八七(40)
委派黄尔定为本府宣传处专员令	第一三七/一三八期合刊	三十三年二月二十九日	一五二(43)
委派梅景方为本府工务局主任技正令	第一五七/一五八期合刊	三十三年十二月三十一日	七三八(43)
委派崔龙代理本府秘书处秘书令	第六十九期	三十年四月十五日	五八三(40)
委派程轶群/王伦暨兼任本府卫生局第一/二卫生事务所所长令	第一四七/一四八期合刊	三十三年七月三十日	四四七(43)
委派程翔代理本府教育局第三科科长令	第五十六期	二十九年九月三十日	〇〇三(40)
委派谢祖逖为本府宣传处第三科科长令	第一三七/一三八期合刊	三十三年二月二十九日	一五二(43)
委派詹哲尊为本府保甲委员会副主任委员令	第一四九期	三十三年八月十五日	四九一(43)
委派瞿正川代理本市第二区区长令	第六十四期	三十年一月三十一日	三四六(40)

委姚成铭李巨源为海新乡副乡长令	第一四五期	二十三年九月	二七一(26)
委姚觃白为本府秘书处科员令	第一七二期	二十五年十二月	二五二(35)
委袁丽青徐家寿为谷秀乡副乡长令	第一四五期	二十三年九月	二七一(26)
委袁胜标为本市乡区保安独立中队第一分队长令	第一七〇期	廿五年十月	四九一(34)
委袁胜标为本府特务队第一分队队长令	第一七三期	二十六年一月	四五三(35)
委袁鹏飞代理本府秘书处办事员令	第一五五期	二十四年七月	二一八(28)
委贾治邦为本公署秘书处帮办秘书此令	第一期	二十七年六月十五日	〇〇六(37)
委贾宜鉴为谷秀乡乡长令	第一四五期	二十三年九月	二七一(26)
委贾润之兼任本市屠宰场医务股主任令	第一七四期	二十六年二月	六三二(35)
委顾忠潞为本公署财政处第二科科长此令	第三期	二十七年七月十五日	〇五九(37)
委顾忠潞为本公署财政处第三科科长此令	第一期	二十七年六月十五日	〇〇七(37)
委顾忠潞兼任南京市屠宰税局专员屠宰厂厂长并办理牲畜税事宜此令	第十期	二十七年十月三十日	二一七(37)
委钱念慈为本公署教育处第三科科长此令	第一期	二十七年六月十五日	〇〇七(37)
委倪家福为本市上新河区区公所助理员令	第一六四期	二十五年四月	〇四八(32)
委徐长喜为上新河区凤台乡副乡长令	第一四八期	二十三年十二月	七一九(26)
委徐公美暂行兼领市立女子中学校校长令	第五十二期	二十九年七月三十一日	七六四(39)
委徐文澄代理本府秘书处会计股主任科员令	第一五四期	二十四年六月	〇六五(28)
委徐正和为本市乡区保安独立中队第三分队队长令	第一七一期	二十五年十一月	〇四六(35)

委徐正和为本府特务队第三分队队长令	第一七三期	二十六年一月	四五四(35)
委徐发栋为马群镇保甲编查员令	第一四九期	二十四年一月	〇三三(27)
委徐仲仁为南京市警察厅厅长此令	第二期	二十七年六月三十日	〇三七(37)
委徐仲仁本公署卫生处处长此令	第一期	二十七年六月十五日	〇〇五(37)
委徐仲仁兼本公署卫生处第一科科长此令	第一期	二十七年六月十五日	〇〇七(37)
委徐魁庆为北圩乡保甲编查员令	第一四九期	二十四年一月	〇三五(27)
委徐震为教育处督学此令	第八期	二十七年九月三十日	一四五(37)
委殷百祥为南京市粮税局副局长此令	第九期	二十七年十月十五日	一七九(37)
委凌叔明为市立第一中学校校长令	第五十二期	二十九年七月三十一日	七六四(39)
委高文渊为七里乡保甲编查员令	第一四九期	二十四年一月	〇三二(27)
委高学贤为七里乡乡长令	第一四五期	二十三年九月	二六九(26)
委高梓推为本市燕子矶区区长此令	第一期	二十七年六月十五日	〇〇七(37)
委高梓推为燕子矶区区公所助理员令	第一四七期	二十三年十一月	五九三(26)
委郭庆泉为栅栏乡保甲编查员令	第一四九期	二十四年一月	〇三二(27)
委涂景元为本市铁路管理处主任令	第一六一期	二十五年一月	五三三(30)
委容裔为本府稽查员令	第一五五期	二十四年七月	二二〇(28)
委陶泽之为本公署教育处秘书兼第二科科长此令	第一期	二十七年六月十五日	〇〇七(37)
委陶保晋为本公署参议此令	第六期	二十七年八月三十一日	一一七(37)
委陶新为乡区保卫团少尉分队长令	第一四七期	二十三年十一月	五九四(26)
委黄大邦为本府技术专员令	第一五六期	二十四年八月	三八六(28)
委黄比瀛兼任本市屠宰场总务股主任令	第一六八期	廿五年八月	〇四一(34)
委黄尔定代理本府宣传处指导科科长令	第七十期	三十年四月三十日	六四七(40)
委黄远宾代理本府秘书处科员办理收发事宜令	第一五四期	二十四年六月	〇六七(28)
委黄伯熙为本公署财政处第一科长此令	第三期	二十七年七月十五日	〇五九(37)

委黄伯熙为本公署财政处第一科科长暂兼二科科长此令	第一期	二十七年六月十五日	〇〇七(37)
委黄凯吾为南京市警察厅督察长此令	第一期	二十七年六月十五日	〇〇五(37)
委黄思颖为南京市市民银行副行长令	第一五八期	二十四年十月	〇四八(29)
委黄焕为本市清洁总队事务员令	第一五五期	二十四年七月	二一七(28)
委黄寅为本公署卫生局秘书此令	第九期	二十七年十月十五日	一七九(37)
委黄震为本公署秘书处副处长此令	第一期	二十七年六月十五日	〇〇五(37)
委萧石楼为本市燕子矶区区长令	第五十二期	二十九年七月三十一日	七六五(39)
委梅光祖为本公署社会处第二科科长此令	第一期	二十七年六月十五日	〇〇七(37)
委曹季�为本公署产业处秘书此令	第一期	二十七年六月十五日	〇〇八(37)
委曹季鑯为本公署实业处秘书此令	第三期	二十七年七月十五日	〇五九(37)
委曹翼远为本府秘书处编译股主任科员令	第一五一期	二十四年三月	三五五(27)
委龚兆鹏为北滨乡保甲编查员令	第一四九期	二十四年一月	〇三四(27)
委龚亦祁兼任南京市立传染病院院长令	第四十七期	二十九年五月十五日	五三七(39)
委龚宗泌为马群镇副镇长令	第一四五期	二十三年九月	二七二(26)
委梁克非为本府特务队副队长令	第一七二期	二十五年十二月	二五一(35)
委梁鸣义为本市屠宰场场长	第一五三期	二十四年五月	七〇八(27)
委梁栋材为本市清洁总队督察员令	第一六二期	二十五年二月	〇三五(31)
委谌斐为本公署秘书处帮办秘书此令	第一期	二十七年六月十五日	〇〇六(37)
委尉迟琨为本市安德门区公所区长此令	第四期	二十七年七月三十一日	〇七七(37)
委隋永锡代理本市度量衡检定所二等检定员令	第一五六期	二十四年八月	三八六(28)
委葛晓东为园艺技术专员令	第一五四期	二十四年六月	〇六八(28)
委董光业为南圩乡乡长令	第一四五期	二十三年九月	二七五(26)
委蒋折束为本市屠宰场兽医令	第一七六期	二十六年四月	二一九(36)
委韩兆鸿代理本府专员令	第九十三期	三十一年四月十五日	五八九(41)

委程朗波为本公署参议此令	第六期	二十七年八月三十一日	一一七(37)
委傅秉钺为本市第五区区公所助理员令	第一三七期	二十三年一月三十一日	一五九(25)
委傅贵寿为笆斗乡保甲编查员令	第一四九期	二十四年一月	〇三〇(27)
委焦为桂为本府特务队司书令	第一七三期	二十六年一月	四五四(35)
委曾汉平为本府特务员令	第一七三期	二十六年一月	四五三(35)
委曾学孔为上新河区善德镇镇长令	第一四七期	二十三年十一月	五九五(26)
委曾学孔代理安定乡乡长令	第一四五期	二十三年九月	二七六(26)
委谢传安为本公署秘书处帮办秘书此令	第一期	二十七年六月十五日	〇〇六(37)
委谢秉权为燕子矶区乌龙乡乡长令	第一四七期	二十三年十一月	五九三(26)
委蓝存钊为北圩乡乡长令	第一四五期	二十三年九月	二七四(26)
委蒯毅为本公署参议此令	第一期	二十七年六月十五日	〇〇八(37)
委雷子居为市立第二中学校校长令	第五十二期	二十九年七月三十一日	七六四(39)
委詹孝萱为本市府专员令	第一六九期	廿五年九月	二一〇(34)
委詹叔雍代理本府秘书处科员令	第一六三期	二十五年三月	四二七(31)
委詹荣光为本公署参议此令	第一期	二十七年六月十五日	〇〇六(37)
委蔡孝强代理本府秘书处科员在庶务股服务令	第一五四期	二十四年六月	〇六八(28)
委蔡泽雨为太平乡保甲编查员令	第一四九期	二十四年一月	〇三一(27)
委裴吉明暂兼本市乡区保安独立中队特务长令	第一六七期	二十五年七月	四八〇(33)
委裴诏宣为粮税稽核员此令	第六期	二十七年八月三十一日	一一七(37)
委廖月琴为本市市立高级护士职业学校校长令	第一七七期	二十六年五月	三八七(36)
委廖德流暂兼本市乡区保委独立中队队长令	第一六九期	廿五年九月	二一〇(34)
委廖德鎏为本府特务队队长令	第一七二期	二十五年十二月	二五一(35)
委端木光炽为本府清洁总队督察员令	第一五四期	二十四年六月	〇六七(28)
委熊立人试署本府秘书处办事员令	第一四八期	二十三年十二月	七一九(26)
委缪德培为上新河区区公所助理员令	第一四七期	二十三年十一月	五九五(26)

委滕树华为本市乡区保安独立中队第三分队队长令	第一六七期	二十五年七月	四八〇(33)
委颜任衡为南京市立女子中学校长令	第七十五期	三十年七月十五日	〇五一(41)
委潘祝南为南京市粮税局长此令	第五期	二十七年八月十五日	〇九七(37)
委潘雄飞为本公署产业处技正暂行兼代该处第三科科长此令	第一期	二十七年六月十五日	〇〇八(37)
委潘敦徽为本公署社会处秘书兼代第一科科长此令	第一期	二十七年六月十五日	〇〇七(37)
委潘福昌为本公署秘书处帮办秘书此令	第一期	二十七年六月十五日	〇〇七(37)
委魏国铨为本公署参议此令	第八期	二十七年九月三十日	一四六(37)
委魏国铨为南京市救济院长此令	第八期	二十七年九月三十日	一四六(37)
委濮季平为南京市立救济院坐办此令	第五期	二十七年八月十五日	〇九七(37)
委瞿兴周关寿林刘卿臣为本市燕子矶区八卦乡副乡长令	第一四九期	二十四年一月	〇二九(27)
废止本府本年六月三十日公布之南京特别市卫生局卫生试验所组织暂行规则	第一五三/一五四期合刊	三十三年十月三十一日	六二三(43)
南京市特别政府布告(府社字第　号)	第一〇六期	三十一年十月三十一日	〇四二(42)
南京市市政厅令:市长刘纪文启用印章	第一号	十六年六月	〇三一(1)
南京市市政厅令:市府各局局长启用印章	第一号	十六年六月	〇三一(1)
南京市市政府令:任命刘纪文为市长	第一号	十六年六月	〇三二(1)
南京市市政府令(第一三一,一三二,一三三,一三四,一三五号):要求各局拟定计划书	第一号	十六年六月	〇三二(1)
南京市政府布告	第五十二期	二十九年七月三十一日	七九四(39)

南京市政府布告(工字第一一三二号)	第五十三期	二十九年八月十五日	八六二(39)
南京市政府布告(工字第一二〇一号)	第五十三期	二十九年八月十五日	八六三(39)
南京市政府布告(工字第八三二号)	第六十四期	三十年一月三十一日	三六七(40)
南京市政府布告(工字第五三七号)	第六十三期	三十年一月十五日	三一五(40)
南京市政府布告(工字第五三六号)	第六十三期	三十年一月十五日	三一四(40)
南京市政府布告(卫字第九〇〇号)	第五十三期	二十九年八月十五日	八六四(39)
南京市政府布告(卫字第五〇三号)	第五十一期	二十九年七月十五日	七四四(39)
南京市政府布告(卫字第四三二二号)	第五十九期	二十九年十一月十五日	一四八(40)
南京市政府布告(卫字第四三六号)	第六十三期	三十年一月十五日	三一三(40)
南京市政府布告(卫字第　号)	第六十五期	三十年二月十五日	三九七(40)
南京市政府布告(地字第七三五号)	第五十二期	二十九年七月三十一日	七九四(39)
南京市政府布告(地字第　号)	第五十八期	二十九年十月三十一日	一〇八(40)
南京市政府布告(地字第　号)	第五十四期	二十九年八月三十一日	九一五(39)
南京市政府布告(字第　号)	第五十六期	二十九年九月三十日	〇二四(40)
南京市政府布告(字第　号)	第五十八期	二十九年十月三十一日	一〇七(40)
南京市政府布告(字第　号)	第五十五期	二十九年九月十五日	九六〇(39)
南京市政府布告(财字第一一二一号)	第五十三期	二十九年八月十五日	八六三(39)
南京市政府布告(财字第一一二八号)	第五十三期	二十九年八月十五日	八六一(39)
南京市政府布告(财字第一二九八号)	第六十五期	三十年二月十五日	三九五(40)
南京市政府布告(财字第一四三二号)	第五十四期	二十九年八月三十一日	九一五(39)
南京市政府布告(财字第二四七七号)	第五十六期	二十九年九月三十日	〇二二(40)
南京市政府布告(财字第九二〇号)	第六十期	二十九年十一月三十日	一八一(40)
南京市政府布告(财字第五五九〇号)	第六十二期	二十九年十二月三十一日	二七一(40)
南京市政府布告(财字第四七六号)	第五十一期	二十九年七月十五日	七四三(39)

南京市政府布告(财字第四八六三号)	第六十期	二十九年十一月三十日	一八〇(40)
南京市政府布告(财字第四三六五号)	第五十九期	二十九年十一月十五日	一四八(40)
南京市政府布告(财字第　号)	第六十五期	三十年二月十五日	三九八(40)
南京市政府布告(财字第　号)	第六十八期	三十年三月三十一日	五五四(40)
南京市政府布告(财字第　号)	第六十八期	三十年三月三十一日	五五四(40)
南京市政府布告(财字第　号)	第六十四期	三十年一月三十一日	三六六(40)
南京市政府布告(财字第　号)	第六十五期	三十年二月十五日	三九四(40)
南京市政府布告(财字第　号)	第六十八期	三十年三月三十一日	五五二(40)
南京市政府布告(财字第　号)	第六十二期	二十九年十二月三十一日	二七二(40)
南京市政府布告(社字第一四九八号)	第五十三期	二十九年八月十五日	八六〇(39)
南京市政府布告(社字第二八〇一号)	第五十六期	二十九年九月三十日	〇二三(40)
南京市政府布告(社字第七二二号)	第五十二期	二十九年七月三十一日	七九三(39)
南京市政府布告(社字第八三八号)	第五十二期	二十九年七月三十一日	七九二(39)
南京市政府布告(社字第九三八号)	第六十五期	三十年二月十五日	三九七(40)
南京市政府布告(社字第五五八三号)	第六十二期	二十九年十二月三十一日	二七一(40)
南京市政府布告(社字第六二号)	第六十三期	三十年一月十五日	三一二(40)
南京市政府布告(社字第四八〇五号)	第六十期	二十九年十一月三十日	一八二(40)
南京市政府布告(社字第　号)	第六十六期	三十年二月二十八日	四七四(40)
南京市政府布告(秘字第二二〇五号)	第六十七期	三十年三月十五日	五〇四(40)
南京市政府布告(秘字第　号)	第六十八期	三十年三月三十一日	五五三(40)
南京市政府(布告/通告)(工字第一九六二号)	第五十五期	二十九年九月十五日	九五九(39)
南京市政府训令(工字第一一三三号,令第三区区长)	第五十三期	二十九年八月十五日	八五五(39)
南京市政府训令(工字第一五三四号,令第一区区长)	第六十六期	三十年二月二十八日	四六七(40)

南京市政府训令(工字第五七七三号,令第一/二/三/四区区长	第六十二期	二十九年十二月三十一日	二六二(40)
南京市政府训令(工字第五〇八七号,令车辆登记所)	第六十一期	二十九年十二月十五日	二二二(40)
南京市政府训令(工字第　号,令各区公所/车辆登记所)	第六十四期	三十年一月三十一日	三五二(40)
南京市政府训令(工字第　号,令燕子矶区区长)	第六十一期	二十九年十二月十五日	二二〇(40)
南京市政府训令(工字第　号,令燕子矶/上新河区公所)	第五十九期	二十九年十一月十五日	一四四(40)
南京市政府训令(卫字第一一八四号,令各区公所/诊疗所)	第六十五期	三十年二月十五日	三九一(40)
南京市政府训令(卫字第一三〇一号,令城乡各区公所)	第五十三期	二十九年八月十五日	八四九(39)
南京市政府训令(卫字第三二五二号,令娼妓检疗所主任颜葆生)	第五十七期	二十九年十月十五日	〇五八(40)
南京市政府训令(卫字第三九三六号,令传染病院)	第五十八期	二十九年十月三十一日	一〇四(40)
南京市政府训令(卫字第三六〇一号,令一/二/三/四/五区公所)	第五十八期	二十九年十月三十一日	一〇六(40)
南京市政府训令(卫字第三六〇一号,令清洁队)	第五十八期	二十九年十月三十一日	一〇七(40)
南京市政府训令(卫字第三六〇〇号,令清洁队)	第五十八期	二十九年十月三十一日	〇六(40)
南京市政府训令(卫字第三〇五一号,令娼妓检疗所)	第五十七期	二十九年十月十五日	〇五七(40)
南京市政府训令(卫字第四二六四号,令第一/二/三/四/五区公所)	第五十九期	二十九年十一月十五日	一三七(40)
南京市政府训令(卫字第　号,令中医公会医师公会各诊所/各区公所/传染病院)	第五十六期	二十九年九月三十日	〇〇四(40)
南京市政府训令(卫字第　号,令城乡各区公所)	第五十五期	二十九年九月十五日	九四九(39)

南京市政府训令(卫字第　号,令教育局) 第六十五期 三十年二月十五日 三九三(40)

南京市政府训令(卫字第　号,令菜场管理所) 第六十五期 三十年二月十五日 三九三(40)

南京市政府训令(地字第　号,令各区区长) 第五十四期 二十九年八月三十一日 九〇八(39)

南京市政府训令(地字第　号,令各区区长) 第五十五期 二十九年九月十五日 九五一(39)

南京市政府训令(地字第　号令燕子矶/孝陵卫/上新河/安德门区公所) 第六十一期 二十九年十二月十五日 二一八(40)

南京市政府训令(字第一三六六号,令所属各机关) 第五十三期 二十九年八月十五日 八四五(39)

南京市政府训令(字第一三〇〇号,令工务局/园林管理所) 第五十三期 二十九年八月十五日 八四五(39)

南京市政府训令(字第　号,令本府所属各机关) 第五十八期 二十九年十月三十一日 〇八九(40)

南京市政府训令(字第　号,令本府所属各机关) 第五十八期 二十九年十月三十一日 〇八八(40)

南京市政府训令(字第　号,令所属各机关) 第五十二期 二十九年七月三十一日 七六八(39)

南京市政府训令(字第　号,令所属各机关) 第五十五期 二十九年九月十五日 九四三(39)

南京市政府训令(财字第一二一一号,令燕子矶区公所) 第五十三期 二十九年八月十五日 八五六(39)

南京市政府训令(财字第一二七〇号,令捐税征收所) 第五十三期 二十九年八月十五日 八五七(39)

南京市政府训令(财字第一二〇四号,令营业税处) 第五十三期 二十九年八月十五日 八四〇(39)

南京市政府训令(财字第一七六号,财政局捐税征收所) 第五十一期 二十九年七月十五日 七四三(39)

南京市政府训令(财字第一三三九号,令本府附属各机关) 第六十五期 三十年二月十五日 三八八(40)

南京市政府训令(财字第一三五号,令捐税征收所兼所长胡明远)	第五十一期	二十九年七月十五日	七四二(39)
南京市政府训令(财字第一五二一/一五二二号,令科长翁士铎/园林管理处处长)	第五十四期	二十九年八月三十一日	九〇九(39)
南京市政府训令(财字第一五七六/一五七七号,令燕子矶/孝陵卫区区公所)	第五十四期	二十九年八月三十一日	九一一(39)
南京市政府训令(财字第一四九四号,令营业税处)	第五十四期	二十九年八月三十一日	九一四(39)
南京市政府训令(财字第二一九八号,令城乡各区公所)	第五十五期	二十九年九月十五日	九四八(39)
南京市政府训令(财字第二二五八号,令上新河区公所)	第六十七期	三十年三月十五日	五〇二(40)
南京市政府训令(财字第二七六八号,令捐税征收所所长李熙会)	第五十六期	二十九年九月三十日	〇二一(40)
南京市政府训令(财字第二九六四号,令菜场管理所)	第五十七期	二十九年十月十五日	〇五四(40)
南京市政府训令(财字第二三八六号,令捐税征收所所长李熙会)	第五十五期	二十九年九月十五日	九五八(39)
南京市政府训令(财字第三一二号,令城乡各区公所)	第六十三期	三十年一月十五日	三一一(40)
南京市政府训令(财字第三二七四号,令田赋征收处/第五区公所/燕子矶/孝陵卫/上新河/安德门区公所)	第五十七期	二十九年十月十五日	〇五二(40)
南京市政府训令(财字第三三六八号,令营业税处处长蒯毅)	第五十七期	二十九年十月十五日	〇五五(40)
南京市政府训令(财字第三四五七号,令各局/各区公所/各诊疗所/各征收机关)	第五十七期	二十九年十月十五日	〇四五(40)
南京市政府训令(财字第五一五七号,令八卦洲洲产整理处)	第六十一期	二十九年十二月十五日	二二一(40)

南京市政府训令(财字第五一四九号,令南京市商会整理委员会/营业税处第一/二/三/四/五/捐税征收所/孝陵卫区公所)	第六十一期	二十九年十二月十五日	二一三(40)
南京市政府训令(财字第五四二二号,令本府所属)	第六十一期	二十九年十二月十五日	二〇九(40)
南京市政府训令(财字第六六五号,令捐税征收所)	第五十二期	二十九年七月三十一日	七八九(39)
南京市政府训令(财字第六六六号,令郭岷澜)	第五十二期	二十九年七月三十一日	七八九(39)
南京市政府训令(财字第四二七号,令本府附属各机关)	第六十三期	三十年一月十五日	二九二(40)
南京市政府训令(财字第四七七号,令屠宰税局/营业税处　捐税征收所)	第五十二期	二十九年七月三十一日	七九〇(39)
南京市政府训令(财字第四五一五号,令南京市商会/各城区公所)	第五十九期	二十九年十一月十五日	一三五(40)
南京市政府训令(财字第四四二号,令本府附属各机关)	第六十三期	三十年一月十五日	二九一(40)
南京市政府训令(财字第四四六〇号,令第五/燕子矶/上新河/安德门　区公所)	第五十九期	二十九年十一月十五日	一四四(40)
南京市政府训令(财字第　号,令八卦洲洲产整理处)	第六十二期	二十九年十二月三十一日	二六八(40)
南京市政府训令(财字第　号,令工务局)	第六十四期	三十年一月三十一日	三四九(40)
南京市政府训令(财字第　号,令车辆登记所)	第六十七期	三十年三月十五日	五〇三(40)
南京市政府训令(财字第　号,令本府所属各机关)	第六十二期	二十九年十二月三十一日	二五七(40)
南京市政府训令(财字第　号,令市立救济院)	第五十二期	二十九年七月三十一日	七九〇(39)

南京市政府训令(财字第　号,令各乡区公所)	第六十四期	三十年一月三十一日	三六一(40)
南京市政府训令(财字第　号,令各局商会/各征收机关)	第六十二期	二十九年十二月三十一日	二五六(40)
南京市政府训令(财字第　号,令园林管理所)	第五十二期	二十九年七月三十一日	七八八(39)
南京市政府训令(财字第　号,令妓捐征收所)	第六十八期	三十年三月三十一日	五四五(40)
南京市政府训令(财字第　号,令捐税征收所)	第六十二期	二十九年十二月三十一日	二六七(40)
南京市政府训令(财字第　号,令捐税征收所)	第六十八期	三十年三月三十一日	五四四(40)
南京市政府训令(财字第　号,令营业税处)	第六十五期	三十年二月十五日	三九二(40)
南京市政府训令(财字第　号,令营业税处处长谢超/督催营业税旧欠委员蔡祖圻)	第六十八期	三十年三月三十一日	五四三(40)
南京市政府训令(财字第　号,令摊贩管理所)	第五十二期	二十九年七月三十一日	七九一(39)
南京市政府训令(财第字四八〇八号,令本府各局及附属各机关)	第六十期	二十九年十一月三十日	一七二(40)
南京市政府训令(财第　号,令各区公所)	第六十五期	三十年二月十五日	三九〇(40)
南京市政府训令(社字第一一四六号,令各区公所)	第五十二期	二十九年七月三十一日	七八六(39)
南京市政府训令(社字第一二五一号,令各城区公所)	第五十三期	二十九年八月十五日	八五一(39)
南京市政府训令(社字第一二五八号,令各城区公所)	第五十三期	二十九年八月十五日	八五二(39)
南京市政府训令(社字第一七三二号,令各区公所)	第五十三期	二十九年八月十五日	八四八(39)

南京市政府训令(社字第一八一〇号,令各城区公所)	第五十四期	二十九年八月三十一日	九〇九(39)
南京市政府训令(社字第一八七二号,令城乡各区公所)	第六十七期	三十年三月十五日	五〇一(40)
南京市政府训令(社字第一八三〇号,令城乡各区公所)	第五十四期	二十九年八月三十一日	九〇七(39)
南京市政府训令(社字第一八五五号,令南京市商会整理委员会)	第五十五期	二十九年九月十五日	九五七(39)
南京市政府训令(社字第一九五九号,令城乡各区公所)	第五十四期	二十九年八月三十一日	八九九(39)
南京市政府训令(社字第一九〇九号,令南京市总商会筹备委员会/城乡各区公所)	第五十四期	二十九年八月三十一日	八九九(39)
南京市政府训令(社字第一三二号,令城乡各区公所)	第六十三期	三十年一月十五日	三〇七(40)
南京市政府训令(社字第一六一号,令城乡各区公所)	第六十三期	三十年一月十五日	三〇七(40)
南京市政府训令(社字第一四六一号,令南京市总商会筹备会)	第五十三期	二十九年八月十五日	八五三(39)
南京市政府训令(社字第一四〇七号,令第一二三四五区公所)	第五十三期	二十九年八月十五日	八五〇(39)
南京市政府训令(社字第一〇八七号,令各城区公所)	第五十二期	二十九年七月三十一日	七八六(39)
南京市政府训令(社字第二一三五号,令南京市商会整理委员会)	第五十五期	二十九年九月十五日	九五七(39)
南京市政府训令(社字第二二九八号,令本府各局/城乡各区公所)	第五十五期	二十九年九月十五日	九四六(39)
南京市政府训令(社字第二八〇九号,令各区区长)	第五十六期	二十九年九月三十日	〇一〇(40)
南京市政府训令(社字第二三二二/二三二三/二三二四号,令各局/城乡各区公所/园林管理所)	第五十五期	二十九年九月十五日	九四五(39)

南京市政府训令(社字第二三八号,令南京市立救济院)	第五十一期	二十九年七月十五日	七四〇(39)
南京市政府训令(社字第二三〇九号,令蒋国珍秦卓屏)	第五十五期	二十九年九月十五日	九五八(39)
南京市政府训令(社字第二五八八号,令城乡各区公所)	第五十六期	二十九年九月三十日	〇〇九(40)
南京市政府训令(社字第二五四一号,令商会整理委员会/城乡各区公所)	第五十六期	二十九年九月三十日	〇〇六(40)
南京市政府训令(社字第二〇五八号,令各区公所)	第五十五期	二十九年九月十五日	九四八(39)
南京市政府训令(社字第七二四号,令城乡各区公所)	第五十二期	二十九年七月三十一日	七八五(39)
南京市政府训令(社字第七九五号,令南京市总商会筹备会)	第五十一期	二十九年七月十五日	七三二(39)
南京市政府训令(社字第七九五号,令南京市总商会筹备会)	第五十二期	二十九年七月三十一日	七八三(39)
南京市政府训令(社字第七〇〇号,令城乡各区公所/园林管理所)	第五十二期	二十九年七月三十一日	七八七(39)
南京市政府训令(社字第八六七号,令南京市总商会筹备会/城乡各区公所)	第五十二期	二十九年七月三十一日	七八四(39)
南京市政府训令(社字第八六五号,令城乡各区公所)	第五十二期	二十九年七月三十一日	七七八(39)
南京市政府训令(社字第三一四六号,令南京市商会整理委员会)	第五十七期	二十九年十月十五日	〇五五(40)
南京市政府训令(社字第三九五一号,令城乡各区公所)	第五十八期	二十九年十月三十一日	〇九六(40)
南京市政府训令(社字第三九五二号,令南京市商会整理委员会/城乡各区公所)	第五十八期	二十九年十月三十一日	〇九三(40)

南京市政府训令(社字第三九四五号,令城/乡各区公所/南京市商会整理委员会) 第五十八期 二十九年十月三十一日 〇九五(40)

南京市政府训令(社字第三三八七号,令各区公所) 第五十七期 二十九年十月十五日 〇四八(40)

南京市政府训令(社字第三三〇三号,令城乡各区公所) 第五十七期 二十九年十月十五日 〇五〇(40)

南京市政府训令(社字第三三〇六号,令城乡各区公所) 第五十七期 二十九年十月十五日 〇四六(40)

南京市政府训令(社字第三五二号,令城乡各区公所) 第六十三期 三十年一月十五日 三〇九(40)

南京市政府训令(社字第三〇四七号,令城乡各区公所) 第五十七期 二十九年十月十五日 〇五一(40)

南京市政府训令(社字第五二六号,令城乡各区公所) 第六十三期 三十年一月十五日 三一〇(40)

南京市政府训令(社字第五七二一号,令城乡各区区长,燕子矶区免发) 第六十二期 二十九年十二月三十一日 二五五(40)

南京市政府训令(社字第五七二〇号,令助理秘书瞿正川/主任科员苏源) 第六十二期 二十九年十二月三十一日 二五三(40)

南京市政府训令(社字第五三一二号,令孝陵卫/安德门/燕子矶/上新河区公所) 第六十一期 二十九年十二月十五日 二一四(40)

南京市政府训令(社字第五三八二号,令城乡各区公所) 第六十一期 二十九年十二月十五日 二一五(40)

南京市政府训令(社字第五三五号,令城乡各区公所) 第五十一期 二十九年七月十五日 七三一(39)

南京市政府训令(社字第五三〇七号,令城乡各区公所) 第六十一期 二十九年十二月十五日 二一二(40)

南京市政府训令(社字第五五八号,令城乡各区公所/园林管理所) 第五十一期 二十九年七月十五日 七三〇(39)

南京市政府训令(社字第五六九九号,令南京市商会整理委员会/城乡各区公所)	第六十二期	二十九年十二月三十一日	二五九(40)
南京市政府训令(社字第五〇八九号,令各区城区区长)	第六十一期	二十九年十二月十五日	二一三(40)
南京市政府训令(社字第六五九号,令南京市总商会筹备会)	第五十二期	二十九年七月三十一日	七八二(39)
南京市政府训令(社字第四二七七号,令城乡各区公所)	第五十九期	二十九年十一月十五日	一三六(40)
南京市政府训令(社字第四二七六号,令城乡各区公所/园林管理处)	第五十九期	二十九年十一月十五日	一三四(40)
南京市政府训令(社字第四二八〇号,令城乡各区公所)	第五十九期	二十九年十一月十五日	一三三(40)
南京市政府训令(社字第四八八〇号,令城乡各区公所除安德门区)	第六十期	二十九年十一月三十日	一七四(40)
南京市政府训令(社字第四九二七号,令乡区各区公所)	第六十期	二十九年十一月三十日	一七七(40)
南京市政府训令(社字第四九二七号,令城区各区公所/南京市青年团指导部)	第六十期	二十九年十一月三十日	一七六(40)
南京市政府训令(社字第四三六一号,令第三区区长方灏)	第六十期	二十九年十一月三十日	一七八(40)
南京市政府训令(社字第四四六一号,令城乡各区公所)	第五十九期	二十九年十一月十五日	一二七(40)
南京市政府训令(社字第　号,令市总商会筹备会)	第五十四期	二十九年八月三十一日	九一二(39)
南京市政府训令(社字第　号,令城乡各区公所)	第六十四期	三十年一月三十一日	三五九(40)
南京市政府训令(社字第　号,令城乡各区公所)	第六十四期	三十年一月三十一日	三六〇(40)

南京市政府训令(社字第　号,令城乡各区公所)	第六十六期	三十年二月二十八日	四六五(40)
南京市政府训令(社字第　号,令城乡各区公所)	第六十八期	三十年三月三十一日	五二八(40)
南京市政府训令(社字第　号,令城乡各区公所)	第五十六期	二十九年九月三十日	〇〇九(40)
南京市政府训令(社字第　号,令城乡各区公所/南京市总商会筹备会)	第五十三期	二十九年八月十五日	八四六(39)
南京市政府训令(社字第　号,令城乡各区公所/南京市商会整理委员会)	第六十五期	三十年二月十五日	三八九(40)
南京市政府训令(社字第　号,令南京市总商会筹备会/城乡各区公所)	第五十四期	二十九年八月三十一日	八九八(39)
南京市政府训令(社字第　号,令第一/二/三/四/五/安德门区公所)	第六十六期	三十年二月二十八日	四六六(40)
南京市政府训令(社字第　号,令第五区公所/上新河区公所)	第六十四期	三十年一月三十一日	三六三(40)
南京市政府训令(社字第　号,令第四区公所)	第六十八期	三十年三月三十一日	五四二(40)
南京市政府训令(秘二字第　号,令城乡各区公所)	第六十四期	三十年一月三十一日	三五六(40)
南京市政府训令(秘二字第　号,令城乡各区公所)	第六十四期	三十年一月三十一日	三五八(40)
南京市政府训令(秘字第一二五号,令南京市市政府财政局营业税处处长鲍南山)	第五十一期	二十九年七月十五日	七四一(39)
南京市政府训令(秘字第一二六号,令邓周�)	第五十一期	二十九年七月十五日	七四一(39)
南京市政府训令(秘字第一八四号,令代理财政局第三科科长暂兼捐征收所所长胡明远)	第五十一期	二十九年七月十五日	七四〇(39)

南京市政府训令(秘字第一八四〇号,令南京市煤炭锅业同业公会)	第五十四期	二十九年八月三十一日	九一三(39)
南京市政府训令(秘字第一三四号,令烟酒牌照税局兼办牙税事宜赵云谷)	第五十一期	二十九年七月十五日	七四二(39)
南京市政府训令(秘字第五七九三号,令本府所属机关)	第六十二期	二十九年十二月三十一日	二五二(40)
南京市政府训令(秘字第五三二号,令本府各局)	第五十二期	二十九年七月三十一日	七七四(39)
南京市政府训令(秘字第六八六号,令本府所属各机关)	第六十四期	三十年一月三十一日	三四八(40)
南京市政府训令(秘字第六八六号,令本府所属各机关)	第六十四期	三十年一月三十一日	三四八(40)
南京市政府训令(秘字第四七五号,令内外所属)	第五十二期	二十九年七月三十一日	七六七(39)
南京市政府训令(秘字第四八〇号,令所属各机关)	第五十一期	二十九年七月十五日	七二七(39)
南京市政府训令(秘字第　号,令卫生局)	第六十八期	三十年三月三十一日	五二七(40)
南京市政府训令(秘字第　号,令本府卫生局)	第六十六期	三十年二月二十八日	四六四(40)
南京市政府训令(秘字第　号,令本府各机关)	第五十八期	二十九年十月三十一日	〇九一(40)
南京市政府训令(秘字第　号,令本府各局及参事室)	第五十五期	二十九年九月十五日	九四三(39)
南京市政府训令(秘字第　号,令本府各局长)	第五十二期	二十九年七月三十一日	七六五(39)
南京市政府训令(秘字第　号,令本府各局所属及各区公所)	第五十三期	二十九年八月十五日	八四一(39)
南京市政府训令(秘字第　号,令本府各附属机关)	第六十五期	三十年二月十五日	三八七(40)

南京市政府训令(秘字第　号,令本府各附属机关)　第五十三期　二十九年八月十五日　八四四(39)
南京市政府训令(秘字第　号,令本府所属)　第五十七期　二十九年十月十五日　〇四三(40)
南京市政府训令(秘字第　号,令本府所属)　第六十三期　三十年一月十五日　二八九(40)
南京市政府训令(秘字第　号,令本府所属)　第六十三期　三十年一月十五日　三〇〇(40)
南京市政府训令(秘字第　号,令本府所属机关)　第六十一期　二十九年十二月十五日　二一〇(40)
南京市政府训令(秘字第　号,令本府所属各机关)　第六十二期　二十九年十二月三十一日　二四九(40)
南京市政府训令(秘字第　号,令本府所属各机关)　第六十四期　三十年一月三十一日　三四六(40)
南京市政府训令(秘字第　号,令本府所属各机关)　第六十四期　三十年一月三十一日　三四七(40)
南京市政府训令(秘字第　号,令本府所属各机关)　第六十六期　三十年二月二十八日　四一五(40)
南京市政府训令(秘字第　号,令本府所属各机关)　第六十六期　三十年二月二十八日　四四二(40)
南京市政府训令(秘字第　号,令本府所属各机关)　第六十六期　三十年二月二十八日　四四六(40)
南京市政府训令(秘字第　号,令本府所属各机关)　第六十六期　三十年二月二十八日　四五四(40)
南京市政府训令(秘字第　号,令本府所属各机关)　第六十八期　三十年三月三十一日　五二一(40)
南京市政府训令(秘字第　号,令本府所属各机关)　第六十八期　三十年三月三十一日　五二三(40)
南京市政府训令(秘字第　号,令本府所属各机关)　第六十八期　三十年三月三十一日　五二六(40)
南京市政府训令(秘字第　号,令本府所属各机关)　第六十六期　三十年二月二十八日　四三三(40)

南京市政府训令(秘字第 号,令本府所属各机关)	第五十二期	二十九年七月三十一日	七六九(39)
南京市政府训令(秘字第 号,令本府所属各机关)	第五十二期	二十九年七月三十一日	七七一(39)
南京市政府训令(秘字第 号,令本府所属各机关)	第五十二期	二十九年七月三十一日	七七七(39)
南京市政府训令(秘字第 号,令本府所属各机关)	第五十二期	二十九年七月三十一日	七七八(39)
南京市政府训令(秘字第 号,令本府所属各机关)	第五十五期	二十九年九月十五日	九四一(39)
南京市政府训令(秘字第 号,令本府所属各机关 不另行文)	第六十八期	三十年三月三十一日	五一九(40)
南京市政府训令(秘字第 号,令本府所属各机关 不另行文)	第六十六期	三十年二月二十八日	四三八(40)
南京市政府训令(秘字第 号,令本府所属各机关 不另行文)	第六十六期	三十年二月二十八日	四五九(40)
南京市政府训令(秘字第 号,令本府所属各机关 不另行文)	第六十六期	三十年二月二十八日	四六〇(40)
南京市政府训令(秘字第 号,令本府所属各机关 不另行文)	第六十六期	三十年二月二十八日	四六一(40)
南京市政府训令(秘字第 号,令本府所属各机关 不另行文)	第六十七期	三十年三月十五日	四九八(40)
南京市政府训令(秘字第 号,令本府所属各机关 不另行文)	第六十七期	三十年三月十五日	五〇〇(40)
南京市政府训令(秘字第 号,令本府所属各机关 不另行文)	第六十八期	三十年三月三十一日	五二四(40)
南京市政府训令(秘字第 号,令本府参事金国书顾忠潞)	第五十二期	二十九年七月三十一日	七六六(39)
南京市政府训令(秘字第 号,令本府秘书蒋国珍等)	第六十三期	三十年一月十五日	二八八(40)
南京市政府训令(秘字第 号,令各区公所)	第五十六期	二十九年九月三十日	〇〇五(40)

南京市政府训令(秘字第　号,令各区公所)	第六十二期	二十九年十二月三十一日	二四三(40)
南京市政府训令(秘字第　号,令各区公所)	第五十五期	二十九年九月十五日	九五一(39)
南京市政府训令(秘字第　号,令各局处及区公所)	第六十一期	二十九年十二月十五日	二一〇(40)
南京市政府训令(秘字第　号,令各局所)	第五十三期	二十九年八月十五日	八四三(39)
南京市政府训令(秘字第　号,令园林管理处	第六十二期	二十九年十二月三十一日	二六五(40)
南京市政府训令(秘字第　号,令园林管理处处长/孝陵卫区公所区长/第五区公所区长)	第六十七期	三十年三月十五日	四九八(40)
南京市政府训令(秘字第　号,令社会局/各区公所)	第五十五期	二十九年九月十五日	九四七(39)
南京市政府训令(秘字第　号,令所属各机关)	第五十三期	二十九年八月十五日	八四四(39)
南京市政府训令(秘字第　号,令所属各机关)	第五十四期	二十九年八月三十一日	八九七(39)
南京市政府训令(秘字第　号,令所属各机关)	第五十六期	二十九年九月三十日	〇〇三(40)
南京市政府训令(秘字第　号,令所属各机关)	第五十八期	二十九年十月三十一日	〇八七(40)
南京市政府训令(秘字第　号,令城乡各区公所)	第五十八期	二十九年十月三十一日	〇九七(40)
南京市政府训令(秘字第　号,令城乡各区公所)	第五十三期	二十九年八月十五日	八四七(39)
南京市政府训令(秘字第　号,令查委平)	第五十四期	二十九年八月三十一日	九一一(39)
南京市政府训令(秘字第　号,令第五区区长沈桂森)	第五十七期	二十九年十月十五日	〇五九(40)

南京市政府训令(教字三一四〇号,令各公私立学校及社教机关)	第五十七期	二十九年十月十五日	〇五三(40)
南京市政府训令(教字第一八一二号,令南洋模范无线电学校/新华无线电工程学校)	第六十六期	三十年二月二十八日	四六七(40)
南京市政府训令(教字第二二二〇号,令市/私立中学)	第五十五期	二十九年九月十五日	九五四(39)
南京市政府训令(教字第二二三九号,令市/私立中小学)	第五十五期	二十九年九月十五日	九五二(39)
南京市政府训令(教字第二二三〇号,令市立各级小学)	第五十五期	二十九年九月十五日	九五五(39)
南京市政府训令(教字第二八一八号,令本市已登记各私塾)	第五十六期	二十九年九月三十日	〇一六(40)
南京市政府训令(教字第二六四五号,令市私立各中小学/市立民众教育馆/市立民众图书馆)	第五十六期	二十九年九月三十日	〇一一(40)
南京市政府训令(教字第二四一九号,令市立/私立各级小学)	第五十六期	二十九年九月三十日	〇一二(40)
南京市政府训令(教字第二〇四〇号,令市/私立各中学)	第五十五期	二十九年九月十五日	九五三(39)
南京市政府训令(教字第三七四五号,令市立各级小学)	第五十八期	二十九年十月三十一日	〇九九(40)
南京市政府训令(教字第三七〇三号令市/私立各级中小学暨社教机关/各级中小学校校长)	第五十八期	二十九年十月三十一日	〇九七(40)
南京市政府训令(教字第三五五五号,令各级中小学暨社教机关)	第五十八期	二十九年十月三十一日	〇九八(40)
南京市政府训令(教字第五三七六号,令市立各校馆)	第六十二期	二十九年十二月三十一日	二六五(40)
南京市政府训令(教字第五六三〇号,令市立各中小学)	第六十二期	二十九年十二月三十一日	二六四(40)

南京市政府训令(教字第四一二一号,令市立各乡区小学)	第五十八期	二十九年十月三十一日	一〇一(40)
南京市政府训令(教字第四八〇六号,令南京市各区公所)	第六十期	二十九年十一月三十日	一七三(40)
南京市政府训令(教字第　号,令市立各级小学)	第六十六期	三十年二月二十八日	四六六(40)
南京市政府训令(教字第　号,令市立各级小学)	第六十八期	三十年三月三十一日	五四一(40)
南京市政府训令(教字第　号,令市私立中学)	第六十八期	三十年三月三十一日	五四〇(40)
南京市政府训令(教字第　号,令市私立各小学校长)	第五十九期	二十九年十一月十五日	一三八(40)
南京市政府训令(教字第　号,令市私立各中小学)	第六十一期	二十九年十二月十五日	二一九(40)
南京市政府训令(教字第　号,令市私立各级小学)	第六十八期	三十年三月三十一日	五四一(40)
南京市政府训令(教字第　号,令各区区公所)	第六十三期	三十年一月十五日	三一二(40)
南京市政府训令(教字第　号,令财政局)	第六十六期	三十年二月二十八日	四六三(40)
南京市政府训令(第　号,令胡明远李熙会)	第五十四期	二十九年八月三十一日	九一〇(39)
南京市政府批(财字第二九九九号,具呈人范兴让)	第五十七期	二十九年十月十五日	〇六〇(40)
南京市政府批(财字第二三八五号)	第五十五期	二十九年九月十五日	九六二(39)
南京市政府批(财字第五五八九号,批具呈人刘纯甫)	第六十二期	二十九年十二月三十一日	二七〇(40)
南京市政府批(社字第一九七一号)	第五十五期	二十九年九月十五日	九六一(39)
南京市政府批(社字第二〇五九号)	第五十五期	二十九年九月十五日	九六一(39)
南京市政府批(社字第四七二二号)	第六十期	二十九年十一月三十日	一八三(40)
南京市政府批(社字第　号,具呈人莲花念佛堂主持张净贞)	第六十八期	三十年三月三十一日	五五七(40)

南京市政府委任状(市字第一号):委任杨宗炯、邵洵美为本府秘书,钱宏为本府总务科科长,许缙为本府总务科文牍股主任,马饮冰为本府总务科编辑股主任,朱养素为本府总务科稽查股主任,喻公鲁为本府总务科庶务股主任,杜少甫、郭纲纶、戎明道、骆文翰、江世沆、应尔信为本府总务科文牍股科员,杨明恒、崔紫峰、孙绍康、周士选为本府总务科庶务股科员,黄季道为本府总务科编辑股科员,尹赞汤、蒋楚白、佘秉国为本府总务科稽查股科员,周雍能为南京市财政局局长,陈扬杰为南京市工务局局长,邱鸿钧为南京市公安局局长,陈剑修为南京市教育局局长,周威为南京市卫生局局长,成栊为江宁铁路局局长,丁永诚为南京市电灯厂厂长,俞友仁为普育堂主任	第一号	十六年六月	〇二九(1)
南京市政府指令(财字第一四九二号,令捐税征收所)	第五十四期	二十九年八月三十一日	九一四(39)
南京市政府指令(财字第二二五七号,令私立南京孤儿院常务理事马少园)	第六十七期	三十年三月十五日	五〇四(40)
南京市政府指令(财字第二六〇八号,令捐税征收所所长李熙会)	第五十六期	二十九年九月三十日	〇二二(40)
南京市政府指令(财字第三四五八号,令营业税处)	第五十七期	二十九年十月十五日	〇五九(40)
南京市政府指令(财字第五五一六号,令园林管理处)	第六十二期	二十九年十二月三十一日	二七〇(40)

南京市政府指令(财字第五四七九号,令园林管理处)	第六十二期	二十九年十二月三十一日	二六九(40)
南京市政府指令(财字第四八六二号,令八卦洲洲产整理处)	第六十期	二十九年十一月三十日	一八〇(40)
南京市政府指令(财字第四三六四号,令园林管理处)	第五十九期	二十九年十一月十五日	一四六(40)
南京市政府指令(财字第四五一四号,令捐税征收所)	第五十九期	二十九年十一月十五日	一四五(40)
南京市政府指令(财字第　号,令八卦洲洲产整理处处长俞步九)	第六十四期	三十年一月三十一日	三六五(40)
南京市政府指令(财字第　号,令捐税征收所)	第六十六期	三十年二月二十八日	四七三(40)
南京市政府指令(财字第　号,令捐税征收所所长李熙会)	第六十四期	三十年一月三十一日	三六六(40)
南京市政府指令(财字第　号,令菜场管理所)	第六十五期	三十年二月十五日	三九四(40)
南京市政府指令(社字第四八七二号,令安德门区公所)	第六十期	二十九年十一月三十日	一七九(40)
南京市政府指令(社字第四九二九号,令一/五　区公所)	第六十期	二十九年十一月三十日	一七七(40)
南京市政府通令(秘字第　号,令城乡各区公所)	第五十九期	二十九年十一月十五日	一四七(40)
南京市政府通令(秘字第　号,令城乡各区公所)	第五十九期	二十九年十一月十五日	一四七(40)
南京市政府通告(工字第　号)	第五十八期	二十九年十月三十一日	〇八(40)
南京市政府通告(地字第　号)	第五十七期	二十九年十月十五日	〇六〇(40)
南京市政府通知(社字第二三一一号)	第五十五期	二十九年九月十五日	九六二(39)
南京市政府通知(社字第　号)	第六十四期	三十年一月三十一日	三六七(40)
南京市政府/首都警察厅布告(字第　号)	第六十五期	三十年二月十五日	三九六(40)
南京市换发汽车新号牌通告	第六十三期	三十年一月十五日	三一五(40)
南京特别市政府公布令(字第　号)	第一〇五期	三十一年十月十五日	〇〇八(42)

南京特别市政府公布令(字第　号)	第一〇五期	三十一年十月十五日	〇〇八(42)
南京特别市政府公布令(府社字第　号,令本府各局处会/城乡各区公所/市商会)	第一一一期	三十二年一月十五日	二二三(42)
南京特别市政府公告(字第　号)	第一〇五期	三十一年十月十五日	〇一五(42)
南京特别市政府公告(字第　号)	第一〇六期	三十一年十月三十一日	〇四八(42)
南京特别市政府公告(字第　号)	第一〇六期	三十一年十月三十一日	〇四八(42)
南京特别市政府公告(字第　号)	第一〇六期	三十一年十月三十一日	〇四九(42)
南京特别市政府公告(字第　号)	第一〇六期	三十一年十月三十一日	〇五〇(42)
南京特别市政府公告(字第　号)	第一〇六期	三十一年十月三十一日	〇五一(42)
南京特别市政府公告(字第　号)	第一〇七期	三十一年十一月十五日	〇八六(42)
南京特别市政府公告(字第　号)	第一〇七期	三十一年十一月十五日	〇八六(42)
南京特别市政府公告(字第　号)	第一〇七期	三十一年十一月十五日	〇八七(42)
南京特别市政府公告(字第　号)	第一〇七期	三十一年十一月十五日	〇八七(42)
南京特别市政府公告(字第　号)	第一〇七期	三十一年十一月十五日	〇八七(42)
南京特别市政府公告(字第　号)	第一〇七期	三十一年十一月十五日	〇八八(42)
南京特别市政府公告(字第　号)	第一〇七期	三十一年十一月十五日	〇八九(42)
南京特别市政府公告(字第　号)	第一〇八期	三十一年十一月三十日	一二五(42)
南京特别市政府公告(字第　号)	第一〇八期	三十一年十一月三十日	一二六(42)
南京特别市政府公告(字第　号)	第一〇八期	三十一年十一月三十日	一二六(42)
南京特别市政府公告(字第　号)	第一〇八期	三十一年十一月三十日	一二七(42)
南京特别市政府公告(字第　号)	第一〇八期	三十一年十一月三十日	一二七(42)
南京特别市政府公告(字第　号)	第一〇九期	三十一年十二月十五日	一六四(42)
南京特别市政府公告(字第　号)	第一〇九期	三十一年十二月十五日	一六四(42)
南京特别市政府公告(字第　号)	第一〇九期	三十一年十二月十五日	一六五(42)
南京特别市政府公告(字第　号)	第一〇九期	三十一年十二月十五日	一六六(42)
南京特别市政府公告(字第　号)	第一〇九期	三十一年十二月十五日	一六七(42)
南京特别市政府公告(字第　号)	第一一一期	三十二年一月十五日	二三五(42)
南京特别市政府公告(字第　号)	第一一一期	三十二年一月十五日	二三六(42)
南京特别市政府公告(字第　号)	第一一一期	三十二年一月十五日	二三七(42)
南京特别市政府公告(字第　号)	第一一一期	三十二年一月十五日	二三七(42)
南京特别市政府公告(字第　号)	第一一一期	三十二年一月十五日	二三八(42)
南京特别市政府公告(字第　号)	第一一一期	三十二年一月十五日	二三八(42)

南京特别市政府公告（字第　号）	第一一二期	三十二年一月三十一日	二八二(42)
南京特别市政府公告（字第　号）	第一一二期	三十二年一月三十一日	二八三(42)
南京特别市政府公告（字第　号）	第一一二期	三十二年一月三十一日	二八四(42)
南京特别市政府公告（字第　号）	第一一二期	三十二年一月三十一日	二八四(42)
南京特别市政府公告（字第　号）	第一一二期	三十二年一月三十一日	二八五(42)
南京特别市政府公告（字第　号）	第一一六期	三十二年三月三十一日	四二〇(42)
南京特别市政府公告（字第　号）	第一一六期	三十二年三月三十一日	四二〇(42)
南京特别市政府公告（字第　号）	第一一八期	三十二年四月三十日	四九〇(42)
南京特别市政府公告（字第　号）	第一二〇期	三十二年五月三十一日	五六六(42)
南京特别市政府公告（字第　号）	第一二〇期	三十二年五月三十一日	五六七(42)
南京特别市政府公告（字第　号）	第一二〇期	三十二年五月三十一日	五六八(42)
南京特别市政府公告（字第　号）	第一二三期	三十二年七月十五日	六九一(42)
南京特别市政府公告（字第　号）	第一二三期	三十二年七月十五日	六九二(42)
南京特别市政府公告（字第　号）	第一二五期	三十二年八月十五日	七六七(42)
南京特别市政府公告（字第　号）	第一二五期	三十二年八月十五日	七六七(42)
南京特别市政府公告（字第　号）	第一二六期	三十二年八月三一日	七九九(42)
南京特别市政府公告（字第　号）	第一二六期	三十二年八月三一日	七九九(42)
南京特别市政府公告（字第　号）	第一二一期	三十二年六月十五日	五九九(42)
南京特别市政府公告（字第　号）	第一二一期	三十二年六月十五日	六〇〇(42)
南京特别市政府公告（字第　号）	第一一五期	三十二年三月十五日	三九五(42)
南京特别市政府公告（字第　号）	第一一五期	三十二年三月十五日	三九六(42)
南京特别市政府公告（字第　号）	第一一五期	三十二年三月十五日	三九六(42)
南京特别市政府公告（字第　号）	第一一〇期	三十一年十二月三十一日	二〇八(42)
南京特别市政府公告（字第　号）	第一一三期	三十二年二月十五日	三一一(42)
南京特别市政府公告（字第　号）	第一一三期	三十二年二月十五日	三一二(42)
南京特别市政府公告（字第　号）	第一一三期	三十二年二月十五日	三一二(42)
南京特别市政府公告（字第　号）	第一一四期	三十二年三月二十八日	三四五(42)
南京特别市政府公告（府地字第　号）	第一二八期	三十二年九月三十日	八五四(42)
南京特别市政府公告（府字第　号）	第一一八期	三十二年四月三十日	四九〇(42)
南京特别市政府公告（府字第　号）	第一一九期	三十二年五月十五日	五三四(42)
南京特别市政府布告（工字第　号）	第一一四期	三十二年三月二十八日	三四四(42)
南京特别市政府布告（卫字第　号）	第一一三期	三十二年二月十五日	三一一(42)

南京特别市政府布告（字第　号）	第一〇七期	三十一年十一月十五日	〇八〇(42)
南京特别市政府布告（字第　号）	第一一〇期	三十一年十二月三十一日	二〇六(42)
南京特别市政府布告（字第　号）	第一一六期	三十二年三月三十一日	四一九(42)
南京特别市政府布告（字第　号）	第一二〇期	三十二年五月三十一日	五六四(42)
南京特别市政府布告（字第　号）	第一二〇期	三十二年五月三十一日	五六五(42)
南京特别市政府布告（字第　号）	第一三〇期	三十二年十月三十一日	九三三(42)
南京特别市政府布告（府工字第　号）	第一〇五期	三十一年十月十五日	〇一四(42)
南京特别市政府布告（府工字第　号）	第一〇五期	三十一年十月十五日	〇一四(42)
南京特别市政府布告（府工字第　号）	第一一〇期	三十一年十二月三十一日	二〇五(42)
南京特别市政府布告（府工字第　号）	第一一一期	三十二年一月十五日	二三一(42)
南京特别市政府布告（府工字第　号）	第一一七期	三十二年四月十五日	四五七(42)
南京特别市政府布告（府工字第　号）	第一二三期	三十二年七月十五日	六八九(42)
南京特别市政府布告（府工字第　号）	第一一四期	三十二年三月二十八日	三四五(42)
南京特别市政府布告（府字经第　号）	第一二一期	三十二年六月十五日	五九八(42)
南京特别市政府布告（府字第　号）	第一一九期	三十二年五月十五日	五三三(42)
南京特别市政府布告（府字第　号）	第一二六期	三十二年八月三一日	七九八(42)
南京特别市政府布告（府财字第　号）	第一〇六期	三十一年十月三十一日	〇四六(42)
南京特别市政府布告（府财字第　号）	第一〇六期	三十一年十月三十一日	〇四六(42)
南京特别市政府布告（府财字第　号）	第一一〇期	三十一年十二月三十一日	二〇五(42)
南京特别市政府布告（府财字第　号）	第一一五期	三十二年三月十五日	三九四(42)

南京特别市政府布告(府财字第　号)	第一一九期	三十二年五月十五日	五三一(42)
南京特别市政府布告(府财字第　号)	第一一九期	三十二年五月十五日	五三二(42)
南京特别市政府布告(府财字第　号)	第一二二期	三十二年六月三十日	六三〇(42)
南京特别市政府布告(府财字第　号)	第一二二期	三十二年六月三十日	六三一(42)
南京特别市政府布告(府财字第　号)	第一二二期	三十二年六月三十日	六三二(42)
南京特别市政府布告(府财字第　号)	第一二二期	三十二年六月三十日	六三二(42)
南京特别市政府布告(府财字第　号)	第一二八期	三十二年九月三十日	八五三(42)
南京特别市政府布告(府社字第　号)	第一〇八期	三十一年十一月三十日	一二〇(42)
南京特别市政府布告(府社字第　号)	第一〇七期	三十一年十一月十五日	〇八一(42)
南京特别市政府布告(府社字第　号)	第一〇五期	三十一年十月十五日	〇〇八(42)
南京特别市政府布告(府社字第　号)	第一〇五期	三十一年十月十五日	〇〇九(42)
南京特别市政府布告(府社字第　号)	第一一三期	三十二年二月十五日	三〇九(42)
南京特别市政府布告(府社字第　号)	第一一二期	三十二年一月三十一日	二七九(42)
南京特别市政府布告(府宜字第　号)	第一一〇期	三十一年十二月三十一日	二〇七(42)
南京特别市政府布告(府经字第　号)	第一一九期	三十二年五月十五日	五三〇(42)
南京特别市政府布告(府经字第　号)	第一二〇期	三十二年五月三十一日	五六三(42)

南京特别市政府布告(府经字第 号)	第一二二期	三十二年六月三十日	六三四(42)
南京特别市政府布告(府经字第 号)	第一二三期	三十二年七月十五日	六八五(42)
南京特别市政府布告(府经字第 号)	第一二九期	三十二年十月十五日	八九四(42)
南京特别市政府布告(府粮字第 号)	第一二三期	三十二年七月十五日	六九〇(42)
南京特别市政府布告(府粮经字第 号)	第一二二期	三十二年六月三十日	六三三(42)
南京特别市政府布告(粮字第 号)	第一一七期	三十二年四月十五日	四五八(42)
南京特别市政府训令(字第 号)	第一二一期	三十二年六月十五日	五八八(42)
南京特别市政府训令(字第 号,令工务局局长朱浩元/陈万恭)	第一一五期	三十二年三月十五日	三九一(42)
南京特别市政府训令(字第 号,令工务局科长俞则民、查委平、徐粟民工务局技正郑源深)	第一一五期	三十二年三月十五日	三九二(42)
南京特别市政府训令(字第 号,令本市菜场管理所主任汪容)	第一三〇期	三十二年十月三十一日	九三一(42)
南京特别市政府训令(字第 号,令本府各处局)	第一一九期	三十二年五月十五日	五一三(42)
南京特别市政府训令(字第 号,令本府各处局会/区公所)	第一一〇期	三十一年十二月三十一日	一八九(42)
南京特别市政府训令(字第 号,令本府各局处会)	第一二一期	三十二年六月十五日	五九四(42)
南京特别市政府训令(字第 号,令本府各局处会)	第一二七期	三十二年九月十五日	八二三(42)
南京特别市政府训令(字第 号,令本府所属各机关)	第一二七期	三十二年九月十五日	八二八(42)
南京特别市政府训令(字第 号,令处局会)	第一〇八期	三十一年十一月三十日	〇九(42)
南京特别市政府训令(字第 号,令处局会/区公所)	第一一二期	三十二年一月三十一日	二六六(42)

南京特别市政府训令(字第　号,令处局会/区公所)	第一一二期	三十二年一月三十一日	二六七(42)
南京特别市政府训令(字第　号,令处局会/区公所)	第一一二期	三十二年一月三十一日	二七〇(42)
南京特别市政府训令(字第　号,令主要商品清理委员会/筹备委员会/区公所)	第一二七期	三十二年九月十五日	八一八(42)
南京特别市政府训令(字第　号,令市商会/本府各局处会暨各区区公所/各同业公会)	第一一七期	三十二年四月十五日	四五一(42)
南京特别市政府训令(字第　号,令各区公所)	第一二四期	三十二年七月三十一日	七二〇(42)
南京特别市政府训令(字第　号,令各区公所)	第一二〇期	三十二年五月三十一日	五五九(42)
南京特别市政府训令(字第　号,令各区公所)	第一二六期	三十二年八月三一日	七九五(42)
南京特别市政府训令(字第　号,令各区公所)	第一三〇期	三十二年十月三十一日	九二二(42)
南京特别市政府训令(字第　号,令各区公所除一区)	第一二七期	三十二年九月十五日	八二四(42)
南京特别市政府训令(字第　号,令各业同业公会/菜场管理所)	第一二七期	三十二年九月十五日	八二一(42)
南京特别市政府训令(字第　号,令各处会)	第一二四期	三十二年七月三十一日	七一八(42)
南京特别市政府训令(字第　号,令各局处会)	第一二五期	三十二年八月十五日	七六一(42)
南京特别市政府训令(字第　号,令各局处会)	第一二八期	三十二年九月三十日	八四三(42)
南京特别市政府训令(字第　号,令各局处会)	第一三〇期	三十二年十月三十一日	九一八(42)
南京特别市政府训令(字第　号,令各局处会)	第一三〇期	三十二年十月三十一日	九二〇(42)

南京特别市政府训令(字第　号,令各局处会除经济局福利局公粜会)	第一一六期	三十二年三月三十一日	四一七(42)
南京特别市政府训令(字第　号,令各局处会/各区公所)	第一一四期	三十二年三月二十八日	三四二(42)
南京特别市政府训令(字第　号,令社会局/市银行业/钱业同业公会/市银行/市商会/各区公所)	第一〇五期	三十一年十月十五日	〇〇五(42)
南京特别市政府训令(字第　号,令改组各业同业公会筹备委员会)	第一二九期	三十二年十月十五日	八九一(42)
南京特别市政府训令(字第　号,令改组各业同业公会筹备委员会/主要商品清理委员会/城乡区区公所)	第一二八期	三十二年九月三十日	八四四(42)
南京特别市政府训令(字第　号,令改组各业同业公会筹备委员会/城乡各区公所)	第一二一期	三十二年六月十五日	五九〇(42)
南京特别市政府训令(字第　号,令改组各业同业公会筹备委员会/城乡各区公所)	第一二二期	三十二年六月三十日	六二七(42)
南京特别市政府训令(字第　号,令经济局)	第一一四期	三十二年三月二十八日	三四二(42)
南京特别市政府训令(字第　号,令城乡各区公所)	第一二五期	三十二年八月十五日	七六七(42)
南京特别市政府训令(字第　号,令城乡各区公所)	第一二四期	三十二年七月三十一日	七一九(42)
南京特别市政府训令(字第　号,令城乡各区公所)	第一二四期	三十二年七月三十一日	七一九(42)
南京特别市政府训令(字第　号,令城乡各区公所)	第一一七期	三十二年四月十五日	四五六(42)
南京特别市政府训令(字第　号,令城区自治实验/第四区公所)	第一三〇期	三十二年十月三十一日	九二〇(42)

南京特别市政府训令(字第　号,令南京市主要商品清理委员会)	第一三〇期	三十二年十月三十一日	九三一(42)
南京特别市政府训令(字第　号,令第一二三四五区/城区自治实验区区公所)	第一二二期	三十二年六月三十日	六二九(42)
南京特别市政府训令(字第　号,令第三第四上新河安德门孝陵卫区公所)	第一二六期	三十二年八月三一日	七九五(42)
南京特别市政府训令(字第　号,令第五区公所/安德门区公所)	第一一六期	三十二年三月三十一日	四一七(42)
南京特别市政府训令(字第　号,任命姜文宝为社会福利局局长)	第一一六期	三十二年三月三十一日	四一六(42)
南京特别市政府训令(府工字第　号,令城乡各区公所)	第一一二期	三十二年一月三十一日	二七三(42)
南京特别市政府训令(府工字第　号,令南京特别市社会运动指导委员会)	第一〇六期	三十一年十月三十一日	〇四一(42)
南京特别市政府训令(府卫字第　号	第一一五期	三十二年三月十五日	三九四(42)
南京特别市政府训令(府卫字第　号,令一二三四城实/安德门/上新河区公所)	第一一五期	三十二年三月十五日	三九四(42)
南京特别市政府训令(府卫字第　号,令上新河乡区实验/第一二三城区自治实验/孝陵卫/安德门区公所)	第一〇七期	三十一年十一月十五日	〇七七(42)
南京特别市政府训令(府卫字第　号,令城乡各区公所)	第一一七期	三十二年四月十五日	四五五(42)
南京特别市政府训令(府卫字第　号,令城乡各区公所)	第一一七期	三十二年四月十五日	四五六(42)
南京特别市政府训令(府卫字第　号,令城乡各区公所)	第一一八期	三十二年四月三十日	四八七(42)

南京特别市政府训令(府卫字第 号,令城乡各区公所)	第一〇五期	三十一年十月十五日	〇〇七(42)
南京特别市政府训令(府卫字第 号,令前传染病院院长黄道三)	第一一〇期	三十一年十二月三十一日	一九八(42)
南京特别市政府训令(府卫字第 号,令菜塲管理所主任钱企华)	第一一七期	三十二年四月十五日	四五七(42)
南京特别市政府训令(府卫字第 号,令新药国药业公会)	第一二七期	三十二年九月十五日	八二四(42)
南京特别市政府训令(府卫字第 号,第一三三四区公所城区自治实验区公所教育局)	第一一五期	三十二年三月十五日	三九三(42)
南京特别市政府训令(府公粜字第 号,令公粜委员会)	第一一一期	三十二年一月十五日	二三〇(42)
南京特别市政府训令(府农字第 号,令各乡区公所)	第一一九期	三十二年五月十五日	五三〇(42)
南京特别市政府训令(府农字第 号,令孝陵卫/乡实区/安德门区公所)	第一二〇期	三十二年五月三十一日	五六一(42)
南京特别市政府训令(府农字第 号,令第五区/各乡区公所)	第一一八期	三十二年四月三十日	四八七(42)
南京特别市政府训令(府财字第一四七号,令本府各局处/各区公所/市商会)	第一一二期	三十二年一月三十一日	二七六(42)
南京特别市政府训令(府财字第一四四号,令本府各局处/市商会/各区公所)	第一一二期	三十二年一月三十一日	二七七(42)
南京特别市政府训令(府财字第二七四号,令捐税征收所所长江兆龙)	第一一〇期	三十一年十二月三十一日	一九五(42)
南京特别市政府训令(府财字第 号,令乡区自治实验区)	第一二五期	三十二年八月十五日	七六二(42)
南京特别市政府训令(府财字第 号,令乡区自治实验区区公所/上新河/安德门/孝陵卫/区公所)	第一二八期	三十二年九月三十日	八四七(42)

南京特别市政府训令(府财字第号,令日侨家屋组主任赵志方)	第一〇九期	三十一年十二月十五日	一六三(42)
南京特别市政府训令(府财字第号,令本府各局处会区公所/附属机关/南京市银行)	第一二三期	三十二年七月十五日	六七九(42)
南京特别市政府训令(府财字第号,令本府各局处会区公所/附属机关/南京市银行)	第一二三期	三十二年七月十五日	六七七(42)
南京特别市政府训令(府财字第号,令本府各局处会/区公所/南京市商会/市银行)	第一二〇期	三十二年五月三十一日	五五九(42)
南京特别市政府训令(府财字第号,令本府各局处会/各区公所/南京特别市商会/本府附属机关/南京市银行)	第一一一期	三十二年一月十五日	二二九(42)
南京特别市政府训令(府财字第号,令本府各局处会/附属机关)	第一一八期	三十二年四月三十日	四八五(42)
南京特别市政府训令(府财字第号,令本府各局处会/附属机关/城乡各区公所/南京市商会/银行)	第一一〇期	三十一年十二月三十一日	一九六(42)
南京特别市政府训令(府财字第号,令本府各局处会/区公所)	第一二八期	三十二年九月三十日	八四六(42)
南京特别市政府训令(府财字第号,令本府各局处会/附属机关/城乡各区公所)	第一二三期	三十二年七月十五日	六七八(42)
南京特别市政府训令(府财字第号,令本府各局处会/附属机关/南京市银行)	第一一八期	三十二年四月三十日	四八四(42)
南京特别市政府训令(府财字第号,令本府各局处/区公所/市银行/商会)	第一〇七期	三十一年十一月十五日	〇七五(42)

南京特别市政府训令(府财字第号,令本府各局处/区公所/市银行/商会)	第一〇七期	三十一年十一月十五日	〇七六(42)
南京特别市政府训令(府财字第号,令本府各局处/区公所/附属机关)	第一〇七期	三十一年十一月十五日	〇七六(42)
南京特别市政府训令(府财字第号,令本府各局处/区公所/附属机关/市银行/商会)	第一〇七期	三十一年十一月十五日	〇七四(42)
南京特别市政府训令(府财字第号,令本府各局处/市商会/各区公所)	第一一二期	三十二年一月三十一日	二七八(42)
南京特别市政府训令(府财字第号,令本府各局处/各区公所)	第一一二期	三十二年一月三十一日	二七七(42)
南京特别市政府训令(府财字第号,令本府各局处/各附属机关/区公所/市商会/市银行)	第一〇九期	三十一年十二月十五日	一六三(42)
南京特别市政府训令(府财字第号,令本府各局处/附属机关)	第一〇八期	三十一年十一月三十日	一一五(42)
南京特别市政府训令(府财字第号,令本府各局处/附属机关)	第一〇八期	三十一年十一月三十日	一一五(42)
南京特别市政府训令(府财字第号,令本府各局处/附属机关)	第一一〇期	三十一年十二月三十一日	一九五(42)
南京特别市政府训令(府财字第号,令本府各局处/捐税征收所/屠宰征收所/营业税征收处/南京市商会)	第一一七期	三十二年四月十五日	四五四(42)
南京特别市政府训令(府财字第号,令本府局处会/附属机关/区公所/南京市银行)	第一二四期	三十二年七月三十一日	七一二(42)
南京特别市政府训令(府财字第号,令本府所属各机关)	第一一七期	三十二年四月十五日	四五四(42)

南京特别市政府训令(府财字第号,令田赋征收处主任刘国光/乡区自治实验区区长萧石楼/孝陵卫区区长巫开福)	第一二五期	三十二年八月十五日	七六二(42)
南京特别市政府训令(府财字第号,令田赋征收处主任/督征员)	第一一二期	三十二年一月三十一日	二七八(42)
南京特别市政府训令(府财字第号,令田赋征收处卸任主任沈甲三/新任主任刘国光/监盘员程翔)	第一一一期	三十二年一月十五日	二二九(42)
南京特别市政府训令(府财字第号,令田赋征收处/营业税征收处/捐税征收所/牲畜屠宰税征收所/妓捐征收所)	第一二九期	三十二年十月十五日	八八七(42)
南京特别市政府训令(府财字第号,令各乡区公所/田赋征收处)	第一一九期	三十二年五月十五日	五二八(42)
南京特别市政府训令(府财字第号,令各局处会/区公所)	第一二九期	三十二年十月十五日	八八九(42)
南京特别市政府训令(府财字第号,令各局处会/区公所)	第一二九期	三十二年十月十五日	八九〇(42)
南京特别市政府训令(府财字第号,令各局处会/附属各机关)	第一二二期	三十二年六月三十日	六二八(42)
南京特别市政府训令(府财字第号,令各局处/附属机关)	第一〇八期	三十一年十一月三十日	一一九(42)
南京特别市政府训令(府财字第号,令财政/经济局/南京特别市银行/钱业同业公会)	第一二五期	三十二年八月十五日	七六三(42)
南京特别市政府训令(府财字第号,令社会局/社运会/市商会)	第一一〇期	三十一年十二月三十一日	一九四(42)
南京特别市政府训令(府财字第号,令妓捐、屠宰税、捐税、营业税征收所处)	第一一九期	三十二年五月十五日	五二九(42)

南京特别市政府训令(府财字第号,令委员沈甲三/安德门乡区公所/乡区自治实验公所)	第一〇五期	三十一年十月十五日	〇〇七(42)
南京特别市政府训令(府财字第号,令经济局/社会福利局/市商会/市银行)	第一一八期	三十二年四月三十日	四八四(42)
南京特别市政府训令(府财字第号,令经济/社会福利局/银行同业公会)	第一二四期	三十二年七月三十一日	七一四(42)
南京特别市政府训令(府财字第号,令南京市银行)	第一〇九期	三十一年十二月十五日	一六二(42)
南京特别市政府训令(府财字第号,令南京市银行)	第一一六期	三十二年三月三十一日	四一七(42)
南京特别市政府训令(府财字第号,令南京市银行)	第一一七期	三十二年四月十五日	四五五(42)
南京特别市政府训令(府财字第号,令南京市银行董事会)	第一一六期	三十二年三月三十一日	四一九(42)
南京特别市政府训令(府财字第号,令南京市银行董事会)	第一一七期	三十二年四月十五日	四五三(42)
南京特别市政府训令(府财字第号,令南京市银行/本市银行/钱业同业公会)	第一二八期	三十二年九月三十日	八四九(42)
南京特别市政府训令(府财字第号,令南京市银行/南京特别市银行业/钱业同业公会)	第一二五期	三十二年八月十五日	七六四(42)
南京特别市政府训令(府财字第号,令南京特别市银行业公会/钱业公会)	第一二三期	三十二年七月十五日	六七六(42)
南京特别市政府训令(府财字第号,令南京特别市银行业/钱业同业公会)	第一二七期	三十二年九月十五日	八二一(42)
南京特别市政府训令(府财字第号,令南京特别市银行业/钱业同业公会/南京市银行)	第一二六期	三十二年八月三一日	七九三(42)

南京特别市政府训令(府财字第号,令南京特别市银行业/钱业同业公会/南京市银行)	第一二六期	三十二年八月三一日	七九四(42)
南京特别市政府训令(府财字第号,令南京特别市银行同业公会)	第一一六期	三十二年三月三十一日	四一八(42)
南京特别市政府训令(府财字第号,令南京特别市银行/钱业同业公会)	第一二四期	三十二年七月三十一日	七一一(42)
南京特别市政府训令(府财字第号,令牲畜屠宰税征收所所长、屠宰场场长张敬书)	第一二一期	三十二年六月十五日	五九三(42)
南京特别市政府训令(府财字第号,令牲畜屠宰税征收所/捐税征收所/营业税征收处)	第一〇六期	三十一年十月三十一日	〇四一(42)
南京特别市政府训令(府财字第号,令捐税征收所所长江兆龙)	第一二二期	三十二年六月三十日	六二七(42)
南京特别市政府训令(府财字第号,令捐税征收所所长江兆龙/各区公所)	第一二一期	三十二年六月十五日	五九二(42)
南京特别市政府训令(府财字第号,令营业税征收处)	第一二七期	三十二年九月十五日	八二二(42)
南京特别市政府训令(府财字第号,令营业税征收处处长徐静皆)	第一一一期	三十二年一月十五日	二三〇(42)
南京特别市政府训令(府财字第号,令摊贩管理所主任宋建中)	第一二一期	三十二年六月十五日	五九三(42)
南京特别市政府训令(府社字第号,令乡区自治实验/上新河/安德门孝陵卫/区公所)	第一一一期	三十二年一月十五日	二二五(42)
南京特别市政府训令(府社字第号,令公枽委员会)	第一〇五期	三十一年十月十五日	〇〇四(42)
南京特别市政府训令(府社字第号,令公枽委员会)	第一〇五期	三十一年十月十五日	〇〇五(42)

南京特别市政府训令(府社字第号,令户籍员训练班)	第一〇六期	三十一年十月三十一日	〇四〇(42)
南京特别市政府训令(府社字第号,令本市公粜委员会)	第一〇九期	三十一年十二月十五日	一五六(42)
南京特别市政府训令(府社字第号,令本市公粜委员会/米粮收购处)	第一〇七期	三十一年十一月十五日	〇七四(42)
南京特别市政府训令(府社字第号,令本府各局处会/城乡各区公所)	第一〇八期	三十一年十一月三十日	一〇(42)
南京特别市政府训令(府社字第号,令本府各局处会/城乡各区公所/市商会)	第一一二期	三十二年一月三十一日	二七四(42)
南京特别市政府训令(府社字第号,令本府社会局/市公粜委员会)	第一一二期	三十二年一月三十一日	二七五(42)
南京特别市政府训令(府社字第号,令市农商工整会)	第一〇九期	三十一年十二月十五日	一五六(42)
南京特别市政府训令(府社字第号,令市社运会主任委员/社会局兼理局长)	第一〇九期	三十一年十二月十五日	一六一(42)
南京特别市政府训令(府社字第号,令各区公所)	第一〇八期	三十一年十一月三十日	一一一(42)
南京特别市政府训令(府社字第号,令各区公所)	第一〇九期	三十一年十二月十五日	一六〇(42)
南京特别市政府训令(府社字第号,令各区公所)	第一一〇期	三十一年十二月三十一日	一九〇(42)
南京特别市政府训令(府社字第号,令庇寒所)	第一一二期	三十二年一月三十一日	二七二(42)
南京特别市政府训令(府社字第号,令城乡各区公所)	第一〇八期	三十一年十一月三十日	一一一(42)
南京特别市政府训令(府社字第号,令城乡各区公所)	第一〇六期	三十一年十月三十一日	〇三九(42)

南京特别市政府训令(府社字第号,令城乡各区公所)	第一〇六期	三十一年十月三十一日	〇四〇(42)
南京特别市政府训令(府社字第号,令城乡各区公所)	第一〇九期	三十一年十二月十五日	一五九(42)
南京特别市政府训令(府社字第号,令城乡各区公所)	第一〇九期	三十一年十二月十五日	一六〇(42)
南京特别市政府训令(府社字第号,令城乡各区公所)	第一一〇期	三十一年十二月三十一日	一九二(42)
南京特别市政府训令(府社字第号,令城乡各区公所)	第一一二期	三十二年一月三十一日	二七五(42)
南京特别市政府训令(府社字第号,令城区自治实验区公所/第一二三区公所/上新河区公所/安德门区公所)	第一〇七期	三十一年十一月十五日	〇七二(42)
南京特别市政府训令(府社字第号,令城区各区公所)	第一一〇期	三十一年十二月三十一日	一九一(42)
南京特别市政府训令(府社字第号,令城/乡各区公所)	第一〇八期	三十一年十一月三十日	一一二(42)
南京特别市政府训令(府社字第号,令第一二三四五区公所/上新河/安德门/孝陵卫区公所)	第一〇八期	三十一年十一月三十日	一〇(42)
南京特别市政府训令(府社字第号,令第一二三四五/城区自治实验区区公所)	第一一三期	三十二年二月十五日	三〇九(42)
南京特别市政府训令(府社字第号,令猪业整理委员会猪业整理委员会常务委员何柏椿、张云涛、张复鑫)	第一一一期	三十二年一月十五日	二二四(42)
南京特别市政府训令(府社字第号,市商会)	第一一二期	三十二年一月三十一日	二七三(42)
南京特别市政府训令(府社福字第　号,令南京特别市公典/商业公典)	第一二八期	三十二年九月三十日	八五一(42)

南京特别市政府训令(府经字第号,令乡区各区公所)	第一二一期	三十二年六月十五日	五八九(42)
南京特别市政府训令(府经字第号,令本市主要商品清理委员会)	第一二三期	三十二年七月十五日	六八五(42)
南京特别市政府训令(府经字第号,令本府各局处/市商会/城乡各区公所)	第一一八期	三十二年四月三十日	四八三(42)
南京特别市政府训令(府经字第号,令本府各局处/城乡各区公所/改组各业同业公会筹备委员会)	第一二〇期	三十二年五月三十一日	五五七(42)
南京特别市政府训令(府经字第号,令各区公所/南京特别市商会)	第一一九期	三十二年五月十五日	五二六(42)
南京特别市政府训令(府经字第号,令改组各业同业公会筹备委员会)	第一二〇期	三十二年五月三十一日	五五三(42)
南京特别市政府训令(府经字第号,令改组各业同业公会筹备委员会/城乡各区公所)	第一二〇期	三十二年五月三十一日	五五六(42)
南京特别市政府训令(府经字第号,令改组南京特别市各业同业公会筹备委员会)	第一一九期	三十二年五月十五日	五二三(42)
南京特别市政府训令(府经字第号,令改组南京特别市各业同业公会筹备委员会/城乡各区公所)	第一一九期	三十二年五月十五日	五二七(42)
南京特别市政府训令(府经字第号,令经济局/改组南京特别市各业同业公会筹备委员会)	第一一九期	三十二年五月十五日	五一三(42)
南京特别市政府训令(府经字第号,令城乡各区公所)	第一一九期	三十二年五月十五日	五二七(42)
南京特别市政府训令(府经字第号,令第一二三区公所)	第一二八期	三十二年九月三十日	八五一(42)

南京特别市政府训令(府经字第　号,令第五、三区公所)	第一二九期	三十二年十月十五日	八九二(42)
南京特别市政府训令(府经字第　号,令粮食局/经济局)	第一二一期	三十二年六月十五日	五九〇(42)
南京特别市政府训令(府保甲字第　号,令乡区自治实验/上新河/孝陵卫/安德门/区公所)	第一一八期	三十二年四月三十日	四八九(42)
南京特别市政府训令(府保甲字第　号,令城乡各区公所)	第一二二期	三十二年六月三十日	六三〇(42)
南京特别市政府训令(府保甲字第　号,令城乡各区公所)	第一二六期	三十二年八月三一日	七九六(42)
南京特别市政府训令(府保甲字第　号,令城乡各区公所)	第一二六期	三十二年八月三一日	七九六(42)
南京特别市政府训令(府宣字第　号,令本府所属各机关)	第一一〇期	三十一年十二月三十一日	一九八(42)
南京特别市政府训令(府宣字第　号,令各区公所)	第一二八期	三十二年九月三十日	八四八(42)
南京特别市政府训令(府宣字第　号,令各局处会/区公所)	第一二七期	三十二年九月十五日	八二五(42)
南京特别市政府训令(府宣字第　号,令南京特别市改组各业同业公会筹备“各业同业公会改组”委员会)	第一二七期	三十二年九月十五日	八二七(42)
南京特别市政府训令(府宣字第　号,令南京特别市改组各业同业公会筹备委员会)	第一二八期	三十二年九月三十日	八五〇(42)
南京特别市政府训令(府秘字第　号,令本市山西路市容整顿事务处兼主任赵其凡)	第一一八期	三十二年四月三十日	四八二(42)
南京特别市政府训令(府秘字第　号,令本市山西路市容整顿事务处兼主任赵其凡)	第一一八期	三十二年四月三十日	四八三(42)

南京特别市政府训令(府秘字第 号,令本府各局处/城乡各区公所)	第一〇九期	三十一年十二月十五日	一六二(42)
南京特别市政府训令(府秘字第 号,令本府所属各机关)	第一一九期	三十二年五月十五日	五一二(42)
南京特别市政府训令(府秘字第 号,令本府所属各局处会)	第一二一期	三十二年六月十五日	五八七(42)
南京特别市政府训令(府秘字第 号,令各局处会)	第一二四期	三十二年七月三十一日	七一六(42)
南京特别市政府训令(府秘字第 号,令各局处会)	第一二三期	三十二年七月十五日	六七三(42)
南京特别市政府训令(府秘字第 号,令各局处会)	第一二三期	三十二年七月十五日	六七五(42)
南京特别市政府训令(府秘字第 号,令秘书处)	第一二九期	三十二年十月十五日	八八五(42)
南京特别市政府训令(府秘字第 号,令第五区/各乡区公所)	第一二七期	三十二年九月十五日	八二九(42)
南京特别市政府训令(府粮字第 号,令乡区自治实验区区公所)	第一二一期	三十二年六月十五日	五九五(42)
南京特别市政府训令(府粮字第 号,令本市各区公所)	第一二〇期	三十二年五月三十一日	五六〇(42)
南京特别市政府训令(府粮字第 号,令本府各局处会/各附属机关)	第一二八期	三十二年九月三十日	八四七(42)
南京特别市政府训令(府粮字第 号,令各区公所)	第一二三期	三十二年七月十五日	六八四(42)
南京特别市政府训令(府粮字第 号,令保甲委员会/本市各区公所/乡区公所)	第一二一期	三十二年六月十五日	五九八(42)
南京特别市政府训令(宣字第 号,令各区公所)	第一三〇期	三十二年十月三十一日	九二七(42)
南京特别市政府训令(秘字第 号,令本市理发业同业公会)	第一二二期	三十二年六月三十日	六二五(42)

南京特别市政府训令(秘字第 号,令本府各局处/各区公所传染病院卫生试验所/园林管理处)	第一一五期	三十二年三月十五日	三九二(42)
南京特别市政府训令(秘字第 号,任命林大中为经济局局长)	第一一六期	三十二年三月三十一日	四一六(42)
南京特别市政府训令(第字 号,令市商会/本府各局处暨各区区公所/各同业公会)	第一一七期	三十二年四月十五日	四五二(42)
南京特别市政府训令(第 号,令各区公所/市银行/市公典/各处局/城乡实验区公所)	第一一〇期	三十一年十二月三十一日	一九〇(42)
南京特别市政府批(工字第 号,批具呈人人力车同业公会理事长刘善之暨车商程光尧等)	第一〇八期	三十一年十一月三十日	一二七(42)
南京特别市政府批(字第 号,批原具呈人国华银行总行)	第一二〇期	三十二年五月三十一日	五六五(42)
南京特别市政府批(字第 号,具呈人鸿森煤矿股份有限公司代表蒋义森)	第一二九期	三十二年十月十五日	八九四(42)
南京特别市政府批(字第 号,具呈人葛亮畴)	第一一六期	三十二年三月三十一日	四二一(42)
南京特别市政府批(府卫字第 号广生大药房齐福缘)	第一一五期	三十二年三月十五日	三九七(42)
南京特别市政府批(府卫字第 号,具呈人王继春)	第一一七期	三十二年四月十五日	四六〇(42)
南京特别市政府批(府卫字第 号,具呈人姜利发等)	第一二二期	三十二年六月三十日	六三五(42)
南京特别市政府批(府财字第 号,具呈人华懿范)	第一二二期	三十二年六月三十日	六三五(42)
南京特别市政府批(府社字第 号)	第一一二期	三十二年一月三十一日	二八一(42)
南京特别市政府批(府社字第 号,具呈人南京兴业银行经理祝尊誉)	第一一二期	三十二年一月三十一日	二八一(42)

南京特别市政府批(府社字第　号，具呈人猪业整委会常务委员何柏椿等)	第一一三期	三十二年二月十五日	三一三(42)
南京特别市政府批(府社字第　号，具呈人　旗民代表王益齐等)	第一一二期	三十二年一月三十一日	二八二(42)
南京特别市政府批(府社字第　号，原具呈人兼第一区铁道爱护团团长宗伯超)	第一〇七期	三十一年十一月十五日	〇九〇(42)
南京特别市政府批(秘字第　号,批原具呈人毛金生)	第一一一期	三十二年一月十五日	二四〇(42)
南京特别市政府指令(字第　号,令山西路市容整顿事务处)	第一二〇期	三十二年五月三十一日	五六一(42)
南京特别市政府指令(字第　号,令本市主要商品清理委员会)	第一三〇期	三十二年十月三十一日	九三一(42)
南京特别市政府指令(字第　号,令本市改组各业同业公会筹备委员会)	第一三〇期	三十二年十月三十一日	九三二(42)
南京特别市政府指令(字第　号,令南京特别市卷烟火柴皂烛号业同业公会)	第一三〇期	三十二年十月三十一日	九三二(42)
南京特别市政府指令(字第　号,令南京特别市卷烟火柴皂烛号业同业公会理事长叶锡五)	第一二九期	三十二年十月十五日	八九二(42)
南京特别市政府指令(字第　号,令第一区公所)	第一二七期	三十二年九月十五日	八一八(42)
南京特别市政府指令(府卫字第　号,令卫生试验所)	第一一〇期	三十一年十二月三十一日	二〇四(42)
南京特别市政府指令(府卫字第　号,令传染病院)	第一一〇期	三十一年十二月三十一日	二〇四(42)
南京特别市政府指令(府卫字第　号,令城区自治实验区区长赵其凡)	第一一七期	三十二年四月十五日	四五九(42)

南京特别市政府指令(府财字第　号,令南京市银行)	第一二〇期	三十二年五月三十一日	五六二(42)
南京特别市政府指令(府财字第　号,令兼摊贩管理所主任宋建中)	第一一四期	三十二年三月二十八日	三四四(42)
南京特别市政府指令(府社字第　号,令乡区自治实验区公所)	第一〇五期	三十一年十月十五日	〇〇八(42)
南京特别市政府指令(府社字第　号,令市公典董事会)	第一〇七期	三十一年十一月十五日	〇八〇(42)
南京特别市政府指令(府社字第　号,令城区自治实验区公所)	第一一〇期	三十一年十二月三十一日	二〇四(42)
南京特别市政府指令(府社字第　号,令第二区公所)	第一〇七期	三十一年十一月十五日	〇七九(42)
南京特别市政府通告(字第　号)	第一二二期	三十二年六月三十日	六三四(42)
南京特别市政府通告(府工字第　号)	第一一一期	三十二年一月十五日	二三三(42)
南京特别市政府通告(府工字第　号)	第一一一期	三十二年一月十五日	二三三(42)
南京特别市政府通告(府工字第　号)	第一二九期	三十二年十月十五日	八九三(42)
南京特别市政府通告(府字第　号)	第一二九期	三十二年十月十五日	八九三(42)
南京特别市政府通告(府经字第　号)	第一二三期	三十二年七月十五日	六九一(42)
南京特别市政府通知(字第　号)	第一〇八期	三十一年十一月三十日	一二八(42)
南京特别市政府通知(字第　号)	第一三〇期	三十二年十月三十一日	九三三(42)
南京特别市政府通知(字第　号,通知准市民苏俊墉声请丧失中华民国国籍请签书案)	第一一一期	三十二年一月十五日	二三九(42)
南京特别市政府通知(字第　号,通知准市民沈秀英声请丧失中华民国国籍请签书案)	第一一一期	三十二年一月十五日	二三九(42)
南京特别市政府通知(府社字第　号)	第一〇六期	三十一年十月三十一日	〇五二(42)

南京特别市政府通知(府社字第　号)	第一〇九期	三十一年十二月十五日	一六七(42)
南京特别市政府通知(府社字第　号)	第一一二期	三十二年一月三十一日	二八〇(42)
南京特别市政府通知(府社字第　号,具呈人猪业整理委员会常务委员张云涛等)	第一一二期	三十二年一月三十一日	二八一(42)
南京特别市政府通知(府秘字第　号)	第一〇六期	三十一年十月三十一日	〇五二(42)
南京特别市政府通知(府秘字第　号)	第一〇六期	三十一年十月三十一日	〇五二(42)
南京特别市政府通知(府粮字第　号,鱼花网户哈尚有刘春寿许本立李如凯刘春荣沈德坤陆松年刘金湖马玉生遵章申请登记补运鱼花案准登记)	第一一七期	三十二年四月十五日	四五九(42)
南京特别市公安局令(第一一八八号):取缔收运灰粪规则	第一期	十六年九月	六七六(1)
南京特别市市政府令(一四〇号):举行先总理纪念周	第一号	十六年六月	〇三三(1)
南京特别市市政府令(市字第二三七号):要求各机关赶造预算报中央财政委员会	第一号	十六年六月	〇三五(1)
南京特别市市政府令(第一一一号):国民革命军总部西花园马路年久失修请派工修理	第一期	十六年九月	六〇四(1)
南京特别市市政府令(第一一二号):中央联席会议讨论军事委员会所提关于政治方面各案	第一期	十六年九月	六〇五(1)
南京特别市市政府令(第一一四号):八卦洲管理局股长胡漱白、左纪钟无辜被押请求依法核办	第一期	十六年九月	六〇六(1)

南京特别市市政府令(第一二七号):保护工人工会	第一期	十六年九月	六〇七(1)
南京特别市市政府令(第一二八号):因戒严妓馆可缓至下月一并补缴捐	第一期	十六年九月	六〇七(1)
南京特别市市政府令(第一二九至一三〇号):省立造林场傅焕光霸占钟山后旗产	第一期	十六年九月	六〇八(1)
南京特别市市政府令(第一二号):派余顺乾在秘书处第二科办事令	第五十九至六十期	十九年五月三十一日	七〇〇(12)
南京特别市市政府令(第一七一号):徐策为玄武湖管理局主任	第一期	十六年九月	六三七(1)
南京特别市市政府令(第一七二号):玄武湖管理局原主任移交	第一期	十六年九月	六三八(1)
南京特别市市政府令(第一七九号):原浦口商埠的文件公物由吴锡棠移交施秉伦	第一期	十六年九月	六三八(1)
南京特别市市政府令(第一七三至一七八号):通知财政、工务、公安和教育局局长出席临时市政会议	第一期	十六年九月	六三八(1)
南京特别市市政府令(第一七号):委陈海涛为本府科员令	第五十九至六十期	十九年五月三十一日	七〇一(12)
南京特别市市政府令(第一七〇号):规定各机关在文到三日内将经办事项造具请呈报	第一期	十六年九月	六三七(1)
南京特别市市政府令(第一八二号):修缮明孝陵古迹的预算	第一期	十六年九月	六三九(1)
南京特别市市政府令(第一八七号):布告市民按时前往注射防疫针	第一期	十六年九月	六四四(1)
南京特别市市政府令(第一八八号):准予仓巷小学迁入普育堂房屋	第一期	十六年九月	六四四(1)

南京特别市市政府令(第一八九号):普育堂六七两月支出计算书欠完备	第一期	十六年九月	六四六(1)
南京特别市市政府令(第一八三号):国民政府教育行政委员会证章式样	第一期	十六年九月	六四〇(1)
南京特别市市政府令(第一八五号):八卦洲洲务股长向积瀚等要求结清欠账停止工作	第一期	十六年九月	六四一(1)
南京特别市市政府令(第一八六号):通知电灯厂勿再继借烟煤给宁省铁路局	第一期	十六年九月	六四二(1)
南京特别市市政府令(第一八号):派杨崇铭充秘书处第一科事务股主任令	第五十九至六十期	十九年五月三十一日	七〇一(12)
南京特别市市政府令(第一八四号):前江苏八卦洲管理局股长胡漱白左纪钟呈请依法核办并予保释	第一期	十六年九月	六四〇(1)
南京特别市市政府令(第一九八号):要求迅速拆除强埋的厕缸	第一期	十六年九月	六四九(1)
南京特别市市政府令(第一九九号):拟请公安局准予李堃为一等巡长	第一期	十六年九月	六五〇(1)
南京特别市市政府令(第一九五号):张澂驰赴四川省观摩学习	第一期	十六年九月	六四八(1)
南京特别市市政府令(第一九六至一九七号):高院审判厅发回再审郭占举与刘慎贻鱼塘基地一案	第一期	十六年九月	六四九(1)
南京特别市市政府令(第一九号):委王黻珩充秘书处第二科审核股主任令	第五十九至六十期	十九年五月三十一日	七〇一(12)

南京特别市市政府令(第一九号)：鼓楼医院院长恳请赐予一份戒严口令	第一期	十六年九月	六〇三(1)
南京特别市市政府令(第一九四号)：改用口令	第一期	十六年九月	六四七(1)
南京特别市市政府令(第一九〇号)：第一贫民医院七八月份经费问题	第一期	十六年九月	六四六(1)
南京特别市市政府令(第一三二号)：各级党部的最少维持费	第一期	十六年九月	六〇九(1)
南京特别市市政府令(第一三七号)：缩减政治训练处	第一期	十六年九月	六一三(1)
南京特别市市政府令(第一三八号)：清理警察队伍	第一期	十六年九月	六一四(1)
南京特别市市政府令(第一三九号)：通令各军需用夫役应向江宁县接洽办理	第一期	十六年九月	六一五(1)
南京特别市市政府令(第一三三号)：请求共产党徒彭犹龙如何办理	第一期	十六年九月	六一〇(1)
南京特别市市政府令(第一三五号)：鸿大钱庄担保钱廷梁	第一期	十六年九月	六一一(1)
南京特别市市政府令(第一三六号)：电灯厂检查课长刘任材私收电费潜逃明令通缉	第一期	十六年九月	六一二(1)
南京特别市市政府令(第一三号)：派马轶群暂代本府参事令	第五十九至六十期	十九年五月三十一日	七〇〇(12)
南京特别市市政府令(第一三四号)：米店向旗民生计处催要亏欠款	第一期	十六年九月	六一〇(1)
南京特别市市政府令(第一五一号)：庆祝北伐胜利慰劳募捐筹备会	第一号	十六年六月	〇三三(1)

南京特别市市政府令(第一五一号):原浦口商埠处家俱借据改由现浦口商埠办事处续借	第一期	十六年九月	六二五(1)
南京特别市市政府令(第一五二号):稽查队对东花园一带加强巡查	第一期	十六年九月	六二五(1)
南京特别市市政府令(第一五七号):呈送下关扬子江及惠民河水势涨落表	第一期	十六年九月	六三〇(1)
南京特别市市政府令(第一五九号):隐园茶社要求承租旧文庙内土地祠	第一期	十六年九月	六三一(1)
南京特别市市政府令(第一五三号):要求洪武街小学迁入前第四小学旧址	第一期	十六年九月	六二六(1)
南京特别市市政府令(第一五五号):卫生局将文卷家具一切等项移交公安局接收	第一期	十六年九月	六二八(1)
南京特别市市政府令(第一五六号):案查职局侦缉队及骑巡队侦探警兵剿匪费用	第一期	十六年九月	六二九(1)
南京特别市市政府令(第一五号):任命杨崇铭为本府科员令	第五十九至六十期	十九年五月三十一日	七〇〇(12)
南京特别市市政府令(第一五四号):临时防疫所传染病院牛羊屠宰场的各项案卷移交公安局接收	第一期	十六年九月	六二七(1)
南京特别市市政府令(第一五〇号):拟由公安局搜集各机关现用各种证章照式摹绘付印成章	第一期	十六年九月	六二四(1)
南京特别市市政府令(第一六一号):启用国民政府军事委员会政治训练部关防章	第一期	十六年九月	六三二(1)

南京特别市市政府令(第一六二号):公安局长请辞	第一期	十六年九月	六三三(1)
南京特别市市政府令(第一六七号):普育堂八月份的决算书因故延后	第一期	十六年九月	六三五(1)
南京特别市市政府令(第一六八号):要求觅渡桥提前建筑桥栏以免行人再遭不测	第一期	十六年九月	六三六(1)
南京特别市市政府令(第一六九号):催各局交经办事项报告书	第一期	十六年九月	六三六(1)
南京特别市市政府令(第一六三至一六四号):在南京石板桥开设慕慈医院并于石婆婆巷内附设病房一所	第一期	十六年九月	六三三(1)
南京特别市市政府令(第一六五号):暂缓瑞丰和绸布庄的施工	第一期	十六年九月	六三四(1)
南京特别市市政府令(第一六六号):撤消钱廷梁的索诈案	第一期	十六年九月	六三四(1)
南京特别市市政府令(第一六号):任命王瓛珩为本府科员令	第五十九至六十期	十九年五月三十一日	七〇〇(12)
南京特别市市政府令(第一六〇号):第三路总指挥部军医院迁去利生工厂	第一期	十六年九月	六三一(1)
南京特别市市政府令(第一号):派齐叙暂代南京特别市财政局局长令	第五十九至六十期	十九年五月三十一日	六九九(12)
南京特别市市政府令(第一号):通知市政府派卫生人员前往乌龙山一带清扫战场	第一期	十六年九月	五八七(1)
南京特别市市政府令(第一四一号):浦口商埠警察队改编	第一期	十六年九月	六一七(1)
南京特别市市政府令(第一四二号):令土地局保管员到局内实行保管之责	第一期	十六年九月	六一八(1)

南京特别市市政府令(第一四七号):令江宁县长令江宁教育局三日内将市立各校校舍旧有租约合同等件全数呈缴	第一期	十六年九月	六二一(1)
南京特别市市政府令(第一四八号):市局将侦缉员改名称为侦探员	第一期	十六年九月	六二二(1)
南京特别市市政府令(第一四九号):工务局裁员减薪	第一期	十六年九月	六二二(1)
南京特别市市政府令(第一四三号):准予撤消熊登才霸房一案	第一期	十六年九月	六一九(1)
南京特别市市政府令(第一四五号):财政局发还二十一名长警	第一期	十六年九月	六二〇(1)
南京特别市市政府令(第一四六号):卫生局归并到公安局设课办理	第一期	十六年九月	六二〇(1)
南京特别市市政府令(第一四号):利生工厂管理员易人	第一期	十六年九月	五八九(1)
南京特别市市政府令(第一四号):派黄会樾暂代本府参事令	第五十九至六十期	十九年五月三十一日	七〇〇(12)
南京特别市市政府令(第一四四号):呈报公安局十六年三四五月预算表、支出计算书	第一期	十六年九月	六一九(1)
南京特别市市政府令(第一四〇号):玄武湖呈送湖产决算书等	第一期	十六年九月	六一六(1)
南京特别市市政府令(第一〇二号):呈报最近工作简明报告书和意见	第一期	十六年九月	六〇〇(1)
南京特别市市政府令(第一〇七号):国民革命军国民第二军宣慰使署副官处索要南京汽车等各车辆价目表	第一期	十六年九月	六〇二(1)

南京特别市市政府令(第一〇八号):筹备金陵民报	第一期	十六年九月	六〇二(1)
南京特别市市政府令(第一〇五号):呈请加委等事务须附送该员的履历以备查核	第一期	十六年九月	六〇一(1)
南京特别市市政府令(第一〇六号):浦口商埠管理处所存各项枪械子弹应一并点交公安局保管	第一期	十六年九月	六〇一(1)
南京特别市市政府令(第二一一号):临时市政会议决议换发市政府及各局职员证章案	第一期	十六年九月	六五六(1)
南京特别市市政府令(第二一二号):公布物价标准	第一期	十六年九月	六五七(1)
南京特别市市政府令(第二一七号):东南饭店属违章建筑应予取缔	第一期	十六年九月	六六一(1)
南京特别市市政府令(第二一八号):人力车恢复旧章	第一期	十六年九月	六六二(1)
南京特别市市政府令(第二一三号):临时市政会议决议关于改组附属机关事项二件	第一期	十六年九月	六五八(1)
南京特别市市政府令(第二一五号):本政府与省政府的管辖范围的划分	第一号	十六年六月	〇三四(1)
南京特别市市政府令(第二一五号):普育堂呈报的六七月决算书不合要求	第一期	十六年九月	六五九(1)
南京特别市市政府令(第二一六号):玄武湖卸任主任移交清单	第一期	十六年九月	六六〇(1)
南京特别市市政府令(第二一六号):指定金陵大学为先总理纪念会地点	第一号	十六年六月	〇三四(1)

南京特别市市政府令(第二一号):派刘旭暂代南京特别市政府社会局科长令	第五十九至六十期	十九年五月三十一日	七〇一(12)
南京特别市市政府令(第二一四号):旗民生计处改组	第一期	十六年九月	六五八(1)
南京特别市市政府令(第二一〇号):临时市政会议决议全市政费预算案	第一期	十六年九月	六五六(1)
南京特别市市政府令(第二二一号):拨款修理觅渡桥	第一期	十六年九月	六六四(1)
南京特别市市政府令(第二二二号):核减教育费用	第一期	十六年九月	六六五(1)
南京特别市市政府令(第二二七号):南京交通银行实行裁撤	第一期	十六年九月	六六九(1)
南京特别市市政府令(第二二八号):市总工会要求拨给办公用房	第一期	十六年九月	六七〇(1)
南京特别市市政府令(第二二九号):台营官地局及八卦洲均属市内公产	第一号	十六年六月	〇四二(1)
南京特别市市政府令(第二二九号):派人整顿同春戏院旁小巷的卫生	第一期	十六年九月	六七〇(1)
南京特别市市政府令(第二二三号):电灯厂厂长要求约束工兵团士兵任意接电	第一期	十六年九月	六六六(1)
南京特别市市政府令(第二二五号):要求公安局送检一二月份预算书	第一期	十六年九月	六六七(1)
南京特别市市政府令(第二二六号):征收南京房租捐以筹军饷	第一期	十六年九月	六六八(1)
南京特别市市政府令(第二二号):任命周震南为本府科员令	第五十九至六十期	十九年五月三十一日	七〇一(12)

南京特别市市政府令(第二二四号):在小营实行实弹射击	第一期	十六年九月	六六六(1)
南京特别市市政府令(第二二〇号):拨发第一贫民医院七八两月经费	第一期	十六年九月	六六三(1)
南京特别市市政府令(第二二〇号):要求革除男子垂辫	第一号	十六年六月	〇三五(1)
南京特别市市政府令(第二七号):派钮雨农在财政局第一科办事令	第五十九至六十期	十九年五月三十一日	七〇二(12)
南京特别市市政府令(第二七四号):要求前下关商埠局长周坞秋会同现任核算清楚四五两月的支出计算书	第一号	十六年六月	〇三七(1)
南京特别市市政府令(第二八号):派李捷才暂代本府秘书令	第五十九至六十期	十九年五月三十一日	七〇二(12)
南京特别市市政府令(第二八〇号):拟定清册格式,要求每月一日呈报办理经过事项	第一号	十六年六月	〇三八(1)
南京特别市市政府令(第二九二号):向各类车辆征税用于修马路的经费	第一号	十六年六月	〇三九(1)
南京特别市市政府令(第二九号):任命吴同采为本府科员令	第五十九至六十期	十九年五月三十一日	七〇二(12)
南京特别市市政府令(第二九号):呈送规定各种车辆价目表	第一期	十六年九月	五九〇(1)
南京特别市市政府令(第二九〇号):规定各类车辆的警号和车灯	第一号	十六年六月	〇三八(1)
南京特别市市政府令(第二三一号):浦口商埠管理处呈报预算书要求下拨每月各项费用	第一期	十六年九月	六七三(1)
南京特别市市政府令(第二三二号):查乞丐收容所和残废收养院经费	第一期	十六年九月	六七三(1)

南京特别市市政府令(第二三三号):要求土地局保管员移交征收课市产股文卷五宗	第一期	十六年九月	六七四(1)
南京特别市市政府令(第二三号):任命郑启通为本府科员令	第五十九至六十期	十九年五月三十一日	七〇一(12)
南京特别市市政府令(第二三四号):清除文庙积秽	第一期	十六年九月	六七五(1)
南京特别市市政府令(第二三〇号):利生工厂管理员陈雪荪擅自开支公款一事	第一期	十六年九月	六七一(1)
南京特别市市政府令(第二五五号):要求车辆安装色别车灯	第一号	十六年六月	〇三六(1)
南京特别市市政府令(第二五号):派钮雨农暂代南京特别市政府财政局科长令	第五十九至六十期	十九年五月三十一日	七〇一(12)
南京特别市市政府令(第二六六号):从六月份起要求各局呈报每月详细办理情况	第一号	十六年六月	〇三七(1)
南京特别市市政府令(第二六号):派陈陛章在财政局第二科办事令	第五十九至六十期	十九年五月三十一日	七〇二(12)
南京特别市市政府令(第二号):派张忠道暂代南京特别市社会局局长令	第五十九至六十期	十九年五月三十一日	六九九(12)
南京特别市市政府令(第二号):通知市政府派卫生人员前往乌龙山一带清扫战场	第一期	十六年九月	五八七(1)
南京特别市市政府令(第二四号):派陈陛章暂代南京特别市政府财政局科长令	第五十九至六十期	十九年五月三十一日	七〇一(12)
南京特别市市政府令(第二〇一至二〇三号):工务、财政和公安局简则	第一期	十六年九月	六五一(1)

南京特别市市政府令(第二〇七号):恳请公安局派人保护西籍老师安全	第一期	十六年九月	六五五(1)
南京特别市市政府令(第二〇八至二〇九号):临时市政会议决议关于教育事项三件	第一期	十六年九月	六五五(1)
南京特别市市政府令(第二〇五号):石婆婆巷修理从缓	第一期	十六年九月	六五三(1)
南京特别市市政府令(第二〇六号):电灯厂厂长呈送九月份中旬收支旬报	第一期	十六年九月	六五四(1)
南京特别市市政府令(第二〇号):戒严期内修理各街道路灯以保证光线充足	第一期	十六年九月	六〇三(1)
南京特别市市政府令(第二〇号):派李惠德充本府办事员令	第五十九至六十期	十九年五月三十一日	七〇一(12)
南京特别市市政府令(第二〇四号):取缔路边摊贩	第一期	十六年九月	六五二(1)
南京特别市市政府令(第二〇〇号):不允许召开船商组织成立大会	第一期	十六年九月	六五〇(1)
南京特别市市政府令(第十一号):派张育海在秘书处第一科办事令	第五十九至六十期	十九年五月三十一日	七〇〇(12)
南京特别市市政府令(第十号):派余顺乾暂代本府科长令	第五十九至六十期	十九年五月三十一日	七〇〇(12)
南京特别市市政府令(第七九号):土地局应暂行停办	第一期	十六年九月	五九三(1)
南京特别市市政府令(第七五号):逮捕土豪劣绅杨成(焕卿)	第一期	十六年九月	五九二(1)
南京特别市市政府令(第七六号):浦口商埠管理处原有枪支交由公安局接收保管	第一期	十六年九月	五九三(1)

南京特别市市政府令(第七号):派唐伯文暂代南京特别市土地局局长令	第五十九至六十期	十九年五月三十一日	六九九(12)
南京特别市市政府令(第七号):准予西华门英威街第十三号为营业用房	第一期	十六年九月	五八九(1)
南京特别市市政府令(第七四号):临时传染病院停诊	第一期	十六年九月	五九一(1)
南京特别市市政府令(第八二号):所有各机关服务人员不准擅离职守	第一期	十六年九月	五九四(1)
南京特别市市政府令(第八八号):财政预算书	第一期	十六年九月	五九六(1)
南京特别市市政府令(第八五号):军事委员会参谋处捷报,生擒孙传芳部下数名	第一期	十六年九月	五九五(1)
南京特别市市政府令(第八六号):准子廷梁交保开释	第一期	十六年九月	五九六(1)
南京特别市市政府令(第八号):派魏桢暂代本府秘书令	第五十九至六十期	十九年五月三十一日	七〇〇(12)
南京特别市市政府令(第九二号):兼代南京特别市市长宣誓就职典礼	第一期	十六年九月	五九七(1)
南京特别市市政府令(第九七号):应迅速修理莫愁湖粤军殉难烈士墓	第一期	十六年九月	五九八(1)
南京特别市市政府令(第九八号):没收张宗昌爪牙方更生之逆产	第一期	十六年九月	五九九(1)
南京特别市市政府令(第九九号):学校各课均改称为股	第一期	十六年九月	六〇〇(1)
南京特别市市政府令(第九号):派张育海暂代本府科长令	第五十九至六十期	十九年五月三十一日	七〇〇(12)

南京特别市市政府令(第九四号):半边街通俗教育馆决议暂归省市合办	第一期	十六年九月	五九八(1)
南京特别市市政府令(第三一八号):公安局不得侵犯司法职权	第一号	十六年六月	〇四〇(1)
南京特别市市政府令(第三一九号):屠宰场收回管理	第一号	十六年六月	〇四一(1)
南京特别市市政府令(第三一号):派杨肇煇在工务局建筑科办事令	第五十九至六十期	十九年五月三十一日	七〇二(12)
南京特别市市政府令(第三一〇号):前市政筹备处尚存的卷宗六十八卷	第一号	十六年六月	〇三九(1)
南京特别市市政府令(第三二一号):济公典为市内官营商业	第一号	十六年六月	〇四一(1)
南京特别市市政府令(第三二三号):在丁园召开省市两政府联席会议	第一号	十六年六月	〇四一(1)
南京特别市市政府令(第三二六号):缓办筵席捐	第一号	十六年六月	〇四二(1)
南京特别市市政府令(第三二号):派赵志游兼充本市道路计划实施方案起草委员会委员令	第五十九至六十期	十九年五月三十一日	七〇二(12)
南京特别市市政府令(第三七号):任命郑启通为南京特别市市金库科员令	第五十九至六十期	十九年五月三十一日	七〇三(12)
南京特别市市政府令(第三八号):任命张鸿为南京特别市市金库科员令	第五十九至六十期	十九年五月三十一日	七〇三(12)
南京特别市市政府令(第三九号):派郑启通充市金库保管股主任令	第五十九至六十期	十九年五月三十一日	七〇三(12)
南京特别市市政府令(第三三五号):米厘局归并到财政局	第一号	十六年六月	〇四三(1)

南京特别市市政府令(第三三六号):米厘局局务至六月份结束并造册移交	第一号	十六年六月	〇四三(1)
南京特别市市政府令(第三三号):派陈品善兼充本市道路计划实施方案起草委员会委员	第五十九至六十期	十九年五月三十一日	七〇二(12)
南京特别市市政府令(第三五号):委周天骥为南京特别市市金库科员令	第五十九至六十期	十九年五月三十一日	七〇三(12)
南京特别市市政府令(第三六号):派周天骥充市金库出纳股主任令	第五十九至六十期	十九年五月三十一日	七〇三(12)
南京特别市市政府令(第三号):派刘平江暂代南京特别市教育局局长令	第五十九至六十期	十九年五月三十一日	六九九(12)
南京特别市市政府令(第三号):撤消卷内浦口商埠管理处	第一期	十六年九月	五八八(1)
南京特别市市政府令(第三四号):委林瑞书暂代本府参事令	第五十九至六十期	十九年五月三十一日	七〇二(12)
南京特别市市政府令(第三〇号):派杨肇辉为南京特别市政府工务局科长令	第五十九至六十期	十九年五月三十一日	七〇二(12)
南京特别市市政府令(第五号):派人接收卷内浦口商埠管理处	第一期	十六年九月	五八八(1)
南京特别市市政府令(第五号):派崔濂暂代市金库库长令	第五十九至六十期	十九年五月三十一日	六九九(12)
南京特别市市政府令(第五〇号):浦口商埠管理处所有一切卷宗器具杂物等应派人保管	第一期	十六年九月	五九四(1)
南京特别市市政府令(第六号):派马寿华暂代本府秘书长令	第五十九至六十期	十九年五月三十一日	六九九(12)
南京特别市市政府令(第六〇—七三号):何民魂兼代南京特别市市长	第一期	十六年九月	五九一(1)

条目	期数	日期	页码
南京特别市市政府令(第四一号)：派厉宽为南京特别市政府工务局技正令	第五十九至六十期	十九年五月三十一日	七〇三(12)
南京特别市市政府令(第四二号)：任命梁钧任为南京特别市铁路管理处主任令	第五十九至六十期	十九年五月三十一日	七〇三(12)
南京特别市市政府令(第四三号)：派白孟起充本府办事员令	第五十九至六十期	十九年五月三十一日	七〇三(12)
南京特别市市政府令(第四五号)：任命段延龄为本府科员令	第五十九至六十期	十九年五月三十一日	七〇四(12)
南京特别市市政府令(第四号)：派赵志游暂代南京特别市工务局局长令	第五十九至六十期	十九年五月三十一日	六九九(12)
南京特别市市政府令(第四四号)：派陆秀生充本府办事员令	第五十九至六十期	十九年五月三十一日	七〇四(12)
南京特别市市政府令(第四〇号)：派张鸿在市金库办理文书事宜令	第五十九至六十期	十九年五月三十一日	七〇三(12)
南京特别市市政府委任令：委任丁永诚为南京特别市电灯厂厂长	第一期	十六年九月	五八三(1)
南京特别市市政府委任令：委任马饮冰为本府文事科编辑股主任	第一期	十六年九月	五八一(1)
南京特别市市政府委任令：委任王振钧为东区第一分署二等署员	第一期	十六年九月	五八五(1)
南京特别市市政府委任令：委任王鼎、吉希翂、陶健中、张鸿钧为本府文事科宣传股宣传员	第一期	十六年九月	五八五(1)
南京特别市市政府委任令：委任公安局局长姚琮为本府警察教练所所长令	第二十二期	十七年十月三十一日	一八七(5)
南京特别市市政府委任令：委任邓超为南京特别市公安局消防队长	第一期	十六年九月	五八四(1)
南京特别市市政府委任令：委任邓鹤为本府文事科宣传股主任	第一期	十六年九月	五八五(1)

南京特别市市政府委任令：委任成枕为南京特别市铁路局局长	第一期	十六年九月	五八三(1)
南京特别市市政府委任令：委任朱荫堂为南京特别市公安局骑巡队长	第一期	十六年九月	五八四(1)
南京特别市市政府委任令：委任向军次为南京特别市公安局保安第二大队第五中队第二区队少尉区队长	第一期	十六年九月	五八四(1)
南京特别市市政府委任令：委任向金鼎为南京特别市公安局督察处三等督察	第一期	十六年九月	五八五(1)
南京特别市市政府委任令：委任刘鉴为本府文事科科员在文牍股服务	第一期	十六年九月	五八二(1)
南京特别市市政府委任令：委任孙伯文为南京特别市市政府公安局局长	第一期	十六年九月	五八六(1)
南京特别市市政府委任令：委任孙鼎宇为南京特别市公安局侦缉队长	第一期	十六年九月	五八四(1)
南京特别市市政府委任令：委任孙新彦为南京特别市市参事会文牍员	第一期	十六年九月	五八六(1)
南京特别市市政府委任令：委任严抡魁为本府秘书管文事科事	第一期	十六年九月	五八一(1)
南京特别市市政府委任令：委任苏玉琪为南京特别市公安局西区第一分署三等署员	第一期	十六年九月	五八四(1)
南京特别市市政府委任令：委任李起贤为南京特别市公安局总务课第三股主任	第一期	十六年九月	五八三(1)

南京特别市市政府委任令：委任李家瀚为南京特别市市政府财政局征收课课长	第一期	十六年九月	五八六(1)
南京特别市市政府委任令：委任杨继唐为本府秘书处总务科特务股主任	第一期	十六年九月	五八六(1)
南京特别市市政府委任令：委任吴前枢为本府文事科文牍股主任	第一期	十六年九月	五八一(1)
南京特别市市政府委任令：委任吴锡光为南京特别市公安局西区警察署三等署员	第一期	十六年九月	五八四(1)
南京特别市市政府委任令：委任邱铭九为南京特别市公安局秘书	第一期	十六年九月	五八三(1)
南京特别市市政府委任令：委任何汉忱为南京特别市市政府公安局侦缉队高等侦探	第一期	十六年九月	五八六(1)
南京特别市市政府委任令：委任余秉国、承衡、刘淑昭、李石仙为本府文事科科员在编辑股服务	第一期	十六年九月	五八二(1)
南京特别市市政府委任令：委任应尔信、刘颖昭、周毓敏、业春涛、骆文翰、许登、郭瑞商为本府文事科科员在文牍股服务	第一期	十六年九月	五八一(1)
南京特别市市政府委任令：委任汪远为本府总务科科员在庶务科服务	第一期	十六年九月	五八二(1)
南京特别市市政府委任令：委任沈砺暂行代理南京特别市政府财政局局长	第一期	十六年九月	五八三(1)
南京特别市市政府委任令：委任改少峰为南京特别市公安局东区第三分署一等署员	第一期	十六年九月	五八四(1)

南京特别市市政府委任令：委任张锡五为本府总务科庶务股主任	第一期	十六年九月	五八一(1)
南京特别市市政府委任令：委任陈扬杰为南京特别市工务局局长	第一期	十六年九月	五八三(1)
南京特别市市政府委任令：委任陈光组为南京特别市公安局局长	第一期	十六年九月	五八二(1)
南京特别市市政府委任令：委任陈炎为东区第二分署三等署员	第一期	十六年九月	五八五(1)
南京特别市市政府委任令：委任陈剑修为南京特别市政府教育局局长	第一期	十六年九月	五八三(1)
南京特别市市政府委任令：委任陈毅为南京特别市市政府公安局督察长	第一期	十六年九月	五八五(1)
南京特别市市政府委任令：委任林牖民刘照藜为本府文事科宣传股宣传员	第一期	十六年九月	五八四(1)
南京特别市市政府委任令：委任周益侪为南京特别市公安局侦缉课课长	第一期	十六年九月	五八三(1)
南京特别市市政府委任令：委任柳翔云为本府总务科会计股主任	第一期	十六年九月	五八一(1)
南京特别市市政府委任令：委任哈复生为南京特别市公安局副局长	第一期	十六年九月	五八二(1)
南京特别市市政府委任令：委任施秉伦为本府总务科科员在特务股服务	第一期	十六年九月	五八六(1)
南京特别市市政府委任令：委任洪懋孙为南京特别市市政府财政局会计课长	第一期	十六年九月	五八五(1)
南京特别市市政府委任令：委任姚丙奎、吴锡棠、陈德琦、翁成保为本府总务科科员在特务股服务	第一期	十六年九月	五八三(1)

南京特别市市政府委任令：委任姚鹓雏为本府秘书长	第一期	十六年九月	五八一(1)
南京特别市市政府委任令：委任贺冠军为东区署三等署员	第一期	十六年九月	五八五(1)
南京特别市市政府委任令：委任袁阳生为南京特别市公安局督察处三等督察	第一期	十六年九月	五八四(1)
南京特别市市政府委任令：委任晏受天为南京特别市公安局保安第一大队第二中队中尉中尉附	第一期	十六年九月	五八四(1)
南京特别市市政府委任令：委任徐策为南京特别市玄武湖管理局主任	第一期	十六年九月	五八六(1)
南京特别市市政府委任令：委任唐永章为南京特别市市政府公安局第一大队第三中队特务长	第一期	十六年九月	五八六(1)
南京特别市市政府委任令：委任谈炎为南京特别市公安局西区第四分署二等署员	第一期	十六年九月	五八四(1)
南京特别市市政府委任令：委任梅占春为南京特别市公安局侦缉队队附	第一期	十六年九月	五八六(1)
南京特别市市政府委任令：委任梅占鳌为南京特别市公安局高等侦探	第一期	十六年九月	五八四(1)
南京特别市市政府委任令：委任曹泽民为南京特别市市政府公安局保安第一大队第一中队少尉区队长	第一期	十六年九月	五八五(1)
南京特别市市政府委任令：委任崔紫峰、王帼侠、吴锡棠为本府总务科科员在会计股服务	第一期	十六年九月	五八二(1)

南京特别市市政府委任令：委任彭林仙为本府机要秘书	第一期	十六年九月	五八三(1)
南京特别市市政府委任令：委任韩士元为本府秘书管总务科事	第一期	十六年九月	五八一(1)
南京特别市市政府委任令：委任曾锺乾为南京特别市公安局保安第一大队中尉副官	第一期	十六年九月	五八四(1)
南京特别市市政府委任令：委任戴绳武为南京特别市公安局卫生课课长	第一期	十六年九月	五八三(1)
南京特别市市政府委任令(第一一一号)：委任崔延钧为本府秘书处第二科科员令	第二十八期	十八年一月三十一日	三八三(6)
南京特别市市政府委任令(第一一一号)：委任魏长庚为本府秘书处外务股主任令	第四十四期	十八年九月三十日	〇五三(10)
南京特别市市政府委任令(第一一二号)：委任蓝宗德为本府秘书处外务股科员令	第四十四期	十八年九月三十日	〇五三(10)
南京特别市市政府委任令(第一一二号)：委任蔡亮为本府秘书处第二科科员令	第二十八期	十八年一月三十一日	三八三(6)
南京特别市市政府委任令(第一一七号)：委任钱浤为本府秘书长令	第四十五期	十八年十月十五日	二七五(10)
南京特别市市政府委任令(第一一八号)：委任蔡亮为本府秘书处第二科编译股科员令	第四十五期	十八年十月十五日	二七五(10)
南京特别市市政府委任令(第一一九号)：委任戈涵楼为南京特别市工务局秘书令	第四十五期	十八年十月十五日	二七五(10)
南京特别市市政府委任令(第一一三号)：委任郭安鸿为本府秘书处外务股科员令	第四十四期	十八年九月三十日	〇五三(10)

南京特别市市政府委任令(第一一三号):委任曹翼远为本府秘书处第二科办事员令	第二十八期	十八年一月三十一日	三八三(6)
南京特别市市政府委任令(第一一五号):令陈自康为本府参事令	第四十五期	十八年十月十五日	二七五(10)
南京特别市市政府委任令(第一一六号):委任陈和甫为南京特别市工务局局长令	第四十五期	十八年十月十五日	二七五(10)
南京特别市市政府委任令(第一一号):委任陈樵孙为南京特别市工务局取缔科科长此令	第五十五期	十九年三月十五日	二一一(12)
南京特别市市政府委任令(第一一四号):令薛庆麟为本府参事令	第四十五期	十八年十月十五日	二七五(10)
南京特别市市政府委任令(第一一四号):委任黎尚曙为本府秘书处第二科办事员令	第二十八期	十八年一月三十一日	三八四(6)
南京特别市市政府委任令(第一一〇号):委任王侑唐驻厂监印市公债票令	第四十四期	十八年九月三十日	〇五三(10)
南京特别市市政府委任令(第一一〇号):委任邵鸿猷为本府秘书处第二科科员令	第二十八期	十八年一月三十一日	三八三(6)
南京特别市市政府委任令(第一二一号):委任钱慎公为本府秘书处第二科宣传股代理主任令	第四十六期	十八年十月三十一日	四五一(10)
南京特别市市政府委任令(第一二二号):调升办事员张立成为第一科文书股科员令	第四十六期	十八年十月三十一日	四五一(10)
南京特别市市政府委任令(第一二三号):委任崔少诚为本府秘书处第一科文书股办事员令	第四十六期	十八年十月三十一日	四五一(10)
南京特别市市政府委任令(第一二号):令韩家祥为本府秘书处第一科文书股主任科员令	第五十六期	十九年三月三十一日	三六九(12)

南京特别市市政府委任令(第一二四号)：委任雷瀚为南京特别市工务局技正令	第四十六期	十八年十月三十一日	四五一(10)
南京特别市市政府委任令(第一二〇号)：委任张峄阳为南京特别市工务局总务科科长令	第四十五期	十八年十月十五日	二七六(10)
南京特别市市政府委任令(第一七号)：委任钱慎公为秘书处第二科主任科员主办宣传股事宜令	第五十六期	十九年三月三十一日	三七〇(12)
南京特别市市政府委任令(第一八号)：委任虞清楠为本府秘书处第二科编译股主任科员令	第五十六期	十九年三月三十一日	三七〇(12)
南京特别市市政府委任令(第一九号)：委任任治沅为本府秘书处第一科科员在文书股办事令	第五十六期	十九年三月三十一日	三七〇(12)
南京特别市市政府委任令(第一三七号)：委任许行成为南京特别市政府工务局设计科科长令	第四十八期	十八年十一月三十日	〇四五(11)
南京特别市市政府委任令(第一三八号)：委任尤巽照为南京特别市自来水筹备处技师令	第四十八期	十八年十一月三十日	〇四五(11)
南京特别市市政府委任令(第一三号)：令何小宋为本府秘书处第一科特务股主任科员令	第五十六期	十九年三月三十一日	三六九(12)
南京特别市市政府委任令(第一三号)：兹委任洪懋孙为南京特别市市政府土地局地税科科长令	第二十九期	十八年二月十五日	五五三(6)
南京特别市市政府委任令(第一五号)：令程道隆为本府秘书处第三科统计股主任科员令	第五十六期	十九年三月三十一日	三六九(12)
南京特别市市政府委任令(第一六号)：令魏长庚为本府秘书处第二科外务股主任科员令	第五十六期	十九年三月三十一日	三六九(12)

南京特别市市政府委任令(第一号):委任李捷才为南京特别市市政府财政局秘书	第二十八期	十八年一月三十一日	三八四(6)
南京特别市市政府委任令(第一号):调任杨国铎为本府秘书处第一科统计股办事员令	第五十二期	十九年一月三十一日	六四五(11)
南京特别市市政府委任令(第一四一号):委任夏承枫代理南京特别市教育局学校教育科科长	第四十九期	十八年十二月十五日	二三三(11)
南京特别市市政府委任令(第一四二号):委任黄忆陶为本府秘书处第二科科员	第五十期	十八年十二月三十一日	三六五(11)
南京特别市市政府委任令(第一四三号):委任岳佩兰为本府秘书处第二科科员令	第五十一期	十九年一月十五日	五三七(11)
南京特别市市政府委任令(第一四号):委任梁庆云为本府秘书处第一科事务股主任科员令	第五十六期	十九年三月三十一日	三六九(12)
南京特别市市政府委任令(第一四〇号):兹委任左遐坤为本府秘书处第一科特务股科员	第四十九期	十八年十二月十五日	二三三(11)
南京特别市市政府委任令(第一〇一号):委任马轶群为南京特别市市政府工务局技正令	第四十二期	十八年八月三十一日	四六八(9)
南京特别市市政府委任令(第一〇一号):委任章顺弼为本府秘书处第一科办事员令	第二十八期	十八年一月三十一日	三八二(6)
南京特别市市政府委任令(第一〇二号):委任张剑鸣为南京特别市市政府工务局技正兼设计科科长令	第四十二期	十八年八月三十一日	四六八(9)
南京特别市市政府委任令(第一〇二号):委任金鼎新为本府秘书处第一科办事员令	第二十八期	十八年一月三十一日	三八二(6)

南京特别市市政府委任令(第一〇七号):令郭厚庵为本市公园管理处主任令	第四十二期	十八年八月三十一日	四六八(9)
南京特别市市政府委任令(第一〇七号):委任虞清楠为本府秘书处第二科科员令	第二十八期	十八年一月三十一日	三八三(6)
南京特别市市政府委任令(第一〇八号):委任佘秉国为本府秘书处第二科科员令	第二十八期	十八年一月三十一日	三八三(6)
南京特别市市政府委任令(第一〇八号):调任佘秉国充秘书处第二科法制股科员仍兼办纪录事务令	第四十三期	十八年九月十五日	七三七(9)
南京特别市市政府委任令(第一〇九号):委任龙公颖为本府秘书处第一科文书股科员令	第四十三期	十八年九月十五日	七三七(9)
南京特别市市政府委任令(第一〇九号):委任贺岳僧为本府秘书处第二科科员令	第二十八期	十八年一月三十一日	三八三(6)
南京特别市市政府委任令(第一〇三号):委任戈涵楼为南京特别市市政府工务局总务科科长令	第四十二期	十八年八月三十一日	四六八(9)
南京特别市市政府委任令(第一〇三号):委任郎秋波为本府秘书处第一科办事员令	第二十八期	十八年一月三十一日	三八二(6)
南京特别市市政府委任令(第一〇五号):委任姚颂馨为南京特别市市政府工务局公用科科长令	第四十二期	十八年八月三十一日	四六八(9)
南京特别市市政府委任令(第一〇五号):委任戴登为本府秘书处第二科科员令	第二十八期	十八年一月三十一日	三八三(6)
南京特别市市政府委任令(第一〇六号):委任顾鸿熙为本府秘书处第二科科员令	第二十八期	十八年一月三十一日	三八三(6)

南京特别市市政府委任令(第一〇六号)：委任徐百揆为南京特别市市政府工务局取缔科科长令	第四十二期	十八年八月三十一日	四六八(9)
南京特别市市政府委任令(第一〇四号)：委任金士成为南京特别市市政府工务局建筑科科长令	第四十二期	十八年八月三十一日	四六八(9)
南京特别市市政府委任令(第一〇四号)：委任高尚絅为本府秘书处录事长令	第二十八期	十八年一月三十一日	三八二(6)
南京特别市市政府委任令(第一〇〇号)：委任许心武为南京特别市市政府工务局秘书令	第四十二期	十八年八月三十一日	四六八(9)
南京特别市市政府委任令(第一〇〇号)：委任张鸿声为本府秘书处第一科办事员令	第二十八期	十八年一月三十一日	三八二(6)
南京特别市市政府委任令(第二一号)：令纪冰为本府秘书处第一科文书股科员令	第五十六期	十九年三月三十一日	三七〇(12)
南京特别市市政府委任令(第二二号)：令王耀堂为本府秘书处第一科特务股科员令	第五十六期	十九年三月三十一日	三七〇(12)
南京特别市市政府委任令(第二十一号)：兹委任王鼎钧为南京特别市市政法规委员会事务员	第三十期	十八年二月二十八日	七二八(6)
南京特别市市政府委任令(第二十二号)：兹委任钱濬昌为南京特别市市政法规委员会事务员	第三十期	十八年二月二十八日	七二八(6)
南京特别市市政府委任令(第二十三号)：兹委任杜恩普为南京特别市市政法规委员会事务员	第三十期	十八年二月二十八日	七二八(6)
南京特别市市政府委任令(第二十号)：兹委任丁振武为南京特别市市政法规委员会文牍员	第三十期	十八年二月二十八日	七二八(6)

南京特别市市政府委任令(第二十四号)：兹委任唐壑为南京特别市市政法规委员会录事	第三十期	十八年二月二十八日	七二八(6)
南京特别市市政府委任令(第二七号)：令冯少英为本府秘书处第一科事务股科员令	第五十六期	十九年三月三十一日	三七一(12)
南京特别市市政府委任令(第二七号)：委任米星如为南京特别市市政府社会局秘书令	第三十一期	十八年三月十五日	〇六九(7)
南京特别市市政府委任令(第二八号)：委任许白同为南京特别市市政府社会局总务科科长令	第三十一期	十八年三月十五日	〇六九(7)
南京特别市市政府委任令(第二八号)：委任张立成为本府秘书处第三科统计股科员令	第五十六期	十九年三月三十一日	三七一(12)
南京特别市市政府委任令(第二九号)：令蓝宗德为本府秘书处第二科外务股科员令	第五十六期	十九年三月三十一日	三七一(12)
南京特别市市政府委任令(第二九号)：委任王敬沂为本府秘书处第一科办事员令	第三十一期	十八年三月十五日	〇六九(7)
南京特别市市政府委任令(第二三号)：令左遐坤为本府秘书处第一科特务股科员令	第五十六期	十九年三月三十一日	三七〇(12)
南京特别市市政府委任令(第二五号)：令郎秋波为本府秘书处第一科事务股科员令	第五十六期	十九年三月三十一日	三七一(12)
南京特别市市政府委任令(第二五号)：委任韩家祥升充本府秘书处第二科编译股主任令	第三十一期	十八年三月十五日	〇六九(7)
南京特别市市政府委任令(第二六号)：令桂汝穀为本府秘书处第一科事务股科员令	第五十六期	十九年三月三十一日	三七一(12)

南京特别市市政府委任令(第二六号)：委任马饮冰为南京特别市市政府社会局公益科科长令	第三十一期	十八年三月十五日	○六九(7)
南京特别市市政府委任令(第二号)：委任韦文白为南京特别市市政府卫生局秘书令	第二十八期	十八年一月三十一日	三八四(6)
南京特别市市政府委任令(第二号)：委任李捷才为南京特别市政府财政局征收科科长令	第五十二期	十九年一月三十一日	六四五(11)
南京特别市市政府委任令(第二四号)：令刘智衡为本府秘书处第一科事务股科员令	第五十六期	十九年三月三十一日	三七○(12)
南京特别市市政府委任令(第二○号)：令蒋信龙为本府秘书处第一科文书股科员令	第五十六期	十九年三月三十一日	三七○(12)
南京特别市市政府委任令(第十七号)：兹委任许白同为南京特别市市政府社会局公益科科长	第三十期	十八年二月二十八日	七二七(6)
南京特别市市政府委任令(第十八号)：兹委任郑达洪暂代本府秘书处第二科宣传股主任	第三十期	十八年二月二十八日	七二七(6)
南京特别市市政府委任令(第十九号)：兹委任韩家祥为南京特别市市政法规委员会秘书	第三十期	十八年二月二十八日	七二七(6)
南京特别市市政府委任令(第十五号)：兹委任马饮冰代理南京特别市市政府社会局总务科科长	第三十期	十八年二月二十八日	七二七(6)
南京特别市市政府委任令(第十六号)：兹委任梁余为南京特别市市政府社会局农工商科科长	第三十期	十八年二月二十八日	七二七(6)
南京特别市市政府委任令(第十号)：委任徐敏寿为南京特别市社会局公益科科长令	第五十四期	十九年二月二十八日	○五七(12)

南京特别市市政府委任令(第十四号)：兹委任姚颂馨为南京特别市市政府教育局总务科科长	第三十期	十八年二月二十八日	七二七(6)
南京特别市市政府委任令(第七一号)：委任马轶群兼南京特别市道路计划实施方案起草委员会委员令	第五十七期	十九年四月十五日	四六一(12)
南京特别市市政府委任令(第七一号)：委任汤觉为南京特别市政府处理逆产委员会秘书	第二十三期	十七年十一月十五日	三三一(5)
南京特别市市政府委任令(第七二号)：委任陈樵孙兼南京特别市道路计划实施方案起草委员会委员令	第五十七期	十九年四月十五日	四六二(12)
南京特别市市政府委任令(第七二号)：委任胡定安为南京特别市市政府卫生处处长	第二十三期	十七年十一月十五日	三三一(5)
南京特别市市政府委任令(第七十一号)：兹委任陈公哲为浦口市政管理处主任令	第三十九期	十八年七月十五日	六八七(8)
南京特别市市政府委任令(第七十二号)：兹委任杨宗炯为南京特别市疏浚秦淮河设计委员会委员令	第三十九期	十八年七月十五日	六八七(8)
南京特别市市政府委任令(第七十七号)：兹委任唐英为南京特别市疏浚秦淮河设计委员会委员令	第三十九期	十八年七月十五日	六八七(8)
南京特别市市政府委任令(第七十八号)：兹委任张剑鸣为南京特别市疏浚秦淮河设计委员会委员令	第三十九期	十八年七月十五日	六八八(8)
南京特别市市政府委任令(第七十三号)：兹委任金肇组为南京特别市疏浚秦淮河设计委员会委员令	第三十九期	十八年七月十五日	六八七(8)

南京特别市市政府委任令(第七十五号):兹委任陈和甫为南京特别市疏浚秦淮河设计委员会委员令	第三十九期	十八年七月十五日	六八七(8)
南京特别市市政府委任令(第七十六号):兹委任马轶群为南京特别市疏浚秦淮河设计委员会委员令	第三十九期	十八年七月十五日	六八七(8)
南京特别市市政府委任令(第七十四号):兹委任胡定安为南京特别市疏浚秦淮河设计委员会委员令	第三十九期	十八年七月十五日	六八七(8)
南京特别市市政府委任令(第七七号):委任刘崇燕为本府卫生处行政课课长	第二十五期	十七年十二月十五日	七一三(5)
南京特别市市政府委任令(第七七号):委任张锡蕃为本府参事令	第五十七期	十九年四月十五日	四六二(12)
南京特别市市政府委任令(第七八号):令任陈景阳为本府秘书处第一科科长令	第五十七期	十九年四月十五日	四六二(12)
南京特别市市政府委任令(第七八号):委任祝绍煌为本府卫生处技术课课长令	第二十五期	十七年十二月十五日	七一三(5)
南京特别市市政府委任令(第七九号):令刘孟纯为本府秘书处第二科科长令	第五十七期	十九年四月十五日	四六二(12)
南京特别市市政府委任令(第七九号):委任王金铉为本府秘书处第一科文书股办事员令	第四十期	十八年七月三十一日	〇五五(9)
南京特别市市政府委任令(第七九号):委任汪彦平为本府秘书令	第二十五期	十七年十二月十五日	七一三(5)
南京特别市市政府委任令(第七三号):委任任治阮为本府秘书处第一科文书股科员令	第二十四期	十七年十一月三十日	四六三(5)

南京特别市市政府委任令(第七三号)：委任张剑鸣兼南京特别市道路计划实施方案起草委员会委员令	第五十七期	十九年四月十五日	四六二(12)
南京特别市市政府委任令(第七五号)：令金肇组为南京特别市自来水工程处处长令	第五十七期	十九年四月十五日	四六二(12)
南京特别市市政府委任令(第七五号)：委任顾树森为暂行代理教育局局长令	第二十四期	十七年十一月三十日	四六三(5)
南京特别市市政府委任令(第七六号)：令陈自康为南京特别市工务局代理局长令	第五十七期	十九年四月十五日	四六二(12)
南京特别市市政府委任令(第七六号)：委任韦文白为本府卫生处总务课课长令	第二十五期	十七年十二月十五日	七一三(5)
南京特别市市政府委任令(第七号)：委任黄杰为本市卫生局秘书令	第五十四期	十九年二月二十八日	〇五七(12)
南京特别市市政府委任令(第七四号)：委任吴良为本府秘书处第一科事务股二等科员令	第二十四期	十七年十一月三十日	四六三(5)
南京特别市市政府委任令(第七四号)：委任潘幼谦为本府秘书处第一科办事员在事务股服务令	第五十七期	十九年四月十五日	四六二(12)
南京特别市市政府委任令(第七至十二号)：兹委任马轶群为南京特别市市政府工务局设计科科长令	第二十九期	十八年二月十五日	五五三(6)
南京特别市市政府委任令(第七至十二号)：兹委任卢毓骏为南京特别市市政府工务局建筑科科长令	第二十九期	十八年二月十五日	五五三(6)

南京特别市市政府委任令(第七至十二号):兹委任徐百揆为南京特别市市政府工务局公用科科长令	第二十九期	十八年二月十五日	五五三(6)
南京特别市市政府委任令(第七至十二号):兹委任高炳泰为南京特别市市政府工务局秘书令	第二十九期	十八年二月十五日	五五三(6)
南京特别市市政府委任令(第七至十二号):兹委任唐英为南京特别市市政府工务局技正令	第二十九期	十八年二月十五日	五五三(6)
南京特别市市政府委任令(第七至十二号):兹委任彭颂勋为南京特别市市政府工务局总务科科长令	第二十九期	十八年二月十五日	五五三(6)
南京特别市市政府委任令(第七〇号):委任许行成兼南京特别市道路计划实施方案起草委员会委员令	第五十七期	十九年四月十五日	四六一(12)
南京特别市市政府委任令(第七〇号):委任何小宋为本府秘书处第一科特务股主任	第二十三期	十七年十一月十五日	三三一(5)
南京特别市市政府委任令(第七〇号):委任裘祝三为南京特别市市政府教育局秘书	第三十八期	十八年六月三十日	五一三(8)
南京特别市市政府委任令(第八一号):令第一科事务股办事员郎秋波升充为事务股科员令	第四十期	十八年七月三十一日	〇五五(9)
南京特别市市政府委任令(第八一号):令程道隆为本府秘书处第一科统计股主任科员令	第五十八期	十九年四月三十日	五五九(12)
南京特别市市政府委任令(第八一号):委任蔡承新为南京特别市市民银行行长令	第二十五期	十七年十二月十五日	七一三(5)

南京特别市市政府委任令(第八二号):令第二科宣传股办事员黎尚曙升充为宣传股科员令	第四十期	十八年七月三十一日	○五五(9)
南京特别市市政府委任令(第八二号):令程仲远为本府秘书处第一科统计股科员令	第五十八期	十九年四月三十日	五五九(12)
南京特别市市政府委任令(第八二号):委任舒厚德为南京特别市市民银行副行长令	第二十五期	十七年十二月十五日	七一三(5)
南京特别市市政府委任令(第八七号):令叶灼华为本府秘书处第二科审核股主任科员令	第五十八期	十九年四月三十日	五六○(12)
南京特别市市政府委任令(第八七号):令梁维四代理本府社会处长令	第二十七期	十八年一月十五日	二五一(6)
南京特别市市政府委任令(第八七号):委任翟鲸身为本府秘书处第二科宣传股科员令	第四十期	十八年七月三十一日	○五六(9)
南京特别市市政府委任令(第八八号):令马饮冰代理社会处总务课课长令	第二十七期	十八年一月十五日	二五一(6)
南京特别市市政府委任令(第八八号):令陈凤冈为本府秘书处第二科审核股科员令	第五十八期	十九年四月三十日	五六○(12)
南京特别市市政府委任令(第八八号):委任杨晓岚为南京特别市市政府卫生局技术科科长令	第四十一期	十八年八月十五日	二五一(9)
南京特别市市政府委任令(第八九号):令吴会英为本府秘书处第二科审核股科员令	第五十八期	十九年四月三十日	五六○(12)
南京特别市市政府委任令(第八九号):委任蒋信龙为本府秘书处第一科一等科员令	第二十七期	十八年一月十五日	二五一(6)

南京特别市市政府委任令(第八九号)：调秘书洪兰友为本府参事令	第四十一期	十八年八月十五日	二五一(9)
南京特别市市政府委任令(第八三号)：令李竞生为调查美国电气事业委员令	第二十五期	十七年十二月十五日	七一三(5)
南京特别市市政府委任令(第八三号)：令岳佩兰为本府秘书处第一科统计股科员令	第五十八期	十九年四月三十日	五五九(12)
南京特别市市政府委任令(第八三号)：委任李树滋为本府秘书处第一科统计股办事员令	第四十期	十八年七月三十一日	○五五(9)
南京特别市市政府委任令(第八五号)：令陈和甫代理工务局局长令	第四十期	十八年七月三十一日	○五六(9)
南京特别市市政府委任令(第八五号)：令陈念贻为本府秘书处第一科统计股办事员令	第五十八期	十九年四月三十日	五六○(12)
南京特别市市政府委任令(第八五号)：委任程仲远为本府秘书处第一科科员令	第二十五期	十七年十二月十五日	七一四(5)
南京特别市市政府委任令(第八六号)：令杨国铎为本府秘书处第一科统计股办事员令	第五十八期	十九年四月三十日	五六○(12)
南京特别市市政府委任令(第八六号)：委任金肇组为南京特别市自来水筹备专员令	第四十期	十八年七月三十一日	○五六(9)
南京特别市市政府委任令(第八号)：委任刘孟纯为南京特别市土地局秘书令	第五十四期	十九年二月二十八日	○五七(12)
南京特别市市政府委任令(第八四号)：令金鼎新为本府秘书处第一科统计股办事员令	第五十八期	十九年四月三十日	五五九(12)

南京特别市市政府委任令(第八四号):委任陈念贻为本府秘书处第一科统计股办事员令	第四十期	十八年七月三十一日	〇五五(9)
南京特别市市政府委任令(第八四号):兹委杨春潮为本府秘书处第一科科员令	第二十五期	十七年十二月十五日	七一四(5)
南京特别市市政府委任令(第八〇号):令刘尔侯为本府秘书处第一科办事员派在事务股服务令	第五十七期	十九年四月十五日	四六三(12)
南京特别市市政府委任令(第八〇号):令张锡蕃为本府第一科科长令	第二十五期	十七年十二月十五日	七一三(5)
南京特别市市政府委任令(第八〇号):委任张立成为本府秘书处第二科法制股办事员令	第四十期	十八年七月三十一日	〇五五(9)
南京特别市市政府委任令(第九一号):委任王文田为本府秘书处第二科审核股科员令	第五十八期	十九年四月三十日	五六〇(12)
南京特别市市政府委任令(第九一号):委任许体钢为本府秘书处秘书令	第四十一期	十八年八月十五日	二五一(9)
南京特别市市政府委任令(第九一号):委任陈凤冈为本府秘书处第一科科员	第二十八期	十八年一月三十一日	三八一(6)
南京特别市市政府委任令(第九二号):委任业春涛为本府秘书处第一科科员令	第二十八期	十八年一月三十一日	三八一(6)
南京特别市市政府委任令(第九二号):委任邹德镕为本府秘书处第二科审核股科员令	第五十八期	十九年四月三十日	五六一(12)
南京特别市市政府委任令(第九二号):委任梁庆云为本府秘书处事务股主任令	第四十一期	十八年八月十五日	二五一(9)

南京特别市市政府委任令(第九十号):委任马百禄为本府秘书处第二科审核股科员令	第五十八期	十九年四月三十日	五六〇(12)
南京特别市市政府委任令(第九七号):委任王耀堂为本府秘书处第一科科员令	第二十八期	十八年一月三十一日	三八二(6)
南京特别市市政府委任令(第九七号):委任黎度公为本府参事令	第四十二期	十八年八月三十一日	四六七(9)
南京特别市市政府委任令(第九八号):委任万亮为本府秘书处第二科法制股科员令	第四十二期	十八年八月三十一日	四六七(9)
南京特别市市政府委任令(第九八号):委任纪冰为本府秘书处第一科科员令	第二十八期	十八年一月三十一日	三八二(6)
南京特别市市政府委任令(第九九号):委任柳师惠为本府秘书处第一科办事员令	第二十八期	十八年一月三十一日	三八二(6)
南京特别市市政府委任令(第九三号):委任刘鉴为本府秘书处第一科科员	第二十八期	十八年一月三十一日	三八一(6)
南京特别市市政府委任令(第九三号):委任汪宗甲为本府秘书处第二科审核股科员令	第五十八期	十九年四月三十日	五六一(12)
南京特别市市政府委任令(第九三号):委任陈耀寰为南京特别市市立图书馆筹备员令	第四十一期	十八年八月十五日	二五一(9)
南京特别市市政府委任令(第九五号):委任戈涵楼为兼代工务局建筑科科长令	第五十八期	十九年四月三十日	五六一(12)
南京特别市市政府委任令(第九五号):委任朱润甫为本府秘书处第一科科员	第二十八期	十八年一月三十一日	三八一(6)

南京特别市市政府委任令(第九五号):委任胡定安、顾树森、邓刚、许体钢等为吸食鸦片调验委员会委员令	第四十二期	十八年八月三十一日	四六七(9)
南京特别市市政府委任令(第九六号):委任彭振武为本府秘书处第一科科员令	第二十八期	十八年一月三十一日	三八二(6)
南京特别市市政府委任令(第九号):委任陈祖同为南京特别市土地局总务科科长令	第五十四期	十九年二月二十八日	○五七(12)
南京特别市市政府委任令(第九四号):委任万家训为本府秘书处第二科审核股科员令	第五十八期	十九年四月三十日	五六一(12)
南京特别市市政府委任令(第九四号):委任骆文翰为本府秘书处第一科科员	第二十八期	十八年一月三十一日	三八一(6)
南京特别市市政府委任令(第九四号):委任曹伯权为南京特别市市政府教育局社会教育科科长令	第四十一期	十八年八月十五日	二五一(9)
南京特别市市政府委任令(第九○号):委任参事钱浤兼代本府秘书长令	第四十一期	十八年八月十五日	二五一(9)
南京特别市市政府委任令(第九○号):委任韩家祥为本府秘书处第一科科员令	第二十八期	十八年一月三十一日	三八一(6)
南京特别市市政府委任令(第三一号):令翟鲸身为本府秘书处第二科宣传股科员令	第五十六期	十九年三月三十一日	三七一(12)
南京特别市市政府委任令(第三一号):委任黄恭石代理南京特别市市政府教育局总务科科长令	第三十一期	十八年三月十五日	○六九(7)
南京特别市市政府委任令(第三二号):令佘秉国为本府秘书处第二科编译股科员令	第五十六期	十九年三月三十一日	三七二(12)

题名	期号	日期	页码
南京特别市市政府委任令(第三二号):委任罗良铸为南京特别市市政府教育局学校教育科科长令	第三十一期	十八年三月十五日	〇七〇(7)
南京特别市市政府委任令(第三十三号):委任金肇组代理南京特别市市政府工务局局长令	第三十二期	十八年三月三十一日	二六九(7)
南京特别市市政府委任令(第三十号):委任姚颂馨为南京特别市市政府教育局社会教育科科长令	第三十一期	十八年三月十五日	〇六九(7)
南京特别市市政府委任令(第三七号):令刘敬淇为本府秘书处第一科事务股科员令	第五十六期	十九年三月三十一日	三七二(12)
南京特别市市政府委任令(第三七号):委任彭颂勋为南京特别市市政府工务局秘书令	第三十四期	十八年四月三十日	六五九(7)
南京特别市市政府委任令(第三八号):委任陈凤冈为本府秘书处第三科审核股科员令	第五十六期	十九年三月三十一日	三七二(12)
南京特别市市政府委任令(第三八号):委任梁庆云代理南京特别市市政府工务局总务科科长令	第三十四期	十八年四月三十日	六五九(7)
南京特别市市政府委任令(第三九号):令倪希同为本府秘书处科员在收发室办事令	第五十六期	十九年三月三十一日	三七二(12)
南京特别市市政府委任令(第三九号):委任徐百揆为南京特别市市政府工务局取缔科科长令	第三十四期	十八年四月三十日	六五九(7)
南京特别市市政府委任令(第三三号):委任邵鸿猷为本府秘书处第二科编译股科员令	第五十六期	十九年三月三十一日	三七二(12)
南京特别市市政府委任令(第三五号):委任岳佩兰为本府秘书处第三科人事股科员令	第五十六期	十九年三月三十一日	三七二(12)

南京特别市市政府委任令(第三五号):兹令刘兆锡为本市铁路管理处主任令	第三十三期	十八年四月十五日	四七九(7)
南京特别市市政府委任令(第三六号):令崔延钧为本府秘书处第二科宣传股科员令	第五十六期	十九年三月三十一日	三七二(12)
南京特别市市政府委任令(第三六号):委任陈和甫为本府参事令	第三十四期	十八年四月三十日	六五九(7)
南京特别市市政府委任令(第三号):令周木钧为南京特别市政府财政局秘书令	第五十二期	十九年一月三十一日	六四五(11)
南京特别市市政府委任令(第三号):委任曹志功为南京特别市市政府卫生局总务科科长令	第二十八期	十八年一月三十一日	三八四(6)
南京特别市市政府委任令(第三四号):令曹翼远为本府秘书处第二科编译股科员令	第五十六期	十九年三月三十一日	三七二(12)
南京特别市市政府委任令(第三四号):兹委任曹冀远为本府秘书处第二科编译股三等科员令	第三十三期	十八年四月十五日	四七九(7)
南京特别市市政府委任令(第三〇号):令丁振武为本府秘书处第二科外务股科员令	第五十六期	十九年三月三十一日	三七一(12)
南京特别市市政府委任令(第五一号):令王敬沂为本府秘书处办事员在收发室办事令	第五十六期	十九年三月三十一日	三七四(12)
南京特别市市政府委任令(第五一号):委任李昌熙为本府统计委员会委员令	第三十四期	十八年四月三十日	六六〇(7)
南京特别市市政府委任令(第五二号):令崔少诚为本府秘书处办事员在参事室办事令	第五十六期	十九年三月三十一日	三七四(12)

南京特别市市政府委任令(第五二号):委任陆耀焜为本府统计委员会委员令	第三十四期	十八年四月三十日	六六〇(7)
南京特别市市政府委任令(第五七号):令李世周为本府秘书处录事长令	第五十六期	十九年三月三十一日	三七四(12)
南京特别市市政府委任令(第五七号)令杨元白为本府秘书处第一科一等科员令	第二十一期	十七年十月十五日	〇五二(5)
南京特别市市政府委任令(第五七号):兹委法制股科员顾鸿熙升充本府秘书处第二科法制股主任令	第三十五期	十八年五月十五日	〇五一(8)
南京特别市市政府委任令(第五八号):令高器远为本府秘书处第一科事务股办事员令	第五十六期	十九年三月三十一日	三七五(12)
南京特别市市政府委任令(第五八号):委任姚琮为本府公安局局长令	第二十二期	十七年十月三十一日	一八七(5)
南京特别市市政府委任令(第五八号):兹委任姚宝训为南京特别市市政府社会局总务科科长令	第三十五期	十八年五月十五日	〇五一(8)
南京特别市市政府委任令(第五九号):令周士选为本府秘书处第一科事务股办事员令	第五十六期	十九年三月三十一日	三七五(12)
南京特别市市政府委任令(第五九号):委任胡定安为本府卫生处筹备主任	第二十二期	十七年十月三十一日	一八七(5)
南京特别市市政府委任令(第五九号):兹委任劳书一为本府统计委员会委员令	第三十五期	十八年五月十五日	〇五二(8)
南京特别市市政府委任令(第五三号):令王晋陔为本府秘书处科员在监印室办事令	第五十六期	十九年三月三十一日	三七四(12)

南京特别市市政府委任令(第五三号)委任张道藩为本府秘书长	第二十一期	十七年十月十五日	〇五一(5)
南京特别市市政府委任令(第五三号):委任俞锡九为本府秘书	第三十五期	十八年五月十五日	〇五一(8)
南京特别市市政府委任令(第五五号):令杨国铎为本府秘书处第三科统计股办事员令	第五十六期	十九年三月三十一日	三七四(12)
南京特别市市政府委任令(第五五号)兹任蒋太华为本府秘书处第二科宣传股主任令	第二十一期	十七年十月十五日	〇五一(5)
南京特别市市政府委任令(第五五号):兹委文书股主任陈景阳升充本府秘书处第二科科长兼编译股主任令	第三十五期	十八年五月十五日	〇五一(8)
南京特别市市政府委任令(第五六号)令程明斋为本府秘书处特务股主任令	第二十一期	十七年十月十五日	〇五二(5)
南京特别市市政府委任令(第五六号):令蔡亮为图书馆筹备处处员令	第五十六期	十九年三月三十一日	三七四(12)
南京特别市市政府委任令(第五六号):兹调任编译股主任韩家祥为本府秘书处第一科文书股主任令	第三十五期	十八年五月十五日	〇五一(8)
南京特别市市政府委任令(第五号):委任祝绍煌为南京特别市市政府卫生局技术科科长令	第二十八期	十八年一月三十一日	三八四(6)
南京特别市市政府委任令(第五号):委任钱慎公为本府秘书处第二科宣传股主任令	第五十四期	十九年二月二十八日	〇五七(12)
南京特别市市政府委任令(第五四号):令陈念贻为本府秘书处第三科统计股办事员令	第五十六期	十九年三月三十一日	三七四(12)

南京特别市市政府委任令(第五四号)令顾天熙为本府秘书处第二科出版股主任令	第二十一期	十七年十月十五日	〇五一(5)
南京特别市市政府委任令(第五四号):兹调任第二科科长洪兰友为本府秘书令	第三十五期	十八年五月十五日	〇五一(8)
南京特别市市政府委任令(第五〇号):令章顺弼为本府秘书处办事员在收发室办事令	第五十六期	十九年三月三十一日	三七四(12)
南京特别市市政府委任令(第五〇号):委任曹志功为本府统计委员会委员令	第三十四期	十八年四月三十日	六六〇(7)
南京特别市市政府委任令(第六一号):令吴会英为本府秘书处第三科审核股科员令	第五十六期	十九年三月三十一日	三七五(12)
南京特别市市政府委任令(第六一号):委任谢澄宇为本府秘书处二等科员令	第二十二期	十七年十月三十一日	一八七(5)
南京特别市市政府委任令(第六一号):兹调任宣传股科员邵鸿猷为本府秘书处第二科编译股科员令	第三十五期	十八年五月十五日	〇五二(8)
南京特别市市政府委任令(第六二号):令王文田为本府秘书处第三科审核股科员令	第五十六期	十九年三月三十一日	三七五(12)
南京特别市市政府委任令(第六二号):令金国宝为本市财政局局长令	第三十六期	十八年五月三十一日	一八一(8)
南京特别市市政府委任令(第六二号):委任吴大钧为南京特别市市政府财政局秘书令	第二十二期	十七年十月三十一日	一八七(5)
南京特别市市政府委任令(第六七号):委任朱纯熙为南京特别市市政府土地局测绘科科长令	第二十三期	十七年十一月十五日	三三一(5)

南京特别市市政府委任令(第六七号):委任陈自康兼南京特别市道路计划实施方案起草委员会委员令	第五十七期	十九年四月十五日	四六一(12)
南京特别市市政府委任令(第六七号):委任虞清楠为本府秘书处第二科编译股主任令	第三十八期	十八年六月三十日	五一三(8)
南京特别市市政府委任令(第六八号):令米纯熙兼南京特别市道路计划实施议案起草委员会委员令	第五十七期	十九年四月十五日	四六一(12)
南京特别市市政府委任令(第六八号):令姚琮兼任南京特别市处理逆产委员会委员令	第二十三期	十七年十一月十五日	三三一(5)
南京特别市市政府委任令(第六八号):委任丁振武为本府秘书处第二科科员令	第三十八期	十八年六月三十日	五一三(8)
南京特别市市政府委任令(第六九号):令田耀南兼南京特别市道路计划实施方案起草委员会委员令	第五十七期	十九年四月十五日	四六一(12)
南京特别市市政府委任令(第六九号):委任冯少英为本府秘书处第一科事务股科员令	第二十三期	十七年十一月十五日	三三一(5)
南京特别市市政府委任令(第六九号):委任黄造因为本府统计委员会委员令	第三十八期	十八年六月三十日	五一三(8)
南京特别市市政府委任令(第六三号):令马百录为本府秘书处第三科审核股科员令	第五十六期	十九年三月三十一日	三七五(12)
南京特别市市政府委任令(第六三号):委任刘浩然为南京特别市市政府财政局总务科长令	第二十二期	十七年十月三十一日	一八七(5)

南京特别市市政府委任令(第六五号)：令邹德镕为本府秘书处第三科审核股科员令	第五十六期	十九年三月三十一日	三七五(12)
南京特别市市政府委任令(第六五号)：委任韩士元为南京特别市市政府财政局会计科长令	第二十二期	十七年十月三十一日	一八八(5)
南京特别市市政府委任令(第六六号)：令万家训为本府秘书处第三科审核股科员令	第五十六期	十九年三月三十一日	三七六(12)
南京特别市市政府委任令(第六六号)：令倪钧纯为本府参事	第二十二期	十七年十月三十一日	一八八(5)
南京特别市市政府委任令(第六六号)：委任戴登为本府秘书处第二科宣传股主任令	第三十八期	十八年六月三十日	五一三(8)
南京特别市市政府委任令(第六号)：令梅贻琳为本府卫生局局长令	第五十四期	十九年二月二十八日	〇五七(12)
南京特别市市政府委任令(第六号)：兹委任缪恭煦为本府秘书处科员派任参事室服务令	第二十九期	十八年二月十五日	五五三(6)
南京特别市市政府委任令(第六四号)：令汪宗甲为本府秘书处第三科审核股科员令	第五十六期	十九年三月三十一日	三七五(12)
南京特别市市政府委任令(第六四号)：委任杨翘新为南京特别市市政府财政局征收科长令	第二十二期	十七年十月三十一日	一八八(5)
南京特别市市政府委任令(第六〇号)：令叶灼华为本府秘书处第三科审核股主任科员令	第五十六期	十九年三月三十一日	三七五(12)
南京特别市市政府委任令(第六〇号)：委任朱葆儒为南京特别市市政府教育局社会教育科科长令	第二十二期	十七年十月三十一日	一八七(5)

南京特别市市政府委任令(第六〇号)：兹调任编译股科员佘秉国为本府秘书处第一科文书股一等科员令	第三十五期	十八年五月十五日	〇五二(8)
南京特别市市政府委任令(第四一号)：令骆文翰为本府秘书处科员担任校对事宜令	第五十六期	十九年三月三十一日	三七三(12)
南京特别市市政府委任令(第四一号)：委任张剑鸣为南京特别市市政府工务局设计科科长兼技正令	第三十四期	十八年四月三十日	六五九(7)
南京特别市市政府委任令(第四二号)：委任刘秉纲兼充南京特别市市民银行副行长令	第三十四期	十八年四月三十日	六六〇(7)
南京特别市市政府委任令(第四二号)：委任程仲远为本府秘书处科员在参事室办事	第五十六期	十九年三月三十一日	三七三(12)
南京特别市市政府委任令(第四十六至五十二号)令洪兰支、李基鸿、吴大钧、王志莘、蔡录新、胡善桓、舒厚德为市民银行筹备委员会委员令	第二十一期	十七年十月十五日	〇五一(5)
南京特别市市政府委任令(第四七号)：令张鸿声为本府秘书处第一科办事员在文书股办事令	第五十六期	十九年三月三十一日	三七三(12)
南京特别市市政府委任令(第四七号)：委任凌荣光为本府统计委员会委员令	第三十四期	十八年四月三十日	六六〇(7)
南京特别市市政府委任令(第四八号)：令金鼎新为本府秘书处第三科办事员在统计股办事令	第五十六期	十九年三月三十一日	三七三(12)
南京特别市市政府委任令(第四八号)：委任周之淦为本府统计委员会委员令	第三十四期	十八年四月三十日	六六〇(7)

南京特别市市政府委任令(第四九号):委任王金铉为本府秘书处办事员在管卷室办事	第五十六期	十九年三月三十一日	三七四(12)
南京特别市市政府委任令(第四九号):委任冯叔渊为本府统计委员会委员令	第三十四期	十八年四月三十日	六六〇(7)
南京特别市市政府委任令(第四三号):令朱存粹为本府秘书处科员在参事室办事令	第五十六期	十九年三月三十一日	三七三(12)
南京特别市市政府委任令(第四三号):委任邓刚为南京特别市市政府社会局局长令	第三十四期	十八年四月三十日	六六〇(7)
南京特别市市政府委任令(第四五号):令彭振武为本府秘书处办事员在管卷室办事令	第五十六期	十九年三月三十一日	三七三(12)
南京特别市市政府委任令(第四五号):委任陈炳权为本府统计委员会主席委员令	第三十四期	十八年四月三十日	六六〇(7)
南京特别市市政府委任令(第四六号):委任程道隆为本府统计委员会委员令	第三十四期	十八年四月三十日	六六〇(7)
南京特别市市政府委任令(第四号):委任朱存粹为本府秘书处第一科科员派在参事室服务令	第五十三期	十九年二月十五日	七六三(11)
南京特别市市政府委任令(第四号):委任刘崇燕为南京特别市市政府卫生局行政科科长令	第二十八期	十八年一月三十一日	三八四(6)
南京特别市市政府委任令(第四四号):令龙公颖为本府秘书处科员在市长室办事令	第五十六期	十九年三月三十一日	三七三(12)
南京特别市市政府委任令(第四四号):委任秘书梁维四兼任本府旗民生计处主任令	第三十四期	十八年四月三十日	六六〇(7)

南京特别市市政府委任令(第四〇号):令刘监为本府秘书处科员在收发室办事令	第五十六期	十九年三月三十一日	三七三(12)
南京特别市市政府委任令(第四〇号):委任马铁群为南京特别市市政府工务局公用科科长令	第三十四期	十八年四月三十日	六五九(7)
南京特别市市政府指令(第一一七号):公安局副局长恳请准予辞职	第一期	十六年九月	六七九(1)
南京特别市市政府指令(第一一六号):公安局长恳请准予辞职	第一期	十六年九月	六七七(1)
南京特别市市政府指令(第一七一号):普育堂呈报最近一星期工作经过情形	第一期	十六年九月	七〇六(1)
南京特别市市政府指令(第一七二号):电厂厂长呈可否将偷电情节较重者移送法庭惩办	第一期	十六年九月	七〇七(1)
南京特别市市政府指令(第一七八号):玄武湖主任王太一因病请辞	第一期	十六年九月	七一二(1)
南京特别市市政府指令(第一七九号):玄武湖主任王太一呈报上周工作经过	第一期	十六年九月	七一二(1)
南京特别市市政府指令(第一七三号):查明呈复遵拨卫生局欠费请核查	第一期	十六年九月	七〇八(1)
南京特别市市政府指令(第一七五号):公安局局长呈报就职日期	第一期	十六年九月	七一一(1)
南京特别市市政府指令(第一七四号):呈复贫民医院经费向在牛羊屠宰场检验费项下拨付	第一期	十六年九月	七〇九(1)
南京特别市市政府指令(第一七〇号):工务局裁去测量员情形	第一期	十六年九月	七〇五(1)

南京特别市市政府指令(第一八一号):代理财政局局长遵令拨借市党部经费呈请核查备案	第一期	十六年九月	七一四(1)
南京特别市市政府指令(第一八二号):代理财政局局长呈复汽车公司职员保证金纠葛一案曾友三所称各节当属实情请鉴核示遵	第一期	十六年九月	七一五(1)
南京特别市市政府指令(第一八九号):令电灯厂厂长补收用户保证金以免损失	第一期	十六年九月	七一八(1)
南京特别市市政府指令(第一八三号):为寄押公安局拆取堆柴之潘学银如何发落请核示	第一期	十六年九月	七一六(1)
南京特别市市政府指令(第一八四号):呈请转令升用特务警长李堃	第一期	十六年九月	七一七(1)
南京特别市市政府指令(第一八〇号):代理财政局局长接收前任移交物件簿册呈报核查备案批示	第一期	十六年九月	七一三(1)
南京特别市市政府指令(第一九一号):令铁路局局长呈送八月份经办事项工作表	第一期	十六年九月	七二〇(1)
南京特别市市政府指令(第一九二号):工务局局长呈报拟就承办建筑店铺注册领照条例呈请核查	第一期	十六年九月	七二一(1)
南京特别市市政府指令(第一九七号):令代理财政局局长呈报最近经办事项请鉴核备查	第一期	十六年九月	七二七(1)
南京特别市市政府指令(第一九九号):令公安局长呈报逐日水势表填送工务局	第一期	十六年九月	七二七(1)
南京特别市市政府指令(第一九三号):令代理财政局局长补送九月份七天支出计算书	第一期	十六年九月	七二二(1)

南京特别市市政府指令(第一九五号):呈复水西门外觅渡桥已饬建筑课从速勘估修理请鉴核	第一期	十六年九月	七二四(1)
南京特别市市政府指令(第一九六号):呈复办理花捐情形仰祈鉴察	第一期	十六年九月	七二五(1)
南京特别市市政府指令(第一九四号):呈报接收卫生局及附属该局之传染病院贫民医院情形请鉴核备查	第一期	十六年九月	七二三(1)
南京特别市市政府指令(第一九〇号):派学校教育股主任出席陈述儿童清洁检查与家庭之重要关系	第一期	十六年九月	七一九(1)
南京特别市市政府指令(第一三三号):电灯厂厂长转呈军委会派宪兵四名协同检查私灯	第一期	十六年九月	六八〇(1)
南京特别市市政府指令(第一三五号):查禁东厂街坟地	第一期	十六年九月	六八一(1)
南京特别市市政府指令(第一三六号):修理总部西花园马路请拨款	第一期	十六年九月	六八二(1)
南京特别市市政府指令(第一五一号):清秽员暂不复职	第一期	十六年九月	六八七(1)
南京特别市市政府指令(第一五七号):普育堂主任呈请核准预算书	第一期	十六年九月	六九四(1)
南京特别市市政府指令(第一五八号):电灯厂厂长请转呈军事委员会军队官长约束部属并出示保护下关发电所	第一期	十六年九月	六九五(1)
南京特别市市政府指令(第一五三号):教育局呈报此次削减冗员情形并送清册	第一期	十六年九月	六九二(1)

南京特别市市政府指令(第一五四号):呈报核发本市小学经费请核查备案	第一期	十六年九月	六九三(1)
南京特别市市政府指令(第一五〇号):普育堂呈报经办情形并请拨给利生工厂	第一期	十六年九月	六八八(1)
南京特别市市政府指令(第一六七号):呈报历来预备接收秀山公园经过情形	第一期	十六年九月	七〇一(1)
南京特别市市政府指令(第一六八号):呈报第一通俗图书馆规程仰祈核查备案	第一期	十六年九月	七〇三(1)
南京特别市市政府指令(第一六九号):鼓楼医院呈送最近工作简明报告书请查核	第一期	十六年九月	七〇四(1)
南京特别市市政府指令(第一六三号):呈报核发普育堂经费呈请核备案	第一期	十六年九月	六九七(1)
南京特别市市政府指令(第一六五号):呈请拨用普育堂房屋为仓巷小学校校舍	第一期	十六年九月	六九八(1)
南京特别市市政府指令(第一六六号):呈请准予继续改良私塾计划举办检定塾师试验	第一期	十六年九月	七〇〇(1)
南京特别市市政府指令(第一六〇号):八卦洲员司呈请赏发八月份薪水	第一期	十六年九月	六九六(1)
南京特别市市政府指令(第一四九号):教育局总务课长请辞	第一期	十六年九月	六八六(1)
南京特别市市政府指令(第一四三号):刘公祠俘虏业经送到旧都统署请核查备案	第一期	十六年九月	六八四(1)

南京特别市市政府指令(第一四四号):工务局拟裁人员呈请核查批示	第一期	十六年九月	六八五(1)
南京特别市市政府指令(第一四〇号):呈报继续检查私灯请备案	第一期	十六年九月	六八三(1)
南京特别市市政府指令(第二一一号):呈请为前土地局总务课长请补领八月下半月薪水请示	第一期	十六年九月	七三五(1)
南京特别市市政府指令(第二一二号):令普育堂呈报八月份经办工作请鉴核	第一期	十六年九月	七三六(1)
南京特别市市政府指令(第二一七号):呈报郑坤控钱廷梁诈欺取财一案请鉴核	第一期	十六年九月	七四〇(1)
南京特别市市政府指令(第二一八号):为电灯厂向同盛源煤号抵押燃煤办理情形请鉴核备案	第一期	十六年九月	七四二(1)
南京特别市市政府指令(第二一九号):为呈复普育堂八月份计算仍不合法请令速编审核	第一期	十六年九月	七四九(1)
南京特别市市政府指令(第二一三号):令浦口商埠管理处保管员造送九月份临时预算表请鉴核	第一期	十六年九月	七三七(1)
南京特别市市政府指令(第二一四号):令卸任财政局局长遵令交代清楚情形仰祈鉴核	第一期	十六年九月	七三九(1)
南京特别市市政府指令(第二一〇号):遵令饬课查勘据复该石婆婆巷地处偏僻暂缓修理	第一期	十六年九月	七三四(1)
南京特别市市政府指令(第二二二号):玄武湖管理处主任王太一呈送八九月份决算及缴销票证存根证端并乞饬发欠薪	第一期	十六年九月	七五〇(1)

南京特别市市政府指令(第二二七号):为补送房捐垫款支出计算书呈请鉴核备案	第一期	十六年九月	七四八(1)
南京特别市市政府指令(第二二八号):呈请平定米柴价格查禁垄断	第一期	十六年九月	七五一(1)
南京特别市市政府指令(第二二九号):呈报查获私存子弹火药情形请鉴核	第一期	十六年九月	七五三(1)
南京特别市市政府指令(第二二三号):呈复检查土地局文卷内并无关于两广宾馆墓地档案请鉴核	第一期	十六年九月	七四三(1)
南京特别市市政府指令(第二二五号):为旗民生计处经费无着究应如何拨付仰祈鉴核	第一期	十六年九月	七四五(1)
南京特别市市政府指令(第二二六号):令代理财政局局长呈送八月份经办事项报告书请鉴核存转	第一期	十六年九月	七四七(1)
南京特别市市政府指令(第二二四号):为土地局保管员请求发薪请示	第一期	十六年九月	七四四(1)
南京特别市市政府指令(第二三一号):邮政检查委员呈报工作情形并因事辞职请发九月份薪水	第一期	十六年九月	七五五(1)
南京特别市市政府指令(第二三二号):第一贫民医院院长呈请令饬核发七八月份欠发经费俾资维持	第一期	十六年九月	七五六(1)
南京特别市市政府指令(第二三七号):遵令勘估兴修觅渡桥请拨款	第一期	十六年九月	七六〇(1)
南京特别市市政府指令(第二三八号):令玄武湖管理处主任徐策呈报接事日期	第一期	十六年九月	七六一(1)

南京特别市市政府指令(第二三九号):据情呈请将中央各钞设法兑现以资救济	第一期	十六年九月	七六二(1)
南京特别市市政府指令(第二三五号):为船巡苍士钰匿没公款请令徐主任追缴	第一期	十六年九月	七五八(1)
南京特别市市政府指令(第二三六号):教育局编送直辖各校并社会教育各机关本年度预算仰祈鉴核	第一期	十六年九月	七五九(1)
南京特别市市政府指令(第二三〇号):呈报整顿铺捐以裕税收请鉴核	第一期	十六年九月	七五四(1)
南京特别市市政府指令(第二五一号):玄武湖管理局主任徐策呈请核示宣誓就职日期	第一期	十六年九月	七七八(1)
南京特别市市政府指令(第二五二号):令普育堂呈送一周工作报告表	第一期	十六年九月	七七九(1)
南京特别市市政府指令(第二五三号):为乞丐收容所及残废收养院每月经费请饬公安局在牛羊屠宰场检验费项下支拨	第一期	十六年九月	七八〇(1)
南京特别市市政府指令(第二五五号):呈请土地局保管员将该局前吊卷宗检还	第一期	十六年九月	七八一(1)
南京特别市市政府指令(第二五六号):令普育堂呈送华新计划书敬祈鉴核	第一期	十六年九月	七八二(1)
南京特别市市政府指令(第二五〇号):呈报北区实验小学情形仰祈察核	第一期	十六年九月	七七六(1)

南京特别市市政府指令(第二四一号):请转军事委员会通令各军对于测量人员加以保护	第一期	十六年九月	七六六(1)
南京特别市市政府指令(第二四二号):呈请严令公安局另编支出预算书并检送一二月份预算书	第一期	十六年九月	七六七(1)
南京特别市市政府指令(第二四七号):令利生工厂管理员呈送八月份经办事项报告书	第一期	十六年九月	七七二(1)
南京特别市市政府指令(第二四八号):呈复瑞丰和绸缎庄建筑房屋一案	第一期	十六年九月	七七三(1)
南京特别市市政府指令(第二四九号):拟请发给下关发电所工人奖金	第一期	十六年九月	七七五(1)
南京特别市市政府指令(第二四五号):呈复调查金陵民报社情	第一期	十六年九月	七七〇(1)
南京特别市市政府指令(第二四六号):呈请浦口商埠管理处保管员清拨发九月份经常费	第一期	十六年九月	七七二(1)
南京特别市市政府指令(第二四四号):遵令查核前利生工厂管理员陈雪荪开支各款情形	第一期	十六年九月	七六八(1)
南京特别市市政府指令(第二四〇号):据情呈请将未设兑现机关不能十足兑现及无限止兑现之各种纸币或库券禁止强迫行使以杜流弊	第一期	十六年九月	七六四(1)
南京特别市市政府指令(第二〇一号):教育局局长呈请给假一日赴沪购书局务派陈鹤琴暂代	第一期	十六年九月	七三〇(1)
南京特别市市政府指令(第二〇二号):呈送视察戏院条例请鉴核示遵(附呈视察戏院条例)	第一期	十六年九月	七三一(1)

南京特别市市政府指令（第二〇三号）：令浦口商埠管理处保管员呈报业于本月二十四日接收保管	第一期	十六年九月	七三二（1）
南京特别市市政府指令（第二〇四号）：具报军医院迁让日期及借用损失毁坏器具请鉴核备案	第一期	十六年九月	七三三（1）
南京特别市市政府指令（第二〇〇号）：为第七军第一野战病院病兵住入夫子庙请转函迁出	第一期	十六年九月	七二八（1）
南京特别市所属各机关购办物品材料办法（见法规栏）	第一一五期	三十二年三月十五日	三九一(42)
南京特别市政府公示（字第　号）	第一四六期	三十三年六月三十日	四二三(43)
南京特别市政府公示（字第　号）	第一五六期	三十三年十一月十五日	七二六(43)
南京特别市政府公布令（卫字第　号）	第七十三期	三十年六月十五日	八一八(40)
南京特别市政府公布令（字第　号）	第九十一期	三十一年三月十五日	五五四(41)
南京特别市政府公布令（府卫字第　号）	第一五〇期	三十三年八月三十日	五五一(43)
南京特别市政府公告（字第　号）	第一〇一期	三十一年八月十五日	八一一(41)
南京特别市政府公告（字第　号）	第一〇一期	三十一年八月十五日	八一二(41)
南京特别市政府公告（字第　号）	第一〇一期	三十一年八月十五日	八一三(41)
南京特别市政府公告（字第　号）	第一〇二期	三十一年八月三十一日	八六五(41)
南京特别市政府公告（字第　号）	第一〇三期	三十一年九月十五日	九一七(41)
南京特别市政府公告（字第　号）	第一〇三期	三十一年九月十五日	九一八(41)
南京特别市政府公告（字第　号）	第一〇三期	三十一年九月十五日	九一八(41)
南京特别市政府公告（字第　号）	第一〇三期	三十一年九月十五日	九一九(41)
南京特别市政府公告（字第　号）	第一〇三期	三十一年九月十五日	九一九(41)
南京特别市政府公告（字第　号）	第一〇三期	三十一年九月十五日	九二〇(41)
南京特别市政府公告（字第　号）	第一〇三期	三十一年九月十五日	九二〇(41)
南京特别市政府公告（字第　号）	第一〇三期	三十一年九月十五日	九二一(41)
南京特别市政府公告（字第　号）	第一〇四期	三十一年九月三十日	九五四(41)
南京特别市政府公告（字第　号）	第一〇四期	三十一年九月三十日	九五五(41)
南京特别市政府公告（字第　号）	第一〇四期	三十一年九月三十日	九五五(41)

南京特别市政府公告(字第　号)	第一三五/一三六期合刊	三十三年一月三十一日	一三七(43)
南京特别市政府公告(字第　号)	第一三五/一三六期合刊	三十三年一月三十一日	一三七(43)
南京特别市政府公告(字第　号)	第一三五/一三六期合刊	三十三年一月三十一日	一三七(43)
南京特别市政府公告(字第　号)	第一三五/一三六期合刊	三十三年一月三十一日	一三八(43)
南京特别市政府公告(字第　号)	第一四一/一四二期合刊	三十三年四月三十日	二七七(43)
南京特别市政府公告(字第　号)	第一四一/一四二期合刊	三十三年四月三十日	二七八(43)
南京特别市政府公告(字第　号)	第一四一/一四二期合刊	三十三年四月三十日	二七八(43)
南京特别市政府公告(字第　号)	第一四一/一四二期合刊	三十三年四月三十日	二七九(43)
南京特别市政府公告(字第　号)	第一四一/一四二期合刊	三十三年四月三十日	二七九(43)
南京特别市政府公告(字第　号)	第一四一/一四二期合刊	三十三年四月三十日	二八〇(43)
南京特别市政府公告(字第　号)	第一四一/一四二期合刊	三十三年四月三十日	二八一(43)
南京特别市政府公告(字第　号)	第一四一/一四二期合刊	三十三年四月三十日	二八二(43)
南京特别市政府公告(字第　号)	第一四一/一四二期合刊	三十三年四月三十日	二八三(43)
南京特别市政府公告(字第　号)	第一四一/一四二期合刊	三十三年四月三十日	二八三(43)
南京特别市政府公告(字第　号)	第一四五期	三十三年六月十五日	三八三(43)
南京特别市政府公告(字第　号)	第一四五期	三十三年六月十五日	三八三(43)
南京特别市政府公告(字第　号)	第一四五期	三十三年六月十五日	三八三(43)
南京特别市政府公告(字第　号)	第一四五期	三十三年六月十五日	三八四(43)
南京特别市政府公告(字第　号)	第一四六期	三十三年六月三十日	四一七(43)

南京特别市政府公告(字第　号)	第一四六期	三十三年六月三十日	四一八(43)
南京特别市政府公告(字第　号)	第一四六期	三十三年六月三十日	四一八(43)
南京特别市政府公告(字第　号)	第一四六期	三十三年六月三十日	四一九(43)
南京特别市政府公告(字第　号)	第一四六期	三十三年六月三十日	四二〇(43)
南京特别市政府公告(字第　号)	第一四六期	三十三年六月三十日	四二一(43)
南京特别市政府公告(字第　号)	第一四六期	三十三年六月三十日	四二二(43)
南京特别市政府公告(字第　号)	第一四七/一四八期合刊	三十三年七月三十日	四七〇(43)
南京特别市政府公告(字第　号)	第一四七/一四八期合刊	三十三年七月三十日	四七一(43)
南京特别市政府公告(字第　号)	第一四九期	三十三年八月十五日	五二四(43)
南京特别市政府公告(字第　号)	第一四九期	三十三年八月十五日	五二四(43)
南京特别市政府公告(字第　号)	第一五〇期	三十三年八月三十日	五六六(43)
南京特别市政府公告(字第　号)	第一五一/一五二期合刊	三十三年九月三十日	六〇八(43)
南京特别市政府公告(字第　号)	第一五一/一五二期合刊	三十三年九月三十日	六〇九(43)
南京特别市政府公告(字第　号)	第一五一/一五二期合刊	三十三年九月三十日	六〇(43)
南京特别市政府公告(字第　号)	第一五三/一五四期合刊	三十三年十月三十一日	六五一(43)
南京特别市政府公告(字第　号)	第一五三/一五四期合刊	三十三年十月三十一日	六五二(43)
南京特别市政府公告(字第　号)	第一五三/一五四期合刊	三十三年十月三十一日	六五二(43)
南京特别市政府公告(字第　号)	第一五三/一五四期合刊	三十三年十月三十一日	六五二(43)
南京特别市政府公告(字第　号)	第一五三/一五四期合刊	三十三年十月三十一日	六五三(43)
南京特别市政府公告(字第　号)	第一五三/一五四期合刊	三十三年十月三十一日	六五三(43)
南京特别市政府公告(字第　号)	第一五五期	三十三年十一月三十日	六八三(43)
南京特别市政府公告(字第　号)	第一五五期	三十三年十一月三十日	六八四(43)

南京特别市政府公告(字第　号)	第一五五期	三十三年十一月三十日	六八四(43)
南京特别市政府公告(字第　号)	第一五五期	三十三年十一月三十日	六八四(43)
南京特别市政府公告(字第　号)	第一五五期	三十三年十一月三十日	六八五(43)
南京特别市政府公告(字第　号)	第一五五期	三十三年十一月三十日	六八五(43)
南京特别市政府公告(字第　号)	第一五五期	三十三年十一月三十日	六八五(43)
南京特别市政府公告(字第　号)	第一五六期	三十三年十一月十五日	七二五(43)
南京特别市政府公告(字第　号)	第一五七/一五八期合刊	三十三年十二月三十一日	七六一(43)
南京特别市政府公告(字第　号)	第一五七/一五八期合刊	三十三年十二月三十一日	七六二(43)
南京特别市政府公告(字第　号)	第一五七/一五八期合刊	三十三年十二月三十一日	七六二(43)
南京特别市政府公告(字第　号)	第一五七/一五八期合刊	三十三年十二月三十一日	七六二(43)
南京特别市政府公告(字第　号)	第一五七/一五八期合刊	三十三年十二月三十一日	七六三(43)
南京特别市政府公告(字第　号)	第一五七/一五八期合刊	三十三年十二月三十一日	七六三(43)
南京特别市政府公告(字第　号)	第一五九/一六〇期合刊	三十四年一月三十日	七九六(43)
南京特别市政府公告(字第　号)	第一五九/一六〇期合刊	三十四年一月三十日	七九六(43)
南京特别市政府公告(字第　号)	第一五九/一六〇期合刊	三十四年一月三十日	七九七(43)
南京特别市政府公告(字第　号)	第一五九/一六〇期合刊	三十四年一月三十日	七九七(43)
南京特别市政府公告(字第　号)	第一六一/一六二期合刊	三十四年二月三十日	八三二(43)
南京特别市政府公告(字第　号)	第一六一/一六二期合刊	三十四年二月三十日	八三二(43)
南京特别市政府公告(字第　号)	第一六一/一六二期合刊	三十四年二月三十日	八三三(43)

南京特别市政府公告(字第　号)	第一六一/一六二期合刊	三十四年二月三十日	八三三(43)
南京特别市政府公告(字第　号)	第一六一/一六二期合刊	三十四年二月三十日	八三三(43)
南京特别市政府公告(字第　号)	第一三九期	三十三年三月十五日	二二二(43)
南京特别市政府公告(字第　号)	第一三九期	三十三年三月十五日	二二四(43)
南京特别市政府公告(字第　号)	第一三九期	三十三年三月十五日	二二四(43)
南京特别市政府公告(字第　号)	第一三九期	三十三年三月十五日	二二四(43)
南京特别市政府公告(字第　号)	第一四三/一四四期合刊	三十三年五月三十一日	三四〇(43)
南京特别市政府公告(字第　号)	第一四三/一四四期合刊	三十三年五月三十一日	三四一(43)
南京特别市政府公告(字第　号)	第一四三/一四四期合刊	三十三年五月三十一日	三四一(43)
南京特别市政府公告(字第　号)	第一四三/一四四期合刊	三十三年五月三十一日	三四二(43)
南京特别市政府公告(字第　号)	第一四三/一四四期合刊	三十三年五月三十一日	三四三(43)
南京特别市政府公告(字第　号)	第一四三/一四四期合刊	三十三年五月三十一日	三四三(43)
南京特别市政府公告(字第　号)	第一四三/一四四期合刊	三十三年五月三十一日	三四三(43)
南京特别市政府公告(字第　号)	第一四三/一四四期合刊	三十三年五月三十一日	三四四(43)
南京特别市政府公告(字第　号)	第一四三/一四四期合刊	三十三年五月三十一日	三四四(43)
南京特别市政府公告(字第　号)	第一四三/一四四期合刊	三十三年五月三十一日	三四四(43)
南京特别市政府公告(字第　号)	第一四三/一四四期合刊	三十三年五月三十一日	三四五(43)
南京特别市政府公告(字第　号)	第一四三/一四四期合刊	三十三年五月三十一日	三四五(43)

南京特别市政府公告(府地字第 号)	第一四六期	三十三年六月三十日	四一六(43)
南京特别市政府公告(府地字第 号)	第一四六期	三十三年六月三十日	四一七(43)
南京特别市政府公告(府地字第 号)	第一四七/一四八期合刊	三十三年七月三十日	四七一(43)
南京特别市政府公告(府地字第 号)	第一三九期	三十三年三月十五日	二二三(43)
南京特别市政府公告(府地字第 号)	第一四〇期	三十三年三月三十日	二五〇(43)
南京特别市政府布告(工字第一号)	第三十九期	二十九年一月十五日	一三八(39)
南京特别市政府布告(工字第七七号)	第三十七期	二十八年十二月十五日	〇五三(39)
南京特别市政府布告(工字第 号)	第六十九期	三十年四月十五日	六一六(40)
南京特别市政府布告(工字第 号)	第七十一期	三十年五月十五日	七三一(40)
南京特别市政府布告(工字第 号)	第七十一期	三十年五月十五日	七三二(40)
南京特别市政府布告(工字第 号)	第七十二期	三十年五月三十一日	七八七(40)
南京特别市政府布告(工字第 号)	第七十七期	三十年八月十五日	一六五(41)
南京特别市政府布告(工字第 号)	第七十八期	三十年八月三十一日	一八八(41)
南京特别市政府布告(工字第 号)	第八十期	三十年九月三十日	二六七(41)
南京特别市政府布告(工字第 号)	第八十一期	三十年十月十五日	三一二(41)
南京特别市政府布告(工字第 号)	第八十三期	三十年十一月十五日	三七六(41)
南京特别市政府布告(工字第 号)	第八十四/八十五期合刊	三十年十二月十五日	四一一(41)
南京特别市政府布告(工字第 号)	第八十四/八十五期合刊	三十年十二月十五日	四一二(41)
南京特别市政府布告(工字第 号)	第八十六/八十七期合刊	三十一年一月十五日	四四〇(41)
南京特别市政府布告(工字第 号)	第八十六/八十七期合刊	三十一年一月十五日	四四二(41)
南京特别市政府布告(土字第三七号)	第四十九期	二十九年六月十五日	六四二(39)

南京特别市政府布告(卫字第一四号)	第四十四期	二十九年三月三十一日	四〇(39)
南京特别市政府布告(卫字第二四号)	第四十八期	二十九年五月三十一日	五九六(39)
南京特别市政府布告(卫字第十二号)	第四十三期	二十九年三月十五日	三六九(39)
南京特别市政府布告(卫字第七九号)	第三十七期	二十八年十二月十五日	〇五四(39)
南京特别市政府布告(卫字第七六号)	第三十七期	二十八年十二月十五日	〇五四(39)
南京特别市政府布告(卫字第三十四号)	第五十期	二十九年六月三十日	六八四(39)
南京特别市政府布告(卫字第三号)	第四十期	二十九年一月三十一日	二一六(39)
南京特别市政府布告(卫字第　号)	第七十期	三十年四月三十日	六八三(40)
南京特别市政府布告(卫字第　号)	第七十三期	三十年六月十五日	八五九(40)
南京特别市政府布告(卫字第　号)	第六十九期	三十年四月十五日	六一五(40)
南京特别市政府布告(卫字第　号)	第七十六期	三十年七月三十一日	〇九七(41)
南京特别市政府布告(卫字第　号)	第七十六期	三十年七月三十一日	〇九八(41)
南京特别市政府布告(卫字第　号)	第八十六/八十七期合刊	三十一年一月十五日	四四〇(41)
南京特别市政府布告(地字第　号)	第七十三期	三十年六月十五日	八五八(40)
南京特别市政府布告(地字第　号)	第六十八期	三十年三月三十一日	五五六(40)
南京特别市政府布告(地字第　号)	第六十八期	三十年三月三十一日	五五六(40)
南京特别市政府布告(地字第　号)	第八十一期	三十年十月十五日	三一二(41)
南京特别市政府布告(地字第　号)	第八十四/八十五期合刊	三十年十二月十五日	四一三(41)
南京特别市政府布告(地字第　号)	第八十四/八十五期合刊	三十年十二月十五日	四一三(41)
南京特别市政府布告(字第一五号)	第四十四期	二十九年三月三十一日	四〇七(39)
南京特别市政府布告(字第　号)	第四十四期	二十九年三月三十一日	四〇(39)
南京特别市政府布告(字第　号)	第四十六期	二十九年四月三十日	四九一(39)
南京特别市政府布告(字第　号)	第四十五期	二十九年四月十五日	四五八(39)
南京特别市政府布告(字第　号)	第九十七期	三十一年六月十五日	六九九(41)

南京特别市政府布告(字第 号)	第九十七期	三十一年六月十五日	七〇〇(41)
南京特别市政府布告(字第 号)	第一三一期	三十二年十一月十五日	〇二四(43)
南京特别市政府布告(字第 号)	第一三五/一三六期合刊	三十三年一月三十一日	一三六(43)
南京特别市政府布告(字第 号)	第一三七/一三八期合刊	三十三年二月二十九日	一八一(43)
南京特别市政府布告(字第 号)	第一三七/一三八期合刊	三十三年二月二十九日	一八二(43)
南京特别市政府布告(字第 号)	第一四三/一四四期合刊	三十三年五月三十一日	三四六(43)
南京特别市政府布告(字第 号)	第一四三/一四四期合刊	三十三年五月三十一日	三四六(43)
南京特别市政府布告(字第 号)	第一四三/一四四期合刊	三十三年五月三十一日	三四六(43)
南京特别市政府布告(字第 号)	第一四六期	三十三年六月三十日	四一四(43)
南京特别市政府布告(字第 号)	第一四九期	三十三年八月十五日	五〇七(43)
南京特别市政府布告(字第 号)	第一五三/一五四期合刊	三十三年十月三十一日	六五〇(43)
南京特别市政府布告(字第 号)	第一六一/一六二期合刊	三十四年二月三十日	八三〇(43)
南京特别市政府布告(字第 号)	第四十八期	二十九年五月三十一日	五九八(39)
南京特别市政府布告(字第 号)	第四十九期	二十九年六月十五日	六四三(39)
南京特别市政府布告(财字第二二号)	第四十八期	二十九年五月三十一日	五九七(39)
南京特别市政府布告(财字第二十一号)	第四十六期	二十九年四月三十日	四九〇(39)
南京特别市政府布告(财字第二三号)	第四十八期	二十九年五月三十一日	五九七(39)
南京特别市政府布告(财字第十一号)	第四十三期	二十九年三月十五日	三六七(39)
南京特别市政府布告(财字第八号)	第四十二期	二十九年二月二十九日	三一八(39)
南京特别市政府布告(财字第九号)	第四十二期	二十九年二月二十九日	三一八(39)

南京特别市政府布告(财字第三一号)	第四十九期	二十九年六月十五日	六四一(39)
南京特别市政府布告(财字第三三号)	第五十期	二十九年六月三十日	六八四(39)
南京特别市政府布告(财字第　号)	第七十三期	三十年六月十五日	八五七(40)
南京特别市政府布告(财字第　号)	第七十三期	三十年六月十五日	八五七(40)
南京特别市政府布告(财字第　号)	第四十期	二十九年一月三十一日	二一五(39)
南京特别市政府布告(财字第　号)	第六十八期	三十年三月三十一日	五五五(40)
南京特别市政府布告(财字第　号)	第七十二期	三十年五月三十一日	七八七(40)
南京特别市政府布告(财字第　号)	第三十八期	二十八年十二月三十一日	〇九三(39)
南京特别市政府布告(财字第　号)	第六十八期	三十年三月三十一日	五五五(40)
南京特别市政府布告(财字第　号)	第七十九期	三十年九月十五日	二三三(41)
南京特别市政府布告(财字第　号)	第七十九期	三十年九月十五日	二三四(41)
南京特别市政府布告(财字第　号)	第七十五期	三十年七月十五日	〇七〇(41)
南京特别市政府布告(财字第　号)	第七十六期	三十年七月三十一日	〇九九(41)
南京特别市政府布告(财字第　号)	第八十一期	三十年十月十五日	三一一(41)
南京特别市政府布告(财字第　号)	第八十三期	三十年十一月十五日	三七五(41)
南京特别市政府布告(财字第　号)	第八十四/八十五期合刊	三十年十二月十五日	四〇九(41)
南京特别市政府布告(财字第　号)	第八十六/八十七期合刊	三十一年一月十五日	四三九(41)
南京特别市政府布告(社字第一三号)	第四十四期	二十九年三月三十一日	四〇六(39)
南京特别市政府布告(社字第一〇号)	第四十三期	二十九年三月十五日	三六八(39)
南京特别市政府布告(社字第二七号)	第四十九期	二十九年六月十五日	六四三(39)
南京特别市政府布告(社字第二五号)	第四十八期	二十九年五月三十一日	五九五(39)
南京特别市政府布告(社字第五号)	第四十一期	二十九年二月十五日	二六五(39)
南京特别市政府布告(社字第　号)	第六十九期	三十年四月十五日	六一五(40)
南京特别市政府布告(社字第　号)	第七十二期	三十年五月三十一日	七八八(40)
南京特别市政府布告(社字第　号)	第七十二期	三十年五月三十一日	七八八(40)

南京特别市政府布告(府工字第　号) 第一三三/一三四期合刊 三十二年十二月三十一日 ○一(43)

南京特别市政府布告(府卫字第一一五号) 第一四七/一四八期合刊 三十三年七月三十日 四六九(43)

南京特别市政府布告(府卫字第　号) 第九十三期 三十一年四月十五日 五九七(41)

南京特别市政府布告(府卫字第　号) 第一三七/一三八期合刊 三十三年二月二十九日 一八二(43)

南京特别市政府布告(府卫字第　号) 第一四三/一四四期合刊 三十三年五月三十一日 三三八(43)

南京特别市政府布告(府卫字第　号) 第一四六期 三十三年六月三十日 四一五(43)

南京特别市政府布告(府卫字第　号) 第一四九期 三十三年八月十五日 五二三(43)

南京特别市政府布告(府卫字第　号) 第一五七/一五八期合刊 三十三年十二月三十一日 七六○(43)

南京特别市政府布告(府卫字第　号) 第一五九/一六○期合刊 三十四年一月三十日 七九四(43)

南京特别市政府布告(府地字第　号) 第一四七/一四八期合刊 三十三年七月三十日 四六七(43)

南京特别市政府布告(府农字第　号) 第九十九期 三十一年七月十五日 七五二(41)

南京特别市政府布告(府财字第三二○号) 第一三三/一三四期合刊 三十二年十二月三十一日 ○九八(43)

南京特别市政府布告(府财字第五百号) 第一四三/一四四期合刊 三十三年五月三十一日 三四○(43)

南京特别市政府布告(府财字第肆肆贰号) 第一四三/一四四期合刊 三十三年五月三十一日 三三九(43)

南京特别市政府布告(府财字第　号) 第八十九期 三十一年二月十五日 五○六(41)

南京特别市政府布告(府财字第　号) 第八十九期 三十一年二月十五日 五○六(41)

南京特别市政府布告(府财字第　号)	第九十二期	三十一年三月三十一日	五七二(41)
南京特别市政府布告(府财字第　号)	第九十四期	三十一年四月三十日	六一七(41)
南京特别市政府布告(府财字第　号)	第九十五期	三十一年五月十五日	六四五(41)
南京特别市政府布告(府财字第　号)	第一〇〇期	三十一年七月三十一日	七八〇(41)
南京特别市政府布告(府财字第　号)	第一〇二期	三十一年八月三十一日	八六三(41)
南京特别市政府布告(府财字第　号)	第一〇四期	三十一年九月三十日	九五四(41)
南京特别市政府布告(府财字第　号)	第一三二期	三十二年十一月三十日	〇五五(43)
南京特别市政府布告(府财字第　号)	第一三二期	三十二年十一月三十日	〇五五(43)
南京特别市政府布告(府财字第　号)	第一三三/一三四期合刊	三十二年十二月三十一日	〇九八(43)
南京特别市政府布告(府财字第　号)	第一三三/一三四期合刊	三十二年十二月三十一日	〇九九(43)
南京特别市政府布告(府财字第　号)	第一四六期	三十三年六月三十日	四一三(43)
南京特别市政府布告(府财字第　号)	第一四六期	三十三年六月三十日	四一六(43)
南京特别市政府布告(府财字第　号)	第一四七/一四八期合刊	三十三年七月三十日	四六七(43)
南京特别市政府布告(府财字第　号)	第一四七/一四八期合刊	三十三年七月三十日	四六八(43)
南京特别市政府布告(府财字第　号)	第一四七/一四八期合刊	三十三年七月三十日	四六八(43)
南京特别市政府布告(府财字第　号)	第一五一/一五二期合刊	三十三年九月三十日	六〇七(43)

南京特别市政府布告(府财字第 号)	第一五一/一五二期合刊	三十三年九月三十日	六〇七(43)
南京特别市政府布告(府财字第 号)	第一五三/一五四期合刊	三十三年十月三十一日	六五〇(43)
南京特别市政府布告(府财字第 号)	第一五六期	三十三年十一月十五日	七二五(43)
南京特别市政府布告(府财字第 号)	第一五七/一五八期合刊	三十三年十二月三十一日	七五七(43)
南京特别市政府布告(府财字第 号)	第一五七/一五八期合刊	三十三年十二月三十一日	七五九(43)
南京特别市政府布告(府财字第 号)	第一五七/一五八期合刊	三十三年十二月三十一日	七六〇(43)
南京特别市政府布告(府财字第 号)	第一五九/一六〇期合刊	三十四年一月三十日	七九四(43)
南京特别市政府布告(府财字第 号)	第一五九/一六〇期合刊	三十四年一月三十日	七九四(43)
南京特别市政府布告(府财字第 号)	第一六一/一六二期合刊	三十四年二月三十日	八三〇(43)
南京特别市政府布告(府财字第 号)	第一四〇期	三十三年三月三十日	二五〇(43)
南京特别市政府布告(府社字第 号)	第八十八期	三十一年一月三十一日	四七五(41)
南京特别市政府布告(府社字第 号)	第九十一期	三十一年三月十五日	五五四(41)
南京特别市政府布告(府社字第 号)	第九十五期	三十一年五月十五日	六四二(41)
南京特别市政府布告(府社字第 号)	第九十六期	三十一年五月三十一日	六六一(41)
南京特别市政府布告(府社字第 号)	第九十九期	三十一年七月十五日	七五一(41)
南京特别市政府布告(府社字第 号)	第一〇二期	三十一年八月三十一日	八五九(41)

南京特别市政府布告(府社字第　号)	第一〇三期	三十一年九月十五日	九一二(41)
南京特别市政府布告(府社字第　号)	第一〇四期	三十一年九月三十日	九四八(41)
南京特别市政府布告(府社字第　号)	第一〇四期	三十一年九月三十日	九四九(41)
南京特别市政府布告(府社字第　号)	第一〇二期	三十一年八月三十一日	八五九(41)
南京特别市政府布告(府经字第一五零号)	第一三九期	三十三年三月十五日	二二一(43)
南京特别市政府布告(府保甲字第三八九号)	第一四七/一四八期合刊	三十三年七月三十日	四六九(43)
南京特别市政府布告(府保甲字第　号)	第一四三/一四四期合刊	三十三年五月三十一日	三三七(43)
南京特别市政府布告(府保甲字第　号)	第一五五期	三十三年十一月三十日	六八三(43)
南京特别市政府布告(府秘字第　号)	第一五一/一五二期合刊	三十三年九月三十日	六〇八(43)
南京特别市政府布告(秘字第　号)	第六十九期	三十年四月十五日	六一七(40)
南京特别市政府布告(秘字第　号)	第八十二期	三十年十月三十一日	三四二(41)
南京特别市政府布告(粮字第　号)	第八十三期	三十年十一月十五日	三七五(41)
南京特别市政府布告/首都警察总监署布告(府卫字第　号)	第一五九/一六〇期合刊	三十四年一月三十日	七九五(43)
南京特别市政府布告/首都警察总监署布告(府经字第　号)	第一六一/一六二期合刊	三十四年二月三十日	八三一(43)
南京特别市政府令训(粮字第　号,令南京特别市米粮业同业公会)	第八十三期	三十年十一月十五日	三七四(41)
南京特别市政府令(教字第　号)	第七十二期	三十年五月三十一日	七五三(40)
南京特别市政府令(第一五一号):任命方刚为南京特别市自来水工程处技士此令	第六十一期	十九年六月十五日	〇五五(13)
南京特别市政府令(第一五三号):任命陈禹谟为南京特别市自来水工程处技术员此令	第六十一期	十九年六月十五日	〇五五(13)

南京特别市政府令(第一号):派崔濂为南京特别市市民银行副行长此令	第六十一期	十九年六月十五日	〇五五(13)
南京特别市政府令(第二号):派许行成为南京特别市政府工务局技正此令	第六十一期	十九年六月十五日	〇五五(13)
南京特别市政府令(第四六号):派林庚白暂代本府参事此令	第六十一期	十九年六月十五日	〇五五(13)
南京特别市政府训令(工字第一二九号,令各区公所)	第四十五期	二十九年四月十五日	四五四(39)
南京特别市政府训令(工字第二三三号,令孝陵卫/安德门区公所)	第五十期	二十九年六月三十日	六八二(39)
南京特别市政府训令(工字第五七八号,令各区公所)	第三十七期	二十八年十二月十五日	〇五一(39)
南京特别市政府训令(工字第五〇三号,令各区公所)	第三十四期	二十八年十月三十一日	八二〇(38)
南京特别市政府训令(工字第四七八号,令上新河/安德门/燕子矶/孝陵卫各区公所)	第三十四期	二十八年十月三十一日	八二一(38)
南京特别市政府训令(工字第四五九号,令上新河/燕子矶区公所)	第三十三期	二十八年十月十五日	七六二(38)
南京特别市政府训令(工字第　号,令工务局车辆登记所)	第七十二期	三十年五月三十一日	七八一(40)
南京特别市政府训令(工字第　号,令水炉业公会/各区区公所)	第七十八期	三十年八月三十一日	一八七(41)
南京特别市政府训令(工字第　号,令本府所属各机关　不另行文)	第七十期	三十年四月三十日	六五九(40)
南京特别市政府训令(工字第　号,令各区公所/车辆登记所)	第六十九期	三十年四月十五日	六一一(40)
南京特别市政府训令(工字第　号,令所属各机关)	第八十期	三十年九月三十日	二六二(41)
南京特别市政府训令(工字第　号,令首都清洁队)	第七十九期	三十年九月十五日	二三二(41)

南京特别市政府训令(卫字第一八三号,令各区公所)	第四十七期	二十九年五月十五日	五三九(39)
南京特别市政府训令(卫字第一九〇号,令各区公所)	第四十七期	二十九年五月十五日	五四〇(39)
南京特别市政府训令(卫字第一四七号,令各区公所)	第四十五期	二十九年四月十五日	四五六(39)
南京特别市政府训令(卫字第二〇七号,令各区公所)	第四十八期	二十九年五月三十一日	五九一(39)
南京特别市政府训令(卫字第九四号,令一二三四区公所)	第四十四期	二十九年三月三十一日	四〇三(39)
南京特别市政府训令(卫字第　号,令卫生局各附属机关)	第六十九期	三十年四月十五日	六〇九(40)
南京特别市政府训令(卫字第　号,令卫生试验所)	第八十一期	三十年十月十五日	三〇九(41)
南京特别市政府训令(卫字第　号,令卫生试验所)	第八十二期	三十年十月三十一日	三三九(41)
南京特别市政府训令(卫字第　号,令卫生试验所)	第五十期	二十九年六月三十日	六八一(39)
南京特别市政府训令(卫字第　号,令传染病院)	第七十九期	三十年九月十五日	二三二(41)
南京特别市政府训令(卫字第　号,令传染病院/第四诊所)	第七十一期	三十年五月十五日	七三〇(40)
南京特别市政府训令(卫字第　号,令各区公所)	第七十三期	三十年六月十五日	八四二(40)
南京特别市政府训令(卫字第　号,令各区公所/清洁队)	第七十六期	三十年七月三十一日	〇九五(41)
南京特别市政府训令(卫字第　号,令妓捐征收所/娼妓检疗所/第四诊疗所)	第八十二期	三十年十月三十一日	三三八(41)
南京特别市政府训令(卫字第　号,令城乡各区公所)	第七十六期	三十年七月三十一日	〇九六(41)
南京特别市政府训令(卫字第　号,令城乡各区公所)	第八十三期	三十年十一月十五日	三七三(41)

南京特别市政府训令(卫字第　号，令城乡各区公所/各中小学校校长)	第八十二期	三十年十月三十一日	三三七(41)
南京特别市政府训令(卫字第　号，令第一/二/三/四/五区公所)	第七十一期	三十年五月十五日	七二六(40)
南京特别市政府训令(卫字第　号，令第五区公所)	第七十二期	三十年五月三十一日	七八〇(40)
南京特别市政府训令(不另行文,令本府所属各机关)	第七十二期	三十年五月三十一日	七六一(40)
南京特别市政府训令(不另行文,令本府所属各机关)	第七十二期	三十年五月三十一日	七五三(40)
南京特别市政府训令(不另行文,令本府所属各机关)	第七十二期	三十年五月三十一日	七六二(40)
南京特别市政府训令(不另行文,令本府所属各机关)	第七十四期	三十年六月三十日	〇〇五(41)
南京特别市政府训令(不另行文,令本府所属各机关)	第七十四期	三十年六月三十日	〇〇六(41)
南京特别市政府训令(不另行文,令本府所属各机关)	第七十四期	三十年六月三十日	〇一一(41)
南京特别市政府训令(不另行文,令各局处所属各机关)	第七十四期	三十年六月三十日	〇二〇(41)
南京特别市政府训令(不另行文,令各局处/城乡各区公所)	第七十四期	三十年六月三十日	〇一六(41)
南京特别市政府训令(不另行文,令所属各机关)	第七十三期	三十年六月十五日	八三六(40)
南京特别市政府训令(不另行文,令城乡各区公所/园林管理处)	第七十八期	三十年八月三十一日	一八五(41)
南京特别市政府训令(令各局处会/区公所)	第一〇一期	三十一年八月十五日	八〇四(41)
南京特别市政府训令(地字第　号，令各乡区公所)	第六十八期	三十年三月三十一日	五四八(40)
南京特别市政府训令(字第四九六号,令市商会)	第三十四期	二十八年十月三十一日	八二二(38)

南京特别市政府训令(字第　号,令工商局/福利局/财政局/地政局/教育局/宣传处/各区公所)	第一三七/一三八期合刊	三十三年二月二十九日	一七九(43)
南京特别市政府训令(字第　号,令上新河/安德门/孝陵卫/乡实验区　区公所)	第一五〇期	三十三年八月三十日	五六二(43)
南京特别市政府训令(字第　号,令卫生局局长卫锡良/卫生试验所所长杨志雄)	第四十五期	二十九年四月十五日	四五〇(39)
南京特别市政府训令(字第　号,令卫生局/工务局/社会局/教育局/宣传处)	第九十四期	三十一年四月三十日	六一四(41)
南京特别市政府训令(字第　号,令卫生局/上新河/孝陵卫/安德门/第五区乡区自治实验区区公所)	第一四一/一四二期合刊	三十三年四月三十日	二七〇(43)
南京特别市政府训令(字第　号,令乡区各区公所)	第一五五期	三十三年十一月三十日	六七四(43)
南京特别市政府训令(字第　号,令乡区各区公所)	第一四六期	三十三年六月三十日	四〇四(43)
南京特别市政府训令(字第　号,令乡实区等公所)	第一四〇期	三十三年三月三十日	二四六(43)
南京特别市政府训令(字第　号,令内外所属)	第四十六期	二十九年四月三十日	四八五(39)
南京特别市政府训令(字第　号,令内外所属)	第四十七期	二十九年五月十五日	五三七(39)
南京特别市政府训令(字第　号,令本府各处局)	第四十五期	二十九年四月十五日	四五一(39)
南京特别市政府训令(字第　号,令本府各处局/各区公所)	第四十九期	二十九年六月十五日	六三七(39)
南京特别市政府训令(字第　号,令本府各局处会/附属机关)	第一三五/一三六期合刊	三十三年一月三十一日	一二四(43)
南京特别市政府训令(字第　号,令本府各局处会/城乡各区公所)	第一三五/一三六期合刊	三十三年一月三十一日	一一九(43)

南京特别市政府训令(字第　号,令本府所属)	第一〇一期	三十一年八月十五日	八〇〇(41)
南京特别市政府训令(字第　号,令本府所属各机关)	第一三一期	三十二年十一月十五日	〇一七(43)
南京特别市政府训令(字第　号,令本府参议徐惠人)	第四十三期	二十九年三月十五日	三五八(39)
南京特别市政府训令(字第　号,令田赋征收处)	第一五七/一五八期合刊	三十三年十二月三十一日	七五四(43)
南京特别市政府训令(字第　号,令市商会)	第一三五/一三六期合刊	三十三年一月三十一日	一二七(43)
南京特别市政府训令(字第　号,令市商会)	第一三七/一三八期合刊	三十三年二月二十九日	一七一(43)
南京特别市政府训令(字第　号,令市商会)	第一三七/一三八期合刊	三十三年二月二十九日	一七八(43)
南京特别市政府训令(字第　号,令市商会)	第一四三/一四四期合刊	三十三年五月三十一日	三二一(43)
南京特别市政府训令(字第　号,令市商会理事长葛亮畴)	第一五五期	三十三年十一月三十日	六七八(43)
南京特别市政府训令(字第　号,令西藏班禅驻京办事处/蒙藏招待所)	第四十六期	二十九年四月三十日	四八八(39)
南京特别市政府训令(字第　号,令各乡区区公所)	第一三七/一三八期合刊	三十三年二月二十九日	一六七(43)
南京特别市政府训令(字第　号,令各乡区公所)	第三十一期	二十八年九月十五日	六五五(38)
南京特别市政府训令(字第　号,令各乡区公所/教育局)	第一四一/一四二期合刊	三十三年四月三十日	二七一(43)
南京特别市政府训令(字第　号,令各乡区公所/第五区公所)	第一四七/一四八期合刊	三十三年七月三十日	四五八(43)
南京特别市政府训令(字第　号,令各区区长)	第八十八期	三十一年一月三十一日	四八二(41)
南京特别市政府训令(字第　号,令各区公所)	第三十五期	二十八年十一月十五日	八八六(38)

南京特别市政府训令(字第　号,令各区公所)	第一三一期	三十二年十一月十五日	○○(43)
南京特别市政府训令(字第　号,令各区公所)	第一三一期	三十二年十一月十五日	○一三(43)
南京特别市政府训令(字第　号,令各区公所)	第一三三/一三四期合刊	三十二年十二月三十一日	○九一(43)
南京特别市政府训令(字第　号,令各区公所)	第一三七/一三八期合刊	三十三年二月二十九日	一七○(43)
南京特别市政府训令(字第　号,令各区公所)	第一三七/一三八期合刊	三十三年二月二十九日	一七四(43)
南京特别市政府训令(字第　号,令各区公所)	第一四三/一四四期合刊	三十三年五月三十一日	三○九(43)
南京特别市政府训令(字第　号,令各区公所)	第一五五期	三十三年十一月三十日	六七三(43)
南京特别市政府训令(字第　号,令各区公所)	第一五六期	三十三年十一月十五日	七一八(43)
南京特别市政府训令(字第　号,令各区公所)	第一三九期	三十三年三月十五日	二二○(43)
南京特别市政府训令(字第　号,令各区公所)	第一三九期	三十三年三月十五日	二二○(43)
南京特别市政府训令(字第　号,令各区公所)	第一四○期	三十三年三月三十日	二四三(43)
南京特别市政府训令(字第　号,令各区公所)	第九十九期	三十一年七月十五日	七五○(41)
南京特别市政府训令(字第　号,令各区公所/市商会)	第一三七/一三八期合刊	三十三年二月二十九日	一七八(43)
南京特别市政府训令(字第　号,令各区/局)	第四十三期	二十九年三月十五日	三五九(39)
南京特别市政府训令(字第　号,令各处局)	第九十一期	三十一年三月十五日	五四九(41)
南京特别市政府训令(字第　号,令各处局区)	第八十六/八十七期合刊	三十一年一月十五日	四三五(41)

南京特别市政府训令(字第　号,令各处局区)	第八十六/八十七期合刊	三十一年一月十五日	四三六(41)
南京特别市政府训令(字第　号,令各处局会)	第八十六/八十七期合刊	三十一年一月十五日	四三七(41)
南京特别市政府训令(字第　号,令各处局会/区公所)	第九十二期	三十一年三月三十一日	五七二(41)
南京特别市政府训令(字第　号,令各处局/各区公所)	第四十九期	二十九年六月十五日	六三八(39)
南京特别市政府训令(字第　号,令各局处区除第四区/燕子矶区)	第九十二期	三十一年三月三十一日	五七二(41)
南京特别市政府训令(字第　号,令各局处区/市社运会)	第九十一期	三十一年三月十五日	五五〇(41)
南京特别市政府训令(字第　号,令各局处会)	第一三五/一三六期合刊	三十三年一月三十一日	一二〇(43)
南京特别市政府训令(字第　号,令各局处会)	第一三五/一三六期合刊	三十三年一月三十一日	一二六(43)
南京特别市政府训令(字第　号,令各局处会)	第一三五/一三六期合刊	三十三年一月三十一日	一三一(43)
南京特别市政府训令(字第　号,令各局处会)	第一三七/一三八期合刊	三十三年二月二十九日	一七三(43)
南京特别市政府训令(字第　号,令各局处会)	第一四五期	三十三年六月十五日	三六六(43)
南京特别市政府训令(字第　号,令各局处会)	第一四〇期	三十三年三月三十日	二四〇(43)
南京特别市政府训令(字第　号,令各局处会)	第一五六期	三十三年十一月十五日	七〇一(43)
南京特别市政府训令(字第　号,令各局处会区)	第九十三期	三十一年四月十五日	五九〇(41)
南京特别市政府训令(字第　号,令各局处会区)	第九十三期	三十一年四月十五日	五九〇(41)
南京特别市政府训令(字第　号,令各局处会/各区公所)	第九十五期	三十一年五月十五日	六三七(41)

南京特别市政府训令(字第　号,令各局处会/各区公所)	第九十五期	三十一年五月十五日	六三八(41)
南京特别市政府训令(字第　号,令各局处会/各区公所/市商会)	第一三三/一三四期合刊	三十二年十二月三十一日	○九六(43)
南京特别市政府训令(字第　号,令安德门/上新河/孝陵卫)	第一四九期	三十三年八月十五日	四九四(43)
南京特别市政府训令(字第　号,令安德门/孝陵卫/上新河/第五乡区自治实验　区公所)	第一五○期	三十三年八月三十日	五六一(43)
南京特别市政府训令(字第　号,令园林管理所)	第四十八期	二十九年五月三十一日	五九四(39)
南京特别市政府训令(字第　号,令财政局局长谭友仲)	第八十八期	三十一年一月三十一日	四七七(41)
南京特别市政府训令(字第　号,令社会局/救济院)	第四十五期	二十九年四月十五日	四五二(39)
南京特别市政府训令(字第　号,令社会局/粮管局/各区公所)	第九十三期	三十一年四月十五日	五九一(41)
南京特别市政府训令(字第　号,令改组各业公会筹备会)	第一三二期	三十二年十一月三十日	○四七(43)
南京特别市政府训令(字第　号,令所属各机关)	第一○三期	三十一年九月十五日	八九一(41)
南京特别市政府训令(字第　号,令所属各机关)	第一○三期	三十一年九月十五日	八九三(41)
南京特别市政府训令(字第　号,令所属各机关)	第八十九期	三十一年二月十五日	五○五(41)
南京特别市政府训令(字第　号,令所属各机关)	第九十一期	三十一年三月十五日	五四九(41)
南京特别市政府训令(字第　号,令经济局/苏荣轩)	第一五九/一六○期合刊	三十四年一月三十日	七八○(43)
南京特别市政府训令(字第　号,令城乡各区)	第一五五期	三十三年十一月三十日	六六九(43)
南京特别市政府训令(字第　号,令城乡各区区公所)	第一四一/一四二期合刊	三十三年四月三十日	二六四(43)

南京特别市政府训令(字第　号,令城乡各区公所)	第九十三期	三十一年四月十五日	五九六(41)
南京特别市政府训令(字第　号,令城乡各区公所)	第一三二期	三十二年十一月三十日	〇四九(43)
南京特别市政府训令(字第　号,令城乡各区公所)	第一五六期	三十三年十一月十五日	七〇二(43)
南京特别市政府训令(字第　号,令城乡各区公所)	第一五七/一五八期合刊	三十三年十二月三十一日	七三九(43)
南京特别市政府训令(字第　号,令城乡各区公所/市商会)	第一三三/一三四期合刊	三十二年十二月三十一日	〇八五(43)
南京特别市政府训令(字第　号,令城乡各区公所/南京特别市农会/南京特别市商会/各学校及社教机关)	第一三五/一三六期合刊	三十三年一月三十一日	一二七(43)
南京特别市政府训令(字第　号,令南京市银行)	第一三五/一三六期合刊	三十三年一月三十一日	一二九(43)
南京特别市政府训令(字第　号,令南京特别市银行业/钱业同业公会)	第一三五/一三六期合刊	三十三年一月三十一日	一二八(43)
南京特别市政府训令(字第　号,令南京特别市商会)	第一三七/一三八期合刊	三十三年二月二十九日	一六四(43)
南京特别市政府训令(字第　号,令前宣传处处长薛丰/宣传处处长周雨人)	第一三三/一三四期合刊	三十二年十二月三十一日	〇七二(43)
南京特别市政府训令(字第　号,令捐税征收所所长江兆龙)	第一三五/一三六期合刊	三十三年一月三十一日	一二二(43)
南京特别市政府训令(字第　号,令秘书处/工务局等)	第四十四期	二十九年三月三十一日	三九九(39)
南京特别市政府训令(字第　号,令秘书处/各局)	第四十八期	二十九年五月三十一日	五八六(39)
南京特别市政府训令(字第　号,令秘书处/各局)	第四十七期	二十九年五月十五日	五三八(39)

南京特别市政府训令(字第　号,令菜场管理所主任汪容)	第一四九期	三十三年八月十五日	五〇〇(43)
南京特别市政府训令(字第　号,令营业税征收处/捐税征收所)	第一三五/一三六期合刊	三十三年一月三十一日	一二九(43)
南京特别市政府训令(字第　号,令第一仓库管理主任前任史伯桥新任王郁五/专员黄伯熙)	第一五九/一六〇期合刊	三十四年一月三十日	七八三(43)
南京特别市政府训令(字第　号,令第二区区长宋建中)	第一三一期	三十二年十一月十五日	〇一二(43)
南京特别市政府训令(字第　号,令第五区公所)	第一五七/一五八期合刊	三十三年十二月三十一日	七四七(43)
南京特别市政府训令(字第　号,令商会理事长葛亮畴/煤号煤球业同业公会)	第一五〇期	三十三年八月三十日	五六〇(43)
南京特别市政府训令(字第　号,令蒯毅等)	第四十二期	二十九年二月二十九日	三一〇(39)
南京特别市政府训令(字第　号,令粮食局/各区公所)	第一三七/一三八期合刊	三十三年二月二十九日	一七九(43)
南京特别市政府训令(字第　号,令粮食局/经济局/物资配给委员会)	第一三七/一三八期合刊	三十三年二月二十九日	一七三(43)
南京特别市政府训令(字第　号,令燕子矶区/下关区/城区/上新河区)	第一〇〇期	三十一年七月三十一日	七七五(41)
南京特别市政府训令(字第　号,令燕子矶/职区/安德门　区公所)	第一六一/一六二期合刊	三十四年二月三十日	八二二(43)
南京特别市政府训令(字第　号,第五区区长刘连祥等)	第四十二期	二十九年二月二十九日	三一一(39)
南京特别市政府训令(农字第　号,令城乡各区公所)	第七十九期	三十年九月十五日	二三〇(41)
南京特别市政府训令(财字第一七一号,令各局处及直属机关)	第四十六期	二十九年四月三十日	四八七(39)

南京特别市政府训令(财字第一七〇号,令各局处及直属机关)	第四十六期	二十九年四月三十日	四八六(39)
南京特别市政府训令(财字第一九八号,令秘书处科长洪孟揆)	第四十八期	二十九年五月三十一日	五九四(39)
南京特别市政府训令(财字第一九九号,令第一二三四区公所)	第四十八期	二十九年五月三十一日	五九二(39)
南京特别市政府训令(财字第一五二号,令园林管理所)	第四十五期	二十九年四月十五日	四五六(39)
南京特别市政府训令(财字第一六〇号,令八卦洲办事处)	第四十七期	二十九年五月十五日	五四二(39)
南京特别市政府训令(财字第一〇三号,令各处局及各附属机关)	第四十四期	二十九年三月三十一日	四〇〇(39)
南京特别市政府训令(财字第二七三六号,令本府所属各机关)	第六十九期	三十年四月十五日	五九九(40)
南京特别市政府训令(财字第二三四号,令秘书处科长洪孟揆)	第五十期	二十九年六月三十日	六八〇(39)
南京特别市政府训令(财字第二五号,令各区公所/商会筹备处)	第四十期	二十九年一月三十一日	二一〇(39)
南京特别市政府训令(财字第七六号,令各乡区公所)	第四十三期	二十九年三月十五日	三六四(39)
南京特别市政府训令(财字第三一号,令第一二三四区公所)	第四十期	二十九年一月三十一日	二一二(39)
南京特别市政府训令(财字第三二二五号,令各乡区公所)	第三十五期	二十八年十一月十五日	八八八(38)
南京特别市政府训令(财字第三二四一号,令各乡区公所)	第三十五期	二十八年十一月十五日	八八八(38)
南京特别市政府训令(财字第三〇三〇号,令本府所属各机关)	第六十九期	三十年四月十五日	六〇一(40)
南京特别市政府训令(财字第五一五号,令本府各局)	第三十五期	二十八年十一月十五日	八八三(38)
南京特别市政府训令(财字第五七五号,令工务局)	第三十七期	二十八年十二月十五日	〇四七(39)

南京特别市政府训令(财字第五四五号,令安德门区公所)	第三十五期	二十八年十一月十五日	八八九(38)
南京特别市政府训令(财字第五四五号,令燕子矶区公所)	第三十五期	二十八年十一月十五日	八八九(38)
南京特别市政府训令(财字第五四号,令烟酒税局)	第四十二期	二十九年二月二十九日	三一五(39)
南京特别市政府训令(财字第六五号,令各乡区公所)	第四十二期	二十九年二月二十九日	三一四(39)
南京特别市政府训令(财字第四四七号,令沈甲三)	第三十二期	二十八年九月三十日	七一二(38)
南京特别市政府训令(财字第　号,令本府各局处/各区公所/各捐税机关/市商会整理委员会)	第八十六/八十七期合刊	三十一年一月十五日	四三八(41)
南京特别市政府训令(财字第　号,令本府各局处/附属机关)	第八十三期	三十年十一月十五日	三六六(41)
南京特别市政府训令(财字第　号,令本府各局处/附属各机关)	第九十一期	三十一年三月十五日	五五二(41)
南京特别市政府训令(财字第　号,令本府财政局直辖各机关)	第七十期	三十年四月三十日	六七九(40)
南京特别市政府训令(财字第　号,令本府附属各机关)	第七十期	三十年四月三十日	六五九(40)
南京特别市政府训令(财字第　号,令本府附属各机关)	第八十二期	三十年十月三十一日	三三四(41)
南京特别市政府训令(财字第　号,令本府附属各机关/南京市银行)	第七十五期	三十年七月十五日	〇五八(41)
南京特别市政府训令(财字第　号,令本府附属各机关/南京市商会整理委员会)	第七十二期	三十年五月三十一日	七六三(40)
南京特别市政府训令(财字第　号,令本府所属各机关)	第七十七期	三十年八月十五日	一四四(41)
南京特别市政府训令(财字第　号,令本府所属各机关)	第七十一期	三十年五月十五日	七二三(40)

南京特别市政府训令(财字第　号，令本府所属各机关)	第八十三期	三十年十一月十五日	三六七(41)
南京特别市政府训令(财字第　号，令本府所属各机关/南京市银行)	第七十四期	三十年六月三十日	〇二一(41)
南京特别市政府训令(财字第　号，令田赋征收处)	第六十九期	三十年四月十五日	六一四(40)
南京特别市政府训令(财字第　号，令田赋征收处主任沈甲三)	第八十一期	三十年十月十五日	三一〇(41)
南京特别市政府训令(财字第　号，令田赋征收处/地政局)	第七十七期	三十年八月十五日	一五八(41)
南京特别市政府训令(财字第　号，令各乡区区长)	第一〇一期	三十一年八月十五日	八一〇(41)
南京特别市政府训令(财字第　号，令各乡区公所)	第七十期	三十年四月三十日	六七六(40)
南京特别市政府训令(财字第　号，令各乡区公所)	第七十三期	三十年六月十五日	八四三(40)
南京特别市政府训令(财字第　号，令各乡区公所)	第七十九期	三十年九月十五日	二三一(41)
南京特别市政府训令(财字第　号，令各乡区公所)	第三十八期	二十八年十二月三十一日	〇九二(39)
南京特别市政府训令(财字第　号，令各区公所/本府各处局/南京市商会整理委员会)	第七十三期	三十年六月十五日	八三九(40)
南京特别市政府训令(财字第　号，令各处局)	第七十四期	三十年六月三十日	〇二三(41)
南京特别市政府训令(财字第　号，令各处局/各区公所/南京市银行/各税收机关)	第七十七期	三十年八月十五日	一五〇(41)
南京特别市政府训令(财字第　号，令各处局/附属机关)	第七十五期	三十年七月十五日	〇五八(41)
南京特别市政府训令(财字第　号，令各处局/附属机关)	第八十期	三十年九月三十日	二六〇(41)

南京特别市政府训令(财字第　号,令各所属机关)	第七十九期	三十年九月十五日	二三〇(41)
南京特别市政府训令(财字第　号,令各捐税征收机关/各城乡区公所/上新河区公所)	第七十六期	三十年七月三十一日	〇九二(41)
南京特别市政府训令(财字第　号,令财政局/社会局/各区公所/市商会整理委员会)	第七十六期	三十年七月三十一日	〇九一(41)
南京特别市政府训令(财字第　号,令财政局/社会局/各区公所/南京市商会整理委员会)	第七十五期	三十年七月十五日	〇六一(41)
南京特别市政府训令(财字第　号,令所属各机关)	第七十六期	三十年七月三十一日	〇九〇(41)
南京特别市政府训令(财字第　号,令南京市银行)	第七十期	三十年四月三十日	六七七(40)
南京特别市政府训令(财字第　号,令南京市商会整理委员会)	第六十九期	三十年四月十五日	六一二(40)
南京特别市政府训令(财字第　号,令牲畜屠宰税征收所)	第八十四/八十五期合刊	三十年十二月十五日	四〇七(41)
南京特别市政府训令(财字第　号,令捐税征收所所长华昌寿)	第八十二期	三十年十月三十一日	三三七(41)
南京特别市政府训令(财字第　号,令捐税征收所所长李熙会)	第七十三期	三十年六月十五日	八五四(40)
南京特别市政府训令(财字第　号,令营业税处)	第六十八期	三十年三月三十一日	五四七(40)
南京特别市政府训令(财字第　号,令营业税处处长谢超/南京市商会整理委员会)	第六十九期	三十年四月十五日	六一三(40)
南京特别市政府训令(财字第　号,令营业税处处长谢超/南京市商会整理委员会)	第六十九期	三十年四月十五日	六一四(40)
南京特别市政府训令(社字第一一一号,令城乡各区公所/各区青年团指导员)	第四十四期	二十九年三月三十一日	四〇一(39)

南京特别市政府训令(社字第一一二号,令城乡各区公所/各区青年团指导员)	第四十四期	二十九年三月三十一日	四〇二(39)
南京特别市政府训令(社字第一二八号,令城乡各区公所)	第四十四期	二十九年三月三十一日	四〇〇(39)
南京特别市政府训令(社字第一八七号,令第五区及上新河燕子矶区公所)	第四十七期	二十九年五月十五日	五四一(39)
南京特别市政府训令(社字第一八五号,令上新河/燕子矶/第五区公所)	第四十七期	二十九年五月十五日	五四〇(39)
南京特别市政府训令(社字第一九号,令市总商会筹备会)	第四十期	二十九年一月三十一日	二一一(39)
南京特别市政府训令(社字第一〇二号,令市总商会筹备会)	第四十四期	二十九年三月三十一日	四〇六(39)
南京特别市政府训令(社字第一〇二号,令第一二三区及安德门区公所)	第四十四期	二十九年三月三十一日	四〇五(39)
南京特别市政府训令(社字第二一一号,令城乡各区公所)	第四十八期	二十九年五月三十一日	五八七(39)
南京特别市政府训令(社字第二二一号,令城乡各区公所)	第四十九期	二十九年六月十五日	六三九(39)
南京特别市政府训令(社字第二三七号,令城区各区公所)	第五十期	二十九年六月三十日	六七八(39)
南京特别市政府训令(社字第二三六号,令城乡各区公所)	第五十期	二十九年六月三十日	六七九(39)
南京特别市政府训令(社字第二三号,令上新河/燕子矶/孝陵卫/安德门区公所)	第四十期	二十九年一月三十一日	二一三(39)
南京特别市政府训令(社字第二四八号,令社会局局长王承典/教育局局长杨九鸣)	第五十期	二十九年六月三十日	六七七(39)

南京特别市政府训令(社字第二四八号,令城区各区公所)	第五十期	二十九年六月三十日	六八〇(39)
南京特别市政府训令(社字第二四三号,令第四区区长詹荣光)	第五十期	二十九年六月三十日	六八三(39)
南京特别市政府训令(社字第二四五号,令各城乡区公所/市总商会筹备会)	第五十期	二十九年六月三十日	六七八(39)
南京特别市政府训令(社字第二四号,市总商会筹备会)	第四十期	二十九年一月三十一日	二一一(39)
南京特别市政府训令(社字第二〇九号,令城乡各区公所)	第四十八期	二十九年五月三十一日	五八七(39)
南京特别市政府训令(社字第二〇五号,令一三区公所)	第四十八期	二十九年五月三十一日	五九三(39)
南京特别市政府训令(社字第二〇四号,令燕子矶/安德门/上新河/孝陵卫/区公所)	第四十八期	二十九年五月三十一日	五九三(39)
南京特别市政府训令(社字第七二号,令各乡区公所)	第四十三期	二十九年三月十五日	三六〇(39)
南京特别市政府训令(社字第七七号,令城乡各区公所)	第四十三期	二十九年三月十五日	三六〇(39)
南京特别市政府训令(社字第八九号,令本府各处局)	第四十三期	二十九年三月十五日	三五八(39)
南京特别市政府训令(社字第八九号,令各乡区公所)	第四十三期	二十九年三月十五日	三六三(39)
南京特别市政府训令(社字第八九号,令各城区公所)	第四十三期	二十九年三月十五日	三六二(39)
南京特别市政府训令(社字第八〇号,令城乡各区区长)	第四十三期	二十九年三月十五日	三六一(39)
南京特别市政府训令(社字第九〇号,令城乡各区公所)	第四十四期	二十九年三月三十一日	四〇一(39)
南京特别市政府训令(社字第三七六一号,令上新河/安德门/燕子矶/孝陵卫区公所)	第七十期	三十年四月三十日	六七三(40)

南京特别市政府训令(社字第三八号,令各城乡区公所)	第四十一期	二十九年二月十五日	二六〇(39)
南京特别市政府训令(社字第三五号,令上新河区公所)	第四十期	二十九年一月三十一日	二一五(39)
南京特别市政府训令(社字第三六号,令城乡各区公所)	第四十一期	二十九年二月十五日	二五九(39)
南京特别市政府训令(社字第三六号,令南京总商会筹备会)	第四十一期	二十九年二月十五日	二五九(39)
南京特别市政府训令(社字第三四号,令燕子矶区公所)	第四十期	二十九年一月三十一日	二一四(39)
南京特别市政府训令(社字第五一四号,令城乡各区公所)	第三十三期	二十八年十月十五日	七六一(38)
南京特别市政府训令(社字第五七二号,令城乡各区公所/南京市商会/钱业公会)	第三十六期	二十八年十一月三十日	〇〇三(39)
南京特别市政府训令(社字第五七九号,令本府各局处/各城乡区公所)	第三十七期	二十八年十二月十五日	〇四五(39)
南京特别市政府训令(社字第五七六号,令各乡区公所)	第三十七期	二十八年十二月十五日	〇五二(39)
南京特别市政府训令(社字第五七号,令各城区公所)	第四十二期	二十九年二月二十九日	三一三(39)
南京特别市政府训令(社字第五八二号,令各城乡区公所)	第三十七期	二十八年十二月十五日	〇五〇(39)
南京特别市政府训令(社字第五八五号,令城乡各区公所)	第三十七期	二十八年十二月十五日	〇四八(39)
南京特别市政府训令(社字第五八〇号,令各城乡区公所)	第三十七期	二十八年十二月十五日	〇四九(39)
南京特别市政府训令(社字第五九三号,令本府各处局)	第三十八期	二十八年十二月三十一日	〇八九(39)
南京特别市政府训令(社字第五九三号,令第一二三四五区公所)	第三十八期	二十八年十二月三十一日	〇九一(39)

南京特别市政府训令(社字第五九号,令第一二三四五区公所)	第四十二期	二十九年二月二十九日	三一二(39)
南京特别市政府训令(社字第五三七号,令城乡各区公所)	第三十五期	二十八年十一月十五日	八八五(38)
南京特别市政府训令(社字第五六七号,令各城区公所)	第三十六期	二十八年十一月三十日	〇〇五(39)
南京特别市政府训令(社字第五六五号,令城乡各区公所)	第三十六期	二十八年十一月三十日	〇〇四(39)
南京特别市政府训令(社字第五四六号,令本府各处局)	第三十五期	二十八年十一月十五日	八八四(38)
南京特别市政府训令(社字第五四六号,令各城乡区区长)	第三十五期	二十八年十一月十五日	八八六(38)
南京特别市政府训令(社字第五四六号,令南京市总商会筹备会)	第三十五期	二十八年十一月十五日	八九一(38)
南京特别市政府训令(社字第五〇五号,令城乡各区公所)	第三十四期	二十八年十月三十一日	八一九(38)
南京特别市政府训令(社字第五〇四号,令城乡各区公所)	第三十四期	二十八年十月三十一日	八一八(38)
南京特别市政府训令(社字第六七号,令各城区区长)	第四十三期	二十九年三月十五日	三六一(39)
南京特别市政府训令(社字第六三号,令城乡各区公所)	第四十二期	二十九年二月二十九日	三一三(39)
南京特别市政府训令(社字第六〇〇号,令各城乡区公所)	第三十八期	二十八年十二月三十一日	〇九〇(39)
南京特别市政府训令(社字第六〇〇号,令各指导员)	第三十八期	二十八年十二月三十一日	〇九一(39)
南京特别市政府训令(社字第四一号,令南京市总商会筹备会会长程朗波等)	第四十一期	二十九年二月十五日	二六二(39)
南京特别市政府训令(社字第四七三号,令城乡各区公所)	第三十三期	二十八年十月十五日	七六一(38)
南京特别市政府训令(社字第四八一号,令各城乡区公所)	第三十三期	二十八年十月十五日	七五六(38)

南京特别市政府训令(社字第四八七号,令各区公所/南京市商会筹备会)	第三十四期	二十八年十月三十一日	八一七(38)
南京特别市政府训令(社字第四八四号,令南京市商会筹备会)	第三十四期	二十八年十月三十一日	八二二(38)
南京特别市政府训令(社字第四三一号,令各城乡区公所)	第三十一期	二十八年九月十五日	六五三(38)
南京特别市政府训令(社字第四三二号,令各城乡区公所)	第三十一期	二十八年九月十五日	六五三(38)
南京特别市政府训令(社字第四三七号,令各乡区公所)	第三十二期	二十八年九月三十日	七〇五(38)
南京特别市政府训令(社字第四五五号,令城区各区公所)	第三十二期	二十八年九月三十日	七〇三(38)
南京特别市政府训令(社字第四五号,令上新河区长陈良知)	第四十一期	二十九年二月十五日	二六三(39)
南京特别市政府训令(社字第四五〇号,令第一/二/燕子矶/上新河/孝陵卫区公所)	第三十二期	二十八年九月三十日	七〇五(38)
南京特别市政府训令(社字第四六一号,令各乡区公所/园林管理所)	第三十二期	二十八年九月三十日	七〇三(38)
南京特别市政府训令(社字第四六号,令南京总商会筹备会)	第四十一期	二十九年二月十五日	二六一(39)
南京特别市政府训令(社字第四六四号,令各区区长)	第三十二期	二十八年九月三十日	七〇四(38)
南京特别市政府训令(社字第四六四号,令南京市总商会筹备会)	第三十二期	二十八年九月三十日	七〇七(38)
南京特别市政府训令(社字第四四八号,令南京市总商会筹备会/本府卫生局)	第三十二期	二十八年九月三十日	七〇六(38)
南京特别市政府训令(社字第四四九号,令城乡各区公所)	第三十五期	二十八年十一月十五日	八八七(38)

南京特别市政府训令(社字第四四九号,令南京市总商会筹备会)	第三十五期	二十八年十一月十五日	八九〇(38)
南京特别市政府训令(社字第四四五号,令城乡各区公所)	第三十一期	二十八年九月十五日	六五四(38)
南京特别市政府训令(社字第四四四号,令各城乡区公所)	第三十二期	二十八年九月三十日	七〇二(38)
南京特别市政府训令(社字第 号,令一/二/三/四/五区区公所)	第七十四期	三十年六月三十日	〇三〇(41)
南京特别市政府训令(社字第 号,令一/二/三/四/五区公所)	第七十四期	三十年六月三十日	〇三一(41)
南京特别市政府训令(社字第 号,令一/二/三/四/五区公所)	第七十四期	三十年六月三十日	〇三二(41)
南京特别市政府训令(社字第 号,令工务局/第一/二/三/四/五区公所)	第七十二期	三十年五月三十一日	七七〇(40)
南京特别市政府训令(社字第 号,令上新河区公所)	第七十期	三十年四月三十日	六八〇(40)
南京特别市政府训令(社字第 号,令上新河/安德门/孝陵卫/燕子矶区公所)	第八十期	三十年九月三十日	二六六(41)
南京特别市政府训令(社字第 号,令上新河/安德门/孝陵卫/燕子矶 区公所)	第七十二期	三十年五月三十一日	七七三(40)
南京特别市政府训令(社字第 号,令上新河/安德门/孝陵卫/燕子矶 各区公所)	第七十一期	三十年五月十五日	七二七(40)
南京特别市政府训令(社字第 号,令上新河/安德门/孝陵卫/燕子矶 各区公所)	第七十一期	三十年五月十五日	七二七(40)
南京特别市政府训令(社字第 号,令上新河/安德门/燕子矶/孝陵卫区公所)	第七十期	三十年四月三十日	六七五(40)

南京特别市政府训令(社字第　号，令上新河/孝陵卫/燕子矶　区公所)	第七十二期	三十年五月三十一日	七七四(40)
南京特别市政府训令(社字第　号，令卫生局/市商会整理委员会/本府各局/各区公所)	第七十八期	三十年八月三十一日	一八六(41)
南京特别市政府训令(社字第　号，令日华佛教联盟南京总会/南京佛教会/南京佛教往生莲社/南京佛教慈幼院)	第七十二期	三十年五月三十一日	七七六(40)
南京特别市政府训令(社字第　号，令本府各局处/城乡各区公所/市商整会)	第八十八期	三十一年一月三十一日	四七八(41)
南京特别市政府训令(社字第　号，令本府所属各机关)	第八十四/八十五期合刊	三十年十二月十五日	三九九(41)
南京特别市政府训令(社字第　号，令本府所属各机关　不另行文)	第六十九期	三十年四月十五日	五八四(40)
南京特别市政府训令(社字第　号，令市社会运动指导委员会/市商会整理委员会/卫生局菜场管理所主任孙远猷)	第八十期	三十年九月三十日	二六四(41)
南京特别市政府训令(社字第　号，令市商会整理委员会/市公典)	第七十七期	三十年八月十五日	一五七(41)
南京特别市政府训令(社字第　号，令市商会整理委员会/市钱业公会/城乡各区公所)	第八十二期	三十年十月三十一日	三三四(41)
南京特别市政府训令(社字第　号，令头关/宝塔桥/孝陵卫/笆斗山/沧波门/姬家庄/迈皋桥/仙鹤门/七里洲/双闸　初级小学校)	第七十二期	三十年五月三十一日	七七三(40)
南京特别市政府训令(社字第　号，令各乡区公所)	第八十一期	三十年十月十五日	三〇八(41)

南京特别市政府训令(社字第 号，令各乡区公所/园林管理所) 第四十四期 二十九年三月三十一日 四〇三(39)

南京特别市政府训令(社字第 号，令各城乡区公所) 第七十四期 三十年六月三十日 〇二九(41)

南京特别市政府训令(社字第 号，令各城乡区公所) 第七十九期 三十年九月十五日 二二六(41)

南京特别市政府训令(社字第 号，令各城乡区公所/各指导员) 第三十五期 二十八年十一月十五日 八八四(38)

南京特别市政府训令(社字第 号，令社会局/教育局/宣传处) 第七十二期 三十年五月三十一日 七六五(40)

南京特别市政府训令(社字第 号，令城乡各区公所) 第六十九期 三十年四月十五日 五九六(40)

南京特别市政府训令(社字第 号，令城乡各区公所) 第六十九期 三十年四月十五日 五九七(40)

南京特别市政府训令(社字第 号，令城乡各区公所) 第六十九期 三十年四月十五日 五九八(40)

南京特别市政府训令(社字第 号，令城乡各区公所) 第六十九期 三十年四月十五日 六〇四(40)

南京特别市政府训令(社字第 号，令城乡各区公所) 第六十九期 三十年四月十五日 六〇八(40)

南京特别市政府训令(社字第 号，令城乡各区公所) 第七十期 三十年四月三十日 六七一(40)

南京特别市政府训令(社字第 号，令城乡各区公所) 第七十七期 三十年八月十五日 一五二(41)

南京特别市政府训令(社字第 号，令城乡各区公所) 第六十九期 三十年四月十五日 六〇六(40)

南京特别市政府训令(社字第 号，令城乡各区公所) 第七十期 三十年四月三十日 六六六(40)

南京特别市政府训令(社字第 号，令城乡各区公所) 第七十二期 三十年五月三十一日 七六七(40)

南京特别市政府训令(社字第 号，令城乡各区公所) 第七十二期 三十年五月三十一日 七七五(40)

南京特别市政府训令(社字第　号，令城乡各区公所)	第四十五期	二十九年四月十五日	四五三(39)
南京特别市政府训令(社字第　号，令城乡各区公所)	第七十四期	三十年六月三十日	○二六(41)
南京特别市政府训令(社字第　号，令城乡各区公所)	第七十四期	三十年六月三十日	○二八(41)
南京特别市政府训令(社字第　号，令城乡各区公所)	第七十四期	三十年六月三十日	○二八(41)
南京特别市政府训令(社字第　号，令城乡各区公所)	第八十三期	三十年十一月十五日	三六九(41)
南京特别市政府训令(社字第　号，令城乡各区公所)	第八十三期	三十年十一月十五日	三七○(41)
南京特别市政府训令(社字第　号，令城乡各区公所)	第八十三期	三十年十一月十五日	三七一(41)
南京特别市政府训令(社字第　号，令城乡各区公所)	第八十四/八十五期合刊	三十年十二月十五日	四○二(41)
南京特别市政府训令(社字第　号，令城乡各区公所)	第八十四/八十五期合刊	三十年十二月十五日	四○五(41)
南京特别市政府训令(社字第　号，令城乡各区公所)	第八十六/八十七期合刊	三十一年一月十五日	四三六(41)
南京特别市政府训令(社字第　号，令城乡各区公所)	第七十八期	三十年八月三十一日	一八五(41)
南京特别市政府训令(社字第　号，令城乡各区公所)	第六十九期	三十年四月十五日	六○七(40)
南京特别市政府训令(社字第　号，令城乡各区公所)	第七十期	三十年四月三十日	六六七(40)
南京特别市政府训令(社字第　号，令城乡各区公所/市商会整理委员会)	第八十一期	三十年十月十五日	三○二(41)
南京特别市政府训令(社字第　号，令城乡各区公所/园林管理处)	第七十六期	三十年七月三十一日	○九三(41)
南京特别市政府训令(社字第　号，令城乡各区公所/南京市商会整理委员会)	第七十一期	三十年五月十五日	七二四(40)

南京特别市政府训令(社字第　号,令城乡各区公所/南京市商会整理委员会)	第七十三期	三十年六月十五日	八四一(40)
南京特别市政府训令(社字第　号,令城乡各区公所/南京市商会整理委员会)	第七十四期	三十年六月三十日	○二五(41)
南京特别市政府训令(社字第　号,令城区各区公所)	第八十一期	三十年十月十五日	三○七(41)
南京特别市政府训令(社字第　号,令城厢区各区公所)	第六十八期	三十年三月三十一日	五四九(40)
南京特别市政府训令(社字第　号,令南京市公典整理委员会)	第七十五期	三十年七月十五日	○六九(41)
南京特别市政府训令(社字第　号,令南京市总商会筹备委员会)	第三十一期	二十八年九月十五日	六五五(38)
南京特别市政府训令(社字第　号,令南京市商会整理委员会/城乡各区公所)	第七十三期	三十年六月十五日	八四○(40)
南京特别市政府训令(社字第　号,令南京总商会筹备会)	第三十三期	二十八年十月十五日	七六三(38)
南京特别市政府训令(社字第　号,令第一/二/三/四/五区公所)	第七十七期	三十年八月十五日	一五五(41)
南京特别市政府训令(社字第　号,令第一/二/三/四/五区公所)	第七十二期	三十年五月三十一日	七七二(40)
南京特别市政府训令(社字第　号,令第一/二/三/四/五区公所)	第七十五期	三十年七月十五日	○六五(41)
南京特别市政府训令(社字第　号,令第一/二/三/四/五区公所)	第七十五期	三十年七月十五日	○六六(41)
南京特别市政府训令(社字第　号,令第一/二/三/四/五区公所)	第七十六期	三十年七月三十一日	○九六(41)
南京特别市政府训令(社字第　号,令第一/二/三/四/五区公所)	第七十九期	三十年九月十五日	二二九(41)
南京特别市政府训令(社字第　号,令第一/二/三/四/五区公所)	第八十期	三十年九月三十日	二六五(41)

南京特别市政府训令(社字第 号,令第一/二/三/四/五区公所)	第八十八期	三十一年一月三十一日	四七八(41)
南京特别市政府训令(社字第 号,令第一/二/三/四/五区公所/社会局/工务局/教育局/宣传处)	第七十三期	三十年六月十五日	八三七(40)
南京特别市政府训令(社字第 号,令第一/二/三/四/五区公所/南京市商会整理委员会)	第七十五期	三十年七月十五日	〇六三(41)
南京特别市政府训令(社字第 号,令第二区公所)	第八十四/八十五期合刊	三十年十二月十五日	四〇六(41)
南京特别市政府训令(社字第 号,令第四区公所)	第七十二期	三十年五月三十一日	七七九(40)
南京特别市政府训令(社字第 号,令第四区公所)	第四十四期	二十九年三月三十一日	四〇四(39)
南京特别市政府训令(社字第 号,令燕子矶区/第五区公所)	第七十期	三十年四月三十日	六七九(40)
南京特别市政府训令(社福字第 号,令本市筵席酒菜馆业同业公会)	第一五三/一五四期合刊	三十三年十月三十一日	六四七(43)
南京特别市政府训令(府工字第 号,令下关/上新河/燕子矶区防汛办事处)	第一〇二期	三十一年八月三十一日	八五五(41)
南京特别市政府训令(府工字第 号,令下关/上新河/燕子矶区防汛办事处)	第一〇二期	三十一年八月三十一日	八五六(41)
南京特别市政府训令(府工字第 号,令上新河区区长陈良知)	第一四一/一四二期合刊	三十三年四月三十日	二七四(43)
南京特别市政府训令(府工字第 号,令上新河/第五区/乡区自治实验区 公所)	第一四一/一四二期合刊	三十三年四月三十日	二六四(43)
南京特别市政府训令(府工字第 号,令各区公所)	第九十五期	三十一年五月十五日	六四一(41)

南京特别市政府训令(府工字第号,令安德门区公所)	第一四三/一四四期合刊	三十三年五月三十一日	三一一(43)
南京特别市政府训令(府工字第号,令第三区公所/城区自治实验区公所)	第一〇四期	三十一年九月三十日	九四七(41)
南京特别市政府训令(府工字第号,令第五区区长刘连祥)	第一三九期	三十三年三月十五日	二二〇(43)
南京特别市政府训令(府工字第号,令燕子矶/孝陵卫区公所)	第八十九期	三十一年二月十五日	五〇五(41)
南京特别市政府训令(府卫字第号,令卫生局卫生试验所)	第一五〇期	三十三年八月三十日	五六一(43)
南京特别市政府训令(府卫字第号,令卫生试验所)	第一五三/一五四期合刊	三十三年十月三十一日	六二三(43)
南京特别市政府训令(府卫字第号,令传染病院)	第一五一/一五二期合刊	三十三年九月三十日	五九五(43)
南京特别市政府训令(府卫字第号,令传染病院/城南病院/卫生试验所/第一二三四区卫生事务所)	第一五五期	三十三年十一月三十日	六七七(43)
南京特别市政府训令(府卫字第号,令各区区长)	第九十二期	三十一年三月三十一日	五七三(41)
南京特别市政府训令(府卫字第号,令各区区公所)	第一四七/一四八期合刊	三十三年七月三十日	四六一(43)
南京特别市政府训令(府卫字第号,令医师/新药业公会)	第一三九期	三十三年三月十五日	二〇九(43)
南京特别市政府训令(府卫字第号,令南京防疫处处长褚通爵/卫生试验所所长华惕庵)	第一四五期	三十三年六月十五日	三七三(43)
南京特别市政府训令(府卫字第号,令摊贩菜场管理所主任高仲涛)	第一六一/一六二期合刊	三十四年二月三十日	八二五(43)
南京特别市政府训令(府卫字第号,令新/国业药业公会)	第一五五期	三十三年十一月三十日	六七六(43)

南京特别市政府训令(府地字第号,令安德门区公所)	第一四七/一四八期合刊	三十三年七月三十日	四六一(43)
南京特别市政府训令(府农字第号,令园林管理处/城乡各区公所)	第九十期	三十一年二月二十八日	五三一(41)
南京特别市政府训令(府农字第号,令城乡各区公所)	第一〇三期	三十一年九月十五日	九〇八(41)
南京特别市政府训令(府农字第号,令城区自治实验区公所)	第一〇一期	三十一年八月十五日	八一一(41)
南京特别市政府训令(府财字第号,令八卦洲洲产整理处)	第一四五期	三十三年六月十五日	三七五(43)
南京特别市政府训令(府财字第号,令八卦洲洲产整理处)	第一五〇期	三十三年八月三十日	五六四(43)
南京特别市政府训令(府财字第号,令乡区自治实验区长萧石楼)	第一三二期	三十二年十一月三十日	〇四九(43)
南京特别市政府训令(府财字第号,令乡区各自治实验区公所/八卦洲洲产整理处)	第一五三/一五四期合刊	三十三年十月三十一日	六四四(43)
南京特别市政府训令(府财字第号,令乡区实验区/孝陵卫区/安德门区/上新河区公所)	第九十七期	三十一年六月十五日	六九五(41)
南京特别市政府训令(府财字第号,令专员夏紫封/科员侯树一/科员俞人杰/院长施叔贤)	第一五五期	三十三年十一月三十日	六八一(43)
南京特别市政府训令(府财字第号,令本市消费特税征收处处长邵啓珪/副处长江兆龙)	第一五九/一六〇期合刊	三十四年一月三十日	七八四(43)
南京特别市政府训令(府财字第号,令本市消费特税征收处处长邵啓珪/副处长江兆龙)	第一五七/一五八期合刊	三十三年十二月三十一日	七四五(43)
南京特别市政府训令(府财字第号,令本府各处局)	第八十九期	三十一年二月十五日	五〇四(41)

南京特别市政府训令(府财字第号,令本府各局处)	第九十七期	三十一年六月十五日	六九七(41)
南京特别市政府训令(府财字第号,令本府各局处)	第八十八期	三十一年一月三十一日	四七九(41)
南京特别市政府训令(府财字第号,令本府各局处会区公所/附属机关)	第一三九期	三十三年三月十五日	二一一(43)
南京特别市政府训令(府财字第号,令本府各局处会/市商会)	第一三三/一三四期合刊	三十二年十二月三十一日	〇八六(43)
南京特别市政府训令(府财字第号,令本府各局处会/各附属机关)	第一三三/一三四期合刊	三十二年十二月三十一日	〇八六(43)
南京特别市政府训令(府财字第号,令本府各局处会/各附属机关)	第一四三/一四四期合刊	三十三年五月三十一日	三二三(43)
南京特别市政府训令(府财字第号,令本府各局处会/附属机关)	第一四七/一四八期合刊	三十三年七月三十日	四四八(43)
南京特别市政府训令(府财字第号,令本府各局处会/附属各机关)	第一三七/一三八期合刊	三十三年二月二十九日	一五八(43)
南京特别市政府训令(府财字第号,令本府各局处会/南京特别市商会)	第一三九期	三十三年三月十五日	二一二(43)
南京特别市政府训令(府财字第号,令本府各局处/各附属机关)	第九十七期	三十一年六月十五日	六九五(41)
南京特别市政府训令(府财字第号,令本府各局处/各附属机关)	第九十七期	三十一年六月十五日	六九六(41)
南京特别市政府训令(府财字第号,令本府各局处/各附属机关)	第一〇〇期	三十一年七月三十一日	七七七(41)
南京特别市政府训令(府财字第号,令本府各局处/附属机关)	第一〇〇期	三十一年七月三十一日	七七六(41)
南京特别市政府训令(府财字第号,令本府各局处/附属机关/区公所/市银行/市商会)	第一〇四期	三十一年九月三十日	九四六(41)

南京特别市政府训令(府财字第号,令本府各局处/附属机关/市商会/市银行/各区公所)	第一〇一期	三十一年八月十五日	八〇六(41)
南京特别市政府训令(府财字第号,令本府各局处/附属机关/各区公所/市商会/市银行)	第一〇二期	三十一年八月三十一日	八五四(41)
南京特别市政府训令(府财字第号,令本府各局处/附属各机关)	第九十二期	三十一年三月三十一日	五七四(41)
南京特别市政府训令(府财字第号,令本府各局处/城乡各区公所)	第一〇一期	三十一年八月十五日	八〇七(41)
南京特别市政府训令(府财字第号,令本府附属各机关)	第一五九/一六〇期合刊	三十四年一月三十日	七八六(43)
南京特别市政府训令(府财字第号,令田赋征收处)	第一〇二期	三十一年八月三十一日	八五三(41)
南京特别市政府训令(府财字第号,令田赋征收处)	第一六一/一六二期合刊	三十四年二月三十日	八二三(43)
南京特别市政府训令(府财字第号,令田赋征收处主任刘国光)	第一三一期	三十二年十一月十五日	〇一〇(43)
南京特别市政府训令(府财字第号,令市银行)	第九十六期	三十一年五月三十一日	六六四(41)
南京特别市政府训令(府财字第号,令市银行/市银行业同业公会/钱业同业公会)	第一〇四期	三十一年九月三十日	九四五(41)
南京特别市政府训令(府财字第号,令市商会)	第九十七期	三十一年六月十五日	六九四(41)
南京特别市政府训令(府财字第号,令市商会)	第九十九期	三十一年七月十五日	七四八(41)
南京特别市政府训令(府财字第号,令市商会)	第一五六期	三十三年十一月十五日	七二三(43)
南京特别市政府训令(府财字第号,令市商会)	第一五七/一五八期合刊	三十三年十二月三十一日	七五四(43)

南京特别市政府训令(府财字第号,令市商会)	第一五七/一五八期合刊	三十三年十二月三十一日	七五五(43)
南京特别市政府训令(府财字第号,令市商会)	第一六一/一六二期合刊	三十四年二月三十日	八二四(43)
南京特别市政府训令(府财字第号,令市商会/营业税征收处)	第一五三/一五四期合刊	三十三年十月三十一日	六四五(43)
南京特别市政府训令(府财字第号,令各区公所)	第一〇一期	三十一年八月十五日	八〇六(41)
南京特别市政府训令(府财字第号,令各处局/附属各机关)	第九十三期	三十一年四月十五日	五九五(41)
南京特别市政府训令(府财字第号,令各局处/各区公所/市银行)	第九十八期	三十一年六月三十日	七二四(41)
南京特别市政府训令(府财字第号,令各局处/各区公所/市银行)	第九十八期	三十一年六月三十日	七二五(41)
南京特别市政府训令(府财字第号,令各局处/附属机关/市商会/市银行/区公所)	第一〇四期	三十一年九月三十日	九四四(41)
南京特别市政府训令(府财字第号,令江兆龙)	第九十一期	三十一年三月十五日	五五二(41)
南京特别市政府训令(府财字第号,令社会局/市商会/市银行)	第一〇三期	三十一年九月十五日	九〇三(41)
南京特别市政府训令(府财字第号,令经济局/市商会/银行业同业公会/钱业同业公会)	第一五六期	三十三年十一月十五日	七〇六(43)
南京特别市政府训令(府财字第号,令经济局/南京特别市银行业钱业同业公会/南京特别市商会)	第一三七/一三八期合刊	三十三年二月二十九日	一五三(43)
南京特别市政府训令(府财字第号,令南京市银行董事会)	第一五一/一五二期合刊	三十三年九月三十日	六〇四(43)
南京特别市政府训令(府财字第号,令南京特别市银行业公会/钱业公会)	第一三三/一三四期合刊	三十二年十二月三十一日	〇九一(43)

南京特别市政府训令(府财字第号,令南京特别市商会/各区公所/经济局)	第一四五期	三十三年六月十五日	三七三(43)
南京特别市政府训令(府财字第号,令临时建设特捐征收处)	第九十期	三十一年二月二十八日	五三〇(41)
南京特别市政府训令(府财字第号,令临时建设特捐征收处处长江兆龙)	第九十七期	三十一年六月十五日	六九三(41)
南京特别市政府训令(府财字第号,令牲畜屠宰税征收所所长张艺林)	第一五三/一五四期合刊	三十三年十月三十一日	六四七(43)
南京特别市政府训令(府财字第号,令牲畜屠宰税征收所/捐税征收所/营业税征收处)	第一五七/一五八期合刊	三十三年十二月三十一日	七四七(43)
南京特别市政府训令(府财字第号,令牲畜屠宰税征收所/营业税征收处/捐税征收所/各区公所)	第一三七/一三八期合刊	三十三年二月二十九日	一五五(43)
南京特别市政府训令(府财字第号,令牲畜屠宰税征收所/营业税征收处/捐税征收所/各区公所)	第一三七/一三八期合刊	三十三年二月二十九日	一六一(43)
南京特别市政府训令(府财字第号,令牲畜屠宰税征收所/营业税征收处/捐税征收所/各区公所/市商会/经济局/粮食局)	第一三七/一三八期合刊	三十三年二月二十九日	一六四(43)
南京特别市政府训令(府财字第号,令捐税征收所)	第一四五期	三十三年六月十五日	三七四(43)
南京特别市政府训令(府财字第号,令捐税征收所)	第一四七/一四八期合刊	三十三年七月三十日	四六四(43)
南京特别市政府训令(府财字第号,令捐税征收所)	第一五三/一五四期合刊	三十三年十月三十一日	六四六(43)
南京特别市政府训令(府财字第号,令捐税征收所所长江兆龙)	第一三三/一三四期合刊	三十二年十二月三十一日	〇九一(43)

南京特别市政府训令(府财字第号,令捐税征收所所长江兆龙)	第一四三/一四四期合刊	三十三年五月三十一日	三二二(43)
南京特别市政府训令(府财字第号,令捐税征收所所长江兆龙)	第一四七/一四八期合刊	三十三年七月三十日	四六五(43)
南京特别市政府训令(府财字第号,令捐税征收所所长汪兆龙)	第一四七/一四八期合刊	三十三年七月三十日	四六二(43)
南京特别市政府训令(府财字第号,令捐税征收所所长徐静皆)	第一六一/一六二期合刊	三十四年二月三十日	八二三(43)
南京特别市政府训令(府财字第号,令捐税征收所兼所长刘登瀛)	第一〇〇期	三十一年七月三十一日	七七六(41)
南京特别市政府训令(府财字第号,令捐税征收所/临时建设特捐征收所/营业税征收处)	第九十四期	三十一年四月三十日	六一六(41)
南京特别市政府训令(府财字第号,令捐税征收所/营业税征收处)	第九十八期	三十一年六月三十日	七二四(41)
南京特别市政府训令(府财字第号,令秘书处)	第一〇二期	三十一年八月三十一日	八五一(41)
南京特别市政府训令(府财字第号,令营业税征收处/临时建设特捐征收处/捐税征收所)	第九十五期	三十一年五月十五日	六四〇(41)
南京特别市政府训令(府财字第号,令营业税征收处/捐税征收所/南京市商会)	第一四一/一四二期合刊	三十三年四月三十日	二六二(43)
南京特别市政府训令(府财字第号,令营业税征收处/捐税征收所/牲畜屠宰税征收所)	第一三九期	三十三年三月十五日	二一三(43)
南京特别市政府训令(府财字第号,令第一二三四五区公所/城区自治实验区区公所)	第一三二期	三十二年十一月三十日	〇五二(43)
南京特别市政府训令(府财字第号,令摊贩管理所)	第一〇三期	三十一年九月十五日	九〇七(41)

南京特别市政府训令(府财字第号,令新任营业税征收处处长江兆龙)	第一〇〇期	三十一年七月三十一日	七七五(41)
南京特别市政府训令(府社字第号,令工务局/社会局/城乡各区公所/市社运会)	第九十八期	三十一年六月三十日	七二二(41)
南京特别市政府训令(府社字第号,令上新河区公所)	第九十四期	三十一年四月三十日	六一四(41)
南京特别市政府训令(府社字第号,令上新河/燕子矶/安德门/孝陵卫区公所)	第九十期	三十一年二月二十八日	五二八(41)
南京特别市政府训令(府社字第号,令公粜委员会/第一二三五区公所/各乡区公所)	第一〇三期	三十一年九月十五日	九〇二(41)
南京特别市政府训令(府社字第号,令本市公粜委员会)	第九十七期	三十一年六月十五日	六九〇(41)
南京特别市政府训令(府社字第号,令本府公粜委员会)	第一〇〇期	三十一年七月三十一日	七七三(41)
南京特别市政府训令(府社字第号,令本府各局处/城乡各区公所/市商会)	第一〇〇期	三十一年七月三十一日	七七四(41)
南京特别市政府训令(府社字第号,令本府所属各局处)	第八十九期	三十一年二月十五日	五〇三(41)
南京特别市政府训令(府社字第号,令市公粜委员会)	第一〇〇期	三十一年七月三十一日	七七八(41)
南京特别市政府训令(府社字第号,令市银行/财政局/市公典)	第一〇二期	三十一年八月三十一日	八五二(41)
南京特别市政府训令(府社字第号,令市商会)	第九十七期	三十一年六月十五日	六八七(41)
南京特别市政府训令(府社字第号,令市商会)	第一〇一期	三十一年八月十五日	八一〇(41)
南京特别市政府训令(府社字第号,令市商会)	第一〇三期	三十一年九月十五日	八九九(41)

南京特别市政府训令(府社字第号,令各处局)	第九十一期	三十一年三月十五日	五五一(41)
南京特别市政府训令(府社字第号,令各局处/各区公所/市商会)	第一〇三期	三十一年九月十五日	九〇一(41)
南京特别市政府训令(府社字第号,令城乡各区公所)	第九十五期	三十一年五月十五日	六四一(41)
南京特别市政府训令(府社字第号,令城乡各区公所)	第九十七期	三十一年六月十五日	六八五(41)
南京特别市政府训令(府社字第号,令城乡各区公所)	第一〇三期	三十一年九月十五日	八九九(41)
南京特别市政府训令(府社字第号,令城乡各区公所)	第一〇三期	三十一年九月十五日	九〇二(41)
南京特别市政府训令(府社字第号,令城乡各区公所)	第八十九期	三十一年二月十五日	五〇四(41)
南京特别市政府训令(府社字第号,令城乡各区公所)	第九十期	三十一年二月二十八日	五二九(41)
南京特别市政府训令(府社字第号,令城乡各区公所)	第九十一期	三十一年三月十五日	五五一(41)
南京特别市政府训令(府社字第号,令城乡各区公所/市育会)	第九十四期	三十一年四月三十日	六一五(41)
南京特别市政府训令(府社字第号,令城乡各区公所/市商会)	第九十三期	三十一年四月十五日	五九四(41)
南京特别市政府训令(府社字第号,令城乡各区公所/市商会)	第九十七期	三十一年六月十五日	六八九(41)
南京特别市政府训令(府社字第号,令城乡各区公所/市商会/银行业公会/钱公业会)	第一〇二期	三十一年八月三十一日	八五二(41)
南京特别市政府训令(府社字第号,令城区自治实验区公所/城乡各区公所)	第九十三期	三十一年四月十五日	五九二(41)
南京特别市政府训令(府社字第号,令城区自治实验区公所/城乡各区公所)	第九十三期	三十一年四月十五日	五九三(41)

南京特别市政府训令(府社字第号,令城区自治实验区公所/城乡各区公所)	第九十三期	三十一年四月十五日	五九三(41)
南京特别市政府训令(府社字第号,令城区自治实验区/第三区/孝陵卫区/安德门区/乡区自治实验区公所)	第九十六期	三十一年五月三十一日	六六一(41)
南京特别市政府训令(府社字第号,令城区各区公所)	第一〇三期	三十一年九月十五日	九〇〇(41)
南京特别市政府训令(府社字第号,令第一/二/三/五/城区自治实验区公所)	第九十七期	三十一年六月十五日	六八六(41)
南京特别市政府训令(府社字第号,令第三区公所/孝陵卫区公所/安德门区公所/乡区自治实验区公所)	第九十九期	三十一年七月十五日	七四九(41)
南京特别市政府训令(府社字第号,令第五区公所)	第九十期	三十一年二月二十八日	五三〇(41)
南京特别市政府训令(府社福字第　号,令本市筵席酒菜馆业同业公会)	第一四六期	三十三年六月三十日	四〇五(43)
南京特别市政府训令(府社福字第　号,令本市筵席酒菜馆业同业公会)	第一四九期	三十三年八月十五日	五〇〇(43)
南京特别市政府训令(府经字第号,令本市各区公所)	第一五六期	三十三年十一月十五日	七二一(43)
南京特别市政府训令(府经字第号,令本府各局处会/市商会/各区公所)	第一五六期	三十三年十一月十五日	七〇九(43)
南京特别市政府训令(府经字第号,令本府各局处会/城乡各区区公所/市商会)	第一五一/一五二期合刊	三十三年九月三十日	五九三(43)

南京特别市政府训令(府经字第号,令本府各局处会/城乡各区公所/市商会)	第一六一/一六二期合刊	三十四年二月三十日	八一八(43)
南京特别市政府训令(府经字第号,令本府各局处会/城乡各区公所/市商会/本市各业同业公会)	第一六一/一六二期合刊	三十四年二月三十日	八一九(43)
南京特别市政府训令(府经字第号,令市商会)	第一四三/一四四期合刊	三十三年五月三十一日	三二四(43)
南京特别市政府训令(府经字第号,令市商会)	第一五一/一五二期合刊	三十三年九月三十日	五九九(43)
南京特别市政府训令(府经字第号,令市商会)	第一五一/一五二期合刊	三十三年九月三十日	六〇二(43)
南京特别市政府训令(府经字第号,令市商会)	第一四〇期	三十三年三月三十日	二四九(43)
南京特别市政府训令(府经字第号,令市商会)	第一四一/一四二期合刊	三十三年四月三十日	二六六(43)
南京特别市政府训令(府经字第号,令市商会理事长葛亮畴)	第一四三/一四四期合刊	三十三年五月三十一日	三二三(43)
南京特别市政府训令(府经字第号,令市商会理事长葛亮畴)	第一四〇期	三十三年三月三十日	二五〇(43)
南京特别市政府训令(府经字第号,令市商会/各区公所/杂粮业公会)	第一五六期	三十三年十一月十五日	七一五(43)
南京特别市政府训令(府经字第号,令市商会/城乡各区公所)	第一六一/一六二期合刊	三十四年二月三十日	八二〇(43)
南京特别市政府训令(府经字第号,令城乡各区区公所/杂粮业同业公会)	第一五〇期	三十三年八月三十日	五五五(43)
南京特别市政府训令(府经字第号,令城乡各区公所)	第一五六期	三十三年十一月十五日	七二二(43)
南京特别市政府训令(府经字第号,令城乡各区公所/畜产业同业公会)	第一五九/一六〇期合刊	三十四年一月三十日	七八三(43)

南京特别市政府训令(府经字第 号,令南京市商会理事长葛亮畴)	第一四六期	三十三年六月三十日	四〇七(43)
南京特别市政府训令(府经字第 号,令南京特别市商会理事长葛亮畴)	第一四五期	三十三年六月十五日	三七五(43)
南京特别市政府训令(府经字第 号,令南京特别市商会/南京特别市卷烟火柴皂烛号业同业公会)	第一三三/一三四期合刊	三十二年十二月三十一日	〇八五(43)
南京特别市政府训令(府经字第 号,令第一/二/三/四/城乡区自治实验/上新河/安德门 区公所)	第一四〇期	三十三年三月三十日	二四七(43)
南京特别市政府训令(府经字第 号,令商会理事长葛亮畴)	第一六一/一六二期合刊	三十四年二月三十日	八二四(43)
南京特别市政府训令(府经字第 号,令商会理事长葛亮畴)	第一六一/一六二期合刊	三十四年二月三十日	八二五(43)
南京特别市政府训令(府保甲字第 号,令一/三/四/五/乡实/城实/安德门 各区公所)	第一五九/一六〇期合刊	三十四年一月三十日	七八七(43)
南京特别市政府训令(府保甲字第 号,令一/三/四/五/乡实/城实/安德门 各区团部)	第一五一/一五二期合刊	三十三年九月三十日	五九一(43)
南京特别市政府训令(府保甲字第 号,令一/三/四/五/乡实/城实/安德门 各区团部)	第一五三/一五四期合刊	三十三年十月三十一日	六三二(43)
南京特别市政府训令(府保甲字第 号,令一/三/四/五/城实/乡实/安德门 区公所)	第一五七/一五八期合刊	三十三年十二月三十一日	七四三(43)
南京特别市政府训令(府保甲字第 号,令工务局/地政局/城乡各区公所)	第一五九/一六〇期合刊	三十四年一月三十日	七八六(43)
南京特别市政府训令(府保甲字第 号,令上新河区公所)	第一四九期	三十三年八月十五日	四九五(43)

南京特别市政府训令(府保甲字第　号,令乡区自治实验区/孝陵卫区/安德门区/上新河区公所)	第一三七/一三八期合刊	三十三年二月二十九日	一七七(43)
南京特别市政府训令(府保甲字第　号,令乡区各区公所)	第一五三/一五四期合刊	三十三年十月三十一日	六四三(43)
南京特别市政府训令(府保甲字第　号,令乡实区/安德门/上新河/孝陵卫　区公所)	第一四五期	三十三年六月十五日	三六八(43)
南京特别市政府训令(府保甲字第　号,令本府各局处会/城乡各区公所)	第一五〇期	三十三年八月三十日	五五七(43)
南京特别市政府训令(府保甲字第　号,令各乡区公所)	第一四五期	三十三年六月十五日	三七二(43)
南京特别市政府训令(府保甲字第　号,令各乡区公所)	第一四七/一四八期合刊	三十三年七月三十日	四五五(43)
南京特别市政府训令(府保甲字第　号,令各局处会/城乡各区公所)	第一四三/一四四期合刊	三十三年五月三十一日	三一三(43)
南京特别市政府训令(府保甲字第　号,令各局处会/城乡各区公所)	第一三九期	三十三年三月十五日	二一八(43)
南京特别市政府训令(府保甲字第　号,令各局处会/城乡各区公所)	第一四〇期	三十三年三月三十日	二三七(43)
南京特别市政府训令(府保甲字第　号,令各局处会/城乡各区公所)	第一四〇期	三十三年三月三十日	二三九(43)
南京特别市政府训令(府保甲字第　号,令各局处会/城乡各区公所)	第一四一/一四二期合刊	三十三年四月三十日	二七〇(43)
南京特别市政府训令(府保甲字第　号,令安德门/孝陵卫/上新河/乡区自治实验　区公所)	第一四六期	三十三年六月三十日	四〇〇(43)

南京特别市政府训令(府保甲字第　号,令城乡名区公所)	第一四七/一四八期合刊	三十三年七月三十日	四五四(43)
南京特别市政府训令(府保甲字第　号,令城乡各区公所)	第一三二期	三十二年十一月三十日	○五二(43)
南京特别市政府训令(府保甲字第　号,令城乡各区公所)	第一四三/一四四期合刊	三十三年五月三十一日	三○八(43)
南京特别市政府训令(府保甲字第　号,令城乡各区公所)	第一四三/一四四期合刊	三十三年五月三十一日	三二○(43)
南京特别市政府训令(府保甲字第　号,令城乡各区公所)	第一四六期	三十三年六月三十日	三九八(43)
南京特别市政府训令(府保甲字第　号,令城乡各区公所)	第一四七/一四八期合刊	三十三年七月三十日	四五三(43)
南京特别市政府训令(府保甲字第　号,令城乡各区公所)	第一四七/一四八期合刊	三十三年七月三十日	四五四(43)
南京特别市政府训令(府保甲字第　号,令城乡各区公所)	第一四七/一四八期合刊	三十三年七月三十日	四五五(43)
南京特别市政府训令(府保甲字第　号,令城乡各区公所)	第一五一/一五二期合刊	三十三年九月三十日	五八七(43)
南京特别市政府训令(府保甲字第　号,令城乡各区公所)	第一五三/一五四期合刊	三十三年十月三十一日	六三二(43)
南京特别市政府训令(府保甲字第　号,令城乡各区公所)	第一五三/一五四期合刊	三十三年十月三十一日	六四○(43)
南京特别市政府训令(府保甲字第　号,令城乡各区公所)	第一五三/一五四期合刊	三十三年十月三十一日	六四一(43)
南京特别市政府训令(府保甲字第　号,令城乡各区公所)	第一五三/一五四期合刊	三十三年十月三十一日	六四三(43)
南京特别市政府训令(府保甲字第　号,令城乡各区公所)	第一五七/一五八期合刊	三十三年十二月三十一日	七四○(43)
南京特别市政府训令(府保甲字第　号,令城乡各区公所)	第一五七/一五八期合刊	三十三年十二月三十一日	七四四(43)
南京特别市政府训令(府保甲字第　号,令城乡各区公所)	第一五七/一五八期合刊	三十三年十二月三十一日	七四八(43)

南京特别市政府训令(府保甲字第　号,令城乡各区公所)	第一六一/一六二期合刊	三十四年二月三十日	八二一(43)
南京特别市政府训令(府保甲字第　号,令城乡各区公所)	第一六一/一六二期合刊	三十四年二月三十日	八二二(43)
南京特别市政府训令(府保甲字第　号,令城乡各区公所)	第一三九期	三十三年三月十五日	二一六(43)
南京特别市政府训令(府保甲字第　号,令城乡各区公所)	第一三九期	三十三年三月十五日	二一六(43)
南京特别市政府训令(府保甲字第　号,令城乡各区公所/市私立各中小学校)	第一五三/一五四期合刊	三十三年十月三十一日	六四四(43)
南京特别市政府训令(府保甲字第　号,令城区自治实验区公所/第一二三四五区公所/南京市银行/特配煤办事处)	第一四五期	三十三年六月十五日	三七二(43)
南京特别市政府训令(府保甲字第　号,令城区自治实验区公所/第一/二/三/四/五区公所)	第一五一/一五二期合刊	三十三年九月三十日	五八八(43)
南京特别市政府训令(府保甲字第　号,令城区自治实验/第一二三四五　区公所)	第一四三/一四四期合刊	三十三年五月三十一日	三〇七(43)
南京特别市政府训令(府保甲字第　号,令城区各区公所/南京市银行/特配煤办事处)	第一四七/一四八期合刊	三十三年七月三十日	四六一(43)
南京特别市政府训令(府保甲字第　号,令第一/三/四/五安德门城/乡区实验区团部)	第一四九期	三十三年八月十五日	四九四(43)
南京特别市政府训令(府保甲字第　号,令第一/三/四/五/乡实/城实/安德门　各区团部)	第一五〇期	三十三年八月三十日	五六二(43)
南京特别市政府训令(府保甲字第　号,令第一/三/四/五/乡实/城实/安德门　各区团部)	第一五〇期	三十三年八月三十日	五六四(43)

南京特别市政府训令(府保甲字第　号,令商民劳动服务团团本部)	第一四〇期	三十三年三月三十日	二四九(43)
南京特别市政府训令(府宣字第　号,令本府所属)	第一〇二期	三十一年八月三十一日	八五七(41)
南京特别市政府训令(府宣字第　号,令本府所属机关)	第一〇四期	三十一年九月三十日	九四七(41)
南京特别市政府训令(府秘字第　号,令上新河/安德门/孝陵卫/第五区　区公所)	第一五三/一五四期合刊	三十三年十月三十一日	六二七(43)
南京特别市政府训令(府秘字第　号,令乡区自治实验区区长萧石楼	第一四九期	三十三年八月十五日	四九五(43)
南京特别市政府训令(府秘字第　号,令本府各处局会)	第一四三/一四四期合刊	三十三年五月三十一日	三〇七(43)
南京特别市政府训令(府秘字第　号,令本府秘书长陆善炽/地政局局长张仿良/工务局局长韩春第/财政局局长谭友仲)	第一四一/一四二期合刊	三十三年四月三十日	二六一(43)
南京特别市政府训令(府秘字第　号,令各乡区公所)	第一五三/一五四期合刊	三十三年十月三十一日	六二八(43)
南京特别市政府训令(府秘字第　号,令各乡区公所/第五区公所)	第一五〇期	三十三年八月三十日	五五六(43)
南京特别市政府训令(府秘字第　号,令各乡区/第五区　各区公所)	第一五五期	三十三年十一月三十日	六七五(43)
南京特别市政府训令(府秘字第　号,令各处局会)	第九十九期	三十一年七月十五日	七四七(41)
南京特别市政府训令(府秘字第　号,令各处局会)	第一〇四期	三十一年九月三十日	九四三(41)
南京特别市政府训令(府秘字第　号,令各局处会)	第一四七/一四八期合刊	三十三年七月三十日	四五一(43)

南京特别市政府训令(府秘字第号,令各局处会)	第一三二期	三十二年十一月三十日	○四四(43)
南京特别市政府训令(府秘字第号,令各局处会)	第一三三/一三四期合刊	三十二年十二月三十一日	○七四(43)
南京特别市政府训令(府秘字第号,令各局处会)	第一五○期	三十三年八月三十日	五五二(43)
南京特别市政府训令(府秘字第号,令各局处会)	第一五一/一五二期合刊	三十三年九月三十日	五八五(43)
南京特别市政府训令(府秘字第号,令各局处会)	第一五一/一五二期合刊	三十三年九月三十日	五八六(43)
南京特别市政府训令(府秘字第号,令各局处会)	第一三九期	三十三年三月十五日	二○八(43)
南京特别市政府训令(府秘字第号,令各局处会)	第一四○期	三十三年三月三十日	二三五(43)
南京特别市政府训令(府秘字第号,令各局处会)	第一四○期	三十三年三月三十日	二三五(43)
南京特别市政府训令(府秘字第号,令各局处会〈除经济局〉)	第一五○期	三十三年八月三十日	五五三(43)
南京特别市政府训令(府秘字第号,令各局处会/各区公所)	第九十八期	三十一年六月三十日	七二○(41)
南京特别市政府训令(府秘字第号,令各局处会/各区公所)	第九十八期	三十一年六月三十日	七二一(41)
南京特别市政府训令(府秘字第号,令各局处会/各区公所)	第九十九期	三十一年七月十五日	七四六(41)
南京特别市政府训令(府秘字第号,令社会福利局)	第一四七/一四八期合刊	三十三年七月三十日	四五三(43)
南京特别市政府训令(府秘字第号,令社会福利局)	第一四一/一四二期合刊	三十三年四月三十日	二六五(43)
南京特别市政府训令(府秘字第号,令物资配给委员会)	第一三九期	三十三年三月十五日	二一九(43)
南京特别市政府训令(府秘字第号,令参事顾忠潞)	第一四三/一四四期合刊	三十三年五月三十一日	三○六(43)

南京特别市政府训令(府秘字第　号,令城乡各区公所)	第一四三/一四四期合刊	三十三年五月三十一日	三一〇(43)
南京特别市政府训令(府秘字第　号,令城乡各区公所)	第一四三/一四四期合刊	三十三年五月三十一日	三一二(43)
南京特别市政府训令(府秘字第　号,令城乡各区公所)	第一四六期	三十三年六月三十日	四〇一(43)
南京特别市政府训令(府秘字第　号,令城乡各区公所)	第一四九期	三十三年八月十五日	四九二(43)
南京特别市政府训令(府秘字第　号,令城乡各区公所)	第一五〇期	三十三年八月三十日	五五四(43)
南京特别市政府训令(府秘字第　号,令城乡各区公所)	第一五〇期	三十三年八月三十日	五五九(43)
南京特别市政府训令(府秘字第　号,令城乡各区公所)	第一五一/一五二期合刊	三十三年九月三十日	五九〇(43)
南京特别市政府训令(府秘字第　号,令城乡各区公所)	第一五一/一五二期合刊	三十三年九月三十日	五九一(43)
南京特别市政府训令(府秘字第　号,令城乡各区公所)	第一五三/一五四期合刊	三十三年十月三十一日	六二九(43)
南京特别市政府训令(府秘字第　号,令城乡各区公所)	第一三九期	三十三年三月十五日	二一三(43)
南京特别市政府训令(府秘字第　号,令城乡实区/安德门/孝陵卫/第三区　区公所)	第一五三/一五四期合刊	三十三年十月三十一日	六二六(43)
南京特别市政府训令(府秘字第　号,令城实区孝陵卫/乡实区安德门　区公所)	第一五五期	三十三年十一月三十日	六七四(43)
南京特别市政府训令(府秘字第　号,令秘书处)	第一四九期	三十三年八月十五日	四九二(43)
南京特别市政府训令(府秘字第　号,令秘书处外事室主任苏镜三	第一五一/一五二期合刊	三十三年九月三十日	五八四(43)
南京特别市政府训令(府秘字第　号,令秘书苏镜三)	第一五九/一六〇期合刊	三十四年一月三十日	七八二(43)

南京特别市政府训令(府秘字第　号,令暂兼/前任卫生试验所所长褚通爵/华惕庵)	第一四六期	三十三年六月三十日	三九八(43)
南京特别市政府训令(府秘字第　号,令粮食局/经济局)	第一四三/一四四期合刊	三十三年五月三十一日	三一〇(43)
南京特别市政府训令(府教字第　号,令市立农民教育馆)	第一六一/一六二期合刊	三十四年二月三十日	八二七(43)
南京特别市政府训令(府教字第　号,令市私立中小学)	第一六一/一六二期合刊	三十四年二月三十日	八二五(43)
南京特别市政府训令(府教字第　号,令市私立各中小学)	第一五七/一五八期合刊	三十三年十二月三十一日	七四五(43)
南京特别市政府训令(府教字第　号,令各区公所)	第九十六期	三十一年五月三十一日	六六四(41)
南京特别市政府训令(府教字第　号,令私立中小学)	第一五九/一六〇期合刊	三十四年一月三十日	七九〇(43)
南京特别市政府训令(府粮字第　号,令各区公所)	第一三一期	三十二年十一月十五日	〇一三(43)
南京特别市政府训令(府粮字第　号,令燕子矶/孝陵卫/上新河/安德门　区公所)	第一四〇期	三十三年三月三十日	二四四(43)
南京特别市政府训令(经字第一五六号,令卷烟火柴皂烛号业同业公会)	第一三三/一三四期合刊	三十二年十二月三十一日	〇九四(43)
南京特别市政府训令(宣字第　号,令一/二/三/四/五区公所)	第七十六期	三十年七月三十一日	〇九五(41)
南京特别市政府训令(宣字第　号,令本府各局处/城乡各区公所)	第七十二期	三十年五月三十一日	七六四(40)
南京特别市政府训令(宣字第　号,令市立一中/二中/女中/职中及私立正始中学等)	第八十一期	三十年十月十五日	三〇三(41)
南京特别市政府训令(宣字第　号,令各区公所)	第七十期	三十年四月三十日	六六五(40)

南京特别市政府训令(宣字第　号,令各区公所)	第七十期	三十年四月三十日	六六三(40)
南京特别市政府训令(宣字第　号,令各局)	第八十四/八十五期合刊	三十年十二月十五日	四〇〇(41)
南京特别市政府训令(宣字第　号,令城乡各区公所)	第七十一期	三十年五月十五日	七二五(40)
南京特别市政府训令(宣字第　号,令城乡各区公所)	第八十期	三十年九月三十日	二六二(41)
南京特别市政府训令(宣字第　号,令城乡各区公所)	第八十期	三十年九月三十日	二六三(41)
南京特别市政府训令(宣字第　号,令秘书处/市社运会/宣传处/教育局)	第八十三期	三十年十一月十五日	三六八(41)
南京特别市政府训令(铁字第　号,令第一区/第三区/第四区/第五区/安德门区/城区实验区团部/乡区实验区)	第一四五期	三十三年六月十五日	三六六(43)
南京特别市政府训令(秘二字第　号,令各区公所)	第七十四期	三十年六月三十日	〇二五(41)
南京特别市政府训令(秘二字第　号,令各处局)	第七十五期	三十年七月十五日	〇五九(41)
南京特别市政府训令(秘字第十二号,训令所属各机关)	第三十九期	二十九年一月十五日	一三六(39)
南京特别市政府训令(秘字第五八四号,令第四区公所)	第三十七期	二十八年十二月十五日	〇五二(39)
南京特别市政府训令(秘字第五九二号,令本府卫生局局长卫锡良)	第三十八期	二十八年十二月三十一日	〇九〇(39)
南京特别市政府训令(秘字第五三四号,令财政局秘书沈袖芝科长黄伯熙/顾忠潞/裘迈度/财政局)	第三十五期	二十八年十一月十五日	八七九(38)
南京特别市政府训令(秘字第五四七号,令教育局秘书陶泽之科长汪和卿、钱念慈/教育局)	第三十五期	二十八年十一月十五日	八八〇(38)

南京特别市政府训令(秘字第五四九号,令秘书处/社会局/土地局/卫生局/秘书处科长王曾鲁洪孟揆谢传安/社会局秘书谌斐科长朱君重林德昌蔡宗熙/工务局秘书吴炳仁科长梅光组殷百祥/土地局秘书黄寅科长罗其勉万霖生潘雄飞/卫生局秘书华彦云科长顾诚杨志雄朱凤安)	第三十五期	二十八年十一月十五日	八八一(38)
南京特别市政府训令(秘字第四一二号,令各区公所)	第三十一期	二十八年九月十五日	六五一(38)
南京特别市政府训令(秘字第四二五号,令各处局/各区公所)	第三十一期	二十八年九月十五日	六五一(38)
南京特别市政府训令(秘字第四七二号,令各区公所)	第三十三期	二十八年十月十五日	七六二(38)
南京特别市政府训令(秘字第四五三号,令各局长区长)	第三十二期	二十八年九月三十日	七〇一(38)
南京特别市政府训令(秘字第 号,令卫生局局长卫锡良/褚通爵)	第九十四期	三十一年四月三十日	六一三(41)
南京特别市政府训令(秘字第 号,令本市粮食管理局)	第八十二期	三十年十月三十一日	三三五(41)
南京特别市政府训令(秘字第 号,令本府各局暨所属各机关)	第七十七期	三十年八月十五日	一四三(41)
南京特别市政府训令(秘字第 号,令本府所属机关 不另行文)	第七十一期	三十年五月十五日	七一八(40)
南京特别市政府训令(秘字第 号,令本府所属各机关)	第七十三期	三十年六月十五日	八二二(40)
南京特别市政府训令(秘字第 号,令本府所属各机关)	第七十三期	三十年六月十五日	八二〇(40)
南京特别市政府训令(秘字第 号,令本府所属各机关)	第六十八期	三十年三月三十一日	五四六(40)
南京特别市政府训令(秘字第 号,令本府所属各机关)	第七十七期	三十年八月十五日	一四五(41)

南京特别市政府训令(秘字第　号，令本府所属各机关)	第七十七期	三十年八月十五日	一四九(41)
南京特别市政府训令(秘字第　号，令本府所属各机关)	第七十五期	三十年七月十五日	〇五一(41)
南京特别市政府训令(秘字第　号，令本府所属各机关　不另行文)	第六十九期	三十年四月十五日	五九二(40)
南京特别市政府训令(秘字第　号，令本府所属各机关　不另行文)	第七十期	三十年四月三十日	六四九(40)
南京特别市政府训令(秘字第　号，令本府所属各机关　不另行文)	第七十期	三十年四月三十日	六五七(40)
南京特别市政府训令(秘字第　号，令本府所属各机关　不另行文)	第七十三期	三十年六月十五日	八二五(40)
南京特别市政府训令(秘字第　号，令本府所属各机关/商会)	第七十一期	三十年五月十五日	七二二(40)
南京特别市政府训令(秘字第　号，令代理第一区区长李尚清)	第八十四/八十五期合刊	三十年十二月十五日	四〇六(41)
南京特别市政府训令(秘字第　号，令市社会运动指导委员会)	第八十四/八十五期合刊	三十年十二月十五日	四〇二(41)
南京特别市政府训令(秘字第　号，令各区公所)	第三十六期	二十八年十一月三十日	〇〇四(39)
南京特别市政府训令(秘字第　号，令各区公所)	第八十九期	三十一年二月十五日	五〇二(41)
南京特别市政府训令(秘字第　号，令各区公所/园林管理处)	第七十一期	三十年五月十五日	七二五(40)
南京特别市政府训令(秘字第　号，令各处局及所属各机关)	第七十四期	三十年六月三十日	〇二〇(41)
南京特别市政府训令(秘字第　号，令各局处/各区公所/市银行)	第八十期	三十年九月三十日	二六一(41)
南京特别市政府训令(秘字第　号，令各局处/第五区公所/南京市银行)	第八十一期	三十年十月十五日	三〇〇(41)
南京特别市政府训令(秘字第　号，令各局会区)	第八十九期	三十一年二月十五日	五〇二(41)

南京特别市政府训令(秘字第　号，令技工董琪等)	第八十二期	三十年十月三十一日	三三六(41)
南京特别市政府训令(秘字第　号，令园林管理处处长陈宗虞)	第九十三期	三十一年四月十五日	五八九(41)
南京特别市政府训令(秘字第　号，令所属各机关)	第七十七期	三十年八月十五日	一四四(41)
南京特别市政府训令(秘字第　号，令所属各机关　不另行文)	第七十期	三十年四月三十日	六四七(40)
南京特别市政府训令(秘字第　号，令所属各机关　不另行文)	第七十期	三十年四月三十日	六五四(40)
南京特别市政府训令(秘字第　号，令城区各区公所)	第七十六期	三十年七月三十一日	○九四(41)
南京特别市政府训令(秘字第　号，令南京市宣传委员会)	第六十九期	三十年四月十五日	六一○(40)
南京特别市政府训令(秘字第　号，令陵园警卫队/园林管理处)	第七十期	三十年四月三十日	六七八(40)
南京特别市政府训令(秘字第　号，令第一/二/三/四/五区公所)	第七十期	三十年四月三十日	六七二(40)
南京特别市政府训令(秘字第　号，令第四区公所)	第三十六期	二十八年十一月三十日	○○六(39)
南京特别市政府训令(秘财字第　号,令各局处会/各区公所)	第九十七期	三十一年六月十五日	六八八(41)
南京特别市政府训令(教字第一七五号,令市立各校馆/文庙管理处)	第四十六期	二十九年四月三十日	四八九(39)
南京特别市政府训令(教字第二二六号,令各区公所/市立各中学等)	第四十八期	二十九年五月三十一日	五九一(39)
南京特别市政府训令(教字第八六号,令市立及已立案之私立中学)	第四十三期	二十九年三月十五日	三六四(39)
南京特别市政府训令(教字第五六九号,令公私立中小学校)	第三十六期	二十八年十一月三十日	○○七(39)

南京特别市政府训令(教字第五六三号,令本市已立案各私立中小学)	第三十六期	二十八年十一月三十日	〇〇七(39)
南京特别市政府训令(教字第五〇八号,令本府所属各局及各区公所)	第三十五期	二十八年十一月十五日	八八二(38)
南京特别市政府训令(教字第五〇号,令各区公所等)	第四十二期	二十九年二月二十九日	三一一(39)
南京特别市政府训令(教字第四二一号,令各区公所/各市立中小学/市立民众图书馆/民众教育馆)	第三十一期	二十八年九月十五日	六五二(38)
南京特别市政府训令(教字第四三八号,令市立各小学)	第三十二期	二十八年九月三十日	七〇七(38)
南京特别市政府训令(教字第四三五号,令南京市立民众图书馆主任胡国仁)	第三十二期	二十八年九月三十日	七一一(38)
南京特别市政府训令(教字第四〇号,令市立各小学校长)	第四十一期	二十九年二月十五日	二六〇(39)
南京特别市政府训令(教字第　号,令市立中小学)	第八十一期	三十年十月十五日	三〇七(41)
南京特别市政府训令(教字第　号,令市立中小学校/民众教育馆/民众图书馆)	第七十五期	三十年七月十五日	〇六九(41)
南京特别市政府训令(教字第　号,令市立各中小学)	第七十一期	三十年五月十五日	七二八(40)
南京特别市政府训令(教字第　号,令市私立中小学校校长)	第七十三期	三十年六月十五日	八五四(40)
南京特别市政府训令(教字第　号,令市私立各中小学　不另行文)	第七十三期	三十年六月十五日	八四四(40)
南京特别市政府训令(教字第　号,令市私立各中学)	第七十二期	三十年五月三十一日	七八二(40)
南京特别市政府训令(教字第　号,令市私立各校馆/各区公所)	第七十七期	三十年八月十五日	一五二(41)

南京特别市政府训令(教字第　号，令各区公所)	第七十七期	三十年八月十五日	一五一(41)
南京特别市政府训令(教字第　号，令第一/二/三/四/五区公所)	第七十七期	三十年八月十五日	一五六(41)
南京特别市政府训令(教字第　号，令第二/三中学校长雷子居/孙觉民)	第五十期	二十九年六月三十日	六八三(39)
南京特别市政府训令(粮字第　号，令财政局等/城乡各区公所)	第八十四/八十五期合刊	三十年十二月十五日	四〇一(41)
南京特别市政府训令(粮字第　号，令城乡各区区公所)	第八十三期	三十年十一月十五日	三七三(41)
南京特别市政府批示(工字第二五五号)	第四十四期	二十九年三月三十一日	四一一(39)
南京特别市政府批示(工字第二五四号)	第四十四期	二十九年三月三十一日	四一一(39)
南京特别市政府批示(字第　号)	第一五三/一五四期合刊	三十三年十月三十一日	六五四(43)
南京特别市政府批示(字第　号)	第一五三/一五四期合刊	三十三年十月三十一日	六五四(43)
南京特别市政府批示(字第　号)	第四十四期	二十九年三月三十一日	四一二(39)
南京特别市政府批示(府卫字第　号)	第一四六期	三十三年六月三十日	四一三(43)
南京特别市政府批(字第　号)	第一三七/一三八期合刊	三十三年二月二十九日	一八三(43)
南京特别市政府批(字第　号)	第一三九期	三十三年三月十五日	二二一(43)
南京特别市政府批(财字第一四一号)	第四十一期	二十九年二月十五日	二六五(39)
南京特别市政府批(财字第二号)	第三十九期	二十九年一月十五日	一四二(39)
南京特别市政府批(财字第三八九号)	第四十六期	二十九年四月三十日	四九一(39)
南京特别市政府批(财字第　号)	第八十二期	三十年十月三十一日	三四三(41)
南京特别市政府批(财字第　号)	第七十三期	三十年六月十五日	八五六(40)

南京特别市政府批(社字第一四七号)	第四十一期	二十九年二月十五日	二六四(39)
南京特别市政府批(社字第一四五三号)	第三十八期	二十八年十二月三十一日	○九四(39)
南京特别市政府批(社字第一四四七号)	第三十八期	二十八年十二月三十一日	○九四(39)
南京特别市政府批(社字第一四四六号)	第三十八期	二十八年十二月三十一日	○九五(39)
南京特别市政府批(社字第六○四号)	第四十九期	二十九年六月十五日	六四四(39)
南京特别市政府批(社字第　号)	第七十二期	三十年五月三十一日	七九一(40)
南京特别市政府批(府工字第　号)	第一四六期	三十三年六月三十日	四二三(43)
南京特别市政府批(府卫字第　号)	第一○三期	三十一年九月十五日	九一○(41)
南京特别市政府批(府财字第　号)	第一四九期	三十三年八月十五日	五二五(43)
南京特别市政府批(府财字第　号)	第一五○期	三十三年八月三十日	五六六(43)
南京特别市政府批(府财字第　号)	第一五一/一五二期合刊	三十三年九月三十日	六一一(43)
南京特别市政府批(府财字第　号)	第一三二期	三十二年十一月三十日	○五七(43)
南京特别市政府批(府财字第　号)	第一五九/一六○期合刊	三十四年一月三十日	七九五(43)
南京特别市政府批(府社福字第　号)	第一四七/一四八期合刊	三十三年七月三十日	四七一(43)
南京特别市政府批(秘字第一三九七号)	第三十七期	二十八年十二月十五日	○五六(39)
南京特别市政府指令训令(府财字第　号,令摊贩管理所〈指令〉/菜场管理所〈训令〉	第一五一/一五二期合刊	三十三年九月三十日	六○四(43)
南京特别市政府指令(字第　号,令乡区自治实验区区长萧石楼)	第一四九期	三十三年八月十五日	五○一(43)
南京特别市政府指令(字第　号,令乡区自治实验区区公所)	第一五三/一五四期合刊	三十三年十月三十一日	六四九(43)
南京特别市政府指令(字第　号,令传染病院)	第一三五/一三六期合刊	三十三年一月三十一日	一三六(43)

南京特别市政府指令(字第　号,令社会福利局)	第一六一/一六二期合刊	三十四年二月三十日	八二七(43)
南京特别市政府指令(字第　号,令社会福利局)	第一六一/一六二期合刊	三十四年二月三十日	八二八(43)
南京特别市政府指令(字第　号,令社会福利局局长钱能夏)	第一五九/一六〇期合刊	三十四年一月三十日	七九一(43)
南京特别市政府指令(字第　号,令南京特别市成衣业公会改组筹备会筹备主任徐裕达)	第一四九期	三十三年八月十五日	五〇三(43)
南京特别市政府指令(字第　号,令南京特别市浴堂业同业公会理事长朱伯维)	第一四九期	三十三年八月十五日	五〇二(43)
南京特别市政府指令(字第　号,令第一区区长王松亭)	第四十二期	二十九年二月二十九日	三一六(39)
南京特别市政府指令(字第　号,令第五区公所)	第一五七/一五八期合刊	三十三年十二月三十一日	七五七(43)
南京特别市政府指令(字第　号,令商会理事长葛亮畴)	第一五〇期	三十三年八月三十日	五六五(43)
南京特别市政府指令(字第　号,令摊贩菜场管理所主任高仲涛)	第一六一/一六二期合刊	三十四年二月三十日	八二九(43)
南京特别市政府指令(财字第一一七四号,令俞步九)	第五十三期	二十九年八月十五日	八五九(39)
南京特别市政府指令(财字第一二一〇号,令俞步九)	第五十三期	二十九年八月十五日	八五九(39)
南京特别市政府指令(财字第一八〇号,令第四区公所)	第四十一期	二十九年二月十五日	二六三(39)
南京特别市政府指令(财字第一六八九号,令园林管理所)	第三十三期	二十八年十月十五日	七六五(38)
南京特别市政府指令(财字第二一五四号,令燕子矶区公所)	第三十六期	二十八年十一月三十日	〇〇八(39)
南京特别市政府指令(财字第二六九号,令救济院)	第四十一期	二十九年二月十五日	二六四(39)

南京特别市政府指令(财字第二〇八八号,令筵席捐征收所)	第三十六期	二十八年十一月三十日	〇〇九(39)
南京特别市政府指令(财字第七七一号,令屠宰税局)	第四十七期	二十九年五月十五日	五四三(39)
南京特别市政府指令(财字第七九五号,令园林管理所)	第四十七期	二十九年五月十五日	五四二(39)
南京特别市政府指令(财字第八八九号,令屠宰税局)	第四十八期	二十九年五月三十一日	五九五(39)
南京特别市政府指令(财字第九四七号,令园林管理所)	第四十九期	二十九年六月十五日	六四〇(39)
南京特别市政府指令(财字第六七〇号,令救济院)	第四十五期	二十九年四月十五日	四五七(39)
南京特别市政府指令(财字第四一四号,令救济院)	第四十二期	二十九年二月二十九日	三一七(39)
南京特别市政府指令(财字第　号,令八卦洲洲产整理处处长胡明远)	第七十三期	三十年六月十五日	八五五(40)
南京特别市政府指令(财字第　号,令田赋征收处)	第七十期	三十年四月三十日	六八三(40)
南京特别市政府指令(财字第　号,令市社会运动指导委员会)	第八十二期	三十年十月三十一日	三三九(41)
南京特别市政府指令(财字第　号,令南京市商会整理委员会)	第七十三期	三十年六月十五日	八五五(40)
南京特别市政府指令(财字第　号,令临时收租员朱荫春)	第七十二期	三十年五月三十一日	七八二(40)
南京特别市政府指令(社字第一七八五号,令第四区公所)	第三十四期	二十八年十月三十一日	八二三(38)
南京特别市政府指令(社字第一八五三号,令安德门区公所)	第三十四期	二十八年十月三十一日	八二四(38)
南京特别市政府指令(社字第一四七五号,令南京特别市戒毒所所长张善堂)	第三十一期	二十八年九月十五日	六五七(38)

南京特别市政府指令(社字第一四七〇号,令燕子矶区公所)	第三十一期	二十八年九月十五日	六五六(38)
南京特别市政府指令(社字第九五号,令第一区区长王松亭)	第三十九期	二十九年一月十五日	一三六(39)
南京特别市政府指令(社字第　号,令城区自治实验区公所)	第一〇三期	三十一年九月十五日	九〇九(41)
南京特别市政府指令(府工字第　号,令上新河区区长陈良知)	第一四一/一四二期合刊	三十三年四月三十日	二七五(43)
南京特别市政府指令(府工字第　号,令乡区自治实验区区长萧石楼)	第一五七/一五八期合刊	三十三年十二月三十一日	七五六(43)
南京特别市政府指令(府工字第　号,令传染病院)	第一〇三期	三十一年九月十五日	九〇九(41)
南京特别市政府指令(府工字第　号,令第五区公所)	第一三七/一三八期合刊	三十三年二月二十九日	一八〇(43)
南京特别市政府指令(府卫字第　号,令菜场管理所)	第一五九/一六〇期合刊	三十四年一月三十日	七九二(43)
南京特别市政府指令(府卫字第　号,令粪便处置所主任吴心涵)	第一四五期	三十三年六月十五日	三八一(43)
南京特别市政府指令(府卫字第　号,令新药业公会)	第一四六期	三十三年六月三十日	四一三(43)
南京特别市政府指令(府财字第98号,令监察员赵其凡/捐税征收所所长江兆龙)	第一三一期	三十二年十一月十五日	〇二二(43)
南京特别市政府指令(府财字第　号,令八卦洲洲产整理处)	第一三二期	三十二年十一月三十日	〇五四(43)
南京特别市政府指令(府财字第　号,令乡区自治实验区区长萧石楼)	第一三一期	三十二年十一月十五日	〇二二(43)
南京特别市政府指令(府财字第　号,令中华医学会南京分会理事长罗广霖)	第一五〇期	三十三年八月三十日	五六五(43)

南京特别市政府指令(府财字第号,令田赋征收处)	第一五一/一五二期合刊	三十三年九月三十日	六〇六(43)
南京特别市政府指令(府财字第号,令市公典董事会)	第一五一/一五二期合刊	三十三年九月三十日	六〇六(43)
南京特别市政府指令(府财字第号,令园林管理处)	第一四一/一四二期合刊	三十三年四月三十日	二七七(43)
南京特别市政府指令(府财字第号,令园林管理处处长苏荣轩)	第一四一/一四二期合刊	三十三年四月三十日	二七六(43)
南京特别市政府指令(府财字第号,令妓捐征收所所长周鹏)	第一六一/一六二期合刊	三十四年二月三十日	八二八(43)
南京特别市政府指令(府财字第号,令南京市公典董事会)	第一三三/一三四期合刊	三十二年十二月三十一日	〇九七(43)
南京特别市政府指令(府财字第号,令南京市公典董事会)	第一五五期	三十三年十一月三十日	六八二(43)
南京特别市政府指令(府财字第号,令南京特别市商会)	第一三二期	三十二年十一月三十日	〇五四(43)
南京特别市政府指令(府财字第号,令卸任捐税征收所所长刘登瀛)	第一三一期	三十二年十一月十五日	〇二二(43)
南京特别市政府指令(府财字第号,令牲畜屠宰税征收所所长张艺林	第一五三/一五四期合刊	三十三年十月三十一日	六四九(43)
南京特别市政府指令(府财字第号,令捐税征收所所长江兆龙)	第一五七/一五八期合刊	三十三年十二月三十一日	七五六(43)
南京特别市政府指令(府财字第号,令捐税征收所所长江兆龙)	第一四三/一四四期合刊	三十三年五月三十一日	三三七(43)
南京特别市政府指令(府财字第号,令捐税征收所所长江兆龙)	第一四七/一四八期合刊	三十三年七月三十日	四六七(43)
南京特别市政府指令(府财字第号,令捐税征收所所长江兆龙)	第一四九期	三十三年八月十五日	五〇一(43)
南京特别市政府指令(府财字第号,令捐税征收所所长江兆龙)	第一五一/一五二期合刊	三十三年九月三十日	六〇五(43)

南京特别市政府指令(府财字第　号,令捐税征收所所长江兆龙)	第一五三/一五四期合刊	三十三年十月三十一日	六四八(43)
南京特别市政府指令(府财字第　号,令捐税征收所所长江兆龙)	第一五三/一五四期合刊	三十三年十月三十一日	六四九(43)
南京特别市政府指令(府财字第　号,令捐税征收所所长徐静皆)	第一六一/一六二期合刊	三十四年二月三十日	八二九(43)
南京特别市政府指令(府财字第　号,令监盘委员夏道生/新任牲畜屠宰税征收所所长张艺林/卸任牲畜屠宰税征收所所长张敬书)	第一五五期	三十三年十一月三十日	六八二(43)
南京特别市政府指令(府财字第　号,令菜场管理所主任高仲涛)	第一五九/一六〇期合刊	三十四年一月三十日	七九三(43)
南京特别市政府指令(府财字第　号,令营业税征收处)	第一五六期	三十三年十一月十五日	七二四(43)
南京特别市政府指令(府财字第　号,令营业税征收处处长徐静皆)	第一四九期	三十三年八月十五日	五〇一(43)
南京特别市政府指令(府经字第　号,令市商会)	第一五一/一五二期合刊	三十三年九月三十日	六〇五(43)
南京特别市政府指令(府经字第　号,令市商会理事长葛亮畴)	第一六一/一六二期合刊	三十四年二月三十日	八二九(43)
南京特别市政府指令(府保甲字第　号,令上新河区公所)	第一四五期	三十三年六月十五日	三八一(43)
南京特别市政府指令(府保甲字第　号,令上新河区公所)	第一五六期	三十三年十一月十五日	七二五(43)
南京特别市政府指令(府保甲字第　号,令乡区自治实验区公所)	第一四五期	三十三年六月十五日	三八二(43)
南京特别市政府指令(府保甲字第　号,令乡区自治实验区公所)	第一四六期	三十三年六月三十日	四一二(43)
南京特别市政府指令(府保甲字第　号,令乡区自治实验区公所)	第一五七/一五八期合刊	三十三年十二月三十一日	七五五(43)
南京特别市政府指令(府保甲字第　号,令乡区自治实验区公所)	第一五九/一六〇期合刊	三十四年一月三十日	七九二(43)

南京特别市政府指令(府保甲字第　号,令乡区自治实验区公所)	第一五九/一六〇期合刊	三十四年一月三十日	七九二(43)
南京特别市政府指令(府保甲字第　号,令乡区自治实验区公所)	第一五九/一六〇期合刊	三十四年一月三十日	七九三(43)
南京特别市政府指令(府保甲字第　号,令安德门区公所)	第一五一/一五二期合刊	三十三年九月三十日	六〇六(43)
南京特别市政府指令(府保甲字第　号,令孝陵卫区公所)	第一四五期	三十三年六月十五日	三八一(43)
南京特别市政府指令(府保甲字第　号,令社会福利局)	第一五七/一五八期合刊	三十三年十二月三十一日	七四四(43)
南京特别市政府指令(府保甲字第　号,令城区自治实验区公所)	第一五五期	三十三年十一月三十日	六八二(43)
南京特别市政府指令(府保甲字第　号,令城区自治实验区公所)	第一六一/一六二期合刊	三十四年二月三十日	八二八(43)
南京特别市政府指令(府保甲字第　号,令卸任第三区区长叶秀甫/新任第三区区长张静超/监盘员詹哲尊)	第一五五期	三十三年十一月三十日	六八一(43)
南京特别市政府指令(府保甲字第　号,令第四区公所)	第一四六期	三十三年六月三十日	四一二(43)
南京特别市政府指令(府秘字第号,令工务局局长韩春第/第一区区长苏源)	第一四三/一四四期合刊	三十三年五月三十一日	三三三(43)
南京特别市政府指令(府秘字第号,令上新河区区长陈良知)	第一四九期	三十三年八月十五日	五〇六(43)
南京特别市政府指令(府秘字第号,令各局处会)	第一三三/一三四期合刊	三十二年十二月三十一日	〇七三(43)
南京特别市政府指令(府秘字第号,令社会福利局)	第一四三/一四四期合刊	三十三年五月三十一日	三三七(43)
南京特别市政府指令(府秘字第号,令经济局/秘书处/粮食局	第一四七/一四八期合刊	三十三年七月三十日	四六六(43)

南京特别市政府指令(府秘字第　号,令卸任卫生试验所所长华惕庵/新任兼理卫生试验所所长褚通爵/监盘员参事王益芝)	第一四九期	三十三年八月十五日	五〇三(43)
南京特别市政府指令(府秘字第　号,令卸/现任城区实验区区长赵其凡/叶一舟及监盘员苏荣轩)	第一四五期	三十三年六月十五日	三八〇(43)
南京特别市政府指令(府教字第　号,令乡区自治实验区公所)	第一〇三期	三十一年九月十五日	九〇九(41)
南京特别市政府指令(府教字第　号,令南京特别市教育会)	第一四一/一四二期合刊	三十三年四月三十日	二七四(43)
南京特别市政府指令(秘字第一五五一号,令各局)	第三十一期	二十八年九月十五日	六五六(38)
南京特别市政府指令(秘字第一六一六号,令园林管理所所长卢东林)	第三十二期	二十八年九月三十日	七一三(38)
南京特别市政府指令(秘字第二二三五号,令园林管理所所长卢东林)	第三十八期	二十八年十二月三十一日	〇九三(39)
南京特别市政府指令(秘字第　号,令财政局捐税征收所)	第五十三期	二十九年八月十五日	八六〇(39)
南京特别市政府指令(秘字第　号,令社会福利局)	第一四七/一四八期合刊	三十三年七月三十日	四六六(43)
南京特别市政府指令(秘字第　号,令教育局)	第三十三期	二十八年十月十五日	七六四(38)
南京特别市政府指令(教字第一八四二号,令南京市立民众教育馆)	第三十四期	二十八年十月三十一日	八二四(38)
南京特别市政府指令(教字第一四九〇号,令南京市立第一/二中学)	第三十一期	二十八年九月十五日	六五七(38)
南京特别市政府指令(教字第四二八号,令杨九鸣雷子居)	第四十二期	二十九年二月二十九日	三一六(39)

南京特别市政府指令(教字第　号，令萧石楼)	第五十三期	二十九年八月十五日	八五八(39)
南京特别市政府指令(街字第九四八号,令卫生试验所)	第四十九期	二十九年六月十五日	六四〇(39)
南京特别市政府通令(字第　号,令本府各处局/各城乡区公所)	第四十二期	二十九年二月二十九日	三一七(39)
南京特别市政府通令(秘字第　号，令各区公所)	第三十九期	二十九年一月十五日	一三七(39)
南京特别市政府通告	第六十九期	三十年四月十五日	六一七(40)
南京特别市政府通告(工字第　号)	第七十二期	三十年五月三十一日	七九〇(40)
南京特别市政府通告(工字第　号)	第七十二期	三十年五月三十一日	七八九(40)
南京特别市政府通告(工字第　号	第七十七期	三十年八月十五日	一六七(41)
南京特别市政府通告(工字第　号)	第七十五期	三十年七月十五日	〇七一(41)
南京特别市政府通告(卫字第　号)	第八十四/八十五期合刊	三十年十二月十五日	四一四(41)
南京特别市政府通告(地字第　号)	第七十三期	三十年六月十五日	八五九(40)
南京特别市政府通告(地字第　号)	第七十二期	三十年五月三十一日	七九〇(40)
南京特别市政府通告(字第　号)	第三十八期	二十八年十二月三十一日	〇九五(39)
南京特别市政府通告(教字第一号)	第三十九期	二十九年一月十五日	一三八(39)
南京特别市政府通告(教字第二号)	第三十九期	二十九年一月十五日	一三九(39)
南京特别市政府通告(教字第七号)	第四十二期	二十九年二月二十九日	三一九(39)
南京特别市政府通告(教字第三号)	第四十期	二十九年一月三十一日	二一七(39)
南京特别市政府通告(教字第五号)	第三十七期	二十八年十二月十五日	〇五六(39)
南京特别市政府通告(教字第五号)	第四十一期	二十九年二月十五日	二六七(39)
南京特别市政府通告(教字第六号)	第四十一期	二十九年二月十五日	二六八(39)
南京特别市政府通告(教字第四号)	第四十一期	二十九年二月十五日	二六六(39)
南京特别市政府通告(教字第　号)	第七十七期	三十年八月十五日	一六六(41)
南京特别市政府通知(字第　号)	第一四五期	三十三年六月十五日	三八五(43)
南京特别市政府通知(府财字第　号)	第一四九期	三十三年八月十五日	五二五(43)
南京特别市政府通知(府秘字第　号)	第一四一/一四二期合刊	三十三年四月三十日	二七七(43)

南京特别市政府通知(府秘字第　号)	第一四三/一四四期合刊	三十三年五月三十一日	三四七(43)
南京特别市政府通知(府秘字第　号)	第一四五期	三十三年六月十五日	三八四(43)
南京特别市政府通知(府秘字第　号)	第一四五期	三十三年六月十五日	三八五(43)
南京特别市政府谕知	第一五六期	三十三年十一月十五日	七二六(43)
南京特别市政府/中国社会事业协会联合举办南京特别市第一届集团结婚公告(集字第一号)	第七十七期	三十年八月十五日	一六五(41)
南京特别市政府/首都警察厅公布令(府社字第　号)	第九十一期	三十一年三月十五日	五五三(41)
南京特别市政府/首都警察厅布告(府社字第　号)	第九十三期	三十一年四月十五日	五九七(41)
南京特别市政府/首都警察厅布告(秘/政字第　号)	第七十四期	三十年六月三十日	〇三三(41)
南京特别市政府/首都警察厅会衔布告	第七十二期	三十年五月三十一日	七八三(40)
南京特别市政府/首都警察总监署布告(字第　号)	第九十七期	三十一年六月十五日	七〇三(41)
南京特别市政府/首都警察总监署布告(府社字第　号)	第一〇三期	三十一年九月十五日	九〇(41)
南京特别市政府/首都警察总监署布告(府社/政字第一一号)	第九十五期	三十一年五月十五日	六四四(41)
(南京特别市政府/首都警察总监署)训令(府社字/政一字第　号,令南京特别市商会)	第一〇一期	三十一年八月十五日	八〇五(41)
南京特别市政府/首都警察总监署会衔布告(政四字第　号)	第一〇二期	三十一年八月三十一日	八六四(41)
南京特别市政府/警卫师司令部布告(工字第　号)	第七十九期	三十年九月十五日	二三八(41)
南京特别市教育局令(第四〇号):各小学也要举行总理纪念周活动	第一期	十六年九月	六七六(1)

修正南京特别市各区公所组织规程公布之(见法规栏)	第一〇八期	三十一年十一月三十日	〇九(42)
修正南京特别市市民搬运租米暂行办法(中华民国三十二年十一月)	第一三一期	三十二年十一月十五日	〇〇六(43)
(首都警察总监署/南京特别市政府)布告(字第　号)	第一〇五期	三十一年十月十五日	〇一五(42)
(首都警察总监署/南京特别市政府)布告(府财字第　号)	第一二〇期	三十二年五月三十一日	五六四(42)
(首都警察总监署/南京特别市政府)布告(政一/府工字第　号)	第一〇五期	三十一年十月十五日	〇一四(42)
(首都警察总监署/南京特别市政府)会衔布告(政四字第　号/府卫字第　号)	第一一七期	三十二年四月十五日	四五八(42)
(首都警察总监署/首都警备司令部/南京特别市政府)布告(政一字第　号/府保甲字第　号)	第一一八期	三十二年四月三十日	四八九(42)
(首都警察总监署/南京特别市政府)布告(府财字第六十一号)	第一二四期	三十二年七月三十一日	七四三(42)
首都警察总监署/南京特别市政府布告(政三/府保甲字第　号)	第一三二期	三十二年十一月三十日	〇五六(43)
兹制定土地陈报暂行条例令	第二十九期	二十八年八月十五日	五二七(38)
派于延龄为本府收发室办事员令	第一六六期	二十五年六月	〇四二(33)
派工务局技正兼第二科科长韩春第兼代本府工务局秘书)	第一三〇期	三十二年十月三十一日	九一八(42)
派万经戡为本府经济局第三科科长令	第一二九期	三十二年十月十五日	八八四(42)
派马广进暂代本府自治事务处办事员令	第一六四期	二十五年四月	〇四七(32)
派马北拱兼任本府经理委员会人事组主任令	第一七一期	二十五年十一月	〇四八(35)
派马镜靖兼任本府经理委员会供应组主任令	第一七一期	二十五年十一月	〇四七(35)

派王人麟代理本府参事令	第一五五期	二十四年七月	二二二(28)
派王世伟暂代本府卫生事务所第三课课长令	第一二五期	二十二年二月十五日	二〇九(23)
派王世泰代理财政局秘书令	第五十一期	二十九年七月十五日	七二二(39)
派王祖祥、周梓骥、陈祖平、何作霖、潘歌雅兼任本府经理委员会委员令	第一七一期	二十五年十一月	〇四八(35)
派王祖祥暂代本府卫生事务所所长令	第一一八期	二十一年十月三十一日	一八四(22)
派王敏复为本府教育局第三科科长令	第九十期	三十一年二月二十八日	五二七(41)
派王漱芳为本府秘书长令	第一五二期	二十四年四月	五三九(27)
派尹纯等代理本府地政局秘书令	第五十一期	二十九年七月十五日	七二三(39)
派巴绍龙为清洁总队事务员令	第一四八期	二十三年十二月	七二〇(26)
派甘碧云代理本府办事员令	第一六三期	二十五年三月	四二七(31)
派石浩明为本市清洁总队事务员令	第一三二期	二十二年八月三十一日	二六五(24)
派叶一舟代理本府社会局秘书令	第九十九期	三十一年七月十五日	七四三(41)
派叶一舟兼任本府社会局第四科科长令	第九十九期	三十一年七月十五日	七四五(41)
派叶瘦鸿为经济局第二科科长令	第一二二期	三十二年六月三十日	六二四(42)
派史美渊、李沛铭代理本府自治事务处视察员令	第一六三期	二十五年三月	四二五(31)
派邝公立暂代本市自来水管理处主任令	第一五七期	二十四年九月	六四二(28)
派冯积芳为本府宣传处秘书令	第八十九期	三十一年二月十五日	五〇一(41)
派朱千、管运京、罗之荣为本市年鉴编纂委员会编辑令	第一七七期	二十六年五月	三八六(36)
派朱之安代理本府秘书处秘书令	第一五三期	二十四年五月	七〇九(27)
派朱之安任本府秘书处第一科科长令	第一六一期	二十五年一月	五三三(30)
派朱章椝代理本府工务局第一科科长令	第五十一期	二十九年七月十五日	七二六(39)

派任西萍代理本府自治事务处总干事令	第一六三期	二十五年三月	四二五(31)
派任西萍暂代本市自治事务处副主任令	第一六九期	廿五年九月	二一〇(34)
派任治沅暂行代理本府秘书处文书股主任令	第一四三期	二十三年七月	〇六三(26)
派刘文焕暂代本府统计室科员令	第一六二期	二十五年二月	〇三六(31)
派刘时敞为本市乡区保卫团准尉书记令	第一四六期	二十三年十月	四一五(26)
派刘国威为本府秘书处科员令	第一五一期	二十四年三月	三五九(27)
派刘厚德暂代本府稽查主任令	第一六三期	二十五年三月	四二七(31)
派刘香午代理本市第八区区长令	第一四五期	二十三年九月	二七七(26)
派刘颂声代理本府社会局秘书令	第五十三期	二十九年八月十五日	八三七(39)
派刘颂声代理本府社会局第一科科长令	第九十九期	三十一年七月十五日	七四三(41)
派刘鸿来为南京市孝陵区海新乡副乡长令	第一五五期	二十四年七月	二二三(28)
派刘蕴章为本府稽查室特务员令	第一七四期	二十六年二月	六三一(35)
派汤静忱蒋国珍翁士铎代理本府秘书令	第五十一期	二十九年七月十五日	七二二(39)
派孙茂柏为本府专员令	第一五三期	二十四年五月	七一〇(27)
派麦兆初代理本府社会局第四科科长令	第一〇二期	三十一年八月三十一日	八五〇(41)
派麦紫峰兼任本府经理委员会收支组主任令	第一七一期	二十五年十一月	〇四七(35)
派严伟兼任本府购料委员会委员令	第五十三期	二十九年八月十五日	八三九(39)
派严宏淮代理本市工务局局长令	第一四一期	二十三年五月三十一日	六〇五(25)
派苏荣轩为本市园林管理处处长令	第九十三期	三十一年四月十五日	五八九(41)
派苏荣轩为本府参事令	第八十八期	三十一年一月三十一日	四七四(41)
派苏源为本府保甲委员会第一科科长秦家潜为第二科科长令	第一二九期	三十二年十月十五日	八八五(42)
派李万育苏东麓为南京特别市社会福利局代理秘书	第一一八期	三十二年四月三十日	四八二(42)

派李子严暂行兼代本市粮食管理局第三科科长令	第八十三期	三十年十一月十五日	三六五(41)
派李如霖为本市土地估价委员会秘书令	第一四四期	二十三年八月	一六一(26)
派李英标暂代本府卫生事务所第四课课长令	第一二五期	二十二年二月十五日	二一〇(23)
派李荣晃充本市粪便管理处主任令	第一六四期	二十五年四月	〇四八(32)
派李峻德/刘登瀛/吴鸿淦为本府财政局第一/二/三科科长令	第八十八期	三十一年一月三十一日	四七三(41)
派李隽为本市乡村保卫团主任兼上新河区区长令	第一五〇期	二十四年二月	一八五(27)
派李隽代理本市乡区保卫团少校训练员令	第一四七期	二十三年十一月	五九三(26)
派李善诒暂代本府筑路摊费审查委员会办事员令	第一五九期	二十四年十一月	三八六(29)
派李熙会代理本府捐税征收所所长令	第五十四期	二十九年八月三十一日	八九七(39)
派李德新暂代社会局局长令	第一四八期	二十三年十二月	七二〇(26)
派李璧光充本市清洁总队事务员令	第一五九期	二十四年十一月	三八七(29)
派杨广才暂行代理本市安德门区区长令	第八十二期	三十年十月三十一日	三三三(41)
派杨庆民充本市清洁总队督察员令	第一五六期	二十四年八月	三八七(28)
派杨思礼为本府法规编纂委员会委员令	第一六二期	二十五年二月	〇三五(31)
派杨思礼为南京国货公司监理令	第一六一期	二十五年一月	五三四(30)
派杨思礼暂代本府秘书处第二科科长令	第一七八期	二十六年六月	五五一(36)
派杨淑英暂代本府秘书处办事员令	第一七〇期	廿五年十月	四九一(34)
派杨雄飞为本市乡区保卫团少尉分队长令	第一四六期	二十三年十月	四一六(26)
派来寿山代理本府秘书处办事员令	第一六三期	二十五年三月	四二六(31)
派吴求哲为本市市民银行行长令	第一五三期	二十四年五月	七〇八(27)
派吴衍慈为本府秘书令	第一五三期	二十四年五月	七〇七(27)

派吴济川暂代本府秘书处办事员令	第一四五期	二十三年九月	二六五(26)
派何汉勋兼任本府经理委员会审核组主任令	第一七一期	二十五年十一月	〇四七(35)
派何作霖为本府法规编纂委员会委员令	第一六五期	二十五年五月	四八六(32)
派何作霖、孟广照、杨思礼、林一可兼任本市自治人员训练委员会委员令	第一七三期	二十六年一月	四五五(35)
派何作霖暂代本府秘书处秘书令	第一六一期	二十五年一月	五三三(30)
派余济民为本府财政局秘书令	第八十八期	三十一年一月三十一日	四七三(41)
派邹德镕兼任本府经理委员会主计组主任令	第一七一期	二十五年十一月	〇四七(35)
派汪和卿为本府保甲委员会秘书令	第一二九期	三十二年十月十五日	八八四(42)
派汪棣卿兼任本府法规编审委员会主任委员令	第五十五期	二十九年九月十五日	九四〇(39)
派沈时济为本府秘书处第一科科长令	第一五三期	二十四年五月	七〇七(27)
派沈琬暂代本府秘书处办事员专司中文打字事名令	第一六五期	二十五年五月	四八五(32)
派宋希尚为本市工务局局长令	第一五二期	二十四年四月	五四〇(27)
派宋希尚陈祖平兼任本市筑路摊费审查委员会委员令	第一五三期	二十四年五月	七一〇(27)
派张士楷、詹孝萱、任西萍、郑独步为本府法规编纂委员会委员令	第一七〇期	廿五年十月	四九一(34)
派张文欣/钱伯贤代理教育局秘书/教育局第一科科长令	第五十一期	二十九年七月十五日	七二三(39)
派张心浦兼任本府购料委员会主任委员令	第五十三期	二十九年八月十五日	八三八(39)
派张心蒲代理本府秘书长令	第五十一期	二十九年七月十五日	七二〇(39)
派张传琦暂代本府专员令	第一四二期	二十三年六月份	七二七(25)
派张希仿代理本府秘书处第三科科长令	第一二三期	三十二年七月十五日	六七三(42)

派张范村暂代本府地政局第一科科长令	第一七七期	二十六年五月	三八五(36)
派张育元代理本府秘书处秘书令	第一五一期	二十四年三月	三五五(27)
派张剑鸣邓子骏兼任筑路摊费审查委员会委员令	第一四六期	二十三年十月	四一五(26)
派张剑鸣兼任本市路灯委员会主任委员令	第一四五期	二十三年九月	二七六(26)
派张剑鸣兼任本府购料审核委员会主任委员令	第一四五期	二十三年九月	二七七(26)
派张嘉良王其时为本市年鉴编纂委员会录事令	第一七七期	二十六年五月	三八六(36)
派张毓英孙受庵潘麟古继述代理本府自治事务处事务员令	第一六三期	二十五年三月	四二六(31)
派陆涵君暂代本府统计室科员令	第一六二期	二十五年二月	〇三七(31)
派陆肇强、王人麟、孟广照兼本府储金保管委员会委员令	第一五六期	二十四年八月	三八五(28)
派陆肇强为本市财政局局长令	第一五二期	二十四年四月	五三九(27)
派陈光照、梅光复为本市土地估价委员会事务员令	第一四四期	二十三年八月	一六一(26)
派陈观星兼任本府经理委员会购办组主任令	第一七一期	二十五年十一月	〇四七(35)
派陈观星暂代本府秘书处科员令	第一七四期	二十六年二月	六三一(35)
派陈寿名代理本府宣传处秘书令	第八十三期	三十年十一月十五日	三六五(41)
派陈佩藻暂代本府秘书处科员令	第一五九期	二十四年十一月	三八五(29)
派陈宗虞为本府园林处处长令	第五十三期	二十九年八月十五日	八三八(39)
派陈剑如为本市社会局局长令	第一五二期	二十四年四月	五三九(27)
派陈祖平暂行兼代本市筑路摊费委员会主席委员令	第一四六期	二十三年十月	四一三(26)
派陈陛章暂代本府筑路摊费审查委员会科员令	第一五九期	二十四年十一月	三八五(29)
派陈敏斋熊汝梅暂代本府秘书处科员邓雪侣暂代办事员令	第一七七期	二十六年五月	三八六(36)

派陈瑞为本府购料审核委员会办事员令	第一五一期	二十四年三月	三五七(27)
派陈瑞为本府秘书处试用办事员令	第一五一期	二十四年三月	三五六(27)
派林效山暂代本府统计室科员令	第一六二期	二十五年二月	○三七(31)
派易时乘暂代本府秘书处办事员令	第一三四期	二十二年十月三十一日	五○三(24)
派罗保兼任本市工务局下水道工程处主任令	第一七四期	二十六年二月	六三一(35)
派金万扶/陈书俊代理本府教育局第二长/第二科长令	第七十四期	三十年六月三十日	○○四(41)
派金国书顾忠路代理本府参事令	第五十一期	二十九年七月十五日	七二○(39)
派金国书兼任本府法规编审委员会副主任委员令	第五十五期	二十九年九月十五日	九四○(39)
派周上璠代理本府秘书处办事员令	第一五一期	二十四年三月	三五五(27)
派周伟侯为本府社会局秘书令	第八十八期	三十一年一月三十一日	四七三(41)
派周励庸代理本府秘书处会计股主任科员令	第一六七期	二十五年七月	四八○(33)
派周励庸兼任本府经理委员会会计部主任令	第一七一期	二十五年十一月	○四八(35)
派周湘为本府参事	第一五二期	二十四年四月	五四○(27)
派周湘代理本市土地局局长令	第一五五期	二十四年七月	二二二(28)
派周湘兼任本府购料审核委员会委员令	第一五六期	二十四年八月	三八五(28)
派周湘潘歌雅为本市土地征收审查委员会委员令	第一五三期	二十四年五月	七○九(27)
派郑独步暂代本府秘书处主任科员令	第一六九期	廿五年九月	二○九(34)
派宗伯超为本府专员令	第九十九期	三十一年七月十五日	七四四(41)
派孟广照代理本府秘书处第二科科长令	第一四九期	二十四年一月	○三○(27)
派孟广照兼任本市筑路摊费审查委员会委员令	第一四九期	二十四年一月	○三○(27)
派孟广照兼任本府经理委员会审核部主任令	第一七一期	二十五年十一月	○四六(35)

派参事杨宙康兼任筑路摊费委员会主席委员令	第一五一期	二十四年三月	三五七(27)
派赵君贤为本府专员令	第九十二期	三十一年三月三十一日	五六九(41)
派赵其丸为本府参事令	第九十期	三十一年二月二十八日	五二七(41)
派赵贯三为本市乡区保卫团特务长令	第一四六期	二十三年十月	四一三(26)
派赵端暂代本府秘书处科员令	第一四六期	二十三年十月	四一四(26)
派胡达义代理本府工务局技正令	第五十二期	二十九年七月三十一日	七六三(39)
派胡忠民暂代本府专员令	第一三四期	二十二年十月三十一日	五〇三(24)
派胡政暂代本府地政局局长令	第五十一期	二十九年七月十五日	七二一(39)
派胡政等兼任本府购料委员会委员令	第五十三期	二十九年八月十五日	八三九(39)
派茹沛然为本府秘书处第一科科长令	第八十八期	三十一年一月三十一日	四七二(41)
派苟止新为本府经济局秘书令	第一二五期	三十二年八月十五日	七六一(42)
派段麟暂代本府专员令	第一四六期	二十三年十月	四一三(26)
派侯风暂代本府秘书处科员令	第一四五期	二十三年九月	二六六(26)
派侯家源代理本市工务局局长令	第一二五期	二十二年二月十五日	二〇九(23)
派俞朴/张逢椿等代理本府秘书处第一二科科长令	第五十一期	二十九年七月十五日	七二四(39)
派俞则民/郑源深为本府工务局第一科科长/技正兼代该局秘书令	第九十二期	三十一年三月三十一日	五六九(41)
派俞璞等兼任本市粮食管理局科长令	第八十一期	三十年十月十五日	三〇〇(41)
派姜凤楼为本府社会福利局第一科科长令	第一二七期	三十二年九月十五日	八一七(42)
派姜羽仙潘叔蕃沈愚买崇裕郑庆鸿为南京特别市社会福利局代理科长	第一一八期	三十二年四月三十日	四八二(42)
派姜渭纶暂代本市卫生事务所第三课课长兼代市立传染病医院院长令	第一五七期	二十四年九月	六四二(28)
派姜渭纶暂代本市市立医院院长令	第一六七期	二十五年七月	四七九(33)

派姜颖初暂代本府秘书处第一科科长令	第一五一期	二十四年三月	三五八(27)
派姚贶白暂代本府秘书处科员令	第一七〇期	廿五年十月	四九二(34)
派莫子材为本府专员令	第一四五期	二十三年九月	二六五(26)
派夏鸿图为本府粮食局第三科科长令	第一二九期	三十二年十月十五日	八八四(42)
派夏道生代理本府财政局第三科科长令	第九十九期	三十一年七月十五日	七四四(41)
派顾蒋香等兼任市政设计委员会干事令	第一六六期	二十五年六月	〇四一(33)
派顾慰椿为本府购料委员会委员令	第五十三期	二十九年八月十五日	八四〇(39)
派钱凤歧充本市清洁总队事务员令	第一四五期	二十三年九月	二七七(26)
派钱绍云暂代本府筑路摊费审查委员会办事员令	第一七二期	二十五年十二月	二五二(35)
派秘书何作霖暂兼本府市政设计委员会总干事令	第一六六期	二十五年六月	〇四一(33)
派候其祎充本市下关清洁所主任令	第一三二期	二十二年八月三十一日	二六五(24)
派倪颖原暂代本府卫生事务所第二课课长令	第一二五期	二十二年二月十五日	二〇九(23)
派倪颖原兼充市立传染病医院院长令	第一三一期	二十二年七月三十一日	一六七(24)
派徐公美/卫锡良/谢学瀛代理本府教育/卫生/工务局局长令	第五十一期	二十九年七月十五日	七二一(39)
派徐尔霖充本府清洁总队队附令	第一一八期	二十一年十月三十一日	一八三(22)
派徐作人为本府农村调查员令	第一四五期	二十三年九月	二六五(26)
派徐佛观为本市乡区保卫团主任兼本市乡区上新河区区长令	第一四六期	二十三年十月	四一四(26)
派徐弇邃代理本府专员令	第九十七期	三十一年六月十五日	六八五(41)
派翁回澜暂代本府秘书处科员令	第一五六期	二十四年八月	三八五(28)
派凌荣春为本府秘书令	第八十八期	三十一年一月三十一日	四七二(41)
派高应侯暂代本府秘书处科员令	第一六九期	廿五年九月	二〇九(34)
派高卓清夏锺瑾暂代本府统计室科员令	第一六五期	二十五年五月	四八六(32)

派高冠吾督办南京市政此令	第八期	二十七年九月三十日	一四五(37)
派唐文斗为本府秘书处办事员令	第一五一期	二十四年三月	三五七(27)
派唐有梁暂代本府教育局秘书令	第七十四期	三十年六月三十日	〇〇三(41)
派唐祖培、洪素野、曹沛仁、周梦蝶代理本府自治事务处科员令	第一六三期	二十五年三月	四二五(31)
派朗奎第赴法国研究教育行政令	第一三〇期	二十二年六月三十日	〇四七(24)
派黄子濂充本府牙医检验专员令	第一六二期	二十五年二月	〇三七(31)
派黄比瀛为本府秘书令	第一五三期	二十四年五月	七〇七(27)
派黄连庆充本市清洁总队事务员令	第一五七期	二十四年九月	六四二(28)
派黄伯照/梅慰农(代理/兼)本市粮食管理局秘书	第八十一期	三十年十月十五日	二九九(41)
派黄伯熙代理本府社会局第四科科长令	第九十五期	三十一年五月十五日	六三七(41)
派黄伯熙梅慰农为本府专员令	第九十九期	三十一年七月十五日	七四三(41)
派黄思颖兼任本府经理委员会购办部主任令	第一七一期	二十五年十一月	〇四六(35)
派黄道三兼任本市临时传染病院院长令	第五十二期	二十九年七月三十一日	七六三(39)
派萧霖代理本府经济局科长令	第一二九期	三十二年十月十五日	八八三(42)
派梅霖/金自元代理社会局第二科/第三科科长令	第五十三期	二十九年八月十五日	八三八(39)
派曹志范/华若愚代理财政局第一/二科科长令	第五十一期	二十九年七月十五日	七二四(39)
派曹俊儒充本府清洁总队清洁督察员令	第一三一期	二十二年七月三十一日	一六七(24)
派曹悦庭暂代本府秘书处办事员令	第一六三期	二十五年三月	四二六(31)
派龚业光为本市年鉴编纂委员会编辑组主任令	第一七六期	二十六年四月	二二〇(36)
派龚业光筹备本市年鉴委员会事宜令	第一七二期	二十五年十二月	二五二(35)
派盛开伟/赛先骢等代理本府社会/财政局局长令	第五十一期	二十九年七月十五日	七二〇(39)

派谌斐代理本府社会局第一科科长令	第五十三期	二十九年八月十五日	八三七(39)
派谌斐等兼任本府法规编审委员会委员令	第五十五期	二十九年九月十五日	九四一(39)
派葛荫培代理本市农林技术专员令	第一四六期	二十三年十月	四一六(26)
派蒋国珍筹备设立市民银行事宜令	第五十三期	二十九年八月十五日	八四〇(39)
派韩恕兼任本市粪便管理处专员令	第一六五期	二十五年五月	四八六(32)
派程致远为本市乡区保卫团中尉分队长令	第一四六期	二十三年十月	四一六(26)
派程翔代理本府教育局第三科科长令	第五十五期	二十九年九月十五日	九四〇(39)
派傅向荣代理本府秘书令	第一四九期	二十四年一月	〇二九(27)
派谢学瀛兼任本府购料委员会副主任委员令	第五十三期	二十九年八月十五日	八三九(39)
派谢铁万代理本府教育局督学令	第七十四期	三十年六月三十日	〇〇四(41)
派鄢玉坤充本市屠宰场兽医令	第一五八期	二十四年十月	〇四七(29)
派楼远仁为本府宣传处秘书令	第一二七期	三十二年九月十五日	八一八(42)
派裘汝济等代理工务局秘书令	第五十一期	二十九年七月十五日	七二六(39)
派裴吉明为本府秘书处办事员令	第一二九期	二十二年五月三十一日	六五一(23)
派廖德流为办府警卫队队长令	第一五三期	二十四年五月	七〇八(27)
派熊立人代理本府秘书处办事员令	第一四六期	二十三年十月	四一五(26)
派熊绍儒为本府法规编纂委员会委员令	第一六二期	二十五年二月	〇三五(31)
派熊绍儒暂代本府秘书处第二科编译股主任科员令	第一五四期	二十四年六月	〇六五(28)
派熊科贤暂代本府卫生事务所第一课课长令	第一二五期	二十二年二月十五日	二〇九(23)
派滕树华代理本市乡区保安独立中队队长令	第一六八期	廿五年八月	〇四二(34)
派颜心畲为本府秘书令	第八十八期	三十一年一月三十一日	四七二(41)
派潘名振代理本府秘书处科员令	第一五五期	二十四年七月	二一九(28)
派潘歌雅、何作霖兼任本府经理委员会秘书令	第一七一期	二十五年十一月	〇四六(35)

特任高冠吾为南京特别市市长此令	第十九期	二十八年三月十五日	七六一(37)
准谢铁万因病辞职	第一〇五期	三十一年十月十五日	〇〇三(42)
兼督办南京市政任援道请辞兼职应照准此令	第八期	二十七年九月三十日	一四五(37)
案准上海华商证券交易所交易条例有关条文修正案(中华民国三十二年十一月)	第一三一期	三十二年十一月十五日	〇〇九(43)
案准关于意大利国意大利人意大利法人之交易除金融机关另有规定者外所有应行停止事项及意大利交易之特别规定案(中华民国三十二年十一月)	第一三一期	三十二年十一月十五日	〇〇九(43)
调专员葛晓东继任本市公园管理处主任令	第一六四期	二十五年四月	〇四八(32)
调叶一舟在本府秘书处工作	第一〇二期	三十一年八月三十一日	八五〇(41)
调任叶标为本府稽查令	第一七一期	二十五年十一月	〇四五(35)
调任何升喦为本市屠宰场兽医师令	第一二三期	二十二年一月十五日	七五七(22)
调刘连祥为本市第五区区长令	第七十八期	三十年八月三十一日	一八四(41)
调苏源为社会局第三科科长令	第九十九期	三十一年七月十五日	七四四(41)
调李尚清代理本市第一区区长令	第七十八期	三十年八月三十一日	一八四(41)
调李惟身兼本府社会局秘书	第一〇二期	三十一年八月三十一日	八五〇(41)
调张伯严为本府粮食管理局秘书令	第九十期	三十一年二月二十八日	五二七(41)
调陈祖平暂代本府秘书处秘书令	第一六一期	二十五年一月	五三四(30)
调委王春生为本公署参议此令	第二期	二十七年六月三十日	〇三七(37)
调委卢玮若同本公署帮办秘书原任此令	第十八期	二十八年二月二十八日	七二一(37)
调委朱君重为南京特别市政府社会局第一科科长令	第二十五期	二十八年六月十五日	二六九(38)
调委庄立为本市戒毒所所长令	第四十五期	二十九年四月十五日	四五〇(39)
调委刘连祥为本市第一区区长令	第四十二期	二十九年二月二十九日	三〇九(39)
调委杨玉刚为本市清洁总队南路分队队长令	第一五九期	二十四年十一月	三八七(29)

调委杨啓明为本市清洁总队督察员令	第一五九期	二十四年十一月	三八六(29)
调委张善堂为南京市自新所所长令	第二十六期	二十八年六月三十日	三二九(38)
调委林德昌为南京特别市政府社会局第二科科长令	第二十五期	二十八年六月十五日	二六九(38)
调委孟广照为本府专员令	第一七八期	二十六年六月	五五一(36)
调委南京特别市政府蒯毅兼财政局屠宰牲畜税专员屠宰厂厂长令	第二十七期	二十八年七月十五日	四〇三(38)
调委殷百祥为本公署工务局第三科科长此令	第十五期	二十八年一月十五日	四五九(37)
调委唐祖培为本府自治事务处文书组组长令	第一七八期	二十六年六月	五五一(36)
调委黄寅为南京特别市政府土地局秘书令	第二十五期	二十八年六月十五日	二六九(38)
调委梅光组为南京特别市政府工务局第一科科长令	第二十五期	二十八年六月十五日	二六九(38)
调委鄂其山为本市清洁总队队副令	第一五五期	二十四年七月	二二〇(28)
调委谌斐为本公署社会局秘书此令	第十一期	二十七年十一月十五日	二六七(37)
调委程苌碧为本府参议吴炳仁为本府工务局第一科科长令	第四十五期	二十九年四月十五日	四五〇(39)
调委端木光炽为本市清洁总队东路分队队长令	第一五五期	二十四年七月	二二〇(28)
调委潘敦徽为本公署社会局第一科长此令	第十一期	二十七年十一月十五日	二六七(37)
调参议蒯毅服帮办秘书任务此令	第十三期	二十七年十二月十五日	三五七(37)
调查委平为本府工务局第二科科长令	第八十八期	三十一年一月三十一日	四七四(41)
调洪孟撰为本公署秘书处第二科科长此令	第十七期	二十八年二月十五日	五九九(37)
调派华允琦为本府社会局第一科科长令	第六十四期	三十年一月三十一日	三四五(40)
调派华允琦/金自元为本府社会局第三/一科科长令	第六十七期	三十年三月十五日	四九七(40)

调派张剑鸣暂代本府参事令	第一四七期	二十三年十一月	五九四(26)
调派张嘉辉为本市物资配给委员会秘书令	第一四五期	三十三年六月十五日	三六五(43)
调派陆咏黄暂代本市乡区孝陵卫区区长令	第一四六期	二十三年十月	四一四(26)
调派陈祖平为本府专员令	第一五一期	二十四年三月	三五八(27)
调派赵冠甲充本市清洁总队西路分队长令	第一五六期	二十四年八月	三八六(28)
调派胡达义仍充本府工务局正/委派周平兼任本府工务局第二科科长令	第六十九期	三十年四月十五日	五八三(40)
调派胡达义/史材为本府工务局第二/三科科长令	第六十三期	三十年一月十五日	二八七(40)
调派查委平/黄庆沂为本府工务局技正令	第六十三期	三十年一月十五日	二八八(40)
调派徐作人暂代本市乡区燕子矶区区长令	第一四六期	二十三年十月	四一四(26)
调派翁士铎代理本府财政局第三科科长令	第五十一期	二十九年七月十五日	七二五(39)
调派韩恕代理本府秘书处第一科卫生股主任科员令	第一五一期	二十四年三月	三五九(27)
调费永祚为本府社会福利局第四科科长令	第一四三/一四四期合刊	三十三年五月三十一日	三〇七(43)
调顾蒋香为本府筑路摊费审查委员会主任科员令	第一五九期	二十四年十一月	三八五(29)
调徐震代理本府教育局第三科长令	第七十四期	三十年六月三十日	〇〇四(41)
调陶啸伯代理本府地政局技士令	第九十四期	三十一年四月三十日	六一三(41)
调梁克非暂代本府筑路摊费审查委员会办事员令	第一五九期	二十四年十一月	三八六(29)
调程翔为本府秘书处科长令	第九十九期	三十一年七月十五日	七四四(41)
调程翔代理本府秘书处第二科科长令	第九十九期	三十一年七月十五日	七四五(41)

调蒯君甫代理本府社会局第二科科长令	第九十九期	三十一年七月十五日	七四五(41)
通过据物资统制审议委员会呈送修正苏浙皖米谷运销管理暂行条例(中华民国三十二年十一月)	第一三一期	三十二年十一月十五日	〇〇六(43)
提升王淑敏为本府秘书处科员令	第一六八期	廿五年八月	〇四三(34)
聘请台端为南京市国学图书馆主任此致郑为成先生	第十六期	二十八年一月三十一日	五二九(37)
督办南京市政公署著改为南京特别市政府此令	第十九期	二十八年三月十五日	七六一(37)
照准巫开福辞孝陵卫区区长职	第一六一/一六二期合刊	三十四年二月三十日	八一八(43)
照准杨九鸣辞职	第一四九期	三十三年八月十五日	四九一(43)
照准林大中呈辞本兼各职	第一五九/一六〇期合刊	三十四年一月三十日	七八一(43)
照准教育局第一科科长何戒平留职停薪	第一五九/一六〇期合刊	三十四年一月三十日	七八一(43)
照准黄尔定辞宣传处科长职	第一三七/一三八期合刊	三十三年二月二十九日	一五三(43)
催追本市田赋欠赋办法(中华民国三十二年十一月)	第一三一期	三十二年十一月十五日	〇〇八(43)
撤销于延龄委任令	第一六八期	廿五年八月	〇四一(34)

法　规

篇　名	卷(期)数	出版日期	页码(册数)
八卦洲公墓葬埋管理规则(二十三年七月六日核准备案)	第一四三期	二十三年七月	〇一七(26)
八卦洲佃户庄规(二十年十一月二十四日核准备案)	第九十六期	二十年十一月三十日	六五一(18)
人民团体声请变更名称办法(中央民众训练部颁行)	第一六八期	廿五年八月	〇三九(34)
人民团体组织规则	第三十五期	二十八年十一月十五日	八九二(38)
人民团体钤记图记颁发规则	第五十五期	二十九年九月十五日	九八五(39)
人民团体整理办法	第五十五期	二十九年九月十五日	九八一(39)
人民团体整理办法(中央民众运动指导委员会颁行)	第一四一期	二十三年五月三十一日	五九六(25)
人民捐资救国奖励办法(财政内政部公布)	第一三三期	二十二年九月三十日	三九四(24)
人民捐输救国金奖励办法(财政部内政部公布)	第一一七期	二十一年十月十五日	〇八二(22)
三十七年度各类所得税起征额及税率表(行政院三十七年二月九日(卅七)六财字第六七〇三号令颁)	第四卷第五期	三十七年三月日十五日	四六七(45)
三十七年度营利事业所得税稽征办法(行政院三十七年一月卅一日六财字第五三五八号令颁)	第四卷第四期	三十七年二月二十九日	四三九(45)
工厂设置卫生室办法(实业部中央工厂检查处颁行)	第一七二期	二十五年十二月	二四七(35)
工厂设置哺乳室及托儿所办法大纲(民国二十五年四月二十二日实业部公布)	第一六五期	二十五年五月	四八一(32)
工厂检查员任用及奖惩暂行规程(二十一年九月二日实业部公布)	第一一五期	二十一年九月十五日	六二五(21)
工人储蓄暂行办法	第一〇五期	二十一年四月十五日	二五九(20)
工业奖励法(国民政府公布)	第一四一期	二十三年五月三十一日	五九七(25)
工业奖励法(维新政府颁)	第三十三期	二十八年十月十五日	七七五(38)

工会之分会支部小组组织简则(中央民众运动指导委员会颁行)	第一四六期	二十三年十月	四一〇(26)
工会代表大会代表选举大纲(二十一年九月七日实业部公布)	第一一六期	二十一年九月三十日	七二五(21)
工会法	第三卷第一期	三十六年七月十五日	八二八(44)
工会法施行细则(三十七年三月二十五日行政院六经字第一四四九七号令颁)	第四卷第七期	三十七年四月十五日	五二四(45)
土地法施行法(二十四年四月五日国民政府公布)	第一五二期	二十四年四月	五一〇(27)
大赦条例(二十一年六月二十五日国民政府公布)	第一一一期	二十一年七月十五日	一九九(21)
小工业及手工艺奖励规则(二十年五月十六日实业部公布)	第八十五期	二十年六月十五日	一五〇(17)
小工业及手工艺奖励规则给奖细则(二十年五月二十三日实业部公布)	第八十五期	二十年六月十五日	一五一(17)
小学法(国民政府公布)	第一二三期	二十二年一月十五日	七四六(22)
小学准教员审查合格证书	第二十八期	二十八年七月三十一日	四九二(38)
小学准教员资格审定表	第二十八期	二十八年七月三十一日	四九二(38)
小学准教员检定合格证书	第二十八期	二十八年七月三十一日	四九〇(38)
小学准教员检定暂行规程(维新政府颁)	第二十八期	二十八年七月三十一日	四八五(38)
小学教员检定表	第二十八期	二十八年七月三十一日	四八九(38)
卫生人员动员实施补充办法(行政院三十七年二月二十四日四防字第八九二八号训令颁)	第四卷第六期	三十七年三月三十一日	五〇一(45)
马籍暂行规则(廿六年五月军政部实业部内政部公布)	第一七八期	二十六年六月	五四五(36)
乡区防共自卫团组织条例	第十六期	二十八年一月三十一日	五三三(37)
井水消毒队实施办法	第七十三期	三十年六月十五日	八六四(40)
专利法施行细则(行政院三十六年九月二十四日)	第三卷第七期	三十六年十月十六日	一六四(45)

市民规避参加联保互助队暂行罚则(民国三十二年七月份公布施行)	第一二四期	三十二年七月三十一日	七四七(42)
(甲)五年制男子普通中学暂行教学科目及各学年每周各科教学时数表草案	第三十期	二十八年八月三十一日	六〇六(38)
(乙)五年制女子普通中学暂行教学科目及各学年每周各科教学时数表草案	第三十期	二十八年八月三十一日	六〇七(38)
(丙)五年制农业中学暂行教学科目及各学年每周各科教学时数表草案	第三十期	二十八年八月三十一日	六〇八(38)
(丁)五年制工业中学暂行教学科目及各学年每周各科教学时数表草案	第三十期	二十八年八月三十一日	六〇九(38)
(戊)五年制商业中学暂行教学科目及各学年每周各科教学时数表草案	第三十期	二十八年八月三十一日	六一〇(38)
区乡镇坊调解委员会权限规程第三条第二款及第四条第一项修正条文(内政部司法行政部公布)	第一五九期	二十四年十一月	三七九(29)
牙医师甄别办法(二十四年十月一日卫生署公布)	第一五八期	二十四年十月	〇四四(29)
牙医师管理暂行规则(廿四年十月一日卫生署公布)	第一五八期	二十四年十月	〇四二(29)
中央广播无线电台管理处设立收音员训练班办法(二十一年十月二十七日第四届中央执行委员会第四十四次常务会议通过)	第一二〇期	二十一年十一月三十日	三九七(22)
中央银行管理外汇办法(行政院三十六年八月十八日令公布)	第三卷第五期	三十六年九月十五日	〇九〇(45)
中央银行管理外汇暂行办法(三十五年二月十五日行政院公布)	第一卷第一期	三十五年五月一日	〇一七(44)

中华民国无线电发射周率统制办法	第一卷第二期	三十五年五月十六日	〇四五(44)
中华民国训政时期约法(二十年六月一日国民政府公布)	第八十五期	二十年六月十五日	一二七(17)
中华民国参加芝加哥博览会中国专馆租地章程(实业部公布)	第一二〇期	二十一年十一月三十日	四〇一(22)
中华民国参加芝加哥博览会筹备委员会征品寄售规则(实业部公布)	第一一六期	二十一年九月三十日	七三〇(21)
中华民国参加芝加哥博览会筹备委员会征集出品规则(实业部公布)	第一一六期	二十一年九月三十日	七二七(21)
中华民国总统府组织法(三十七年五月一日国府令公布)	第四卷第十期	三十七年五月三十一日	五九三(45)
中华民国编制十九年度决算章程(二十年九月九日国民政府公布)	第九十二期	二十年九月三十日	一五八(18)
中医条例(二十五年一月二十二日国民政府公布)	第一六二期	二十五年二月	〇三二(31)
中医审查规则	第一七〇期	廿五年十月	四八五(34)
中国国货暂订标准(二十三年六月四日实业部公布)	第一四二期	二十三年六月份	七二四(25)
中国国货暂订标准(廿一年四月九日实业部公布)	第一〇六期	二十一年四月三十日	三四七(20)
中学法(国民政府公布)	第一二三期	二十二年一月十五日	七四四(22)
中学暂行规程(中华民国二十八年八月二十四日公布)	第三十期	二十八年八月三十一日	五八〇(38)
中捷友好通商条约	第九十期	二十年八月三十一日	六四五(17)
内地外国教育租用土地房屋暂行章程(转载)	第三十九期	二十九年一月十五日	一六〇(39)
内地各省市荒地实施垦殖督促办法	第一六九期	廿五年九月	二〇三(34)
内政部修正人事登记暂行条例(附表式八种)	第九期	二十七年十月十五日	一八〇(37)
公文采用简单标点办法(行政院颁行)	第一三二期	二十二年八月三十一日	二六四(24)

公务人员服用国货办法(国民政府颁行)	第一二四期	二十二年一月三十一日	〇三四(23)
公务人员革除婚丧寿宴浪费暂行规程(国民政府公布)	第一四六期	二十三年十月	四一〇(26)
公务机关购用国货暂行办法(国民政府颁行)	第一七二期	二十五年十二月	二三七(35)
公务员考绩法(二十四年七月十六日国民政府公布)	第一五九期	二十四年十一月	三六一(29)
公务员考绩法施行细则(二十四年十月三十日国民政府公布)	第一五九期	二十四年十一月	三六二(29)
公务员考绩奖惩条例(二十四年十一月一日国民政府公布)	第一五九期	二十四年十一月	三七〇(29)
公务员因公伤病核给医药费办法(行政院三十五年八月十二日节京嘉乙字第八五七九七号令颁)	第一卷第十二期	三十五年十二月十五日	三五九(44)
公务员任用法(国民政府公布)	第一二七期	二十二年三月三十一日	三七九(23)
公务员任用法施行条例(国民政府公布	第一二七期	二十二年三月三十一日	三八一(23)
公务员交代条例(二十年十二月十九日国民政府公布)	第一〇〇期	二十一年一月三十一日	三八五(19)
公务员抚恤法施行细则(三十六年十二月二十二日秘文字第二五九号令颁)	第四卷第一期	三十七年一月十五日	三六一(45)
公务员抚桖法(三十六年六月二十五日国府令公布)	第三卷第二期	三十六年七月三十一日	八八五(44)
公务员退休法(三十六年六月二十六日国府令公布)	第三卷第二期	三十六年七月三十一日	八八六(44)
公务员退休法施行细则(三十六年十二月二十二日秘文字第二五八号令颁)	第四卷第一期	三十七年一月十五日	三五九(45)
公务员桖金条例(国民政府公布)	第一四〇期	二十三年四月三十日	四七二(25)
公务员请假规则(三十六年八月二日国府训令处字第八六九号公布)	第三卷第四期	三十六年八月三十一日目录	〇五七(45)

公务员登记条例(国民政府公布)	第一四一期	二十三年五月三十一日	五九九(25)
公务员登记条例施行细则(国民政府公布)	第一四二期	二十三年六月份	七一五(25)
公有土地处理规则(行政院公布)	第一四二期	二十三年六月份	七一七(25)
公有土地管理办法(三十六年三月七日院令从贰字第八二七八号颁)	第二卷第七期	三十六年四月十五日	六四二(44)
公有土地管理办法第十三条修正条文(三十七年十月四日行政院(卅七)四内字第四三九九五号令颁)	第五卷第八期	三十七年十月三十一日	八五六(45)
公自费留学生结购外汇规则(三十六年十月二十四日)	第三卷第九期	三十六年十一月十五日	二三一(45)
公祭礼节(廿六年六月廿二日国民政府公布)	第一七八期	二十六年六月	五四一(36)
公墓暂行条例(行政院公布)	第一七一期	二十五年十一月	〇三六(35)
公路汽车运货通则修正条文(全国公路交通委员会制定)	第一七八期	二十六年六月	五五〇(36)
文化团体组织大纲施行细则(部颁专载)	第二十六期	二十八年六月三十日	三四三(38)
文化团体组织大纲(部颁专载)	第二十六期	二十八年六月三十日	三四二(38)
户口普查法(三十六年三月十二日公布)	第二卷第七期	三十六年四月十五日	六四三(44)
户籍法(二十年十二月十二日国民政府公布)	第一〇〇期	二十一年一月三十一日	三六四(19)
户籍法施行细则(内政部公布)	第一四三期	二十三年七月	〇五七(26)
办振人员惩罚条例(二十年十月二十七日国民政府公布)	第九十五期	二十年十一月十五日	五四九(18)
办振团体及在事人员奖励条例(二十年十月二十七日国民政府公布)	第九十五期	二十年十一月十五日	五四七(18)
办理振务公务员奖励条例(二十年十月二十七日国民政府公布)	第九十五期	二十年十一月十五日	五四五(18)

标题	期号	日期	页码
办理预算收支分类标准(二十年十一月二日国民政府公布)	第九十六期	二十年十一月三十日	六七二(18)
办赈团体在事人员恤金章程(内政部赈务委员会公布)	第一四〇期	二十三年四月三十日	四八〇(25)
古物出国护照规则(行政院公布)	第一五一期	二十四年三月	三三九(27)
节约督导委员会组织规程(行政院三十六年九月六日公布)	第三卷第六期	三十六年九月三十日	一二四(45)
本市特许营业之土膏行店领售官土暂行规则	第七期	二十七年九月十五日	一三三(37)
厉行节约消费检察办法(行政院三十六年九月六日公布)	第三卷第六期	三十六年九月三十日	一二七(45)
厉行守时运动实施办法(行政院三十六年九月六日公布)	第三卷第六期	三十六年九月三十日	一二六(45)
申请猪只搬运证须知	第一〇九期	三十一年十二月十五日	一七六(42)
电气事业人处理窃电规则(建设委员会公布)	第一二四期	二十二年一月三十一日	〇三四(23)
电信监察实施办法(三十五年四月十七日军事委员会办制字第九八八六号令准)	第一卷第五期	三十五年七月一日	一一二(44)
电影剧本审查登记办法(中央宣传委员会公布)	第一三九期	二十三年三月三十一日	三六八(25)
四所村棚户管理规则(二十三年十二月十七日公布)	第一四八期	二十三年十二月	七〇三(26)
印花税法(二十三年十二月八日国民政府公布)	第一四八期	二十三年十二月	七〇七(26)
印花税法施行细则(二十四年七月二十三日财政部公布)	第一五六期	二十四年八月	三八一(28)
印花税票简化贴用办法(三十六年五月一日财政部京参字第四〇三九号令公布)	第二卷第十一期	三十六年六月十五日	七六三(44)
外人举办之专科以上学校购置地产限制办法(行政院核准施行)	第一七八期	二十六年六月	五四五(36)

外国学术团体或私人参加采掘古物规则(行政院公布)	第一五一期	二十四年三月	三四一(27)
处分南京市内官产办法(经本府会同财政部呈奉行政院核准备案)	第一一八期	二十一年十月三十一日	一六四(22)
处置破旧党国旗办法(二十六年五月六日第五届中央党务委员会第四十三次会议通过)	第一七八期	二十六年六月	五三四(36)
冬振复查须知	第三十八期	二十八年十二月三十一日	○九九(39)
市立义务学校设备最低标准	第九十九期	三十一年七月十五日	七五五(41)
市立义务学校教学科目及每周授课时数表	第九十九期	三十一年七月十五日	七五五(41)
市立义务学校暂行规程	第九十九期	三十一年七月十五日	七五四(41)
市立义务学校筹备须知	第九十九期	三十一年七月十五日	七五六(41)
市县地方自治机关行文办法(内政部呈奉,行政院核准施行)	第九十二期	二十年九月三十日	一六二(18)
市县佃租委员会组织规程	第一卷第十二期	三十五年十二月十五日	三六○(44)
市县道路修筑条例(国民政府三十六年七月二十二日公布)	第三卷第三期	三十六年八月十五日	○二九(45)
市参议会组织法(国民政府公布)	第一一五期	二十一年九月十五日	六○五(21)
市参议员选举法(国民政府公布)	第一一五期	二十一年九月十五日	六○七(21)
市参议员宣告丧失资格程序暂行办法(行政院公布)	第一四三期	二十三年七月	○五六(26)
市政统计实施办法(二十年九月七日本府通饬施行)	第九十一期	二十年九月十五日	○二九(18)
立法程序纲领(二十一年六月二十三日第四届中央执行委员会第二十五次常务会议通过　二十一年七月十四日第四届中央执行委员会第二十八次常务会议修正)	第一一四期	二十一年八月三十一日	四九○(21)
玄武湖水产承租办法	第一一四期	三十二年三月二十八日	三四六(42)
民用马牛驴骡家畜保育标准办法(实业部军政部颁行)	第一三八期	二十三年二月二十八日	二五四(25)

民事诉讼法施行法(国民政府公布)	第一〇九期	二十一年六月十五日	六八五(20)
民国二十六年南京市稻作推广委员会组织规程(二十六年三月二十六日核准备案)	第一七五期	二十六年三月	〇三八(36)
民国二十四年度中央义务教育经费支配办法大纲(二十四年五月二十八日行政院第二一四次会议修正通过)	第一五四期	二十四年六月	〇六三(28)
民国二十年全国运动大会南京市预选会筹备委员会简章(二十年八月三十一日本府核准备案)	第九十期	二十年八月三十一日	六四四(17)
民营事业申请政府保证向国外借款审核办法(行政院三十七年一月二十四日(卅七)六财字第四〇八五号令颁)	第四卷第三期	三十七年二月十五日	四一一(45)
出版法施行细则(维新政府颁)	第二十八期	二十八年七月三十一日	四七八(38)
加速出售敌伪房地产办法(三十七年十月十五日行政院(卅七)七外字第四五九二〇号令颁)	第五卷第九期	三十七年十一月十五日	八七九(45)
加强金融业务管制办法(行政院三十六年十二月二十三日(卅六)六财字第五三六〇二号)	第四卷第一期	三十七年一月十五日	三五八(45)
加强营造业管理办法(内政部三十七年二月营字第一五八号丑虞代电颁)	第四卷第四期	三十七年二月二十九日	四四二(45)
发还军管理工厂申请规则	第四十八期	二十九年五月三十一日	六〇三(39)
台湾地籍厘整办法(行政院三十五年十二月三日节京贰字第二一九〇〇号令颁)	第二卷第二/三期合刊	三十六年二月十五日	四六五(44)
动员时期军人及其家属优待条例(三十六年九月二十六/十一月一日国民政府令公布/施行)	第四卷第二期	三十七年一月三十一日	三八六(45)

动员戡乱时期制发国民身份证实施办法(行政院三十七年七月二十三日(卅七)四内字第三三四七一号令颁)	第五卷第三期	三十七年八月十五日	七四二(45)
动员戡乱完成宪政实施纲要(国民政府三十六年七月十九日公布)	第三卷第三期	三十六年八月十五日	〇二八(45)
动员戡乱期间劳资纠纷处理办法(行政院三十六年十一月一日)	第三卷第十一期	三十六年十二月十五日	三〇一(45)
寺庙兴办公益慈善事业实施办法(内政部公布)	第一一五期	二十一年九月十五日	六二四(21)
寺庙登记条例草案	第十八期	二十八年二月二十八日	七二六(37)
寺庙登记规则(二十五年一月四日内政部公布)	第一六一期	二十五年一月	五二五(30)
考试法(三十七年七月二十一日总统令公布)	第五卷第三期	三十七年八月十五日	七四〇(45)
考绩委员会组织通则(二十四年十一月一日国民政府公布)	第一五九期	二十四年十一月	三七二(29)
地方国民教育经费整理及增筹办法(行政院三十七年四月二十八日(卅七)国防字第二〇七〇七号令颁)	第四卷第十期	三十七年五月三十一日	五九五(45)
地方金融机关办理小工业贷款办法(三十六年九月二十九日)	第三卷第九期	三十六年十一月十五日	二三〇(45)
在外台侨国籍处理办法	第一卷第八期	三十五年八月十六日	二〇一(44)
师范学校法(国民政府公布)	第一二三期	二十二年一月十五日	七四八(22)
先哲先烈祠庙财产保管规则(二十五年二月十四日内政部公布)	第一六二期	二十五年二月	〇三三(31)
传染病院病人住院收费暂行规则	第五十五期	二十九年九月十五日	九七六(39)
自由职业团体图记刊用章程(二十年八月一日行政院公布)	第八十九期	二十年八月十五日	五五七(17)
自治训练分所规则(二十年四月二十二日内政部公布)	第八十五期	二十年六月十五日	一四四(17)

自治训练所章程(二十年四月二十二日内政部公布)	第八十五期	二十年六月十五日	一三九(17)
行政执行法(国民政府公布)	第一二四期	二十二年一月三十一日	〇一八(23)
行政诉讼法(国民政府公布)	第一二一期	二十一年十二月十五日	五二一(22)
行政法院组织法(国民政府公布)	第一二一期	二十一年十二月十五日	五二〇(22)
行政院各部会署及省市政府派遣人员出国考察或实习办法(民国三十五年九月十九日节京玖字第一二九三三号)	第一卷第十二期	三十五年十二月十五日	三五六(44)
行政督察专员暂行条例(行政院公布)	第一一四期	二十一年八月三十一日	四九四(21)
全国公路交通委员会组织规程(二十五年七月一日公布施行)	第一六七期	二十五年七月	四五五(33)
全国公路植树监督规则(二十五年四月二十七日国民政府公布)	第一六五期	二十五年五月	四七八(32)
全国铁路沿线出产货品展览会征集出产货品办法(铁道部公布)	第一一四期	二十一年八月三十一日	四九七(21)
全国铁路沿线出产货品展览会章程(铁道部公布)	第一一四期	二十一年八月三十一日	四九六(21)
合作社法(国民政府公布)	第一三九期	二十三年三月三十一日	三七〇(25)
合作金库规程(二十五年十二月十八日实业部公布)	第一七三期	二十六年一月	四四七(35)
各公署卫士服装条例(内政部公布)	第一二一期	二十一年十二月十五日	五二四(22)
各地方建仓积谷办法大纲(廿五年十一月十九日内政部公布)	第一七一期	二十五年十一月	〇四〇(35)
各地方游艺场所附加振捐救济东北难民办法(行政院颁行)	第一二三期	二十二年一月十五日	七五五(22)
各地方慈善团体立案办法(内政部颁行)	第一一六期	二十一年九月三十日	七二二(21)
各地设置收音机办法(二十一年十月二十七日第四届中央执行委员会第四十四次常务会议通过)	第一二〇期	二十一年十一月三十日	三九五(22)

各机关建筑工程料价调整办法(行政院三十七年二月五日(卅七)营三字第六一〇七号令颁)	第四卷第四期	三十七年二月二十九日	四四一(45)
各机关领拨敌伪物资手续及结价办法	第一卷第六期	三十五年七月十六日	一四九(44)
各县市公产租佃办法(行政院卅七年十月廿一日(卅七)六财字第四六九四一号令颁)	第五卷第十期	三十七年十一月三十一日	九〇三(45)
各县市办理地方自治人员考核及奖惩暂行条例(内政部公布)	第一二九期	二十二年五月三十一日	六四〇(23)
各县(市)民众自卫队组训规程(行政院三十六年九月二十四日)	第三卷第七期	三十六年十月十六日	一七三(45)
各县市民众自卫队组训规程补充办法(三十七年五月二十四日行政院(卅七)四防字第二六五〇八号令颁)	第四卷第十二期	三十七年六月三十日	六四五(45)
各县市收音员服务通则(二十一年十月二十七日第四届中央执行委员会第四十四次常务会议通过)	第一二〇期	二十一年十一月三十日	三九九(22)
各县市保送中央广播无线电台管理处收音员训练班学员办法(二十一年十月二十七日第四届中央执行委员会第四十四次常务会议通过)	第一二〇期	二十一年十一月三十日	三九八(22)
各县市清理公有款产奖励举发办法(卅七年十月廿一日行政院(卅七)六财字第四六九四一号令颁)	第五卷第十期	三十七年十一月三十一日	九〇四(45)
各官署雇员书记办事员事务员甄别审查办法(考试院颁行)	第九十三期	二十年十月十五日	三一二(18)
各省市人力兽力车辆通行公路管理通则(二十五年八月二十八日公布)	第一六八期	廿五年八月	〇二六(34)

各省市征工服役办法大纲	第一七〇期	廿五年十月	四八一(34)
各省市卫生试验所设置办法(三十六年九月九日行政院36四内字第三五九九三号指令核准公布)	第三卷第八期	三十六年十月三十一日	二〇四(45)
各省市专营公路征收营业汽车通行费规则(二十五年七月一日公布施行)	第一六七期	二十五年七月	四五八(33)
各省市互通汽车章程(二十五年七月一日公布施行)	第一六七期	二十五年七月	四五六(33)
各省市公路用地征免赋税章程(铁道部\内政部\财政部公布)	第一三〇期	二十二年六月三十日	〇四五(24)
各省市办理地籍整理及重估地价工作竞赛办法(地政部三十七年九月二十日京参字第〇〇四四号令颁)	第五卷第七期	三十七年十月十五日	八三一(45)
各省市主管官署核办鑛业呈请案件限期暂行规则(实业部公布)	第一六五期	二十五年五月	四八二(32)
各省市县地籍整理经费筹集办法(行政院三十七年一月二十一日(卅七)四内字第三四〇三号令颁)	第四卷第三期	三十七年二月十五日	四一一(45)
各省市县体育会组织条例(中央常务委员会第二十六次会议通过)	第一七二期	二十五年十二月	二三三(35)
各省市征工服役成绩考核及奖惩办法(行政院公布)	第一七二期	二十五年十二月	二三八(35)
各省市奖励农产通则(廿六年三月五日实业部公布)	第一七五期	二十六年三月	〇四八(36)
各省市举办平粜暂行办法大纲(行政院核准)	第一四八期	二十三年十二月	七一四(26)
各省市推行社会教育办法大纲(维新政府颁)	第三十三期	二十八年十月十五日	七七三(38)
各省县市清理教育款产办法(行政院核准施行)	第一七八期	二十六年六月	五四三(36)

各省县市筹集义务教育经费暂行办法大纲(行政院核准施行)	第一五九期	二十四年十一月	三七七(29)
各省省营企业整理办法(三十六年十月二十三日)	第三卷第九期	三十六年十一月十五日	二二九(45)
庆吊节约实施办法(三十六年十月十一日行政院(卅六)经字第四一三一就号令颁)	第三卷第八期	三十六年十月三十一日	二〇四(45)
庆吊餽礼限制办法	第八十九期	三十一年二月十五日	五一〇(41)
产业处产权登记办理程序	第一期	二十七年六月十五日	〇一一(37)
关于灯火管制规定(昭和十三年十一月十日实施)	第十三期	二十七年十二月十五日	三六三(37)
米业同业公会管理暂行条例	第五十四期	二十九年八月三十一日	九一八(39)
兴办水利奖励条例(国民政府公布)	第一三四期	二十二年十月三十一日	四九八(24)
军用物品免税办法(行政院核准)	第一〇九期	二十一年六月十五日	六八六(20)
军机防护法(国民政府公布)	第一二三期	二十二年一月十五日	七四三(22)
军政部发给军需品制造贩卖商登记执照暂行办法(军政部公布)	第一二二期	二十一年十二月三十一日	六八〇(22)
军政部发给军需品制造贩卖商登记执照暂行办法(军政部公布)	第一一九期	二十一年十一月十五日	二九六(22)
军政部对于畜牧事业奖励助成办法	第一七〇期	廿五年十月	四八三(34)
军需品制造贩卖取缔规则(军政部公布)	第一〇八期	二十一年五月三十一日	五六〇(20)
农仓业法(二十四年五月九日国民政府公布)	第一五三期	二十四年五月	七〇四(27)
农仓业法施行条例(二十六年三月十日国民政府公布)	第一七五期	二十六年三月	〇四一(36)
农本局组织规程(廿五年六月廿五日国民政府公布)	第一六七期	二十五年七月	四七五(33)
农林部直辖垦区垦殖经营办法(农林部三十六年九月五日)	第三卷第七期	三十六年十月十六日	一八〇(45)
收复区私有土地上敌伪建筑物处理办法(三十五年七月修正令颁)	第一卷第十期	三十五年九月十六日	二六六(44)

收复区敌伪产业处理办法(卅五年一月十七日军事委员会办秘二政交六〇〇号令准)	第一卷第五期	三十五年七月一日	一一一(44)
收复区隐匿敌伪财产物资及军用品检举奖惩规则	第一卷第一期	三十五年五月一日	〇二一(44)
收复区韩侨产业处理办法(行政院七六五次会议修正通过)	第一卷第十二期	三十五年十二月十五日	三五八(44)
收复地区土地权利清理办法(行政院三十五年七月二十九日节京二字第七〇七三号令颁)	第一卷第十期	三十五年九月十六日	二六五(44)
妇女会组织大纲(二十一年九月十五日第四届中央执行委员会第三十八次常务会议通过)	第一一九期	二十一年十一月十五日	二八八(22)
进口货物原产国标记条例(国民政府公布)	第一二三期	二十二年一月十五日	七五五(22)
进出口贸易办法(三十六年八月十八日令公布行政院(卅六)六财学第三二五五六号)	第三卷第五期	三十六年九月十五日	〇九三(45)
进出口贸易暂行办法(三十五年二月十五日行政院公布)	第一卷第一期	三十五年五月一日	〇一六(44)
戒严法(三十七年五月十九日国府令公布)	第四卷第十一期	三十七年六月十五日	六二〇(45)
运输平粜粮米减价办法(铁道部颁行)	第九十一期	二十年九月十五日	〇三八(18)
技师技副登记证整理办法	第五十五期	二十九年九月十五日	九七〇(39)
投标须知	第一一四期	三十二年三月二十八日	三四六(42)
护士暂行规则(二十五年一月十七日卫生署公布)	第一六一期	二十五年一月	五二九(30)
拟订市政府组织规则办法大纲(行政院公布)	第一四四期	二十三年八月	一五六(26)
拟定南京市立第一短期小学经常费预算书(逐月份)	第十二期	二十七年十一月三十日	三三三(37)

拟定南京市立第一短期小学临时费预算书	第十二期	二十七年十一月三十日	三三四(37)
严禁烈性毒品暂行条例(军事委员会委员长南昌行营颁行)	第一四一期	二十三年五月三十一日	六〇二(25)
劳工教育实施办法大纲(二十一年二月四日教育部实业部公布)	第一〇三期	二十一年三月十五日	〇一六(20)
劳工教育奖励规则(二十三年五月三十一日实业部教育部会同公布)	第一四二期	二十三年六月份	七二三(25)
劳动契约法(二十五年十二月二十日国民政府公布)	第一七三期	二十六年一月	四二四(35)
苏浙皖京沪五省市互通汽车暂行章程(二十一年十二月十五日公布)	第一二一期	二十一年十二月十五日	四九九(22)
苏浙皖京沪五省市公路交通标志号志设置保护规则(二十三年二月二十日公布)	第一三八期	二十三年二月二十八日	二五〇(25)
苏浙皖京沪五省市公路汽车运货通则(一十三年十一月二十二日公布)	第一四七期	二十三年十一月	五二七(26)
苏浙皖京沪五省市公路汽车运货通则(二十四年十二月十七日公布)	第一六〇期	二十四年十二月	〇四五(30)
苏浙皖京沪五省市公路汽车载客通则(二十三年十一月二十二日公布)	第一四七期	二十三年十一月	五六五(26)
苏浙皖京沪五省市公路汽车载客通则(廿四年十二月十七日公布)	第一六〇期	二十四年十二月	〇二九(30)
苏浙皖京沪五省市公路联运办法(二十二年四月十三日转发施行)	第一二八期	二十二年四月三十日	五〇七(23)
苏浙皖京沪五省市公路植树保护及奖惩统一办法(廿四年九月十七日公布)	第一五七期	二十四年九月	六三〇(28)

苏浙皖京沪五省市交通委员会公路交通安全奖章发给办法(苏浙皖京沪五省市交通委员会第九次常会通过)	第一五一期	二十四年三月	三三七(27)
苏浙皖京沪五省市交通委员会组织规程(二十一年十月二十二日苏浙皖京沪五省市互通汽车第三次会议通过)	第一一九期	二十一年十一月十五日	二八五(22)
苏浙皖京沪五省市汽车厂商经售汽车证明书及保养书样本(二十四年四月一日公布)	第一五二期	二十四年四月	四九七(27)
苏浙皖京沪五省市汽车匠徒考验规则(廿五年一月十一日公布)	第一六一期	二十五年一月	五一九(30)
苏浙皖京沪五省市汽车驾驶人执照统一办法(二十三年一月二十三日公布)	第一三七期	二十三年一月三十一日	一五五(25)
苏浙皖京沪五省市汽车驾驶考验员任用标准及临时驾驶执照发给办法(二十三年四月十八日公布)	第一四〇期	二十三年四月三十日	四六七(25)
苏浙皖京沪五省市试车牌照发给办法(二十三年九月十三日公布)	第一四五期	二十三年九月	二五二(26)
苏浙皖京沪五省市管理汽车技师匠徒暂行章程(廿五年一月十一日公布)	第一六一期	二十五年一月	五一六(30)
苏浙皖食米运销管理暂行条例(二十九年八月一日公布)	第五十四期	二十九年八月三十一日	九一九(39)
医师暂行条例(中华民国二十七年十二月十五日维新政府公布)	第十九期	二十八年三月十五日	七六八(37)
医师甄别办法(卫生署公布)	第一七〇期	廿五年十月	四八七(34)
医事人员甄训办法(三十六年五月二十七日行政院考试院会同公布)	第二卷第十二期	三十六年六月三十日	七九八(44)

医事人员甄训委员会规程(三十六年五月二十七日行政院考试院会同公布)	第二卷第十二期	三十六年六月三十日	七九九(44)
医事人员甄训暂准执业办法(卫生部三十六年十二月二十五日医字第一五六五九号令颁)	第四卷第二期	三十七年一月三十一日	三九〇(45)
呈内政部文	第二十一期	二十八年四月十五日	〇三五(38)
呈内政部文	第二十一期	二十八年四月十五日	〇三五(38)
呈内政部文	第二十一期	二十八年四月十五日	〇三七(38)
呈内政部文	第二十一期	二十八年四月十五日	〇四一(38)
县市开辟特别税课办法(三十六年十月八日)	第三卷第九期	三十六年十一月十五日	二二九(45)
县市总工会组织准则(中央民众运动指导委员会公布)	第一四五期	二十三年九月	二六一(26)
县参议会组织法(国民政府公布)	第一一五期	二十一年九月十五日	六一三(21)
县参议员选举法(国民政府公布)	第一一五期	二十一年九月十五日	六一五(21)
县政训练所毕业学员分发实习章程	第二十期	二十八年三月三十一日	八四五(37)
财务罚锾提奖分配细则(三十七年五月二十八日财政部财钱乙字第五四九〇六号电颁)	第四卷第十二期	三十七年六月三十日	六四五(45)
财政局工作报告	第二卷第一期	三十六年一月十五日	四二一(44)
私人使用汽车限制办法(行政院三十六年九月六日公布)	第三卷第六期	三十六年九月三十日	一二四(45)
私立农场登记暂行规则(二十二年九月五日事业部公布)	第一三三期	二十二年九月三十日	三九六(24)
私立养鸡场登记暂行规则(二十四年十一月五日实业部公布)	第一五九期	二十四年十一月	三八〇(29)
兵役协会组织规程(三十七年五月十五日行政院(卅七)日防字第二五七〇〇号令颁)	第四卷第十一期	三十七年六月十五日	六二一(45)
兵役法(国民政府公布)	第一三〇期	二十二年六月三十日	〇二一(24)
兵役奖惩条例(三十七年四月十五日国府令公布)	第四卷第九期	三十七年五月十五日	五七四(45)

篇名	卷期	日期	页码
兵役奖惩规则(院令从贰字第一三四一九号三十六年四月十一日)	第二卷第九期	三十六年五月十五日	七〇一(44)
住宅区附近马路受益业户摊费办法(二十二年十二月十九日颁行)	第一三六期	二十二年十二月三十一日	〇三二(25)
免役禁役缓征缓召申请审查办法(国防部卅六年一月二十日成牋字第八八五号代电颁发)	第二卷第七期	三十六年四月十五日	六四五(44)
应考人体格检验证审查规则(考试院公布)	第一二八期	二十二年四月三十日	五二一(23)
汽车里程表及油量表改用公制推行办法(实业部公布)	第一七八期	二十六年六月	五四八(36)
良民收容所管理规则	第十八期	二十八年二月二十八日	七二三(37)
评议工资实施办法(院令三十六年三月十四日从九字第九一六一号公布)	第二卷第八期	三十六年四月三十日	六八一(44)
补充重编保甲推选保甲长实施办法	第一〇九期	三十一年十二月十五日	一六八(42)
补助改良京缎机户贷本办法(二十二年十一月二十二日颁布)	第一三五期	二十二年十一月三十日	六〇五(24)
社会运动指导委员会各省市分会组织规程(转载)	第五十期	二十九年六月三十日	六九〇(39)
社会运动指导委员会各省市分会派驻各县市专员服务条例	第五十五期	二十九年九月十五日	九八四(39)
社会部社会运动指导委员会暂行组织条例(转载)	第五十期	二十九年六月三十日	六八九(39)
改订发给成药许可证副本办法(卫生署颁行)	第一七三期	二十六年一月	四五一(35)
改善经济管制补充办法(三十七年十月三十一日行政院(卅七)六财字第四八五二一号电颁)	第五卷第九期	三十七年十一月十五日	八七九(45)
附录审计条例施行细则第三十七及四十条原文	第三十九期	二十九年一月十五日	一五七(39)
现任公务员甄别审查条例	第五十期	二十九年六月三十日	六九一(39)

拘留所规则(二十一年十月内政部公布)	第一二四期	二十二年一月三十一日	〇三六(23)
取缔不良小报暂行办法(廿二年十月十二日第四届中央执行委员会第九十二次常务会议通过)	第一三五期	二十二年十一月三十日	六〇六(24)
取缔火酒规则(行政院公布)	第一一二期	二十一年七月三十日	三〇六(21)
取缔发售业经查禁出版品办法(内政部公布)	第一四三期	二十三年七月	〇六一(26)
取缔违反限价议价条例实施办法(行政院卅七年九月十六日(卅七)六经字第四一〇三五号令颁)	第五卷第六期	三十七年九月三十日	八〇八(45)
取缔私制购运手工卷烟使用器具规则(财政部公布)	第一六一期	二十五年一月	五二九(30)
取缔树立广告办法	第一七〇期	廿五年十月	四八四(34)
取缔食盐囤积居奇实施办法(三十六年五月三十日财政部京财参字第四三六三号令公布)	第二卷第十一期	三十六年六月十五日	七六四(44)
取缔棉花搀水搀杂暂行条例(国民政府公布)	第一四四期	二十三年八月	一五五(26)
矿业监察员规程(二十年五月十六日实业部公布)	第八十五期	二十年六月十五日	一四八(17)
码头船注册给照章程(二十三年四月十七日交通部修正公布)	第一四二期	二十三年六月份	七一八(25)
轮船业监督章程(二十五年十二月九日交通部公布)	第一七三期	二十六年一月	四四四(35)
轮船业登记规则(二十五年十二月九日交通部公布)	第一七三期	二十六年一月	四四二(35)
非常时期违反粮食管理治罪暂行条例(三十年五月十二日国民政府公布)	第一卷第九期	三十五年九月一日	二二七(44)
国外留学规程(二十二年四月二十九日教育部公布)	第一二九期	二十二年五月三十一日	六四四(23)

国民兵组织管理训练服役规程(行政院三十六年九月二十二日)	第三卷第八期	三十六年十月三十一日	二〇五(45)
国民政府公报所载中央法规索引(三十六年一月)	第二卷第五期	三十六年三月十五日	五四一(44)
国民政府公报所载法规索引(三十六年五月份)	第二卷第十一期	三十六年六月十五日	七六五(44)
国民政府民国二十年赈灾公债条例(二十年九月十一日国民政府公布)	第九十二期	二十年九月三十日	一五九(18)
国民政府行政院组织法(民国二十九年四月三十日立法院第二次会议修正通过)	第四十八期	二十九年五月三十一日	五九九(39)
国民政府暂行文官官等官俸表(二十二年九月二十三日公布)	第四十七期	二十九年五月十五日	五四五(39)
国货审查委员会规则(二十一年四月九日实业部公布)	第一〇六期	二十一年四月三十日	三四九(20)
国府公报所刊中央法规索引	第二卷第七期	三十六年四月十五日	六四七(44)
国府公报所刊中央法规索引(二月份)	第二卷第六期	三十六年三月三十一日	五八九(44)
国府公报所刊中央法规索引(四月份下半月)	第二卷第十期	三十六年五月三十一日	七三七(44)
国府公报所载中央法规索引	第三卷第六期	三十六年九月三十日	一二八(45)
国府公报所载中央法规索引	第三卷第九期	三十六年十一月十五日	二三四(45)
国府公报所载中央法规索引	第三卷第三期	三十六年八月十五日	〇三三(45)
国府公报所载中央法规索引	第三卷第四期	三十六年八月三十一日目录	〇六〇(45)
国府公报所载中央法规索引	第三卷第五期	三十六年九月十五日	〇九六(45)
国府公报所载中央法规索引	第三卷第七期	三十六年十月十六日	一八二(45)
国府公报所载中央法规索引	第三卷第八期	三十六年十月三十一日	二〇九(45)
国府公报所载中央法规索引	第三卷第十期	三十六年十一月三十日	二七五(45)
国府公报所载中央法规索引	第三卷第十一期	三十六年十二月十五日	三〇三(45)
国府公报所载中央法规索引	第三卷第十二期	三十六年十二月卅一日	三二九(45)
国府公报所载中央法规索引	第四卷第一期	三十七年一月十五日	三六三(45)

国府公报所载中央法规索引	第四卷第二期	三十七年一月三十一日	三九一(45)
国府公报所载中央法规索引	第四卷第三期	三十七年二月十五日	四一四(45)
国府公报所载中央法规索引	第四卷第四期	三十七年二月二十九日	四四四(45)
国府公报所载中央法规索引	第四卷第五期	三十七年三月日十五日	四六九(45)
国府公报所载中央法规索引	第四卷第六期	三十七年三月三十一日	五〇二(45)
国府公报所载中央法规索引	第四卷第七期	三十七年四月十五日	五二七(45)
国府公报所载中央法规索引	第四卷第八期	三十七年四月三十日	五四七(45)
国府公报所载中央法规索引	第四卷第九期	三十七年五月十五日	五七五(45)
国府公报所载中央法规索引	第四卷第十期	三十七年五月三十一日	五九六(45)
国府公报所载中央法规索引(七月上半月)	第三卷第二期	三十六年七月三十一日	八八八(44)
国府公报所载中央法规索引(三十六年三月份下半月)	第二卷第八期	三十六年四月三十日	六八二(44)
国府公报所载中央法规索引(三十六年六月上半月)	第二卷第十二期	三十六年六月三十日	八〇〇(44)
国府公报所载中央法规索引(三十六年四月份上半月)	第二卷第九期	三十六年五月十五日	七〇二(44)
国府公报所载中央法规索引(六月份下半月)	第三卷第一期	三十六年七月十五日	八三四(44)
国葬墓园建筑委员会组织章程(二十六年五月内政部南京市政府公布)	第一七七期	二十六年五月	三六三(36)
制售党国旗商店管理办法(二十四年四月十一日第四届中央执行委员会第一六六次常务会议通过)	第一五三期	二十四年五月	六九七(27)
物资搬运证申请书三联收发单据	第一〇九期	三十一年十二月十五日	一七八(42)
物资搬运证申请书处理手续暂行办法	第一〇九期	三十一年十二月十五日	一七六(42)
使用牌照税法(三十五年十二月四日国府修正公布)	第二卷第四期	三十六年三月一日	四九四(44)
使用牌照税法(国府三十六年十一月四日令公布)	第三卷第十期	三十六年十一月三十日	二七二(45)

征用土地暂行条例(部颁专载)	第二十六期	二十八年六月三十日	三三一(38)
征收土地应注意事项(行政院三十五年九月十八日节京贰字第一二八三九号令颁)	第一卷第十二期	三十五年十二月十五日	三五九(44)
征收住房捐章程	第四十九期	二十九年六月十五日	六四五(39)
征收临时建设特捐补充办法	第八十九期	三十一年二月十五日	五一二(41)
征实期间农地规定地价补充办法(地政部三十七年二月二日京地价字第一七七号令颁)	第四卷第四期	三十七年二月二十九日	四四〇(45)
所得税纳税行住商申请登记办法(财政部三十六年二月六日京财参字第二八三三号令颁)	第二卷第六期	三十六年三月三十一日	五八七(44)
所得税法免税额及课税级距调整条例(三十六年三月十五日公布)	第二卷第七期	三十六年四月十五日	六四三(44)
所得税法施行细则(行政院三十五年七月三日节京伍字第三八八九号令颁)	第一卷第九期	三十五年九月一日	二二八(44)
所得税暂行条例(二十五年七月二十一日国民政府公布)	第一六八期	廿五年八月	〇三二(34)
所得税暂行条例施行细则(行政院分布)	第一六九期	廿五年九月	一九七(34)
采掘古物规则(行政院公布)	第一五一期	二十四年三月	三三八(27)
京沪平津穗五市民食配售通则(行政院三十七年二月二十四日第四十四次会议通过)	第四卷第五期	三十七年三月日十五日	四六六(45)
京畿农田灌溉设计委员会组织规程(二十六年三月二十七日核准备案)	第一七五期	二十六年三月	〇四〇(36)
废止法规表	第二卷第四期	三十六年三月一日	五〇〇(44)
法律施行日期条例(国民政府公布)	第一二三期	二十二年一月十五日	七四一(22)
治安警察暂行条例	第十二期	二十七年十一月三十日	三一二(37)
学生自治会规则(三十六年十二月十日教育部训字第六六二〇六号令颁)	第三卷第十二期	三十六年十二月卅一日	三二七(45)

宗教团体兴办教育事业条例(部颁专载)	第二十六期	二十八年六月三十日	三四〇(38)
审计委员会审计条例(转载)	第三十九期	二十九年一月十五日	一四四(39)
审计委员会审计条例施行细则(附稽查证使用规则转载)	第三十九期	二十九年一月十五日	一四八(39)
审计委员会稽查证	第三十九期	二十九年一月十五日	一五八(39)
审计委员会稽查证存根	第三十九期	二十九年一月十五日	一五九(39)
审查小学准教员资格暂行规程(维新政府颁)	第二十八期	二十八年七月三十一日	四九一(38)
官史恤金条例(政府公报三月四日公布)	第二十期	二十八年三月三十一日	八三八(37)
官史恤金条例施行细则	第二十期	二十八年三月三十一日	八四一(37)
官吏服务规程(二十年六月二日)	第八十五期	二十年六月十五日	一三三(17)
空军烈士遗体处理办法(行政院三十七年二月十九日(卅七)四防字第八一三一号令颁)	第四卷第五期	三十七年三月日十五日	四六六(45)
实业部发给国货证明书规则(二十一年四月九日)	第一〇六期	二十一年四月三十日	三四九(20)
实业部发给国货证明书规则(二十三年六月四日实业部公布)	第一四二期	二十三年六月份	七二三(25)
实业部农工矿技副登记条例(二十年七月二十五日国民政府公布)	第八十九期	二十年八月十五日	五五四(17)
实业部农业病虫害取缔规则(二十二年十二月十九日实业部公布)	第一三七期	二十三年一月三十一日	一五七(25)
实业部改良种畜技术合作办法(二十六年三月六日实业部公布)	第一七五期	二十六年三月	〇五一(36)
实业部直辖种畜场种畜配种办法(实业部公布)	第一七五期	二十六年三月	〇四六(36)
实业部林业考成暂行办法(二十年十月二十六日实业部公布)	第九十七期	二十年十二月十五日	〇二〇(19)
实业部商品检验局火酒进口检验规程(二十一年十月十二日实业部公布)	第一一八期	二十一年十月三十一日	一八一(22)

实施义务教育暂行办法大纲(二十四年五月二十八日行政院第二一四次会议修正通过)	第一五四期	二十四年六月	〇六一(28)
实施失学民众补习教育办法大纲(廿五年八月四日行政院第二七三次会议通过)	第一六八期	廿五年八月	〇三八(34)
房屋租赁条例(三十六年十二月一日国府令颁)	第三卷第十二期	三十六年十二月卅一日	三二六(45)
房捐条例(国府三十六年十一月四日令公布)	第三卷第十期	三十六年十一月三十日	二七四(45)
承租市有菜场摊位及营业规则(廿五年一月十日核准备案)	第一六一期	二十五年一月	五一四(30)
承租市有菜场摊位规则(二十二年十一月十八日核准备案)	第一三五期	二十二年十一月三十日	六〇三(24)
承租同仁街菜场摊位及营业规则(二十六年二月十二日核准备案)	第一七四期	二十六年二月	五九八(35)
承继著作权呈请注册程式(五)	第二十八期	二十八年七月三十一日	四七七(38)
限制田亩加赋办法(财政部颁布)	第一一三期	二十一年八月十五日	四一四(21)
细菌学免疫学制品管理规则(卫生署公布)	第一七五期	二十六年三月	〇五四(36)
城市公有土地清理规则(行政院公布)	第一六五期	二十五年五月	四八〇(32)
城市改良地区特别征费通则(行政院公布)	第一六四期	二十五年四月	〇三三(32)
城市信用合作社管理办法(财政/社会部卅七年六月十五日社(37)合四字第〇〇〇〇一六/〇一四七三五号咨发)	第五卷第一期	三十七年七月十五日	六七九(45)
政府机关接收运用敌伪产业处理办法(三十六年十二月二十五日行政院令颁)	第四卷第二期	三十七年一月三十一日	三八八(45)
南京市八卦洲水利委员会组织规程	第一六九期	廿五年九月	一九五(34)

南京市八卦洲水利委员会组织规程施行细则	第一六九期	廿五年九月	一九六(34)
南京市工厂检查所组织规则(廿五年十月三十日公布)	第一七〇期	廿五年十月	四七五(34)
南京市工业技师技副执行业务规则(二十五年八月六日公布)	第一六八期	廿五年八月	〇二三(34)
南京市工务局举行囚犯劳动服务办法(二十五年八月二十日核准备案)	第一六八期	廿五年八月	〇二六(34)
南京市小本借贷处不识字借户应受补习教育办法(二十五年八月三十一日核准施行)	第一六八期	廿五年八月	〇三一(34)
南京市小本借贷处对于民众乡区学校校长教师介绍贷款办法(二十五年八月三十一日核准施行)	第一六八期	廿五年八月	〇三一(34)
南京市地政局局务会议细则(廿五年十月廿一日核准备案)	第一七〇期	廿五年十月	四七一(34)
南京市自来水管理处代售章程(廿五年十月廿二日公布)	第一七〇期	廿五年十月	四七二(34)
南京市农林学术机关请求豁免田赋交换苗种办法(廿五年十月七日公布)	第一七〇期	廿五年十月	四六四(34)
南京市财政局八卦洲第二次农地租佃规则(廿五年十月三十一日公布)	第一七〇期	廿五年十月	四七八(34)
南京市财政局征收田赋暂行章程(廿五年十月六日公布)	第一七〇期	廿五年十月	四六二(34)
南京市财政局管理平民住宅规则(廿五年十月三日公布)	第一七〇期	廿五年十月	四五九(34)
南京市国货陈列馆二十五年秋季国货展览会临时商场办法(廿五年十月十五日核准备案)	第一七〇期	廿五年十月	四七〇(34)

南京市国货陈列馆二十五年秋季国货展览会章程(廿五年十月十五日核准备案)	第一七〇期	廿五年十月	四六七(34)
南京市国货陈列馆二十五年秋季国货展览会筹备委员会办事大纲(廿五年十月十五日核准备案)	第一七〇期	廿五年十月	四六八(34)
南京市政府市政设计委员会办事细则(廿五年十月十三日核准备案)	第一七〇期	廿五年十月	四六七(34)
南京市政府经理委员会组织规则(廿五年十月三十一日公布)	第一七〇期	廿五年十月	四七五(34)
南京市政府管理开业中医规则(廿五年十月三日公布)	第一七〇期	廿五年十月	四六一(34)
南京市清洁总队清洁巡逻规则(廿五年九月十日核准备案)	第一六九期	廿五年九月	一九六(34)
南京市塾师讲习会暂行办法(二十五年八月十四日核准备案)	第一六八期	廿五年八月	〇二五(34)
南京市一年制短期小学课程分量	第十一期	二十七年十一月十五日	二七一(37)
南京市二十二年度上学期中学学生毕业会考办法(二十三年一月二十二日核准备案)	第一三七期	二十三年一月三十一日	一四九(25)
南京市二十二年度第一学期小学学生毕业测验办法(二十三年一月十二日核准备案)	第一三七期	二十三年一月三十一日	一四八(25)
南京市二十五年度检定小学教员办法(二十六年五月二十八日核准备案)	第一七七期	二十六年五月	三七八(36)
南京市二十四年度下学期试行强迫识字教育实施办法大纲(二十五年二月十八日核准备案)	第一六二期	二十五年二月	〇二八(31)
南京市八卦洲农地租佃规则(二十年十月二十三日核准备案)	第九十四期	二十年十月三十一日	四三二(18)
南京市八卦洲佃权登记规则	第二期	二十七年六月三十日	〇三九(37)

南京市八卦洲轮路商场建筑暂行规则(二十三年九月十二日公布)	第一四五期	二十三年九月	二五〇(26)
南京市入学民众奖惩办法(廿五年七月十四日核准施行)	第一六七期	二十五年七月	四六五(33)
南京市三十七年度田赋征实征借粮食实施办法(三十七年十月二十日(卅七)府总秘字第八六八一号令颁)	第五卷第九期	三十七年十一月十五日	八八〇(45)
南京市三十七年度第二期各区筹发新兵安家补助费通则(三十七年九月二十一日(卅七)府总民字第七九六七号令颁)	第五卷第七期	三十七年十月十五日	八三四(45)
南京市三十七年度第二期征兵实施要则(三十七年九月二十一日府令颁布)	第五卷第七期	三十七年十月十五日	八三三(45)
南京市工厂卫生实施指导委员会章程(实业部中央工厂检查处核准备案)	第一五五期	二十四年七月	二一四(28)
南京市工厂卫生推行办法(三十六年八月十五日第九十四次市政会议通过)	第三卷第五期	三十六年九月十五日	〇九六(45)
南京市工人团体改选或改组暂行办法(二十四年二月十二日核准备案)	第一五〇期	二十四年二月	一四九(27)
南京市工务局工队奖惩规则(二十一年六月九日)	第一〇九期	二十一年六月十五日	六七七(20)
南京市工务局下水道工程处组织规程(三十六年六月二十日第八十七次市政会议通过)	第三卷第一期	三十六年七月十五日	八四二(44)
南京市工务局乡区工程队办事细则(二十三年十一月二十一日核准备案)	第一四七期	二十三年十一月	五二六(26)

南京市工务局为建筑及保养下关第一工商业区堤埂暂行办法(二十四年二月二日核准备案)	第一五〇期	二十四年二月	一四〇(27)
南京市工务局代售自来水暂行章程(二十二年二月三日公布)	第一二五期	二十二年二月十五日	一六一(23)
南京市工务局包工人借用机滚规则(二十一年七月十八日核准备案)	第一一二期	二十一年七月三十日	二九一(21)
南京市工务局市民住宅建筑工程组织简章(三十五年三月三十日第二十八次市政会议通过)	第一卷第二期	三十五年五月十六日	〇四七(44)
南京市工务局自来水工程处工程组机务股机务人员值班暂行办法(二十四年六月十日核准备案)	第一五四期	二十四年六月	〇四六(28)
南京市工务局自来水工程处组织规则(二十二年四月四日公布)	第一二八期	二十二年四月三十日	四九一(23)
南京市工务局自来水水管工匠及工徒登记及试验暂行章程(二十二年二月三日公布)	第一二五期	二十二年二月十五日	一六七(23)
南京市工务局自来水水管商注册登记及取缔暂行章程(二十二年二月三日公布)	第一二五期	二十二年二月十五日	一六三(23)
南京市工务局自来水供水暂行章程(二十二年二月三日公布)	第一二五期	二十二年二月十五日	一四八(23)
南京市工务局自来水供水暂行章程补充条文(二十二年十月十一日核准备案)	第一三四期	二十二年十月三十一日	四八四(24)
南京市工务局自来水供水暂行章程补充条文(二十二年六月十六日核准备案)	第一三〇期	二十二年六月三十日	〇一八(24)
南京市工务局自来水特敷干管摊费暂行规则(二十三年七月七日公布)	第一四三期	二十三年七月	〇二〇(26)

南京市工务局自来水装接费分期付款暂行办法(二十四年五月二日公布)	第一五三期	二十四年五月	六八八(27)
南京市工务局汽车驾驶人练习执照发给办法(廿四年六月四日公布)	第一五四期	二十四年六月	〇四二(28)
南京市工务局、社会局、教育局会订特约铺户代放中央无线电台播音办法(二十一年二月二十四日核准备案)	第一〇二期	二十一年二月二十九日	六〇八(19)
南京市工务局招商承办公共浴室规则(二十三年十月十八日公布)	第一四六期	二十三年十月	三九一(26)
南京市工务局招商承办市内公共汽车简则(二十二年九月七日核准备案)	第一三三期	二十二年九月三十日	三八六(24)
南京市工务局招商承办标准钟广告简章(二十一年八月二十九日核准备案)	第一一四期	二十一年八月三十一日	四八六(21)
南京市工务局招商承办菜市场合同格式(二十年十一月二十七日核准备案)	第九十六期	二十年十一月三十日	六六一(18)
南京市工务局招商承办菜市场声请书格式(二十年十一月二十七日核准备案)	第九十六期	二十年十一月三十日	六五九(18)
南京市工务局招商承办菜市场规则(二十年十月二十三日公布)	第九十四期	二十年十月三十一日	四三〇(18)
南京市工务局招商承办新住宅区第一区市场办法(二十三年三月二十七日核准备案)	第一三九期	二十三年三月三十一日	三五八(25)
南京市工务局招商承办新住宅区第一区菜场办法(二十三年三月二十七日核准备案)	第一三九期	二十三年三月三十一日	三六〇(25)

南京市工务局取缔运送自来水水车暂行规则(二十二年五月十二日核准备案)	第一二九期	二十二年五月三十一日	六〇七(23)
南京市工务局取缔掘路规则(二十四年二月七日公布)	第一五〇期	二十四年二月	一四二(27)
南京市工务局取缔棚户建筑暂行规则(二十二年七月四日公布)	第一三一期	二十二年七月三十一日	一五五(24)
南京市工务局码头仓库管理处办理货物寄托规则(三十七年七月九日第一三五次市政会议通过)	第五卷第二期	三十七年七月三十一日	七一八(45)
南京市工务局码头仓库管理处组织规程(三十六年二月二十八日第七十二次市政会议通过)	第二卷第九期	三十六年五月十五日	七〇五(44)
南京市工务局购办防水抢险材料办法(二十四年五月二十三日核准施行)	第一五三期	二十四年五月	六八九(27)
南京市工务局建筑规则(二十二年二月九日核准备案)	第一二五期	二十二年二月十五日	一六九(23)
南京市工务局限用国产木料暂行办法(二十三年十二月七日核准备案)	第一四八期	二十三年十二月	六九八(26)
南京市工务局监工人员奖惩规则(二十一年六月九日核准备案)	第一〇九期	二十一年六月十五日	六七九(20)
南京市工务局特种工程处组织通则(三十六年六月廿八日本府核准)	第三卷第一期	三十六年七月十五日	八四二(44)
南京市工务局接沟规则(二十四年二月七日公布)	第一五〇期	二十四年二月	一四一(27)
南京市工务局游船登记检验给照暂行办法(三十五年五月三十一日第三十五次市政会议通过)	第一卷第六期	三十五年七月十六日	一五〇(44)
南京市工务局简易修建请照暂行办法(三十七年八月九日(卅七)府总秘三字第六七九五号令颁)	第五卷第四期	三十七年八月三十一日	七六二(45)

南京市工务局管理广告章程(三十六年八月一日第九十二次市政会议通过)	第三卷第四期	三十六年八月三十一日目录	〇六二(45)
南京市工务局管理公共救火龙头暂行规则(二十二年四月十日公布)	第一二八期	二十二年四月三十日	五〇〇(23)
南京市工务局管理汽车行规则(二十四年二月二十一日公布)	第一五〇期	二十四年二月	一七三(27)
南京市工务局稽查公用事业人员服务规则(二十二年二月一日核准备案)	第一二五期	二十二年二月十五日	一四七(23)
南京市工商业雇主受取保证金办法(二十年十二月三十日核准备案)	第九十八期	二十年十二月三十一日	〇九七(19)
南京市工商业登记规则(二十二年九月一日公布)	第一三三期	二十二年九月三十日	三八二(24)
南京市工商业登记暂行规则	第三期	二十七年七月十五日	〇六六(37)
南京市工商业僱主受取工人保証金办法(二十一年十月二十六日核准备案)	第一一八期	二十一年十月三十一日	一六一(22)
南京市工商同业公会依法改选或改组实行办法(二十二年十二月二十三日核准备案)	第一三六期	二十二年十二月三十一日	〇三四(25)
南京市工商事业经济研究委员会章程(三十五年八月二日第四十四次市政会议通过)	第一卷第十期	三十五年九月十六日	二六七(44)
南京市工程受益费征收细则(行政院(卅六)财字第五〇一九〇号令颁)	第四卷第一期	三十七年一月十五日	三六三(45)
南京市土木建筑两科工业技师技副执行业务规则(二十二年九月十二日公布)	第一三三期	二十二年九月三十日	三八八(24)

南京市土地执业证立户办法(二十一年七月八日公布)	第一一一期	二十一年七月十五日	一九一(21)
南京市土地估价委员会组织规则(二十三年七月十日公布)	第一四三期	二十三年七月	○二二(26)
南京市土地估价委员会组织规则(二十五年五月二十八日公布)	第一六五期	二十五年五月	四七七(32)
南京市土地局办事细则(二十四年十一月三十日核准备案)	第一五九期	二十四年十一月	三五一(29)
南京市土地局局务会议规则(二十一年二月五日核准备案)	第一○一期	二十一年二月十五日	五一○(19)
南京市土地局组织规则(廿四年八月呈奉行政院转奉国民政府核准施行)	第一五六期	二十四年八月	三六八(28)
南京市土地征收补充规则(二十年九月一日国民政府第二五四号指令准予备案九月二十二日公布)	第九十二期	二十年九月三十日	一五三(18)
南京市土地查报暂行办法(三十六年三月十四日第七十四次市政会议通过)	第二卷第六期	三十六年三月三十一日	五九二(44)
南京市土地假定登记暂行办法(二十四年十二月五日公布)	第一六○期	二十四年十二月	○一九(30)
南京市土地登记声明异议人须知(二十四年十一月八日第三七五次市政会议通过)	第一五九期	二十四年十一月	三一○(29)
南京市土地登记暂行规则(二十三年五月二十四日公布)	第一四一期	二十三年五月三十一日	五九○(25)
南京市上新河区江胜关同义圩水利委员会章程(二十四年五月一日核准备案)	第一五三期	二十四年五月	六八七(27)
南京市小本借贷处办事细则(二十三年十一月二七日核准备案)	第一四七期	二十三年十一月	五八三(26)

南京市小本借贷处代办所经办放款细则(二十三年十一月二十七日核准施行)	第一四七期	二十三年十一月	五八二(26)
南京市小本借贷处放款规则(二十三年十一月二十七日核准备案)	第一四七期	二十三年十一月	五七九(26)
南京市小本借贷处章程(廿三年十一月二十七日公布)	第一四七期	二十三年十一月	五七七(26)
南京市小本借贷管理委员会简章(二十三年十一月二十七日核准备案)	第一四七期	二十三年十一月	五七九(26)
南京市小学视导暂行办法	第二期	二十七年六月三十日	○四四(37)
南京市小学教员总登记暂行办法	第五十八期	二十九年十月三十一日	一一四(40)
南京市小学教员暑期讲习会办法(二十四年六月十九日核准备案)	第一五四期	二十四年六月	○五一(28)
南京市小学教员登记办法(二十六年四月二十日公布)	第一七六期	二十六年四月	二○八(36)
南京市小学教育研究会章程(二十三年三月二十四日核准备案)	第一三九期	二十三年三月三十一日	三五七(25)
南京市义务教育委员会组织规程(二十四年九月二十五日核准施行)	第一五七期	二十四年九月	六三七(28)
南京市义勇消防会暂行组织规则	第五十一期	二十九年七月十五日	七四五(39)
南京市义勇消防联合会暂行组织规则	第五十一期	二十九年七月十五日	七四八(39)
南京市义勇救火会组织通则	第三十期	二十八年八月三十一日	六一三(38)
南京市已立案市私立中等学校设立民众夜校办法(廿五年二月十八日核准备案)	第一六二期	二十五年二月	○三○(31)
南京市卫生中心区委员会组织规程(三十六年七月十八日第九十一次市政会议通过)	第三卷第三期	三十六年八月十五日	○三五(45)
南京市卫生中心区组织规程(三十六年七月十八日第九十一次市政会议通过)	第三卷第三期	三十六年八月十五日	○三三(45)

南京市卫生协作委员会章程(二十一年五月十一日公布)	第一〇七期	二十一年五月十五日	四六七(20)
南京市卫生局卫生试验所组织规则(二十年十二月四日核准备案)	第九十七期	二十年十二月十五日	〇一七(19)
南京市卫生局化粪厂组织规程(三十五年八月九日第四十五次市政会议通过)	第一卷第十期	三十五年九月十六日	二六九(44)
南京市卫生局火葬场组织规程(三十五年八月九日第四十五次市政会议通过)	第一卷第十期	三十五年九月十六日	二六九(44)
南京市卫生局传染病医院组织规程(三十五年八月九日第四十五次市政会议通过)	第一卷第十期	三十五年九月十六日	二六九(44)
南京市卫生局物品供应处组织章程(三十五年三月十五日第二十六次市政会议通过)	第一卷第一期	三十五年五月一日	〇二六(44)
南京市卫生局屠宰场组织规则(二十年十二月四日核准备案)	第九十七期	二十年十二月十五日	〇一九(19)
南京市卫生局管理牛乳棚场规则(三十五年五月二十七日第三十四次市政会议通过)	第一卷第五期	三十五年七月一日	一二三(44)
南京市卫生局管理有关卫生各业商店规则(三十五年五月二十七日第三十四次市政会议通过)	第一卷第五期	三十五年七月一日	一二一(44)
南京市卫生局管理羊只宰棚办法(二十年十一月十三日核准备案)	第九十五期	二十年十一月十五日	五四五(18)
南京市卫生局管理驴马宰棚办法(二十年九月十九日核准备案)	第九十二期	二十年九月三十日	一五三(18)
南京市卫生局管理菜场菜贩规则(三十七年八月六日第一三八次市政会议通过)	第五卷第四期	三十七年八月三十一日	七六三(45)
南京市卫生局管理清凉饮食业规则(卅五年五月二十七日第三十四次市政会议通过)	第一卷第五期	三十五年七月一日	一二二(44)

南京市卫生局管理殡仪馆暂行规则(三十六年二月十四日第七十次市政会议通过)	第二卷第五期	三十六年三月十五日	五四三(44)
南京市卫生事务所下关分所住所生产规则(二十五年三月十八日核准备案)	第一六三期	二十五年三月	四一八(31)
南京市卫生事务所卫生稽查服务规则(二十二年五月二十九日核准备案)	第一二九期	二十二年五月三十一日	六三六(23)
南京市卫生事务所化验规则(二十一年八月十九日核准备案)	第一一四期	二十一年八月三十一日	四七八(21)
南京市卫生事务所四牌楼分所委员会章程(廿五年十二月廿六日核准备案)	第一七二期	二十五年十二月	二三〇(35)
南京市卫生事务所四牌楼分所组织规则(廿五年十二月二十六日核准备案)	第一七二期	二十五年十二月	二二九(35)
南京市卫生事务所母职讲习班简约(二十一年九月二日核准备案)	第一一五期	二十一年九月十五日	五九八(21)
南京市卫生事务所诊疗人员服务规则(二十一年七月二十二日核准备案)	第一一二期	二十一年七月三十日	三〇〇(21)
南京市卫生事务所组织章程(二十一年六月十四日公布)	第一〇九期	二十一年六月十五日	六八二(20)
南京市卫生事务所经济审核委员会简章(二十一年九月二日核准备案)	第一一五期	二十一年九月十五日	五九七(21)
南京市卫生事务所第三届种痘传习班简章(二十四年三月十九日核准施行)	第一五一期	二十四年三月	三三三(27)
南京市卫生教育委员会组织规程(三十七年八月十三日第一四〇次市政会议通过)	第五卷第五期	三十七年九月十五日	七九四(45)

南京市乡区土地业主请领户摺规则(二十三年十一月二十日公布)	第一四七期	二十三年十一月	五二三(26)
南京市乡区土地移转陈报户粮推受规则(二十三年十一月二十日公布)	第一四七期	二十三年十一月	五二四(26)
南京市乡区土地登记办法(二十六年二月四日核准备案)	第一七四期	二十六年二月	五九五(35)
南京市乡区不动产评价委员会组织规程(三十六年三月十四日第七十四次市政会议通过)	第二卷第六期	三十六年三月三十一日	五九四(44)
南京市乡区不动产卖典税契暂行办法(二十三年十月十五日公布)	第一四六期	二十三年十月	三九〇(26)
南京市乡区区乡镇保甲长办理户口异动惩奖暂行办法(二十四年八月三十一日核准施行)	第一五六期	二十四年八月	三八〇(28)
南京市乡区区务会议暂行规则(廿五年七月廿二日核准施行)	第一六七期	二十五年七月	四六八(33)
南京市乡区办事处组织规则(廿五年十二月十八日公布)	第一七二期	二十五年十二月	二二七(35)
南京市乡区民有枪弹登记办法(廿三年十二月十二日公布)	第一四八期	二十三年十二月	六九八(26)
南京市乡区贫民贷款暂行办法(二十四年二月十五日公布)	第一五〇期	二十四年二月	一五一(27)
南京市乡区保甲抽查暨考询暂行办法(二十四年十一月四日公布)	第一五九期	二十四年十一月	三〇八(29)
南京市乡镇区临街建筑暂行规则(二十三年十月三十日公布)	第一四六期	二十三年十月	四〇三(26)
南京市无国籍侨民管理办法(三十五年四月五日第二十九次市政会议通过)	第一卷第三/四期合刊	三十五年六月十六日	〇七二(44)
南京市艺员登记规则(三十五年六月二十一日第三十八次市政会议通过)	第一卷第七期	三十五年八月一日	一八一(44)

南京市不动产交换及赠与规则(二十一年十一月二十六日公布)	第一二〇期	二十一年十一月三十日	三九一(22)
南京市不动产交换及赠与规则(二十二年九月呈奉行政院核准备案)	第一三三期	二十二年九月三十日	三八一(24)
南京市区乡镇务会议暂行规则(二十五年七月二十二日核准施行)	第一六七期	二十五年七月	四七〇(33)
南京市区乡镇保保务会议暂行规则(廿五年七月二十二日核准施行)	第一六七期	二十五年七月	四七一(33)
南京市区长奖惩规则(二十一年一月二十七日公布)	第一〇〇期	二十一年一月三十一日	三六〇(19)
南京市区公产公款管理规则(二十一年一月二十八日公布)	第一〇〇期	二十一年一月三十一日	三六二(19)
南京市区公所办事规则(二十年九月九日第一八三次市政会议通过十一日公布)	第九十一期	二十年九月十五日	〇三四(18)
南京市区公所筹设国民学校委员会暂行组织规则(三十五年五月三日第三十二次市政会议通过)	第一卷第三/四期合刊	三十五年六月十六日	〇八二(44)
南京市区公所筹设国民学校暂行办法(三十五年五月三日第三十二次市政会议通过)	第一卷第三/四期合刊	三十五年六月十六日	〇八三(44)
南京市区立民众学校组织规则(二十一年四月二十日核准备案)	第一〇六期	二十一年四月三十日	三四五(20)
南京市区取缔柴草行营业规则	第六十六期	三十年二月二十八日	四七六(40)
南京市牙医及镶牙登记暂行规则(二十一年十一月十八日公布)	第一二〇期	二十一年十一月三十日	三八七(22)
南京市中小学训育暂行标准草案	第一期	二十七年六月十五日	〇一四(37)
南京市中小学学生缴纳建校协助费暂行办法(三十五年八月三十日第四十八次市政会议通过)	第一卷第十一期	三十五年十一月一日	三〇三(44)

南京市中山北路两旁房屋建筑办法(二十四年一月三十一日公布)	第一四九期	二十四年一月	〇二六(27)
南京市中山路两旁空地限期建筑办法(三十五年八月二十五日节京三字第九二六七号令准)	第一卷第十二期	三十五年十二月十五日	三六四(44)
南京市中山路沿路两旁空地限期建筑暂行办法(二十六年六月十八日公布)	第一七八期	二十六年六月	五一七(36)
南京市中学生毕业会考不及格学生补习及留级辦法(二十二年六月九日核准备案)	第一三〇期	二十二年六月三十日	〇一七(24)
南京市中学师范学生毕业会考规则(廿四年六月三日核准备案)	第一五四期	二十四年六月	〇三五(28)
南京市中学师范学生毕业会考委员会办事细则(廿四年六月三日核准备案)	第一五四期	二十四年六月	〇四〇(28)
南京市中学师范教育研究会组织规则(二十四年四月二十九日核准施行)	第一五二期	二十四年四月	五〇八(27)
南京市中学学生毕业会考办法(二十二年四月咨准教育部核准备案)	第一二八期	二十二年四月三十日	五一六(23)
南京市中学学生毕业会考委员会办事细则(二十二年四月咨准教育部核准备案)	第一二八期	二十二年四月三十日	五一四(23)
南京市中学学生毕业会考委员会办事细则(二十三年一月廿二日核准备案)	第一三七期	二十三年一月三十一日	一五三(25)
南京市中学学生毕业会考委员会组织规则(二十二年四月咨准教育部核准备案)	第一二八期	二十二年四月三十日	五一四(23)
南京市中等学校学生学业成绩计算方法(二十三年六月二十三日核准备案)	第一四二期	二十三年六月份	七一三(25)

南京市内外国使馆租用馆址暂行办法(廿四年十月八日公布)	第一五八期	二十四年十月	○二八(29)
南京市水上交通管理规则(二十二年三月六日公布)	第一二七期	二十二年三月三十一日	三五三(23)
南京市水上交通管理暂行规程	第一期	二十七年六月十五日	○一六(37)
南京市公用电话使用规则(二十三年七月十四日核准备案)	第一四三期	二十三年七月	○二三(26)
南京市公用事业委员会组织规则(三十七年一月十六日第一一三次市政会议通过)	第四卷第三期	三十七年二月十五日	四一四(45)
南京市公地租用办法(三十五年九月二十日第五一次市政会议通过)	第一卷第十二期	三十五年十二月十五日	三六二(44)
南京市公共汽车管理处组织规程(第十九次市政会议通过)	第一卷第八期	三十五年八月十六日	二〇四(44)
南京市公共汽车管理处修理厂组织规程(三十六年六月二十七日第八十八次市政会议通过)	第三卷第一期	三十六年七月十五日	八四三(44)
南京市公园管理处工人管理规则(二十四年六月二十日核准备案)	第一五四期	二十四年六月	○五三(28)
南京市公园管理处玄武湖捕鱼规则(二十四年十二月五日公布)	第一六〇期	二十四年十二月	○二五(30)
南京市公园管理处玄武湖游船价目表(二十四年七月十五日公布)	第一五五期	二十四年七月	二〇九(28)
南京市公园管理处玄武湖游船租用规则(廿五年七月二十八日核准)	第一六七期	二十五年七月	四七三(33)
南京市公园管理处玄武湖游船雇用规则(二十四年七月十五日公布)	第一五五期	二十四年七月	二〇八(28)
南京市公园管理处取缔公园场圃建筑规则(廿五年六月廿三日核准施行)	第一六六期	二十五年六月	○三〇(33)

南京市公园管理处组织规则(二十一年七月二十二日公布)	第一一二期	二十一年七月三十日	二九四(21)
南京市公园管理处管理荷叶运销规程(二十四年七月十日核准备案)	第一五五期	二十四年七月	二〇七(28)
南京市公园管理处管理游人车辆规则(二十四年六月十日核准备案)	第一五四期	二十四年六月	〇四七(28)
南京市公典招商标价满货投标规则	第八十四/八十五期合刊	三十年十二月十五日	四一七(41)
南京市公洲公田发给佃证暂行办法(三十六年二月二十八日第七十二次市政会议通过)	第二卷第五期	三十六年三月十五日	五四五(44)
南京市公葬墓园管理规则(廿六年五月廿二日公布)	第一七七期	二十六年五月	三七四(36)
南京市公众安全检查取缔规则(二十五年七月一日核准备案)	第一六七期	二十五年七月	四五九(33)
南京市文化建设委员会组织规程(三十六年六月二十七日第八十八次市政会议通过)	第三卷第一期	三十六年七月十五日	八三九(44)
南京市文献委员会组织规程(三十六年十月三十一日第一〇四次市政会议通过)	第三卷第十期	三十六年十一月三十日	二七五(45)
南京市户口查记补充办法(三十六年七月十一日第九十次市政会议通过)	第三卷第二期	三十六年七月三十一日	八九五(44)
南京市办理户粮推收施行细则(三十六年三月十四日第七十四次市政会议通过)	第二卷第六期	三十六年三月三十一日	五九二(44)
南京市平民住宅设计委员会组织规程(三十七年一月九日第一一二次市政会议通过)	第四卷第二期	三十七年一月三十一日	三九二(45)
南京市灭蝇实施办法	第二期	二十七年六月三十日	〇四〇(37)

南京市申请修改路线办法(二十四年一月二十六日公布)	第一四九期	二十四年一月	〇二二(27)
南京市生命统计联合办事处生命统计调查员服务规则(二十三年十月二日核准备案)	第一四六期	二十三年十月	三八五(26)
南京市生命统计联合办事处组织规则(廿三年十一月六日核准备案)	第一四七期	二十三年十一月	五一七(26)
南京市代用小学及代用简易小学暂行规程(二十三年九月十九日公布)	第一四五期	二十三年九月	二五四(26)
南京市代用国民学校规则(三十七年二月二十八日本府总秘字第一九五一号令核准)	第四卷第六期	三十七年三月三十一日	五〇二(45)
南京市处理棚户会报暂行办法(三十七年五月二十八日第一二九次市政会议通过)	第四卷第十二期	三十七年六月三十日	六四八(45)
南京市处置违反修正度量衡器具检查执行规则第十四条罚金办法(二十六年五月十七日核准备案)	第一七七期	二十六年五月	三六七(36)
南京市市立八卦洲农民教育馆组组规则(二十三年四月七日核准备案)	第一四〇期	二十三年四月三十日	四六五(25)
南京市市立小学招生规则(二十三年七月十九日公布)	第一四三期	二十三年七月	〇二四(26)
南京市市立小学教职员遗族扶助会简章(廿五年三月三十日核准备案)	第一六六期	二十五年六月	〇二四(33)
南京市市立义务小学学生缴纳保证金章程(二十二年二月十五日核准备案)	第一二五期	二十二年二月十五日	二〇六(23)

南京市市立乡区教育机关保管学田暂行办法(二十四年五月十七日核准施行)	第一五三期	二十四年五月	六八九(27)
南京市市立中小学校长任免章程(二十一年七月八日公布)	第一一一期	二十一年七月十五日	一九〇(21)
南京市市立中小学教职员请假规则(二十年十月五日核准备案)	第九十三期	二十年十月十五日	三一〇(18)
南京市市立公墓管理处办事细则(廿六年三月廿二日核准施行)	第一七五期	二十六年三月	〇三六(36)
南京市市立公墓管理章程(廿六年三月廿二日公布)	第一七五期	二十六年三月	〇三五(36)
南京市市立民众学校介绍贫民贷款手续须知(二十四年八月二十九日核准备案)	第一五六期	二十四年八月	三七八(28)
南京市市立医院组织规则(二十五年一月七日公布)	第一六一期	二十五年一月	四九五(30)
南京市市立初级中学暂行条例	第五期	二十七年八月十五日	〇九九(37)
南京市市立教育机关主管人员交待规则(二十二年四月二十日核准备案)	第一二八期	二十二年四月三十日	五〇九(23)
南京市市立职业补习学校保婴班简章(二十三年七月二日核准备案)	第一四三期	二十三年七月	〇一五(26)
南京市市有旗地处理办法(行政院三十六年九月三日公布)	第三卷第六期	三十六年九月三十日	一二八(45)
南京市市私立中小学二十一年度第一学期毕业会考办法(二十一年十二月三十一日核准备案)	第一二二期	二十一年十二月三十一日	六七三(22)
南京市市私立中等学校训育管理办法大纲(二十三年五月十一日核准备案)	第一四一期	二十三年五月三十一日	五八六(25)
南京市市私立中等学校学生奖惩办法大纲(二十三年五月十一日核准备案)	第一四一期	二十三年五月三十一日	五八七(25)

南京市立小学必备表薄名称	第八期	二十七年九月三十日	一六一(37)
南京市立小学校务分掌及人员支配办法(廿六年四月廿日公布)	第一七六期	二十六年四月	二〇九(36)
南京市立小学教师注意事项八条	第八期	二十七年九月三十日	一六〇(37)
南京市立小学教学方面应行注意事项	第十一期	二十七年十一月十五日	二七〇(37)
南京市立小学教职员任用待遇服务及惩奖规则(二十三年七月三十日公布)	第一四三期	二十三年七月	〇二七(26)
南京市立小学教职员任用待遇服务规则(廿六年四月二日核准备案)	第一七六期	二十六年四月	一六五(36)
南京市立小学教职员任用暂行规则	第五十二期	二十九年七月三十一日	八一〇(39)
南京市立小学职教员服务考核办法	第六十六期	三十年二月二十八日	四七五(40)
南京市立小学职教员待遇标准	第六十八期	三十年三月三十一日	五五九(40)
南京市立卫生试验所组织规程(三十六年一月十日第六十五次市政会议通过)	第二卷第四期	三十六年三月一日	四九七(44)
南京市立中小学校学生免费暂行简则(二十年八月十二日第一七九次市政会议通过十四日本府核准备案)	第八十九期	二十年八月十五日	五五一(17)
南京市立中心民众学校暨附设民众学校暂行简则	第七十六期	三十年七月三十一日	一〇四(41)
南京市立中等学校及各级国民学校学生免费暂行办法(三十六年一月十七日第六十六次市政会议通过)	第二卷第四期	三十六年三月一日	四九九(44)
南京市立中等学校教职员任用待遇服务及奖惩规则(二十四年二月十九日核准备案)	第一五〇期	二十四年二月	一五二(27)
南京市立中等学校教职员任用暂行规则	第五十二期	二十九年七月三十一日	八〇七(39)

题名	期号	日期	页码
南京市立火葬场管理章程(二十六年一月九日公布)	第一七三期	二十六年一月	四〇七(35)
南京市立民众图书馆组织规则(二十一年七月十五日公布)	第一一一期	二十一年七月十五日	一九八(21)
南京市立民众图书馆馆长馆员服务规则	第七十六期	三十年七月三十一日	一〇二(41)
南京市立民众学校各科教学实施纲要	第七十六期	三十年七月三十一日	一〇八(41)
南京市立民众学校校长教员任免及服务暂行规则	第七十六期	三十年七月三十一日	一〇五(41)
南京市立民众教育馆办事细则	第二十四期	二十八年五月三十一日	二〇五(38)
南京市立民众教育馆参观规则	第二十九期	二十八年八月十五日	五三三(38)
南京市立民众教育馆组织大纲(民国二十八年五月二十日核准)	第二十四期	二十八年五月三十一日	二〇四(38)
南京市立民众教育馆阅览规则	第二十九期	二十八年八月十五日	五三四(38)
南京市立民众教育馆馆长馆员服务规则	第七十六期	三十年七月三十一日	一〇一(41)
南京市立传染病医院住院规则(二十二年六月二十四日核准备案)	第一三〇期	二十二年六月三十日	〇一九(24)
南京市立传染病医院病人死亡处置规则(二十二年六月二十四日核准备案)	第一三〇期	二十二年六月三十日	〇二〇(24)
南京市立传染病医院暂行诊疗章程(二十二年六月二十四日核准备案)	第一三〇期	二十二年六月三十日	〇一八(24)
南京市立传染病院暂行疗养规则(二十一年八月一日核准备案)	第一一三期	二十一年八月十五日	四〇八(21)
南京市立传染病院暂行组织规则(二十一年八月一日核准备案)	第一一三期	二十一年八月十五日	四〇八(21)
南京市立各小学经常费支给表(二十七年度上学期)	第十期	二十七年十月三十日	二一九(37)
南京市立各学校收费办法(二十三年八月十八日核准备案)	第一四四期	二十三年八月	一四八(26)

南京市立产科医院组织规程(三十五年九月十三日第五十次市政会议通过)	第一卷第十二期	三十五年十二月十五日	三六〇(44)
南京市立戒烟医院住院规则(二十三年三月十九日核准备案)	第一三九期	二十三年三月三十一日	三五一(25)
南京市立戒烟医院诊病规则(二十三年三月十九日核准备案)	第一三九期	二十三年三月三十一日	三五〇(25)
南京市立戒烟医院组织规则(二十三年三月十九日核准备案)	第一三九期	二十三年三月三十一日	三五〇(25)
南京市立医院收费规则(廿五年一月廿二日核准施行)	第一六一期	二十五年一月	五二二(30)
南京市立医院住院规则(廿五年一月廿二日核准施行)	第一六一期	二十五年一月	五二一(30)
南京市立医院病人死亡处置规则(廿五年一月廿二日核准施行)	第一六一期	二十五年一月	五二四(30)
南京市立医院探视病人规则(廿五年一月廿二日核准施行)	第一六一期	二十五年一月	五二三(30)
南京市立医院董事会组织规程(三十六年五月十六日第八十二次市政会议通过)	第二卷第十一期	三十六年六月十五日	七六七(44)
南京市立体育场组织规程(三十六年七月四日第八十九次市政会议通过)	第三卷第二期	三十六年七月三十一日	八八八(44)
南京市立诊疗所诊病规则(二十二年九月一日核准备案)	第一三三期	二十二年九月三十日	三八四(24)
南京市立学校职教员恤金规则(二十二年四月咨准教育部核准备案)	第一二八期	二十二年四月三十日	五〇八(23)
南京市立救济院建筑委员会组织规程(三十六年八月十五日第九十四次市政会议通过)	第三卷第五期	三十六年九月十五日	〇九七(45)
南京市立救济院董事会组织规程(三十六年十一月二十九日第一〇七次市政会议通过)	第三卷第十二期	三十六年十二月卅一日	三二九(45)

南京市立短期小学组织暂行简则	第十期	二十七年十月三十日	二一八(37)
南京市立模范小学组织暂行简则	第二十七期	二十八年七月十五日	四〇四(38)
南京市立燕子矶农民教育馆组织规则(廿六年二月廿四日核准备案)	第一七四期	二十六年二月	六一六(35)
南京市训练坊乡镇保甲长实施方案	第十六期	二十八年一月三十一日	五三九(37)
南京市民办救火会救火员因公伤亡抚恤暂行规则(廿二年十一月一日公布)	第一三五期	二十二年十一月三十日	五九七(24)
南京市民办救火会督导办法(三十七年七月二日第一三四次市政会议通过)	第五卷第一期	三十七年七月十五日	六八六(45)
南京市民众团体整理办法大纲(二十二年一月二十五日核准备案)	第一二四期	二十二年一月三十一日	〇一七(23)
南京市民众自卫队总队部组织规程(三十七年四月十六日第一二三次市政会议通过)	第四卷第九期	三十七年五月十五日	五七五(45)
南京市民众自卫司令部组织规程(三十七年七月十四日公布施行)	第五卷第九期	三十七年十一月十五日	八八一(45)
南京市民众自卫指导委员会组织大纲(二十一年二月七日核准备案)	第一〇一期	二十一年二月十五日	五一一(19)
南京市民众自卫总队部组织规程(三十五年十月十八日第五十五次市政会议通过)	第一卷第十二期	三十五年十二月十五日	三六五(44)
南京市民食配售暂行办法(三十七年二月二十六日南京市民食配售委员会通过)	第四卷第五期	三十七年三月日十五日	四六九(45)
南京市民食配售暂行办法实施细则(三十七年二月二十六日南京市民食配售委员会通过)	第四卷第五期	三十七年三月日十五日	四七〇(45)
南京市民银行城北办事处章程(二十一年六月二十五日核准备案)	第一一〇期	二十一年六月三十日	〇二三(21)

南京市民银行信托处总章(廿五年一月九日核准备案)	第一六一期	二十五年一月	四九九(30)
南京市民银行举办免息教育贷金简则(三十六年二月七日第六十九次市政会议通过)	第二卷第五期	三十六年三月十五日	五四一(44)
南京市动植物园筹备委员会组织规程(三十六年七月十一日第九十次市政会议通过)	第三卷第二期	三十六年七月三十一日	八九一(44)
南京市地方民食平价委员会暂行简则	第五十五期	二十九年九月十五日	九六七(39)
南京市地产公司营业取缔规则(二十三年七月五日公布)	第一四三期	二十三年七月	〇一六(26)
南京市地政局土地测量队组织规程(三十六年三月七日第七十三次市政会议通过)	第二卷第六期	三十六年三月三十一日	五九〇(44)
南京市地政局乡区土地登记处组织简章(廿六年六月十五日核准施行)	第一七八期	二十六年六月	五一四(36)
南京市地政局办理市区土地请丈规则(三十五年十一月一日第五十六次市政会议通过)	第一卷第十二期	三十五年十二月十五日	三六七(44)
南京市地政局办理各机关委托测量规则(三十五年十一月一日第五十六次市政会议通过)	第一卷第十二期	三十五年十二月十五日	三六七(44)
南京市地政局代管逾期未经申请登记土地暂行办法(三十六年十一月七日第一〇五次市政会议通过)	第三卷第十期	三十六年十一月三十日	二七六(45)
南京市地政局代管逾期未经申请登记土地暂行办法(本府三十七年三月三日公布)	第四卷第六期	三十七年三月三十一日	五〇二(45)
南京市地政局郊区土地登记处组织规程(三十六年三月七日第七十三次市政会议通过)	第二卷第六期	三十六年三月三十一日	五九一(44)

南京市地政局郊区土地登记复丈规则(三十六年十二月二十六日第一一一次市政会议通过)	第四卷第二期	三十七年一月三十一日	三九一(45)
南京市地政局组织规则(二十五年五月十二日核准)	第一六五期	二十五年五月	四七三(32)
南京市地政局查验土地权利书状逾期声请处理规则(三十五年九月二十七日第五二次市政会议通过)	第一卷第十二期	三十五年十二月十五日	三六二(44)
南京市地政局战前未结土地登记案补收欠费暂行办法(三十五年八月九日第四十五次市政会议通过)	第一卷第十期	三十五年九月十六日	二七〇(44)
南京市地政局测量队组织简章(廿六年六月十五日核准施行)	第一七八期	二十六年六月	五一五(36)
南京市地政局核算土地所有权继承转移增值地价办法(三十五年十一月一日第五十六次市政会议通过)	第一卷第十二期	三十五年十二月十五日	三六六(44)
南京市(地政局/财政局)办理土地税工作联繫办法(三十五年九月六日第四十九次市政会议通过)	第一卷第十一期	三十五年十一月一日	三〇四(44)
南京市成药注册暂行规则	第六十八期	三十年三月三十一日	五六二(40)
南京市师范学校毕业生服务暂行办法(廿四年七月廿七日核准备案)	第一五五期	二十四年七月	二一二(28)
南京市同仁街菜场管理规则(二十六年二月十二日核准备案)	第一七四期	二十六年二月	五九七(35)
南京市年鉴编纂委员会章程(二十五年一月二十四日第三八一次市政会议议决施行)	第一六一期	二十五年一月	五二四(30)
南京市迁移棚户办法(二十四年三月二日公布)	第一五一期	二十四年三月	三二八(27)

南京市传染病医院组织规则(二十二年四月五日核准备案)	第一二八期	二十二年四月三十日	四九七(23)
南京市自来水业产业工会章程(二十六年六月二十八日核准施行)	第一七八期	二十六年六月	五一九(36)
南京市自来水用户装接十三公厘水表暂行优待办法(二十二年十一月二日核准备案)	第一三五期	二十二年十一月三十日	五九八(24)
南京市自来水用户装接九公厘及十三公厘水表暂行优待办法(二十四年五月二十九日核准备案)	第一五三期	二十四年五月	六九三(27)
南京市自来水管理处办事细则(二十六年四月一四日核准备案)	第一七六期	二十六年四月	一八四(36)
南京市自来水管理处用户申请特设干管摊费暂行办法(三十六年七月四日第八十九次市政会议通过)	第三卷第二期	三十六年七月三十一日	八八九(44)
南京市自来水管理处组织规则(廿四年九月廿四日公布)	第一五七期	二十四年九月	六三五(28)
南京市自来水管理处管理职工暂行规则(二十六年四月十五日核准备案)	第一七六期	二十六年四月	二〇〇(36)
南京市自治人员训练委员会组织规则(廿六年一月二十日核准备案)	第一七三期	二十六年一月	四一六(35)
南京市自治事业费征收办法(三十六年三月七日第七十三次市政会议通过)	第二卷第七期	三十六年四月十五日	六五〇(44)
南京市自治事务所细则(二十一年七月二十一日核准备案)	第一一二期	二十一年七月三十日	二九一(21)
南京市各区农会划区改组办法(二十四年十月二十二日核准备案)	第一五八期	二十四年十月	〇四〇(29)
南京市各区界内户口统计表(九月份)	第九期	二十七年十月十五日	一九八(37)

南京市各区调解委员会组织规则(三十五年三月二十二日第二十七次市政会议通过)	第一卷第二期	三十五年五月十六日	○四六(44)
南京市各区救火会联合会组织简章	第三十期	二十八年八月三十一日	六一五(38)
南京市各地方仓储管理规则	第十四期	二十七年十二月三十一日	四一二(37)
南京市各种主要必需品私自抬价罚则(廿五年一月八日核准备案)	第一六一期	二十五年一月	四九八(30)
南京市米市管理处办事细则(廿六年一月廿八日核准备案)	第一七三期	二十六年一月	四一九(35)
南京市米市管理处米粮进出口登记暂行规则(廿五年四月廿二日公布)	第一七六期	二十六年四月	二一二(36)
南京市米市管理处码头工人管理规则(廿五年十二月十日公布)	第一七二期	二十五年十二月	二一一(35)
南京市米市管理处建设计划委员会组织规则(廿六年四月廿一日核准备案)	第一七六期	二十六年四月	二一一(36)
南京市米市管理处组织章程(廿五年十二月十日公布)	第一七二期	二十五年十二月	二○九(35)
南京市米市管理处粮食业管理规则(廿五年十二月十日公布)	第一七二期	二十五年十二月	二一○(35)
南京市污物扫除暂行条例	第一期	二十七年六月十五日	○一二(37)
南京市兴华汽车公司管理处组织章程(二十二年四月六日核准备案)	第一二八期	二十二年四月三十日	四九七(23)
南京市军事训练机关教练车免捐领照办法(二十二年八月七日核准备案)	第一三二期	二十二年八月三十一日	二四九(24)
南京市农民借贷耕牛办法	第二期	二十七年六月三十日	○四五(37)
南京市农林园场管理处暂行组织章程	第一期	二十七年六月十五日	○二二(37)
南京市收用道路两旁退缩土地暂行规则(廿四年十二月廿八日公布)	第一六○期	二十四年十二月	○八三(30)

南京市戒烟医院劳动服务队女子队章程(二十五年五月二十日首都肃清烟毒委员会第九次常会通过)	第一六五期	二十五年五月	四七七(32)
南京市违犯征收牲畜税条例处罚暂行规则	第六期	二十七年八月三十一日	一一九(37)
南京市违犯烟禁行政处分暂行条例	第十一期	二十七年十一月十五日	二六八(37)
南京市扶植自耕农办法大纲(三十五年十一月十四日第五十八次市政会议通过)	第一卷第十二期	三十五年十二月十五日	三七〇(44)
南京市扶植自耕农指导协进委员会组织规程(三十五年十一月十四日第五十一次市政会议通过)	第一卷第十二期	三十五年十二月十五日	三七〇(44)
南京市坊公所筹备处组织规则(二十一年二月二十五日公布)	第一〇二期	二十一年二月二十九日	六〇八(19)
南京市坊民大会会议规则(二十一年七月十一日公布)	第一一一期	二十一年七月十五日	一九四(21)
南京市坊间邻选举暂行细则(二十一年七月二十二日公布)	第一一二期	二十一年七月三十日	二九七(21)
南京市坊调解委员会组织规则(二十一年七月二十六日公布)	第一一二期	二十一年七月三十日	三〇一(21)
南京市坊调解委员会选举规则(二十一年七月二十六日公布)	第一一二期	二十一年七月三十日	三〇二(21)
南京市劳工教育实施办法大纲施行细则(二十四年四月二十三日核准施行)	第一五二期	二十四年四月	五〇三(27)
南京市劳工福利事业设计委员会组织规则(二十一年一月二十九日公布)	第一〇〇期	二十一年一月三十一日	三六二(19)
南京市劳资双方订立劳动协约标准(二十一年六月四日核准备案)	第一〇九期	二十一年六月十五日	六七六(20)
南京市园林管理处工人管理规则(三十七年五月二十一日第一二八次市政会议提会报告)	第四卷第十一期	三十七年六月十五日	六二五(45)

南京市园林管理处公园管理通则(三十六年七月十八日第九十一次市政会议通过)	第三卷第四期	三十六年八月三十一日目录	○六一(45)
南京市园林管理处组织规则(二十六年三月二日公布)	第一七五期	二十六年三月	○二四(36)
南京市园林管理处组织规则(二十六年六月二十八日修正)	第一七八期	二十六年六月	五二四(36)
南京市园林管理处驻卫警服务规则(三十七年五月二十一日第一二八次市政会议提会报告)	第四卷第十一期	三十七年六月十五日	六二三(45)
南京市园林管理处管理道路广场树木整理办法(三十七年二月五日第一一五次市政会议通过)	第四卷第四期	三十七年二月二十九日	四四四(45)
南京市园林管理所推广苗木暂行办法	第四十期	二十九年一月三十一日	二二○(39)
南京市财政局八卦洲农事试验场地亩承领办法(廿六年二月十七日核准备案)	第一七四期	二十六年二月	六○六(35)
南京市财政局八卦洲农事试验场规则(二十六年二月十七日核准备案)	第一七四期	二十六年二月	六○五(35)
南京市财政局八卦洲轮路国货商场基地放租规则(二十三年五月二十六日核准备案)	第一四二期	二十三年六月份	七○九(25)
南京市财政局土地处组织规则(二十四年三月八日第三四五次市政会议通过)	第一五一期	二十四年三月	三三一(27)
南京市财政局土地税征收处组织规程(三十五年十一月八日第五十七次市政会议通过)	第一卷第十二期	三十五年十二月十五日	三六八(44)
南京市财政局土地税征收处组织规程(三十五年七月五日第四十次市政会议通过)	第一卷第八期	三十五年八月十六日	二○四(44)

南京市财政局土地登记处办事细则(二十三年八月五日核准备案)	第一四四期	二十三年八月	一五〇(26)
南京市财政局土地登记处组织规则(二十二年十月十七日核准备案)	第一三四期	二十二年十月三十一日	四八六(24)
南京市财政局土地登记处组织规则(二十三年五月十八日核准备案)	第一四一期	二十三年五月三十一日	五九〇(25)
南京市财政局大小黄洲庄规(二十年十一月二十四日核准备案)	第九十六期	二十年十一月三十日	六五四(18)
南京市财政局大小黄洲租佃暂行规则(二十年六月六日本府核准备案)	第八十五期	二十年六月十五日	一二五(17)
南京市财政局大小黄洲管理处二十年度开割芦柴办事细则(二十一年一月二十六日核准备案)	第一〇〇期	二十一年一月三十一日	三五九(19)
南京市财政局与江宁地方法院关于土地登记协商办法(二十三年九月廿六日核准施行)	第一四五期	二十三年九月	二六〇(26)
南京市财政局计算土地增值税额办法(三十六年九月二十六日第一百次市政会议通过)	第三卷第七期	三十六年十月十六日	一八三(45)
南京市财政局代征各电影院附加教育电影费办法(二十四年二月七日核准备案)	第一五〇期	二十四年二月	一四三(27)
南京市财政局代管经租房屋审议委员会简则(三十五年五月第三十四次市政会议通过)	第一卷第五期	三十五年七月一日	一一五(44)
南京市财政局处理溢地规则(二十一年十一月二十六日公布)	第一二〇期	二十一年十一月三十日	三九一(22)
南京市财政局处理旗地办法(廿三年九月二十六日核准施行)	第一四五期	二十三年九月	二六一(26)

南京市财政局处理劈卖劈典及分析不动产请领图照办法(二十一年七月八日核准备案)	第一一一期	二十一年七月十五日	一九四(21)
南京市财政局市房租赁规则(二十年十一月二十四日核准备案)	第九十六期	二十年十一月三十日	六五五(18)
南京市财政局招考征收练习生简章(二十三年六月二十七日核准备案)	第一四二期	二十三年六月份	七一四(25)
南京市财政局直辖公协济两公典规则(廿五年二月十一日公布)	第一六二期	二十五年二月	〇二四(31)
南京市财政局码头租赁暂行规则(二十四年一月十五日核准施行)	第一四九期	二十四年一月	〇二〇(27)
南京市财政局委托中西餐食业同业公会代征筵席税办法(三十五年七月二十六日第四十三次市政会议通过)	第一卷第九期	三十五年九月一日	二三七(44)
南京市财政局征收人员服务规则(二十三年七月三十日核准备案)	第一四三期	二十三年七月	〇二六(26)
南京市财政局征收人员奖惩规则(二十一年十月五日核准备案)	第一一七期	二十一年十月十五日	〇七七(22)
南京市财政局征收车捐章程(二十二年二月十日核准备案)	第一二五期	二十二年二月十五日	二〇四(23)
南京市财政局征收地价税暂行章程(廿五年十二月八日公布)	第一七二期	二十五年十二月	二〇七(35)
南京市财政局奖励员警协助检查车辆漏捐规则(廿四年六月廿八日核准备案)	第一五四期	二十四年六月	〇六〇(28)
南京市财政局奖励检举偷漏市税办法(三十五年五月三十一日第三十五次市政会议通过)	第一卷第六期	三十五年七月十六日	一四九(44)
南京市财政局洲地承卧规则(二十年十二月四日核准备案)	第九十七期	二十年十二月十五日	〇一六(19)

南京市财政局营业税处组织规则(二十三年七月二十三日核准备案)	第一四三期	二十三年七月	○二五(26)
南京市财政局营业税征收处组织规则(二十年八月二十六日第一八一次市政会议通过二十八日公布)	第九十期	二十年八月三十一日	六四一(17)
南京市财政局营业税征收处组织规程(三十六年一月十七日第六十六次市政会议通过)	第二卷第四期	三十六年三月一日	四九八(44)
南京市财政局屠宰税征收员经征规则(二十一年十一月二十四日核准备案)	第一二〇期	二十一年十一月三十日	三九〇(22)
南京市财政局税捐稽查处规则(二十年十一月二十七日核准备案)	第九十六期	二十年十一月三十日	六五六(18)
南京市私立中小学暂行办法	第四期	二十七年七月三十一日	○七八(37)
南京市私立中等学校立案补充规则(二十三年六月二十三日核准备案)	第一四二期	二十三年六月份	七一一(25)
南京市私立中等学校立案补充规程(二十三年七月二十八日核准备案)	第一卷第一期	三十五年五月一日	○二六(44)
南京市私立中等学校招生暂行规则(教育部核准备案)	第一一〇期	二十一年六月三十日	○一五(21)
南京市私立公墓管理章程(二十六年一月九日公布)	第一七三期	二十六年一月	四〇九(35)
南京市私立补习学校管理办法(三十七年七月二日第一三四次市政会议通过)	第五卷第二期	三十七年七月三十一日	七一三(45)
南京市私有土地上敌伪建筑物处理办法施行细则(三十五年六月七日第三十六次市政会议通过)	第一卷第六期	三十五年七月十六日	一五四(44)
南京市私塾登记暂行办法	第六十期	二十九年十一月三十日	一九三(40)

南京市住宅租金办法(二十二年十二月九日公布)	第一三六期	二十二年十二月三十一日	〇一七(25)
南京市近郊米谷买卖暂行办法(民国三十三年六月二十日公布)	第一四六期	三十三年六月三十日	四二四(43)
南京市汽车市政建设捐征收办法(三十六年九月十九日第九十九次市政会议通过)	第三卷第七期	三十六年十月十六日	一八二(45)
南京市汽车设置挡泥板简则(二十四年六月二十日核准备案)	第一五四期	二十四年六月	〇五四(28)
南京市汽车驾驶人员训练班章程(二十六年二月六日核准备案)	第一七四期	二十六年二月	五九六(35)
南京市完全小学经费支给表(二十七年度上学期)	第十期	二十七年十月三十日	二二三(37)
南京市初级小学经费支给表(二十七年度上学期)	第十期	二十七年十月三十日	二二一(37)
南京市社会局人民团体视察规则(二十年十二月十五日核准备案)	第九十七期	二十年十二月十五日	〇一九(19)
南京市社会局义务小学校长及教师检定委员会简章(二十一年七月二日核准备案)	第一一一期	二十一年七月十五日	一九〇(21)
南京市社会局办理公共娱乐场所艺员登记补充办法(二十年十二月十七日核准备案)	第九十八期	二十年十二月三十一日	〇九二(19)
南京市社会局平时考查中小学学生学业成绩办法(二十三年四月十九日核准备案)	第一四〇期	二十三年四月三十日	四七〇(25)
南京市社会局电影检查办法(二十一年五月三日核准备案)	第一〇七期	二十一年五月十五日	四六五(20)
南京市社会局处置违法贩卖或行使度量衡器具罚金办法(二十一年二月二十四日)	第一〇二期	二十一年二月二十九日	六〇七(19)
南京市社会局市立小学教职员服务细则(二十一年十一月三十日核准备案)	第一二〇期	二十一年十一月三十日	三九三(22)

南京市社会局市立义务小学学生入学办法(二十三年一月二十四日公布)	第一三七期	二十三年一月三十一日	一五六(25)
南京市社会局民众学校教师惩奖规则(二十一年九月二十六日核准备案)	第一一六期	二十一年九月三十日	七一七(21)
南京市社会局发给小商人营业执照暂行规则(二十一年八月八日公布)	第一一三期	二十一年八月十五日	四一二(21)
南京市社会局发给营业执照规则(二十年十一月四日第一八九次市政会议修正六日公布)	第九十五期	二十年十一月十五日	五四三(18)
南京市社会局农村改进委员会上新河区农事指导所特约农户暂行规则(廿五年六月十二日核准施行)	第一六六期	二十五年六月	〇二八(33)
南京市社会局农村改进委员会乡村农事指导暂行办法(廿六年一月廿三日核准备案)	第一七三期	二十六年一月	四一八(35)
南京市社会局农村改进委员会组织规则(廿四年九月廿一日公布)	第一五七期	二十四年九月	六三四(28)
南京市社会局私塾改进会暂行办法(廿五年一月七日核准备案)	第一六一期	二十五年一月	四九七(30)
南京市社会局体育委员会组织规则(二十二年五月咨准教育部核准备案)	第一二九期	二十二年五月三十一日	六一一(23)
南京市社会局补助优良私立中学规则(二十五年六月二日核准备案)	第一六六期	二十五年六月	〇二五(33)
南京市社会局补助私立小学规则(二十二年四月二十六日核准备案)	第一二八期	二十二年四月三十日	五一二(23)

南京市社会局委私立金陵大学理学院承办南京市教育电影办法(二十三年三月七日核准备案)	第一三九期	二十三年三月三十一日	三四九(25)
南京市社会局所属学校机关财产登记及保管规则(二十二年七月四日核准备案)	第一三一期	二十二年七月三十一日	一五六(24)
南京市社会局所属教育机关财产登记及保管规则(二十一年七月一日核准备案)	第一一一期	二十一年七月十五日	一八九(21)
南京市社会局贫民借贷所贷款规则(二十一年二月二日核准备案)	第一〇一期	二十一年二月十五日	五〇九(19)
南京市社会局育婴事业指导委员会组织规则(二十三年四月十八日公布)	第一四〇期	二十三年四月三十日	四六九(25)
南京市社会局审议工商业行规规则(二十四年二月一日公布)	第一五〇期	二十四年二月	一三九(27)
南京市社会局保送金陵大学免费学生办法(二十三年三月二十四日核准备案)	第一三九期	二十三年三月三十一日	三五八(25)
南京市社会局度量衡检定所组织规则(二十一年十月二十五日核准备案)	第一一八期	二十一年十月三十一日	一五九(22)
南京市社会局举办一年制短期小学暂行办法(二十四年九月二十五日核准施行)	第一五七期	二十四年九月	六三八(28)
南京市社会局举行小学教员登记办法(二十六年六月三十日核准备案)	第一七八期	二十六年六月	五二七(36)
南京市社会局换发狩猎证书暂行办法(二十三年十一月二十八日公布)	第一四七期	二十三年十一月	五八六(26)
南京市社会局监督公私立民众学校章程(教育部核准备案)	第一一〇期	二十一年六月三十日	〇一六(21)

南京市社会局监督文化团体规则(二十一年六月三日核准备案)	第一〇九期	二十一年六月十五日	六六八(20)
南京市社会局监督市商会承办平民工厂规则(二十一年六月二十五日核准备案)	第一一〇期	二十一年六月三十日	〇二二(21)
南京市社会局职业指导委员会组织规则(二十一年九月十日核准备案)	第一一五期	二十一年九月十五日	六〇〇(21)
南京市社会局菜场摊贩管理所私立菜场管理办法(三十五年四月十二日第三十次市政会议通过)	第一卷第三/四期合刊	三十五年六月十六日	〇七七(44)
南京市社会局菜场摊贩管理所组织规程(三十五年四月十二日第三十次市政会议通过)	第一卷第三/四期合刊	三十五年六月十六日	〇七五(44)
南京市社会局菜场摊贩管理所摊贩申请登记办法(三十五年四月十二日第三十次市政会议通过)	第一卷第三/四期合刊	三十五年六月十六日	〇七七(44)
南京市社会局菜场摊贩管理所管理暂行规则(三十五年四月十二日第三十次市政会议通过)	第一卷第三/四期合刊	三十五年六月十六日	〇七五(44)
南京市社会局检定小学教员暂行简则(二十三年一月十日核准备案)	第一三七期	二十三年一月三十一日	一四六(25)
南京市社会局管理乡区小学及简易小学暂行办法(廿三年十一月十日核准施行)	第一四七期	二十三年十一月	五一八(26)
南京市社会局管理私立补习学校章程(二十三年十二月七日公布)	第一四八期	二十三年十二月	六九六(26)
南京市社会局管理私塾及塾师规则(二十三年九月四日公布)	第一四五期	二十三年九月	二四九(26)
南京市社会局整理私立补习学校办法(三十五年四月十九日本府第三十一次市政会议通过)	第一卷第三/四期合刊	三十五年六月十六日	〇八〇(44)

南京市社会教育工作人员登记办法	第六十五期	三十年二月十五日	三九九(40)
南京市改良地区特别征费审核委员会组织规则(二十六年六月二十八日通饬施行)	第一七八期	二十六年六月	五二三(36)
南京市陆上交通管理规则	第十七期	二十八年二月十五日	六五四(37)
南京市陆上交通管理规则(二十二年五月十七日公布)	第一二九期	二十二年五月三十一日	六一二(23)
南京市取缔广告及征捐章程(二十一年十二月二十九日公布)	第一二二期	二十一年十二月三十一日	六六七(22)
南京市取缔违反环境卫生罚则(三十六年五月三十日第八十四次市政会议通过)	第二卷第十二期	三十六年六月三十日	八〇〇(44)
南京市取缔违反清洁规则(第六十二次市政会议通过)	第二卷第二/三期合刊	三十六年二月十五日	四六七(44)
南京市取缔驴马宰商暂行规则(二十二年十二月四日公布)	第一三六期	二十二年十二月三十一日	〇一五(25)
南京市取缔垃圾清洁规则(廿五年二月十八日公布)	第一六二期	二十五年二月	〇二六(31)
南京市取缔城区埋葬办法(三十七年六月十八日第一三二次市政会议通过)	第五卷第一期	三十七年七月十五日	六八六(45)
南京市取缔食品小贩规则(二十三年八月二十日公布)	第一四四期	二十三年八月	一四九(26)
南京市取缔剃头摊担规则(二十四年四月六日公布)	第一五二期	二十四年四月	五〇二(27)
南京市码头工人牌证号衣圆心补发换发办法(二十四年三月二十七日核准备案)	第一五一期	二十四年三月	三三六(27)
南京市码头工人登记及服务规则(二十二年七月十一日公布)	第一三一期	二十二年七月三十一日	一六〇(24)
南京市码头管理及租赁规则(二十四年四月二十四日公布)	第一五二期	二十四年四月	五〇六(27)

南京市码头整理委员会组织规则(二十六年五月四日公布)	第一七七期	二十六年五月	三六四(36)
南京市轮船码头小贩登记及营业规则(二十三年七月十日公布)	第一四三期	二十三年七月	○二一(26)
南京市国民义务劳动设计委员会组织规程(三十五年七月五日第四十次市政会议通过)	第一卷第八期	三十五年八月十六日	二○一(44)
南京市国民义务劳动服务团组织规程(三十五年七月五日第四十次市政会议通过)	第一卷第八期	三十五年八月十六日	二○二(44)
南京市国民劳动服务委员会服役奖惩办法(二十六年三月六日核准备案)	第一七五期	二十六年三月	○二五(36)
南京市国民劳动服务委员会组织大纲(二十四年十月十八日第三七三次市政会议通过)	第一五八期	二十四年十月	○三八(29)
南京市国民体育委员会组织规程(三十五年八月十六日第四十六次市政会议通过)	第一卷第十一期	三十五年十一月一日	三○三(44)
南京市国民身份证使用规则(三十五年六月七日第三十六次市政会议通过)	第一卷第六期	三十五年七月十六日	一五三(44)
南京市国民学校教职员任用待遇保障进修规则(三十七年六月二十五日第一三三次市政会议通过)	第五卷第一期	三十七年七月十五日	六八一(45)
南京市国有土地补契登记办法(廿三年十一月十五日颁行)	第一四七期	二十三年十一月	五二一(26)
南京市国货陈列馆附设商场营业规则(廿五年七月一日核准备案)	第一六七期	二十五年七月	四六二(33)
南京市国货陈列馆规程(二十五年五月十六日核准施行)	第一六五期	二十五年五月	四七五(32)

南京市国货陈列馆征品规则(廿五年七月一日核准备案)	第一六七期	二十五年七月	四六〇(33)
南京市国货陈列馆展览会审查出品规则(二十五年十一月六日公布)	第一七一期	二十五年十一月	〇二三(35)
南京市典当营业规则(二十六年五月二十四日公布)	第一七七期	二十六年五月	三七四(36)
南京市制造业营业税税率表	第九十二期	二十年九月三十日	一五五(18)
南京市物价评议会组织规程(三十六年三月十四日第七十四次市政会议通过)	第二卷第六期	三十六年三月三十一日	五九四(44)
南京市和万实验乡委员会组织规则(二十四年二月九日公布)	第一五〇期	二十四年二月	一四四(27)
南京市和万实验乡委员会森林押款办法(廿四年九月十三日核准备案)	第一五七期	二十四年九月	六二九(28)
南京市侍役训练班工友受训缺席处罚办法(廿五年七月十一日核准备案)	第一六七期	二十五年七月	四六三(33)
南京市使用牌照税征收暂行细则(三十五年五月二十七日第三十四次市政会议通过)	第一卷第五期	三十五年七月一日	一一九(44)
南京市征收土地发给定着物迁移费补偿费办法(二十五年十一月十一日公布)	第一七一期	二十五年十一月	〇二八(35)
南京市征收土地迁移坟墓办法(二十三年十二月十九日公布)	第一四八期	二十三年十二月	七〇四(26)
南京市征收牲畜税暂行条例	第六期	二十七年八月三十一日	一一八(37)
南京市征收烟酒营业牌照税暂行章程	第五期	二十七年八月十五日	一〇五(37)
南京市征收营业税施行细则及税率表(二十年八月二十日公布)	第九十期	二十年八月三十一日	六三七(17)

南京市征收营业税税率表(民国二十三年十二月修正本)	第八十六/八十七期合刊	三十一年一月十五日	四四九(41)
南京市征收屠宰税暂行章程(廿五年七月十七日公布)	第一六七期	二十五年七月	四六五(33)
南京市征集志愿兵实施办法	第二卷第十二期	三十六年六月三十日	八〇一(44)
南京市贫户合米配售办法(三十六年五月十六日第八十二次市政会议通过)	第二卷第十一期	三十六年六月十五日	七六七(44)
南京市贫民贷款所贷款暂行章程(二十二年一月十八日核准备案)	第一二四期	二十二年一月三十一日	〇一五(23)
南京市贫民贷款所暂行章程(二十二年一月十八日核准备案)	第一二四期	二十二年一月三十一日	〇一五(23)
南京市实施升学及职业指导委员会组织规则(二十三年三月二十二日核准备案)	第一三九期	二十三年三月三十一日	三五六(25)
南京市实施升学及职业指导详细办法(二十三年三月二十二日核准备案)	第一三九期	二十三年三月三十一日	三五三(25)
南京市房屋评价委员会组织规程(三十六年八月一日第九十二次市政会议通过)	第三卷第四期	三十六年八月三十一日目录	〇六五(45)
南京市房屋租金评议委员会组织规程(三十六年八月二十九日第九十六次市政会议通过)	第三卷第五期	三十六年九月十五日	〇九八(45)
南京市房屋租赁纠纷处理委员会组织规程(三十六年八月八日第九十三次市政会议通过)	第三卷第四期	三十六年八月三十一日目录	〇六六(45)
南京市房屋租赁管理规则(三十五年六月二十八日公布施行)	第一卷第六期	三十五年七月十六日	一五六(44)
南京市房捐征收细则(三十七年七月十四日(卅七)府财布字第六一号令公布)	第五卷第二期	三十七年七月三十一日	七一一(45)

南京市房捐征收细则(三十六年四月二日本府修正公布施行)	第二卷第八期	三十六年四月三十日	六八三(44)
南京市房租暂行标准(三十五年六月二十八日公布施行)	第一卷第六期	三十五年七月十六日	一五七(44)
南京市房基地分等付租暂行办法	第十五期	二十八年一月十五日	四六二(37)
南京市建设计划委员会组织规程(三十五年十月十一日第五十四次市政会议通过)	第一卷第十二期	三十五年十二月十五日	三六四(44)
南京市建设计划委员会组织规程(三十五年八月二日第四十四次市政会议通过)	第一卷第十期	三十五年九月十六日	二六八(44)
南京市肃清烟毒委员会组织规程(三十五年四月五日第二十九次市政会议通过)	第一卷第三/四期合刊	三十五年六月十六日	○七四(44)
南京市肃清烟毒委员会组织规程(三十六年二月七日第六十九次市政会议通过)	第二卷第七期	三十六年四月十五日	六四九(44)
南京市参议员选举事务区域职业投票所组织简章(三十五年七月二十六日第四十三次市政会议通过)	第一卷第十期	三十五年九月十六日	二六七(44)
南京市参议员选举实施办法(第四十二次市政会议通过内政部民字第一○二六号代电修正)	第一卷第九期	三十五年九月一日	二三八(44)
南京市经济建设委员会组织规程(三十六年五月二十三日第八十三次市政会议通过)	第二卷第十一期	三十六年六月十五日	七六八(44)
南京市经管农场田地租佃暂行办法	第七期	二十七年九月十五日	一二八(37)
南京市城区户口总复查及换填联保切结办法	第六十一期	二十九年十二月十五日	二二五(40)
南京市城区冬防期内保甲巡查规则	第六十期	二十九年十一月三十日	一八五(40)
南京市城厢空地建筑房屋促进规则(二十四年一月二十五日通饬施行)	第一四九期	二十四年一月	○二一(27)

南京市政府工业技师技副执行业务规则	第六十三期	三十年一月十五日	三二二(40)
南京市政府工务局处理违章车辆简则	第五十六期	二十九年九月三十日	〇二五(40)
南京市政府工务局检验车辆规则	第六十四期	三十年一月三十一日	三六九(40)
南京市政府工作人员储蓄金管理委员会组织章程(廿四年七月廿六日第三六二次市政会议通过)	第一五六期	二十四年八月	三六七(28)
南京市政府工作人员储蓄简章(二十四年五月三十一日公布)	第一五三期	二十四年五月	六九五(27)
南京市政府土地局发放中央政治区内旗地六成补偿金办法(二十四年十一月八日第三七五次市政会议议决施行)	第一五九期	二十四年十一月	三〇九(29)
南京市政府下关办事处组织规则(二十三年六月二十日核准备案)	第一四二期	二十三年六月份	七一〇(25)
南京市政府及所属各机关处理公文改良办法(二十二年八月三十日颁行)	第一三二期	二十二年八月三十一日	二六一(24)
南京市政府及所属各机关职员出勤车费支给办法(廿四年八月廿三日第二六六次市政会议通过)	第一五六期	二十四年八月	三七一(28)
南京市政府卫生事务所/国立中央大学农学院畜牧兽医系合办乳业讲习班简章(二十四年九月二十六日核准备案)	第一五七期	二十四年九月	六三八(28)
南京市政府乡区区公所组织规则(廿三年十一月八日公布)	第一四七期	二十三年十一月	五一八(26)
南京市政府乡区保甲长暂行训练办法(二十四年六月十四日公布)	第一五四期	二十四年六月	〇五〇(28)
南京市政府乡区保安独立中队组织规则(二十四年九月九日令发施行)	第一五七期	二十四年九月	六二六(28)

南京市政府公园管理处小贩营业规则(廿四年七月三日公布)	第一五五期	二十四年七月	二〇一(28)
南京市政府代征市区屠税协定办法(二十年八月一日)	第九十二期	二十年九月三十日	一五五(18)
南京市政府市政设计委员会组织规程(廿五年三月十日第三九〇次市政会议通过)	第一六四期	二十五年四月	〇二七(32)
南京市政府发给市民证办法	第五十八期	二十九年十月三十一日	一一三(40)
南京市政府对于延抗税捐之市民停止公用设备暂行规则(二十二年九月十九日公布)	第一三三期	二十二年九月三十日	三九三(24)
南京市政府地政局发行官契纸规则	第六十七期	三十年三月十五日	五〇七(40)
南京市政府同人消费合作社实施程序	第五十二期	二十九年七月三十一日	八一九(39)
南京市政府同人消费合作社章程草案	第五十二期	二十九年七月三十一日	八一三(39)
南京市政府同人消费合作社缘起	第五十二期	二十九年七月三十一日	八一三(39)
南京市政府自治事务处办事细则(廿五年六月廿三日核准施行)	第一六六期	二十五年六月	〇三一(33)
南京市政府自治事务处自治研究委员会组织规则(廿六年一月十五日核准备案)	第一七三期	二十六年一月	四一二(35)
南京市政府各局处及征收机关派驻会计人员暂行规则	第六十一期	二十九年十二月十五日	二二六(40)
南京市政府问事处办事细则(二十四年十月十六日公布)	第一五八期	二十四年十月	〇三六(29)
南京市政府问事处组织规则(廿四年八月十五日公布)	第一五六期	二十四年八月	三七〇(28)
南京市政府设计考核委员会办事细则(三十六年十一月十四日第一〇六次市政会议通过)	第三卷第十一期	三十六年十二月十五日	三〇四(45)
南京市政府收支款项暂行办法	第五十七期	二十九年十月十五日	〇六三(40)

南京市政府违反使用国货训令处罚规则(二十二年八月三十日公布)	第一三二期	二十二年八月三十一日	二六一(24)
南京市政府员工福利委员会福利互助基金办法(三十六年三月十四日第七十四次市政会议通过)	第二卷第六期	三十六年三月三十一日	五九五(44)
南京市政府财政局征收员生保证规程(二十四年五月二十三日核准施行)	第一五三期	二十四年五月	六九〇(27)
南京市政府财政局征收旅馆营业税章程(十八年十月二十三日呈准备案)	第五十三期	二十九年八月十五日	八六七(39)
南京市政府社会局义务小学校长及教师任免规程(二十一年六月二十五日核准备案)	第一一〇期	二十一年六月三十日	〇一八(21)
南京市政府社会局检定义务小学校长及教师规程(二十一年六月二十五日核准备案)	第一一〇期	二十一年六月三十日	〇一九(21)
南京市政府诉愿审议委员会组织规程	第一卷第十二期	三十五年十二月十五日	三六三(44)
南京市政府改良缎绒贷款审查委员会组织规则(二十二年十二月廿六日公布)	第一三六期	二十二年十二月三十一日	〇三五(25)
南京市政府招商承办下关清洁所投标办法(二十一年五月二十一日公布)	第一〇八期	二十一年五月三十一日	五五七(20)
南京市政府招商承办下关清洁所简章(二十一年五月二十一日公布)	第一〇八期	二十一年五月三十一日	五五八(20)
南京市政府招商承办清除市内粪便办法(二十一年八月二日公布)	第一一三期	二十一年八月十五日	四一一(21)
南京市政府取缔乡区茶馆暂行规则(二十四年三月十二日公布)	第一五一期	二十四年三月	三三二(27)

南京市政府直属各局处罚锾奖金处理办法(三十五年十一月一日第五十六次市政会议通过)	第一卷第十二期	三十五年十二月十五日	三六八(44)
南京市政府国医审查委员会审查规则(二十一年七月八日公布)	第一一一期	二十一年七月十五日	一九二(21)
南京市政府国医试验规则(二十二年六月二十八日公布)	第一三〇期	二十二年六月三十日	〇二〇(24)
南京市政府购买材料审核委员会办事细则(二十一年六月九日核准备案)	第一〇九期	二十一年六月十五日	六八〇(20)
南京市政府购买材料审核委员会议事细则(二十一年六月九日核准备案)	第一〇九期	二十一年六月十五日	六八〇(20)
南京市政府购买材料审核委员会规则(二十一年五月十一日公布)	第一〇七期	二十一年五月十五日	四六八(20)
南京市政府购料委员会组织章程	第五十二期	二十九年七月三十一日	八〇六(39)
南京市政府图书委员会组织规则(二十一年十月二十五日核准备案)	第一一八期	二十一年十月三十一日	一六〇(22)
南京市政府图书馆借书规则(廿五年七月廿一日核准施行)	第一六七期	二十五年七月	四六六(33)
南京市政府所属各机关任用职员暂行办法(二十三年七月十七日核准施行)	第一四三期	二十三年七月	〇二四(26)
南京市政府所属各机关职员任免办法(二十一年一月二十二日颁行)	第一〇〇期	二十一年一月三十一日	三五九(19)
南京市政府法规编审委员会简章	第五十五期	二十九年九月十五日	九六六(39)
南京市政府法规编纂委员会办事细则(二十年六月三日第一七〇次市政会议通过)	第八十五期	二十年六月十五日	一二五(17)
南京市政府法规编纂委员会办事细则(廿四年十一月十五日核定施行)	第一五九期	二十四年十一月	三一一(29)

南京市政府法规编纂委员会组织规程(三十六年六月二十九日第八十八次市政会议通过)	第三卷第一期	三十六年七月十五日	八四四(44)
南京市政府法规编纂委员会章程(廿四年十一月八日第三七五次市政会议议决施行)	第一五九期	二十四年十一月	三一〇(29)
南京市政府组织规则(行政院第五十六次会议决议修正通过)	第一一四期	二十一年八月三十一日	四七三(21)
南京市政府组织规程(民国三十六年四月修正国府暂准备案)	第三卷第一期	三十六年七月十五日	八三五(44)
南京市政府组织规程第十六条第二项修正条文(三十七年五月三日行政院(卅七)日内字第二一五〇六号令颁)	第四卷第十期	三十七年五月三十一日	五九六(45)
南京市政府经理委员会办事细则(廿五年十二月三十日核准备案)	第一七二期	二十五年十二月	二三一(35)
南京市政府经理委员会处理会务办法大纲(廿五年十月卅一日公布)	第一七〇期	廿五年十月	四七六(34)
南京市政府经理委员会购办部关于建修工程办法(廿六年一月十九日核准备案)	第一七三期	二十六年一月	四一四(35)
南京市政府修复损坏建筑物暂行办法	第五十三期	二十九年八月十五日	八六五(39)
南京市政府奖励市民建筑住宅暂行办法(三十五年六月七日第三十六次市政会议通过)	第一卷第六期	三十五年七月十六日	一五四(44)
南京市政府首都警察厅　会订取缔书场简则	第六十三期	三十年一月十五日	三二四(40)
南京市政府统一核发各项证照规则(三十七年七月三十日第一三八次市政会议通过)	第五卷第三期	三十七年八月十五日	七四三(45)

南京市政府统计委员会组织规程(二十五年三月十八日公布)	第一六三期	二十五年三月	四一六(31)
南京市政府都市计划处组织规程(三十七年十月八日第一四五次市政会议通过)	第五卷第八期	三十七年十月三十一日	八五六(45)
南京市政府校舍建筑委员会简章(二十四年六月二十一日第三五八次市政会议通过)	第一五四期	二十四年六月	〇五五(28)
南京市政府特务队组织规则(廿五年十二月十一日公布)	第一七二期	二十五年十二月	二一二(35)
南京市政府秘书处处理公文程序(二十一年八月三十一日颁行)	第一一四期	二十一年八月三十一日	四八九(21)
南京市政府秘书处暨各局办公用品购置规则(二十一年八月一日公布)	第一一三期	二十一年八月十五日	四〇七(21)
南京市政府推进乡镇合作社办法(三十六年五月二十三日第八十三次市政会议通过)	第二卷第十一期	三十六年六月十五日	七六八(44)
南京市政府教育局监督私立职业补习学校/传习所登记办法	第六十期	二十九年十一月三十日	一八九(40)
南京市政府教育局调查学龄儿童实施细则	第六十期	二十九年十一月三十日	一八八(40)
南京市政府教育局检定民众学校教师暂行章程(二十一年三月七日核准备案)	第一〇三期	二十一年三月十五日	〇一五(20)
南京市政府职员子女教育费免息贷金简则(三十六年二月十四日第七十次市政会议通过)	第二卷第五期	三十六年三月十五日	五四三(44)
南京市政府职员考勤规则(三十六年四月十五日(卅六)府总人字第三九八〇号公布)	第二卷第八期	三十六年四月三十日	六八二(44)
南京市政府职员临时考绩委员会组织简章	第五十五期	二十九年九月十五日	九六五(39)

南京市政府职员保证暂行规则	第六十三期	三十年一月十五日	三二五(40)
南京市政府职员请假规则	第五十四期	二十九年八月三十一日	九一七(39)
南京市政府营造业登记章程	第六十三期	三十年一月十五日	三一七(40)
南京市政府检验歌舞女健康规则	第五十五期	二十九年九月十五日	九六八(39)
南京市政府清除粪便暂行规则(二十一年八月二日公布)	第一一三期	二十一年八月十五日	四〇九(21)
南京市政府提倡国货委员会章程(二十二年八月八日公布)	第一三二期	二十二年八月三十一日	二四九(24)
南京市政府管理开业医师暂行规则(二十一年十月十日公布)	第一一七期	二十一年十月十五日	〇七九(22)
南京市政府管理开业助产士暂行规则(二十二年三月二日公布)	第一二七期	二十二年三月三十一日	三五三(23)
南京市政府管理开业国医暂行规则(二十一年六月三日公布)	第一〇九期	二十一年六月十五日	六六七(20)
南京市政府管理医院规则(二十二年十月二十八日公布)	第一三四期	二十二年十月三十一日	四八八(24)
南京市政府管理施诊所暂行规则(二十二年三月二十九日公布)	第一二七期	二十二年三月三十一日	三六〇(23)
南京市政府管理菜市场规则(二十年十月二十三日公布)	第九十四期	二十年十月三十一日	四二九(18)
南京市政府稽核所属各机关收入缴库办法(三十六年五月九日第八十一次市政会议通过)	第二卷第十期	三十六年五月三十一日	七三七(44)
南京市政府/首都警察厅会订违反仰平物价暂行办法罚则	第七十九期	三十年九月十五日	二四六(41)
南京市政治区域住宅区土地整理章程(二十二年九月十六日公布)	第一三三期	二十二年九月三十日	三九一(24)
南京市政治区域住宅区土地整理章程施行细则(二十二年十月十四日公布)	第一三四期	二十二年十月三十一日	四八五(24)
南京市政治区域住宅区建筑规则(二十二年十一月十四日公布)	第一三五期	二十二年十一月三十日	五九八(24)
南京市某某乡镇耕牛会章程	第一五〇期	二十四年二月	一四五(27)

南京市查验土地权利书状办法(三十五年四月公布行)	第一卷第三/四期合刊	三十五年六月十六日	○八○(44)
南京市临时评定物价委员会组织大纲(廿四年十一月十八日核准备案)	第一五九期	二十四年十一月	三一三(29)
南京市临时摊场取缔规则	第三期	二十七年七月十五日	○六二(37)
南京市炭窑业登记规则	第十八期	二十八年二月二十八日	七三九(37)
南京市牲畜家禽比赛会简章(二十五年十一月七日核准备案)	第一七一期	二十五年十一月	○二五(35)
南京市修改九龙桥施工细则	第二期	二十七年六月三十日	○四六(37)
南京市修堤委员会组织规程(三十五年四月十二日第三十次市政会议通过)	第一卷第三/四期合刊	三十五年六月十六日	○七八(44)
南京市修堤委员会组织规程(三十六年一月四日本府第二二号指令核准)	第二卷第四期	三十六年三月一日	四九九(44)
南京市修筑维新桥(即大中桥原址)施工细则	第二期	二十七年六月三十日	○四七(37)
南京市保甲户口编查办法施行细则(三十六年七月十一日第九十次市政会议通过)	第三卷第二期	三十六年七月三十一日	八九一(44)
南京市保护耕牛办法(二十年九月二十六日核准备案)	第九十二期	二十年九月三十日	一五四(18)
南京市保护森林委员会简章	第十七期	二十八年二月十五日	六○七(37)
南京市促进市有公地利用处理办法(行政院三十六年九月三日公布)	第三卷第六期	三十六年九月三十日	一三○(45)
南京市度量衡检定所办事细则(廿六年四月二日核准备案)	第一七六期	二十六年四月	一八○(36)
南京市耕牛抵押贷款办法(廿四年二月十二日核准备案)	第一五○期	二十四年二月	一四四(27)
南京市埋设自来水管租用私地章程(二十二年四月十日公布)	第一二八期	二十二年四月三十日	五○二(23)

南京市捐资兴学褒奖规程(三十五年五月三日第三十二次市政会议通过)	第一卷第三/四期合刊	三十五年六月十六日	〇八一(44)
南京市都市计划委员会组织规程(三十六年二月七日第六十九次市政会议通过)	第二卷第五期	三十六年三月十五日	五四二(44)
南京市铁路管理处军票章程(二十一年六月三十日公布)	第一一〇期	二十一年六月三十日	〇二三(21)
南京市铁路管理处组织规则(二十一年七月二十二日公布)	第一一二期	二十一年七月三十日	二九五(21)
南京市租户申请装接自来水暂行办法(二十二年十月七日公布)	第一三四期	二十二年十月三十一日	四八四(24)
南京市健康教育委员会组织规则(二十一年九月十三日核准备案)	第一一五期	二十一年九月十五日	六〇一(21)
南京市健康教育委员会组织规程(三十五年七月十五日第四十二次市政会议通过)	第一卷第九期	三十五年九月一日	二三六(44)
南京市健康教育委员会组织规程(三十六年三月二十八日第七十六次市政会议通过)	第二卷第七期	三十六年四月十五日	六五三(44)
南京市高等/普通检定考试委员会办事细则(廿四年八月九日核准备案)	第一五六期	二十四年八月	三六九(28)
南京市高等/普通检定考试委员会组织规则(廿四年八月九日核准备案)	第一五六期	二十四年八月	三六八(28)
南京市旅馆带征旅客市政建设捐征收细则(三十六年八月八日第九十三次市政会议通过)	第三卷第四期	三十六年八月三十一日目录	〇六七(45)
南京市烟酒公卖暂行简章	第五期	二十七年八月十五日	一〇三(37)
南京市烟酒公卖税率单	第十五期	二十八年一月十五日	四六四(37)
南京市烟酒牌照税率单	第十五期	二十八年一月十五日	四六七(37)

南京市调验烟民规则(三十六年十月十七日第一〇二次市政会议通过)	第三卷第九期	三十六年十一月十五日	二三四(45)
南京市娱乐税征收细则(卅六年四月二日本府修正公布施行)	第二卷第八期	三十六年四月三十日	六八五(44)
南京市通志馆组织规程(三十五年十一月八日第五十七次市政会议通过)	第一卷第十二期	三十五年十二月十五日	三六九(44)
南京市通志馆组织规程(三十六年十月三十一日第一〇四次市政会议通过)	第三卷第十期	三十六年十一月三十日	二七六(45)
南京市教育设计委员会组织章程	第五十六期	二十九年九月三十日	〇二六(40)
南京市教育设计委员会组织章程(二十一年十二月五日公布)	第一二一期	二十一年十二月十五日	四九九(22)
南京市教育局电化教育辅导处组织规程(三十六年五月十六日第八十二次市政会议通过)	第二卷第十一期	三十六年六月十五日	七六六(44)
南京市教育局整理未立案私立中小学暂行办法(教育部三十七年五月十三日中字第二五八二〇号令备案)	第四卷第十二期	三十七年六月三十日	六四九(45)
南京市教育经费保障办法(二十三年一月五日第二八八次市政会议议决)	第一三七期	二十三年一月三十一日	一四五(25)
南京市教育经费保管委员会简章(二十三年一月五日第二八八次市政会议议决)	第一三七期	二十三年一月三十一日	一四五(25)
南京市接生婆训练及给照暂行规则(二十一年十一月二十二日核准备案)	第一二〇期	二十一年十一月三十日	三八九(22)
南京市职业介绍所登记规则(二十一年二月十二日公布)	第一〇一期	二十一年二月十五日	五一五(19)

南京市职业学校职业学科师资登记检定办法施行细则(二十三年四月十八日核准备案)	第一四〇期	二十三年四月三十日	四六七(25)
南京市菜场摊贩管理暂行规则(修正条文)(三十五年十月十八日第五十五次市政会议通过)	第一卷第十二期	三十五年十二月十五日	三六六(44)
南京市菜场管理所办事细则	第二十七期	二十八年七月十五日	四一五(38)
南京市菜场管理所组织暂行简章	第十期	二十七年十月三十日	二四三(37)
南京市菜场管理所组织暂行简章	第二十七期	二十八年七月十五日	四一三(38)
南京市营业专税施行细则	第六十八期	三十年三月三十一日	五六二(40)
南京市营业税评议委员会评议规则(二十三年十月二十四日公布)	第一四六期	二十三年十月	三九三(26)
南京市营业税评议委员会组织规则(二十三年十月二十四日公布)	第一四六期	二十三年十月	三九二(26)
南京市营业税评议委员会组织规则(二十年八月二十六日第一八一次市政会议通过二十八日公布)	第九十期	二十年八月三十一日	六四三(17)
南京市营业牌照税征收细则(三十七年二月　日本府修正公布施行)	第四卷第十期	三十七年五月三十一日	五九七(45)
南京市营业牌照税征收细则(三十六年一月三十一日第六十八次市政会议通过)	第二卷第七期	三十六年四月十五日	六四八(44)
南京市营造业开业登记临时办法(三十五年四月五日第二十九次市政会议通过)	第一卷第三/四期合刊	三十五年六月十六日	〇七三(44)
南京市救灾准备金保管委员会组织章程(二十四年十月二十三日公布)	第一五八期	二十四年十月	〇四一(29)
南京市救济水灾园户临时贷款办法(二十二年七月二十二日颁行)	第一三一期	二十二年七月三十一日	一六二(24)

南京市救济院农场事业委员会组织规则(廿六年一月十九日核准备案)	第一七三期	二十六年一月	四一五(35)
南京市救济院组织规则(二十五年六月三十日公布)	第一六六期	二十五年六月	〇三六(33)
南京市救济院第一分院办事细则(二十六年二月二十四日核准备案)	第一七四期	二十六年二月	六一五(35)
南京市银行章程(奉财政部币字第一三五号批修正)	第六十九期	三十年四月十五日	六一九(40)
南京市第一工商业区土地改良受益摊费办法(二十三年八月十七日公布)	第一四四期	二十三年八月	一四七(26)
南京市第一区建设促进会组织规则(二十四年四月四日核准施行)	第一五二期	二十四年四月	五〇〇(27)
南京市第一公园烈士祠附祠规则(二十三年五月二十八日公布)	第一四一期	二十三年五月三十一日	五九六(25)
南京市第八区普济施材掩埋所办事细则(廿四年七月三日核准备案)	第一五五期	二十四年七月	二〇四(28)
南京市第八区普济施材掩埋所组织大纲(廿四年七月三日核准备案)	第一五五期	二十四年七月	二〇二(28)
南京市第八区普济施材掩埋所组织细则(廿四年七月三日核准备案)	第一五五期	二十四年七月	二〇三(28)
南京市第八届全市运动会筹备委员会组织规程(三十六年五月七日公布)	第二卷第十期	三十六年五月三十一日	七三八(44)
南京市第六区农事生产合作社章程(二十三年十二月十四日核准备案)	第一四八期	二十三年十二月	六九九(26)

南京市第　区推行识字教育委员会组织规程(二十五年二月十八日核准备案)	第一六二期	二十五年二月	〇三〇(31)
南京市领发国民身份证办法(三十六年七月十一日第九十次会议通过)	第三卷第二期	三十六年七月三十一日	八九四(44)
南京市商会承办平民工厂办法(二十一年六月二十五日核准备案)	第一一〇期	二十一年六月三十日	〇二一(21)
南京市商店货品标明规则(二十三年十一月十五日公布)	第一四七期	二十三年十一月	五二〇(26)
南京市清荒施垦办法大纲(廿六年四月廿七日令饬施行)	第一七六期	二十六年四月	二一四(36)
南京市清洁运动清洁检查队组织及服务规则	第九期	二十七年十月十五日	一九一(37)
南京市清洁总队各路分队及特务分队服务细则(二十二年八月九日核准备案)	第一三二期	二十二年八月三十一日	二五三(24)
南京市清洁总队各路分队及特务分队组织规则(二十二年八月九日核准备案)	第一三二期	二十二年八月三十一日	二五三(24)
南京市清洁总队招商承销粪便投标规则(二十六年六月二十九日核准施行)	第一七八期	二十六年六月	五二六(36)
南京市清洁总队服务细则(二十二年八月九日核准备案)	第一三二期	二十二年八月三十一日	二五一(24)
南京市清洁总队试办垃圾厂提赏分配暂行办法(二十二年三月三十日核准备案)	第一二七期	二十二年三月三十一日	三六一(23)
南京市清洁总队组织规则(二十二年八月九日核准备案)	第一三二期	二十二年八月三十一日	二五〇(24)
南京市清凉山公园住宅区原有民房及寺庙整理办法(二十四年七月十日公布)	第一五五期	二十四年七月	二〇六(28)

南京市清寒学生奖学金规则(二十二年七月五日公布)	第一三一期	二十二年七月三十一日	一五九(24)
南京市渔网登记办法(二十四年三月二十七日核准备案)	第一五一期	二十四年三月	三三六(27)
南京市屠宰业取缔规则	第五期	二十七年八月十五日	〇九八(37)
南京市屠宰场检验入市肉品章程(二十六年二月十七日核准备案)	第一七四期	二十六年二月	六〇三(35)
南京市屠宰场检验猪只及征费规则(二十一年六月十四日公布)	第一〇九期	二十一年六月十五日	六八一(20)
南京市屠宰场管理宰猪作规则(二十六年二月十七日核准备案)	第一七四期	二十六年二月	六〇三(35)
南京市屠宰税征收细则(三十七年五月六日本府修正公布施行)	第四卷第十期	三十七年五月三十一日	五九六(45)
南京市屠宰税征收细则(卅六年四月二日本府修正公布施行)	第二卷第八期	三十六年四月三十日	六八六(44)
南京市隐漏税捐奖惩暂行规则(二十四年五月二十三日核准施行)	第一五三期	二十四年五月	六九一(27)
南京市娼妓检疗所娼妓检疗暂行规则	第五十五期	二十九年九月十五日	九六九(39)
南京市婚丧仪仗施行细则(廿五年十二月一日公布)	第一七二期	二十五年十二月	二〇五(35)
南京市绸布业商店货品标明规则(二十二年九月十三日公布)	第一三三期	二十二年九月三十日	三九〇(24)
南京市提倡国货委员会各区分会组织通则(二十二年八月二十四日核准备案)	第一三二期	二十二年八月三十一日	二六〇(24)
南京市棚户区管理规则(廿五年四月廿日公布)	第一六四期	二十五年四月	〇三二(32)
南京市暑期塾师训练班办法(二十四年六月二十一日公布)	第一五四期	二十四年六月	〇五五(28)
南京市遗失图状书证收据呈请补给须知	第五十五期	二十九年九月十五日	九七一(39)

南京市短期库券条例(二十六年六月二十一日核准施行)	第一七八期	二十六年六月	五一七(36)
南京市筑路征地发给领价证抵缴摊费办法(二十二年十二月二十二日颁行)	第一三六期	二十二年十二月三十一日	○三三(25)
南京市筑路摊费审查委员会组织规则(二十一年七月二十二日公布)	第一一二期	二十一年七月三十日	二九四(21)
南京市筵席税征收细则(三十六年四月二日本府修正公布施行)	第二卷第九期	三十六年五月十五日	七○三(44)
南京市集团结婚办法	第十七期	二十八年二月十五日	六○五(37)
南京市粪便管理处建造工程投标暂行规则(廿五年六月廿日核准施行)	第一六六期	二十五年六月	○二九(33)
南京市粪便管理处组织规则(廿五年三月三十一日核准施行)	第一六六期	二十五年六月	○二五(33)
南京市粪便管理处租用及征收公用私厕规则(廿五年十一月十三日核准施行)	第一七一期	二十五年十一月	○三一(35)
南京市粪便管理处清除粪便收费办法(二十五年六月三十日核准施行)	第一六六期	二十五年六月	○三八(33)
南京市粪便管理处清除粪便收费细则(廿五年十月八时核准备案)	第一七○期	廿五年十月	四六五(34)
南京市粪便管理处管理公用厕所售卖草纸规则(二十五年十一月十七日核准施行)	第一七一期	二十五年十一月	○三二(35)
南京市粪便管理处整理及管理厕所规则(廿五年十一月十三日核准施行)	第一七一期	二十五年十一月	○二九(35)
南京市强迫识字教育委员会组织规程(二十五年六月二十六日核准施行)	第一六六期	二十五年六月	○三五(33)

南京市缎业改良研究委员会组织规则(二十一年八月三十日公布)	第一一四期	二十一年八月三十一日	四八八(21)
南京市禁止虐待动物施行细则(二十三年七月三十日核准备案)	第一四三期	二十三年七月	○四八(26)
南京市禁烟暂行规则	第七期	二十七年九月十五日	一三四(37)
南京市新旧法币交流兑换处暂行规程	第九十九期	三十一年七月十五日	七五三(41)
南京市新旧度量衡器物价折合实施办法(二十一年十一月一日核准备案)	第一一九期	二十一年十一月十五日	二八六(22)
南京市新生活集团结婚办法(廿四年七月廿七日核准备案)	第一五五期	二十四年七月	二一三(28)
南京市新住宅区建筑章程(二十二年五月二十六日公布)	第一二九期	二十二年五月三十一日	六三五(23)
南京市新住宅区第一区征收给价及承领土地等事办法(二十一年十一月五日第二三二次市政会议通过)	第一二○期	二十一年十一月三十日	三八三(22)
南京市新住宅区第四区征收土地给价办法(二十三年十一月十九日公告施行)	第一四七期	二十三年十一月	五二三(26)
南京市新住宅区第四区领地章程(廿三年十一月十九日公布)	第一四七期	二十三年十一月	五二一(26)
南京市新闻纸杂志登记审查办法(二十年十二月三十日核准备案)	第九十八期	二十年十二月三十一日	○九三(19)
南京市粮食评价委员会办事细则(二十一年七月二十七日核准备案)	第一一二期	二十一年七月三十日	三○五(21)
南京市粮食评价委员会会议规则(二十一年七月二十七日核准备案)	第一一二期	二十一年七月三十日	三○五(21)
南京市粮食评价委员会取缔粮食商抬价罚则(二十一年七月二十七日核准备案)	第一一二期	二十一年七月三十日	三○四(21)

南京市粮食评价委员会组织大纲(二十一年二月十一日核准备案)	第一〇一期	二十一年二月十五日	五一三(19)
南京市粮食评价委员会组织大纲(二十一年七月二十七日核准备案)	第一一二期	二十一年七月三十日	三〇三(21)
南京市粮食委员会组织规则(二十年十月十三日公布)	第九十三期	二十年十月十五日	三一〇(18)
南京市粮食商私自抬价罚则(二十一年二月十一日核准备案)	第一〇一期	二十一年二月十五日	五一四(19)
南京市管理开业种痘员规则(廿四年十月一日公布)	第一五八期	二十四年十月	〇二七(29)
南京市管理中西医药新闻广告传单规则(廿四年九月廿日公布)	第一五七期	二十四年九月	六三三(28)
南京市管理水管商规则(三十六年十一月七日第一〇五次市政会议通过)	第三卷第十期	三十六年十一月三十日	二七七(45)
南京市管理公共娱乐场所及艺员规则	第十六期	二十八年一月三十一日	五四〇(37)
南京市管理公共娱乐场所及艺员规则(二十三年九月廿六日公布)	第一四五期	二十三年九月	二五六(26)
南京市管理公共娱乐场所规则(三十五年六月二十一日第三十八次市政会议通过)	第一卷第七期	三十五年八月一日	一七八(44)
南京市管理电匠及电气学徒规则(三十六年十一月七日第一〇五次市政会议通过)	第三卷第十期	三十六年十一月三十日	二八一(45)
南京市管理电料店及电气承装人规则(三十六年十一月七日第一〇五次市政会议通过)	第三卷第十期	三十六年十一月三十日	二八〇(45)
南京市管理自来水水管技工规则(三十六年十一月七日第一〇五次市政会议通过)	第三卷第十期	三十六年十一月三十日	二七八(45)

南京市管理汽车行规则(三十六年三月二十一日第七十五次市政会议通过)	第二卷第七期	三十六年四月十五日	六五一(44)
南京市管理典押当业补充办法(经济部京商(卅七)第二五七六号及内政部礼字第一三四号核准)	第四卷第三期	三十七年二月十五日	四一五(45)
南京市管理典押当业暂行办法	第二卷第十二期	三十六年六月三十日	八〇一(44)
南京市管理临时菜摊场暂行规则(三十六年二月二十一日第七十一次市政会议通过)	第二卷第五期	三十六年三月十五日	五四五(44)
南京市管理病源检验室规则(二十五年六月十日公布)	第一六六期	二十五年六月	〇二六(33)
南京市管理菜场暂行规则	第十期	二十七年十月三十日	二四四(37)
南京市管理菜场暂行规则	第二十七期	二十八年七月十五日	四一〇(38)
南京市管理兽医师暂行规则(廿五年十二月十九日公布)	第一七二期	二十五年十二月	二二八(35)
南京市管理殡仪馆规则(廿五年十一月九日公布)	第一七一期	二十五年十一月	〇二七(35)
南京市旗民具领旗民住屋规则(二十四年九月二十八日核准备案)	第一五七期	二十四年九月	六四〇(28)
南京市旗民给养规则(二十二年七月四日公布)	第一三一期	二十二年七月三十一日	一五七(24)
南京市旗地处理规则(二十六年三月二十六日公布)	第一七五期	二十六年三月	〇三七(36)
南京市旗籍小学生免费规则(二十二年七月二十八日公布)	第一三一期	二十二年七月三十一日	一六三(24)
南京市增编九袱洲永定洲保甲办法(廿六年四月廿三日核准施行)	第一七六期	二十六年四月	二一三(36)
南京市稻作推广委员会推广稻种实施细则(二十六年三月二十六日核准备案)	第一七五期	二十六年三月	〇三九(36)
南京市燕子矶区乡区建设促进会组织规则(二十四年一月八日核准备)	第一四九期	二十四年一月	〇一九(27)

南京市整理中山东路太平路朱雀路白下路中华路两旁建筑物办法(二十三年九月二十日公布)	第一四五期	二十三年九月	二五五(26)
南京市整理契税实施办法第六条修正条文(三十六年十月三日第一〇一次市政会议通过)	第三卷第八期	三十六年十月三十一日	二〇九(45)
南京市整理僻街小巷清洁办法(第六十二次市政会议通过)	第二卷第二/三期合刊	三十六年二月十五日	四六六(44)
南京市缴租暂行规则(廿五年三月卅一日公布)	第一六四期	二十五年四月	〇二八(32)
南京市警察厅救护火警暂行规则	第八期	二十七年九月三十日	一六七(37)
南京市镶牙试验办法(二十二年五月十九日公布)	第一二九期	二十二年五月三十一日	六三二(23)
南京驻屯地交通取缔规定(南京警备司令部颁发)	第十一期	二十七年十一月十五日	二七五(37)
南京选举市参议员投票人注意事项	第一卷第九期	三十五年九月一日	二四三(44)
南京特别市人力车夫登记规则(民国三十二年八月公布施行)	第一二六期	三十二年八月三一日	八〇一(42)
南京特别市人力车商及车夫违章惩罚办法(民国三十二年八月公布施行)	第一二六期	三十二年八月三一日	八〇二(42)
南京特别市人力车商登记规则(民国三十二年八月公布施行)	第一二六期	三十二年八月三一日	八〇二(42)
南京特别市人力车管理委员会组织规程(中华民国三十二年七月公布)	第一二三期	三十二年七月十五日	六九三(42)
南京特别市工务局自来水站公营简则(民国三十二年九月公布施行)	第一二七期	三十二年九月十五日	八三三(42)
南京特别市工务局防汛机关组织办法(民国三十二年七月公布施行)	第一二三期	三十二年七月十五日	六九四(42)

南京特别市工务局查扣违章车辆简则(中华民国三十二年二月公布施行)	第一一四期	三十二年三月二十八日	三六二(42)
南京特别市工务局秋季检验各种车辆简则	第一〇五期	三十一年十月十五日	〇一九(42)
南京特别市工务局秋季检验各种车辆简则	第一〇六期	三十一年十月三十一日	〇五七(42)
南京特别市工务局管理三轮人力车暂行规则(中华民国三十二年二月公布施行)	第一一四期	三十二年三月二十八日	三六三(42)
南京特别市工商业登记暂行规则(民国三十二年六月修正公布施行)	第一二二期	三十二年六月三十日	六五一(42)
南京特别市山西路一带现有市房改造办法(民国三十二年四月施行)	第一一八期	三十二年四月三十日	四九三(42)
南京特别市山西路市容整顿事务处章程(民国三十二年四月施行)	第一一八期	三十二年四月三十日	四九二(42)
南京特别市山西路菜场租赁临时办法(民国三十二年七月份核准公布施行)	第一二四期	三十二年七月三十一日	七四五(42)
南京特别市山西路整顿事务处评议委员会章程(民国三十二年四月施行)	第一一八期	三十二年四月三十日	四九三(42)
南京特别市卫生局公共卫生护士班服务规则(三十一年十月十二日公布)	第一〇五期	三十一年十月十五日	〇二〇(42)
南京特别市卫生局传染病院组织规则(民国三十一年十一月份修正公布施行)	第一〇八期	三十一年十一月三十日	一三六(42)
南京特别市乡区自治实验区调解委员会组织规则	第一〇五期	三十一年十月十五日	〇一八(42)

南京特别市市立小学附设简易班暂行办法(民国三十二年十月公布施行)	第一三〇期	三十二年十月三十一日	九三四(42)
南京特别市市民联保互助队暂行办法(三十二年七月份公布施行)	第一二四期	三十二年七月三十一日	七四六(42)
南京特别市市库收支军票措置办法(民国三十二年四月施行)	第一一八期	三十二年四月三十日	四九四(42)
南京特别市车辆检验登记领用牌照收费简则(三十二年六月修正公布)	第一二二期	三十二年六月三十日	六五三(42)
南京特别市电费附加路灯捐征收章程	第一〇六期	三十一年十月三十一日	〇五六(42)
南京特别市田地评价委员会组织规程(民国三十二年一月公布)	第一一四期	三十二年三月二十八日	三四七(42)
南京特别市田赋征收处组织规程	第一一三期	三十二年二月十五日	三一四(42)
南京特别市各区户籍员服务规则	第一〇六期	三十一年十月三十一日	〇五三(42)
南京特别市抑平物价办法(民国三十二年十月公布施行)	第一二九期	三十二年十月十五日	八九五(42)
南京特别市物价评议委员会办事通则(民国三十二年七月修正公布)	第一二三期	三十二年七月十五日	六九五(42)
南京特别市贫民习艺所组织章程(民国三十二年五月呈准施行)	第一一九期	三十二年五月十五日	五三九(42)
南京特别市政府工务局检验车辆规则(中华民国三十二年二月公布施行)	第一一四期	三十二年三月二十八日	三六七(42)
南京特别市政府工商业登记查验对保办法(民国三十二年七月份公布施行)	第一二四期	三十二年七月三十一日	七四八(42)
南京特别市政府小本贷款处章程(民国三十二年四月公布施行)	第一一七期	三十二年四月十五日	四六二(42)
南京特别市政府处理违章车辆罚则(中华民国三十二年二月公布施行)	第一一四期	三十二年三月二十八日	三四八(42)

南京特别市政府财政局田赋督征员服务暂行规则(民国三十一年十一月份公布施行)	第一〇八期	三十一年十一月三十日	一三六(42)
南京特别市政府所属各机关购办物品材料办法	第一一五期	三十二年三月十五日	三九八(42)
南京特别市政府限制商号门售货物数量暂行办法	第一〇九期	三十一年十二月十五日	一六八(42)
南京特别市政府组织规则(民国三十一年十一月二十六日修正公布施行)	第一〇八期	三十一年十一月三十日	一二九(42)
南京特别市政府组织规则(民国三十二年六月修正公布)	第一二八期	三十二年九月三十日	八五六(42)
南京特别市政府组织规则修正草案审查意见	第一二二期	三十二年六月三十日	六五〇(42)
南京特别市政府组织规则修正案(民国卅二年六月修正)	第一二二期	三十二年六月三十日	六三六(42)
南京特别市政府首都警察总监署会修取缔书场简则(民国三十二年九月公布施行)	第一二七期	三十二年九月十五日	八三三(42)
南京特别市政府秘书处分科规则(民国三十二年四月公布)	第一一七期	三十二年四月十五日	四六一(42)
南京特别市政府检验车辆规则(民国三十二年六月公布施行)	第一二二期	三十二年六月三十日	六五七(42)
南京特别市保甲人员督率市民实施中日亲善办法(民国三十二年七月份公布施行)	第一二四期	三十二年七月三十一日	七四五(42)
南京特别市保甲会议规则	第一〇六期	三十一年十月三十一日	〇五四(42)
南京特别市猪业同业公会整理委员会办事细则	第一〇九期	三十一年十二月十五日	一六九(42)
南京特别市猪只搬运证申请规则	第一〇九期	三十一年十二月十五日	一七四(42)
南京特别市猪贩重行登记办法	第一〇九期	三十一年十二月十五日	一七二(42)
南京特别市猪贩商保证书	第一〇九期	三十一年十二月十五日	一七四(42)

南京特别市暂行防汛规则(民国三十二年七月公布施行)	第一二三期	三十二年七月十五日	六九五(42)
南京特别市粮食局食糖配给办法(民国三十二年九月公布施行)	第一二八期	三十二年九月三十日	八六四(42)
南京特别市稽查私猪奖惩办法	第一〇九期	三十一年十二月十五日	一七一(42)
南京特别市工务局许可水炉业代售自来水暂行规则	第七十八期	三十年八月三十一日	一九一(41)
南京特别市工务局许可水炉业代售自来水暂行简则	第一五一/一五二期合刊	三十三年九月三十日	六一一(43)
南京特别市工务局防汛实施办法	第九十八期	三十一年六月三十日	七二九(41)
南京特别市工务局征收船舶登记滞纳金暂行办法(三十一年三月十八日公布)	第九十二期	三十一年三月三十一日	五七八(41)
南京特别市工务局查扣违章车辆简则	第八十期	三十年九月三十日	二七七(41)
南京特别市工务局管理三轮人力车暂行规则(三十一年一月)	第八十六/八十七期合刊	三十一年一月十五日	四五一(41)
南京特别市工会代表大会出席代表产生办法	第一〇一期	三十一年八月十五日	八一七(41)
南京特别市工会理监事选举规则	第一〇一期	三十一年八月十五日	八一六(41)
南京特别市工商业登记暂行规则(三十一年九月修正九月十一日公布施行)	第一〇三期	三十一年九月十五日	九二四(41)
南京特别市工商业登记暂行规则(三十年七月修正)	第七十六期	三十年七月三十一日	一二三(41)
南京特别市工商业登记暂行规则(三十年五月修正)	第七十三期	三十年六月十五日	八六一(40)
南京特别市卫生局卫生事务所诊疗规则	第一五一/一五二期合刊	三十三年九月三十日	六一二(43)
南京特别市卫生局各诊疗所住院规则(民国三十一年九月八日公布施行)	第一〇三期	三十一年九月十五日	九二三(41)

南京特别市卫生局检查各业男女员役健康暂行规则(三十一年七月二十三日公布)	第一〇〇期	三十一年七月三十一日	七八二(41)
南京特别市卫生局第一二三四诊疗所第一二三巡回诊疗所暂行诊疗规则(民国三十一年九月八日公布施行)	第一〇三期	三十一年九月十五日	九二二(41)
南京特别市卫生局第一/二/三/四卫生事务所组织简则(民国三十三年七月五日公布)	第一四七/一四八期合刊	三十三年七月三十日	四七二(43)
南京特别市卫生委员会组织规程(七月十二日公布)	第九十九期	三十一年七月十五日	七五三(41)
南京特别市乡区各区编组联保实施大纲(民国三十三年二月公布)	第一三七/一三八期合刊	三十三年二月二十九日	一八五(43)
南京特别市不在业主土地房屋审查委员会组织章程(民国卅三年四月十日公布)	第一四一/一四二期合刊	三十三年四月三十日	二八四(43)
南京特别市区公所办事细则	第二十六期	二十八年六月三十日	三三〇(38)
南京特别市区公所办事细则	第七十二期	三十年五月三十一日	七九四(40)
南京特别市区政会议规程	第八十九期	三十一年二月十五日	五〇八(41)
南京特别市中华青年团市指导部组织章程(二十九年四月　日)	第四十七期	二十九年五月十五日	五四七(39)
	第三十三期	二十八年十月十五日	七七〇(38)
南京特别市中华青年团组织章程	第三十三期	二十八年十月十五日	七六七(38)
南京特别市公典商典冬寒贫民赎取衣被免利办法(三十年十二月)	第八十六/八十七期合刊	三十一年一月十五日	四四五(41)
南京特别市公粜委员会公粜售米处违章罚则(三十一年八月二十一日公布)	第一〇二期	三十一年八月三十一日	八六六(41)
南京特别市公粜委员会组织规程	第九十五期	三十一年五月十五日	六四七(41)
南京特别市市立小学经费概算标准	第七十八期	三十年八月三十一日	二〇九(41)
南京特别市市立小学职教员任用待遇及服务规则	第七十八期	三十年八月三十一日	一九九(41)

南京特别市市立小学清寒优秀学生奖学金规程	第八十期	三十年九月三十日	二七九(41)
南京特别市市立中学经费概算标准	第七十八期	三十年八月三十一日	一九八(41)
南京特别市市立中学职教员任用待遇及服务规则	第七十八期	三十年八月三十一日	一九二(41)
南京特别市市立各级学校现任职教员抚恤办法(三十一年五月十六日公布)	第九十六期	三十一年五月三十一日	六六六(41)
南京特别市市民回归照料所办法	第九十三期	三十一年四月十五日	六〇一(41)
南京特别市市民遗失图状书证收据呈请补给须知	第七十一期	三十年五月十五日	七三六(40)
南京特别市市金库暂行规程	第七十期	三十年四月三十日	六八五(40)
南京特别市地政局办理土地勘丈收费简规(三十一年六月三日公布)	第九十七期	三十一年六月十五日	七〇五(41)
南京特别市地政局办理委托测量土地简规(三十一年六月三日公布)	第九十七期	三十一年六月十五日	七〇六(41)
南京特别市地政局奖励检举匿报暂行办法(民国三十三年八月二十八日公布)	第一五〇期	三十三年八月三十日	五六九(43)
南京特别市地政局管理仪器规则	第八十一期	三十年十月十五日	三二〇(41)
南京特别市地政局整理档案考工简则	第八十二期	三十年十月三十一日	三四五(41)
南京特别市自治实验区区公所组织规程(三十一年四月　日公布)	第九十四期	三十一年四月三十日	六一九(41)
南京特别市各区公所组织规程	第七十二期	三十年五月三十一日	七九三(40)
南京特别市园林管理处玄武湖游船管理规则(三十一年五月二十日公布)	第九十六期	三十一年五月三十一日	六六七(41)
南京特别市园林管理所中山陵园护林团组织规则	第三十期	二十八年八月三十一日	六一一(38)

南京特别市财政局田赋征收处催追欠赋办法(民国三十二年十月公布施行)	第一三一期	三十二年十一月十五日	〇二五(43)
南京特别市财政局各征收机关遗失捐税票照处罚暂行办法(三十一年九月)	第一〇四期	三十一年九月三十日	九五七(41)
南京特别市财政局征收住房捐暂行章程	第一〇二期	三十一年八月三十一日	八六七(41)
南京特别市社会运动指导委员会会务会议规则	第九十七期	三十一年六月十五日	七〇七(41)
南京特别市社会局度量衡检定室暂行组织条例	第五十期	二十九年六月三十日	六八八(39)
南京特别市社会局度量衡检定室暂行组织规程	第三十四期	二十八年十月三十一日	八二五(38)
南京特别市取缔他省人员私在市区设立局所越境征收暂行办法(民国三十三年五月六日公布)	第一四三/一四四期合刊	三十三年五月三十一日	三四八(43)
南京特别市取缔米粮业违章处罚规则(三十一年三月廿三日公布)	第八十九期	三十一年二月十五日	五〇九(41)
南京特别市物价评议委员会规程	第七十九期	三十年九月十五日	二四四(41)
南京特别市凭证购买棉布暂行办法(民国三十二年十二月公布施行)	第一三三/一三四期合刊	三十二年十二月三十一日	一〇二(43)
南京特别市征收田赋业户纳赋须知	第八十三期	三十年十一月十五日	三七九(41)
南京特别市城区冬防巡查队组织办法	第三十六期	二十八年十一月三十日	〇一〇(39)
南京特别市城砖保管办法	第七十九期	三十年九月十五日	二四三(41)
南京特别市政府乙等平粜办法	第四十三期	二十九年三月十五日	三七〇(39)
南京特别市政府二十八年冬振查放办法	第三十八期	二十八年十二月三十一日	〇九七(39)
南京特别市政府工务局二十九年总检验全市各种车辆办法	第四十四期	二十九年三月三十一日	四一三(39)

南京特别市政府工务局考验汽车驾驶人规则(三十一年九月一日公布)	第一〇三期	三十一年九月十五日	九二六(41)
南京特别市政府工务局征收各种车辆登记费暂行简则	第四十五期	二十九年四月十五日	四五九(39)
南京特别市政府工务局检查马车简章	第四十四期	二十九年三月三十一日	四一四(39)
南京特别市政府工务局渡船码头业登记暂行规则	第三十九期	二十九年一月十五日	一四三(39)
南京特别市政府土地局审定建筑用地暂行规则	第三十四期	二十八年十月三十一日	八二八(38)
南京特别市政府土地局组织暂行规则	第二十三期	二十八年五月十五日	一三七(38)
南京特别市政府卫生局材料室服务规则	第八十一期	三十年十月十五日	三一八(41)
南京特别市政府卫生局每月大扫除注意事项	第四十七期	二十九年五月十五日	五五〇(39)
南京特别市政府卫生局修正管理畜犬及取缔野犬暂行规则	第三十七期	二十八年十二月十五日	〇五七(39)
南京特别市政府卫生局调剂室服务规则	第八十一期	三十年十月十五日	三一七(41)
南京特别市政府订定各同业公会筹备简则	第二十八期	二十八年七月三十一日	四七二(38)
南京特别市政府平粜办法	第四十二期	二十九年二月二十九日	三二〇(39)
南京特别市政府平粜办法	第五十期	二十九年六月三十日	六八七(39)
南京特别市政府发给市民证办法	第二十期	二十八年三月三十一日	八四七(37)
南京特别市政府发售评价皖米办法	第七十九期	三十年九月十五日	二三九(41)
南京特别市政府仰平物价暂行办法	第七十八期	三十年八月三十一日	一九一(41)
南京特别市政府自来水站承租暂行章程	第四十七期	二十九年五月十五日	五四九(39)
南京特别市政府财政局岁入岁出会计科目	第七十期	三十年四月三十日	六八七(40)

南京特别市政府财政局征收箔类税章程	第六十九期	三十年四月十五日	六一九(40)
南京特别市政府财政局经管农场田地租佃暂行办法(三十年十月修正)	第八十一期	三十年十月十五日	三一五(41)
南京特别市政府财政局营业税征收章程(三十年十二月)	第八十六/八十七期合刊	三十一年一月十五日	四四六(41)
南京特别市政府取缔广告及征捐暂行简则(三十三年四月二十四日修正公布)	第一四一/一四二期合刊	三十三年四月三十日	二八五(43)
南京特别市政府取缔米粮业违章处罚规则(三十一年三月廿三日公布)	第九十二期	三十一年三月三十一日	五七七(41)
南京特别市政府购办委员会招商投标办法(三十一年五月二十七日公布)	第九十六期	三十一年五月三十一日	六六六(41)
南京特别市政府购办委员会组织章程(三十一年三月七日公布)	第九十一期	三十一年三月十五日	五五九(41)
南京特别市政府购置委员会暂行办事细则	第二十五期	二十八年六月十五日	二七一(38)
南京特别市政府购置委员会暂行组织规则	第二十五期	二十八年六月十五日	二七〇(38)
南京特别市政府征收外运蛋类税暂行规则	第七十九期	三十年九月十五日	二四二(41)
南京特别市政府征收临时建设特捐关于零星贩运免捐暂行办法(三十一年三月三日公布)	第九十一期	三十一年三月十五日	五五七(41)
南京特别市政府征收保甲经费办法(民国二十三年二月公布)	第一三七/一三八期合刊	三十三年二月二十九日	一八四(43)
南京特别市政府征收保甲经费暂行办法(民国三十三年五月二十六日公布)	第一四三/一四四期合刊	三十三年五月三十一日	三四九(43)

南京特别市政府征收娱乐捐暂行规则	第四十三期	二十九年三月十五日	三七一(39)
南京特别市政府实业局办理工商业登记事项检查规则	第十九期	二十八年三月十五日	七八四(37)
南京特别市政府建筑人行道征费暂行规则	第七十二期	三十年五月三十一日	七九八(40)
南京特别市政府限制拆屋暂行规则(三十一年三月三日公布)	第九十一期	三十一年三月十五日	五五七(41)
南京特别市政府临时建设特捐征收简章(三十一年二月)	第八十九期	三十一年二月十五日	五一一(41)
南京特别市政府修正医务室诊疗规则	第八十一期	三十年十月十五日	三一九(41)
南京特别市政府修正管理开业中医暂行规则	第二十四期	二十八年五月三十一日	二〇〇(38)
南京特别市政府保甲经费保管委员会组织暂行规则(民国三十三年二月公布)	第一三七/一三八期合刊	三十三年二月二十九日	一八三(43)
南京特别市政府奖励工业规程(民国三十三年四月七日公布)	第一四一/一四二期合刊	三十三年四月三十日	二八四(43)
南京特别市政府奖励稻麦增收暂行规则(三十一年四月　日公布)	第九十四期	三十一年四月三十日	六二〇(41)
南京特别市政府统计会议组织规程	第二十五期	二十八年六月十五日	二七四(38)
南京特别市政府教育机关主管人员交代暂行办法	第三十三期	二十八年十月十五日	七六六(38)
南京特别市政府教育局考查社教人员训练班毕业学员服务成绩办法	第七十二期	三十年五月三十一日	八〇五(40)
南京特别市政府接通公沟贴费暂行规则	第七十二期	三十年五月三十一日	八〇一(40)
南京特别市政府掘路征费暂行规则	第七十二期	三十年五月三十一日	七九九(40)
南京特别市政府职员报到及签到签退规则(三十一年三月七日公布)	第九十一期	三十一年三月十五日	五五八(41)

南京特别市政府职员证及证章领用规则(三十一年三月二十一日公布)	第九十二期	三十一年三月三十一日	五七六(41)
南京特别市政府职员保证规则(中华民国卅一年三月廿一日公布)	第九十二期	三十一年三月三十一日	五七六(41)
南京特别市政府职员联保规则草案	第十九期	二十八年三月十五日	七八九(37)
南京特别市政府清理江宁镇等处市产庄田暂行办法	第八十一期	三十年十月十五日	三一六(41)
南京特别市政府娼妓检疗检验实施办法	第八十二期	三十年十月三十一日	三四五(41)
南京特别市政府管理食品店卫生规则	第二十二期	二十八年四月三十日	〇九二(38)
南京特别市政府管理食品店卫生规则	第二十一期	二十八年四月十五日	〇三三(38)
南京特别市政府管理宰猪作卫生规则	第八十四/八十五期合刊	三十年十二月十五日	四一六(41)
南京特别市政府管理娱乐场所散售印刷品暂行办法(民国三十三年七月八日公布)	第一四七/一四八期合刊	三十三年七月三十日	四七三(43)
南京特别市政府暨所属各机关公务员临时加俸实施办法(民国三十三年一月施行)	第一三五/一三六期合刊	三十三年一月三十一日	一四二(43)
南京特别市保护耕牛登记暂行规则(三十年六月修正)	第七十四期	三十年六月三十日	〇三五(41)
南京特别市奖励手工业办法(三十一年一月)	第八十八期	三十一年一月三十一日	四八四(41)
南京特别市度量衡器具征收检定费暂行规程	第三十四期	二十八年十月三十一日	八二七(38)
南京特别市度量衡器具征收检定费暂行规程	第三十五期	二十八年十一月十五日	八九七(38)
南京特别市度量衡器具营业暂行条例	第三十四期	二十八年十月三十一日	八二六(38)

南京特别市度量衡器具营业暂行条例	第三十五期	二十八年十一月十五日	八九八(38)
南京特别市宣传处办事细则	第七十期	三十年四月三十日	六九五(40)
南京特别市宣传处办事细则(民国三十一年七月修正核准备案施行)	第一〇一期	三十一年八月十五日	八一五(41)
南京特别市宣传委员会组织规程	第四十期	二十九年一月三十一日	二一八(39)
南京特别市统制物资移动临时检查办法(三十三年一月七日第三次常会修正通过)	第一三五/一三六期合刊	三十三年一月三十一日	一四一(43)
南京特别市捕运鱼花登记暂行办法	第二十三期	二十八年五月十五日	一三九(38)
南京特别市钱业取缔暂行规则	第二十三期	二十八年五月十五日	一四一(38)
南京特别市钱业取缔暂行规则(二十八年四月公布三十年五月修正)	第七十三期	三十年六月十五日	八六三(40)
南京特别市借用人行道暂行简则(民国三十三年五月十八日公布)	第一四三/一四四期合刊	三十三年五月三十一日	三四九(43)
南京特别市娱乐场/酒菜饮食店加强节约电流暂行办法(民国三十三年六月七日公布)	第一四五期	三十三年六月十五日	三八五(43)
南京特别市教育工作人员连环保证办法	第七十期	三十年四月三十日	六九七(40)
南京特别市商业仓库堆栈申请登记给证办法	第一〇二期	三十一年八月三十一日	八六六(41)
南京特别市集团结婚办法(三十七年七月订)	第七十七期	三十年八月十五日	一六九(41)
南京特别市粮食局红糖配给暂行办法(民国三十二年十二月公布施行)	第一三三/一三四期合刊	三十二年十二月三十一日	一〇一(43)
南京特别市粮食局食糖经售商违章处罚办法暂行办法(民国三十二年十月公布施行)	第一二九期	三十二年十月十五日	八九六(42)

南京特别市粮食管理局米商请领采办证申请暂行办法	第八十三期	三十年十一月十五日	三七九(41)
南京特别市粮食管理局米粮存储登记及移动暂行办法	第八十四/八十五期合刊	三十年十二月十五日	四一五(41)
南京特别市粮食管理局掣发食米采办证施行细则	第八十三期	三十年十一月十五日	三八一(41)
南京特别市粮食管理局掣发食米采办证暂行办法	第八十三期	三十年十一月十五日	三八〇(41)
南京特别市粮食管理局管理米粮业同业公会暂行办法(三十年十二月)	第八十六/八十七期合刊	三十一年一月十五日	四五〇(41)
南京特别市粮食管理局管理粮食暂行办法	第八十四/八十五期合刊	三十年十二月十五日	四一五(41)
南京特别市管理公共娱乐场所及艺员登记规则(民国三十三年六月二十八日公布)	第一四六期	三十三年六月三十日	四二六(43)
南京特别市管理文化剧艺团体暂行规则(民国三十三年八月九日公布)	第一四九期	三十三年八月十五日	五二六(43)
南京特别市稻作讲习会章程	第七十二期	三十年五月三十一日	七九五(40)
药剂师暂行条例(中华民国二十七年十二月十五日维新政府公布)	第十九期	二十八年三月十五日	七七二(37)
标明航运包件重量章程(行政院公布)	第一二一期	二十一年十二月十五日	五二三(22)
标明航运重包裹重量公约(国民政府批准于二十年六月二十四日在国际联合会秘书应登记有案)	第一〇六期	二十一年四月三十日	三五〇(20)
标准地价评议委员会组织规程(三十五年八月十日公布施行)	第一卷第十一期	三十五年十一月一日	三〇一(44)
查禁民间不良习俗办法(三十三年五月九日行政院核定)	第一卷第十二期	三十五年十二月十五日	三五七(44)
查禁民间不良习俗办法(内政部三十七年九月七日修正公布)	第五卷第六期	三十七年九月三十日	八〇七(45)

省市县工会组织准则(二十九年八月二十一日社会运动指导委员会公布施行)	第五十五期	二十九年九月十五日	九八二(39)
毘卢寺管理规则	第七十二期	三十年五月三十一日	八〇三(40)
复验马车办法	第七十二期	三十年五月三十一日	八〇三(40)
修订捐资兴学褒奖条例	第十八期	二十八年二月二十八日	七二九(37)
修正八卦洲佃户庄规(二十二年五月十五日核准备案)	第一二九期	二十二年五月三十一日	六一〇(23)
修正人民团体组织方案(民国二十九年六月四日第十次行政院会议通过同年六月十三日第十次中政会议核准备案)	第五十五期	二十九年九月十五日	九七七(39)
修正人民团体组织指导员任用规则(二十二年二月九日第四届中央执行委员会第五十七次常务会议通过)	第一二七期	二十二年三月三十一日	三六九(23)
修正人民团体经费补助办法(二十二年二月九日第四届中央执行委员会第五十七次常务会议通过)	第一二七期	二十二年三月三十一日	三七〇(23)
修正人民团体理事监事就职宣誓规则(二十二年二月九日第四届中央执行委员会第五十七次常务会议通过)	第一二七期	二十二年三月三十一日	三六九(23)
修正人民团体职员选举通则(二十二年二月九日第四届中央执行委员会第五十七次常务会议通过)	第一二七期	二十二年三月三十一日	三六七(23)
修正工厂法(国民政府公布)	第一二四期	二十二年一月三十一日	〇二〇(23)
修正工厂法施行条例(国民政府公布)	第一二四期	二十二年一月三十一日	〇二九(23)
修正工厂法施行条例第九条条文(二十五年十二月十日国民政府公布)	第一七二期	二十五年十二月	二三七(35)

修正工厂法施行条例第九条条文(二十四年四月十日国民政府公布)	第一五三期	二十四年五月	六九八(27)
修正工厂检查法第三条第五条第十五条条文(二十四年四月十六日国民政府公布)	第一五三期	二十四年五月	六九九(27)
修正工厂登记规则(二十四年五月一日实业部公布)	第一五四期	二十四年六月	〇六三(28)
修正工人储蓄暂行办法第五条第二项及第二十九条条文(行政院公布)	第一〇九期	二十一年六月十五日	六八六(20)
修正工会法施行法第十三条及第十六条条文(二十年十二月十九日国民政府公布)	第一〇〇期	二十一年一月三十一日	三八七(19)
修正工会法施行法第四条第五条条文(国民政府公布)	第一三二期	二十二年八月三十一日	二六四(24)
修正工会法第二十三条条文(国民政府公布)	第一一七期	二十一年十月十五日	〇八〇(22)
修正工会法第三条条文(国民政府公布)	第一三二期	二十二年八月三十一日	二六三(24)
修正工商同业公会法施行细则第十六条条文(廿六年五月七日实业部公布)	第一七七期	二十六年五月	三八三(36)
修正工商同业公会法第七条条文(国民政府公布)	第一一七期	二十一年十月十五日	〇八〇(22)
修正工商同业公会法第七条条文(国民政府公布)	第一一八期	二十一年十月三十一日	一八一(22)
修正乡镇组织暂行条例第五条第六条第四十一条及第四十三条条文(三十六年七月二十四日国民政府公布)	第三卷第四期	三十六年八月三十一日目录	〇五六(45)
修正区长训练所条例第十三条条文(内政部公布)	第九十一期	二十年九月十五日	〇三六(18)

修正中华民国国民政府组织法(二十年十二月三十日国民政府公布)	第九十九期	二十一年一月十五日	二五九(19)
修正中华民国国民政府组织法第三十七条条文(国民政府公布)	第一〇五期	二十一年四月十五日	二五九(20)
修正中华民国国民政府组织法第三十条及第四十八条条文(第四届中央执行委员会第三次全体会议决议修正)	第一二三期	二十二年一月十五日	七四一(22)
修正中医条例(二十五年十二月十九日国民政府公布)	第一七三期	二十六年一月	四二二(35)
修正内政部审核更名改姓及冠姓法规(内政部公布)	第一三〇期	二十二年六月三十日	〇四三(24)
修正水陆地图审查条例(二十年八月二十四日国民政府公布)	第九十一期	二十年九月十五日	〇三五(18)
修正水陆地图审查条例施行细则(国民政府公布)	第一三四期	二十二年十月三十一日	四九七(24)
修正公务员考绩法施行细则(二十五年十二月二十五日国民政府公布)	第一七三期	二十六年一月	四三二(35)
修正公务员任用法施行条例(国民政府公布)	第一三四期	二十二年十月三十一日	四九二(24)
修正公务员恤金条例第十八条条文(国民政府公布)	第一四二期	二十三年六月份	七一六(25)
修正公务员惩戒法(三十七年四月十五日国府令公布)	第四卷第九期	三十七年五月十五日	五七三(45)
修正公务员惩戒法第十条条文(国民政府公布)	第一三一期	二十二年七月三十一日	一六五(24)
修正办振团体及在事人员奖励条例第六条条文(国民政府公布)	第一一二期	二十一年七月三十日	三〇六(21)
修正办理预算收支分类标准(国民政府公布)	第一二七期	二十二年三月三十一日	三八六(23)

修正办理粮食押款押汇办法(四联总处卅七年六月十日第三六五次理事会议通过)	第五卷第一期	三十七年七月十五日	六八〇(45)
修正本市建筑管理规则第十条条文(三十七年九月二十四日第一四三次市政会议通过)	第五卷第七期	三十七年十月十五日	八三六(45)
修正本市管理公共娱乐场所及艺员登记规则第三十三条暨第三十五条条文(民国三十四年一月十四日公布)	第一五九/一六〇期合刊	三十四年一月三十日	七九八(43)
修正厉行戒烟取缔吸户章程(二十四年四月一日军事委员会委员长行营公布)	第一五二期	二十四年四月	五二〇(27)
修正厉行查禁麻醉毒品取缔土膏行店章程(二十四年四月一日军事委员会委员长行营公布)	第一五二期	二十四年四月	五二六(27)
修正电气事业条例(国民政府公布)	第一三九期	二十三年三月三十一日	三八一(25)
修正电气事业条例(国民政府公布)	第一〇七期	二十一年五月十五日	四六九(20)
修正电影检查法施行规则(行政院公布)	第一五一期	二十四年三月	三四三(27)
修正电影检查法第十二条条文(二十四年四月四日国民政府公布)	第一五二期	二十四年四月	五一〇(27)
修正外人在华摄制电影片规程(廿五年三月廿五日行政院核准施行同年九月四日行政院核准修正)	第一七〇期	廿五年十月	四八二(34)
修正市生死统计暂行规则(内政部公布)	第一四八期	二十三年十二月	七一五(26)
修正市组织法第七条第三十六条第三十八条及第三十九条条文(三十六年七月二十四日国民政府令公布)	第三卷第四期	三十六年八月三十一日目录	〇五六(45)

修正民用航空器失事处理规则(三十六年十月十六日)	第三卷第九期	三十六年十一月十五日	二三三(45)
修正民众团体组织方案(二十一年八月十一日第四中央执行委员会第三十三次常务会议通过)	第一一六期	二十一年九月三十日	七一九(21)
修正民事调解法施行规则(行政司法院公布)	第一三六期	二十二年十二月三十一日	〇五一(25)
修正民选区坊长及区民代表等因死亡或因故去职时补选办法(内政部公布)	第一三四期	二十二年十月三十一日	五〇〇(24)
修正民营公用事业监督条例(国民政府公布)	第一三五期	二十二年十一月三十日	六〇七(24)
修正考试法(二十二年二月二十三日国民政府公布)	第一二七期	二十二年三月三十一日	三七四(23)
修正考试法施行细则(二十二年三月十日国民政府公布)	第一二七期	二十二年三月三十一日	三七六(23)
修正自来水管理处供水章程第二十条及第三十一条条文(廿六年六月十七日公布)	第一七八期	二十六年六月	五一六(36)
修正自治训练分所规则第十二条条文(内政部公布)	第九十一期	二十年九月十五日	〇三七(18)
修正自治训练所章程第十三条条文(内政部公布)	第九十一期	二十年九月十五日	〇三七(18)
修正行政诉讼法(二十六年一月八日国民政府公布)	第一七三期	二十六年一月	四三八(35)
修正行政诉讼费条例第一条条文(二十六年一月六日国民政府公布)	第一七三期	二十六年一月	四四一(35)
修正会计师条例(二十四年五月四日国民政府公布)	第一五三期	二十四年五月	六九九(27)
修正各市县个人及社团创设戒烟所简则第五条条文	第八十九期	二十年八月十五日	五六一(17)

修正各地方救济院规则各条条文(内政部公布)	第一二八期	二十二年四月三十日	五二一(23)
修正各地高级党部指导人民团体权限划分办法(二十二年二月九日第四届中央执行委员会第五十七次常务会议通过)	第一二七期	二十二年三月三十一日	三七一(23)
修正各县市办理地方自治人员考核及奖惩暂行条例第七条条文(内政部公布)	第一三四期	二十二年十月三十一日	五〇〇(24)
修正各县(市)民众自卫队组训规程(三十七年四月六日行政院(卅七)四防字第一六二四九号令颁)	第四卷第八期	三十七年四月三十日	五四五(45)
修正各县市度量衡检定分所规程(二十年十二月五日实业部公布)	第九十八期	二十年十二月三十一日	一一二(19)
修正各省市人力兽力车辆通行公路管理通则第十八条条文(廿六年五月十日转令知照)	第一七七期	二十六年五月	三八三(36)
修正各省市度量衡检定所规程(二十年十一月五日实业部公布)	第九十八期	二十年十二月三十一日	一一一(19)
修正产马事业奖励助成办法(廿六年一月廿八日军政部公布)	第一七四期	二十六年二月	六二一(35)
修正兴办水利奖励条例(二十四年四月四日国民政府公布)	第一五二期	二十四年四月	五〇九(27)
修正兴办水利给奖章程(全国经济委员会公布)	第一五二期	二十四年四月	五三三(27)
修正军政部发给军需品制造贩卖商登记执照暂行办法(军政部颁行)	第一五二期	二十四年四月	五三七(27)
修正军政部军需品制造贩卖取缔规则(军政部公布)	第一五〇期	二十四年二月	一八一(27)
修正军政部军需品制造贩卖取缔规则(军政部颁行)	第一五二期	二十四年四月	五三六(27)

修正农会法(廿六年五月二十一日国民政府公布)	第一七八期	二十六年六月	五三五(36)
修正农会法施行法(廿六年五月廿一日国民政府公布)	第一七八期	二十六年六月	五四〇(36)
修正进出口贸易暂行办法(民国卅五年十一月十七日公布)	第二卷第一期	三十六年一月十五日	四一三(44)
修正违警罚法第五十一条条文(三十六年七月十六日国民政府公布)	第三卷第四期	三十六年八月三十一日目录	〇六〇(45)
修正技师登记法施行规则(行政院公布)	第一七二期	二十五年十二月	二四一(35)
修正护士暂行规则第三条条文(卫生署公布)	第一七三期	二十六年一月	四五〇(35)
修正严禁腹地省份种烟取缔采办边省产土章程(二十四年四月一日军事委员会委员长行营公布)	第一五二期	二十四年四月	五二三(27)
修正劳资争议处理法(国民政府公布)	第一一八期	二十一年十月三十一日	一七五(22)
修正苏浙皖京沪五省市汽车驾驶人考验规则(二十三年四月十九日公布)	第一四〇期	二十三年四月三十日	四七一(25)
修正苏浙皖京沪五省市汽车驾驶人执照统一办法(二十三年四月十八日公布)	第一四〇期	二十三年四月三十日	四六六(25)
修正苏浙皖京沪五省市商营汽车路公司征收营业汽车通行费规则第三条条文(二十三年十一月二十一日公布)	第一四七期	二十三年十一月	五二五(26)
修正诉愿法(二十六年一月八日国民政府公布)	第一七三期	二十六年一月	四三五(35)
修正矿业法第二条第九十三条第一百一十六条条文案(二十一年一月二十三日国民政府公布)	第一〇一期	二十一年二月十五日	五一六(19)

修正所得税暂行条例	第四十六期	二十九年四月三十日	四九三(39)
修正法官初试暂行条例(国民政府公布)	第一一五期	二十一年九月十五日	六二一(21)
修正官吏服务规程(国民政府公布)	第一三一期	二十二年七月三十一日	一六四(24)
修正官吏枷金条例第三条条文(二十年十二月十九日国民政府公布)	第一〇〇期	二十一年一月三十一日	三八七(19)
修正实业部全国度量衡局度量衡制造所规程(二十年十二月五日)	第九十八期	二十年十二月三十一日	一一〇(19)
修正实业部农工鑛技副登记条例第一条第二款条文(廿四年五月卅日国民政府公布)	第一五四期	二十四年六月	〇六一(28)
修正房捐条例(民国三十五年十二月国府明令修正公布)	第二卷第二/三期合刊	三十六年二月十五日	四六四(44)
修正城市改良地区特别征费通则(行政院公布)	第一七四期	二十六年二月	六一九(35)
修正指导人民团体改组办法(二十二年二月九日第四届中央执行委员会第五十七次常务会议通过)	第一二七期	二十二年三月三十一日	三七一(23)
修正南京市公众安全检查取缔规则(廿五年十月廿八日核准备案)	第一七〇期	廿五年十月	四七三(34)
修正南京市政府市政设计委员会组织规程(二十五年十月十三日核准备案)	第一七〇期	廿五年十月	四六六(34)
修正南京市八卦洲农地租佃规则(二十二年五月十五日公布)	第一二九期	二十二年五月三十一日	六〇八(23)
修正南京市工务局工程合同格式(二十四年六月二十六日核准备案)	第一五四期	二十四年六月	〇五七(28)
修正南京市工务局工程投标规则(二十四年六月五日公布)	第一五四期	二十四年六月	〇四四(28)

修正南京市工务局工程投票规则(二十四年三月一日核准备案)	第一五一期	二十四年三月	三二七(27)
修正南京市工务局自来水水管商注册登记取缔暂行章程(二十二年四月四日公布)	第一二八期	二十二年四月三十日	四九三(23)
修正南京市工务局自来水供水暂行章程(二十二年十二月十三日公布)	第一三六期	二十二年十二月三十一日	〇一八(25)
修正南京市工务局自来水特敷干管摊费暂行规则(二十三年九月十七日公布)	第一四五期	二十三年九月	二五三(26)
修正南京市工务局取缔棚户建筑暂行规则(二十二年十二月十九日公布)	第一三六期	二十二年十二月三十一日	〇三一(25)
修正南京市工务局养路工队管理规则(二十四年三月一日核准备案)	第一五一期	二十四年三月	三二一(27)
修正南京市工务局游船登记检验给照暂行办法第二第四第十一第十二条条文(三十七年四月九日第一二二次市政会议通过)	第四卷第八期	三十七年四月三十日	五四九(45)
修正南京市工务局管理广告章程(三十七年七月九日第一三五次市政会议通过)	第五卷第二期	三十七年七月三十一日	七一四(45)
修正南京市工务局管理汽车行规则(廿五年二月十日公布)	第一六二期	二十五年二月	〇二一(31)
修正南京市工务局管理汽车行规则第七条条文(二十四年十一月二日公布)	第一五九期	二十四年十一月	三〇八(29)
修正南京市工商各业行规拟订标准(二十二年四月十九日核准备案)	第一二八期	二十二年四月三十日	五〇九(23)

修正南京市土木建筑两科工业技师技副执行业务规则(二十二年十月二十八日公布)	第一三四期	二十二年十月三十一日	四九〇(24)
修正南京市土地估价委员会组织规则(二十四年九月三日公布)	第一五七期	二十四年九月	六二五(28)
修正南京市土地评价委员会组织规则(二十年十月五日公布)	第九十三期	二十年十月十五日	三〇九(18)
修正南京市土地评价委员会组织规则第二三六三条条文(二十一年五月十六日核准备案)	第一〇八期	二十一年五月三十一日	五五七(20)
修正南京市土地征收审查委员会组织章程(二十二年九月十三日核准备案)	第一三三期	二十二年九月三十日	三九一(24)
修正南京市土地假定登记暂行办法(二十五年三月五日公布)	第一六三期	二十五年三月	四一五(31)
修正南京市土地登记暂行规则(廿四年十二月六日公布)	第一六〇期	二十四年十二月	〇二〇(30)
修正南京市土地登记暂行规则第四第十三第二十各条条文(二十三年十一月二十九日公布)	第一四七期	二十三年十一月	五八七(26)
修正南京市小本借贷处章程(二十五年四月六日公布)	第一六四期	二十五年四月	〇二九(32)
修正南京市小学教员登记办法(二十七年十二月修订)	第十六期	二十八年一月三十一日	五三〇(37)
修正南京市卫生局清洁总队组织规程第七条条文(三十七年七月六日第一三四次市政会议通过)	第五卷第二期	三十七年七月三十一日	七二〇(45)
修正南京市卫生局管理菜场摊贩规则(三十七年二月二十日第一一七次市政会议修正)	第四卷第五期	三十七年三月日十五日	四七二(45)
修正南京市卫生局管理摊贩规则(三十七年八月六日第一三八次市政会议通过)	第五卷第四期	三十七年八月三十一日	七六三(45)

修正南京市卫生事务所组织规则(二十二年十一月十四日公布)	第一三五期	二十二年十一月三十日	五九九(24)
修正南京市卫生事务所组织章程(二十一年十月二十九日公布)	第一一八期	二十一年十月三十一日	一六一(22)
修正南京市乡区土地移转陈报户粮推受规则(二十四年九月十二日公布)	第一五七期	二十四年九月	六二八(28)
修正南京市乡区不动产卖典税契暂行办法(二十四年十二月九日核准施行)	第一六〇期	二十四年十二月	〇二八(30)
修正南京市乡区民有枪弹登记办法(二十四年二月十三日公布)	第一五〇期	二十四年二月	一五〇(27)
修正南京市乡镇区建筑暂行规则(二十四年十月十七日公布)	第一五八期	二十四年十月	〇三七(29)
修正南京市不动产卖典暂行规则(二十二年十月二十三日公布)	第一三四期	二十二年十月三十一日	四八七(24)
修正南京市不动产卖典暂行规则(二十四年十一月二日令饬遵照施行)	第一五九期	二十四年十一月	三〇六(29)
修正南京市区民代表大会组织暂行规则(三十七年九月二十三日公布)	第五卷第六期	三十七年九月三十日	八一〇(45)
修正南京市区民代表选举暂行办法(三十七年九月二十三日公布)	第五卷第六期	三十七年九月三十日	八〇九(45)
修正南京市水上交通管理规则(三十五年三月十五日第二十六次市政会议通过)	第一卷第一期	三十五年五月一日	〇二二(44)
修正南京市水上交通管理规则(三十五年五月二十七日第三十四次市政会议通过)	第一卷第五期	三十五年七月一日	一一五(44)
修正南京市水上交通管理规则第二章第二第三第四第五条条文(三十七年四月九日第一二二次市政会议通过)	第四卷第八期	三十七年四月三十日	五四九(45)

修正南京市水陆交通舟车价格标准(二十三年十月二十七日核准施行)	第一四六期	二十三年十月	三九七(26)
修正南京市水陆交通舟车价格标准汽车价目(二十四年七月十七日核准备案)	第一五五期	二十四年七月	二〇九(28)
修正南京市公共汽车管理处组织规程(三十六年四月十六日府总秘二字第四〇〇三号指令准予修正施行)	第二卷第九期	三十六年五月十五日	七〇五(44)
修正南京市公共汽车管理处组织规程第四、五、六、七条条文(三十五年七月十二日第四十一次市政会议通过条文)	第一卷第八期	三十五年八月十六日	二〇五(44)
修正南京市公园管理处钓鱼规则(廿四年六月四日核准备案)	第一五四期	二十四年六月	〇四三(28)
修正南京市公园管理处组织规则(二十四年九月十日公布)	第一五七期	二十四年九月	六二七(28)
修正南京市立小学教职员任用待遇服务及惩奖规则第八条附表(廿四年十二月廿一日核准备案)	第一六〇期	二十四年十二月	〇八二(30)
修正南京市立小学教职员遗族扶助会简章(二十六年二月十五日核准施行)	第一七四期	二十六年二月	五九九(35)
修正南京市立中小学学生免征学费暂行办法(二十六年二月二十二日核准备案)	第一七四期	二十六年二月	六〇七(35)
修正南京市立中小学校学生免征学费暂行规则(二十二年八月二十三日核准备案)	第一三二期	二十二年八月三十一日	二五七(24)
修正南京市立中小学校学生免费暂行简则(二十一年二月二十一日核准备案)	第一〇二期	二十一年二月二十九日	六〇五(19)

修正南京市立医院组织规程(三十六年十一月十四日第一〇六次市政会议通过)	第三卷第十一期	三十六年十二月十五日	三〇三(45)
修正南京市玄武公园游览规则(廿四年六月四日核准备案)	第一五四期	二十四年六月	〇四三(28)
修正南京市地产公司营业取缔规则(二十四年四月六日行政院备案)	第五十五期	二十九年九月十五日	九八九(39)
修正南京市地政局办理市区土地请丈规则第三条条文(三十七年一月三十日第一一四次市政会议通过)	第四卷第三期	三十七年二月十五日	四一六(45)
修正南京市地政局办理各机关委托测量规则第三条条文(三十七年一月三十日第一一四次市政会议通过)	第四卷第三期	三十七年二月十五日	四一六(45)
修正南京市成药注册规则(二十五年一月七日公布)	第一六一期	二十五年一月	四九六(30)
修正南京市年鉴编纂委员会章程(廿六年一月十五日第四一六次市政会议议决施行)	第一七三期	二十六年一月	四一三(35)
修正南京市传染病医院组织规则(廿六年五月十八日公布)	第一七七期	二十六年五月	三六八(36)
修正南京市自来水管理处水管工匠及工徒登记考试规则(廿六年五月十九日公布)	第一七七期	二十六年五月	三七一(36)
修正南京市自来水管理处水管商注册及取缔章程(廿六年五月十九日公布)	第一七七期	二十六年五月	三六八(36)
修正南京市自来水管理处用户申请特设干管摊费暂行办法(三十七年二月二十日第一一七次市政会议通过)	第四卷第五期	三十七年三月日十五日	四七四(45)

修正南京市自来水管理处自来水装接费分期付款办法(二十六年一月十五日公布)	第一七三期	二十六年一月	四一一(35)
修正南京市自来水管理处供水章程(廿五年十二月十五日公布)	第一七二期	二十五年十二月	二一三(35)
修正南京市自来水管理处供水章程条文(三十七年九月十七日第一四二次市政会议通过)	第五卷第七期	三十七年十月十五日	八三五(45)
修正南京市自来水管理处供水章程第十四第二十三条条文(三十七年四月九日第一二二次市政会议通过)	第四卷第八期	三十七年四月三十日	五四八(45)
修正南京市自来水管理处组织规则(二十五年十一月廿三日公布)	第一七一期	二十五年十一月	〇三三(35)
修正南京市自来水管理处组织规则第五第七两条条文(二十四年十一月一日公布)	第一五九期	二十四年十一月	三〇五(29)
修正南京市自来水管理处组织规则第六条条文(二十六年五月三日公布)	第一七七期	二十六年五月	三六四(36)
修正南京市自来水管理处组织规程(三十六年五月十四日本府核准)	第三卷第一期	三十六年七月十五日	八三九(44)
修正南京市自来水管理处组织规程第十四条条文(三十七年一月十六日第一一三次市政会议通过)	第四卷第三期	三十七年二月十五日	四一五(45)
修正南京市自来水管理处特敷干管摊费暂行规则(廿五年三月廿日公布)	第一六三期	二十五年三月	四一九(31)
修正南京市自来水管理处管理公共救火龙头暂行规则(廿六年一月廿日公布)	第一七三期	二十六年一月	四一六(35)

修正南京市合作事业指导委员会组织规则(二十二年十月三日核准备案)	第一三四期	二十二年十月三十一日	四八三(24)
修正南京市戏剧审查委员会处分娱乐场所违章罚则(二十三年十二月二十六日核准备案)	第一四八期	二十三年十二月	七〇六(26)
修正南京市戏剧审查委员会处分娱乐场所违章罚则(二十四年四月十五日核准施行)	第一五二期	二十四年四月	五〇三(27)
修正南京市园林管理处玄武湖公园游览规则(二十六年三月二十二日核准施行)	第一七五期	二十六年三月	〇三四(36)
修正南京市园林管理处玄武湖钓鱼规则(二十六年三月二十二日核准施行)	第一七五期	二十六年三月	〇三三(36)
修正南京市园林管理处组织规程(三十六年五月二十三日第八十三次市政会议通过)	第二卷第十一期	三十六年六月十五日	七六九(44)
修正南京市财政地政两局土地税工作联系办法第八条条文(三十七年一月三十日第一一四次市政会议报告修正)	第四卷第三期	三十七年二月十五日	四一六(45)
修正南京市财政局八卦洲农地租佃规则(二十三年三月三十一日核准备案)	第一三九期	二十三年三月三十一日	三六五(25)
修正南京市财政局八卦洲佃户庄规(二十三年三月三十一日核准备案)	第一三九期	二十三年三月三十一日	三六七(25)
修正南京市财政局大小黄洲庄规(二十三年三月三十一日核准备案)	第一三九期	二十三年三月三十一日	三六四(25)
修正南京市财政局大小黄洲租佃暂行制度(二十三年三月三十一日核准备案)	第一三九期	二十三年三月三十一日	三六一(25)

修正南京市财政局征收人员奖惩规则(二十三年十月二十五日核准施行)	第一四六期	二十三年十月	三九四(26)
修正南京市财政局征收车捐章程(二十三年七月七日公布)	第一四三期	二十三年七月	○一七(26)
修正南京市财政局征收房捐章程(二十二年七月呈奉行政院核准备案)	第一三一期	二十二年七月三十一日	一五一(24)
修正南京市财政局奖励员警协助检查车辆隐漏税捐规则(三十六年十二月十九日第一一○次市政会议通过)	第四卷第一期	三十七年一月十五日	三六五(45)
修正南京市财政局营业税处组织规则(二十四年五月二十九日核准备案)	第一五三期	二十四年五月	六九四(27)
修正南京市财政局营业税征收处组织规则第二第九两条文(二十年十一月四日第一八九次市政会议通过)	第九十五期	二十年十一月十五日	五四三(18)
修正南京市财政局营业税征收处组织规程	第三卷第一期	三十六年七月十五日	八四三(44)
修正南京市财政局营业税征收处组织规程第二第七第八第十条条文(三十七年四月二日第一二一次市政会议通过)	第四卷第八期	三十七年四月三十日	五四八(45)
修正南京市私立中等学校招生暂行规则(二十四年七月二十日公布)	第一五五期	二十四年七月	二一一(28)
修正南京市社会局民众学校教师惩奖规则(二十二年四月咨准教育部核准备案)	第一二八期	二十二年四月三十日	四九九(23)
修正南京市社会局发给小商人营业执照暂行规则第二条第二项条文(二十四年十月二十五日公布)	第一五八期	二十四年十月	○四二(29)

修正南京市社会局合作事业指导委员会章程(二十一年五月二十八日核准备案)	第一〇八期	二十一年五月三十一日	五五九(20)
修正南京市社会局农村改进委员会组织规则(二十六年三月二日核准备案)	第一七五期	二十六年三月	〇二三(36)
修正南京市社会局监督公私立民众学校规则(二十二年四月二十日公布)	第一二八期	二十二年四月三十日	五一二(23)
修正南京市社会局救济院组织规则(二十二年五月二十五日核准备案)	第一二九期	二十二年五月三十一日	六三三(23)
修正南京市社会局短期小学暂行办法(二十五年三月二十日核准)	第一六三期	二十五年三月	四二一(31)
修正南京市社会局管理乡区小学及简易小学暂行办法(二十四年八月三十一日核准备案)	第一五六期	二十四年八月	三七八(28)
修正南京市取缔广告及征捐章程(三十五年三月十五日第二十六次市政会议通过)	第一卷第二期	三十五年五月十六日	〇四七(44)
修正南京市取缔宰猪作暂行规则(二十二年十一月十五日公布)	第一三五期	二十二年十一月三十日	六〇二(24)
修正南京市取缔野犬规则(二十四年三月二十二日公布)	第一五一期	二十四年三月	三三五(27)
修正南京市码头仓库整理委员会组织规程(三十六年二月七日第六十九次市政会议通过)	第二卷第五期	三十六年三月十五日	五四二(44)
修正南京市轮船码头小贩登记及营业规则第二条条文(二十三年十一月十日公布)	第一四七期	二十三年十一月	五二〇(26)
修正南京市轮船码头小贩登记及营业规则第八条条文(二十六年四月六日公布)	第一七六期	二十六年四月	一八四(36)

修正南京市轮船码头小贩登记及营业规则第八条条文(廿五年十二月九日公布)	第一七二期	二十五年十二月	二〇九(35)
修正南京市征集志愿兵实施办法(市参议会修正第八十九次市政会议通过)	第三卷第二期	三十六年七月三十一日	八九〇(44)
修正南京市贫民贷款所贷款暂行章程(二十二年四月十一日核准备案)	第一二八期	二十二年四月三十日	五〇四(23)
修正南京市贫民贷款所贷款暂行章程(二十四年八月二十九日核准备案)	第一五六期	二十四年八月	三七七(28)
修正南京市房屋租金计算办法(三十七年十一月十八日本府(卅六)府总房理字第七八号令公布)	第五卷第十期	三十七年十一月三十一日	九〇五(45)
修正南京市房捐征收细则(三十六年九月十三日本府修正公布施行)	第三卷第六期	三十六年九月三十日	一三一(45)
修正南京市建筑规则(二十四年十一月二十三日公布)	第一五九期	二十四年十一月	三一四(29)
修正南京市政府土地局发放中央政治区内旗地六成补偿金办法(二十五年四月六日令饬施行)	第一六四期	二十五年四月	〇三一(32)
修正南京市政府自治事务处办事细则(廿六年三月八日核准备案)	第一七五期	二十六年三月	〇二六(36)
修正南京市政府自治事务处组织规则(二十五年十一月廿三日核准备案)	第一七一期	二十五年十一月	〇三五(35)
修正南京市政府自治事务处组织规则(二十五年三月二十四日核准)	第一六三期	二十五年三月	四二二(31)
修正南京市政府设计考核委员会组织规程(三十六年十一月十四日第一〇七次市政会议通过)	第三卷第十一期	三十六年十二月十五日	三〇四(45)

修正南京市政府招商承办清除市内粪便办法(二十三年十月五日公布)	第一四六期	二十三年十月	三八八(26)
修正南京市政府购料审核委员会规则(廿四年八月廿一日公布)	第一五六期	二十四年八月	三七〇(28)
修正南京市政府所属各机关任用职员暂行办法(二十四年五月二十七日核准施行)	第一五三期	二十四年五月	六九二(27)
修正南京市政府组织规则(二十九年七月二十四日行政院指令施行)	第五十二期	二十九年七月三十一日	七九七(39)
修正南京市政府组织规则(廿六年六月十二日公布)	第一七八期	二十六年六月	五〇九(36)
修正南京市政府校舍建筑委员会简章(二十四年七月五日第三六〇次市政会议通过)	第一五五期	二十四年七月	二〇六(28)
修正南京市政府颁发证章规则(二十四年六月十七日公布)	第一五四期	二十四年六月	〇五〇(28)
修正南京市政府职员请假规则(二十三年五月十二日公布)	第一四一期	二十三年五月三十一日	五八九(25)
修正南京市政府职员请假规则(二十六年三月二十日公布)	第一七五期	二十六年三月	〇三二(36)
修正南京市政府清除粪便暂行规则(二十三年十月五日公布)	第一四六期	二十三年十月	三八六(26)
修正南京市政府管理开业国医暂行规则(二十二年十二月七日公布)	第一三六期	二十二年十二月三十一日	〇一六(25)
修正南京市政府管理开业国医暂行规则(二十二年四月十二日公布)	第一二八期	二十二年四月三十日	五〇五(23)
修正南京市政府管理开业国医暂行规则第三第四两条条文(二十四年十一月十五日公布)	第一五九期	二十四年十一月	三一二(29)

修正南京市政府管理牙医师暂行规则(二十四年十二月六日公布)	第一六〇期	二十四年十二月	〇二六(30)
修正南京市埋设自来水管租用私地章程(二十六年三月十三日核准备案)	第一七五期	二十六年三月	〇二九(36)
修正南京市铁路运货章程(二十二年十二月二十六日公布)	第一三六期	二十二年十二月三十一日	〇三六(25)
修正南京市铁路特种客票价目章程(二十五年三月十日核准施行)	第一六三期	二十五年三月	四一六(31)
修正南京市铁路管理处办事细则(廿四年十月十二日核准备案)	第一五八期	二十四年十月	〇三〇(29)
修正南京市铁路管理处处务会议议事细则	第一五八期	二十四年十月	〇三五(29)
修正南京市铁路管理处军用车票章程(廿五年七月十三日核准备案)	第一六七期	二十五年七月	四六四(33)
修正南京市铁路管理处组织规则(廿四年十月十二日公布)	第一五八期	二十四年十月	〇二八(29)
修正南京市租户申请装接自来水暂行办法(二十六年一月十五日公布)	第一七三期	二十六年一月	四一〇(35)
修正南京市健康教育委员会组织章程(二十二年九月二日核准备案)	第一三三期	二十二年九月三十日	三八五(24)
修正南京市健康教育委员会组织章程(二十二年五月二十五日核准备案)	第一二九期	二十二年五月三十一日	六三四(23)
修正南京市菜场摊贩管理所组织规程(三十七年八月六日第一三八次市政会议通过)	第五卷第四期	三十七年八月三十一日	七六二(45)
修正南京市菜场摊贩管理所组织规程(三十六年十月七日本府(卅六)府总秘字第九七五〇号令颁)	第三卷第九期	三十六年十一月十五日	二三六(45)

修正南京市营业税处组织规则(二十四年三月二日核准备案)	第一五一期	二十四年三月	三三〇(27)
修正南京市营业税征收章程(二十二年三月咨准财政部呈奉行政院核准备案)	第一二七期	二十二年三月三十一日	三六二(23)
修正南京市营业税征收章程(二十四年一月三十日公布)	第一四九期	二十四年一月	〇二三(27)
修正南京市营业牌照税征收细则(三十六年九月十三日本府修正公布施行)	第三卷第六期	三十六年九月三十日	一三三(45)
修正南京市营造业登记章程(二十一年十一月十六日公布)	第一二〇期	二十一年十一月三十日	三八四(22)
修正南京市营造业登记章程(二十四年八月二十八日公布)	第一五六期	二十四年八月	三七二(28)
修正南京市救济院妇女教养所所生婚配规则(廿六年二月廿四日核准备案)	第一七四期	二十六年二月	六一四(35)
修正南京市救济院妇女教养总所规则(廿六年二月廿四日核准备案)	第一七四期	二十六年二月	六一三(35)
修正南京市救济院育婴所规则(廿六年二月廿四日核准备案)	第一七四期	二十六年二月	六〇九(35)
修正南京市救济院孤儿所规则(廿六年二月廿四日核准备案)	第一七四期	二十六年二月	六一一(35)
修正南京市清寒学生奖学金规则(二十三年十二月三日公布)	第一四八期	二十三年十二月	六九五(26)
修正南京市清寒学生奖学金规则(二十三年五月三日公布)	第一四一期	二十三年五月三十一日	五八五(25)
修正南京市屠宰场组织规则(廿五年六月廿三日核准备案)	第一六六期	二十五年六月	〇三一(33)
修正南京市屠宰场检验牛羊规则(二十六年二月十七日核准备案)	第一七四期	二十六年二月	六〇一(35)

修正南京市屠宰场检验猪只规则(二十六年二月十七日核准备案)	第一七四期	二十六年二月	六〇二(35)
修正南京市筑路摊费审查委员会组织细则(二十四年十一月十六日公布)	第一五九期	二十四年十一月	三一二(29)
修正南京市筵席税征收细则第十三条及第十五条条文	第一卷第七期	三十五年八月一日	一八一(44)
修正南京市粪便管理处清除粪便收费办法第七条条文(二十六年三月三十日核准备案)	第一七五期	二十六年三月	〇四一(36)
修正南京市路灯管理委员会组织规程(三十七年三月十九日第一二〇次市政会议通过)	第四卷第七期	三十七年四月十五日	五二七(45)
修正南京市新住宅区建筑规则(二十二年十一月二十日公布)	第一三五期	二十二年十一月三十日	六〇四(24)
修正南京市新住宅区建筑规则(二十四年十一月二十三日公布)	第一五九期	二十四年十一月	三五〇(29)
修正南京市管理菜场规则(廿五年一月十日公布)	第一六一期	二十五年一月	五一三(30)
修正南京市整理契税实施办法第五条条文(三十六年八月一日第九十二次市政会议通过)	第三卷第四期	三十六年八月三十一日目录	〇六八(45)
修正南京市镶牙登记暂行规则(二十四年十二月六日公布)	第一六〇期	二十四年十二月	〇二七(30)
修正南京特别市公粜委员会分配公粜米办法(三十一年十月九日修正公布)	第一〇五期	三十一年十月十五日	〇一七(42)
修正南京特别市各区公所组织规程(民国三十一年十一月份修正公布施行)	第一〇八期	三十一年十一月三十日	一三五(42)
修正南京特别市建筑规则第十一章罚则条文(民国三十二年八月公布施行)	第一二六期	三十二年八月三一日	八〇〇(42)

修正南京特别市政府保甲委员会组织规程(三十二年三月二十三日奉行政院令准备案)	第一一六期	三十二年三月三十一日	四二二(42)
修正南京特别市捕运鱼花登记暂行办法(三十二年四月第二次修正)	第一一八期	三十二年四月三十日	四九五(42)
修正南京特别市营造业登记章程(民国三十二年六月修正公布施行)	第一二一期	三十二年六月十五日	六〇一(42)
修正南京特别市管理公共娱乐场所及艺员登记规则(民国三十二年五月修正公布施行)	第一一九期	三十二年五月十五日	五三五(42)
修正南京特别市工商业登记暂行规则第四条第五条第七条第十一条第十五条条文	第一六一/一六二期合刊	三十四年二月三十日	八三四(43)
修正南京特别市卫生局卫生试验所组织规则(民国三十三年七月二十日施行)	第一四七/一四八期合刊	三十三年七月三十日	四七三(43)
修正南京特别市不动产卖典暂行规则	第七十一期	三十年五月十五日	七三四(40)
修正南京特别市车辆检验登记领用牌照收费简则	第八十期	三十年九月三十日	二七三(41)
修正南京特别市市民遗失图状书证收据呈请补发须知(三十四年四月四日公布)	第九十三期	三十一年四月十五日	六〇一(41)
修正南京特别市市民搬运租米暂行办法(民国三十二年十一月修正)	第一三一期	三十二年十一月十五日	〇二四(43)
修正南京特别市地产公司营业取缔规则(二十九年九月二十三日行政院指令1083号备案二十九年十月十一日公布施行之)	第七十一期	三十年五月十五日	七三三(40)

修正南京特别市政府卫生局卫生试验所化验鉴定物品暂行规则草案(民国三十三年八月三十日公布)	第一五〇期	三十三年八月三十日	五六八(43)
修正南京特别市政府财政局征收车捐章程(三十年九月十日行政院核准备案同年十月一日施行)	第七十九期	三十年九月十五日	二四〇(41)
修正南京特别市度量衡器具征收检定费暂行规程(卅年五月修正公布)	第七十二期	三十年五月三十一日	七九七(40)
修正南京特别市度量衡器具营业暂行条例(三十年五月修正公布)	第七十二期	三十年五月三十一日	七九六(40)
修正南京特别市捕运鱼花登记暂行办法(三十年四月修正)	第七十期	三十年四月三十日	六九四(40)
修正南京特别市营业税征收章程第十二/十六/二十一/二十二条条文(民国卅三年十月二日公布)	第一五三/一五四期合刊	三十三年十月三十一日	六五五(43)
修正南京特别市管理临时摊贩暂行规则(民国三十三年六月二十三日市政府修正公布)	第一四六期	三十三年六月三十日	四二五(43)
修正查禁种烟注意事项(二十四年四月一日军事委员会委员长行营公布)	第一五二期	二十四年四月	五三一(27)
修正狩猎法施行规则第二条第十六条第十七条第十八条条文(廿五年十月六日实业部分布)	第一七〇期	廿五年十月	四八四(34)
修正度量衡法施行细则(二十年十二月五日实业部公布)	第九十八期	二十年十二月三十一日	〇九九(19)
修正度量衡器具营业条例施行细则	第一六九期	廿五年九月	二〇五(34)
修正度量衡器具检定费征收规程(二十二年二月六日实业部公布)	第一二七期	二十二年三月三十一日	三八七(23)
修正度量衡器具检查执行规则(二十一年十二月三十一日实业部公布)	第一二四期	二十二年一月三十一日	〇四一(23)

修正派员查禁各省种烟办法(二十四年四月一日军事委员会委员长行营公布)	第一五二期	二十四年四月	五三〇(27)
修正蚕丝改良委员会南京集团制种场保存坟地办法(二十三年十二月二十四日布告)	第一四八期	二十三年十二月	七〇五(26)
修正监督地方财政暂行法(国民政府公布)	第一二三期	二十二年一月十五日	七四二(22)
修正铁道军运条例第十八条条文(国民政府公布)	第一二四期	二十二年一月三十一日	〇三三(23)
修正高等考试外交官领事官考试条例(考试院公布)	第一三〇期	二十二年六月三十日	〇三二(24)
修正高等考试司法官考试条例(考试院公布)	第一三〇期	二十二年六月三十日	〇三四(24)
修正高等考试会计人员考试条例(考试院公布)	第一三〇期	二十二年六月三十日	〇二九(24)
修正高等考试财务行政人员考试条例(考试院公布)	第一三〇期	二十二年六月三十日	〇二五(24)
修正高等考试统计人员考试条例(考试院公布)	第一三〇期	二十二年六月三十日	〇三〇(24)
修正高等考试教育行政人员考试条例(考试院公布)	第一三〇期	二十二年六月三十日	〇二七(24)
修正高等考试普通行政人员考试条例(考试院公布)	第一三〇期	二十二年六月三十日	〇二四(24)
修正烟酒营业牌照税施行细则(二十四年一月八日财政部公布)	第一五〇期	二十四年二月	一七九(27)
修正烟酒营业牌照税暂行章程(二十四年一月八日财政部公布)	第一五〇期	二十四年二月	一七七(27)
修正通俗讲演员检定条列(二十二年二月九日第四届中央执行委员会第五十七次常务会议通过)	第一二七期	二十二年三月三十一日	三七三(23)

修正通俗讲演员检定委员会组织通则(二十二年二月九日第四届中央执行委员会第五十七次常务会议通过)	第一二七期	二十二年三月三十一日	三七二(23)
修正银行兑换券发行税法(国民政府公布)	第一二〇期	二十一年十一月三十日	四〇〇(22)
修正麻醉药品管理条例(二十年十一月七日国民政府公布)	第九十六期	二十年十一月三十日	六八三(18)
修正商会法施行细则第廿条及第廿一条以下条文(廿六年一月十九日实业部公布)	第一七四期	二十六年二月	六二九(35)
修正渔业法施行规则第一条条文(二十一年十一月一日实业部公布)	第一二三期	二十二年一月十五日	七五六(22)
修正渔业法施行规则第二条第六条条文(二十一年十一月一日实业部公布)	第一二三期	二十二年一月十五日	七五六(22)
修正渔业法第二条第三条第十八条第十九条第三十四条第三十八条第三十九条及第四十七条条文(国民政府公布)	第一一四期	二十一年八月三十一日	四九二(21)
修正渔会法第四条第七条条文(国民政府公布)	第一一四期	二十一年八月三十一日	四九三(21)
修正提审法(三十七年四月二十六日国府令修正公布)	第四卷第九期	三十七年五月十五日	五七二(45)
修正森林法第九条第十八条条文(二十六年二月十三日国民政府公布)	第一七五期	二十六年三月	〇四五(36)
修正普通考试行政人员考试条例(考试院公布)	第一三〇期	二十二年六月三十日	〇三六(24)
修正普通考试法院书记官考试条例(考试院公布)	第一三〇期	二十二年六月三十日	〇三九(24)

修正普通考试建设人员考试条例(考试院公布)	第一三〇期	二十二年六月三十日	〇四一(24)
修正普通考试教育行政人员考试条例(考试院公布)	第一三〇期	二十二年六月三十日	〇四〇(24)
修正督办南京市政公署职员日语研究班规则	第十期	二十七年十月三十日	二二四(37)
修正管理公共娱乐场所规则第三十六三十七条条文(第六十一次市政会议通过)	第二卷第二/三期合刊	三十六年二月十五日	四六六(44)
修正管理成药规则(卫生署公布)	第一七二期	二十五年十二月	二四五(35)
修正管理注射器注射针暂行规则(行政院公布)	第一四七期	二十三年十一月	五八八(26)
修改优待考察东北团体乘车办法	第八十九期	二十年八月十五日	五六〇(17)
保甲长访问住户办法	第一〇六期	三十一年十月三十一日	〇五五(42)
保护国有电报电话杆线规则(行政院通令施行)	第一五〇期	二十四年二月	一七六(27)
保护管束规则(内政部司法行政部公布)	第一五九期	二十四年十一月	三七八(29)
保护管束规则各项报告书式(司法行政部颁行)	第一六四期	二十五年四月	〇三五(32)
促进航业合作办法(二十五年十二月九日交通部公布)	第一七三期	二十六年一月	四四六(35)
狩猎法(二十一年十二月二十八日国府公布二十六年四月一日施行)	第四卷第三期	三十七年二月十五日	四一二(45)
狩猎法(国民政府公布)	第一二三期	二十二年一月十五日	七五一(22)
狩猎法施行规则(二十四年十月二十五日实业部公布)	第一五九期	二十四年十一月	三八一(29)
狩猎法施行规则(二十四年十月二十五日实业部公布二十五年十月八日实业部修正第二第十六第十七第十八条二十六年四月一日施行)	第四卷第三期	三十七年二月十五日	四一三(45)

奖励工业技术暂行条例(国民政府公布)	第一一九期	二十一年十一月十五日	二九三(22)
奖励工业技术暂行条例施行细则(二十一年十一月三十日实业部公布)	第一二二期	二十一年十二月三十一日	六七五(22)
度量衡检定人员任用暂行规程(二十年十月五日实业部公布)	第九十五期	二十年十一月十五日	五五〇(18)
度量衡器具输入取缔暂行规则(二十六年二月十八日实业部公布)	第一七五期	二十六年三月	〇五三(36)
前敌产处理委员会登记管理之后方敌产接管处理办法(行政院节陆字第六一六二号令颁)	第一卷第三/四期合刊	三十五年六月十六日	〇七二(44)
首都冬振委员会组织规则	第五十九期	二十九年十一月十五日	一五一(40)
首都冬赈学界劝募寒衣办法	第六十一期	二十九年十二月十五日	二二七(40)
首都民生日用必需品配售委员会组织规程(行政院三十六年三月廿八日从供字第一一二五八号令公布)	第二卷第九期	三十六年五月十五日	七〇一(44)
首都民众体育委员会简章(二十四年六月十四日核准备案)	第一五四期	二十四年六月	〇四八(28)
首都民众教育实验区自治协进会简章(二十一年六月二十一日核准备案)	第一一〇期	二十一年六月三十日	〇一六(21)
首都民众教育实验区设计委员会规程(二十年九月一日)	第九十一期	二十年九月十五日	〇二九(18)
首都百子亭土地重划试行区域暂行规则(首都建设委员会二十年九月二十三日第五十一次常务会议通过)	第九十七期	二十年十二月十五日	〇一三(19)
首都各区救火会联合会简章(二十六年五月四日核准备案)	第一七七期	二十六年五月	三六五(36)
首都各区救火会简章(二十六年二月二十五日令发施行)	第一七四期	二十六年二月	六一七(35)

首都各界二十五年冬赈联合会组织章程(廿五年十二月十二日核准备案)	第一七二期	二十五年十二月	二一二(35)
首都米市设计委员会组织规则(廿五年三月三日核准施行)	第一六六期	二十五年六月	○二三(33)
首都防汛委员会组织规则	第一○○期	三十一年七月三十一日	七八一(41)
首都夏令卫生运动委员会暂行章程	第七十五期	三十年七月十五日	○七三(41)
首都新辟道路两旁房屋建筑促进规则	第九十八期	二十年十二月三十一日	○九一(19)
首都新辟道路两旁房屋建筑促进规则施行细则(二十一年六月四日)	第一○九期	二十一年六月十五日	六七○(20)
首都警察厅/南京市政府联合管理市内清洁办法(廿五年二月订定施行)	第一六二期	二十五年二月	○二七(31)
总统府公报所载中央法规索引	第四卷第十一期	三十七年六月十五日	六二二(45)
总统府公报所载中央法规索引	第四卷第十二期	三十七年六月三十日	六四八(45)
总统府公报所载中央法规索引	第五卷第一期	三十七年七月十五日	六八一(45)
总统府公报所载中央法规索引	第五卷第二期	三十七年七月三十一日	七一一(45)
总统府公报所载中央法规索引	第五卷第三期	三十七年八月十五日	七四三(45)
总统府公报所载中央法规索引	第五卷第四期	三十七年八月三十一日	七六二(45)
总统府公报所载中央法规索引	第五卷第六期	三十七年九月三十日	八○九(45)
总统府公报所载中央法规索引	第五卷第七期	三十七年十月十五日	八三二(45)
总统府公报所载中央法规索引	第五卷第八期	三十七年十月三十一日	八五六(45)
总统府公报所载中央法规索引	第五卷第九期	三十七年十一月十五日	八八○(45)
总统府公报所载中央法规索引	第五卷第十期	三十七年十一月三十一日	九○五(45)
统一本市筹募捐款办法(二十一年四月二十三日)	第一○六期	二十一年四月三十日	三四六(20)
统计法(国民政府公布)	第一一九期	二十一年十一月十五日	二八九(22)
捐资兴办卫生事业褒奖条例(国民政府六月二十六日修正公布)	第三卷第五期	三十六年九月十五日	○九五(45)
捐资兴学褒奖条例(教育部三十七年一月三十日叁字第五九四三一号电颁)	第四卷第四期	三十七年二月二十九日	四四三(45)

捐资举办救济事业褒奖条例	第二十二期	二十八年四月三十日	〇九〇(38)
都市水电节约办法(三十七年十一月四日行政院(卅七)六经字第四八八二八号令颁)	第五卷第十期	三十七年十一月三十一日	九〇二(45)
都市民食配售办法(三十七年六月三十日行政院(卅七)五粮字第三〇五四七号令颁)	第五卷第二期	三十七年七月三十一日	七一〇(45)
烈士附祠办法(内政部公布)	第一三三期	二十二年九月三十日	三九五(24)
致祭公葬墓园典礼(行政院公布)	第一七八期	二十六年六月	五四三(36)
监督寺庙条例草案	第十八期	二十八年二月二十八日	七二五(37)
监察法(三十七年七月十七日总统令公布)	第五卷第四期	三十七年八月三十一日	七六〇(45)
监察院及监察委员收受人民书状办法(三十七年七月二十日监察院第二十二次会议通过)	第五卷第三期	三十七年八月十五日	七四二(45)
监察院收受人民书状办法(监察院公布)	第一二九期	二十二年五月三十一日	六四〇(23)
党国旗升降办法(二十六年五月六日第五届中央党务委员会第四十三次会议通过)	第一七八期	二十六年六月	五三四(36)
党旗国旗之制造及使用办法(二十年七月二日第三届中央执行委员会第一四八次)	第八十九期	二十年八月十五日	五五三(17)
党旗国旗制造使用条例(二十三年八月三十日第四届中央执行委员会第一三六次常务会议通过)	第一四六期	二十三年十月	四〇四(26)
晓庄新村购领基地办法(二十六年五月十一日核准备案)	第一七七期	二十六年五月	三六六(36)
铁道法(国民政府公布)	第一一四期	二十一年八月三十一日	四九〇(21)
铁道部优待学术团体年会会员乘车办法(铁道部公布)	第一一一期	二十一年七月十五日	二〇〇(21)
铁路用地免征赋税章程	第九十三期	二十年十月十五日	三一二(18)

特别市组织条例(中华民国二十七年十一月十五日维新政府公布之)	第十九期	二十八年三月十五日	七六三(37)
特种工业保息及补助条例(廿六年四月十二日国民政府公布)	第一七六期	二十六年四月	二一五(36)
特种刑事法庭组织条例(三十七年四月二日国府令公布)	第四卷第八期	三十七年四月三十日	五四五(45)
特种过分利得税法(三十六年一月一日国民政府令颁)	第二卷第五期	三十六年三月十五日	五三九(44)
特种过分利得税施行细则(行政院三十六年二月八日从伍字第四〇一二号令颁	第二卷第六期	三十六年三月三十一日	五八六(44)
特种营业税法(国民政府三十六年五月一日公布)	第二卷第十期	三十六年五月三十一日	七三二(44)
借用接收敌伪房地产收购出租办法(行政院三十六年十二月二十五日(卅六)外字第五三八四一号令颁)	第四卷第二期	三十七年一月三十一日	三八九(45)
航商组织补充办法(国民政府公布)	第一四〇期	二十三年四月三十日	四七八(25)
航路标识条例(国民政府公布)	第一四一期	二十三年五月三十一日	六〇一(25)
留学规程(中华民国二十七年十二月二十七日教育部令教字第三号公布)	第二十一期	二十八年四月十五日	〇二一(38)
高等考试及格人员分发规程(国民政府公布)	第一三四期	二十二年十月三十一日	四九五(24)
高等考试农林行政人员考试条例(考试院公布)	第八十五期	二十年六月十五日	一三五(17)
宴会限制办法(遵照主席订定)	第八十九期	三十一年二月十五日	五一〇(41)
调整猪业整理委员会纲要	第一〇九期	三十一年十二月十五日	一六九(42)
通俗讲演员检定条例(二十年三月十九日、八月十三日第三届中央执行委员会第一三二次,一五四次常务)	第九十二期	二十年九月三十日	一五六(18)

通俗讲演员检定委员会组织通则(二十年八月十三日第三届中央执行委员会第一五四次常务会议通过会议修正通过)	第九十二期	二十年九月三十日	一五七(18)
预算法(国民政府公布)	第一二一期	二十一年十二月十五日	五〇五(22)
预算章程(二十年十一月二日)	第九十六期	二十年十一月三十日	六六四(18)
绥靖部各区司令部军法处组织条例	第十五期	二十八年一月十五日	四六一(37)
绥靖部军政总执法处组织条例	第十五期	二十八年一月十五日	四六〇(37)
教育局工作报告(十一月十五日至二十一日)	第二卷第一期	三十六年一月十五日	四二一(44)
培植保护特种林木监督办法(行政院公布)	第一七三期	二十六年一月	四四一(35)
接受著作权呈请注册程式(四)	第二十八期	二十八年七月三十一日	四七七(38)
职业介绍所暂行办法(二十年十二月三日实业部公布)	第九十八期	二十年十二月三十一日	〇九七(19)
职业学校法(国民政府公布)	第一二三期	二十二年一月十五日	七四九(22)
基本教育首都示范区计划委员会组织规程(三十七年五月二十一日第一二八次市政会议通过)	第四卷第十一期	三十七年六月十五日	六二二(45)
勘报灾歉规程(行政院公布)	第一六八期	廿五年八月	〇三六(34)
著作权法施行细则(维新政府颁)	第二十八期	二十八年七月三十一日	四七三(38)
著作物呈请注册程式(一)	第二十八期	二十八年七月三十一日	四七六(38)
著作物改用姓名呈请注册程式(三)	第二十八期	二十八年七月三十一日	四七七(38)
著作物逐次或分次发行呈请注册程式(二)	第二十八期	二十八年七月三十一日	四七六(38)
黄金外币买卖处罚条例(三十六年十二月十九日国府令公布)	第四卷第十期	三十七年五月三十一日	五九五(45)
营业税法(国民政府三十六年五月一日公布)	第二卷第十期	三十六年五月三十一日	七三四(44)
营业税法施行细则(行政院三十六年七月四日(卅六)六财字第三〇四一四号令公布)	第三卷第四期	三十六年八月三十一日目录	〇五八(45)

营业税法第五条修正条文(国府三十六年十一月十四日令公布)	第三卷第十期	三十六年十一月三十日	二七二(45)
营业牌照税法(三十五年十二月五日国府修正公布)	第二卷第四期	三十六年三月一日	四九三(44)
营业牌照税法(国府三十六年十一月十四日令公布)	第三卷第十期	三十六年十一月三十日	二七一(45)
检定玻璃量器暂行办法(廿六年一月十八日实业部公布)	第一七四期	二十六年二月	六二一(35)
检定温度计暂行办法(廿六年五月五日实业部公布)	第一七七期	二十六年五月	三七九(36)
检查邮件包裹私递麻醉药品办法(二十年九月二十四日某烟委员会修正公布)	第九十二期	二十年九月三十日	一六六(18)
检验各种汽车纲要五项	第四十四期	二十九年三月三十一日	四一四(39)
救济洲承贌人胡正宽等修筑洲埂借贷公款分期摊还办法(二十四年五月三十一日核准施行)	第一五三期	二十四年五月	六九六(27)
救济特捐用途分配办法(行政院卅七年八月十二日(卅七)六财字第三六〇四二号令颁)	第五卷第六期	三十七年九月三十日	八〇八(45)
赈务委员会助赈给奖章程补充办法(赈务委员会公布)	第一五五期	二十四年七月	二一五(28)
银本位币铸造条列(国民政府公布)	第一二七期	二十二年三月三十一日	三八四(23)
银行业收益税法(二十年八月一日国民政府公布)	第八十九期	二十年八月十五日	五五六(17)
银行兑换券发行税法(二十年八月一日国民政府公布)	第八十九期	二十年八月十五日	五五五(17)
银楼业许可规则(三十六年四月二十三日行政院从伍字第一五二一一号令颁)	第三卷第九期	三十六年十一月十五日	二三二(45)
银楼业收兑及制造金饰管理办法(三十六年三月二十三日财政部京钱乙字第三八号公布)	第二卷第八期	三十六年四月三十日	六八一(44)

第一届高等考试及格人员分发规程(二十年九月十二日国民政府公布)	第九十二期	二十年九月三十日	一六一(18)
第一届高等考试及格人员任用规程(二十年九月十二日国民政府公布)	第九十二期	二十年九月三十日	一六〇(18)
第七届全国运动大会南京市预选规程(二十六年六月三十日核准备案)	第一七八期	二十六年六月	五三〇(36)
第七届全国运动大会南京市预选筹备委员会简章(二十六年六月十日核准备案)	第一七八期	二十六年六月	五二八(36)
猪只搬运证申请书	第一〇九期	三十一年十二月十五日	一七五(42)
猪贩商申请登记志愿书	第一〇九期	三十一年十二月十五日	一七三(42)
减少汽车节约汽油办法(行政院三十七年九月二十三日(卅五)五交字第四二二四二号令颁)	第五卷第七期	三十七年十月十五日	八三一(45)
商人团体补报备案办法(实业部颁行)	第一五〇期	二十四年二月	一八二(27)
商业银行调整资本后动用缴存资本金办法(三十七年十月十一日财政部钱丁字第九二六五号电办)	第五卷第八期	三十七年十月三十一日	八五六(45)
商会工商同业公会备案核转办法(实业部颁行)	第一五〇期	二十四年二月	一八三(27)
商会法(维新政府颁布)	第三十一期	二十八年九月十五日	六五九(38)
商品检验法(国民政府公布)	第一二三期	二十二年一月十五日	七五三(22)
清乡区内各县编查保甲户口暂行条例(附各种表式)	第十期	二十七年十月三十日	二二五(37)
清理各省田赋办法(三十七年三月十三日行政院(卅七)五粮字第一二〇七七号令颁)	第四卷第七期	三十七年四月十五日	五二五(45)
清理荒地暂行辦法(行政院公布)	第一三〇期	二十二年六月三十日	〇二三(24)

清寒优秀学生奖学金审查委员会组织规程	第八十期	三十年九月三十日	二八〇(41)
渔业警察规程(二十年六月二十七日实业部内政部公布)	第八十九期	二十年八月十五日	五五九(17)
屠宰税法(三十五年十二月四日国民政府修正公布)	第二卷第五期	三十六年三月十五日	五三九(44)
屠宰税法第二条及第三条修正条文(国府三十六年十一月四日令公布)	第三卷第十期	三十六年十一月三十日	二七三(45)
婚丧仪仗办法(三十七年九月十六日内政部公布)	第五卷第七期	三十七年十月十五日	八三二(45)
婚丧仪仗暂行办法(内政部分布)	第一六九期	廿五年九月	二〇四(34)
维新政府内政市管理中医暂行规则(维新政府内政部颁行)	第十九期	二十八年三月十五日	七七七(37)
维新政府内政部内政统计查报暂行通则(二十八年二月十八日核准公布)	第二十一期	二十八年四月十五日	〇〇四(38)
维新政府行政院修正违警罚法(二十七年八月十二日公布)	第八期	二十七年九月三十日	一四七(37)
联合国各组织及人员在华应享受之特权及豁免办法(行政院三十六年六月十日从辰字第二二二五五号令公布)	第二卷第十二期	三十六年六月三十日	七九九(44)
森林法(国民政府公布)	第一一八期	二十一年十月三十一日	一六五(22)
森林法施行规则(二十四年二月四日家业部公布)	第一五一期	二十四年三月	三四五(27)
暂行中学法(维新政府颁)	第二十八期	二十八年七月三十一日	四八三(38)
暂行文官官等官俸表(二十二年九月二十三日国民政府公布)	第一三四期	二十二年十月三十一日	五〇〇(24)
暂行决算章程(国民政府公布)	第一二一期	二十一年十二月十五日	五〇一(22)
最低工资法(二十五年十二月二十三日国民政府公布)	第一七三期	二十六年一月	四三〇(35)
氯化钠取缔规则(财政部公布)	第一五一期	二十四年三月	三四四(27)

筵席及娱乐税法(三十五年十二月五日国府修正公布)	第二卷第四期	三十六年三月一日	四九六(44)
筵席及娱乐税法(三十六年十二月一日国府令修正)	第三卷第十二期	三十六年十二月卅一日	三二五(45)
筵席消费节约实施办法(行政院三十六年九月六日公布)	第三卷第六期	三十六年九月三十日	一二五(45)
储蓄银行法(国民政府公布)	第一四三期	二十三年七月	〇五三(26)
惩治走私条例(国民政府三十七年三月十一日公布)	第四卷第六期	三十七年三月三十一日	五〇〇(45)
惩治盗匪暂行办法(民国二十五年八月三十一日国民政府命令)	第四十九期	二十九年六月十五日	六四八(39)
善后救济总署苏甯分署/南京市工务局合办南京市工赈工程处暂行组织规程(三十五年八月十六日第四十六次市政会议通过)	第一卷第十一期	三十五年十一月一日	三〇二(44)
普通考试及格人员分发规程(国民政府公布)	第一四〇期	二十三年四月三十日	四七六(25)
普通考试农业行政人员考试条例(考试院公布)	第八十五期	二十年六月十五日	一三八(17)
普通考试审计人员考试条例(考试院公布)	第一四四期	二十三年八月	一五八(26)
普通考试建设行政人员考试条例(考试院公布)	第一一七期	二十一年十月十五日	〇八一(22)
登记旧印花税票办法(财政部公布)	第一四七期	二十三年十一月	五八九(26)
缎业取缔敷油作伪办法(二十三年二月九日核准备案)	第一三八期	二十三年二月二十八日	二四九(25)
戡乱时期危害国家紧急治罪条例(国府三十六年十二月二十五日公布)	第四卷第一期	三十七年一月十五日	三五七(45)
禁止蓄养奴婢办法(内政部公布)	第一一六期	二十一年九月三十日	七二四(21)
禁止蓄婢办法(二十五年一月二十二日内政部公布)	第一六一期	二十五年一月	五二八(30)

禁毒治罪暂行条例(中央政治会议第四七九次会议决议准予备案)	第一五九期	二十四年十一月	三七五(29)
禁烟治罪暂行条例(中央政治会议第四七九次会议决议准予备案)	第一五九期	二十四年十一月	三七二(29)
禁烟禁毒治罪条例(国民政府三十五年八月二日公布)	第二卷第十二期	三十六年六月三十日	七九五(44)
督办南京市政公署工务处建筑太平路市房招商投标章程	第八期	二十七年九月三十日	一六三(37)
督办南京市政公署工务处营造厂商登记暂行规则	第八期	二十七年九月三十日	一六四(37)
督办南京市政公署工务局市区建筑暂行简则	第十七期	二十八年二月十五日	六四一(37)
督办南京市政公署工务局考验汽车驾驶人规则	第十七期	二十八年二月十五日	六五一(37)
督办南京市政公署工务局检验汽车规则	第十七期	二十八年二月十五日	六五二(37)
督办南京市政公署小本借贷暂行办法	第一期	二十七年六月十五日	〇〇九(37)
督办南京市政公署卫生处卫生稽查员服务规则	第二期	二十七年六月三十日	〇四一(37)
督办南京市政公署卫生局城区粪夫管理规则	第十七期	二十八年二月十五日	六二一(37)
督办南京市政公署卫生局清洁队水上清洁班组织规则	第九期	二十七年十月十五日	一九二(37)
督办南京市政公署卫生局清洁队管理河塘清洁规则	第九期	二十七年十月十五日	一九三(37)
督办南京市政公署卫生局管理厕所规则	第十七期	二十八年二月十五日	六二二(37)
督办南京市政公署办理技师及技术人员登记规程	第四期	二十七年七月三十一日	〇八一(37)
督办南京市政公署代管经收日侨房租规则	第十二期	二十七年十一月三十日	三一七(37)

督办南京市政公署设置民众意见箱办法	第十七期	二十八年二月十五日	六〇七(37)
督办南京市政公署财政局田赋征收处业户纳税须知	第十三期	二十七年十二月十五日	三五八(37)
督办南京市政公署财政局征收妓捐章程	第十四期	二十七年十二月三十一日	四〇八(37)
督办南京市政公署财政局征收营业税暂行章程	第十七期	二十八年二月十五日	六〇〇(37)
督办南京市政公署财政局征收铺房捐暂行章程	第十七期	二十八年二月十五日	六〇三(37)
督办南京市政公署财政局征收筵席捐章程	第十四期	二十七年十二月三十一日	四〇六(37)
督办南京市政公署兑换杂破货币暂行办法	第三期	二十七年七月十五日	〇六一(37)
督办南京市政公署社会局局务会议规则	第十八期	二十八年二月二十八日	七二二(37)
督办南京市政公署规定新住宅家屋管理暂行办法	第十二期	二十七年十一月三十日	三一九(37)
督办南京市政公署取缔广告及征捐简则	第十四期	二十七年十二月三十一日	四〇二(37)
督办南京市政公署取缔牛乳营业规则	第十七期	二十八年二月十五日	六一七(37)
督办南京市政公署取缔私盐暂行办法	第四期	二十七年七月三十一日	〇八一(37)
督办南京市政公署征收车捐简章	第十二期	二十七年十一月三十日	三二一(37)
督办南京市政公署征收各种车辆牌照费简则	第八期	二十七年九月三十日	一六六(37)
督办南京市政公署所属各区公所组织规程	第三期	二十七年七月十五日	〇六四(37)
督办南京市政公署实业局园林管理所办事细则	第十八期	二十八年二月二十八日	七三三(37)
督办南京市政公署实业局园林管理所规则	第十八期	二十八年二月二十八日	七三一(37)

督办南京市政公署实业局租佃农场田地暂行办法	第十三期	二十七年十二月十五日	三五九(37)
督办南京市政公署实业局棉纱工厂招商分销出品简章	第十八期	二十八年二月二十八日	七三八(37)
督办南京市政公署实业局棉纱织工厂办事细则	第十八期	二十八年二月二十八日	七三六(37)
督办南京市政公署实业局棉纱织工厂暂行管理规则	第十八期	二十八年二月二十八日	七三七(37)
督办南京市政公署实业局棉织工厂组织规则	第十八期	二十八年二月二十八日	七三四(37)
督办南京市政公署保护森林苗木暂行办法	第六期	二十七年八月三十一日	一二〇(37)
督办南京市政公署健康委员会规程	第四期	二十七年七月三十一日	〇八四(37)
督办南京市政公署职员日语研究班规则	第三期	二十七年七月十五日	〇六〇(37)
督办南京市政公署检验酒楼饭馆旅馆茶园男女招待茶房工役健康规则	第十五期	二十八年一月十五日	四六九(37)
督办南京市政公署检验歌女健康规则	第十一期	二十七年十一月十五日	二七三(37)
督办南京市政公署清除垃圾暂行规则	第一期	二十七年六月十五日	〇一三(37)
督办南京市政公署屠宰场组织规则	第十七期	二十八年二月十五日	六一〇(37)
督办南京市政公署屠宰场检验牛羊驴马规则	第十七期	二十八年二月十五日	六一四(37)
督办南京市政公署屠宰场检验肉品章程	第十七期	二十八年二月十五日	六一三(37)
督办南京市政公署屠宰场管理宰猪作规则	第十七期	二十八年二月十五日	六一一(37)
督办南京市政公署蒙藏招待所组织大纲	第十四期	二十七年十二月三十一日	四一七(37)
督办南京市政公署禁烟局办事细则	第七期	二十七年九月十五日	一三一(37)
督办南京市政公署禁烟局组织章程	第七期	二十七年九月十五日	一二九(37)

督办南京市政公署管理开业助产士暂行规则	第十二期	二十七年十一月三十日	三二六(37)
督办南京市政公署管理牙科医师暂行规则	第十七期	二十八年二月十五日	六三〇(37)
督办南京市政公署管理中药铺营业规则	第十七期	二十八年二月十五日	六四〇(37)
督办南京市政公署管理公共娱乐场所卫生规则	第十二期	二十七年十一月三十日	三二九(37)
督办南京市政公署管理西药业暂行规则	第十七期	二十八年二月十五日	六二五(37)
督办南京市政公署管理护士暂行规则	第十二期	二十七年十一月三十日	三二三(37)
督办南京市政公署管理医院暂行规则	第十七期	二十八年二月十五日	六二六(37)
督办南京市政公署管理私塾暂行办法	第三期	二十七年七月十五日	〇六〇(37)
督办南京市政公署管理饮食品制造场所卫生规则	第十六期	二十八年一月三十一日	五五一(37)
督办南京市政公署管理泡水业卫生规则	第十六期	二十八年一月三十一日	五五七(37)
督办南京市政公署管理茶馆卫生规则	第十六期	二十八年一月三十一日	五五〇(37)
督办南京市政公署管理施诊所暂行规则	第三期	二十七年七月十五日	〇六八(37)
督办南京市政公署管理旅馆卫生规则	第十六期	二十八年一月三十一日	五五四(37)
督办南京市政公署管理接生婆暂行办法	第十七期	二十八年二月十五日	六三七(37)
督办南京市政公署管理菜饭馆卫生规则	第十六期	二十八年一月三十一日	五四八(37)
督办南京市政公署管理兽医师暂行规则	第十七期	二十八年二月十五日	六一五(37)

督办南京市政公署管理镶牙业暂行规则	第十七期	二十八年二月十五日	六三三(37)
简化事前审计程序暂行办法(国民政府三十七年三月六日处字第二一九号令颁)	第四卷第六期	三十七年三月三十一日	五〇〇(45)
简附关于结婚部份之法律条文	第七十七期	三十年八月十五日	一七〇(41)
简易人寿保险投保规则(行政院三十六年九月二十四日)	第三卷第七期	三十六年十月十六日	一六八(45)
简易农仓办法(农林部三十六年五月卅一日平参字第八四八号公布)	第二卷第十二期	三十六年六月三十日	七九六(44)
新国民运动南京特别市分会实践团组织规程	第一一〇期	三十一年十二月三十一日	二〇九(42)
新闻纸杂志及书籍用纸节约办法(行政院三十六年九月六日公布)	第三卷第六期	三十六年九月三十日	一二六(45)
新闻纸杂志登记声请书(附登记表)	第二十八期	二十八年七月三十一日	四八〇(38)
新闻纸杂志登记证	第二十八期	二十八年七月三十一日	四八二(38)
新闻纸社及杂志社图记刊制规程(行政院公布)	第一四〇期	二十三年四月三十日	四七九(25)
粮食流通管理办法(行政院三十六年十一月二十二日日)	第三卷第十一期	三十六年十二月十五日	三〇一(45)
管理私立社会教育机关暂行规程(维新政府颁)	第三十三期	二十八年十月十五日	七七一(38)
管理物资特配商店暂行办法(民国三十三年五月二日公布)	第一四三/一四四期合刊	三十三年五月三十一日	三四八(43)
管理钨锑运售办法(行政院三十六年十一月十五日)	第三卷第十一期	三十六年十二月十五日	三〇二(45)
德侨处理办法第四条第五条条文(行政院节京陆字第八九三七号令颁修正)	第一卷第十一期	三十五年十一月一日	三〇二(44)
德侨在华私人产业处理办法(三十五年六月二十一日行政院节京陆二六五六号令准)	第一卷第七期	三十五年八月一日	一七七(44)

褒扬条例施行细则(二十一年六月四日内政部公布)	第一一〇期	二十一年六月三十日	〇二四(21)
整理中央政治区域土地办法(二十三年十月十一日明令施行)	第一四六期	二十三年十月	三八九(26)
整理田赋附加办法(财政部公布)	第一三〇期	二十二年六月三十日	〇四四(24)
整理江湖沿岸农田水利办法大纲执行办法(行政院公布)	第一七二期	二十五年十二月	二四三(35)
整理江湖沿岸农田水利办法大纲(行政院公布)	第一七二期	二十五年十二月	二四二(35)
整理私塾暂行办法	第三十二期	二十八年九月三十日	七一五(38)
整理省市财政办法(行政院三十六年九月二十日)	第三卷第七期	三十六年十月十六日	一六二(45)
整理首都破损建筑物暂行规则(三十三年一月二十九日与建设部令衔公布)	第一三五/一三六期合刊	三十三年一月三十一日	一三九(43)
警械使用规则(内政部颁行)	第十九期	二十八年三月十五日	七八〇(37)
警察携带品须知(内政部颁行)	第十九期	二十八年三月十五日	七八二(37)

政　令

篇　　名	卷(期)数	出 版 日 期	页码(册数)
人民兑换金银外币展期(府总秘字第八二九九号)	第五卷第八期	三十七年十月三十一日	八四九(45)
人民原存黄金准在国内携运但不得偷运、出口或转贩牟利(府总秘字第四〇一号)	第四卷第二期	三十七年一月三十一日	三七九(45)
工商部撤销颜料工业名称(府总秘字第六六八二号)	第五卷第四期	三十七年八月三十一日	七五二(45)
大赦令之「赦免」释疑(府总秘二字第三九九一号)	第二卷第八期	三十六年四月三十日	六七五(44)
山西省太原县更名晋源(府总秘二字第七九五七号)	第三卷第五期	三十六年九月十五日	〇八四(45)
凡经处刑及有奸伪嫌疑者不能率予发给国民身份证(府总秘字第四〇六八号)	第二卷第九期	三十六年五月十五日	七〇〇(44)
广西各小县合并改名(府总秘字第三六六九号)	第二卷第八期	三十六年四月三十日	六七六(44)
广西调整县行政区域各案暂缓执行(府总秘二字第八三五三号)	第三卷第六期	三十六年九月三十日	一一六(45)
乡区未税白契限期投税(府总财字第二三二号)	第四卷第二期	三十七年一月三十一日	三七八(45)
乡镇造产所得用于公益者财政部准予免纳所利得税(府总秘字第二七三六号)	第二卷第七期	三十六年四月十五日	六三四(44)
开办中华门外附郭地带土地登记(地郊登布字第〇〇〇二号)	第四卷第五期	三十七年三月日十五日	四五六(45)
开征汽车市政建设捐(府财布字第九十七号)	第三卷第七期	三十六年十月十六日	一五三(45)
区公所改由民政局直辖(府总秘字第三六二六号)	第二卷第八期	三十六年四月三十日	六七四(44)
切实保障人民自由(府总秘字第五一〇七号)	第二卷第十一期	三十六年六月十五日	七五三(44)

切实保障人民身体自由(府总秘二字第六三三号)	第二卷第四期	三十六年三月一日	四八七(44)
切实保障国民学校基金(府总教字第七六五三号)	第三卷第四期	三十六年八月三十一日目录	〇四八(45)
切实保障征人家属生活与安全(府总民字第一〇六五五号)	第三卷第十期	三十六年十一月三十日	二六一(45)
切实施行行政财政经济紧急处分令(府总秘二布字第六四号)	第五卷第四期	三十七年八月三十一日	七五一(45)
切实推行复员军官转业政策(教人字第〇四四九号)	第三卷第二期	三十六年七月三十一日	八六七(44)
公布本市房屋租金计算办法(府房布字第三十五号)	第四卷第九期	三十七年五月十五日	五六三(45)
公布本市管制杂粮种类及其对稻谷折率表(府社布字第一一号)	第四卷第三期	三十七年二月十五日	四〇五(45)
公布市有旗地与公地处理办法(府总秘字第八六二一号)	第三卷第六期	三十六年九月三十日	一一五(45)
公布房捐及营业牌照税征收细则(府秘布字第九十二号)	第三卷第六期	三十六年九月三十日	一一五(45)
公布整理省市财政办法(府总秘字第九一一六号)	第三卷第七期	三十六年十月十六日	一五五(45)
公告危害国家紧急治罪条例施行区域(府总秘二字第四三〇一号)	第四卷第十期	三十七年五月三十一日	五八六(45)
公营机关禁支额外津贴前订盈余提奖办法废止(府总会字第一一七四二号)	第三卷第十二期	三十六年十二月卅一日	三一八(45)
订定户口统计表报办法四点(府总秘三字第二九八〇号)	第二卷第七期	三十六年四月十五日	六三三(44)
订定本市国大代表立法委员选举人须知(京选区字第二十三号)	第三卷第五期	三十六年九月十五日	〇七九(45)
户籍罚锾可提成给奖(府总秘字第四一一二号)	第二卷第九期	三十六年五月十五日	六九八(44)
办理大选应行注意事项(府总民字第一〇六二六号)	第三卷第十期	三十六年十一月三十日	二五八(45)

办理户口复查人员受奖(府总人字第七一九四号)	第五卷第五期	三十七年九月十五日	七八一(45)
办理本市满族国大代表选举(京选区字第五二五号)	第四卷第一期	三十七年一月十五日	三五一(45)
办理申请归还战时损失文物(府统布字第二十一号)	第四卷第七期	三十七年四月十五日	五一八(45)
办理国大代表候选人登记(京选区字第二六号)	第三卷第五期	三十六年九月十五日	〇七九(45)
未报户籍市民限期登记参加选举(府民布字第八四号)	第三卷第四期	三十六年八月三十一日目录	〇四七(45)
未经核准登记之县市合作金库不得开业(府总秘字第一九一二号)	第四卷第五期	三十七年三月日十五日	四五七(45)
未获地价税缴款书业户限期洽领纳税(财布七字第一八九号)	第四卷第十二期	三十七年六月三十日	六三九(45)
节约消费实施办法(府总秘字第八六九四号)	第三卷第六期	三十六年九月三十日	一一二(45)
节余金移充员工福利用途(府总秘二字第六七二六号)	第三卷第一期	三十六年七月十五日	八二五(44)
本市军车肇祸案划分审判权限(府总民字第四〇〇号)	第四卷第二期	三十七年一月三十一日	三七八(45)
本市粮食管理注意事项五点(府总秘字第一二三五一号)	第四卷第二期	三十七年一月三十一日	三七七(45)
厉行节约消费办法纲要(府总秘字第八四八一号)	第三卷第六期	三十六年九月三十日	一一一(45)
甲种公职候选人程守泽等十名认定及格(府秘三布字第二十一号)	第二卷第五期	三十六年三月十五日	五三二(44)
田赋按照成绩分别奖惩(府总财字第三三五六号)	第四卷第八期	三十七年四月三十日	五三八(45)
四川平昌设治局提升为县(府总民字第五七六三号)	第五卷第三期	三十七年八月十五日	七三五(45)
令各机关不得拒绝印花税凭证之检查(府总秘字第四二〇四号)	第二卷第九期	三十六年五月十五日	七〇〇(44)

令饬普查一切公共建筑(府总秘字第二七一六号)	第二卷第七期	三十六年四月十五日	六三三(44)
外侨向地方机关行文应用中文(府总秘二字第五三六九号)	第四卷第十二期	三十七年六月三十日	六四〇(45)
处理及拨交物资办法三项(府总秘二字第八〇五四号)	第三卷第五期	三十六年九月十五日	〇八二(45)
议定各乡区建筑物估价标准及第十区等不动产田地标准价格(府总财字第二一二在三号)	第四卷第六期	三十七年三月三十一日	四九四(45)
民营事业申请价配日本赔偿物资办法(府总统字第六八九九号)	第三卷第二期	三十六年七月三十一日	八六五(44)
民意机关决议与中央法令抵触与否之解释机关释疑(府总秘三字第一八七一号)	第二卷第六期	三十六年三月三十一日	五七六(44)
出售物资补充办法(府总秘字第一〇七〇〇号)	第三卷第十期	三十六年十一月三十日	二六三(45)
加入他国籍之日德侨民仍以原有国籍看待(府总秘二字第七七六号)	第二卷第四期	三十六年三月一日	四九二(44)
加收逾期缴纳土地税催征费(府财布字第二十七号)	第四卷第八期	三十七年四月三十日	五三七(45)
加强查禁罂粟花壳茎叶实施步骤(府总民字第一一五六七号)	第三卷第十二期	三十六年十二月卅一日	三一七(45)
加强营造业管理(府总秘字第一四五七号)	第四卷第四期	三十七年二月二十九日	四三三(45)
发还战前被日方冻结之货物(府总统字第一二一一三号)	第四卷第一期	三十七年一月十五日	三五二(45)
台湾省改制(府总秘二字第五一四六号)	第二卷第十一期	三十六年六月十五日	七五五(44)
地籍整理法令释疑(府总秘字第一〇七八二号)	第三卷第十期	三十六年十一月三十日	二六五(45)
协助高等特种刑庭执行职务(府总秘二字第四三七三号)	第四卷第十期	三十七年五月三十一日	五八六(45)

有关户籍登记之声请释疑(府总秘三字第一八七〇号)	第二卷第六期	三十六年三月三十一日	五七七(44)
死难义民之柩运护照可由各地方政府发给(府总秘字第六一一六号)	第三卷第一期	三十六年七月十五日	八二六(44)
划定军法与司法审判范围(府总秘字第九二〇一号)	第五卷第十期	三十七年十一月三十一日	八九三(45)
划定首都政治区原则四项(府总秘字第八七六号)	第四卷第三期	三十七年二月十五日	四〇五(45)
自卫狩猎武器证照应贴印花税五角(府总秘字第七六九一号)	第五卷第六期	三十七年九月三十日	八〇四(45)
自治事业费增加一倍征收(府财布字第一二五号)	第四卷第一期	三十七年一月十五日	三五一(45)
向国外输入物资器材须于订购前申请许可(府总秘二字第一五六六号)	第二卷第五期	三十六年三月十五日	五三三(44)
行政机关行文署名盖章办法四项(府总秘二字第六五〇一号)	第三卷第二期	三十六年七月三十一日	八六三(44)
行政官署对人权案件不得率尔处分(府总诉字第一二〇三九号)	第四卷第一期	三十七年一月十五日	三五一(45)
行政院及内政部关于选举事务核办程序(府总民字第四一四一号)	第四卷第九期	三十七年五月十五日	五六三(45)
行总救济业务移交社会部接办(府总秘字第一一八八八号)	第三卷第十一期	三十六年十二月十五日	二九五(45)
危害国家紧急治罪条例施行全国(府总秘字第九一七四号)	第五卷第十期	三十七年十一月三十一日	八九二(45)
各公用建筑物保管及使用机关应酌列保养经费于年度预算内(府总秘二字第六七六八号)	第三卷第二期	三十六年七月三十一日	八六四(44)
各地对沪穗两地汇款及运钞之管理(府总秘字第一二八三号)	第四卷第四期	三十七年二月二十九日	四三二(45)
各机关不能收容中签壮丁(府总秘四字第一一四三号)	第二卷第五期	三十六年三月十五日	五三二(44)

各级民意机关人员不得兼办行政事务(府总秘三字第三〇六四号)	第二卷第七期	三十六年四月十五日	六三二(44)
各级民意机关代表请假规则(府总秘字第三八二七号)	第二卷第九期	三十六年五月十五日	六九九(44)
各局处室处理案件应行注意事项(府总秘字第五六八三号)	第二卷第十二期	三十六年六月三十日	七九〇(44)
关于汉奸告发案件之处理(府总秘二字第二七三五号)	第四卷第七期	三十七年四月十五日	五一八(45)
汤山管理处改为第十三区公所令(府总秘三字第八十九号)	第二卷第四期	三十六年三月一日	四八七(44)
兴办地方事业要点(府总民字第五五五四号)	第二卷第十二期	三十六年六月三十日	七八八(44)
安德公园改称忠烈公园(府总字第二二三四号)	第二卷第五期	三十六年三月十五日	五三六(44)
收复区私有土地上敌伪建筑物处理办法释疑(四内字第四一二二一号)	第三卷第九期	三十六年十一月十五日	二二三(45)
防止职业妇女团体选举(府总民字第一〇六九一号)	第三卷第十期	三十六年十一月三十日	二五九(45)
防范歹徒以魔术窃取财物(府总秘字第八〇二三号)	第三卷第五期	三十六年九月十五日	〇八三(45)
抄发卫生试验所设置办法(府总秘字第九三一一号)	第三卷第八期	三十六年十月三十一日	一九九(45)
抄发有关节约消费法规六种(府总秘字第八七三九号)	第三卷第六期	三十六年九月三十日	一一四(45)
抄发财务罚缓提奖分配细则(府总秘字第五一七〇号)	第四卷第十二期	三十七年六月三十日	六三九(45)
抄发现行狩猎法及其施行细则(府总秘字第八一六号)	第四卷第三期	三十七年二月十五日	四〇六(45)
抄发修正办理粮食押款押汇办法(府总秘字第五七三八号)	第五卷第一期	三十七年七月十五日	六七六(45)
抄发修正南京市工程受益费征收细则(府工布字第一二四号)	第四卷第一期	三十七年一月十五日	三五三(45)

抄发黄金外币买卖处罚条例(府总秘字第四五〇三号)	第四卷第十期	三十七年五月三十一日	五八五(45)
抄发银楼业许可规则(府总秘字第九七七四号)	第三卷第九期	三十六年十一月十五日	二二三(45)
抄发移用赈款处置办法(府总秘字第七〇三五号)	第五卷第五期	三十七年九月十五日	七八一(45)
抄发简易农仓办法(府总秘字第五六一八号)	第二卷第十二期	三十六年六月三十日	七九一(44)
抄发粮食流通管理办法(府总秘字第一一二一二号)	第三卷第十一期	三十六年十二月十五日	二九六(45)
严查人民地权移转逃避契税(府总秘字第四二一〇号)	第二卷第九期	三十六年五月十五日	六九七(44)
严禁地方摊派捐款补充规定办法五项(府总秘二字第七六七号)	第二卷第四期	三十六年三月一日	四八八(44)
严禁机关或部队占用校舍(教一字第一八八二号)	第三卷第六期	三十六年九月三十日	一一六(45)
严禁官吏不得兼营商业(府总秘二第六四七一号)	第三卷第二期	三十六年七月三十一日	八六三(44)
严禁房租索取金条食米(府总房理字第五四〇七号)	第四卷第十二期	三十七年六月三十日	六三九(45)
严禁窃用与强用电流(府总工字第九七六六号)	第三卷第九期	三十六年十一月十五日	二二二(45)
严禁窃挖偷运本京城墙砖土(府布字第一一九号)	第四卷第六期	三十七年三月三十一日	四九五(45)
苏省设置嵊泗设治局(方字第一〇六七号)	第三卷第十期	三十六年十一月三十日	二六五(45)
更正「节余金移充员工福利用途实施办法第五条」	第三卷第二期	三十六年七月三十一日	八六九(44)
医师中医师应以分组公会为宜(府总秘字第八一七八号)	第五卷第七期	三十七年十月十五日	八二四(45)
医师死亡应汇报卫生部(府总秘字第六四九七号)	第五卷第三期	三十七年八月十五日	七三四(45)

励行节约以端风尚(府总秘字第六〇一五号)	第三卷第一期	三十六年七月十五日	八二六(44)
励行全国总动员(府总秘二字第六七〇七号)	第三卷第二期	三十六年七月三十一日	八六一(44)
励行总动员要义(府总秘二字第六九五二号)	第三卷第三期	三十六年八月十五日	〇二二(45)
励行勤俭建国运动纲领(府总秘二字第七八九四号/府总秘二字第八〇八五号)	第五卷第七期	三十七年十月十五日	八二三(45)
县市参议员因刑事罪嫌逃匿在一会期以上者得依法递补(府总秘字第四六〇四号)	第二卷第十一期	三十六年六月十五日	七五三(44)
役龄男子不报户籍惩罚办法(府总秘字第四一一〇号)	第二卷第九期	三十六年五月十五日	六九九(44)
补充规定承包营造工程增给包价办法(府总秘字第一三〇四号)	第四卷第四期	三十七年二月二十九日	四三三(45)
社会局办理冬令救济受奖(府总秘字第一九五九号)	第四卷第五期	三十七年三月日十五日	四五六(45)
改订房捐捐率(府财布字第二十六号)	第四卷第八期	三十七年四月三十日	五三七(45)
改进禁烟纵横联保连坐推行方式(府总民字第一一四〇一号)	第三卷第十二期	三十六年十二月卅一日	三一六(45)
改定公文封信封式样(府总秘二字第一一二〇三号)	第三卷第十一期	三十六年十二月十五日	二九五(45)
改定敌产停止移转日期(府总秘字第四六六九号)	第二卷第十期	三十六年五月三十一日	七三〇(44)
张家口市更名张垣市(府总民字第二四〇一号)	第四卷第六期	三十七年三月三十一日	四九六(45)
现任官吏竞选立委限期辞职(府民布字第七五号)	第三卷第三期	三十六年八月十五日	〇二三(45)
现任官吏竞选国大代表限期辞职(府民布字第八十六号)	第三卷第四期	三十六年八月三十一日目录	〇四七(45)

现任官吏竞选监委无须先行辞职(府总民字第一〇二〇四号)	第三卷第九期	三十六年十一月十五日	二二二(45)
规定小麦买卖单位重量(府总秘字第五八〇一号)	第五卷第一期	三十七年七月十五日	六七六(45)
规定防空司令部及指挥部用令范围(府总秘二字第一一四〇号)	第四卷第四期	三十七年二月二十九日	四三四(45)
规定县市社会科局事业费用途六目(府总秘字第六五八二号)	第五卷第三期	三十七年八月十五日	七三四(45)
规定沪津穗三区经济管制督导范围(府总秘字第八二九五号)	第五卷第八期	三十七年十月三十一日	八四九(45)
规定官章使用范围(府总秘二字第四五四二号)	第二卷第十期	三十六年五月三十一日	七二八(44)
规定监委候选人签署次数及票选不足法定名额之处理(府总民字第一〇八八一号)	第三卷第十一期	三十六年十二月十五日	二九四(45)
拨售物资有关外汇事件处置办法(府总秘二字第八八六九号)	第三卷第七期	三十六年十月十六日	一五三(45)
取得典物之土地所有权人应课土地增值税(府总秘字第三八二九号)	第四卷第九期	三十七年五月十五日	五六四(45)
取缔日用重要物品囤积居奇(府总秘字第七七三八号)	第五卷第六期	三十七年九月三十日	八〇三(45)
取缔公司商号私擅兼营银行业务(府总秘字第五七三九号)	第五卷第一期	三十七年七月十五日	六七五(45)
取缔诬蔑国内少数民族之书报影剧(府总秘字第六六八一号)	第五卷第四期	三十七年八月三十一日	七五二(45)
取缔钱兑业经营非法业务(府总秘字第一一七六号)	第四卷第四期	三十七年二月二十九日	四三二(45)
取缔银楼业向黑市搜购黄金(府总秘字第二二六〇号)	第四卷第六期	三十七年三月三十一日	四九五(45)
直系尊亲属在沦陷区死亡事后声请题词办法释疑(府总秘二字第二〇三一号)	第二卷第五期	三十六年三月十五日	五三四(44)

国人财产被日劫至英境者应速检证件填表申请给还(府总统字第三三六四号)	第四卷第八期	三十七年四月三十日	五三八(45)
国大代表可否兼任参议员释疑(府总民字第三五四一号)	第四卷第八期	三十七年四月三十日	五三七(45)
国外供应物资处理办法三项(府总秘二字第七七五〇号)	第三卷第四期	三十六年八月三十一日目录	〇四九(45)
国民政府施政方针(府总秘二字第四四六二号)	第二卷第十期	三十六年五月三十一日	七二七(44)
国有土地管理机关及权限划分原则(府总秘字第九三七八号)	第三卷第八期	三十六年十月三十一日	一九八(45)
国籍变更事项由户政机构办理(民二字第八五九号)	第二卷第十一期	三十六年六月十五日	七五四(44)
明令嘉奖马兼局长(府总人字第五六九四号)	第五卷第一期	三十七年七月十五日	六七四(45)
制止选举舞弊案(府总民字第一一三六八号)	第三卷第十一期	三十六年十二月十五日	二九四(45)
制定庆吊节约实施办法(府总秘字第九六四五号)	第三卷第八期	三十六年十月三十一日	一九八(45)
物资供应处理办法五项(府总秘字第五八〇八号)	第二卷第十二期	三十六年六月三十日	七八九(44)
依院定敌产停止日期已办理各案不予翻案(府总秘字第一〇三〇四号)	第三卷第十期	三十六年十一月三十日	二六二(45)
征求市花市歌(府民布字第五十八号)	第三卷第一期	三十六年七月十五日	八二七(44)
征集国史资料(府总秘字第一八〇〇号)	第四卷第五期	三十七年三月日十五日	四五七(45)
金钞违法案件应送司法机关究办(府总秘字第九九九号)	第四卷第三期	三十七年二月十五日	四〇五(45)
金银外币处理办法中所称主管官署之解释(府总秘字第八七七七号)	第五卷第九期	三十七年十一月十五日	八七八(45)

废止财政部管理银行办法(府总秘字第一〇一四六号)	第三卷第九期	三十六年十一月十五日	二二三(45)
废止棉花采购证运输证移动证(府总秘字第六八九七号)	第五卷第四期	三十七年八月三十一日	七五三(45)
放租市有畸零公地(府地布字第五十七号)	第五卷第一期	三十七年七月十五日	六七四(45)
法令疑义送请司法院解释各案暂缓处理(府总秘字第七七四四号)	第五卷第六期	三十七年九月三十日	八〇三(45)
注意保护行道树(府总秘字第一一五二六号)	第三卷第十二期	三十六年十二月卅一日	三一五(45)
学生请求更改籍贯处理办法(府总秘字第一〇五九八号)	第三卷第十期	三十六年十一月三十日	二六二(45)
实施临时戒严(府总秘二字第九四一七号)	第五卷第十期	三十七年十一月三十一日	八九二(45)
承包营造工程增给金额办法(府总秘字第三六六一号)	第二卷第八期	三十六年四月三十日	六七五(44)
陕西省肤施县更名延安(府总秘二字第八〇一八号)	第三卷第五期	三十六年九月十五日	〇八三(45)
限制三十六年度追加预算(府总会字第九六三九号)	第三卷第八期	三十六年十月三十一日	一九七(45)
限期申请归还被劫物资(府抗布字第五十六号)	第三卷第一期	三十六年七月十五日	八二七(44)
限期拆除全市断墙残壁(京工审字第一八〇号)	第二卷第七期	三十六年四月十五日	六二九(44)
限期肃清本市烟毒(府民布字第五三号)	第二卷第十二期	三十六年六月三十日	七八八(44)
限期换领三十七年度营业牌照(府财布字第四十一号)	第四卷第九期	三十七年五月十五日	五六四(45)
限期催报抗战损失(府抗布字第四一号)	第二卷第九期	三十六年五月十五日	六九七(44)
参政员不得兼任参议员(府总秘三字第一一一七号)	第二卷第五期	三十六年三月十五日	五三二(44)

经济部公布各种工业标准清单(府总社字第五〇二二号)	第二卷第十一期	三十六年六月十五日	七五五(44)
经济部公布审定专利各案(京工87字第〇八七五九号)	第四卷第八期	三十七年四月三十日	五四〇(45)
经济部公告专利各案(工字第六九二六六号)	第三卷第十二期	三十六年十二月卅一日	三一九(45)
经济部公告审查合格专利各案(京工字第一七七九四号)	第五卷第三期	三十七年八月十五日	七三五(45)
经济部审定专利各案(京工字第五九〇〇八号)	第三卷第六期	三十六年九月三十日	一一七(45)
春秋二季致祭阵亡将士办法(府总秘字第六六0一号)	第三卷第二期	三十六年七月三十一日	八六四(44)
南京市房屋租赁纠纷处理委员会成立(府房布字第八十九号)	第三卷第五期	三十六年九月十五日	〇八二(45)
查征营业牌照税(府财布字第二七号)	第二卷第七期	三十六年四月十五日	六二九(44)
查获违法买卖金钞暂仍提存给奖(府总秘字第四五四五号)	第四卷第十期	三十七年五月三十一日	五八五(45)
查获黄金外币投机规定提奖分配办法(府总秘字第一二六七号)	第二卷第六期	三十六年三月三十一日	五七六(44)
查禁预买预卖稻谷青苗(府总秘字第八五五七号)	第三卷第七期	三十六年十月十六日	一五五(45)
查禁新出麻醉药品两种(府总秘字第一一四二号)	第四卷第四期	三十七年二月二十九日	四三四(45)
查禁籍名募捐骗取财物(府社布字第七十七号)	第三卷第三期	三十六年八月十五日	〇二五(45)
要求日本归还物资须缴物权及被劫证件(府总秘字第一二六九号)	第二卷第五期	三十六年三月十五日	五三三(44)
战时被劫物资限期申请归还(府统布字第六八号/府统布字第六九号)	第五卷第七期	三十七年十月十五日	八二四(45)
省市参议员当选监委后不得兼任(府总民字第一一五一八号)	第三卷第十二期	三十六年十二月卅一日	三一五(45)
选举权不得重复(府总民字第七五八三号)	第三卷第四期	三十六年八月三十一日目录	〇四七(45)

重申保障新闻自由(府总秘字第六七二四号)	第三卷第二期	三十六年七月三十一日	八六二(44)
重定本市标准地价(府地布字第六十九号)	第三卷第二期	三十六年七月三十一日	八六三(44)
修订银行营业登记等各项规费金额(府总秘字第八八三一号)	第五卷第九期	三十七年十一月十五日	八七八(45)
修正忠烈祠设立及保管办法第八条条文(府总秘字第九一三四号)	第三卷第七期	三十六年十月十六日	一五六(45)
修正追悼会与集团结婚行礼仪式(府总秘字第七九六三号)	第五卷第八期	三十七年十月三十一日	八五〇(45)
修正解送人犯办法第二条第一项条文(府总秘二字第三五六九号)	第二卷第八期	三十六年四月三十日	六七六(44)
保障应征僧侣庙产(府总民字第七四三八号)	第三卷第四期	三十六年八月三十一日目录	〇四九(45)
促进行政与司法之协调抄发应行注意事项两种(府总秘二字第三一五六号)	第二卷第七期	三十六年四月十五日	六三〇(44)
派往各地临时担任医疗之医师无庸依医师法第七第九条办理(府总秘字第六四一五号)	第五卷第三期	三十七年八月十五日	七三四(45)
举选区乡镇民代表发生纠纷时由司法机关受理(府总秘字第四五一一号)	第二卷第十期	三十六年五月三十一日	七三〇(44)
热河省会由承德移设赤峰(府总秘二字第三三四〇号)	第二卷第七期	三十六年四月十五日	六三四(44)
晋授及加授勋章标准(府总人字第三三二六号)	第四卷第八期	三十七年四月三十日	五三九(45)
根据互惠条约准古巴商船入口(府总秘二字第七二一九号)	第三卷第三期	三十六年八月十五日	〇二七(45)
夏季房捐暂按前订捐额四倍征收(府财布字第四二号)	第四卷第十期	三十七年五月三十一日	五八五(45)
监委选举法规释疑(府总民字第一〇八一三号)	第三卷第十期	三十六年十一月三十日	二五九(45)

监委选举罢免法施行条例第二十一条释义(府总民字第一一五三四号)	第三卷第十二期	三十六年十二月卅一日	三一五(45)
监察委员选举程序释疑两点(府总民字第一〇二〇六号)	第三卷第九期	三十六年十一月十五日	二二二(45)
监察委员选举释疑(府总民字第八六七八号)	第三卷第六期	三十六年九月三十日	一一四(45)
颁发行政院施政方针	第五卷第一期	三十七年七月十五日	六六九(45)
准内政部函为解释选票误写疑义等由令仰知照由(府总秘二字第七五九号)	第二卷第四期	三十六年三月一日	四八七(44)
准内政部函以奉令加强禁政考核希将各级禁政人员本年年终考绩考成禁政百分比率提高严予奖惩请办理见复等由令仰遵照办理并以府稿函复(府总秘二字第二五二号)	第二卷第四期	三十六年三月一日	四九〇(44)
准内政部函知中国人曾为日本政府服务者其公民身份等应如何规定一案令仰知照由(府总秘二字第一一一号)	第二卷第四期	三十六年三月一日	四九一(44)
准电苏浙皖区敌伪产业处理局奉令撤销另设中央信托局苏浙皖区敌伪产业清理处继续办理未了事项令仰知照由(府总秘二字第六四二号)	第二卷第四期	三十六年三月一日	四九〇(44)
准南京团管区司令部电知汉僧不得免服常备兵役等由令仰知照由(府总秘四字第一六七号)	第二卷第四期	三十六年三月一日	四八八(44)
准南京团管区司令部电知规定国家银行行员及机关公务员服役事项令仰知照由(府总秘四字第一六八号)	第二卷第四期	三十六年三月一日	四八九(44)

准南京团管区司令部代电为转知征属优待规定令仰知照由(府总秘四字第二三六号)	第二卷第四期	三十六年三月一日	四八九(44)
流动人口声请登记释疑	第二卷第八期	三十六年四月三十日	六七四(44)
调整查禁罂粟花壳茎叶给奖标准(府总民字第三〇三五号)	第四卷第七期	三十七年四月十五日	五一九(45)
调整屠宰税税额(财布字第一八四号)	第四卷第十一期	三十七年六月十五日	六一三(45)
授权办法延长一年(从壹第五五二一号)	第二卷第六期	三十六年三月三十一日	五七五(44)
接待宾客及召开会议免用茶点(府总秘字第一〇〇三〇号)	第四卷第三期	三十七年二月十五日	四〇六(45)
营业税征收处增设分处三所(财布字第一七二号)	第四卷第十一期	三十七年六月十五日	六一三(45)
检发本市三十七年度实施征兵方案(府总民字第二七三二号)	第四卷第七期	三十七年四月十五日	五一七(45)
鄂省增设大洪阳日两设治局(府总民字第一二一五一号)	第四卷第一期	三十七年一月十五日	三五三(45)
停止办理公职候选人检覈(府民布字第五二号)	第二卷第十一期	三十六年六月十五日	七五三(44)
停征旅馆捐(府财布字第三三号)	第二卷第七期	三十六年四月十五日	六二九(44)
提高缉获烟毒给奖标准(府总民字第一〇八〇八号)	第三卷第十期	三十六年十一月三十日	二六五(45)
联合国各组织及人员在华应享受之特权及豁免办法(府总秘外字第五八六三号)	第二卷第十二期	三十六年六月三十日	七九一(44)
确定新闻记者身份(府总秘字第一〇五三二号)	第三卷第十期	三十六年十一月三十日	二五九(45)
粤南山管理局改置南山县(府总民字第三〇〇七号)	第四卷第七期	三十七年四月十五日	五一九(45)
惩治盗匪条例施行期间再展限一年(府总秘二字第三九〇九号)	第四卷第九期	三十七年五月十五日	五六四(45)

曾充伪职附敌人员其选举权不受限制(府总秘字第四〇七号)	第二卷第九期	三十六年五月十五日	六九九(44)
湘邵阳县西部各乡析置隆回县(府总秘二字第二七四〇号)	第二卷第六期	三十六年三月三十一日	五七七(44)
缉获烟毒品给奖标准(府总民字第六八三四号)	第三卷第三期	三十六年八月十五日	〇二四(45)
缉获罂粟花壳给奖标准(府总民字第九〇三七号)	第三卷第七期	三十六年十月十六日	一五三(45)
携运现钞赴粤以五千万元为限(府总秘字第二九一二号)	第四卷第七期	三十七年四月十五日	五一九(45)
携运现钞赴穗改以五千万元为限(府总秘字第二三七六号)	第四卷第六期	三十七年三月三十一日	四九五(45)
禁止下关码头堆放货物(府工布字第二十二号)	第二卷第六期	三十六年三月三十一日	五七五(44)
禁止小麦搀杂泥沙水分(府总秘字第五一二九号)	第四卷第十一期	三十七年六月十五日	六一三(45)
禁止贩运买卖械弹废品及零件(府总秘二字第五四〇五号)	第四卷第十二期	三十七年六月三十日	六四〇(45)
禁止侮蔑宗教(府总秘字第一一三四〇号)	第三卷第十一期	三十六年十二月十五日	二九五(45)
禁止窃取九袱洲外滩芦笋青芦(财布字第一七四号)	第四卷第十一期	三十七年六月十五日	六一三(45)
锡与水银解除管理(府秘总字第五六一七号)	第二卷第十二期	三十六年六月三十日	七九〇(44)
简化重估地价办法(府总秘字第一〇八〇七号)	第三卷第十期	三十六年十一月三十日	二六三(45)
催告地籍登记业户速行来局办妥悬案(地乙登布字第〇〇〇五号)	第二卷第七期	三十六年四月十五日	六三〇(44)
催换救国公债债票(府总财字第一一三九号)	第二卷第五期	三十六年三月十五日	五三四(44)
催缴三十六年度地价税(财布字第五七号)	第三卷第八期	三十六年十月三十一日	一九九(45)

解送人犯办法释疑(府总秘二字第七一〇二号)	第三卷第三期	三十六年八月十五日	〇二五(45)
解送人犯施用戒具应予审慎(府总秘二字第八五九九号)	第三卷第六期	三十六年九月三十日	一一六(45)
解释妾生子女身份(府总秘三字第一〇六二号)	第二卷第五期	三十六年三月十五日	五三五(44)
新闻纸杂志清查换证以六月卅日为截止期(社三字第二一八二号)	第二卷第十期	三十六年五月三十一日	七三一(44)
新颁及废止有关国民兵组训法规(民三字第二七八二号)	第三卷第八期	三十六年十月三十一日	一九九(45)
新疆增设裁撤各县局并更名(府总秘二字第一二〇九〇号)	第四卷第一期	三十七年一月十五日	三五三(45)
罂粟花壳应视同烟毒查禁(府总民字第七四〇〇号)	第三卷第三期	三十六年八月十五日	〇二四(45)
澈底划一公用度量衡(府总社字第一一八〇一号)	第三卷第十二期	三十六年十二月卅一日	三一八(45)
整饬吏治肃清贪风奖励密告防止流弊(府总人字第一〇四〇三号)	第三卷第十期	三十六年十一月三十日	二六〇(45)
整理军法通用范围与宪法抵触之法令(府总秘字第一三五〇号)	第四卷第四期	三十七年二月二十九日	四三一(45)
整理契税展限三月(府总财字第一〇六八八号)	第三卷第十期	三十六年十一月三十日	二六〇(45)
冀省增设唐山石门二市(府总秘二字第六二五〇号)	第三卷第一期	三十六年七月十五日	八二七(44)
冀省增设滦宁梗阳两县(府总民字第一二一五一号)	第四卷第一期	三十七年一月十五日	三五三(45)

政　纲

篇　　名	卷(期)数	出版日期	页码(册数)
国民政府政纲	第四十六期	二十九年四月三十日	四八三(39)

研　究

篇　　名	卷(期)数	出版日期	页码(册数)
公众健康与卫生	第二十二期	十七年十月三十一日	一五九(5)
对于首都社会设施最低限度的建议	第二十三期	十七年十一月十五日	三〇三(5)
住屋的建筑和改革问题	第二十一期	十七年十月十五日	〇二七(5)
购料问题	第三十二期	十八年三月三十一日	二三七(7)
购料问题(续)	第三十三期	十八年四月十五日	四四五(7)
购料问题(续)	第三十四期	十八年四月三十日	六三一(7)

宣　言

篇名	卷(期)数	出版日期	页码(册数)
中华民国维新政府宣言	第一期	二十七年六月十五日	〇〇三(37)
市长就职宣言	第一期	十六年九月	五四三(1)
刘市长就职宣言	第十七期	十七年八月十五日	三六三(4)
国民政府还都宣言	第四十六期	二十九年四月三十日	四八一(39)
南京市市政厅宣言	第一号	十六年六月	〇一一(1)
南京市政府公报第三卷总目	第三卷第十二期	三十六年十二月卅一日	三三九(45)
南京市政府公报第四卷总目	第四卷第十二期	三十七年六月三十日	六五五(45)
南京特别市市政府宣言	第一号补编	十六年四月始迄八月止	一七一(1)
维新政府宣言	第二期	二十七年六月三十日	〇三五(37)

贺电·贺词

篇　　名	卷(期)数	出版日期	页码(册数)
上海特别市商民协会筹备处贺电	第一号	十六年六月	○○九(1)
广东全省商民协会贺电	第一号	十六年六月	○○九(1)
方振武贺电	第一期	十六年九月	五四一(1)
全国道路建设协会贺电	第一号	十六年六月	○一○(1)
刘市长就职贺电	第十七期	十七年八月十五日	三五五(4)
刘湘贺电	第一期	十六年九月	五四一(1)
江门航政分局贺电	第一号	十六年六月	○一○(1)
李定中贺电	第一期	十六年九月	五四一(1)
国民革命军第二军司令部贺电	第一号	十六年六月	○○九(1)
南京市政协进会颂词	第一号	十六年六月	○○九(1)
总司令部特别党部第十三分部祝词	第一号	十六年六月	○一○(1)
董福开贺电	第一期	十六年九月	五四一(1)
焦忠祖贺电	第一期	十六年九月	五四一(1)
魏市长就职贺电	第五十九至六十期	十九年五月三十一日	六六五(12)

统　计

篇　名	卷(期)数	出版日期	页码(册数)
一二两月份各诊疗所诊病人数统计表	第十九期	二十八年三月十五日	八二一(37)
二十一年一月份南京市下关口岸外国军舰出入表	第一〇一期	二十一年二月十五日	五八二(19)
二十一年二月份南京市下关口岸外国军舰出入表	第一〇三期	二十一年三月十五日	〇七四(20)
二十一年三月份南京市下关口岸外国军舰出入表	第一〇七期	二十一年五月十五日	五三六(20)
二十一年三月份南京市下关口岸外国军舰出入表	第一〇四期	二十一年三月三十一日	一九八(20)
二十九年春季各月法定传染病患者与死亡人数统计表	第四十六期	二十九年四月三十日	五三一(39)
二十九年春季各科诊疗人数统计表	第四十六期	二十九年四月三十日	五二五(39)
二十年一月份南京市下关口岸外国军舰出入表	第七十七期	二十年二月十五日	七二六(15)
二十年二月份南京市下关口岸外国军舰出入表	第七十九期	二十年三月十五日	二四九(16)
二十年二月教育局调制南京市教育事业概览	第九十二期	二十年九月三十日	二四五(18)
二十年十一月份南京市政府各局处办理公牍分类统计表	第九十六期	二十年十一月三十日	七六三(18)
二十年十二月份南京市下关口岸外国军舰出入表	第九十八期	二十年十二月三十一日	二一四(19)
二十年七月份南京市下关口岸外国军舰出入表	第八十九期	二十年八月十五日	六〇一(17)
二十年八月份南京市下关口岸外国军舰出入表	第九十一期	二十年九月十五日	一一九(18)
十八年本市丝织品出口数量统计表(三月至十月)	第六十三期	十九年七月十五日	四七四(13)
十九年十月份南京市农村秋季粮产收获统计表	第七十二期	十九年十一月三十日	八二六(14)

十九年八月份南京市各业工厂概况统计表	第七十二期	十九年十一月三十日	八二六(14)
三十一年度地政局土地买卖案件统计表	第一一五期	三十二年三月十五日	四〇五(42)
三十一年度地政局土地登记统计表	第一一五期	三十二年三月十五日	四〇六(42)
三十一年度地政局地政收入统计表	第一一五期	三十二年三月十五日	四〇四(42)
三十一年度南京特别市户口统计表	第一一二期	三十二年一月三十一日	二九一(42)
工人生活指数(平均每家人口成年四人儿童二人)	第一三一期	三十二年十一月十五日	〇三三(43)
工人生活指数(平均每家人口成年四人儿童二人)	第一二五期	三十二年八月十五日	七八一(42)
小学教员生活指数(平均每家人口成人三人儿童一人)	第一三一期	三十二年十一月十五日	〇三二(43)
小学教员生活指数(平均每家人口成年三人儿童一人)	第一二五期	三十二年八月十五日	七八一(42)
卫生局六月份注射霍乱疫苗人数统计	第四十期	十八年七月三十一日	一三九(9)
卫生稽查工作统计(二十八年一二月份)	第二十期	二十八年三月三十一日	八七〇(37)
卫生稽查工作统计(二十八年八月份)	第三十一期	二十八年九月十五日	六八六(38)
廿八年六月份卫生稽查工作统计	第二十七期	二十八年七月十五日	四五二(38)
廿八年六月份各诊疗所诊疗人数统计表	第二十七期	二十八年七月十五日	四五三(38)
廿八年六月份清除垃圾数量统计菜蔬消毒数量统计	第二十七期	二十八年七月十五日	四五四(38)
廿八年六月份霍乱预防注射人数统计表	第二十七期	二十八年七月十五日	四五一(38)
公务员生活指数(平均每家人口成人三人儿童一人)	第一三一期	三十二年十一月十五日	〇三二(43)
公务员生活指数(平均每家人口成年三人儿童一人)	第一二五期	三十二年八月十五日	七八〇(42)

办理土地权利审查登记及其他事项概况(二十八年一月至十一月)	第三十八期	二十八年十二月三十一日	一二九(39)
办理土地登记统计(二十八年一月至十一月)	第三十八期	二十八年十二月三十一日	一二五(39)
办理临时勘丈案件统计图	第三十八期	二十八年十二月三十一日	一二三(39)
本市十一月份粮食指数表	第九十八期	二十年十二月三十一日	二一二(19)
本市十月份粮食批发物价指数表	第九十五期	二十年十一月十五日	六一六(18)
本市八月份粮食批发物价指数表	第九十二期	二十年九月三十日	二六一(18)
本市水灾调查表	第九十二期	二十年九月三十日	二六一(18)
本市金融行情统计表(十九年上半年)	第六十六期	十九年八月三十一日	一〇九(14)
本市城内城外逐日水位比较表(二十年八月三十日至九月十六日)	第九十二期	二十年九月三十日	二五三(18)
本市逐月出生率与死亡率之比较(二十八年二月——六月)	第二十八期	二十八年七月三十一日	五一九(38)
本府半年来收发文件统计表(中华民国二十八年一月至六月)	第二十九期	二十八年八月十五日	五六七(38)
本府半年度收发文件统计表(二十八年一月至六月)	第二十八期	二十八年七月三十一日	五二〇(38)
民国二十一年一月份南京市财政局收支对照明细表	第一〇二期	二十一年二月二十九日	七〇〇(19)
民国二十一年二月份南京市财政局收支对照明细表	第一〇四期	二十一年三月三十一日	一九八(20)
民国二十一年四月份南京市财政局收支对照明细表	第一〇八期	二十一年五月三十一日	六四〇(20)
民国二十年一月份南京市财政局收支对照明细表	第七十八期	二十年二月二十八日	一七〇(16)
民国二十年二月份南京市财政局收支对照明细表	第八十期	二十年三月三十一日	二八八(16)
民国二十年十一月份南京市财政局收支对照明细表	第九十八期	二十年十二月三十一日	二一〇(19)
民国二十年十二月份南京市财政局收支对照明细表	第一〇〇期	二十一年一月三十一日	四七〇(19)

民国二十年七月份南京市财政局收支对照明细表	第九十期	二十年八月三十一日	七一〇(17)
民国十八年全年南京特别市市民各级年龄死因分类死亡实数统计表	第五十六期	十九年三月三十一日	四一六(12)
民国十八年全年南京特别市市民职业分类各项死因死亡实数统计表	第五十六期	十九年三月三十一日	四一六(12)
民国十八年各月份及全年南京特别市市民出生率及死亡率(概率)统计表	第五十六期	十九年三月三十一日	四一一(12)
民国十八年各月份南京特别市市民死因分类死亡实数统计表	第五十六期	十九年三月三十一日	四一六(12)
民国十八年各月份南京特别市市民各级年龄死亡人数统计表	第五十六期	十九年三月三十一日	四一六(12)
民国十八年各月份南京特别市市民职业分类出生婴儿统计表	第五十六期	十九年三月三十一日	四一三(12)
民国十八年各月份南京特别市市民职业分类死亡人数统计表	第五十六期	十九年三月三十一日	四一四(12)
民国十八年各月份南京特别市法定传染病死亡人数统计表	第五十六期	十九年三月三十一日	四一五(12)
民国十八年各月份南京特别市痨病死亡人数统计表	第五十六期	十九年三月三十一日	四一二(12)
民国十九年一月份南京特别市市民全市出生率死亡率统计表	第五十七期	十九年四月十五日	五一七(12)
民国十九年一月份南京特别市市民男女死因及年龄分类实数统计表	第五十七期	十九年四月十五日	五一六(12)
民国十九年一月份南京特别市市民男女死因及职业分类实数统计表	第五十七期	十九年四月十五日	五一六(12)
民国十九年一月份南京特别市市民职业分类出生婴孩实数统计表	第五十七期	十九年四月十五日	五一七(12)

民国十九年七月份南京市全市出生率及死亡率统计表	第六十七期	十九年九月十五日	二六〇(14)
民国十九年八月份南京市市民各级年龄死因统计表	第六十九期	十九年十月十五日	四六二(14)
民国十九年八月份南京市市民职业分类死因统计表	第六十九期	十九年十月十五日	四六二(14)
民国十九年八月份南京市市民职业分类婴儿出生数统计表	第六十九期	十九年十月十五日	四六三(14)
民国十九年八月份南京市全市出生率及死亡率统计表	第六十九期	十九年十月十五日	四六四(14)
民国十九年五月份南京市市民各级年龄二十七种死因男女死亡实数统计表	第六十三期	十九年七月十五日	四七六(13)
民国十九年五月份南京市市民职业分类二十七种死因男女死亡实数统计表	第六十三期	十九年七月十五日	四七六(13)
民国十九年五月份南京市市民职业分类出生婴儿实数统计表	第六十三期	十九年七月十五日	四七七(13)
民国十九年五月份南京市全市出生率及死亡率统计表	第六十三期	十九年七月十五日	四七八(13)
民国十九年六月份南京市市民各级年龄二十七种死因男女死亡实数统计表	第六十五期	十九年八月十五日	七九〇(13)
民国十九年六月份南京市市民职业分类二十七种死因男女死亡实数统计表	第六十五期	十九年八月十五日	七九〇(13)
民国十九年六月份南京市市民职业分类出生婴儿实数统计表	第六十五期	十九年八月十五日	七九一(13)
民国十九年六月份南京市全市出生率及死亡率统计表	第六十五期	十九年八月十五日	七九三(13)
民国十九年四月份南京市市民各级年龄二十七种死因男女死亡实数统计表	第六十三期	十九年七月十五日	四七四(13)

民国十九年四月份南京市市民职业分类二十七种死因男女死亡实数统计表	第六十三期	十九年七月十五日	四七四(13)
民国十九年四月份南京市市民职业分类出生婴儿实数统计表	第六十三期	十九年七月十五日	四七五(13)
民国十九年四月份南京市全市出生率及死亡率统计表	第六十三期	十九年七月十五日	四七六(13)
西水关内外水位涨落图	第九十二期	二十年九月三十日	二五九(18)
各区菜蔬消毒数量统计(廿八年八月份)	第三十一期	二十八年九月十五日	六八八(38)
各机关领市民证统计表	第三十六期	二十八年十一月三十日	〇三五(39)
各诊疗所诊疗人数统计表(二十八年八月份)	第三十一期	二十八年九月十五日	六八四(38)
声请土地登记案件统计图(二十八年一月至十一月)	第三十八期	二十八年十二月三十一日	一二八(39)
审查核准登记案件统计图(二十八年一月至十一月)	第三十八期	二十八年十二月三十一日	一二七(39)
南京下关口岸外国军舰出入表(十九年十月份)	第七十一期	十九年十一月十五日	七一四(14)
南京下关口岸外国军艇出入表十九年九月份	第六十九期	十九年十月十五日	四六四(14)
南京乡区二十五年六月份户口及生死人数统计表	第一七〇期	廿五年十月	五六四(34)
南京乡区二十五年六月份出生婴孩数按父之职业分类统计表	第一七〇期	廿五年十月	五六一(34)
南京乡区二十五年六月份出生婴孩数按母之年龄分类统计表	第一七〇期	廿五年十月	五六二(34)
南京乡区二十五年六月份死亡人数按性别年龄及死因分类统计表	第一七〇期	廿五年十月	五五六(34)
南京乡区二十五年六月份死亡人数按性别年龄及婚姻状况分类统计表	第一七〇期	廿五年十月	五五八(34)

南京乡区二十五年六月份死亡人数按性别职业及死因分类统计表	第一七〇期	廿五年十月	五五六(34)
南京市二十五年六月份城区与乡区人口数及出生死亡率比较表	第一七〇期	廿五年十月	五六五(34)
南京市二十五年四月份城区与乡区人口数及出生死亡率比较表	第一六八期	廿五年八月	〇九七(34)
南京市卫生事务所近三年来化学检验工作统计表(二十一年至二十三年)	第一七〇期	廿五年十月	五五二(34)
南京市卫生事务所近三年来细菌学检检工作统计表(二十一年至二十三年)	第一七〇期	廿五年十月	五五五(34)
南京市卫生事务所近三年来核发卫生各业执照比较图(二十一年至二十三年)	第一七〇期	廿五年十月	五五三(34)
南京市卫生事务所近三年来核发卫生各业执照统计表(二十一年至二十三年)	第一七〇期	廿五年十月	五五一(34)
南京市卫生事务所近两年来拘罚违反卫生人犯统计表(二十二年至二十三年)	第一七〇期	廿五年十月	五五六(34)
南京市乡区二十五年四月份户口及生死人数统计表	第一六八期	廿五年八月	〇九六(34)
南京市乡区二十五年四月份出生婴孩数按父之职业分类统计表	第一六八期	廿五年八月	〇九三(34)
南京市乡区二十五年四月份出生婴孩数按母之年龄分类统计表	第一六八期	廿五年八月	〇九四(34)
南京市乡区二十五年四月份死亡人数按性别年龄及死因分类统计表	第一六八期	廿五年八月	〇八八(34)
南京市乡区二十五年四月份死亡人数按性别年龄及婚姻状况分类统计表	第一六八期	廿五年八月	〇九〇(34)

南京市乡区二十五年四月份死亡人数按性别职业及死因分类统计表	第一六八期	廿五年八月	〇八八(34)
南京市城区二十五年四月份户口及生死人数统计表	第一六八期	廿五年八月	〇九五(34)
南京市城区二十五年四月份出生婴孩数按父之职业分类统计表	第一六八期	廿五年八月	〇九一(34)
南京市城区二十五年四月份出生婴孩数按母之年龄分类统计表	第一六八期	廿五年八月	〇九二(34)
南京市城区二十五年四月份死亡人数按性别年龄及死因分类统计表	第一六八期	廿五年八月	〇八八(34)
南京市城区二十五年四月份死亡人数按性别年龄及婚姻状况分类统计表	第一六八期	廿五年八月	〇八九(34)
南京市城区二十五年四月份死亡人数按性别职业及死因分类统计表	第一六八期	廿五年八月	〇八八(34)
南京日需品零售物价比较表(民国三十二年十一月份)	第一三三/一三四期合刊	三十二年十二月三十一日	一〇九(43)
南京日需品零售物价指数比较表(简单几何平均)(三十三年度一月份)	第一三七/一三八期合刊	三十三年二月二十九日	一九七(43)
南京日需品零售物价指数比较表(简单几何平均)(三十三年度二月份)	第一四〇期	三十三年三月三十日	二五八(43)
南京日需品零售物价指数比较表(简单几何平均)(三十三年度十一月份)	第一五七/一五八期合刊	三十三年十二月三十一日	七七一(43)
南京日需品零售物价指数比较表(简单几何平均)(三十三年度七月份)	第一五〇期	三十三年八月三十日	五七八(43)

南京日需品零售物价指数比较表(简单几何平均)(三十三年度九月份)	第一五三/一五四期合刊	三十三年十月三十一日	六六三(43)
南京日需品零售物价指数比较表(简单几何平均)(三十三年度三月份)	第一四一/一四二期合刊	三十三年四月三十日	三〇〇(43)
南京日需品零售物价指数比较表(简单几何平均)(三十三年度五月份)	第一四六期	三十三年六月三十日	四三八(43)
南京日需品零售物价指数比较表(简单几何平均)(三十三年度六月份)	第一四七/一四八期合刊	三十三年七月三十日	四八六(43)
南京日需品零售物价指数比较表(简单几何平均)(三十三年度四月份)	第一四三/一四四期合刊	三十三年五月三十一日	三五六(43)
南京日需品零售物价指数比较表(简单几何平均)(民国三十二年十月)	第一三二期	三十二年十一月三十日	〇六六(43)
南京日需品零售物价指数比较表(简单几何平均)(民国三十二年七月)	第一二六期	三十二年八月三一日	八〇九(42)
南京日需品零售物价指数比较表(简单几何平均)(民国三十二年九月份)	第一三〇期	三十二年十月三十一日	九四七(42)
南京日需品零售物价指数比较表(简单几何平均)(民国三十二年六月)	第一二四期	三十二年七月三十一日	七五二(42)
南京日需品零售物价指数比较表(简单几何平均)(民国三十二年四月)	第一二〇期	三十二年五月三十一日	五七三(42)
南京日需品零售物价指数比较(简单几何平均)(民国三十二年八月)	第一二九期	三十二年十月十五日	九〇八(42)

南京日需品零售物价指数(简单几何平均)(三十三年度二月份)	第一三七/一三八期合刊	三十三年二月二十九日	一九六(43)
南京日需品零售物价指数(简单几何平均)(三十三年度十二月份)	第一五七/一五八期合刊	三十三年十二月三十一日	七七二(43)
南京日需品零售物价指数(简单几何平均)(三十三年度十月份)	第一五三/一五四期合刊	三十三年十月三十一日	六六二(43)
南京日需品零售物价指数(简单几何平均)(三十三年度七月份)	第一四七/一四八期合刊	三十三年七月三十日	四八五(43)
南京日需品零售物价指数(简单几何平均)(三十三年度八月份)	第一五〇期	三十三年八月三十日	五七七(43)
南京日需品零售物价指数(简单几何平均)(三十三年度三月份)	第一四〇期	三十三年三月三十日	二五七(43)
南京日需品零售物价指数(简单几何平均)(三十三年度五月份)	第一四三/一四四期合刊	三十三年五月三十一日	三五五(43)
南京日需品零售物价指数(简单几何平均)(三十三年度六月份)	第一四六期	三十三年六月三十日	四三七(43)
南京日需品零售物价指数(简单几何平均)(三十三年度四月份)	第一四一/一四二期合刊	三十三年四月三十日	二九九(43)
南京日需品零售物价指数(简单几何平均)(三十四年度一月份)	第一六一/一六二期合刊	三十四年二月三十日	八四四(43)
南京日需品零售物价指数(简单几何平均)(民国三十二年十一月)	第一三二期	三十二年十一月三十日	〇六五(43)
南京日需品零售物价指数(简单几何平均)(民国三十二年十二月份)	第一三三/一三四期合刊	三十二年十二月三十一日	一〇八(43)
南京日需品零售物价指数(简单几何平均)(民国三十二年七月)	第一二四期	三十二年七月三十一日	七五一(42)
南京日需品零售物价指数(简单几何平均)(民国三十二年八月)	第一二六期	三十二年八月三一日	八〇八(42)
南京日需品零售物价指数(简单几何平均)(民国三十二年九月份)	第一二九期	三十二年十月十五日	九〇七(42)
南京日需品零售物价指数(简单几何平均)(民国三十二年三月)	第一一八期	三十二年四月三十日	五〇三(42)

南京日需品零售物价指数(简单几何平均)(民国三十二年三月份)	第一一七期	三十二年四月十五日	四七五(42)
南京日需品零售物价指数(简单几何平均)(民国三十二年三月份)	第一一七期	三十二年四月十五日	四七六(42)
南京日需品零售物价指数(简单几何平均)(民国三十二年三月份)	第一三〇期	三十二年十月三十一日	九四六(42)
南京日需品零售物价指数(简单几何平均)(民国三十二年五月)	第一二〇期	三十二年五月三十一日	五七二(42)
南京日需品零售物价指数(简单几何平均)(民国三十二年四月)	第一一八期	三十二年四月三十日	五〇四(42)
南京日需品零售物价增减比较表(三十三年十二月份三十四年度一月份)	第一六一/一六二期合刊	三十四年二月三十日	八四五(43)
南京市一月份粮食指数表	第一〇一期	二十一年二月十五日	五八二(19)
南京市二十一年二月份粮食指数表	第一〇三期	二十一年三月十五日	〇七四(20)
南京市二十八年二月份户口统计表	第十八期	二十八年二月二十八日	七五〇(37)
南京市二十八年三月份户口统计表	第二十一期	二十八年四月十五日	〇六一(38)
南京市二十九年春季粮食物价表	第四十六期	二十九年四月三十日	五二二(39)
南京市二十三年度人口数出生死亡数及出生死亡率统计表	第一五六期	二十四年八月	四四五(28)
南京市二十五年一月份城区与乡区人口数及出生死亡率比较表	第一六五期	二十五年五月	五六五(32)
南京市二十五年二月份城区与乡区人口数及出生死亡率比较表	第一六六期	二十五年六月	〇九九(33)
南京市二十五年十一月份城区与乡区人口数及出生死亡率比较表	第一七五期	二十六年三月	一一七(36)
南京市二十五年十二月份城区与乡区人口数及出生死亡率比较表	第一七六期	二十六年四月	二九五(36)
南京市二十五年十月份城区与乡区人口数及出生死亡率比较表	第一七四期	二十六年二月	六九五(35)
南京市二十五年七月份城区与乡区人口数及出生死亡率比较表	第一七一期	二十五年十一月	一一一(35)

南京市二十五年八月份城区与乡区人口数及出生死亡率比较表	第一七二期	二十五年十二月	三三三(35)
南京市二十五年九月份城区与乡区人口数及出生死亡率比较表	第一七三期	二十六年一月	五三七(35)
南京市二十五年三月份城区与乡区人口数及出生死亡率比较表	第一六七期	二十五年七月	五三五(33)
南京市二十五年冬季大扫除有关卫生各业总检查统计表	第一七三期	二十六年一月	五二八(35)
南京市二十五年冬季大扫除有关卫生各业总检查统计表	第一七三期	二十六年一月	五二七(35)
南京市二十六年一月份城区与乡区人口数及出生死亡率比较表	第一七七期	二十六年五月	四五一(36)
南京市二十六年二月份城区与乡区人口数及出生死亡率比较表	第一七八期	二十六年六月	六二三(36)
南京市二十四年十一月份城区与乡区人口数及出生死亡率比较表	第一六三期	二十五年三月	四九五(31)
南京市二十四年十二月份城区与乡区人口数及出生死亡率比较表	第一六四期	二十五年四月	一一五(32)
南京市二十四年十月份城区与乡区人口数及出生死亡率比较表	第一六二期	二十五年二月	一一九(31)
南京市二十四年七月份城区与乡区人口数及出生死亡率比较表	第一五九期	二十四年十一月	四九九(29)
南京市二十四年八月份城区与乡区人口数及出生死亡率比较表	第一六〇期	二十四年十二月	一四一(30)
南京市二十四年九月份城区与乡区人口数及出生死亡率比较表	第一六一期	二十五年一月	五九九(30)
南京市二十四年五月份城区与乡区人口数及出生死亡率比较表	第一五七期	二十四年九月	七〇五(28)
南京市二十四年六月份城区与乡区人口数及出生死亡率比较表	第一五八期	二十四年十月	一〇五(29)
南京市二十四年四月份城区与乡区人口数及出生死亡率比较表	第一五五期	二十四年七月	二七七(28)
南京市二十四年度火灾损失统计表	第一七四期	二十六年二月	六八四(35)

南京市二十四年度新建房屋面积造价统计表　第一七二期　二十五年十二月　三二一(35)

南京市二十年一月至八月市民建筑房屋费用统计表　第九十四期　二十年十月三十一日　五二〇(18)

南京市二十年一月至八月取缔危险房屋各户统计表　第九十四期　二十年十月三十一日　五一九(18)

南京市二十年一月至八月查觉违章建筑户数统计表　第九十四期　二十年十月三十一日　五二二(18)

南京市二十年一月至八月核发各项执照统计表　第九十四期　二十年十月三十一日　五二三(18)

南京市二十年一月至八月核准各种广告统计表　第九十四期　二十年十月三十一日　五二一(18)

南京市二十年一月至八月新建房屋所数统计表　第九十四期　二十年十月三十一日　五一九(18)

南京市二十年一月至九月新开各种马路调查表　第九十五期　二十年十一月十五日　六一六(18)

南京市二十年十二月份粮食批发物价指数表　第九十九期　二十一年一月十五日　三一二(19)

南京市二十年春季至秋季各种车辆数统计表　第九十四期　二十年十月三十一日　五二二(18)

南京市九月份粮食批发物价指数表　第九十三期　二十年十月十五日　三八〇(18)

南京市三年来户口增加比较表　第四十七期　二十九年五月十五日　五七八(39)

南京市工人生活费指数(20年)　第一六四期　二十五年四月　〇九九(32)

南京市工人生活费指数(21年)　第一六四期　二十五年四月　一〇〇(32)

南京市工人生活费指数(22年)　第一六四期　二十五年四月　一〇一(32)

南京市工人生活费指数(23年)　第一六四期　二十五年四月　一〇二(32)

南京市工业原料调查表　第七十期　十九年十月三十一日　五六三(14)

南京市工务局二十四年度核发各种营造执照统计表　第一七四期　二十六年二月　六八二(35)

南京市工务局二十四年度核准各种广告统计表　第一七四期　二十六年二月　六八三(35)

南京市工务局二十四年度新登记各种车辆数量统计表　第一七二期　二十五年十二月　三二三(35)

南京市工务局二十年一月至八月修理各种马路面积比较表	第九十四期	二十年十月三十一日	五二四(18)
南京市工务局廿四年度考验汽车驾驶人及核发五省市统一驾驶执照统计表	第一七二期	二十五年十二月	三二四(35)
南京市工务局廿四年度取缔违章建筑及危险房屋统计表	第一七四期	二十六年二月	六八一(35)
南京市工务局廿四年度核发营造业执照及技士证书统计表	第一七二期	二十五年十二月	三二二(35)
南京市土地收入比较图(二十年一月至六月)	第九十三期	二十年十月十五日	三七四(18)
南京市土地收入比较图(民国二十年十月份)	第九十八期	二十年十二月三十一日	二一一(19)
南京市土地收入统计表	第九十三期	二十年十月十五日	三七七(18)
南京市土地使用分类面积统计表(二十四年十月调查)	第一七三期	二十六年一月	五二六(35)
南京市土地案件调查百分比例图(二十年一月至六月)	第九十七期	二十年十二月十五日	○七二(19)
南京市土地案件调查统计表(二十年一月至六月)	第九十七期	二十年十二月十五日	○七一(19)
南京市土地登记案件统计表(二十年一月至六月)	第九十七期	二十年十二月十五日	○七三(19)
南京市土地登记案件统计图(民国二十年一月至六月)	第九十七期	二十年十二月十五日	○七四(19)
南京市下关口岸外国军舰出入表(二十年三月份)	第八十一期	二十年四月十五日	四九八(16)
南京市下关口岸外国军舰出入表(二十年五月份)	第八十五期	二十年六月十五日	一八六(17)
南京市下关口岸外国军舰出入表(二十年六月份)	第八十七期	二十年七月十五日	四一○(17)
南京市下关口岸外国军舰出入表(二十年四月份)	第八十二期	二十年四月三十日	六○八(16)

南京市下关口岸外国军舰出入表(十九年十一月份)	第七十四期	十九年十二月三十一日	二〇五(15)
南京市下关口岸外国军舰出入表(十九年十二月份)	第七十六期	二十年一月三十一日	五四七(15)
南京市下关口岸外国军舰出入表(十九年八月份)	第六十六期	十九年八月三十一日	一一一(14)
南京市大学统计表(民国二十九年十月调查)	第五十七期	二十九年十月十五日	〇七一(40)
南京市小学校统计表(民国二十九年十月调查)	第五十七期	二十九年十月十五日	〇七二(40)
南京市及近郊农林园场一览表	第十七期	二十八年二月十五日	七〇二(37)
南京市卫生事务所白喉病人月报表(二十一年十月份)	第一二五期	二十二年二月十五日	二四九(23)
南京市卫生事务所种痘人数性别年龄统计表(二十一年十一月至二十二年二月)	第一三一期	二十二年七月三十一日	二二五(24)
南京市卫生事务所种痘人数性别年龄统计表(廿四年九月至十一月)	第一六二期	二十五年二月	一〇九(31)
南京市乡区二十五年一月份户口及生死人数统计表	第一六五期	二十五年五月	五六四(32)
南京市乡区二十五年一月份出生婴孩数按父之职业分类统计表	第一六五期	二十五年五月	五六一(32)
南京市乡区二十五年一月份出生婴孩数按母之年龄分类统计表	第一六五期	二十五年五月	五六二(32)
南京市乡区二十五年一月份死亡人数按性别年龄及死因分类统计表	第一六五期	二十五年五月	五五六(32)
南京市乡区二十五年一月份死亡人数按性别年龄及婚姻状况分类统计表	第一六五期	二十五年五月	五五八(32)
南京市乡区二十五年一月份死亡人数按性别职业及死因分类统计表	第一六五期	二十五年五月	五五六(32)

南京市(乡区)二十五年二月份户口及生死人数统计表	第一六六期	二十五年六月	○九八(33)
南京市(乡区)二十五年二月份出生婴孩数按父之职业分类统计表	第一六六期	二十五年六月	○九五(33)
南京市(乡区)二十五年二月份出生婴孩数按母之年龄分类统计表	第一六六期	二十五年六月	○九六(33)
南京市(乡区)二十五年二月份死亡人数按性别年龄及死因分类统计表	第一六六期	二十五年六月	○九○(33)
南京市(乡区)二十五年二月份死亡人数按性别年龄及婚姻状况分类统计表	第一六六期	二十五年六月	○九二(33)
南京市(乡区)二十五年二月份死亡人数按性别职业及死因分类统计表	第一六六期	二十五年六月	○九○(33)
南京市乡区二十五年十一月份户口及生死人数统计表	第一七五期	二十六年三月	一一六(36)
南京市乡区二十五年十一月份出生婴孩数按父之职业分类统计表	第一七五期	二十六年三月	一一三(36)
南京市乡区二十五年十一月份出生婴孩数按母之年龄分类统计表	第一七五期	二十六年三月	一一四(36)
南京市乡区二十五年十一月份死亡人数按性别年龄及死因分类统计表	第一七五期	二十六年三月	一○八(36)
南京市乡区二十五年十一月份死亡人数按性别年龄及婚姻状况分类统计表	第一七五期	二十六年三月	一一○(36)
南京市乡区二十五年十一月份死亡人数按性别职业及死因分类统计表	第一七五期	二十六年三月	一○八(36)
南京市乡区二十五年十二月份户口及生死人数统计表	第一七六期	二十六年四月	二九四(36)

南京市乡区二十五年十二月份出生婴孩数按父之职业分类统计表	第一七六期	二十六年四月	二九一(36)
南京市乡区二十五年十二月份出生婴孩数按母之年龄分类统计表	第一七六期	二十六年四月	二九二(36)
南京市乡区二十五年十二月份死亡人数按性别年龄及死因分类统计表	第一七六期	二十六年四月	二八六(36)
南京市乡区二十五年十二月份死亡人数按性别年龄及婚姻状况分类统计表	第一七六期	二十六年四月	二八八(36)
南京市乡区二十五年十二月份死亡人数按性别职业及死因分类统计表	第一七六期	二十六年四月	二八六(36)
南京市乡区二十五年十月份户口及生死人数统计表	第一七四期	二十六年二月	六九四(35)
南京市乡区二十五年十月份出生婴孩数按父之职业分类统计表	第一七四期	二十六年二月	六九一(35)
南京市乡区二十五年十月份出生婴孩数按母之年龄分类统计表	第一七四期	二十六年二月	六九二(35)
南京市乡区二十五年十月份死亡人数按性别年龄及死因分类统计表	第一七四期	二十六年二月	六八六(35)
南京市乡区二十五年十月份死亡人数按性别年龄及婚姻状况分类统计表	第一七四期	二十六年二月	六八八(35)
南京市乡区二十五年十月份死亡人数按性别职业及死因分类统计表	第一七四期	二十六年二月	六八六(35)
南京市乡区二十五年七月份户口及生死人数统计表	第一七一期	二十五年十一月	一一〇(35)
南京市乡区二十五年七月份出生婴孩数按父之职业分类统计表	第一七一期	二十五年十一月	一〇七(35)

南京市乡区二十五年七月份出生婴孩数按母之年龄分类统计表	第一七一期	二十五年十一月	一〇八(35)
南京市乡区二十五年七月份死亡人数按性别年龄及死因分类统计表	第一七一期	二十五年十一月	一〇一(35)
南京市乡区二十五年七月份死亡人数按性别年龄及婚姻状况分类统计表	第一七一期	二十五年十一月	一〇四(35)
南京市乡区二十五年七月份死亡人数按性别职业及死因分类统计表	第一七一期	二十五年十一月	一〇二(35)
南京市乡区二十五年八月份户口及生死人数统计表	第一七二期	二十五年十二月	三三二(35)
南京市乡区二十五年八月份出生婴孩数按父之职业分类统计表	第一七二期	二十五年十二月	三二九(35)
南京市乡区二十五年八月份出生婴孩数按母之年龄分类统计表	第一七二期	二十五年十二月	三三〇(35)
南京市乡区二十五年八月份死亡人数按性别年龄及死因分类统计表	第一七二期	二十五年十二月	三二四(35)
南京市乡区二十五年八月份死亡人数按性别年龄及婚姻状况分类统计表	第一七二期	二十五年十二月	三二六(35)
南京市乡区二十五年八月份死亡人数按性别职业及死因分类统计表	第一七二期	二十五年十二月	三二四(35)
南京市乡区二十五年九月份户口及生死人数统计表	第一七三期	二十六年一月	五三六(35)
南京市乡区二十五年九月份出生婴孩数按父之职业分类统计表	第一七三期	二十六年一月	五三三(35)
南京市乡区二十五年九月份出生婴孩数按母之年龄分类统计表	第一七三期	二十六年一月	五三四(35)

南京市乡区二十五年九月份死亡人数按性别年龄及死因分类统计表	第一七三期	二十六年一月	五二八(35)
南京市乡区二十五年九月份死亡人数按性别年龄及婚姻状况分类统计表	第一七三期	二十六年一月	五三〇(35)
南京市乡区二十五年九月份死亡人数按性别职业及死因分类统计表	第一七三期	二十六年一月	五二八(35)
南京市(乡区)二十五年三月份户口及生死人数统计表	第一六七期	二十五年七月	五三四(33)
南京市(乡区)二十五年三月份出生婴孩数按父之职业分类统计表	第一六七期	二十五年七月	五三一(33)
南京市(乡区)二十五年三月份出生婴孩数按母之年龄分类统计表	第一六七期	二十五年七月	五三二(33)
南京市(乡区)二十五年三月份死亡人数按性别年龄及死因分类统计表	第一六七期	二十五年七月	五二六(33)
南京市(乡区)二十五年三月份死亡人数按性别年龄及婚姻状况分类统计表	第一六七期	二十五年七月	五二八(33)
南京市(乡区)二十五年三月份死亡人数按性别职业及死因分类统计表	第一六七期	二十五年七月	五二六(33)
南京市乡区二十六年一月份户口及生死人数统计表	第一七七期	二十六年五月	四五〇(36)
南京市乡区二十六年一月份出生婴孩数按父之职业分类统计表	第一七七期	二十六年五月	四四七(36)
南京市乡区二十六年一月份出生婴孩数按母之年龄分类统计表	第一七七期	二十六年五月	四四八(36)
南京市乡区二十六年一月份死亡人数按性别年龄及死因分类统计表	第一七七期	二十六年五月	四四二(36)

南京市乡区二十六年一月份死亡人数按性别年龄及婚姻状况分类统计表 第一七七期 二十六年五月 四四四(36)

南京市乡区二十六年一月份死亡人数按性别职业及死因分类统计表 第一七七期 二十六年五月 四四二(36)

南京市乡区二十六年二月份户口及生死人数统计表 第一七八期 二十六年六月 六二二(36)

南京市乡区二十六年二月份出生婴孩数按父之职业分类统计表 第一七八期 二十六年六月 六一九(36)

南京市乡区二十六年二月份出生婴孩数按母之年龄分类统计表 第一七八期 二十六年六月 六二〇(36)

南京市乡区二十六年二月份死亡人数按性别年龄及死因分类统计表 第一七八期 二十六年六月 六一四(36)

南京市乡区二十六年二月份死亡人数按性别年龄及婚姻状况分类统计表 第一七八期 二十六年六月 六一六(36)

南京市乡区二十六年二月份死亡人数按性别职业及死因分类统计表 第一七八期 二十六年六月 六一四(36)

南京市乡区二十四年十一月份户口及生死人数统计表 第一六三期 二十五年三月 四九四(31)

南京市乡区二十四年十一月份出生婴孩数按父之职业分类统计表 第一六三期 二十五年三月 四九一(31)

南京市乡区二十四年十一月份出生婴孩数按母之年龄分类统计表 第一六三期 二十五年三月 四九二(31)

南京市乡区二十四年十一月份死亡人数按性别年龄及死因分类统计表 第一六三期 二十五年三月 四八六(31)

南京市乡区二十四年十一月份死亡人数按性别年龄及婚姻状况分类统计表 第一六三期 二十五年三月 四八八(31)

南京市乡区二十四年十一月份死亡人数按性别职业及死因分类统计表	第一六三期	二十五年三月	四八六(31)
南京市乡区二十四年十二月份户口及生死人数统计表	第一六四期	二十五年四月	一一四(32)
南京市乡区二十四年十二月份出生婴孩数按父之职业分类统计表	第一六四期	二十五年四月	一一一(32)
南京市乡区二十四年十二月份出生婴孩数按母之年龄分类统计表	第一六四期	二十五年四月	一一二(32)
南京市乡区二十四年十二月份死亡人数按性别年龄及死因分类统计表	第一六四期	二十五年四月	一〇六(32)
南京市乡区二十四年十二月份死亡人数按性别年龄及婚姻状况分类统计表	第一六四期	二十五年四月	一〇八(32)
南京市乡区二十四年十二月份死亡人数按性别职业及死因分类统计表	第一六四期	二十五年四月	一〇六(32)
南京市乡区二十四年十月份户口及生死人数统计表	第一六二期	二十五年二月	一一八(31)
南京市乡区二十四年十月份出生婴孩数按父之职业分类统计表	第一六二期	二十五年二月	一一五(31)
南京市乡区二十四年十月份出生婴孩数按母之年龄分类统计表	第一六二期	二十五年二月	一一六(31)
南京市乡区二十四年十月份死亡人数按性别年龄及死因分类统计表	第一六二期	二十五年二月	一一〇(31)
南京市乡区二十四年十月份死亡人数按性别年龄及婚姻状况分类统计表	第一六二期	二十五年二月	一一二(31)
南京市乡区二十四年十月份死亡人数按性别职业及死因分类统计表	第一六二期	二十五年二月	一一〇(31)

南京市(乡区)二十四年七月份户口及生死人数分类统计表	第一五九期	二十四年十一月	四九八(29)
南京市(乡区)二十四年七月份出生婴孩数按父之职业分类统计表	第一五九期	二十四年十一月	四九五(29)
南京市(乡区)二十四年七月份出生婴孩数按母之年龄分类统计表	第一五九期	二十四年十一月	四九六(29)
南京市(乡区)二十四年七月份死亡人数按性别年龄及死因分类统计表	第一五九期	二十四年十一月	四九〇(29)
南京市(乡区)二十四年七月份死亡人数按性别年龄及婚姻状况分类统计表	第一五九期	二十四年十一月	四九二(29)
南京市(乡区)二十四年七月份死亡人数按性别职业及死因分类统计表	第一五九期	二十四年十一月	四九〇(29)
南京市乡区二十四年八月份户口及生死人数统计表	第一六〇期	二十四年十二月	一四〇(30)
南京市乡区二十四年八月份出生婴孩数按父之职业分类统计表	第一六〇期	二十四年十二月	一三七(30)
南京市乡区二十四年八月份出生婴孩数按母之年龄分类统计表	第一六〇期	二十四年十二月	一三八(30)
南京市乡区二十四年八月份死亡人数按性别年龄及死因分类统计表	第一六〇期	二十四年十二月	一三二(30)
南京市乡区二十四年八月份死亡人数按性别年龄及婚姻状况分类统计表	第一六〇期	二十四年十二月	一三四(30)
南京市乡区二十四年八月份死亡人数按性别职业及死因分类统计表	第一六〇期	二十四年十二月	一三二(30)
南京市乡区二十四年九月份户口及生死人数统计表	第一六一期	二十五年一月	五九八(30)

南京市乡区二十四年九月份出生婴孩数按父之职业分类统计表	第一六一期	二十五年一月	五九五(30)
南京市乡区二十四年九月份出生婴孩数按母之年龄分类统计表	第一六一期	二十五年一月	五九六(30)
南京市乡区二十四年九月份死亡人数按性别年龄及死因分类统计表	第一六一期	二十五年一月	五九〇(30)
南京市乡区二十四年九月份死亡人数按性别年龄及婚姻状况分类统计表	第一六一期	二十五年一月	五九二(30)
南京市乡区二十四年九月份死亡人数按性别职业及死因分类统计表	第一六一期	二十五年一月	五九〇(30)
南京市乡区二十四年五月份户口及生死人数统计表	第一五七期	二十四年九月	七〇四(28)
南京市乡区二十四年五月份出生婴孩数按父之职业分类统计表	第一五七期	二十四年九月	七〇一(28)
南京市乡区二十四年五月份出生婴孩数按母之年龄分类统计表	第一五七期	二十四年九月	七〇二(28)
南京市乡区二十四年五月份死亡人数按性别年龄及死因分类统计表	第一五七期	二十四年九月	六九六(28)
南京市乡区二十四年五月份死亡人数按性别年龄及婚姻状况分类统计表	第一五七期	二十四年九月	六九八(28)
南京市乡区二十四年五月份死亡人数按性别职业及死因分类统计表	第一五七期	二十四年九月	六九六(28)
南京市(乡区)二十四年六月份户口及生死人数分类统计表	第一五八期	二十四年十月	一〇四(29)
南京市(乡区)二十四年六月份出生婴孩数按父之职业分类统计表	第一五八期	二十四年十月	一〇二(29)

南京市(乡区)二十四年六月份出生婴孩数按母之年龄分类统计表	第一五八期	二十四年十月	一〇一(29)
南京市(乡区)二十四年六月份死亡人数按性别年龄及死因分类统计表	第一五八期	二十四年十月	〇九六(29)
南京市(乡区)二十四年六月份死亡人数按性别年龄及婚姻状况分类统计表	第一五八期	二十四年十月	〇九八(29)
南京市(乡区)二十四年六月份死亡人数按性别职业及死因分类统计表	第一五八期	二十四年十月	〇九六(29)
南京市(乡区)二十四年四月份户口及生死人数分类统计表	第一五五期	二十四年七月	二七六(28)
南京市(乡区)二十四年四月份出生婴孩数按父之职业分类统计表	第一五五期	二十四年七月	二七三(28)
南京市(乡区)二十四年四月份出生婴孩数按母之年龄分类统计表	第一五五期	二十四年七月	二七四(28)
南京市(乡区)二十四年四月份死亡人数按性别年龄及死因分类统计表	第一五五期	二十四年七月	二六八(28)
南京市(乡区)二十四年四月份死亡人数按性别年龄及婚姻状况分类统计表	第一五五期	二十四年七月	二七〇(28)
南京市(乡区)二十四年四月份死亡人数按性别职业及死因分类统计表	第一五五期	二十四年七月	二六八(28)
南京市乡区户口职业调查表	第一六〇期	二十四年十二月	一二五(30)
南京市乡区各乡镇保甲人口壮丁识字人数与全区总数之百分比	第一五六期	二十四年八月	四四四(28)
南京市乡区保甲户口总统计表(民国二十四年四月三十一日)	第一五六期	二十四年八月	四四三(28)
南京市五月份粮食物价表	第四十八期	二十九年五月三十一日	六一九(39)

南京市市民众图书馆概况表(三十一年度)	第一一六期	三十二年三月三十一日	四三九(42)
南京市区内公有园林农场调查表	第十七期	二十八年二月十五日	七〇四(37)
南京市区被毁房屋调查统计表	第二十期	二十八年三月三十一日	八六八(37)
南京市历年人口比较图(自民国元年至二十三年)	第一六二期	二十五年二月	一〇三(31)
南京市历年人口统计表(自民国元年至二十三年)	第一六二期	二十五年二月	一〇一(31)
南京市历年各区土地价值比较图(十七年至二十三年)	第一七三期	二十六年一月	五二四(35)
南京市历年各区土地价值统计表(十七年至二十三年)	第一七三期	二十六年一月	五二五(35)
南京市历年各种车辆比较图(自17年至23年)	第一五九期	二十四年十一月	四八五(29)
南京市历年各种车辆统计表(自17年至23年)	第一五九期	二十四年十一月	四八三(29)
南京市历年劳资纠纷统计表(自十八年至二十三年)	第一六三期	二十五年三月	四八六(31)
南京市历年劳资纠纷案件数纠纷原因及参与职工数比较图(自十八年至二十三年)	第一六三期	二十五年三月	四八六(31)
南京市历年来市立小学学校数及经费数比较图(十六年度至二十三年度)	第一七一期	二十五年十一月	一〇一(35)
南京市历年来市立小学概况统计表(十六年度至二十三年度)	第一七一期	二十五年十一月	〇九七(35)
南京市历年来市立中等学校学校数及经费数比较图(十六年度至二十三年度)	第一七一期	二十五年十一月	〇九五(35)
南京市历年来市立中等学校概况统计表(十六年度至二十三年度)	第一七一期	二十五年十一月	〇九一(35)
南京市历年建筑各种平民住宅一览表(自18年至23年)	第一五九期	二十四年十一月	四七七(29)

南京市历年修建桥梁工程一览表(自十八年至廿三年)	第一六一期	二十五年一月	五八七(30)
南京市历年修筑沟管及路牙沿工程比较图(自20年至23年)	第一六〇期	二十四年十二月	一二七(30)
南京市历年养路工程比较图(自20年至23年)	第一六〇期	二十四年十二月	一二八(30)
南京市历年核发各项执照比较图(自16年至23年)	第一五九期	二十四年十一月	四八七(29)
南京市历年核发营业执照比较图(18年11月至23年12月)	第一六〇期	二十四年十二月	一二九(30)
南京市历年银元兑换价目升降比较图(18年到23年)	第一六四期	二十五年四月	一〇六(32)
南京市历年银元兑换价目统计表(自18年至19年)	第一六四期	二十五年四月	一〇三(32)
南京市历年银元兑换价目统计表(自20年至21年)	第一六四期	二十五年四月	一〇四(32)
南京市历年银元兑换价目统计表(自22年至23年)	第一六四期	二十五年四月	一〇五(32)
南京市历年装置路灯比较图(自20年12月至23年12月)	第一六一期	二十五年一月	五八九(30)
南京市历年新开马路一览表郊外部份(自18年至23年)	第一五九期	二十四年十一月	四七六(29)
南京市历年新开马路一览表城区部份(自18年至23年)	第一五九期	二十四年十一月	四七六(29)
南京市历年新开道路长度及建筑费比较图(自18年至23年)	第一五九期	二十四年十一月	四七五(29)
南京市历年新开道路长度及建筑费统计表(自18年至23年)	第一五九期	二十四年十一月	四七三(29)
南京市历年新建房屋概况比较图(自20年至23年)	第一五九期	二十四年十一月	四八六(29)
南京市车辆统计表(二十九年春季)	第四十五期	二十九年四月十五日	四七五(39)
南京市日语学校统计表(民国二十九年十月调查)	第五十七期	二十九年十月十五日	〇七二(40)

南京市中小学教育概况表(四月份)	第二十三期	二十八年五月十五日	一七三(38)
南京市中等学校统计表(民国二十九年十月调查)	第五十七期	二十九年十月十五日	○七一(40)
南京市内日语学校简明概况(民国二十九年十月调查)	第五十七期	二十九年十月十五日	○七五(40)
南京市公共娱乐场所及艺员人数统计表	第二十期	二十八年三月三十一日	八六七(37)
南京市户口半年来增减比较(民国二十七年下半年)	第十五期	二十八年一月十五日	五一二(37)
南京市户口半年来增减比较(民国二十七年下半年)	第十六期	二十八年一月三十一日	五七五(37)
南京市户口统计表三十年一月份	第六十四期	三十年一月三十一日	三八一(40)
南京市户口统计表三十年二月	第六十六期	三十年二月二十八日	四九一(40)
南京市户口统计表(民国三十年七月)	第七十六期	三十年七月三十一日	一三七(41)
南京市户口统计表(民国三十年八月)	第七十八期	三十年八月三十一日	二一九(41)
南京市户口统计表(民国三十年九月)	第八十期	三十年九月三十日	二九三(41)
南京市户口统计表民国三十年三月	第六十八期	三十年三月三十一日	五七七(40)
南京市户口统计表(民国三十年六月)	第七十四期	三十年六月三十日	○四五(41)
南京市户口增减比较表(民国三十年一月份)	第六十四期	三十年一月三十一日	三八二(40)
南京市户口增减比较表民国三十年二月	第六十六期	三十年二月二十八日	四九二(40)
南京市户口增减比较表(民国三十年七月)	第七十六期	三十年七月三十一日	一三八(41)
南京市户口增减比较表(民国三十年八月)	第七十八期	三十年八月三十一日	二二○(41)
南京市户口增减比较表(民国三十年九月)	第八十期	三十年九月三十日	二九四(41)

南京市户口增减比较表民国三十年三月	第六十八期	三十年三月三十一日	五七八(40)
南京市户口增减比较表(民国三十年六月)	第七十四期	三十年六月三十日	〇四六(41)
南京市布种牛痘人数统计表(廿八年一二月份)	第二十期	二十八年三月三十一日	八六九(37)
南京市四月份粮食物价表	第四十七期	二十九年五月十五日	五七九(39)
南京市外侨人口统计表	第九十八期	二十年十二月三十一日	二一三(19)
南京市市民税契案件及金额比较图	第九十七期	二十年十二月十五日	〇七七(19)
南京市立小学校简明概况(民国二十八年一月)	第十七期	二十八年二月十五日	六九六(37)
南京市立小学校简明概况(民国二十九年十月调查)	第五十七期	二十九年十月十五日	〇七六(40)
南京市立小学校简明概况(民国二十九年十月调查)	第五十七期	二十九年十月十五日	〇八〇(40)
南京市立小学概况统计(民国二十九年五月份)	第四十九期	二十九年六月十五日	六六八(39)
南京市立中小学校概况统计表(民国二十八年三月份)	第二十一期	二十八年四月十五日	〇六六(38)
南京市立中小学最近之简明概况(三月份)	第十九期	二十八年三月十五日	八〇九(37)
南京市立中小学概况统计表(民国二十八年度第一学期)	第三十五期	二十八年十一月十五日	九二一(38)
南京市立中小学暨社教机关简明概况表(十九年五月份)	第四十九期	二十九年六月十五日	六六七(39)
南京市立中学校十、十一两月简明概况表	第十四期	二十七年十二月三十一日	四三一(37)
南京市立中学校简明概况(民国二十八年一月)	第十七期	二十八年二月十五日	六九六(37)
南京市立中学校简明概况(民国二十八年三月份)	第二十一期	二十八年四月十五日	〇六二(38)
南京市立中学校简明概况(民国二十九年十月调查)	第五十七期	二十九年十月十五日	〇七三(40)

南京市立中学教育概况表	第十一期	二十七年十一月十五日	二八七(37)
南京市立传染病院八月份入院出院死亡及住院病人逐日统计表	第一一六期	二十一年九月三十日	八一二(21)
南京市立传染病院八月份收容病人年龄性别统计表	第一一六期	二十一年九月三十日	八一一(21)
南京市立传染病院八月份住院病人职业分类统计表	第一一六期	二十一年九月三十日	八一三(21)
南京市立传染病院九月份收容病人年龄性别统计表	第一一七期	二十一年十月十五日	一四一(22)
南京市立传染病院九月份收容病人疾病分类统计表	第一一七期	二十一年十月十五日	一四〇(22)
南京市立传染病院九月份收容病人职业分类统计表	第一一七期	二十一年十月十五日	一四二(22)
南京市立传染病院九月份病人入院出院死亡及住院人数统计表	第一一七期	二十一年十月十五日	一三九(22)
南京市立传染病院病人分类统计表(二十一年六月至九月)	第一一八期	二十一年十月三十一日	二六三(22)
南京市立传染病院病人年龄性别统计表(二十一年六月至九月)	第一一八期	二十一年十月三十一日	二六四(22)
南京市立传染病院病人职业分类统计表(二十一年六月至九月)	第一一八期	二十一年十月三十一日	二六五(22)
南京市立各小学概况表(十一月份)	第十四期	二十七年十二月三十一日	四三三(37)
南京市立各小学概况表(十月份)	第十四期	二十七年十二月三十一日	四三二(37)
南京市立完全小学校简明概况(民国二十八年三月份)	第二十一期	二十八年四月十五日	〇六三(38)
南京市立完全小学简明概况(民国二十九年五月份)	第四十九期	二十九年六月十五日	六六九(39)
南京市立初级小学校简明概况(民国二十八年三月份)	第二十一期	二十八年四月十五日	〇六四(38)
南京市立初级小学简明概况(民国二十九年五月份)	第四十九期	二十九年六月十五日	六七〇(39)
南京市立社教机关简明概况(民国二十九年九月调查)	第五十七期	二十九年十月十五日	〇八〇(40)

南京市立社教机关简明概况(民国二十九年五月份)	第四十九期	二十九年六月十五日	六七二(39)
南京市立社教机关简明概况表	第二十期	二十八年三月三十一日	八六三(37)
南京市立短期小学校简明概况(民国二十八年三月份)	第二十一期	二十八年四月十五日	〇六五(38)
南京市立短期小学简明概况(民国二十九年五月份)	第四十九期	二十九年六月十五日	六七一(39)
南京市民众团体统计表(二十三年六月调查)	第一六三期	二十五年三月	四八一(31)
南京市各大布厂制造品种类及工人状况一览表(二十一年四月)	第一〇六期	二十一年四月三十日	四四二(20)
南京市各乡区公所界内户口数目统计表(二十七年十月份)	第十一期	二十七年十一月十五日	二九一(37)
南京市各区土地面积比较图表(二十四年十月调查)	第一七三期	二十六年一月	五二三(35)
南京市各区出生率及死亡率比较表(民国二十八年二月份)	第二十二期	二十八年四月三十日	一一一(38)
南京市各区农会会员人数及年龄统计表(二十三年六月调查)	第一六三期	二十五年三月	四八二(31)
南京市各区农会会员农地面积统计表单位亩(二十三年六月调查)	第一六三期	二十五年三月	四八四(31)
南京市各区农会会员性质统计表(二十三年六月调查)	第一六三期	二十五年三月	四八三(31)
南京市各区农会会员概况比较图(二十三年六月调查)	第一六三期	二十五年三月	四八五(31)
南京市各区界内二十八年十二月份户口统计表	第三十九期	二十九年一月十五日	一七七(39)
南京市各区界内二十九年一月份户口统计表	第四十期	二十九年一月三十一日	二三八(39)
南京市各区界内二十九年十一月份户口统计表	第六十期	二十九年十一月三十日	二〇三(40)
南京市各区界内二十九年十一月份户口增减比较表	第六十期	二十九年十一月三十日	二〇四(40)

南京市各区界内二十九年十二月份户口统计表	第六十二期	二十九年十二月三十一日	二八一(40)
南京市各区界内二十九年十二月份户口增减比较表	第六十二期	二十九年十二月三十一日	二八二(40)
南京市各区界内二十九年十月份户口统计表	第五十九期	二十九年十一月十五日	一六七(40)
南京市各区界内二十九年十月份户口增减比较表	第五十九期	二十九年十一月十五日	一六八(40)
南京市各区界内二十九年七月份户口统计表	第五十三期	二十九年八月十五日	八九一(39)
南京市各区界内二十九年七月份户口增减比较表	第五十三期	二十九年八月十五日	八九二(39)
南京市各区界内二十九年八月份户口统计表	第五十五期	二十九年九月十五日	一〇〇六(39)
南京市各区界内二十九年八月份户口增减比较表	第五十六期	二十九年九月三十日	〇三八(40)
南京市各区界内二十九年九月份户口统计表	第五十八期	二十九年十月三十一日	一二一(40)
南京市各区界内二十九年九月份户口增减比较表	第五十八期	二十九年十月三十一日	一二二(40)
南京市各区界内二月份户口统计表	第四十二期	二十九年二月二十九日	三二九(39)
南京市各区界内十一月份户口统计表	第十三期	二十七年十二月十五日	三七九(37)
南京市各区界内十一月份户口统计表	第三十七期	二十八年十二月十五日	〇七九(39)
南京市各区界内十二月份户口统计表	第四十期	二十九年一月三十一日	二三七(39)
南京市各区界内十月份户口统计表	第十一期	二十七年十一月十五日	二八九(37)
南京市各区界内十月份户口统计表	第三十六期	二十八年十一月三十日	〇三四(39)
南京市各区界内八月份户口统计表	第三十期	二十八年八月三十一日	六四三(38)
南京市各区界内九月份户口统计表	第三十六期	二十八年十一月三十日	〇三三(39)
南京市各区界内三月份户口统计表	第四十四期	二十九年三月三十一日	四二九(39)
南京市各区界内五月份户口统计表	第二十四期	二十八年五月三十一日	二五一(38)

南京市各区界内五月份户口统计表	第四十八期	二十九年五月三十一日	六一七(39)
南京市各区界内六月份户口统计表	第五十一期	二十九年七月十五日	七五七(39)
南京市各区界内四月份户口统计表	第二十二期	二十八年四月三十日	一一〇(38)
南京市各区界内四月份户口统计表	第四十六期	二十九年四月三十日	五二一(39)
南京市各区界内私塾统计表	第二十期	二十八年三月三十一日	八六二(37)
南京市各区界内教会学校暨私立学校统计表	第二十期	二十八年三月三十一日	八六一(37)
南京市各区蔬菜消毒统计表(二十九年春季)	第四十六期	二十九年四月三十日	五三二(39)
南京市各民众团体申请备案情形一览表	第十六期	二十八年一月三十一日	五七〇(37)
南京市各机器厂制造品种类及工人状况一览表(二十一年四月)	第一〇六期	二十一年四月三十日	四四一(20)
南京市各年度征收金额表	第一六七期	二十五年七月	五二四(33)
南京市各诊疗所三月份病人数统计表	第二十二期	二十八年四月三十日	一一二(38)
南京市各诊疗所布种牛痘人数统计表(廿八年三月至四月)	第二十二期	二十八年四月三十日	一一三(38)
南京市各诊疗所诊病人数统计表(二十九年春季)	第四十六期	二十九年四月三十日	五二八(39)
南京市各项经常收入统计比较表(二十一年十二月)	第一二六期	二十二年二月二十八日	三二二(23)
南京市各项经常收入统计比较表(二十一年十月)	第一二二期	二十一年十二月三十一日	七一八(22)
南京市各项经常收入统计比较表(二十一年七月)	第一一九期	二十一年十一月十五日	三六三(22)
南京市各项经常收入统计比较表(二十一年八月)	第一二〇期	二十一年十一月三十日	四七六(22)
南京市各项经常收入统计比较表(二十一年九月)	第一二一期	二十一年十二月十五日	六三二(22)
南京市各项经常收入统计比较表(二十二年一月份)	第一二七期	二十二年三月三十一日	四五二(23)

南京市各项经常收入统计比较表(二十二年二月份)	第一二八期	二十二年四月三十日	五八〇(23)
南京市各项经常收入统计比较表(二十二年三月份)	第一二九期	二十二年五月三十一日	六九八(23)
南京市各项经常收入统计比较表(二十二年五月)	第一三二期	二十二年八月三十一日	三五六(24)
南京市各项经常收入统计比较表(二十二年六月份)	第一三三期	二十二年九月三十日	四五二(24)
南京市各项经常收入统计比较表(二十二年四月)	第一三一期	二十二年七月三十一日	二二二(24)
南京市各项经常费收入统计比较表(二十一年十一月)	第一二四期	二十二年一月三十一日	一一五(23)
南京市买卖土地种类比较图(自二十年一月至六月)	第九十三期	二十年十月十五日	三七五(18)
南京市买卖土地种类统计表(二十年一月到六月)	第九十三期	二十年十月十五日	三七八(18)
南京市批发物价指数(廿年)	第一六四期	二十五年四月	〇九五(32)
南京市批发物价指数(21年)	第一六四期	二十五年四月	〇九六(32)
南京市批发物价指数(22年)	第一六四期	二十五年四月	〇九七(32)
南京市批发物价指数(23年)	第一六四期	二十五年四月	〇九八(32)
南京市园林管理所管辖系统图	第十七期	二十八年二月十五日	七〇三(37)
南京市财政支出统计比较表(二十一年十一月)	第一二四期	二十二年一月三十一日	一一六(23)
南京市财政支出统计比较表(二十一年十二月)	第一二六期	二十二年二月二十八日	三三二(23)
南京市财政支出统计比较表(二十一年十月)	第一二二期	二十一年十二月三十一日	七二〇(22)
南京市财政支出统计比较表(二十一年七月)	第一一九期	二十一年十一月十五日	三六六(22)
南京市财政支出统计比较表(二十一年八月)	第一二〇期	二十一年十一月三十日	四八二(22)
南京市财政支出统计比较表(二十一年九月)	第一二一期	二十一年十二月十五日	六三四(22)

南京市财政支出统计比较表(二十二年一月份) 第一二七期 二十二年三月三十一日 四五四(23)
南京市财政支出统计比较表(二十二年二月份) 第一二八期 二十二年四月三十日 五八四(23)
南京市财政支出统计比较表(二十二年三月份) 第一二九期 二十二年五月三十一日 七〇〇(23)
南京市财政支出统计比较表(二十二年五月) 第一三二期 二十二年八月三十一日 三五八(24)
南京市财政支出统计比较表(二十二年六月份) 第一三三期 二十二年九月三十日 四五四(24)
南京市财政支出统计比较表(二十二年四月) 第一三一期 二十二年七月三十一日 二二六(24)
南京市财政支出统计总表(二十一年十一月) 第一二四期 二十二年一月三十一日 一一六(23)
南京市财政支出统计总表(二十一年十二月) 第一二六期 二十二年二月二十八日 三二四(23)
南京市财政支出统计总表(二十一年十月) 第一二二期 二十一年十二月三十一日 七二〇(22)
南京市财政支出统计总表(二十一年七月) 第一一九期 二十一年十一月十五日 三六五(22)
南京市财政支出统计总表(二十一年八月) 第一二〇期 二十一年十一月三十日 四七八(22)
南京市财政支出统计总表(二十一年九月) 第一二一期 二十一年十二月十五日 六三四(22)
南京市财政支出统计总表(二十二年一月份) 第一二七期 二十二年三月三十一日 四五四(23)
南京市财政支出统计总表(二十二年二月份) 第一二八期 二十二年四月三十日 五八二(23)
南京市财政支出统计总表(二十二年三月份) 第一二九期 二十二年五月三十一日 七〇〇(23)
南京市财政支出统计总表(二十二年五月) 第一三二期 二十二年八月三十一日 三五八(24)

南京市财政支出统计总表(二十二年六月份)	第一三三期	二十二年九月三十日	四五四(24)
南京市财政支出统计总表(二十二年四月)	第一三一期	二十二年七月三十一日	二二四(24)
南京市财政收入统计比较总表(二十一年十一月)	第一二四期	二十二年一月三十一日	一一四(23)
南京市财政收入统计比较总表(二十一年十二月)	第一二六期	二十二年二月二十八日	三二一(23)
南京市财政收入统计比较总表(二十一年十月)	第一二二期	二十一年十二月三十一日	七一七(22)
南京市财政收入统计比较总表(二十一年七月)	第一一九期	二十一年十一月十五日	三六二(22)
南京市财政收入统计比较总表(二十一年八月)	第一二〇期	二十一年十一月三十日	四七五(22)
南京市财政收入统计比较总表(二十一年九月)	第一二一期	二十一年十二月十五日	六三一(22)
南京市财政收入统计比较总表(二十二年一月份)	第一二七期	二十二年三月三十一日	四五一(23)
南京市财政收入统计比较总表(二十二年二月份)	第一二八期	二十二年四月三十日	五七九(23)
南京市财政收入统计比较总表(二十二年三月份)	第一二九期	二十二年五月三十一日	六九七(23)
南京市财政收入统计比较总表(二十二年六月份)	第一三三期	二十二年九月三十日	四五一(24)
南京市财政收入统计比较总表(二十二年四月)	第一三一期	二十二年七月三十一日	二二一(24)
南京市财政局工务局船只管理处二十四年度检验各等船只统计表	第一七四期	二十六年二月	六八五(35)
南京市财政局收支对照明细表(民国二十年五月份)	第八十六期	二十年六月三十日	三一六(17)
南京市财政局收支对照明细表(民国二十年六月份)	第八十八期	二十年七月三十一日	五二四(17)

南京市财政局收支对照明细表(民国十九年十一月份)	第七十四期	十九年十二月三十一日	二三〇(15)
南京市财政局收支对照明细表(民国十九年十二月份)	第七十六期	二十年一月三十一日	五八〇(15)
南京市财政局收支对照明细表(民国十九年六月份)	第六十四期	十九年六七月三十一日	六八六(13)
南京市财政局收支统计表(二十年七月份)	第九十一期	二十年九月十五日	〇九九(18)
南京市私立大学简明概况(民国二十九年十月调查)	第五十七期	二十九年十月十五日	〇七三(40)
南京市私立中小学概况统计表(民国二十八年度第一学期)	第三十五期	二十八年十一月十五日	九二二(38)
南京市私塾统计表(民国二十九年十月调查)	第五十七期	二十九年十月十五日	〇七二(40)
南京市近三年来考验汽车驾驶人比较图(自21年至23年)	第一六〇期	二十四年十二月	一三〇(30)
南京市近四年来工人生活费指数比较图(自20年至23年)	第一六四期	二十五年四月	一〇二(32)
南京市近四年来户口比较图(自20年至23年)	第一六二期	二十五年二月	一〇四(31)
南京市近四年来户口变动概况比较图(自20年至23年)	第一六二期	二十五年二月	一〇五(31)
南京市近四年来户口变动概况统计表(自20年至23年)	第一六二期	二十五年二月	一〇四(31)
南京市近四年来户口统计表(自20年至23年)	第一六二期	二十五年二月	一〇四(31)
南京市近四年来市民死亡者年龄统计表(自20年至23年)	第一六五期	二十五年五月	五四九(32)
南京市近四年来市民死亡者职业统计表(自20年至23年)	第一六五期	二十五年五月	五五三(32)
南京市近四年来市民死亡原因统计表(自20年至23年)	第一六五期	二十五年五月	五四八(32)

南京市近四年来市民死亡原因统计图(自20年至23年)	第一六五期	二十五年五月	五四八(32)
南京市近四年来各年龄市民死亡人数比较图(自20年至23年)	第一六五期	二十五年五月	五五一(32)
南京市近四年来各职业市民出生婴儿比较图(自20年至23年)	第一六五期	二十五年五月	五四七(32)
南京市近四年来各职业市民出生婴儿统计表(自20年至23年)	第一六五期	二十五年五月	五四五(32)
南京市近四年来各职业市民死亡人数比较图(自20年至23年)	第一六五期	二十五年五月	五五五(32)
南京市近四年来批发物价指数比较图(自20年至23年)	第一六四期	二十五年四月	〇九八(32)
南京市近四年来检定度量衡器比较图(自20年至23年)	第一六六期	二十五年六月	〇八九(33)
南京市近两年来自来水用户增加趋势图(自22年4月至23年12月)	第一五九期	二十四年十一月	四八二(29)
南京市近两年来自来水出水量及用户统计表(自22年4月至23年12月)	第一五九期	二十四年十一月	四八一(29)
南京市近两年来自来水出水概况比较图(自22年4月至23年12月)	第一六〇期	二十四年十二月	一三一(30)
南京市近两年来自来水营业收入比较图(自22年4月至23年12月)	第一五九期	二十四年十一月	四八〇(29)
南京市近两年来自来水营业收入统计表(自22年4月至23年12月)	第一五九期	二十四年十一月	四七九(29)
南京市近两年来技师技副登记统计表(自22年10月至23年12月)	第一五九期	二十四年十一月	四九〇(29)

南京市近两年来核准各类广告统计表(自22年至23年)	第一五九期	二十四年十一月	四八九(29)
南京市近两年来船只登记比较图(自22年至23年)	第一六〇期	二十四年十二月	一三二(30)
南京市社会局举办第一期短期小学概况表	第一六〇期	二十四年十二月	一二六(30)
南京市国立小学校简明概况(民国二十九年十月调查)	第五十七期	二十九年十月十五日	〇七六(40)
南京市国立学校简明概况(民国二十九年十月调查)	第五十七期	二十九年十月十五日	〇七二(40)
南京市法定传染病人数统计表(二十八年一至六月)	第二十七期	二十八年七月十五日	四五〇(38)
南京市学龄儿童就学与未就学统计表(二十年四月份)	第九十三期	二十年十月十五日	三七九(18)
南京市建筑地登记户数面积统计图(二十年一月至六月)	第九十三期	二十年十月十五日	三七三(18)
南京市城区二十五年一月份户口及生死人数统计表	第一六五期	二十五年五月	五六三(32)
南京市城区二十五年一月份出生婴孩数按父之职业分类统计表	第一六五期	二十五年五月	五五九(32)
南京市城区二十五年一月份出生婴孩数按母之年龄分类统计表	第一六五期	二十五年五月	五六〇(32)
南京市城区二十五年一月份死亡人数按性别年龄及死因分类统计表	第一六五期	二十五年五月	五五六(32)
南京市城区二十五年一月份死亡人数按性别年龄及婚姻状况分类统计表	第一六五期	二十五年五月	五五七(32)
南京市城区二十五年一月份死亡人数按性别职业及死因分类统计表	第一六五期	二十五年五月	五五六(32)
南京市(城区)二十五年二月份户口及生死人数统计表	第一六六期	二十五年六月	〇九七(33)

南京市(城区)二十五年二月份出生婴孩数按父之职业分类统计表	第一六六期	二十五年六月	○九三(33)
南京市(城区)二十五年二月份出生婴孩数按母之年龄分类统计表	第一六六期	二十五年六月	○九四(33)
南京市(城区)二十五年二月份死亡人数按性别年龄及死因分类统计表	第一六六期	二十五年六月	○九○(33)
南京市(城区)二十五年二月份死亡人数按性别年龄及婚姻状况分类统计表	第一六六期	二十五年六月	○九一(33)
南京市(城区)二十五年二月份死亡人数按性别职业及死因分类统计表	第一六六期	二十五年六月	○九○(33)
南京市城区二十五年十一月份户口及生死人数统计表	第一七五期	二十六年三月	一一五(36)
南京市城区二十五年十一月份出生婴孩数按父之职业分类统计表	第一七五期	二十六年三月	一一一(36)
南京市城区二十五年十一月份出生婴孩数按母之年龄分类统计表	第一七五期	二十六年三月	一一二(36)
南京市城区二十五年十一月份死亡人数按性别年龄及死因分类统计表	第一七五期	二十六年三月	一○八(36)
南京市城区二十五年十一月份死亡人数按性别年龄及婚姻状况分类统计表	第一七五期	二十六年三月	一○九(36)
南京市城区二十五年十一月份死亡人数按性别职业及死因分类统计表	第一七五期	二十六年三月	一○八(36)
南京市城区二十五年十二月份户口及生死人数统计表	第一七六期	二十六年四月	二九三(36)
南京市城区二十五年十二月份出生婴孩数按父之职业分类统计表	第一七六期	二十六年四月	二八九(36)

南京市城区二十五年十二月份出生婴孩数按母之年龄分类统计表 第一七六期 二十六年四月 二九〇(36)
南京市城区二十五年十二月份死亡人数按性别年龄及死因分类统计表 第一七六期 二十六年四月 二八六(36)
南京市城区二十五年十二月份死亡人数按性别年龄及婚姻状况分类统计表 第一七六期 二十六年四月 二八七(36)
南京市城区二十五年十二月份死亡人数按性别职业及死因分类统计表 第一七六期 二十六年四月 二八六(36)
南京市城区二十五年十月份户口及生死人数统计表 第一七四期 二十六年二月 六九三(35)
南京市城区二十五年十月份出生婴孩数按父之职业分类统计表 第一七四期 二十六年二月 六八九(35)
南京市城区二十五年十月份出生婴孩数按母之年龄分类统计表 第一七四期 二十六年二月 六九〇(35)
南京市城区二十五年十月份死亡人数按性别年龄及死因分类统计表 第一七四期 二十六年二月 六八六(35)
南京市城区二十五年十月份死亡人数按性别年龄及婚姻状况分类统计表 第一七四期 二十六年二月 六八七(35)
南京市城区二十五年十月份死亡人数按性别职业及死因分类统计表 第一七四期 二十六年二月 六八六(35)
南京市城区二十五年七月份户口及生死人数统计表 第一七一期 二十五年十一月 一〇九(35)
南京市城区二十五年七月份出生婴孩数按父之职业分类统计表 第一七一期 二十五年十一月 一〇五(35)
南京市城区二十五年七月份出生婴孩数按母之年龄分类统计表 第一七一期 二十五年十一月 一〇六(35)

南京市城区二十五年七月份死亡人数按性别年龄及死因分类统计表	第一七一期	二十五年十一月	一〇二(35)
南京市城区二十五年七月份死亡人数按性别年龄及婚姻状况分类统计表	第一七一期	二十五年十一月	一〇三(35)
南京市城区二十五年七月份死亡人数按性别职业及死因分类统计表	第一七一期	二十五年十一月	一〇二(35)
南京市城区二十五年八月份户口及生死人数统计表	第一七二期	二十五年十二月	三三一(35)
南京市城区二十五年八月份出生婴孩数按父之职业分类统计表	第一七二期	二十五年十二月	三二七(35)
南京市城区二十五年八月份出生婴孩数按母之年龄分类统计表	第一七二期	二十五年十二月	三二八(35)
南京市城区二十五年八月份死亡人数按性别年龄及死因分类统计表	第一七二期	二十五年十二月	三二四(35)
南京市城区二十五年八月份死亡人数按性别年龄及婚姻状况分类统计表	第一七二期	二十五年十二月	三二五(35)
南京市城区二十五年八月份死亡人数按性别职业及死因分类统计表	第一七二期	二十五年十二月	三二四(35)
南京市城区二十五年九月份户口及生死人数统计表	第一七三期	二十六年一月	五三五(35)
南京市城区二十五年九月份出生婴孩数按父之职业分类统计表	第一七三期	二十六年一月	五三一(35)
南京市城区二十五年九月份出生婴孩数按母之年龄分类统计表	第一七三期	二十六年一月	五三二(35)
南京市城区二十五年九月份死亡人数按性别年龄及死因分类统计表	第一七三期	二十六年一月	五二八(35)

南京市城区二十五年九月份死亡人数按性别年龄及婚姻状况分类统计表	第一七三期	二十六年一月	五二九(35)
南京市城区二十五年九月份死亡人数按性别职业及死因分类统计表	第一七三期	二十六年一月	五二八(35)
南京市(城区)二十五年三月份户口及生死人数统计表	第一六七期	二十五年七月	五三三(33)
南京市(城区)二十五年三月份出生婴孩数按父之职业分类统计表	第一六七期	二十五年七月	五二九(33)
南京市(城区)二十五年三月份出生婴孩数按母之年龄分类统计表	第一六七期	二十五年七月	五三〇(33)
南京市(城区)二十五年三月份死亡人数按性别年龄及死因分类统计表	第一六七期	二十五年七月	五二六(33)
南京市(城区)二十五年三月份死亡人数按性别年龄及婚姻状况分类统计表	第一六七期	二十五年七月	五二七(33)
南京市(城区)二十五年三月份死亡人数按性别职业及死因分类统计表	第一六七期	二十五年七月	五二六(33)
南京市城区二十五年六月份死亡人数按性别年龄及死因分类统计表	第一七〇期	廿五年十月	五五六(34)
南京市城区二十六年一月份户口及生死人数统计表	第一七七期	二十六年五月	四四九(36)
南京市城区二十六年一月份出生婴孩数按父之职业分类统计表	第一七七期	二十六年五月	四四五(36)
南京市城区二十六年一月份出生婴孩数按母之年龄分类统计表	第一七七期	二十六年五月	四四六(36)
南京市城区二十六年一月份死亡人数按性别年龄及死因分类统计表	第一七七期	二十六年五月	四四二(36)

南京市城区二十六年一月份死亡人数按性别年龄及婚姻状况分类统计表	第一七七期	二十六年五月	四四三(36)
南京市城区二十六年一月份死亡人数按性别职业及死因分类统计表	第一七七期	二十六年五月	四四二(36)
南京市城区二十六年二月份户口及生死人数统计表	第一七八期	二十六年六月	六二一(36)
南京市城区二十六年二月份出生婴孩数按父之职业分类统计表	第一七八期	二十六年六月	六一七(36)
南京市城区二十六年二月份出生婴孩数按母之年龄分类统计表	第一七八期	二十六年六月	六一八(36)
南京市城区二十六年二月份死亡人数按性别年龄及死因分类统计表	第一七八期	二十六年六月	六一四(36)
南京市城区二十六年二月份死亡人数按性别年龄及婚姻状况分类统计表	第一七八期	二十六年六月	六一五(36)
南京市城区二十六年二月份死亡人数按性别职业及死因分类统计表	第一七八期	二十六年六月	六一四(36)
南京市城区二十四年十一月份户口及生死人数统计表	第一六三期	二十五年三月	四九三(31)
南京市城区二十四年十一月份出生婴孩数按父之职业分类统计表	第一六三期	二十五年三月	四八九(31)
南京市城区二十四年十一月份出生婴孩数按母之年龄分类统计表	第一六三期	二十五年三月	四九〇(31)
南京市城区二十四年十一月份死亡人数按性别年龄及死因分类统计表	第一六三期	二十五年三月	四八六(31)
南京市城区二十四年十一月份死亡人数按性别年龄及婚姻状况分类统计表	第一六三期	二十五年三月	四八七(31)

南京市城区二十四年十一月份死亡人数按性别职业及死因分类统计表 第一六三期 二十五年三月 四八六(31)
南京市城区二十四年十二月份户口及生死人数统计表 第一六四期 二十五年四月 一一三(32)
南京市城区二十四年十二月份出生婴孩数按父之职业分类统计表 第一六四期 二十五年四月 一〇九(32)
南京市城区二十四年十二月份出生婴孩数按母之年龄分类统计表 第一六四期 二十五年四月 一一〇(32)
南京市城区二十四年十二月份死亡人数按性别年龄及死因分类统计表 第一六四期 二十五年四月 一〇六(32)
南京市城区二十四年十二月份死亡人数按性别年龄及婚姻状况分类统计表 第一六四期 二十五年四月 一〇七(32)
南京市城区二十四年十二月份死亡人数按性别职业及死因分类统计表 第一六四期 二十五年四月 一〇六(32)
南京市城区二十四年十月份户口及生死人数统计表 第一六二期 二十五年二月 一一七(31)
南京市城区二十四年十月份出生婴孩数按父之职业分类统计表 第一六二期 二十五年二月 一一三(31)
南京市城区二十四年十月份出生婴孩数按母之年龄分类统计表 第一六二期 二十五年二月 一一四(31)
南京市城区二十四年十月份死亡人数按性别年龄及死因分类统计表 第一六二期 二十五年二月 一一〇(31)
南京市城区二十四年十月份死亡人数按性别年龄及婚姻状况分类统计表 第一六二期 二十五年二月 一一一(31)
南京市城区二十四年十月份死亡人数按性别职业及死因分类统计表 第一六二期 二十五年二月 一一〇(31)

标题	期号	日期	页码
南京市(城区)二十四年七月份户口及生死人数分类统计表	第一五九期	二十四年十一月	四九七(29)
南京市(城区)二十四年七月份出生婴孩数按父之职业分类统计表	第一五九期	二十四年十一月	四九三(29)
南京市(城区)二十四年七月份出生婴孩数按母之年龄分类统计表	第一五九期	二十四年十一月	四九四(29)
南京市(城区)二十四年七月份死亡人数按性别年龄及死因分类统计表	第一五九期	二十四年十一月	四九〇(29)
南京市(城区)二十四年七月份死亡人数按性别年龄及婚姻状况分类统计表	第一五九期	二十四年十一月	四九一(29)
南京市(城区)二十四年七月份死亡人数按性别职业及死因分类统计表	第一五九期	二十四年十一月	四九〇(29)
南京市城区二十四年八月份户口及生死人数统计表	第一六〇期	二十四年十二月	一三九(30)
南京市城区二十四年八月份出生婴孩按母之年龄分类统计表	第一六〇期	二十四年十二月	一三六(30)
南京市城区二十四年八月份出生婴孩数按父之职业分类统计表	第一六〇期	二十四年十二月	一三五(30)
南京市城区二十四年八月份死亡人数按性别年龄及死因分类统计表	第一六〇期	二十四年十二月	一三二(30)
南京市城区二十四年八月份死亡人数按性别年龄及婚姻状况分类统计表	第一六〇期	二十四年十二月	一三三(30)
南京市城区二十四年八月份死亡人数按性别职业及死因分类统计表	第一六〇期	二十四年十二月	一三二(30)
南京市城区二十四年九月份户口及生死人数统计表	第一六一期	二十五年一月	五九七(30)

南京市城区二十四年九月份出生婴孩数按父之职业分类统计表	第一六一期	二十五年一月	五九三(30)
南京市城区二十四年九月份出生婴孩数按母之年龄分类统计表	第一六一期	二十五年一月	五九四(30)
南京市城区二十四年九月份死亡人数按性别年龄及死因分类统计表	第一六一期	二十五年一月	五九〇(30)
南京市城区二十四年九月份死亡人数按性别年龄及婚姻状况分类统计表	第一六一期	二十五年一月	五九一(30)
南京市城区二十四年九月份死亡人数按性别职业及死因分类统计表	第一六一期	二十五年一月	五九〇(30)
南京市城区二十四年五月份户口及生死人数统计表	第一五七期	二十四年九月	七〇三(28)
南京市城区二十四年五月份出生婴孩数按父之职业分类统计表	第一五七期	二十四年九月	六九九(28)
南京市城区二十四年五月份出生婴孩数按母之年龄分类统计表	第一五七期	二十四年九月	七〇〇(28)
南京市城区二十四年五月份死亡人数按性别年龄及死因分类统计表	第一五七期	二十四年九月	六九六(28)
南京市城区二十四年五月份死亡人数按性别年龄婚姻状况分类统计表	第一五七期	二十四年九月	六九七(28)
南京市城区二十四年五月份死亡人数按性别职业及死因分类统计表	第一五七期	二十四年九月	六九六(28)
南京市(城区)二十四年六月份户口及生死人数分类统计表	第一五八期	二十四年十月	一〇三(29)
南京市(城区)二十四年六月份出生婴孩数按父之职业分类统计表	第一五八期	二十四年十月	〇九九(29)

南京市(城区)二十四年六月份出生婴孩数按母之年龄分类统计表	第一五八期	二十四年十月	一〇〇(29)
南京市(城区)二十四年六月份死亡人数按性别年龄及死因分类统计表	第一五八期	二十四年十月	〇九六(29)
南京市(城区)二十四年六月份死亡人数按性别年龄及婚姻状况分类统计表	第一五八期	二十四年十月	〇九七(29)
南京市(城区)二十四年六月份死亡人数按性别职业及死因分类统计表	第一五八期	二十四年十月	〇九六(29)
南京市(城区)二十四年四月份户口及生死人数分类统计表	第一五五期	二十四年七月	二七五(28)
南京市(城区)二十四年四月份出生婴孩数按父之职业分类统计表	第一五五期	二十四年七月	二七一(28)
南京市(城区)二十四年四月份出生婴孩数按母之年龄分类统计表	第一五五期	二十四年七月	二七二(28)
南京市(城区)二十四年四月份死亡人数按性别年龄及死因分类统计表	第一五五期	二十四年七月	二六八(28)
南京市(城区)二十四年四月份死亡人数按性别年龄及婚姻状况分类统计表	第一五五期	二十四年七月	二六九(28)
南京市(城区)二十四年四月份死亡人数按性别职业及死因分类统计表	第一五五期	二十四年七月	二六八(28)
南京市城区第一次户口总复查各区界内户口数目统计表(二十七年十月八日)	第十一期	二十七年十一月十五日	二九〇(37)
南京市政府二十一年度经常费预算计算比较表	第一三三期	二十二年九月三十日	四四九(24)
南京市政府二十一年度经常费预算计算比较图	第一三三期	二十二年九月三十日	四五〇(24)

南京市政府各局处办理公牍分类统计表(民国二十一年一月份)	第一〇一期	二十一年二月十五日	五八一(19)
南京市政府各局处办理公牍分类统计表(民国二十一年二月份)	第一〇三期	二十一年三月十五日	〇七三(20)
南京市政府各局处办理公牍分类统计表(民国二十一年三月份)	第一〇五期	二十一年四月十五日	三二一(20)
南京市政府各局处办理公牍分类统计表(民国二十一年五月份)	第一〇八期	二十一年五月三十一日	六四一(20)
南京市政府各局处办理公牍分类统计表(民国二十一年四月份)	第一〇七期	二十一年五月十五日	五三七(20)
南京市政府各局处办理公牍分类统计表(民国二十年十二月份)	第九十九期	二十一年一月十五日	三一一(19)
南京市政府各局处办理公牍分类统计表(民国二十年十月份)	第九十五期	二十年十一月十五日	六一五(18)
南京市政府各局处办理公牍分类统计表(民国二十年九月份)	第九十二期	二十年九月三十日	二六三(18)
南京市政府两年来收支概况表	第一六七期	二十五年七月	五二三(33)
南京市政府财政收入统计比较总表(二十二年五月)	第一三二期	二十二年八月三十一日	三五五(24)
南京市政府财政局民国十九年十月份收支对照明细表	第七十期	十九年十月三十一日	六〇〇(14)
南京市政府财政局民国十九年十月份收支对照明细表	第七十二期	十九年十一月三十日	八五二(14)
南京市政府财政局民国十九年八月份收支对照明细表	第六十八期	十九年九月三十日	三九二(14)
南京市政府财政局收支对照明细表(民国十九年七月份)	第六十六期	十九年八月三十一日	一五四(14)
南京市政府采办各项物品价格比较表(二十一年十二月)	第一二三期	二十二年一月十五日	八一一(22)
南京市政府采办各项物品价格比较表(二十一年十二月)	第一二四期	二十二年一月三十一日	一〇五(23)
南京市政府采办各项物品价格比较表(二十一年五月至十一月)	第一一九期	二十一年十一月十五日	三四七(22)

南京市政府采办各项物品价格比较表(二十一年五月至十一月)(续第一一九期)	第一二一期	二十一年十二月十五日	六〇一(22)
南京市政府采办各项物品价格比较表(二十二年四月至六月)	第一三二期	二十二年八月三十一日	三〇七(24)
南京市政府采办各项物品价格比较表(民国二十二年一月至三月)	第一二九期	二十二年五月三十一日	七〇一(23)
南京市政府采办各项物品价格比较表(民国二十二年一月至三月)(续第一九二期)	第一三〇期	二十二年六月三十日	〇九七(24)
南京市政府秘书处办理公文程序表	第九十五期	二十年十一月十五日	六一三(18)
南京市政府职员家庭中生利人数比较图	第一〇二期	二十一年二月二十九日	七〇三(19)
南京市政府职员家庭共有人数比较图	第一〇二期	二十一年二月二十九日	七〇一(19)
南京市政府暨所属各机关职员人数比较图(民国二十年十一月)	第九十九期	二十一年一月十五日	三一四(19)
南京市政府暨所属各机关职员人数统计表(民国二十年十一月)	第九十九期	二十一年一月十五日	三一三(19)
南京市政府暨所属各机关职员子女人数比较图(民国二十年十一月)	第一〇〇期	二十一年一月三十一日	四七七(19)
南京市政府暨所属各机关职员子女人数统计表(民国二十年十一月)	第一〇〇期	二十一年一月三十一日	四七六(19)
南京市政府暨所属各机关职员月薪比较图(民国二十年十一月调查)	第一〇〇期	二十一年一月三十一日	四七一(19)
南京市政府暨所属各机关职员月薪统计表(民国二十年十一月调查)	第一〇〇期	二十一年一月三十一日	四七〇(19)
南京市政府暨所属各机关职员在家庭中之经济地位比较图	第一〇一期	二十一年二月十五日	五八〇(19)

南京市政府暨所属各机关职员在家庭中之经济地位统计表(民国二十年十一月调查)	第一〇一期	二十一年二月十五日	五七九(19)
南京市政府暨所属各机关职员年龄比较图(民国二十年十一月调查)	第九十九期	二十一年一月十五日	三一六(19)
南京市政府暨所属各机关职员年龄统计表(民国二十年十一月调查)	第九十九期	二十一年一月十五日	三一五(19)
南京市政府暨所属各机关职员任职年限比较图(民国二十年十一月调查)	第九十九期	二十一年一月十五日	三一九(19)
南京市政府暨所属各机关职员任职年限统计表(民国二十年十一月调查)	第九十九期	二十一年一月十五日	三一八(19)
南京市政府暨所属各机关职员各个家庭每年收支比较比较图	第一〇一期	二十一年二月十五日	五七八(19)
南京市政府暨所属各机关职员各个家庭每年收支比较统计表(民国二十年十一月调查)	第一〇一期	二十一年二月十五日	五七七(19)
南京市政府暨所属各机关职员党籍比较图(民国二十年十一月调查)	第一〇一期	二十一年二月十五日	五七六(19)
南京市政府暨所属各机关职员党籍统计表(民国二十年十一月调查)	第一〇一期	二十一年二月十五日	五七五(19)
南京市政府暨所属各机关职员家庭中生利人数统计表(民国二十年十一月调查)	第一〇二期	二十一年二月二十九日	七〇二(19)
南京市政府暨所属各机关职员家庭共有人数统计表(民国二十年十一月调查)	第一〇二期	二十一年二月二十九日	七〇〇(19)

南京市政府暨所属各机关职员教育程度统计表(民国二十年十一月调查)	第一〇〇期	二十一年一月三十一日	四七二(19)
南京市政府暨所属各机关职员婚姻概况比较图(民国二十年十一月调查)	第一〇〇期	二十一年一月三十一日	四七五(19)
南京市政府暨所属各机关职员婚姻概况统计表(民国二十年十一月调查)	第一〇〇期	二十一年一月三十一日	四七四(19)
南京市政府暨所属各机关职员籍贯比较图(民国二十年十一月调查)	第九十九期	二十一年一月十五日	三一七(19)
南京市政府暨所属各机关职员籍贯统计表(民国二十年十一月调查)	第九十九期	二十一年一月十五日	三一六(19)
南京市临时费收入统计比较表(二十一年十一月)	第一二四期	二十二年一月三十一日	一一六(23)
南京市临时费收入统计比较表(二十一年十二月)	第一二六期	二十二年二月二十八日	三二三(23)
南京市临时费收入统计比较表(二十一年十月)	第一二二期	二十一年十二月三十一日	七一九(22)
南京市临时费收入统计比较表(二十一年七月)	第一一九期	二十一年十一月十五日	三六四(22)
南京市临时费收入统计比较表(二十一年八月)	第一二〇期	二十一年十一月三十日	四七七(22)
南京市临时费收入统计比较表(二十一年九月)	第一二一期	二十一年十二月十五日	六三三(22)
南京市临时费收入统计比较表(二十二年一月份)	第一二七期	二十二年三月三十一日	四五三(23)
南京市临时费收入统计比较表(二十二年二月份)	第一二八期	二十二年四月三十日	五八一(23)
南京市临时费收入统计比较表(二十二年三月份)	第一二九期	二十二年五月三十一日	六九九(23)

南京市临时费收入统计比较表(二十二年五月)	第一三二期	二十二年八月三十一日	三五七(24)
南京市临时费收入统计比较表(二十二年六月份)	第一三三期	二十二年九月三十日	四五三(24)
南京市临时费收入统计比较表(二十二年四月)	第一三一期	二十二年七月三十一日	二二三(24)
南京市种痘人数统计表(二十九年春季)	第四十六期	二十九年四月三十日	五二七(39)
南京市修缮道路沟渠统计表(二十一年份)	第一二八期	二十二年四月三十日	五七八(23)
南京市保甲调查周户口调查统计表	第十四期	二十七年十二月三十一日	四三四(37)
南京市保甲调查周户口调查统计表(28 年 1 月)	第十五期	二十八年一月十五日	五一四(37)
南京市保甲检举周实施办法	第十五期	二十八年一月十五日	五一五(37)
南京市保护各寺院团体情形一览表	第十六期	二十八年一月三十一日	五七二(37)
南京市度量衡检定所近四年来检定度量衡器统计表(自 20 年至 23 年)	第一六六期	二十五年六月	〇八七(33)
南京市铁路二十五年一月份全线营业概数统计表	第一六一期	二十五年一月	六〇〇(30)
南京市铁路二十五年二月份全线营业概数统计表	第一六二期	二十五年二月	一二〇(31)
南京市铁路二十五年三月份全线营业概数统计表	第一六三期	二十五年三月	四九六(31)
南京市铁路二十五年五月份全线营业概数统计表	第一六五期	二十五年五月	五六六(32)
南京市铁路二十五年六月份全线营业概数统计表	第一六六期	二十五年六月	一〇〇(33)
南京市铁路二十五年四月份全线营业概数统计表	第一六四期	二十五年四月	一一六(32)
南京市疾病统计(二十八年一月份)	第十九期	二十八年三月十五日	八一九(37)
南京市疾病统计(二十八年二月份)	第十九期	二十八年三月十五日	八一八(37)

南京市救济院各所近三年来收容人数比较图(自21年至23年)	第一六六期	二十五年六月	〇八五(33)
南京市救济院各所近三年来收容人数比较图(自21年至23年)	第一六六期	二十五年六月	〇八五(33)
南京市救济院各所近三年来收容人数概况统计表(自21年至23年)	第一六六期	二十五年六月	〇八四(33)
南京市救济院收容居民人数统计表(二十五年五月)	第一六七期	二十五年七月	五二五(33)
南京市第一区人事调查统计表(二十三年二月)	第一三八期	二十三年二月二十八日	三〇七(25)
南京市第一区区公所第五次人事调查统计表(二十三年九月)	第一四六期	二十三年十月	四七一(26)
南京市第一区公所第二次人事调查统计表(二十三年四月份)	第一四〇期	二十三年四月三十日	五四三(25)
南京市第一区公所第三次人事调查统计表(二十三年五月份)	第一四二期	二十三年六月份	七七五(25)
南京市第二区棚户调查统计表(二十二年十二月调制)	第一三六期	二十二年十二月三十一日	一一四(25)
南京市第七区公所户籍调查统计表(廿三年四月)	第一四一期	二十三年五月三十一日	六五六(25)
南京市第八区人事调查统计表(二十三年二月)	第一三八期	二十三年二月二十八日	三〇八(25)
南京市第六区公所识字状况统计表(二十三年四月份)	第一四一期	二十三年五月三十一日	六五五(25)
南京市第六区各段户口数目统计表(二十年三月份)	第一三九期	二十三年三月三十一日	四二五(25)
南京市第六区棚户调查统计表(二十二年十二月调制)	第一三六期	二十二年十二月三十一日	一一四(25)
南京市船舶统计表(二十九年春季)	第四十五期	二十九年四月十五日	四七六(39)
南京市清洁队清除垃圾数量统计表(二十八年一二月份)	第二十期	二十八年三月三十一日	八七一(37)

南京市清除粪便与化粪等量统计表(二十九年春季)	第四十六期	二十九年四月三十日	五三〇(39)
南京市娼妓检验分类统计表(二十九年春季)	第四十六期	二十九年四月三十日	五二九(39)
南京市税契金额统计表(二十年一月至六月)	第九十七期	二十年十二月十五日	〇七六(19)
南京市税契案件统计表(二十年一月至六月)	第九十七期	二十年十二月十五日	〇七五(19)
南京市新建广场统计表(自十六年本府成立起至二十二年二月止)	第一二八期	二十二年四月三十日	五七九(23)
南京市新辟马路统计表(自十六年本府成立起至二十二年三月止)	第一二八期	二十二年四月三十日	五七八(23)
南京市警察厅各局界内九月份户口异动统计表	第十一期	二十七年十一月十五日	二八八(37)
南京各业工人工作时间统计表十八年六月份	第五十七期	十九年四月十五日	五一六(12)
南京私立中学校简明概况(民国二十九年十月调查)	第五十七期	二十九年十月十五日	〇七四(40)
南京私立特种学校简明概况(民国二十九年十月调查)	第五十七期	二十九年十月十五日	〇七五(40)
南京私立基督教系中学校简明概况(民国二十九年十月调查)	第五十七期	二十九年十月十五日	〇七四(40)
南京城区二十五年六月份户口及生死人数统计表	第一七〇期	廿五年十月	五六三(34)
南京城区二十五年六月份出生婴孩数按父之职业分类统计表	第一七〇期	廿五年十月	五五九(34)
南京城区二十五年六月份出生婴孩数按母之年龄分类统计表	第一七〇期	廿五年十月	五六〇(34)
南京城区二十五年六月份死亡人数按性别年龄及死因分类统计表	第一七〇期	廿五年十月	五五六(34)
南京城区二十五年六月份死亡人数按性别年龄及婚姻状况分类统计表	第一七〇期	廿五年十月	五五七(34)

南京特别市小学校统计表(三十一年度)	第一一六期	三十二年三月三十一日	四四一(42)
南京特别市中学校统计表	第一一六期	三十二年三月三十一日	四四二(42)
南京特别市户口统计表(一)(异动)(民国三十二年上半年度)	第一二三期	三十二年七月十五日	七〇一(42)
南京特别市户口统计表(二)(职业分类 1)(民国三十二年上半年度)	第一二三期	三十二年七月十五日	七〇二(42)
南京特别市户口统计表(二)(职业分类 2)(民国三十二年上半年度)	第一二三期	三十二年七月十五日	七〇三(42)
南京特别市户口统计表(三十二年二月份)	第一一六期	三十二年三月三十一日	四三五(42)
南京特别市户口统计表(三十二年七月份)	第一二八期	三十二年九月三十日	八六七(42)
南京特别市户口统计表(三十二年八月份)	第一二八期	三十二年九月三十日	八六八(42)
南京特别市户口统计表(三十二年九月份)	第一二九期	三十二年十月十五日	九〇四(42)
南京特别市户口统计表(三十二年三月份)	第一一六期	三十二年三月三十一日	四三七(42)
南京特别市户口统计表(三十二年五月份)	第一二一期	三十二年六月十五日	六一二(42)
南京特别市户口统计表(三)(年龄)(民国三十二年上半年度)	第一二三期	三十二年七月十五日	七〇四(42)
南京特别市户口统计表(五)(文盲)(民国三十二年上半年度)	第一二三期	三十二年七月十五日	七〇六(42)
南京特别市户口统计表(四)(婚姻状况)(民国三十二年上半年度)	第一二三期	三十二年七月十五日	七〇五(42)
南京特别市户口统计表(民国三十一年十月份)	第一〇七期	三十一年十一月十五日	一〇二(42)
南京特别市户口统计表(民国三十一年九月份)	第一〇五期	三十一年十月十五日	〇三〇(42)

南京特别市户口统计表(民国三十二年一月份)	第一一三期	三十二年二月十五日	三二四(42)
南京特别市户口增减比较表(三十二年二月份)	第一一六期	三十二年三月三十一日	四三六(42)
南京特别市户口增减比较表(三十二年七月份)	第一二八期	三十二年九月三十日	八七〇(42)
南京特别市户口增减比较表(三十二年九月份)	第一二九期	三十二年十月十五日	九〇六(42)
南京特别市户口增减比较表(三十二年三月份)	第一一六期	三十二年三月三十一日	四三八(42)
南京特别市户口增减比较表(三十二年五月份)	第一二一期	三十二年六月十五日	六一三(42)
南京特别市户口增减比较表(民国三十一年十月份)	第一〇七期	三十一年十一月十五日	一〇三(42)
南京特别市户口增减比较表(民国三十一年九月份)	第一〇五期	三十一年十月十五日	〇三一(42)
南京特别市户口增减比较表(民国三十二年一月份)	第一一三期	三十二年二月十五日	三二五(42)
南京特别市户口增减表(三十二年八月份)	第一二八期	三十二年九月三十日	八七一(42)
南京特别市民众教育馆概况表(三十一年度)	第一一六期	三十二年三月三十一日	四四三(42)
南京特别市私塾概况表(三十一年度)	第一一六期	三十二年三月三十一日	四四一(42)
南京特别市十八年五月份人口生死率统计表	第三十八期	十八年六月三十日	六二四(8)
南京特别市十八年五月份男女死因及各级年龄实数统计表	第三十八期	十八年六月三十日	六二二(8)
南京特别市十八年五月份男女死因及职业分类实数统计表	第三十八期	十八年六月三十日	六二二(8)
南京特别市十八年五月份职业分类出生婴孩实数统计表	第三十八期	十八年六月三十日	六二三(8)

南京特别市十八年各业工人平均工资一览表	第五十七期	十九年四月十五日	五一四(12)
南京特别市人口生死率统计表十八年四月份	第三十六期	十八年五月三十一日	二九三(8)
南京特别市工人生活费指数逐日比较表(加权综合平均)	第一五九/一六〇期合刊	三十四年一月三十日	八〇八(43)
南京特别市工人家计调查平均每家费用及其百分比表(每家平均人口成年人儿童人)	第一五九/一六〇期合刊	三十四年一月三十日	八〇七(43)
南京特别市小学教员生活指数逐月比较表(加权综合平均)	第一五九/一六〇期合刊	三十四年一月三十日	八一二(43)
南京特别市小学教员家计调查平均每家费用及其百分比表	第一五九/一六〇期合刊	三十四年一月三十日	八一一(43)
南京特别市户口表(民国三十年十一月)	第八十四/八十五期合刊	三十年十二月十五日	四二七(41)
南京特别市户口统计表(三十二年十二月份)	第一三五/一三六期合刊	三十三年一月三十一日	一四五(43)
南京特别市户口统计表(三十三年度一月份)	第一三七/一三八期合刊	三十三年二月二十九日	一九四(43)
南京特别市户口统计表(三十三年度二月份)	第一三九期	三十三年三月十五日	二二九(43)
南京特别市户口统计表(三十三年度二月份)	第一三九期	三十三年三月十五日	二三〇(43)
南京特别市户口统计表(三十三年度十一月份)	第一五六期	三十三年十一月十五日	七三一(43)
南京特别市户口统计表(三十三年度十一月份)	第一五六期	三十三年十一月十五日	七三二(43)
南京特别市户口统计表(三十三年度十二月份)	第一五七/一五八期合刊	三十三年十二月三十一日	七六九(43)
南京特别市户口统计表(三十三年度十二月份)	第一五七/一五八期合刊	三十三年十二月三十一日	七七〇(43)
南京特别市户口统计表(三十三年度十月份)	第一五五期	三十三年十一月三十日	六九五(43)

南京特别市户口统计表(三十三年度十月份)	第一五五期	三十三年十一月三十日	六九六(43)
南京特别市户口统计表(三十三年度七月份)	第一四九期	三十三年八月十五日	五四二(43)
南京特别市户口统计表(三十三年度七月份)	第一四九期	三十三年八月十五日	五四三(43)
南京特别市户口统计表(三十三年度八月份)	第一五一/一五二期合刊	三十三年九月三十日	六一七(43)
南京特别市户口统计表(三十三年度八月份)	第一五一/一五二期合刊	三十三年九月三十日	六一八(43)
南京特别市户口统计表(三十三年度九月份)	第一五三/一五四期合刊	三十三年十月三十一日	六六〇(43)
南京特别市户口统计表(三十三年度九月份)	第一五三/一五四期合刊	三十三年十月三十一日	六六一(43)
南京特别市户口统计表(三十三年度三月份)	第一四〇期	三十三年三月三十日	二五五(43)
南京特别市户口统计表(三十三年度三月份)	第一四〇期	三十三年三月三十日	二五六(43)
南京特别市户口统计表(三十三年度五月份)	第一四五期	三十三年六月十五日	三九一(43)
南京特别市户口统计表(三十三年度五月份)	第一四五期	三十三年六月十五日	三九二(43)
南京特别市户口统计表(三十三年度六月份)	第一四七/一四八期合刊	三十三年七月三十日	四八三(43)
南京特别市户口统计表(三十三年度六月份)	第一四七/一四八期合刊	三十三年七月三十日	四八四(43)
南京特别市户口统计表(三十三年度四月份)	第一四一/一四二期合刊	三十三年四月三十日	二九七(43)
南京特别市户口统计表(三十三年度四月份)	第一四一/一四二期合刊	三十三年四月三十日	二九八(43)
南京特别市户口统计表(三十四年度一月份)	第一六一/一六二期合刊	三十四年二月三十日	八四六(43)

南京特别市户口统计表(三十四年度一月份)	第一六一/一六二期合刊	三十四年二月三十日	八四七(43)
南京特别市户口统计表(三十年十月)	第八十二期	三十年十月三十一日	三五九(41)
南京特别市户口统计表(民国三十一年一月)	第八十八期	三十一年一月三十一日	四九四(41)
南京特别市户口统计表(民国三十一年二月)	第九十期	三十一年二月二十八日	五四二(41)
南京特别市户口统计表(民国三十一年七月)	第一〇一期	三十一年八月十五日	八二五(41)
南京特别市户口统计表(民国三十一年八月)	第一〇三期	三十一年九月十五日	九三四(41)
南京特别市户口统计表(民国三十一年三月)	第九十二期	三十一年三月三十一日	五八二(41)
南京特别市户口统计表(民国三十一年五月)	第九十六期	三十一年五月三十一日	六七八(41)
南京特别市户口统计表(民国三十一年六月)	第九十八期	三十一年六月三十日	七三七(41)
南京特别市户口统计表(民国三十一年四月)	第九十四期	三十一年四月三十日	六三一(41)
南京特别市户口统计表(民国三十二年十月份)	第一三一期	三十二年十一月十五日	〇三四(43)
南京特别市户口统计表(民国三十年十二月)	第八十六/八十七期合刊	三十一年一月十五日	四六三(41)
南京特别市户口统计表(民国三十年四月)	第七十期	三十年四月三十日	七一一(40)
南京特别市户口增减比较表(三十年十月)	第八十二期	三十年十月三十一日	三六〇(41)
南京特别市户口增减比较表(民国三十一年一月)	第八十八期	三十一年一月三十一日	四九五(41)
南京特别市户口增减比较表(民国三十一年二月)	第九十期	三十一年二月二十八日	五四三(41)

南京特别市户口增减比较表(民国三十一年七月)	第一〇一期	三十一年八月十五日	八二六(41)
南京特别市户口增减比较表(民国三十一年八月)	第一〇三期	三十一年九月十五日	九三五(41)
南京特别市户口增减比较表(民国三十一年三月)	第九十二期	三十一年三月三十一日	五八三(41)
南京特别市户口增减比较表(民国三十一年五月)	第九十六期	三十一年五月三十一日	六七九(41)
南京特别市户口增减比较表(民国三十一年六月)	第九十八期	三十一年六月三十日	七三八(41)
南京特别市户口增减比较表(民国三十一年四月)	第九十四期	三十一年四月三十日	六三二(41)
南京特别市户口增减比较表(民国三十二年十月份)	第一三一期	三十二年十一月十五日	〇三五(43)
南京特别市户口增减比较表(民国三十年十一月)	第八十四/八十五期合刊	三十年十二月十五日	四二八(41)
南京特别市户口增减比较表(民国三十年十二月)	第八十六/八十七期合刊	三十一年一月十五日	四六四(41)
南京特别市户口增减比较表(民国三十年四月)	第七十期	三十年四月三十日	七一二(40)
南京特别市户口增减表(三十三年度一月份)	第一三七/一三八期合刊	三十三年二月二十九日	一九五(43)
南京特别市户口增减统计表(三十二年十二月份)	第一三五/一三六期合刊	三十三年一月三十一日	一四六(43)
南京特别市市立水上救护所三月份救护翻船救活人命统计表	第三十四期	十八年四月三十日	七五七(7)
南京特别市市立水上救护所捞获浮尸统计表	第三十四期	十八年四月三十日	七五八(7)
南京特别市市民男女死因及各年龄实数统计表			二九二(8)
南京特别市市民男女死因及职业分类实数统计表			二九二(8)

南京特别市市政府金库十七年收支比较表	第三十期	十八年二月二十八日	八二七(6)
南京特别市汇兑指数表(十八年一月份)	第五十四期	十九年二月二十八日	一一一(12)
南京特别市丝织品出口数量统计表(十八年下半年)	第五十四期	十九年二月二十八日	一一三(12)
南京特别市各工会概况统计表(十八年十二月)	第五十七期	十九年四月十五日	五一五(12)
南京特别市各区户口及概况分类统计择要	第二十六期	十七年十二月三十一日	一九三(6)
南京特别市各区户口统计表(中华民国二十八年十月份)	第三十四期	二十八年十月三十一日	八四九(38)
南京特别市各区桥梁现状调查表	第六十五期	十九年八月十五日	七九〇(13)
南京特别市戒毒所二十九年一月份入所戒毒人数统计表	第四十期	二十九年一月三十一日	二三九(39)
南京特别市戒毒所二十九年一月份戒毒人成瘾统计表	第四十期	二十九年一月三十一日	二四一(39)
南京特别市戒毒所二十九年一月份戒毒人因病成瘾统计表	第四十期	二十九年一月三十一日	二四二(39)
南京特别市戒毒所二十九年一月份戒毒人年龄统计表	第四十期	二十九年一月三十一日	二四五(39)
南京特别市戒毒所二十九年一月份戒毒人戒毒期内身体加重减轻统计表	第四十期	二十九年一月三十一日	二四八(39)
南京特别市戒毒所二十九年一月份戒毒人住所日数统计表	第四十期	二十九年一月三十一日	二四七(39)
南京特别市戒毒所二十九年一月份戒毒人职业统计表	第四十期	二十九年一月三十一日	二四九(39)
南京特别市戒毒所二十九年一月份戒毒人嗜毒年月统计表	第四十期	二十九年一月三十一日	二四四(39)
南京特别市戒毒所二十九年一月份戒毒人籍贯统计表	第四十期	二十九年一月三十一日	二五〇(39)

南京特别市戒毒所二十九年一月份戒绝出所人数统计表	第四十期	二十九年一月三十一日	二四〇(39)
南京特别市戒毒所二十九年一月份施戒方法统计表	第四十期	二十九年一月三十一日	二四六(39)
南京特别市戒毒所二十九年二月份戒毒人戒毒期内身体加重减轻统计表	第四十二期	二十九年二月二十九日	三三九(39)
南京特别市戒毒所民国二十八年十一月份入所戒毒人数统计表	第三十九期	二十九年一月十五日	一七八(39)
南京特别市戒毒所民国二十八年十一月份戒毒人成瘾统计表	第三十九期	二十九年一月十五日	一八〇(39)
南京特别市戒毒所民国二十八年十一月份戒毒人因病成瘾统计表	第三十九期	二十九年一月十五日	一八一(39)
南京特别市戒毒所民国二十八年十一月份戒毒人年龄统计表	第三十九期	二十九年一月十五日	一八四(39)
南京特别市戒毒所民国二十八年十一月份戒毒人住所日数统计表	第三十九期	二十九年一月十五日	一八六(39)
南京特别市戒毒所民国二十八年十一月份戒毒人职业统计表	第三十九期	二十九年一月十五日	一八八(39)
南京特别市戒毒所民国二十八年十一月份戒毒人嗜毒年月统计表	第三十九期	二十九年一月十五日	一八三(39)
南京特别市戒毒所民国二十八年十一月份戒毒人籍贯统计表	第三十九期	二十九年一月十五日	一八九(39)
南京特别市戒毒所民国二十八年十一月份戒绝出所人数统计表	第三十九期	二十九年一月十五日	一七九(39)
南京特别市戒毒所民国二十八年十一月份施戒方法统计表	第三十九期	二十九年一月十五日	一八五(39)
南京特别市戒毒所民国二十八年十二月份入所戒毒人数统计表	第三十九期	二十九年一月十五日	一九〇(39)
南京特别市戒毒所民国二十八年十二月份戒毒人成瘾统计表	第三十九期	二十九年一月十五日	一九二(39)
南京特别市戒毒所民国二十八年十二月份戒毒人因病成瘾统计表	第三十九期	二十九年一月十五日	一九三(39)

南京特别市戒毒所民国二十八年十二月份戒毒人年龄统计表	第三十九期	二十九年一月十五日	一九六(39)
南京特别市戒毒所民国二十八年十二月份戒毒人住所日数统计表	第三十九期	二十九年一月十五日	一九八(39)
南京特别市戒毒所民国二十八年十二月份戒毒人职业统计表	第三十九期	二十九年一月十五日	二〇〇(39)
南京特别市戒毒所民国二十八年十二月份戒毒人期内身体加重减轻统计表	第三十九期	二十九年一月十五日	一九九(39)
南京特别市戒毒所民国二十八年十二月份戒毒人嗜毒分类统计表	第三十九期	二十九年一月十五日	一九四(39)
南京特别市戒毒所民国二十八年十二月份戒毒人嗜毒年月统计表	第三十九期	二十九年一月十五日	一九五(39)
南京特别市戒毒所民国二十八年十二月份戒毒人籍贯统计表	第三十九期	二十九年一月十五日	二〇一(39)
南京特别市戒毒所民国二十八年十二月份戒绝出所人数统计表	第三十九期	二十九年一月十五日	一九一(39)
南京特别市戒毒所民国二十八年十二月份施戒方法统计表	第三十九期	二十九年一月十五日	一九七(39)
南京特别市戒毒所民国二十九年一月份戒毒人嗜毒分类统计表	第四十期	二十九年一月三十一日	二四三(39)
南京特别市戒毒所民国二十九年二月份戒毒人入所人数统计表	第四十二期	二十九年二月二十九日	三三〇(39)
南京特别市戒毒所民国二十九年二月份戒毒人因病成瘾统计表	第四十二期	二十九年二月二十九日	三三三(39)
南京特别市戒毒所民国二十九年二月份戒毒人年龄统计表	第四十二期	二十九年二月二十九日	三三六(39)
南京特别市戒毒所民国二十九年二月份戒毒人戒绝出所统计表	第四十二期	二十九年二月二十九日	三三一(39)
南京特别市戒毒所民国二十九年二月份戒毒人住所日数统计表	第四十二期	二十九年二月二十九日	三三八(39)
南京特别市戒毒所民国二十九年二月份戒毒人施戒方法统计表	第四十二期	二十九年二月二十九日	三三七(39)

南京特别市戒毒所民国二十九年二月份戒毒人职业统计表 第四十二期 二十九年二月二十九日 三四〇(39)
南京特别市戒毒所民国二十九年二月份戒毒人嗜毒分类统计表 第四十二期 二十九年二月二十九日 三三四(39)
南京特别市戒毒所民国二十九年二月份戒毒人嗜毒年月统计表 第四十二期 二十九年二月二十九日 三三五(39)
南京特别市戒毒所民国二十九年二月份戒毒人籍贯统计表 第四十二期 二十九年二月二十九日 三四一(39)
南京特别市戒毒所民国二十九年三月份戒毒人入所人数统计表 第四十四期 二十九年三月三十一日 四三〇(39)
南京特别市戒毒所民国二十九年三月份戒毒人出所人数统计表 第四十四期 二十九年三月三十一日 四三一(39)
南京特别市戒毒所民国二十九年三月份戒毒人因病成瘾统计表 第四十四期 二十九年三月三十一日 四三三(39)
南京特别市戒毒所民国二十九年三月份戒毒人年龄统计表 第四十四期 二十九年三月三十一日 四三六(39)
南京特别市戒毒所民国二十九年三月份戒毒人戒毒期内身体加重减轻统计表 第四十四期 二十九年三月三十一日 四三九(39)
南京特别市戒毒所民国二十九年三月份戒毒人住所日数统计表 第四十四期 二十九年三月三十一日 四三八(39)
南京特别市戒毒所民国二十九年三月份戒毒人施戒方法统计表 第四十四期 二十九年三月三十一日 四三七(39)
南京特别市戒毒所民国二十九年三月份戒毒人职业统计表 第四十四期 二十九年三月三十一日 四四〇(39)
南京特别市戒毒所民国二十九年三月份戒毒人嗜毒分类统计表 第四十四期 二十九年三月三十一日 四三四(39)
南京特别市戒毒所民国二十九年三月份戒毒人嗜毒年月统计表 第四十四期 二十九年三月三十一日 四三五(39)
南京特别市戒毒所民国二十九年三月份戒毒人瘾别统计表 第四十四期 二十九年三月三十一日 四三二(39)
南京特别市戒毒所民国二十九年三月份戒毒人籍贯统计表 第四十四期 二十九年三月三十一日 四四一(39)

南京特别市戒毒所民国二十九年戒毒人瘾别统计表	第四十二期	二十九年二月二十九日	三三二(39)
南京特别市戒毒所戒毒人戒毒期内身体加重减轻统计表(民国二十八年十一月份)	第三十九期	二十九年一月十五日	一八七(39)
南京特别市戒毒所戒毒人嗜毒分类统计表(民国二十八年十一月份)	第三十九期	二十九年一月十五日	一八二(39)
南京特别市劳资纠纷统计表(民国十八年全年)	第五十七期	十九年四月十五日	五一四(12)
南京特别市社会局保甲编制及经费统计对照表	第十九期	二十八年三月十五日	八〇六(37)
南京特别市政府一年来之财政收支数目统计表	第二十三期	二十八年五月十五日	一七一(38)
南京特别市政府十九年一月份行政报告	第五十四期	十九年二月二十八日	一一五(12)
南京特别市政府工务局一年来建筑工作概况表	第十九期	二十八年三月十五日	八一三(37)
南京特别市政府工务局一年来重要纪事表	第十九期	二十八年三月十五日	八一二(37)
南京特别市政府工务局车辆登记所登记数量(廿八年份自一月份起至六月份止车辆统计表)	第二十九期	二十八年八月十五日	五七一(38)
南京特别市政府工务局各项车辆登记数量表	第十九期	二十八年三月十五日	八一七(37)
南京特别市政府工务局事业费收支比较图表	第二十期	二十八年三月三十一日	八六六(37)
南京特别市政府工务局船舶登记数量表	第二十期	二十八年三月三十一日	八六五(37)
南京特别市政府土地局档案整理概况表(中华民国二十八年十二月　日)	第三十八期	二十八年十二月三十一日	一三〇(39)

南京特别市政府卫生局防疫工作概况表	第二十三期	二十八年五月十五日	一七四(38)
南京特别市政府五月份收发文件统计表	第二十四期	二十八年五月三十一日	二五二(38)
南京特别市政府市民证报告表样式	第二十期	二十八年三月三十一日	八六〇(37)
南京特别市政府市民证颁发数统计表	第二十九期	二十八年八月十五日	五六八(38)
南京特别市政府收发文件统计表(民国二十八年四月份)	第二十三期	二十八年五月十五日	一七二(38)
南京特别市政府财政局二十九年一月份行政收入数目表	第四十一期	二十九年二月十五日	二八七(39)
南京特别市政府财政局二十九年一月份财产收入数目表	第四十一期	二十九年二月十五日	二八六(39)
南京特别市政府财政局二十九年一月份事业收入数目表	第四十一期	二十九年二月十五日	二八五(39)
南京特别市政府财政局二十九年一月份经费结余及其他收入并政府交付金收入数目表	第四十一期	二十九年二月十五日	二九〇(39)
南京特别市政府财政局二十九年一月份经管收入数目表	第四十一期	二十九年二月十五日	二八九(39)
南京特别市政府财政局二十九年一月份捐税收入数目表	第四十一期	二十九年二月十五日	二八三(39)
南京特别市政府财政局不动产及其他各项收入比较表	第二十二期	二十八年四月三十日	一〇七(38)
南京特别市政府财政局收支统计表(廿八年一二三月份)	第二十二期	二十八年四月三十日	一〇四(38)
南京特别市政府财政局捐税收入按月比较表(廿八年一二三月份)	第二十二期	二十八年四月三十日	一〇五(38)
南京特别市政府实业局田亩放租统计表	第十九期	二十八年三月十五日	八一二(37)
南京特别市政府实业局各业登记统计表	第二十期	二十八年三月三十一日	八六四(37)

南京特别市政府实业局所辖各菜场每月租出摊位等级数目及租金统计表	第十九期	二十八年三月十五日	八一〇(37)
南京特别市政府实业局摊贩租金统计表	第十九期	二十八年三月十五日	八一一(37)
南京特别市政府组织系统表	第二十三期	二十八年五月十五日	一七〇(38)
南京特别市政府逐月收发文分类统计(民国廿七年四月——廿八年九月份)	第三十二期	二十八年九月三十日	七四三(38)
南京特别市政府颁发市民证概况表	第三十三期	二十八年十月十五日	八〇五(38)
南京特别市政府教育局历月来小学教育进度统计表	第十九期	二十八年三月十五日	八〇七(37)
南京特别市政府教育局历月来中学教育进度统计表	第十九期	二十八年三月十五日	八〇八(37)
南京特别市荐任以下公务员生活费指数逐月比较表(加权综合平均)	第一五九/一六〇期合刊	三十四年一月三十日	八一〇(43)
南京特别市荐任以下公务员家计调查平均每家费用及其百分比表	第一五九/一六〇期合刊	三十四年一月三十日	八〇九(43)
南京特别市商人生活指数逐月比较表(加权综合平均)	第一五九/一六〇期合刊	三十四年一月三十日	八〇六(43)
南京特别市商人家计调查平均每家费用及其百分比表(每家平均人口成年三人/儿童一人)	第一五九/一六〇期合刊	三十四年一月三十日	八〇五(43)
掩埋尸骨修坟等统计表(廿八年六月份)	第二十七期	二十八年七月十五日	四五五(38)
掩埋露棺尸体修坟等统计(二十八年八月份)	第三十一期	二十八年九月十五日	六八九(38)
营造厂商登记统计表	第二十五期	二十八年六月十五日	三一四(38)
检举私抬物价商号统计表(八月份)	第一〇一期	三十一年八月十五日	八二七(41)
船舶登记及登记费统计表(四五两月份)	第二十五期	二十八年六月十五日	三一五(38)

商人生活指数(平均每家合成年三人儿童一人) 第一三一期 三十二年十一月十五日 〇三三(43)
商伙生活指数(平均每家人口成年三人儿童一人) 第一二五期 三十二年八月十五日 七八二(42)
清洁队清除垃圾统计表(二十八年) 第二十三期 二十八年五月十五日 一七五(38)
清除垃圾粪便暨收买死绳统计(二十八年八月份) 第三十一期 二十八年九月十五日 六八七(38)
娼妓检验人数分类统计表(廿八年八月份) 第三十一期 二十八年九月十五日 六八五(38)
督办南京市工务局各种车辆登记统计表(二十七年五月至十二月) 第十四期 二十七年十二月三十一日 四三〇(37)
督办南京市政公署十月份财政收支表 第十三期 二十七年十二月十五日 三七六(37)
督办南京市政公署半年来收发文件比较(民国二十七年下半年) 第十六期 二十八年一月三十一日 五七六(37)
督办南京市政公署收发文件逐月比较(中华民国二十七年下半年) 第十五期 二十八年一月十五日 五一三(37)
督办南京市政公署财政局不动产及其他各项收入比较表 第十七期 二十八年二月十五日 六九三(37)
督办南京市政公署财政局捐税收入按月比较表 第十七期 二十八年二月十五日 六九五(37)
督办南京市政公署补助慈善团体情形表 第十六期 二十八年一月三十一日 五七三(37)
督办南京市政公署实业局园林管理所暨各办事处管辖表 第十七期 二十八年二月十五日 六九九(37)
督办南京市政公署按月收支统计表 第十七期 二十八年二月十五日 六九二(37)
新旧登记区段比较图 第三十八期 二十八年十二月三十一日 一二四(39)
霍乱预防注射人数统计(廿八年八月份) 第三十一期 二十八年九月十五日 六八三(38)
Ⅰ.学校及学级数 第一七一期 二十五年十一月 〇九一(35)
Ⅰ.学校及学级数 第一七一期 二十五年十一月 〇九七(35)
Ⅱ.学生数 第一七一期 二十五年十一月 〇九二(35)

调　查

篇　　名	卷(期)数	出版日期	页码(册数)
卫生试验所鉴定饮料水适否比较表	第四十五期	十八年十月十五日	三九二(10)
南京特别市公益慈善团体一览表(十八年六月社会局)	第三十九期	十八年七月十五日	七九五(8)
南京特别市书店调查表	第四十四期	十八年九月三十日	一四一(10)
南京特别市市立第一平民工厂调查表	第二十四期	十七年十一月三十日	六四二(5)
南京特别市市立第二平民工厂调查表	第二十四期	十七年十一月三十日	六四三(5)
南京特别市市政府公安局调查表(十七年十一月)	第二十四期	十七年十一月三十日	六三一(5)
南京特别市市政府处理逆产委员会调查表	第二十四期	十七年十一月三十日	六三四(5)
南京特别市市政府财政局调查表	第二十三期	十七年十一月十五日	四一〇(5)
南京特别市市政府旗民生计处调查表	第二十四期	十七年十一月三十日	六三八(5)
南京特别市玄武湖管理局调查表	第二十四期	十七年十一月三十日	六三六(5)
南京特别市铁路局调查表	第二十四期	十七年十一月三十日	六三五(5)
南京特别市救生总局调查表	第二十四期	十七年十一月三十日	六四〇(5)
南京特别市街名户口表	第四十二期	十八年八月三十一日	五九一(9)
南京特别市普育堂调查表	第二十四期	十七年十一月三十日	六三九(5)
南京第一公园管理处调查表	第二十四期	十七年十一月三十日	六四四(5)

通电·通告

篇　　名	卷(期)数	出版日期	页码(册数)
马市长宣誓就职通电	第一五二期	二十四年四月	四八七(27)
马市长就职通电	第九十九期	二十一年一月十五日	二六五(19)
反对日本出兵山东通电	第一号	十六年六月	〇一三(1)
石市长就职通电	第一〇五期	二十一年四月十五日	二六三(20)
市长就职通电	第一期	十六年九月	五四九(1)
市政厅成立及市长就职通电	第一号	十六年六月	〇一三(1)
刘市长就职通电	第一号补编	十六年四月始迄八月止	一六九(1)
刘市长就职通电	第十七期	十七年八月十五日	三六五(4)
南京特别市市政府通告：设置纳言箱投递规则	第一号	十六年六月	〇八五(1)
魏市长就职通电	第五十九至六十期	十九年五月三十一日	六七一(12)

副　刊

篇　　名	卷(期)数	出版日期	页码(册数)
十年前南京的大屠杀	第三卷第十二期	三十六年十二月卅一日	三三六(45)
八卦洲垦佃概况	第四卷第四期	三十七年二月二十九日	四四九(45)
工业与都市计划	第三卷第八期	三十六年十月三十一日	二一二(45)
开辟政治区辨惑	第四卷第一期	三十七年一月十五日	三六九(45)
区域设计	第四卷第七期	三十七年四月十五日	五三一(45)
日寇祸京始末记	第三卷第十二期	三十六年十二月卅一日	三三五(45)
中国都市的发展(陈伯心)	第三卷第七期	三十六年十月十六日	一九〇(45)
介绍南京市立第二民众教育馆	第五卷第二期	三十七年七月三十一日	七二五(45)
从建立市财政体制中充裕市建设财源论	第四卷第十二期	三十七年六月三十日	六五四(45)
公开论政的场所「市民会堂」与「市民会议」	第四卷第八期	三十七年四月三十日	五五七(45)
文书处理问题(沈市长在三十六年三月二十四日本府纪念周讲词)	第三卷第四期	三十六年八月三十一日目录	〇七三(45)
左宗棠在南京之二三事	第四卷第五期	三十七年三月日十五日	四八四(45)
由体育节想到学生健康(沈怡)	第五卷第五期	三十七年九月十五日	七九七(45)
市区快车道路与停车场	第三卷第九期	三十六年十一月十五日	二四二(45)
市地重划之利益	第四卷第九期	三十七年五月十五日	五七九(45)
永念国殇(十二月十三日)	第三卷第十二期	三十六年十二月卅一日	三三四(45)
发挥自动负责实事求是的精神(沈市长七月一日在本府月会中讲词)	第三卷第一期	三十六年七月十五日	八五〇(44)
台湾日月潭及水力发电厂	第五卷第三期	三十七年八月十五日	七四五(45)
台湾省市政考察报告(摘要)	第四卷第十一期	三十七年六月十五日	六三三(45)
朴素的村姑　过去南京的怀恋	第三卷第八期	三十六年十月三十一日	二一三(45)
当前都市计划之途径(哈雄文)	第四卷第一期	三十七年一月十五日	三七一(45)
同心协力突破难关(沈市长三十七年九月六日在本府月会讲词)	第五卷第五期	三十七年九月十五日	七九六(45)
伦敦怎样管理房租	第三卷第二期	三十六年七月三十一日	九〇二(44)
华盛顿建都史话	第三卷第十期	三十六年十一月三十日	二八六(45)
华群女士收容南京妇孺报告节译	第三卷第二期	三十六年七月三十一日	九〇四(44)
自我做起(马元放)	第五卷第八期	三十七年十月三十一日	八五九(45)

血的记忆	第三卷第十二期	三十六年十二月卅一日	三三七(45)
江心洲扶植自耕农鸟瞰	第四卷第四期	三十七年二月二十九日	四四八(45)
论社会救济	第四卷第十期	三十七年五月三十一日	六〇四(45)
尽其在我(马元放)	第五卷第七期	三十七年十月十五日	八四一(45)
如何开展本市民众组训工作(沈怡)	第五卷第七期	三十七年十月十五日	八三九(45)
坚守岗位为首都建设努力(沈市长在六月一日本府成立二十一周年纪念会上讲)	第四卷第十一期	三十七年六月十五日	六三二(45)
助学最乐(沈怡)	第三卷第六期	三十六年九月三十日	一四〇(45)
我们应有的工作态度与基本观念(沈市长在三十六年十一月一日本府月会讲词)	第三卷第九期	三十六年十一月十五日	二四一(45)
我国新都市计划的技术问题	第四卷第十期	三十七年五月三十一日	六〇六(45)
英国之田园市	第三卷第十期	三十六年十一月三十日	二八七(45)
英国的城市计划	第三卷第三期	三十六年八月十五日	〇三九(45)
英国怎样处置物价问题	第五卷第二期	三十七年七月三十一日	七二六(45)
英国怎样实行勤俭?	第五卷第六期	三十七年九月三十日	八一三(45)
国父对于南京都市计划之昭示	第四卷第八期	三十七年四月三十日	五五五(45)
征集志愿兵的意义(八月二十五日晚七时在国防部军中播音总队电台广播)(汪祖华)	第三卷第五期	三十六年九月十五日	一〇四(45)
京市「水」的问题	第四卷第三期	三十七年二月十五日	四二三(45)
京市教育新设施(马副市长在三十七年二月二日本府月会讲词)	第四卷第三期	三十七年二月十五日	四二〇(45)
京市路灯装置之回顾与前瞻	第四卷第五期	三十七年三月日十五日	四八二(45)
法国南特市之复兴计划	第三卷第三期	三十六年八月十五日	〇四〇(45)
组训民众应有的认识(孙连仲)	第五卷第七期	三十七年十月十五日	八四〇(45)
南京人的切身问题(李�)	第五卷第九期	三十七年十一月十五日	八八五(45)
南京之大报恩寺塔	第五卷第九期	三十七年十一月十五日	八八六(45)
南京之友艾拉培氏获赠食物覆函致谢	第三卷第一期	三十六年七月十五日	八五二(44)
南京之古墓	第四卷第三期	三十七年二月十五日	四二四(45)

南京市下水道计划概要(南京市工务局下水道工程处)	第三卷第十一期	三十六年十二月十五日	三〇九(45)
南京市与农业建设(沈市长十一月二十九日在农学界十八团体联合会致词)	第三卷第十一期	三十六年十二月十五日	三〇八(45)
南京市卅七年度征兵工作	第四卷第九期	三十七年五月十五日	五七九(45)
南京市立盲哑学校概况	第四卷第十二期	三十七年六月三十日	六五三(45)
南京市国民教育研究会第一次会议宣言	第三卷第二期	三十六年七月三十一日	九〇一(44)
南京市都市计划现实问题	第五卷第一期	三十七年七月十五日	六九〇(45)
南京港工程局概况	第四卷第十二期	三十七年六月三十日	六五二(45)
重建伦敦市计划	第五卷第四期	三十七年八月三十一日	七七〇(45)
促进南京现代化应先由自来水和下水道着手	第四卷第一期	三十七年一月十五日	三七〇(45)
促进首都建设之基本条件	第三卷第八期	三十六年十月三十一日	二一二(45)
美国设计中的明日的城市	第三卷第五期	三十六年九月十五日	一〇五(45)
首都「住」「行」建设之商榷(徐琳)	第三卷第六期	三十六年九月三十日	一四〇(45)
首都政治区计划的意义(陈占祥)	第四卷第二期	三十七年一月三十一日	三九八(45)
都市计划处怎样在工作	第三卷第一期	三十六年七月十五日	八五三(44)
都市计划问题	第四卷第六期	三十七年三月三十一日	五〇六(45)
都市交通管理之有效诊断	第五卷第四期	三十七年八月三十一日	七六九(45)
都市应有的卫生建设(金宝善)	第四卷第三期	三十七年二月十五日	四二一(45)
都市的体育(马元放)	第五卷第四期	三十七年九月十五日	七九八(45)
都市的建筑美(刘敦桢)	第四卷第二期	三十七年一月三十一日	三九九(45)
栖霞山小游	第三卷第九期	三十六年十一月十五日	二四三(45)
推行国民体育的方向(沈怡)	第三卷第七期	三十六年十月十六日	一八九(45)
教师节慰劳全市教育工作人员书(沈怡)	第五卷第四期	三十七年八月三十一日	七六八(45)
救救人类的下一代	第四卷第七期	三十七年四月十五日	五三〇(45)
棲霞轮廓画(方厚枢)	第五卷第十期	三十七年十一月三十一日	九〇八(45)
新年的工作方针(沈市长在三十七年一月五日本府月会讲词)	第四卷第二期	三十七年一月三十一日	三九六(45)
新的认识和新的作风(马元放)	第四卷第四期	三十七年二月二十九日	四四六(45)

新建设与新精神(马元放)	第四卷第八期	三十七年四月三十日	五五五(45)
题秦翰才先生所集伪满官印轴子（许大卢）	第三卷第九期	三十六年十一月十五日	二四四(45)
豁蒙楼上看浓春	第四卷第七期	三十七年四月十五日	五三二(45)

账　务

篇　名	卷(期)数	出版日期	页码(册数)
南京市赈务委员会组织规程	第一期	二十七年六月十五日	〇二七(37)

插　图

篇　　名	卷(期)数	出版日期	页码(册数)
乙种平民房屋图	第二十期	十七年九月三十日	六四〇(4)
十七年度工务局预算各项开支百分比例图	第二十一期	十七年十月十五日	〇二一(5)
工务局长陈扬杰	第一号	十六年六月	〇〇七(1)
工务局长陈扬杰	第二期	十六年十月十五日	〇一一(2)
工务局长陈扬杰	第二十二期	十七年十月三十一日	一五三(5)
工务局计划中之事业费分配表	第二十一期	十七年十月十五日	〇一九(5)
工务局在幕府山采石场轻便铁道及汽船	第二十三期	十七年十一月十五日	二九七(5)
工务局局长赵志游近影	第六十一期	十九年六月十五日	〇一三(13)
土地局长杨宗炯	第二十二期	十七年十月三十一日	一五三(5)
土地局局长唐伯文近影	第六十一期	十九年六月十五日	〇一二(13)
下关灾民收容所情形	第九十二期	二十年九月三十日	一四四(18)
下关裘家湾筑堤防水情形	第九十二期	二十年九月三十日	一四四(18)
卫生处长胡定安	第二十二期	十七年十月三十一日	一五四(5)
卫生局长周威	第一号	十六年六月	〇〇七(1)
卫生局局长梅贻琳近影	第六十一期	十九年六月十五日	〇一四(13)
马市长近影	第九十九期	二十一年一月十五日	二三七(19)
马市长近影	第一五二期	二十四年四月	四八五(27)
五洲公园	第九十四期	二十年十月三十一日	四〇三(18)
中山路永久修筑横剖面图	第二十期	十七年九月三十日	六四〇(4)
中山路破土典礼摄影	第十七期	十七年八月十五日	三五四(4)
中山路破土典礼摄影(一)	第十八期	十七年八月三十一日	四七一(4)
中山路破土典礼摄影(二)	第十八期	十七年八月三十一日	四七二(4)
中山路破土典礼摄影(三)	第十八期	十七年八月三十一日	四七三(4)
中山路破土典礼摄影(四)	第十八期	十七年八月三十一日	四七四(4)
中山路暂时建筑横断面图	第二十期	十七年九月三十日	六四〇(4)
公安局长孙伯文	第二期	十六年十月十五日	〇一一(2)
公安局长邱鸿钧	第一号	十六年六月	〇〇七(1)
公安局长姚琮	第二十二期	十七年十月三十一日	一五四(5)
公安局副局长邓刚	第二十二期	十七年十月三十一日	一五四(5)
丙种平民房屋图	第二十期	十七年九月三十日	六四〇(4)

石市长近影	第一〇五期	二十一年四月十五日	二一三(20)
甲种平民房屋图	第二十期	十七年九月三十日	六四〇(4)
市参事会成立摄影	第四期	十六年十一月十五日	五九七(2)
市政厅成立摄影	第一号	十六年六月	〇〇八(1)
市政府及各局成立摄影	第一号补编	十六年四月始迄八月止	一六八(1)
市政府及所属各局系统表	第一号补编	十六年四月始迄八月止	一六八(1)
市徽图案	第五十二期	十九年一月三十一日	六一五(11)
西水关排水情形	第九十一期	二十年九月十五日	〇一四(18)
自来水厂动力室	第九十四期	二十年十月三十一日	四〇三(18)
各局长肖影	第二十二期	十七年十月三十一日	一五三(5)
刘市长在五洲公园招待德国实业视察团摄影	第五十八期	十九年四月三十日	五二九(12)
刘市长肖影	第一号补编	十六年四月始迄八月止	一六七(1)
刘市长肖影	第十七期	十七年八月十五日	三五三(4)
刘市长近影	第一号	十六年六月	〇〇六(1)
刘市长就职典礼摄影	第十七期	十七年八月十五日	三五四(4)
刘市长就职摄影	第一号补编	十六年四月始迄八月止	一六八(1)
助理秘书任鼐	第三期	十六年十月三十一日	二六九(2)
财政局长李基鸿	第二十二期	十七年十月三十一日	一五三(5)
财政局长沈砺	第二期	十六年十月十五日	〇一一(2)
财政局长周雍能	第一号	十六年六月	〇〇七(1)
财政局局长齐叙近影	第六十一期	十九年六月十五日	〇一二(13)
何市长近影	第一期	十六年九月	五三九(1)
何市长就职摄影	第一期	十六年九月	五四〇(1)
汪主席(相片)	第八十八期	三十一年一月三十一日	四六九(41)
社会处长杨剑虹	第二十二期	十七年十月三十一日	一五四(5)
社会局局长张忠道近影	第六十一期	十九年六月十五日	〇一四(13)
改建中之中山门	第九十三期	二十年十月十五日	二七九(18)
张秘书长肖影	第二十期	十七年九月三十日	六三九(4)
国民政府代主席汪精卫(照片)	第五十一期	二十九年七月十五日	七一五(39)
周市长(相片)	第八十八期	三十一年一月三十一日	四七〇(41)
建筑中山路土方之轻便铁道	第二十三期	十七年十一月十五日	二九七(5)
建筑中之太平路快车道	第九十一期	二十年九月十五日	〇一三(18)

建筑中之太平路慢车道	第九十一期	二十年九月十五日	○一三(18)
建筑中之白下路	第九十二期	二十年九月三十日	一四三(18)
建筑中之白下路人行道	第九十三期	二十年十月十五日	二七九(18)
建筑中之挹江门	第九十二期	二十年九月三十日	一四三(18)
南京市区内各种马路方数比较	第二十期	十七年九月三十日	六四○(4)
南京市市长蔡培(照片)	第五十一期	二十九年七月十五日	七一七(39)
南京市政府组织系统表	第六十六期	十九年八月三十一日	○○九(14)
南京市政府组织系统图	第一一一期	二十一年七月十五日	一二四(21)
南京特别市市区图	第二十一期	十七年十月十五日	○一七(5)
南京特别市市政府门景	第一号补编	十六年四月始迄八月止	一六八(1)
南京特别市市政府组织系统表	第二十二期	十七年十月三十一日	一五四(5)
南京特别市市界图	第五十三期	十九年二月十五日	七一八(11)
首都干路定名图	第七十一期	十九年十一月十五日	六一一(14)
总理遗像	第一号	十六年六月	○○五(1)
总理遗像	第一期	十六年九月	五三七(1)
挹江门外中山路填高路身重筑路面情形	第九十三期	二十年十月十五日	二八○(18)
秘书长及各局局长近影	第二期	十六年十月十五日	○一一(2)
秘书长马寿华近影	第六十一期	十九年六月十五日	○一一(13)
秘书长姚鵷雏	第二期	十六年十月十五日	○○九(2)
秘书处全体职员摄影	第四期	十六年十一月十五日	五九八(2)
秘书处各秘书近影	第三期	十六年十月三十一日	二六九(2)
秘书彭林仙	第三期	十六年十月三十一日	二六九(2)
秘书管文事科事严抡魁	第三期	十六年十月三十一日	二六九(2)
秘书管总务科事韩士元	第三期	十六年十月三十一日	二六九(2)
排水后之黄埔路	第九十三期	二十年十月十五日	二八○(18)
教育局长陈剑翛	第一号	十六年六月	○○七(1)
教育局长陈剑翛	第二期	十六年十月十五日	○一一(2)
教育局长陈剑翛	第二十二期	十七年十月三十一日	一五三(5)
教育局局长刘平江近影	第六十一期	十九年六月十五日	○一三(13)
副公安局长哈复生	第二期	十六年十月十五日	○一一(2)
朝天宫排水情形	第九十一期	二十年九月十五日	○一四(18)
魏市长近影	第五十九至六十期	十九年五月三十一日	六五九(12)

聘书·聘任书·聘函

篇名	卷(期)数	出版日期	页码(册数)
南京特别市市政府聘任书(第一六至二四号):聘任殷石笙、李栖云、陈廷谟、沈砺、孙伯文、哈复生、陈剑翛、仲中坡、蒋仲翔先生为南京特别市市政府整理旗民生计处及八卦洲委员会委员	第一期	十六年九月	八八五(1)
南京特别市市政府聘任书(第一号):聘任杨宗炯为本政府参事会参事	第一期	十六年九月	八八三(1)
南京特别市市政府聘任书(第二八号)聘任陈光组先生为整理旗民生计处及八卦洲委员会委员并请担任常务委员	第三期	十六年十月三十一日	四九九(2)
南京特别市市政府聘任书(第二九号):聘任左斌焘先生为整理旗民生计处及八卦洲委员会委员兼常务委员并望常川驻洲为荷	第四期	十六年十一月十五日	八三五(2)
南京特别市市政府聘任书(第二九号):聘狄君武先生为本府市政设计专门委员	第十六期	十七年七月三十一日	三二四(4)
南京特别市市政府聘任书(第二五至二六号):聘任杨孝述、夏光宇先生为南京特别市市参事会参事	第一期	十六年九月	八八五(1)
南京特别市市政府聘任书(第二至三号):聘任章桐、姜琦先生为南京特别市市政府参事会参事	第一期	十六年九月	八八三(1)
南京特别市市政府聘任书(第八二十号):聘任丁一先生为南京特别市整理普育堂委员会委员	第一期	十六年九月	八八六(1)
南京特别市市政府聘任书(第三〇号):聘夏光宇先生为本府市政设计专门委员	第十六期	十七年七月三十一日	三二四(4)

南京特别市市政府聘任书(第六至一五号):聘任陈剑翛、李怀诚、叶正叔、赵平原、达剑峰、俞友仁、于燮成、蔡民郛、钟叔进、刘君熙先生为南京特别市市政府整理普育堂委员会委员	第一期	十六年九月	八八四(1)
南京特别市市政府聘任书(第四至五号):聘任蔡无忌先生为南京特别市市政府参事会参事	第一期	十六年九月	八八三(1)
南京特别市市政府聘函(第一〇四号):聘狄鹰、赵士北为本府参事会参事	第十四至十五期	十七年六月十五日	一五四(4)